高港年鉴 2020

GAOGANG YEARBOOK

中共泰州市高港区委员会
泰州市高港区人民政府 主办

泰州市高港区党史方志办公室 编

方志出版社
Publishing House of Local Records

图书在版编目(CIP)数据

高港年鉴. 2020/ 泰州市高港区党史方志办公室编.
-- 北京 : 方志出版社，2020.11
ISBN 978-7-5144-4313-4

Ⅰ. ①高… Ⅱ. ①泰… Ⅲ. ①区(城市)— 泰州—
2020— 年鉴 Ⅳ. ①Z525.34

中国版本图书馆 CIP 数据核字(2020)第 186228 号

高港年鉴(2020)

编　　者：泰州市高港区党史方志办公室
责任编辑：陈　菁
出 版 者：方志出版社
地址　北京市朝阳区潘家园东里9号(国家方志馆4层)
邮编　100021
网址　http://www.zgfzcb.cn
发　　行：方志出版社图书经销中心
电话(010)67110500
经　　销：各地新华书店
印　　刷：南京凯德印刷有限公司
开　　本：889×1194　1/16
印　　张：22.5
字　　数：684千字
版　　次：2020年11月第1版　2020年11月第1次印刷
印　　数：0001~1000册

ISBN 978-7-5144-4313-4　定价:280.00元

泰州市高港区地方志编纂委员会

（2020年10月）

名誉主任　顾　萍

主　　任　孙宏建

副 主 任　蒋向荣　张汉刚　刘振东　李新美　周法鸣

委　　员　（按姓氏笔画排列）

丁新成　于德宏　王　龚　王小飞　王飞平　王林林　王晓瑾
王继军　卞晓江　尹　杰　左祥生　田光明　卢国平　叶　健
叶俊东　白　剑　冯智洋　匡裕民　朱　兵　朱双六　朱平平
朱俊茂　刘　瑾　刘长军　刘朝晖　孙　跃　严　虎　严小龙
李　亚　李风华　李永祥　李秀年　李忠钱　李晓娟　李惠平
吴玉春　吴清华　邱卜雨　邱小平　何　强　余　磊　冷　洪
沈虹振　张万卿　张小平　陆　波　陆　青　陆明航　陈宝进
陈振东　邵釜明　金正文　周　曦　周　明　赵剑三　秦　鑫
秦荣生　钱　峻　徐旭东　徐思达　栾　勇　高志勇　陶春山
曹小平　曹明德　曹春明　曹映华　戚永生　戚斐斐　蒋　为
蒋加华　程永进　雷家昌　阙　进　樊增华　戴　波　戴立新
戴永建

编纂委员会下设办公室，李秀年任办公室主任，卢峰、王小萍任办公室副主任。办公室设在区党史方志办公室内。

《高港年鉴》编辑部

主　　任　李秀年

副 主 任　卢　峰　王小萍

统　　编　查云富　高蓓蓓　俞德斌

编　　辑　（按姓氏笔画排列）

孙乃庆　孙智慧　朱素芹　李爱云　祝　媛　贾美铭　戚继胜
薛　睿

英文翻译　卢　峰

封面题字　孙志勇

图片提供　高卫东

数字2019

地区生产总值：611.3亿元

第一产业增加值：13.78亿元

第二产业增加值：325.93亿元

第三产业增加值：271.59亿元

农林牧渔业总产值：21.48亿元

粮食总产量：90867吨

建筑业施工总产值：566.74亿元

社会消费品零售总额：66.25亿元

出口总额：53350万美元

实际利用外资和港澳台资：20968万美元

一般公共预算收入：42.1亿元

全体居民人均可支配收入：38863元

城镇居民人均可支配收入：47990元

农村居民人均可支配收入：24100元

荣誉 2019

国家知识产权强县工程示范区

全国绿化模范示范区

国家农产品质量安全区

扬子江药业集团连续5年蝉联中国医药工业百强榜榜首，集团董事长徐镜人获江苏省质量奖

泰州市高港综合物流园获评全国优秀物流园区

省级“四好农村公路”示范区

区委中心组获评全省县级以上党委理论学习中心组示范点

2019年度泰州港经济开发区在全省省级开发区中综合排名第一位

汽车及零部件产业园创成省特色创新（产业）示范园区

2019年度泰州市综合考核优秀市（区）奖一等奖，实现“十连冠”

绿色江堤

（区住房城乡建设局　供图）

2019年3月5日，高港区保护长江母亲河“健康江来”志愿服务活动启动仪式在永安洲镇举行，开展长江鱼苗增殖放流等志愿服务活动（区委宣传部　供图）

春江湿地公园（区发展改革委　供图）

整治后的永安洲镇同联中沟　　　　（区委宣传部　供图）

2019年2月26日，市、区两级四套班子负责人及部分机关干部到泰州长江公路大桥北侧长江岸边开展义务植树活动　　　　（区委宣传部　供图）

2019年3月1日，高港区召开河长制工作推进会，组织开展现场督查活动　（区委宣传部　供图）

2019年5月17—18日，高港区开展五级人大代表回选区访选民活动，助力打好“碧水保卫战”（区委宣传部　供图）

2019年9月25日，泰州高港健康长江党建护航联盟启动仪式举行　　（区委组织部　供图）

实施长江禁渔期制度　　（区委宣传部　供图）

2019年2月20日，先期投资80亿元的长城汽车泰州整车项目签约　　(高新园区　供图)

长城汽车泰州整车项目由长城控股集团旗下长城汽车股份有限公司投资兴建。项目先期投资80亿元，在高港区建设汽车整车、内外饰及底盘制造项目。同时，规划实施包括汽车整车制造、关键零部件制造、汽车金融、汽车保险、共享出行等业务的汽车产业链体系，打造汽车科技产业园。

2019年11月11日，长城汽车泰州整车项目在高港区开工（组图）　　（区委宣传部　供图）

扬子江药业集团江苏龙凤堂中药有限公司
（扬子江药业集团　供图）

扬子江药业集团总部　　　　　　　　　　　　　　　　（陈　云　摄）

江苏三帝康复科技有限公司 3D 打印产品　　（区委宣传部　供图）

粮油产业集群　　（永安洲镇　供图）

万向精工江苏有限公司生产线　　（区委宣传部　供图）

泰州万诺纺织科技有限公司生产线　　（区委宣传部　供图）

泰州国际集装箱码头　　（永安洲镇　供图）

泰州港印象 （殷 凯 摄）

泰州维景国际大酒店　　（江苏大江建设工程有限公司　供图）

高港城区东部俯瞰　　（陈　云　摄）

刁铺街道刁东中沟游园　　（区住房城乡建设局　供图）

白马镇镇区　　（白马镇　供图）

大泗镇镇区　　（大泗镇　供图）

口岸街道引江社区　　（区委宣传部　供图）

胡庄镇宗林村　　（胡庄镇　供图）

白马镇陈家村逸夏果园的猕猴桃
（区委宣传部　供图）

胡庄镇泰州市御膳源生态农业有限公司的枇杷
（区委宣传部　供图）

许庄街道蔡庄村蜜梨园

大泗镇大马村“荷韵莲香”水生植物园

（区委宣传部　供图）

永安洲镇泰州市御庐园现代农业科技有限公司

（区委宣传部　供图）

（区委宣传部　供图）

2019年4月10日，“乡约高港，共享健康”高港区2019乡村旅游节开幕式在大泗镇江苏中药科技园举行
（区委宣传部　供图）

2019年9月23日，高港区在大泗生态园举办“2019泰州·高港农民丰收节”庆祝活动

（区委宣传部　供图）

江苏中药科技园（区委宣传部　供图）

凤栖湖景区

（毛明成　摄）

凤栖湖景区寿胜寺　　（区住房城乡建设局　供图）

凤栖湖景区一角　　（区住房城乡建设局　供图）

2019年9月26日，江苏“最美教师” 钱维胜（中）电视发布会在高港区举行　　（区委宣传部　供图）

2019年12月，高港区组织74名先进典型进行免费体检　　（区委宣传部　供图）

高港市民陈伟（右）荣登2019年7月“中国好人榜” （区委宣传部 供图）

环卫工人周荣美当选2019年3月“最美泰州人” （区委宣传部 供图）

口岸街道蔡滩社区城市书房　　（区委宣传部　供图）

永安洲镇新时代文明实践所　　（区委宣传部　供图）

2019年9月9日，重阳节志愿服务现场　　（区委宣传部　供图）

“苏演院线”淮剧《杨门女将》专场演出　　（区文化体育旅游局　供图）

“苏演院线”淮剧《板桥应试》专场演出　　（区文化体育旅游局　供图）

2019年8月8日，口岸街道举办“舞动口岸”广场舞大赛　　（区委宣传部　供图）

2019年4月16—18日，江苏省第一届智力运动会象棋比赛在高港区举办（区文化体育旅游局　供图）

异地新建的刁铺街道社区卫生服务中心　　（区住房城乡建设局　供图）

集中安置区——东方明珠小区

2019年9月12日，尚德智幼儿园举行开园庆典　　（尚德智幼儿园　供图）

（区住房城乡建设局　供图）

2019年5月17日，区妇联、区总工会联合举办高港区"巾帼亮新彩　比武秀绝活"技能大赛　　　（区妇联　供图）

2019年6月6日，"府院共建绘蓝图，医路逐梦新时代
泰州市人民医院与泰州市第三人民医院医联体建设两周
工作报告会在高港区举行　　　（区委宣传部　供

2019年8月19日，高港区举办庆祝"中国医师节"宣誓签名暨专家义诊活动　　　（区委宣传部　供图）

2019年10月14日，高港区产业工人"能级工资"集
协商现场会召开　　　（区委宣传部　供

高港社保卡补换业务十分钟立等可取
（区委宣传部　供图）

2019年3月4日，高港区组织区内企业到山东大学开展校园招聘活动
（区人力资源社会保障局　供图）

高港区政务服务中心增设“水电气”一站式服务专区
（区委宣传部　供图）

口岸街道老街区龙窝街　　（区党史方志办　供图）

口岸街道五一桥北修车匠顾丙军（左）　　（区党史方志办　供图）

刁铺街道老街区劳动街

（区党史方志办　供图）

岸街道柴墟路修鞋匠刘伯春　（区党史方志办　供图）

口岸街道五一桥北铜匠李家驹

（区党史方志办　供图）

2019年10月17日，区
领导开展扶贫慰问活动
（区委宣传部　供图

2019年11月1日，区
机关工作人员入户走访建
立卡低收入农户
（区农业农村局　供

2019年9月9日，高港区举行“泰有爱·慈善一日捐”启动活动
（区委宣传部　供图）

2019年12月31日，高港举办经济薄弱村农产品产对接会
（区委宣传部　供图）

2019年9月20日，区委常委会到泰兴市杨根思烈士陵园开展“不忘初心、牢记使命”主题教育集体现场学习活动 （区委宣传部　供图）

2019年10月24日，高港区召开“不忘初心、牢记使命”主题教育推进会 （区委宣传部　供图）

2019年10月28日，泰州医药高新区党工委副书记、管委会主任，高港区委书记、区委主题教育领导小组组长顾萍以“把践行初心使命作为终身课题和永恒追求”为题上“不忘初心、牢记使命”主题教育专题党课

（区委组织部　供图）

2019年10月30日，区委副书记、区长孙宏建以“让抓落实成为新时代政府系统全体党员干部的鲜明特质”为题上“不忘初心、牢记使命”主题教育专题党课

（区委组织部　供图）

2019年12月4日，区委常委会召开“不忘初心、牢记使命”主题教育专题民主生活会

（区委组织部　供图）

2019 年是中国人民解放军海军诞生暨渡江战役胜利 70 周年。4 月 4 日，参加过渡江战役的“敬礼老兵”史保东（左）、90 岁老战士许维（右）相聚　　　　（区委宣传部　供图）

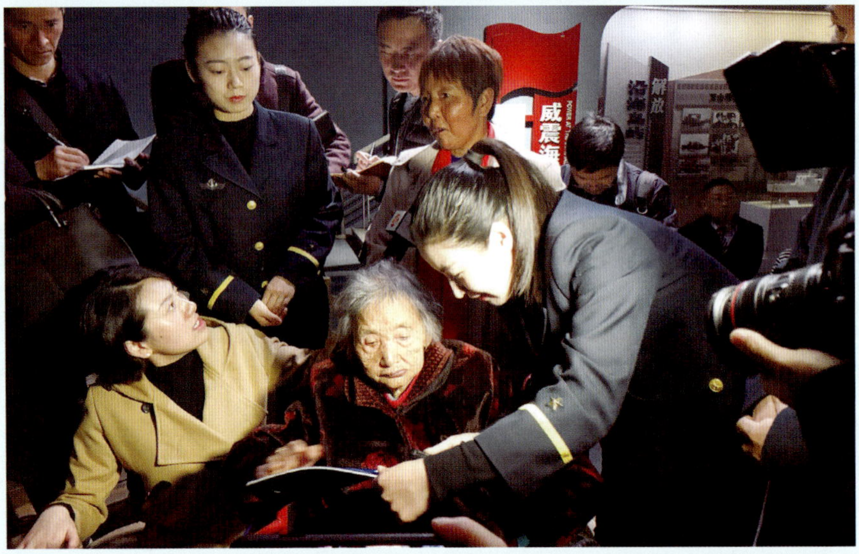

“大辫子姑娘”颜红英（女，前中）参观中国人民解放军海军诞生地纪念馆　　　　（区委宣传部　供图）

2019 年 4 月 19—20 日，高港区联合泰州市人民医院、泰州市中医院举办“纪念海军诞辰 70 周年——上海医疗界大型义诊”活动

（区委宣传部　供图）

2019年4月23日，泰州市庆祝中国人民解放军海军诞生暨渡江战役胜利70周年升国旗仪式在中国人民解放军海军诞生地纪念馆广场举行 （顾祥忠 摄）

2019年4—5月，区党史方志办举办《东线第一帆——泰州市纪念渡江战役胜利70周年档案史料图片展》。图为区四套班子负责人参观图片展 （区党史方志办 供图）

2019年9月，泰州医药高新区、高港区举办“七十如歌，砥砺同行”庆祝中华人民共和国成立70周年书画联展　（区委宣传部　供图）

2019年8月23日，区政协在高港书画院举办庆祝中华人民共和国成立70周年暨人民政协成立70周年书画摄影展　（区政协办　供图）

2019 年 9 月 17 日，高港区举行“我和我的祖国”——庆祝中华人民共和国成立 70 周年合唱比赛

（区委宣传部　供图）

2019 年 9 月 29 日，高港区举办“我和我的祖国”——庆祝中华人民共和国成立 70 周年歌咏大会

（区委宣传部　供图）

2019年8月19日，泰州医药高新区、高港区第三次联席会议召开　　（区委宣传部　供图）

2019年5月24日，高港区委中心组学习会召开　　（区委宣传部　供图）

2019年2月2日，高港区召开省委巡视高港反馈意见整改工作推进会　　（区委宣传部　供图）

2019年12月30日，中国共产党泰州市高港区第五次代表大会第三次年会召开（区委宣传部　供图）

2019年4月29日，高港区举办“青春腾辉心向党，百年筑梦兴港城”纪念五四运动100周年主题活动

（区委宣传部　供图）

2019年5月29日，市、区人大常委会联动检查高港区《中华人民共和国水污染防治法》和《泰州市水环境保护条例》贯彻实施情况。图为集中执法检查工作情况汇报会现场

（区人大办　供图）

2019年11月15日，“学习强国”江苏平台线下活动在高港区举办　（区委宣传部　供图）

2019年4月24日，区政协开展主席走访“三高融合”活动　（区政协办　供图）

编辑说明

一、《高港年鉴》是由中共泰州市高港区委员会、泰州市高港区人民政府主办，泰州市高港区党史方志办公室编纂的年度综合性、资料性文献。创刊于2010年，本卷为第11卷。

二、《高港年鉴（2020）》（以下简称本年鉴）坚持以马克思列宁主义、毛泽东思想、邓小平理论、“三个代表”重要思想、科学发展观、习近平新时代中国特色社会主义思想为指导，坚持辩证唯物主义和历史唯物主义的立场、观点和方法，全面、系统记述2019年高港区自然、政治、经济、文化、社会和生态建设等年度情况，旨在为领导决策提供参考资料，为社会各界和海外人士了解、研究高港提供翔实信息。

三、本年鉴采用分类法编辑，设类目、分目、条目3个层次，分目下视情设副分目。类目设33个，包括：年度聚焦、年度报告、大事记、区情概览、中共泰州市高港区委员会、泰州市高港区人民代表大会、泰州市高港区人民政府、政协泰州市高港区委员会、纪检监察、民主党派·工商联·群众团体、法治、军事、港口·口岸、江苏泰州港经济开发区、扬子江药业集团、经贸合作、农业、工业·建筑业、服务业、科技、经济管理、城乡建设、生态环境、文化·体育、教育、卫生健康、人力资源、社会保障、社会事务管理、应急管理、街道·镇、人物·荣誉、附录。条目为记述的基本单位，其标题采用黑体加“【 】”表示。大事记前有“△”者，表示与前所记日期相同。

四、本年鉴资料由全区各园区、镇街、部门、单位供稿，并由供稿单位领导审核。撰稿人员署名于条目之后。文中数据及有关内容由区统计局和区保密局审核把关。部分数据因统计口径不同存在差异的，以统计部门提供的统计数据为准。

五、清代及其以前使用朝代年号纪年，括注相应的公元纪年，在同一条目中只首次括注相同朝代年号的公元纪年。中华民国、中华人民共和国采用公元纪年。外币注明币种，人民币不作标注。

六、本年鉴中的机构、缩略语使用规范性简称，附录中设有部分组织机构全称、简称对照表和缩略语注释表。

七、本年鉴卷末设主题分析索引，按汉语拼音字母顺序排列。

目　录

Contents

图片专辑

Photo album

年度聚焦

Annual focus

年度报告

Annual reports

大　事　记

Chronicle of events

区情概览

Overview of Gaogang District

中共泰州市高港区委员会

CPC committee of Gaogang District

泰州市高港区人民代表大会

People's Congress of Gaogang District

泰州市高港区人民政府

People's government of Gaogang District

政协泰州市高港区委员会

CPPCC of Gaogang District

纪检监察

Discipline inspection & Supervision

民主党派·工商联·群众团体

Democratic parties & Association of industry and commerce & Mass organizations

法　治

Law operation

军　事

Military

港口·口岸

Port

江苏泰州港经济开发区

Jiangsu Taizhou Port Economic Development Zone

扬子江药业集团

Yangtze River Pharmaceutical Group

经贸合作

Economic and trade cooperation

农 业

Agriculture

工业·建筑业

Industry · Construction industry

服务业

Service industry

科 技

Science and technology

经济管理

Comprehensive economic management

城乡建设

Urban and rural development

生态环境

Ecological environment

文化·体育

Cultural activities & Sports

教 育

Work of educational department

卫生健康

Public health

人力资源

Work on human resources

社会保障

Social security

社会事务管理

Social affairs management

应急管理

Emergency management

街道·镇

Profiles of the administrative sub-districts and towns

人物·荣誉

Figures & Honors

附　录

Appendices

索　　引

Index

年度聚焦

长城汽车泰州整车项目开工建设

一、项目概况

长城汽车整车项目是由长城控股集团旗下长城汽车股份有限公司投资兴建。项目先期投资80亿元，在高港区建设汽车整车、内外饰及底盘制造项目。同时，规划实施包括汽车整车制造、关键零部件制造、汽车金融、汽车保险、共享出行等业务的汽车产业链体系，打造汽车科技产业园。

二、项目投资主体

保定市长城控股集团有限公司是集汽车及零部件、新能源等业务板块为一体的大型集团。旗下长城汽车股份有限公司是A股和H股上市企业，拥有哈弗、长城、WEY、欧拉等知名品牌，是国内著名的SUV生产企业。2018年，长城汽车累计销量达105万辆，实现营业收入超1000亿元，纳税超100亿元；2019年，累计销量106万辆，连续第四年销量突破百万。该公司多次入选"中国企业500强""中国机械500强""中国制造500强"，董事长魏建军获"改革开放40年百名杰出民营企业家"称号。

三、项目洽谈与签约

2015年，泰州港经济开发区在研究制定"十三五"规划时，立足现有汽车零部件产业基础，着眼打造长三角区域具有较强影响力的汽车产业集群，提出招引汽车整车项目的目标。2016年起，开发区招商团队着手梳理全国汽车合资和自主品牌，逐一分析战略方向、市场占有率及产业布局规律，筛选出10余个车企作为招商重点，长城汽车便是其中之一。

2016年5月开始，泰州港经济开发区招商团队几经波折，想方设法找到20余名长城公司高管的电话号码，经过30余天不懈尝试，先后联系100多次，终于与长城汽车负责采购的高级副总裁取得联系，双方洽谈正式拉上线。2016年9月7日，泰州港经济开发区党工委副书记、管委会常务副主任、招商局局长田光明带队首次拜访长城公司总部，受到长城公司高层的重视和接见，长城汽车项目的招引正式启动。

2017年，长城汽车正式确定泰州为项目备选地之一，并聘请第三方评估机构进行考察评估。7月，长城汽车向泰州等项目备选地分别提出169项问题和要求。泰州港经济开发区招商团队会同市、区相关部门，连续加班3个月，对长城汽车项目100多项投资计划进行详细分析研究，整理出3000余页答复资料，率先提交最详实的调查问卷，在竞争中占据先机。

从2016年9月7日至2018年12月底，泰州港经济开发区与长城汽车股份有限公司持续进行35轮次的跟踪洽谈。市、区两级党委、政府对该项目高度重视、大力支持，市、区负责人分别带领市、区发展改革委、经信、财政、国土、规划等部门负责人多次赴保定与长城公司高层进行深入的交流和洽谈，长城公司相关负责人也多次赴泰州实地考察。双方对长城汽车整车制造项目落户高港合规合法的实施办法及通道的细化方案，达成合作共识。

2019年2月20日，长城汽车泰州整车项目签约仪式在泰州市政府A楼贵宾第1会议室举行。副省长马秋林，市委书记、市人大常委会主任韩立明，市委副书记、市长史立军，省政府副秘书长张乐夫，长城汽车股份有限公司董事长魏建军，长城实业有限公司董事长郝建军，长城汽车股份有限公司执行董事杨志娟，长城汽车股份有限公司对外投资部副部长陈静勇出席签约仪式。市委副书记、统战部部长朱立凡主持签约仪式。市领导杨杰、张余松、张小兵、王建、陈明冠、奚爱国、沈明刚，区领导顾萍、孙宏建、赵晓玲、韩亚、蒋向荣、张汉刚、顾为进、李春荣，及泰州港经济开发区领导田光明等共同见证项目签约。长城实业有限公司董事长郝建军和常务副市长杨杰分别代表长城控股集团与泰州市人民政府签署合作协议，长城实业有限公司董事长郝建军和区委副书记、区长孙宏建分别代表长城智能科技有限公司与泰州市高港区人民政府签署合作协议。

四、项目推进与开工建设

2019年5月底，区委、区政府向口岸街道下达长城汽车泰州整车项目落户用地动迁紧急命令，要求1个月之内完成动迁任务。此次动迁涉及大石、徐桥、东南3个村居248户居民，占地面积近93.33公顷。经过紧急筹备，6月10日下午起，口岸街道230余名党员干部不分昼夜，挨家挨户做宣传、讲政策，推动动迁工作高速推进。为保证动迁工作顺利推进，工作组把动迁户的事情当成自家的事情，主动帮助搬家具、选房型、跑手续。到6月15日下午2点36分，口岸街道仅用5个日夜118个小时，就实现动迁协议签约率100%。在动迁过程中，无一户因动迁问题上访举报、无一户因遗留问题影响稳定、无一户到施工现场阻挠施工。

长城汽车泰州整车项目审批工作千头万绪，涉及面广，内容多、体量大。市、区及开发区成立三级领导小组，排定细化30项具体事项，倒排工期、挂图作战、并联推进。高港区委、区政府每周召开项目推进协调会，确保项目11月份开工建设。泰州医药高新区党工委副书记、管委会主任、高港区委书记顾萍和区委副书记、区长孙宏建带头攻坚，带队到省自然资源厅对接项目用地规划事项。在区委、区政府的推动下，区委常委、泰州经济开发区党工委书记顾为进带领区自然资源和规划分局主要负责人，多次到国家自然资源部、省自然资源厅、市自然资源和规划局请示、汇报、对接。经过前后近2个月的努力，2019年8月15日，项目用地规划处理方案得到省政府认可。

8月下旬，项目审批全面启动。审批团队发扬连续作战的精神，加班加点，全程服务，创造一个个“高港速度”：17个单体总建筑面积25万平米的图纸审查工作，在多次变更设计的情况下，审批时限仍平均压缩至2~3个工作日，较承诺时限提速60%；施工图纸设计文件审查合格证书、建设工程抗震设防审查证书并联审批，0.5个工作日即同步办结；施工合同备案、监理合同备案、安全监督备案、质量监督备案及施工许可证5个事项同步申报并联审批，仅用0.5个工作日就办结。

9月下旬，项目建设开始动工。时值盛夏，高温酷暑和梅雨汛期给施工带来很大挑战。为不影响施工进度，项目建设团队坚守一线，组织施工人员利用早晚温度适宜时段，错时进场施工，用25个日夜完成原本需要45天才能完成的78.2公顷场地平整；用30个日夜完成50万米的桩基工程。

2019年11月11日，长城汽车泰州整车项目在泰州港经济开发区汽车产业园正式开工建设。市委书记史立军讲话并宣布长城汽车泰州整车项目开工建设。长城控股集团董事长魏建军致辞。市委副书记、代市长朱立凡主持开工仪式，泰州医药高新区党工委副书记、管委会主任、高港区委书记顾萍介绍项目推进情况。市政协主席卢佩民，长城实业有限公司董事长郝建军，长城汽车股份有限公司副总裁孟祥军，市领导杨杰、张余松、张小兵、王建、陈明冠、徐克俭、张育林、沈明刚，区委副书记、区长孙宏建，以及长城汽车相关负责人蒋俊飞、陈静勇、王月出席开工仪式，并共同为项目开工培土奠基。区四套班子全体负责人，市、区相关部门负责人以及高港区各园区、镇街有关负责人参加开工仪式。

11月13日，焊装车间桩基建设全部完成。11月25日，承台基础开挖628个，共计完成63.2%。12月10日，总装车间桩基建设全部完成，车间钢结构立柱完成139根。至12月底，总装车间、涂装车间、联合站房承台基础全部完成。

（泰州港经济开发区）

长城汽车泰州整车项目施工现场　　（区自然资源和规划分局　供图）

民生实事项目

2019年，高港区实施10个民生实事人大票决项目，分别为城乡污水一体化建设工程、城乡环卫一体化及垃圾分类项目、河道疏浚整治工程、农村公路提档升级工程、第三水厂备用水源地工程、长江堤防防洪能力提升工程、活水工程、养老服务中心标准化建设工程、后街背巷整治工程、刁铺街道社区卫生服务中心异地新建项目。至年末，10个民生实事人大票决项目取得显著成效。

城乡污水一体化建设工程　由区住房城乡建设局负责实施。完成许庄街道乔杨社区、大泗镇前进村等39个村庄污水管网共计80千米建设，完成城区府东路、向阳南路、刁铺民营工业园区、泗白路、友谊港、小刘港等污水管网共计18.7千米建设，完成通扬新村、春江小区雨污分流改造。

城乡环卫一体化及垃圾分类项目　由区城管局负责实施。65辆环卫作业机动车、527辆电动保洁及运输车、8台有机易腐及餐厨垃圾处置设备、1台大件垃圾处置设备、约5万个垃圾桶购置到位并投入使用；刁铺街道、许庄街道、白马镇、胡庄镇、大泗镇5座公厕新建完成。

河道疏浚整治工程　由区水利局负责实施。完成河道疏浚整治1.15千米，实施岸坡防护2.34千米、土方1.74万立方米。

农村公路提档升级工程　由区交通分局负责实施。梁大线、张宣线、建网路、薛陈路、许杨路等25条农村公路共计30.2千米完成提档升级，同步实施道路交通安全设施、路肩备土及绿化。

第三水厂备用水源地工程　由区住房城乡建设局负责实施。在泰州二水厂引江河备用水源地新建制水能力10万立方米/天泵站，沿老通扬运河南侧新建2.4千米管径1米的浑水管线，接通三水厂至二水厂浑水管线，返供口岸水厂及三水厂制水。

长江堤防防洪能力提升工程　由区水利局负责实施。长江堤防防洪能力提升工程完工，实施2.78千米混凝土挡浪墙浇筑、2400平方米护坡维修、5300立方米背水坡培土、1.5千米截水沟浇筑、2.3千米人行便道铺设、绿化栽植等。

活水工程　由区水利局负责实施。完成张马中沟河道整治0.6千米，新建生态挡墙1.2千米，老许庄河过扬子江路建设双孔箱涵109米、建设河过扬子江路建设箱涵149米、朱庄河穿扬子江路建设桥梁1座。

养老服务中心标准化建设工程　由区民政局负责实施。口岸街道田河社区、城南社区、龙窝口社区、大石村，许庄街道许庄社区，刁铺街道关桥社区，永安洲镇永胜社区、中心社区，大泗镇佴庄村，胡庄镇胡庄社区10个标准化社区居家养老服务中心，以及口岸街道田河社区、大石村，永安洲镇永胜社区，大泗镇杨营村、二陈村，胡庄镇陈隆村、薛垛村，许庄街道管营村8个助餐点新建完成。

后街背巷整治工程　由区住房城乡建设局负责实施。刁铺关桥迁善新村、繁荣小区2个小区后街背巷完成整治。

刁铺社区卫生服务中心异地新建项目　由区卫生健康委负责实施。刁铺社区卫生服务中心分2年实施完成异地新建。至年末，完成地基施工及一至五层混凝土浇筑，主体建筑封顶，完成年度目标任务。

（区发展改革委）

刁铺街道社区卫生服务中心异地新建项目现场　　（区委宣传部　供图）

党政机构改革

一、组织实施

全省市县机构改革工作部署后，区委第一时间成立机构改革领导小组和工作专班，迅速启动改革工作。区机构改革领导小组办公室按照区委、区政府的部署，开展调研，经与省委编办、市委编办对接，并征求区领导及部门意见，综合各方面意见建议，制定《泰州市高港区机构改革方案》，于2019年1月7日提交区委常委会审议，上报市委审核。1月24日，市委办、市政府办印发《泰州市高港区机构改革方案》。2月18日，区政府将《泰州市高港区机构改革方案》上报区人大常委会备案。2月19日，召开机构改革动员部署会。2月28日，完成各部门转隶组建工作。按时完成党政机构“三定”工作。

改革谋划　区机构改革领导小组学习领会中央、省、市关于机构改革文件精神和机构编制管理规定，严格执行机构改革政治纪律、组织纪律、机构编制纪律、干部人事纪律、财经纪律和保密纪律，对表中央和省、市机构改革方案，做好政策研究对接，确定区级机构改革的路线图、时间表；区委主要负责人主动履行改革第一责任人职责，区委、区政府分管负责人履行“一岗双责”，全程指导分管部门的机构改革，协调解决有关问题；所有涉改部门均成立相应工作小组，由一把手负总责，组织实施本部门改革工作。对涉改部门的职能配置、机构设置、人员编制和运行状况等进行逐一分析研究，摸清底数，广泛听取各部门的意见、建议，并对部门职责缺位、越位、交叉重叠等问题进行梳理，找准改革重点难点，确保机构改革工作不违规、不走样、改到位，为改革提供翔实依据。

人员转隶　区机构改革领导小组注重总体谋划，研究制定《区级机关部门转隶组建工作方案》，明确人员转隶基本原则、部门分类、组织领导、实施步骤和工作要求，在人员转隶安排上，贯彻中央“不搞断崖式的精简分流”的要求，逐个部门调查摸底，精细确定转隶人数，坚持把思想政治工作贯穿改革始终。对于新任命的领导干部，引导其尽快适应角色，熟悉岗位，提升综合能力；对于职务流转的干部，引导其讲政治、顾大局、守规矩，正确对待岗位职务调整变化。根据涉改情况，将区级35个党政部门区分为涉及新组建的部门、机构整合撤并的部门、职责调整较多的部门、职责调整较少的部门以及未涉及转隶组建的部门五种类型，分类推进实施。各涉改部门制定机构编制、办公用房、印章使用及挂牌、经费资产、离退休干部移交、档案交接、宣传报道等预案，并扎实有序抓好落实。同时，强化正面宣传，深入开展政策解读，加强舆论引导，积极回应社会关切，营造良好的改革氛围。

2019年2月19日，高港区召开机构改革动员部署会

（区委宣传部　供图）

“三定”工作　根据省、市关于“三定”修订工作的政策要求，对照部门的“三定”方案、近年来国家、省、市公布取消转移下放事项文件、部门权责清单、上次“三定”以来的机构编制调整文件等规定，梳理各部门职能配置、内设机构和人员编制情况。召开“三定”工作布置会，印发《区级部门“三定”工作材料》，并成立审核小组，指导部门“三定”工作。把部门职责的调整变化作为衔接、审核的重点，对照部门上次“三定”规定，逐一比对权责清单，对接调整变化的部门职责。对存在交叉的职责，对照法律法规，逐条逐项梳理，所有调整变化都必须找到法律法规或文件依据，确保职责调整事项完整无误无漏缺。对职责表述顺序、规范用语以及部门间工作分工表述字斟句酌、规范审慎，确保职责表述全面、清晰、准确。

按照“分类推进、归口统筹、强化协调”的思路。涉及新组建的部门4个（区城管局、区退役军人事务局、区金融监管局、区机关事务管理局），整合撤并的部门3个（区委办、区委政法委、区司法局），职责调整较多的部门12个（区委组织部、区委宣传部、区政府办、区发展改革委、区科技局、区工业和信息化局、区民政局、区人力资源社会保障局、区农业农村局、区商务局、区应急局、区市场监管局），职责调整较少的部门8个（区委统战部、区财政局、区住房城乡建设局、区水利局、区文化体育旅游局、区卫生健康委、区审计局、区行政审批局），未涉及转隶组建的部门8个（区纪委监委、区委编办、区委区级机关工委、区委巡察办、区委老干部局、区教育局、区统计局、区信访局）。全区机构改革动员部署会后，涉及转隶组建工作任务的27个部门4天内全部完成班子宣布和转隶布置工作，11个新组建和单位名称变更的部门8天内举行揭牌仪式，22个涉及人员转隶的部门8天内人员转隶到位。

二、改革成效

机构设置更加优化 党政机构改革后共设置党委机构10个、政府工作部门25个，相比改革前净减少4个；内设机构设置推行大科室制，从严从紧核定263个，相比改革前净减少21个；人员编制遵循"编随事走"的原则进行统筹调剂，严格控制在现有机构编制总量内，从严核定党政部门领导职数161名，相比改革前净减少23名。通过科学配置党政部门及其内设机构，调整优化编制资源配备，打造精干高效的党政机构组织架构。

职能发挥更加协同 加强区委对全局工作的领导，建立健全和优化区委对重大工作的领导体制，组建区监察委员会，调整优化区委审计委员会、全面深化改革委员会、全面依法治区委员会、网络安全和信息化委员会、外事工作委员会、教育工作领导小组6个区委议事协调机构，并将部分办事机构设在政府部门，更好发挥区委总揽全局、协调各方的作用。明确区委组织部统一管理区委编办，统一管理公务员工作；区委宣传部统一管理新闻出版工作；区委统战部统一领导民族宗教工作、统一管理侨务工作等。强化归口协调作用，更好地发挥区委部门的职能。进一步加大职能相近、联系紧密的区级党政部门统筹设置力度，将区委农村工作领导小组办公室设在区农业农村局，将区委信访局与区信访局合署办公，将区委教育工委和区教育局合署办公等，实行党政机构合并设立或合署办公，加强党政机构的统筹设置，增强党的领导力，提高政府的执行力。通过完善区级党政机构布局，理顺党政机构的职责关系，形成党委统一领导、党政机构协同联动的运行体系。

行政运行更加高效 坚持一类事项原则上由1个部门统筹负责，改革共涉及部门划入职责44项，划出职责35项，比如，将区发展改革委的农业投资项目、区财政局的农业综合开发项目、国土部门的农田整治项目、区水利局的农田水利建设项目等管理职责划入区农业农村局等，进一步优化机构职能配置，避免责任不明、政出多门、推诿扯皮。将区民政局承担的区老龄工作委员会办公室职责、区安全生产监督管理局的职业安全健康监督管理职责划入区卫生健康委员会，加强重点领域民生工作。将涉及到"3550"改革的市场准入和投资建设审批链条上的相关事项划入区行政审批局，并制定出台《关于建立完善基层"互联网+政务服务"体系的实施意见》，推行便民服务事项"全区通办、多点办理、一站办结"改革，梳理"不见面审批（服务）"事项，下放"全区通办"事项，推动江苏政务服务网向基层延伸，建成镇街政务统一门户和村居网上服务站点，推进实体大厅与网上服务有机融合，进一步提高审批服务便民化水平。通过改革，进一步健全优化公共服务体系、政府治理体系，推动党政机构注意力和着力点聚焦到社会管理与公共服务上，不断提升老百姓的满意度、幸福感。（区委编办）

全面深化改革工作

一、健全体制机制

2019年，高港区按照上级关于机构改革的要求，将区委全面深化改革领导小组改为区委全面深化改革委员会，出台《区委全面深化改革委员会工作规则》《区委全面深化改革委员会专项小组工作规则》《区委全面深化改革委员会办公室工作细则》，进一步打通改革工作抓统筹、抓方案、抓落实、抓督办等关键环节，健全改革谋划部署、工作推进、宣传引导等机制，全面加强深化改革工作的总体设计、统筹协调、整体推进、督促落实。根据工作需要，调整区委全面深化改革委员会专项小组成员，建立健全改革专项小组方案报审、信息报送、成员单位联席会议等制度机制，织密织牢"小组联络员+成员单位分管领导+具体工作人员"三级工作网络，有效推动各项改革任务强推进、快落地、见实效。

二、细化改革举措

经济体制和生态文明体制改革方面。深化工业用地提质增效改革，建立区工业经济大数据平台，实施工业企业综合评价，对11宗

58.33公顷低效工业用地进行再开发。初步完成党政机关事业单位下属企业改革，企业股权及资产现状划转基本完成；强化区国有资产监督管理，完善12项规章制度。安全监管一体化平台升级改造到位，全区597个企业纳入平台管理，初步实现安全生产风险查找、研判、预警、处置一体化管理格局。城乡环卫一体化及垃圾分类实现市场化运作，城乡垃圾集中收运实现全覆盖。行政审批制度改革方面。在全省率先印发《企业开办、注销专区标准化指引》，推进“一窗受理、集中审批、一站办结”标准化建设，打造一站式“企业开办、注销专区”。深化“全区通办、多点办理、一站办结”改革，探索将企业登记窗口前移至镇街便民服务中心，最大限度地方便群众办事，打造“线下不见面”审批新模式。农业农村改革方面。创新建立返（致）贫预警干预机制，细化预警信息发布、核查、研判、处置模式，进一步巩固脱贫成果、提高脱贫质量。深化“三权有偿退出”改革，完成宅基地使用权退出并复垦到位，土地承包经营权、集体收益分配权退出各项工作稳步推进。创新出台《高港区新型农业经营主体信用评价工作方案（试行）》，建立新型农业经营主体差别化评价体系，综合评定信用等级，科学防范农业经营风险。民主法治领域和社会治理改革方面。深化人大代表联系群众机制，研究制定“人大代表之家”“人大代表工作室”标准化建设规范。出台《关于充分发挥政协专门协商机构作用推进政协基层协商工作的实施意见》，建成四级履职平台，反映社情民意150余条。聚焦推进区域社会治理现代化，实施“网格规范提升年”，全面提升网格规范达标率。文化体制和社会事业改革方面。出台新时代文明实践建设试点工作《实施意见》，构建“1+8+N”组织体系，基本完成区新时代文明实践中心（所、站、点）建设。建成口岸街道蔡滩社区、全民健身中心2家城市书房，并正式投入运行。完善挂牌督导制度机制，优选督导项目，强化网上督导。深化医联体建设，印发《高港区分级诊疗和双向转诊实施方案》，严格执行双向转诊月报告制度，市第三人民医院、高港中医院全年市外转诊3177人次，下转179人次；基层医疗机构上转至市第三人民医院、高港中医院4793人次。党的建设制度改革方面。全面落实机构改革实施意见，平稳有序推进党政工作部门机构改革工作，推进国企改革班子配备；创新组建“泰州高港健康长江党建护航联盟”，建立园区党建“红色联盟、整体提升”工作机制，全面推行区委常委“八个直到支部”挂钩联系机制，确保党建在“两新”领域更好地实现“两个覆盖”；提档升级区“人才十条”，进一步提高政策含金量、扩大受益面、增强吸引力。纪检监察体制改革方面。深入推进派驻机构改革，对机构改革后的50个区级机关部门（单位），以及6个区属企事业单位实现派驻监督“全覆盖”。派驻机构聚焦主业主责，加大履责力度，全年共立案17件，给予党纪政务处分15人，比上年分别增长89%和88%。持续深化监察体制改革，不断提升派出监察员办公室工作规范性和实效性。派出监察员办公室全年共监察立案35件35人，提出整改建议8次，制发监察建议4份。

三、放大改革成效

在全国率先实施特殊工时管理改革，创新“一表一案一照一报告”制度、推行《特殊工时审批指导服务手册》等做法得到人力资源社会保障部肯定，并在全国推广。升级“店小二”专业化服务，拓展服务触角至招商引资阶段，实现招商选资与项目服务“同频共振”。创新“代办+审批”新模式，推行重大项目全过程包办，助推区域营商环境持续优化，获评全省“开办企业”“建设项目施工许可”评价先进地区。完善安全生产制度体系，打造安全生产标准化创建样板地区，相关经验做法报省应急管理厅总结推广。高效组建运行区监委派出监察员办公室，统筹整合园区、镇街纪检组织监督力量，开展一体化监督，相关经验做法在省纪委会议上交流推广。镇街人大工作和建设规范化、健全统战工作机制、党的基层组织建设制度改革、城乡生活垃圾分类改革、打造社会治理“一张网”等一系列改革工作的经验做法，先后被中央和省级媒体刊物宣传推介。（王耀华）

健康长江泰州行动

2019年2月，泰州市被列为全国长江入河排污口排查整治专项行动首批试点城市。2月14日，市委、市政府在北京召开新闻通气会，宣布启动“健康长江泰州行动”。根据泰州市统一部署，高港区迅速启动相关工作。4月30日，区委办、区政府办印发《高港区“健康长江泰州行动”工作方案》。成立“健康长江泰州行动”工作领导小组，由区委主要负责人任第一组长，区政府主要负责人任组长。成立“健康长江泰州行动”指挥中心，设在高港生态环境局。

一、建立长江体检表

主要围绕沿江排口、工业、码

头、生态、水质等8个方面，查找环境问题、环境风险和生态隐患。排口排查，完成长江干流缓冲区所有入河排污口、集中式污水处理设施排口、雨洪排口、农田退水排口和混合废水排口的全排查。生态环境部相关人员对高港区申请核减排口进行现场复核。工业排查，将高港区长江干流缓冲区2千米内所有工业企业在线监测数据、视频监控、一企一档资料及全区三年来企业用水量、天然气用量接入市大数据平台。排查高永化工集中区基本情况，要求高永化工集中区按规划环评内容完善各项环保措施，完成集中区14个企业雨水系统改造，根据企业废水排放特征共安装14台COD仪、12台PH仪、4台总磷仪、2台氨氮仪。农业排查，建立长江2千米以内水产养殖单位的基础数据库。航运排查，海事部门登船检查船舶污染防治情况120余艘，对未按规定记录船舶垃圾处置台账的违法行为处罚2起；组织力量对引江河污染隐患进行排查，检查益海码头船舶防污染措施落实情况，检查其生活垃圾与生活污水收集处理情况。码头排查，组织开展“江河碧空”蓝天保卫四号行动。交通、海事、生态环境等部门联合对6个沿江港口企业进行船舶和港口码头污染防治情况的全面排查。岸线排查，开展企业情况调查，查清高港区长江沿线生产性项目基本情况，编制泰州市高港区长江沿线现状图。生态排查，召开专题会议，对动态巡查工作进行部署，此项工作接近尾声，进入数据校核阶段。水质排查，每月对古马干河高港段6个控制断面开展4次水质监测，高港段水质达到地表水Ⅲ类水标准。每月对南官河口岸闸省考核断面开展1次水质监测，2019年口岸闸断面达到地表水Ⅲ类水标准。

2019年2月，高港区落实长江禁渔期制度，组织人员清理违规网具

（区委宣传部　供图）

二、开展专项治理

重点开展沿江水体治理、长江生态修复、长江五类排口整治、饮用水源地治理、长江清废、沿江化工行业整治、港口船舶污染治理、农业农村污染治理、入河排污口排查整治等专项行动。区考核办会同8个专项行动的牵头部门制定年度、季度任务，并列入区考核平台。

沿江水体治理　实施“十百千”河道疏浚整治项目，全年投资1400万元，疏浚、整治河道43条13.5千米，疏浚土方13.4万立方米。继续实施污水管网全覆盖工程，新增15千米污水管网。开展长江岸线利用项目清理整治，共13个项目列入整治范围，10个规范整治项目完成防洪评价报告上报工作，3个需拆除取缔项目基本完成。

长江生态修复　推进长江干流岸线利用项目清理；制定长江岸边造林绿化建设方案，完成造林20公顷，建成泰州市三水厂应急备用水源地；幸福闸—泰州长江公路大桥段长江堤防防洪能力提升工程完成混凝土挡浪墙浇筑2.8千米，护坡维修1400平方米，背水坡培土1100米树木移除、清杂，培土900米4400立方米；高港区港城污水处理厂一期提标改造工程完成主体工程建设；完善高港区配套污水管网工程，实施马永路东延配套污水管道建设0.6千米、龙凤堂西路至古马干河段配套污水管道建设1.38千米等项目。

长江入河排口整治　制定长江入河排污口排查整治试点工作方案，配合生态环境部组织的排口排查，对排查出的4个非法排口进行封堵。

饮用水源地治理　高港区沿江1千米范围以及饮用水源保护区内均无化工企业。饮用水源地设置物理隔离设施，封堵搬迁老渔船至新停泊点，从源头保障用水安全。加强饮用水源地巡查，对长期滞留在二级保护区范围内的船舶进行清理。

长江清废　根据对长江固废点位的排查结果，组织口岸街道、永安洲镇对发现的问题立查即改。

沿江化工行业整治　逐企制定并上报2019年化工生产企业“四个一批”方案，泰州市高港区亦木塑料助剂有限公司完成化工设备拆除工作。编制高永化工集中区循环化改造方案。完善集污染源、风险源、环境质量监控于一体的数字化、信息化应急响应平台建设与管理，建立重大危险源及危险物质的动态管理信息库；开展企业危废规范化整治，建成园区危废收集、贮存和利用处置动态管理系统。

港口船舶污染治理　区水利局、永安洲镇、口岸街道、刁铺街道等单位组织力量对古马干河、南官河上的码头进行拆除。对南官河水闸处三无船舶进行清理，对古马干河船舶实施驱离，规范船舶停靠秩序。推进靠港船舶生活污水、垃圾采用政府财政投入的方式，通过公开招标，确定专业公司负责高港沿江靠港船舶生活污水、垃圾的接受处置。

农业农村污染治理　开展禁养区水产养殖户关停工作。落实长江岸线2千米内水产健康养殖行动“一户一策”任务清单，开展水产养殖废弃物集中收集，开展养殖户水产品质量安全督查，加强水产品及养殖水样抽检检测。督促镇街建立生态健康养殖试验示范基地。推广测土配方施肥和微肥使用，化肥、农药使用量比2015年减少7%、9%。规模畜禽养殖场粪污综合利用率、粪污处理设施设备配套率均达100%。印发《加强废旧农膜回收利用工作的实施方案》，在全区7个镇街建立10个废旧农膜回收站点，开展废旧农膜回收工作。

（高港生态环境局）

精准脱贫攻坚战

至2019年年底，全区8个市级建档立卡经济薄弱村集体经营性收入均稳定在18万元以上，且可支配收入超过35万元；全区7000元以下建档立卡低收入农户1377户2212人全部脱贫（其中兜底保障930人），脱贫率100%。全面解决“两不愁三保障”问题，全区建档立卡低收入人口基本医疗保险、健康扶贫补充保险参保率100%，低收入人口住院自付费用稳定控制在10%以内，义务教育阶段建档立卡贫困学生78人全部落实教育保障，年内改造危房88户。

2019年11月19日，泰州市举办乡镇党委“党建+扶贫”书记项目路演活动，高港区胡庄镇在活动现场展示“‘党委+支部联盟+合作社’，激发‘棚’勃生机”项目

（区委宣传部　供图）

一、组织领导

健全责任体系　区委、区政府成立由党政主要负责人为组长的扶贫工作领导小组，严格执行“一把手”负责制，召开区委常委会、政府常务会、党政联席会、领导小组会议，专题研究部署脱贫攻坚相关工作。各镇街成立相应机构，党政主要负责人定期召开会议听取汇报、解决问题、推进工作。各村居党组织书记作为第一责任人，带领“两委”班子做好具体工作，保障各项政策落实到位，形成区、镇、村“三级书记”齐抓脱贫攻坚工作局面。

健全组织体系　建立“区为主导、镇为主体、村为主力”的三级联动帮扶机制，调动一切力量、聚集一切资源、发挥一切优势，实行分级帮扶。对经济薄弱村，由区负责人和区级机关部门负责结对帮扶；对富裕村的低收入农户，由村级实施帮扶、落实包保；对小康村的低收入农户，由镇、村两级实施帮扶；对其他村的低收入农户，由区镇村三级实施帮扶，不脱贫、不脱钩。

健全政策体系　按照“标准再提高、重点再聚焦、内涵再丰富、底线再织牢”的工作要求，先后制定出台《高港区关于打赢打好脱贫攻坚战行动的实施方案（2019—2020年）》《泰州市高港区消费扶贫方案》《高港区经济薄弱村脱贫攻坚行动方案》《高港区解决农村低收入人口“两不愁三保障”突出问题实施方案》。通过发放资料、张贴海报、媒体报道等方式，加强扶贫政策宣传，提升政策知晓率和覆盖面。

二、工作举措

突出“救助+扶贫”　围绕提高救急难和综合救助整体水平，放大社会救助“1+14”系列政策效应，推动救助体系统筹化、救助管理规范化。教育扶贫方面，严格执行建档立卡贫困学生资助政策，建立贫困学生数据库，通过发放《告家长书》、开家长会等形式进行政策宣传。对已转学到其他地区的中小学建档立卡学生，发函说明情况请对方给予资助；对省外建档立卡学生来函信息进行核对反馈，确保应助尽助。健康扶贫方面，实施健康脱贫工程，深化村居综合体制改革，合理设置村居卫生服务站，开展家庭医生签约服务；全面落实“先诊疗后付费”政策，实行“一站式”服务，年内实现先诊疗后付费575人次；稳步推进低收入人口大病专项救治，年内共救治30种大病患者128例；落实困难群体资助参保、降低大病保险起付线、提高大病保险报销比例、医疗救助托底保障等政策，切实减轻困难群体经济负担，全区建档立卡低收入人口住院个人自付比例稳定低于10%。安居扶贫方面，坚持分类施策，通过新改扩建、集中安置、亲情安置等多种形式，保障全区所有建档立卡人员住房安全。对全区贫困户危房进行排查摸底，制定《高港区农村危房改造工作实施方案》，严格申报程序，实行改造进度月报制，确保危房改造质量全面达标。兜底扶贫方面，开展“六送”活动，创新建立低保边缘户救助制度，将低保边缘户生活补助标准提高到每人每年400元。创新建立救助受理制度，确保群众诉求及时得到处理。2019年，高港区被推荐为全市唯一的全省社会救助创新实践试点单位。

突出“产业+扶贫” 将脱贫攻坚与产业振兴相结合，积极打造产业扶贫企业，做大就业扶贫载体，培育创业扶贫品牌。通过发展产业促进增收。按照“宜工则工、宜农则农、宜游则游”的原则，围绕“一村一品”示范村项目打造，指导村居根据自身产业基础和资源禀赋，发展适宜的产业项目，推动村集体经济持续稳定发展。全区共有国家级“一村一品”示范村2个、省级“一村一品”示范村2个。8个经济薄弱村均落实产业发展项目，其中财政出资200万元为胡庄镇薛垛村、汪群社区、周马村、丁庄村4个经济薄弱村在农业产业园建设扶贫标准钢架大棚112个，共同组建合作社，种植瓜果蔬菜、有机大米等农作物，每个村平均增收4万元；大泗镇大马村发展睡莲荷花种植项目，二陈村建设农产品电子商务平台项目，时庄村成立物业公司；口岸街道戴集社区发展公益服务产业，有效提升经济薄弱村集体收入，解决辖区内低收入农户、零散劳动力就业问题。通过建设标准厂房增加资产收益。投入5400万元在工业园区建设5.4万平方米标准厂房，重点帮扶集体经营性收入20万元以下的27个经济薄弱村，年收益648万元；按区和村0.45∶0.55的股权分配比例，27个村年收益356.4万元，每个村13.2万元。2019年，在继续扶持27个村的同时，利用标准厂房每年解缴财政收入设立的扶贫专项“资金池”，对发展缓慢的6个经济薄弱村进行扶持。通过电商扶贫拓宽渠道。制定《电子商务进农村三年行动方案》及“一村一品一店”行动方案，组建区农村电子商务培训中心和运营服务中心，开展实用型电子商务培训，鼓励各类电商经营主体积极与经济薄弱村、低收入农户对接，通过优先聘用贫困对象，优先销售贫困对象农特产品，让电商扶贫成为促进贫困对象增收创收的新引擎。通过消费扶贫开拓市场。印发《泰州市高港区消费扶贫实施方案》，制定《高港区消费扶贫特色农产品推介目录》，涵盖粮食、蔬菜等40余种农产品；举办首届高港区经济薄弱村农产品产销对接会，邀请32个区级机关部门、23个农业企业参会，展销品种包含粮油、肉蛋、坚果、草莓、螃蟹等50余个品种，现场签约农产品30余种。全区共有50余个机关和企事业单位参与消费扶贫，全区8个经济薄弱村全年销售各类农副产品100余万元。

突出“党建+扶贫” 以党建引领脱贫攻坚，推动党建与扶贫有机统筹、深度融合。加强脱贫攻坚干部队伍建设。坚持把脱贫攻坚一线作为培养锻炼干部的主战场，“十三五”时期以来先后选派26名区级机关干部到经济相对薄弱村居担任“第一书记”，推动脱贫攻坚、筑强战斗堡垒。配强骨干力量，推行“师徒结对、红色接力”蹲苗培养计划，组织零距离跟班学习、实战式跟踪锻炼，推进村居干部队伍“雁阵培育计划”，规定每个经济薄弱村居至少确定1名年轻后备干部重点培养，帮助经济薄弱村居打造复合型后备队伍。补充新鲜血液，统一招聘6名村居年轻干部苗子到经济薄弱村居工作，为基层脱贫攻坚充实工作力量。强化基层党组织建设。加大村级基本运转经费保障力度，建立“1%强基工程”资金，全面落实村居干部报酬待遇，建立正常增长机制，增强经济薄弱村居岗位吸引力。探索建立不合格村居党组织书记调整机制，开展履职情况专题调研，对符合整改条件的村居党组织书记，通过组织提醒谈话、提交承诺书、制定整改方案等形式“扯扯耳、提提醒”，激发干事创业激情。创新开展村居干部“四季谈”，创新设立基层干部“业务顾问团”，整合区农业农村局、区财政局、区商务局等11个区级机关（部门）党建资源，为基层干部履职尽责提供业务指导和咨询服务。深入开展大走访大落实活动，按照“党建资源共享、困难群众共帮”原则，组织村居走访组与所在村居党组织实现挂钩共建。实施“党建+扶贫”书记项目。把经济薄弱村发展纳入到乡村振兴战略中，同规划、同部署、同推进，积极实施“党建+扶贫”书记项目，进一步发挥党建引领作用，推动乡镇党委书记党建项目向脱贫攻坚领域聚焦，让发展资源向经济薄弱村集聚和倾斜。胡庄镇“党委+支部联盟+合作社”、激发“棚”勃生机项目，在全市“党建+扶贫”书记项目路演活动中获二等奖，获得50万元奖金。

三、管理机制

完善动态管理机制 坚持把精准识别、精准帮扶、精准退出作为打赢脱贫攻坚战的关键之策，按照“分级负责、动态管理、群众认可”的原则，组织开展低收入人口排查识别工作，所有认定对象全部建档立卡。依托“阳光扶贫”监管系统，严格按照“两公告两比对四公示”“五签字五确认”程序，及时比对信息，落实动态管理，使稳定脱贫户及时退出、需要扶持户及时纳入。

建立返（致）贫预警干预机制　明确帮扶责任人为返（致）贫风险预警第一责任人，村“两委”干部为共同责任人，细化预警干预流程，发现有返（致）贫风险的贫困户，立即开展返（致）贫警情核查，提出初步干预建议，落实干预措施，有效解除由于各类突发、意外事件等引起新致贫或返贫隐患。建立扶贫信息联系共享制度，定期组织召开部门联席会议，对脱贫攻坚各项政策落实情况及时联系、相互通气。

完善资金投入管理机制　加大扶贫资金投入力度，坚持每年拿出上年度一般公共预算收入的“3个1%”，分别用于提高村居干部收入、村庄环境整治、社会事业发展，让村居有更多的资金用于改善生产生活条件和扶贫解困。组织动员各方面力量参与支持脱贫攻坚工作，四年来，共统筹各类扶贫资金1.6亿元，严把“分配关”“使用关”“监管关”，切实提高使用效益，保证资金安全。

（顿选义）

“不忘初心、牢记使命”主题教育

按照中央和省、市委统一部署，2019年9月16日，高港区正式启动“不忘初心、牢记使命”主题教育。在市委第三指导组的指导下，全区各级基层党组织和广大党员干部深入学习贯彻习近平新时代中国特色社会主义思想，紧紧围绕“守初心、担使命，找差距、抓落实”的总要求，组织学习教育、开展调查研究、进行检视问题、抓好整改落实，实现“理论学习有收获、思想政治受洗礼、干事创业敢担当、为民服务解难题、清正廉洁作表率”的既定目标。全区67个参加单位、900余个基层党组织、14000余名党员，聚焦主题主线，坚持从严从实，通过集中学习、集中洗礼、集中锤炼，进一步厚植爱国爱党情怀、涵养为民惠民初心、激发干事创业热情，为推进“四个高港”建设、当好全市高质量发展排头兵凝聚磅礴力量。

一、致力“全”，持续延伸主题教育参与广度

按照中央和省、市委部署要求，超前谋划、及早安排，在组织推进全区主题教育过程中，聚焦党组织发动一个不少，党员参与一个不落，为推动主题教育往深里走、往心里走、往实里走打下坚实基础。

工作责任全落实　区委主题教育领导小组切实履行主体责任，先后4次召开领导小组会议，研究落实协调部署主题教育有关工作。精细谋划制定主题教育工作方案，从启动部署、重点措施、宣传引导、总结评估、指导推动等方面，提出30余项重点工作，逐一明确具体任务、时间安排、牵头部门和责任部门，以推动全区主题教育有序有效开展。扎实抓好省委主题教育领导小组各级书记3张“责任清单”和泰州基层党支部书记6张“责任清单”，推动各级各领域党组织书记“照单履职”，确保质量标准一点不降。为切实推动“两新”组织党组织书记抓主题教育第一责任人责任落实到位，组织园区、镇街“两新”党建“三员”队伍走进企业，采取“每周一次共同学习、每月一次经验交流”方式，及时将中央和省、市、区委最新部署要求传达到位，指导“两新”组织党组织主题教育各项工作规范提升。

参加对象全覆盖　全市主题教育启动后，高港区第一时间召开区委主题教育领导小组会议、动员会议、指导组培训会议，全区67个主题教育参加单位也第一时间全部动员部署到位。领导干部带头推行“312”模式学习、带头开展“四不两直”式调研、带头推进“三听两问”式检视、带头抓牢“项目化推进”式整改，为全区面上开展主题教育做好示范。在全区建立9个区、镇两级基层党校，9月底前实现支部书记全覆盖轮训，有效提升支部书记高质量抓主题教育的能力水平。全面推行“三到三问三告知”工作模式，组织镇街领导班子成员“村村到”，镇街分工干部、村居党组织书记“组组到”，村居其他干部“户户到”，确保每个基层支部不折不扣完成规定动作，确保每名普通党员主动积极参与主题教育。

规定动作全到位　结合推进基层党支部和普通党员学习教育，创新开展“五个一”党代表工作室工作日活动，即组织在高港的210余名省、市、区党代表到近100个挂钩联系点，通过“领学一份最新文件、列席一次研讨会议、参加一次升旗仪式、办理一批实事好事、创新一种学习形式”，推动基层党支部主题教育工作规范提升。在学习党章党规等规定书目的基础上，跟进学习习近平总书记最新讲话精神、中共十九届四中全会精神，以支部为单位集中研讨4450余场次，确保学习内容掌握全；通过进村入户、个别访谈、集中座谈、问卷调查等多种途

径全面走访调研，500余名领导干部走访1.2万户，形成558篇调研报告，确保调研课题覆盖全；各级党组织围绕“七对照五排查”、“18个是否”、重大事件、典型案件和信访积案等方面，召开检视反思和找差距专题会议120余场，对本地本单位存在的问题进行全面分析，确保检视问题排查全；坚持自我革命，引导推动各地各单位奔着问题去、追着问题跑，通过应查尽查、即知即改，保证整改落实措施全。

二、聚焦“深”，持续拓展主题教育学研厚度

全区上下始终瞄准全市高质量发展排头兵的目标定位，做到学深一层、改深一步，切实把问题找准，把工作做细。

突出“学深悟透” 创新打造“四用”模式，即用口“说”出思考领悟，用耳“听”出初心使命，用脚“走”出红色印迹，用手“做”出惠民成效，通过开设“初心故事·FM”频道、组织党员走进“四馆”等形式，推动党员在学思践悟中不断坚定理想信念。在各领域近750个基层党支部开办“初心讲堂”，每天统筹30分钟左右时间，安排1名党员领学原著原文，2名党员交流心得体会，每天集中学习研讨，成为党员的习惯，自发学习的热情进一步高涨。举办全区主题教育“初心宣讲团”报告会，500余名党员干部现场感悟榜样力量，引导广大党员见贤思齐、担当作为。鼓励各地各单位利用各类网络载体开展学习教育，推行推荐一些要点、留下一句感悟、提出一项建议“三个一”学习模式，定期组织党员分享学习内容、“晒”出心得体会、开展集中测试，引导党员之间相互学习经验做法。

突出“走深研透” 紧扣区委确定的12个种子课题、56个重点课题，以及群众反映比较强烈的43个热点难点问题，组织全区党员干部依托大走访大落实新风行动、党代表工作室工作日、“周末高港·党员关爱服务行动”等载体，找准查实问题所在，挖深析透问题根源。区四套班子领导带头、各地各单位积极跟进开展调研成果交流会，推动调研成果效益不断放大。区委书记顾萍带头，以“把践行初心使命作为终身课题和永恒追求”为题，为全区党员干部上专题党课。10月底前，全区450余名党员领导干部全部到所分管领域、基层单位讲授党课，回应社会关切，有力指导实践。为扩大调研成果影响力，10月下旬，组织全区90余个走访组组长，结合推进新风行动，围绕贯彻习近平新时代中国特色主义思想、落实乡村振兴战略，到挂钩村（社区）为农村党员干部讲授党课，受到普遍欢迎。

突出“剖深析透” 以彻底的自我革命精神，精确对照党章、准则、条例，联系近年来高港发生的重大事件、典型案例、信访积案等，查找问题，切实把各级班子存在的问题查准查透、把党员干部个人存在的问题挖准挖透。紧密联系自身思想和工作实际，选择谈话对象开展谈心谈话，谈参加主题教育的收获体会，谈守初心、担使命方面的差距不足，谈整改落实的具体措施和意见建议，期间上级党组织共为下级党组织提出意见700余条。积极响应市委书记史立军向全市发出的“大兴实干之风、致力高质量发展”号召，在全区大兴实干之风，引导党员干部勇于担当、积极作为，在全区67个单位中开展“新时代泰州实干作风”大讨论活动。区委常委带头，利用11月16日上午、18日上午2个半天召开主题教育学习研讨暨新时代“实干作风”专题讨论会。区党政领导班子成员围绕“新时代我们需要什么样的实干作风”主题，聚焦项目建设、营商环境、作风建设、城市建设等方面深入探讨并提出问题对策。

三、紧扣“实”，持续提升主题教育落实热度

习近平总书记在河南考察时提出“四个注重”的重要要求，为推动第二批主题教育高质量开展指明方向、提供遵循。高港区深入贯彻习近平总书记重要讲话精神，推动“四个注重”在基层落地生根。

将“分类指导”落到实处 注重加强对机关、农村、社区、“两新”组织等领域党组织的分类指导，推动主题教育在各领域实现“有效覆盖”。创新举办区级机关“高标准抓好主题教育，助推机关党建高质量发展”现场观摩会，组织区住房城乡建设局、区人民检察院、区党史方志办等单位围绕高标准抓好主题教育，促进党建与业务工作深度融合进行交流探讨。依托“书记项目”展示交流、“两新”组织党建工作“众筹共享”培训等载体，组织各领域基层党组织展现主题教育中的特色做法，推动主题教育向纵深发展。

将“减轻基层负担”落到实处 按照省、市委统一部署，聚力高效推进村（社区）“牌子乱象”清理规范工作，坚持问题导向、目标导向、效果导向，既做好减负的“减法”“除法”，又做好增效的“加法”“乘法”。共集中清理各类牌子6500余个，新制作或规范“一徽”52个、“一标”43组、“四牌（二牌）”333块、可抽换式室内标识牌2093个，所有村（社区）办公场所牌子真正做到“撤有原则，挂有依据”，“牌子乱象”得到有效清理规范。

将“开门抓教育”落到实处 全面推行“五晒”工作法，坚持“开门”搞教育，注重在调查研究、检视问题、整改落实过程中深入基层、深入群众，通过广泛听取意见、开展随机测评等方式，邀请群众参与，接受群众监督，交给群众检验，确保主题教育深入人心、深得民心。把群众关切的问题是否真正得到解决、权益是否真正得到保障、生活是否真正得到实惠作为评判主题教育工作的最终标准，以扎实的行动和实际成效向组织和群众交上一份满意的答卷。坚持“群众导向”，请群众参

与、让群众监督、由群众评价，“面对面”“背靠背”听取群众意见，“个别听”“集体谈”收集群众诉求。及时公开整改落实情况，对群众不满意不认可的坚决“返工”“补课”。

将“群众最忧最急最盼的紧迫问题”落到实处 突出联动攻坚，注重破解难题“有的放矢”，建立上下衔接、整体联动的工作机制，群策群力解难题。各责任部门、行业系统对照问题破解思路，逐条列出整改措施，逐一给出整改方案，协同攻关、共同答题，下大力气解决好群众的操心事、烦心事、揪心事，让群众充分感受到主题教育带来的新变化新成效。面对农贸市场及周边环境“脏乱差”，区农贸市场长效管理领导小组办公室在主题教育中坚持“先改起来”，牵头开展联合整治专项行动，共整治出店经营15个，清理占道广告牌8块，引导40余处摊点入市经营。刁铺街道通太社区坚持把主题教育与社区治理相融合，成立“红心”管家服务队，社区党员干部“红心”管家重点聚焦小区环境管护、基础设施维护、邻里纠纷协调等，让群众情可诉、难可解，大事小事有人管。

四、注重“严”，持续加大主题教育督导力度

坚持将严督实导作为推进主题教育高质量的有力抓手，充分发挥各级指导组传动轴、加速器、智囊团、连心桥的作用，为主题教育高质量开展提供有力的支撑和坚实的保障。

严把质量标准 精心挑选40名党性强、业务精的党员干部组建8个区委指导组，每个组负责指导8~9个单位，实现全区67个参加单位主题教育联系指导全覆盖。全面推广“三清单一跟踪”工作法，从党组织、党员、指导组3个层面，分别制定主题教育单位工作任务清单、党员个人任务清单、指导组工作清单，实行实时跟踪、及时汇总。多次专题召开指导组会议，及时传达省、市委主题教育办公室最新要求，针对各地各单位主题教育实施方案、调研报告、专题民主生活会班子及个人检视剖析材料等重点文件，实行班子主要负责人、指导组组长、主题教育办“三级把关”，对67个单位的重要材料逐一进行反馈，并跟踪整改到位，切实做到深化学习研讨成果，打牢思想基础，增强各级领导班子及成员抓好重点环节重点工作的行动自觉、思想自觉。

严格过程管理 区委主题教育办公室认真履行统筹协调、组织推进职能，积极协助区委各指导组开展督导工作。创新实施“主任带队直到第一薄弱点、督查指导直到第一问题源、结果反馈直到第一责任人”的做法，得到市委主题教育办公室、市委第三指导组的高度肯定，在全市范围推广。区委主题教育领导小组定期抽调办公室成员组成督导小组，先后5次分赴各地各单位开展实地督导，各督导组通过查阅相关资料、走访年老体弱党员、与支部党员座谈交流等方式，准确掌握各单位主题教育开展情况“第一手资料”，查找存在的短板和不足，形成客观翔实的问题清单，反馈给各单位整改。

严抓整改实效 组织开展“听言察行问策”活动，聚焦老党员、年轻党员、流动党员、“两新”组织党员等薄弱群体，采取“四不两直”方式，随机抽取访谈对象359名，了解四类群体在主题教育中的参与程度、接受程度、满意程度，发现186个个性化问题，梳理28条意见建议，先后发出反馈意见、工作提醒单20余份，督促被督查单位限期整改提升。注重开展质量跟踪监测，采取“单位汇报、组长点评、民主评议”方式，投票确定各单位评价等次，督促各单位在交流中相互学习、寻找差距、取长补短，以“红脸出汗”的方式营造比学赶超的良好氛围。

全区主题教育高起点开局、高标准推进，取得较好成效。省、市委指导组多次莅临高港区调研督导，认为高港区主题教育政治站位高、要求把握准、工作措施实、亮点特色多。全区发布各类宣传报道120余篇，其中省级以上采用15篇，市级以上媒体采用48篇，本地主题教育工作的影响力不断提升。刁铺街道“三条良策破解基层主题教育三道难题”的典型做法得到省委第三巡回指导组的高度肯定，并在全市推广。群众微心愿·党员来接单、打造“初心熔炉”、创新流动党员参与主题教育方法路径等做法，被“学习强国”App、《新华日报》、江苏卫视等媒体宣传推介。高港区在实践中探索推行“第一督导法”、“听言察行问策”活动，既了解主题教育开展情况，也听取意见建议，有效推动主题教育高质量。 （区委组织部）

年度报告

勇立潮头 自强争先 奋力当好全市高质量发展排头兵（摘要）

——在区第五次党代会第三次年会上的讲话

区委书记 顾 萍

2019年12月30日

一、牢牢把握高质量发展要求，持续筑牢当好排头兵的坚实基础

今年以来，面对复杂多变的宏观形势，区委把深入学习贯彻习近平新时代中国特色社会主义思想作为统领一切工作的总纲，团结带领全区上下全面落实中央和省市委决策部署，统筹推进改革发展稳定各项工作，经济社会发展和党的建设取得新成效，高质量发展迈上新台阶。

一年来，我们以量质并举为追求，不断提升经济实力。认真落实中央“八字方针”，扎实做好“六稳”工作，稳的基础不断巩固、进的态势更加明显。预计全年实现地区生产总值620亿元，增长7.5%；一般公共预算收入42.06亿元，增长2.7%；固定资产投资增长10%；规模以上工业增加值、利润分别增长10%、15%。聚力聚焦项目建设。开展项目招引突破提升、创新苗圃集聚发展、百企智能升级改造三大行动，全年新签约、新开工、新竣工亿元以上项目分别达249个、72个、65个，预计实际利用外资和港澳台资2亿美元，继续保持全市前列。先期投资80亿元的长城汽车整车项目开工建设，圆了全市人民的“汽车整车梦”。做大做强实体经济。加快企业转型升级，新增通过“两化融合”管理体系贯彻标准评定企业11家，在全市率先实现规模以上企业“上云”全覆盖，制造业高质量发展工作获省政府表彰。深入实施“质量强区”战略，以最高分获批国家知识产权强县工程示范区。3家企业参与国家或行业标准制定，新注册商标增长17%，通过省级品质城市标准化试点验收。扬子江药业集团利税首次突破百亿元，连续五年蝉联中国医药工业百强榜榜首，徐镜人董事长获江苏省质量奖唯一个人奖。提升提优营商环境。坚决落实中央和省市减税降费政策，修订出台工业、开放、创新、人才“四个十条”，新增减税降费12亿元左右。常态化开展政银企对接活动，累计帮助企业转贷6.95亿元。严格实行区领导挂钩联系重大项目、重点企业制度，健全完善企业问题收集处理解决机制，微观主体活力更加强劲。

一年来，我们以三大攻坚战为重点，不断补齐发展短板。坚持底线思维，针对存在问题科学施策、精准发力。严格防范化解风险。加大政府性债务化解力度，建立风险评估预警机制，超额完成年度化债任务。强化对地方金融从业机构的实时监管，严厉打击非法集资、“套路贷”等非法金融活动，区域金融生态持续向好，在全省县域金融生态环境综合评估中排名第6。持续巩固脱贫成果。围绕“两不愁、三保障”要求，创新建立返（致）贫预警干预机制，不断丰富“六送”内涵，全区8个建档立卡经济薄弱村和7000元以下建档立卡低收入农户全部脱贫。强化对口合作、协作，密切与辽宁本溪平山区的对接交流，助推陕西淳化县“脱贫摘帽”。全力优化生态环境。深入开展“健康长江泰州行动”，抓好中央和省市环保督察、巡察、巡视等反馈问题整改，“两违三乱”问题全面整治到位，$PM_{2.5}$平均浓度同比下降3.1%，空气质量优良天数比例提高3个百分点，省考、市考断面水质持续稳定达标。实施“绿满高港”行动，完成春江生态湿地等5个生态修复工程，新增绿化面积50万平方米、造林面积1508亩，创成省级生态园林城市，获评全国绿化模范区。

一年来，我们以开放创新为动力，不断加快动能转换。着眼于建设“大开发区”“大创新区”，区域发展的竞争力进一步增强。坚持目标需求抓改革。创新建立科技、金融等“店小二”团队，推行“代办+审批”与专业化服务集成融合，获评全省“开办企业”评价先进地区、“建设项目施工许可”评价先进地区。推进工业用地提质增效改革，盘活处置低效用地1680亩。高效完成党政机构改革，大力推进国企改革，在安全生产标准化创建、特殊工时管理、能级工资集体协商等方面，形成了一批改革品牌。建强平台载体抓开放。加快园区特色发展，汽车及零部件产业园创成省特色创新（产业）示范园区，核心港区创成省级粮食物流产业园，泰州港经济开发区跻身省级开发区前五，继续领跑苏中苏北。持续提升港口能级，保税物流中心（B型）申报和泰州港综合物流园建设加快推进，全年集装箱吞吐量达35万标准箱。突出蓄势赋能抓创新。深入开展“新时代科技新长征”活动、科技服务“春耕行动”，获批高新技术企业40家、省市研发机构17家。注重大院大所建设实效，中科院智能制造研究院成功孵化，引进落户爱码信、视觉检测等6个项目，2家企业入驻南理工测控研究院，中航704所智能感知与信息服务产业联合创新中心成功落户并揭牌运行。继续开展“百日百名”引才竞赛活动，引进高层次人才（团队）300余名，其中3名人才成功入围省“双创计划”。反映区域科技综合实力的三项指标中，高新技术产业产值占比达57%，全社会研发投入占GDP比重达3.75%，万人发明专利拥有量达38.73件，继续保持全市领先、全省前列。

2019年2月19日，中国科学院自动化研究所泰州智能制造研究院产业基地揭牌
（区委宣传部　供图）

一年来，我们以人民满意为标尺，不断增进民生福祉。始终把群众的“表情包”作为检验工作的“晴雨表”，积极回应群众新期盼、满足群众新需求。提升城市品质。扎实推进“城建惠民”两年行动计划，全年实施重点城建项目55个，总投资139亿元，维景国际大酒店、明发商业国际广场等城市新地标建成运营，东方明珠二期城中村、园中村动迁和老旧小区、后街背巷改造等民生工程全面完成，高港大道城市化改造、凤栖湖公园、雕花楼景区二期加快建设。推进乡村振兴。深化农业供给侧结构性改革，创成“国家农产品质量安全县”。招引规模以上农业项目33个，白马镇陈家村创成全国“一村一品”示范村，现代农业产业园创成省级一、二、三产业融合发展先导区。加强农村人居环境整治，全力推进“1123”示范镇村建设工程，城乡环卫一体化及垃圾分类治理实现全覆盖并在全市推广，城乡生活污水治理相关做法得到省人大执法检查组肯定，许庄街道蔡庄村、乔杨社区和胡庄镇宗林村获评全国“千村万寨展新颜”村庄。优化公共服务。坚持把就业创业摆在重要位置，城镇登记失业率继续保持全市最低，城乡居民人均可支配收入增长9.2%。着力打响高港教育品牌，中考、高考再创佳绩，素质教育专项考核全市第一。市区医联体建设持续深化，市三院门急诊楼扩建工程竣工，省级卫生镇实现全覆盖，许庄街道创成国家级卫生镇。养老事业健康发展，在全市率先实施政府购买居家养老服务。开展“大江系列”、全国象棋青年大师赛、乡村旅游节等活动，群众精神文化生活丰富多彩。高质量完成军转安置工作，区镇村三级退役军人服务保障体系初步建成。加强社会治理。深化平安高港、法治高港建设，创新全要素网格化社会治理机制，纵深推进扫黑除恶专项斗争，全区公众安全感、法治满意度继续保持

2019年10月18日，高港区召开"不忘初心、牢记使命"主题教育指导组工作会议　（区委组织部　供图）

全省领先。深入开展安全生产大检查、大排查、大整治，高质量完成国务院安委会和省安全生产巡查组反馈问题整改，安全生产形势平稳向好，连续15年未发生较大及以上事故。

一年来，我们以主题教育为主线，不断深化党的建设。深入践行新时代党的建设总要求，认真履行管党治党主体责任，以更强意识、更多举措、更大作为推进全面从严治党。强化政治引领。聚焦践行新思想深入开展专题调研，解决好"理解不深入、行动跟不上、落实缺乏创造性"，回答好"九个有没有""六个为什么"的问题。扎实开展"不忘初心、牢记使命"主题教育，创新推行"三到三问三告知"工作模式、"312"学习模式和"三清单一跟踪"督导模式，从严从实抓好专项整治，推动广大党员"守初心、担使命，找差距、抓落实"。强化理论武装。发挥区委理论学习中心组带头作用，常态化举办读书班、中心组学习、领导干部能力建设讲坛、专题党课等，开展新中国成立70周年、人民海军成立70周年系列庆祝活动，推动主旋律更加响亮、正能量更加强劲。严格落实意识形态工作责任制，建成新时代文明实践中心（站、所）72家，"学习强国"党员覆盖率、活跃率全市领先，互联网信息直报工作连续三年全省第一，基层党员冬训工作实现全省先进区"六连冠"。强化组织建设。用好"三项机制"，常态化评选"骏马奖""蜗牛奖"，实施职务与职级并行制度，激励广大干部担当作为。聚焦基层党建热点难点问题，深入推进163个"书记项目"，创新组建"健康长江党建护航联盟"，推广实施村居干部队伍"青黄续接"工程，推动各领域党建工作齐头并进、均衡发展，非公党建培训连续7年获省"优秀"等次，党员电教制片工作获中组部表彰。强化正风肃纪。落实"基层减负年"要求，深入整治形式主义、官僚主义。扎实推进省委巡视反馈问题整改，持续深化政治巡察，组建并高效运行区监委派出监察员办公室，创新推行"互联网+监督"，始终保持惩治腐败高压态势，切实营造风清气正的政治生态。此外，积极支持人大、政协履职尽责，开展"五级人大代表回选区访选民·助力打好碧水保卫战"等活动，打造"代表之家""代表工作室"标准化"高港样板"；专题召开区委政协工作会议，"有事好商量"协商议事模式全市推广。不断加强对党管武装、统一战线、史志档案、老干部、工青妇、老区建设、关心下一代等各项工作的领导，团结奋进、和衷共济的良好政治局面进一步巩固。

中流击水，奋楫者进。一年来的奔跑追梦，拼出了综合实力的持续攀升，换来了人民生活的更加美好。成绩的取得，离不开市委市政府的坚强领导、有力支持，离不开全区各级党组织和广大党员干部的改革创新、实干担当，离不开全区上下的同心协力、团结拼搏！在此，我代表区委，向辛勤奋斗在全区各条战线上的广大党员干部群众，向长期以来关心支持高港发展的社会各界人士，表示衷心的感谢和崇高的敬意！

在肯定成绩的同时，我们也要清醒地看到，当前经济社会发展中还存在一些问题。对照经济高质量发展的要求来看，企业创新力、产业竞争力还不够强，服务业发展相对滞后，大项目、好项目仍然偏少。对照群众对美好生活的向往来看，教育、医疗、养老等优质公共服务供给相对不足，城市功能还不够完善，生态环保、安全生产、金融等领域的风险不容忽视，保障和改善民生还需付出更多努力。对照大兴实干之风的导向来看，少数党员干部勇于担当的责任意识有待增强、引领发展的能力水平有待提高。对此，我们要高度重视，采取有效措施，切实加以解决。

二、弘扬"高港精神"、大兴实干之风，坚决扛起当好排头兵的使命担当

把握大势才能主动应变，明确方位才能找准方向。当前，国内外形势正在发生深刻复杂的变化。从国际看，世界经济处在国际金融危机后的深度调整期，全球动荡源和风险点显著增多，经济全球化遭遇更大的逆风和回头浪，供应链和产业链布局受到冲击，低增长、低通胀、低利率、高债务、高风险的"三低两高"特征逐步显现。同时，经济全球化的大势没有变，科技创新正有力推动全球经济结构调整，积极因素越来越多。从国内看，我国

正处在转变发展方式、优化经济结构、转换增长动力的攻关期，结构性、体制性、周期性问题相互交织，“三期叠加”影响持续深化，经济下行导致各类风险水落石出效应可能进一步显现。但更要看到，我国经济稳中向好、长期向好的基本趋势没有改变，发展新动能正在加速孕育和成长，资源配置效率和发展质量效益正在提升，必将推动中国经济这艘巨轮行稳致远。从自身看，我们正加快爬坡过坎、转型出关，面临着做大经济总量与提升发展质量的双重任务，面临着外部环境冲击与内部风险增多的双重挑战，面临着加快补齐短板与要素资源短缺的双重压力。但也要看到，高港拥有坚实的产业基础、独特的资源禀赋、优良的发展环境，只要我们保持定力、坚定信心，在百年未有之大变局与新时代的相互激荡中精准识变、科学应变、主动求变，未来高港的发展质态必将越来越好，发展前景必将越来越广阔。

形势越是复杂、任务越是艰巨，越是需要我们振奋精神、迎难而上、做强自己。高港一直是一方激情燃烧、昂扬向上的创业热土，建区22年取得的发展成就，靠的就是“勇立潮头、自强争先”的“高港精神”。从“精神状态也是生产力”这一传家宝，到“开拓、进取、实干、团结”的建区创业精神，再到“自立自强争一流、敢闯敢试勇开拓、能干肯干善担当”的新时代高港实干之风，这些都是“高港精神”的生动体现。这一精神，契合了高港滨江近海的地理特征，体现了大江儿女一以贯之的精神风貌和矢志追求。站在“两个一百年”奋斗目标的历史交汇期，我们要进一步传承和弘扬“高港精神”，激励全区上下勇立潮头、自强争先，在高质量发展的道路上不断跨越关口、始终走在前列。

勇立潮头、自强争先，必须坚定目标，加快跨越赶超。当好全市高质量发展排头兵，是市委对我们提出的明确要求。落实这一要求，我们要确立“保持增速领先，实现份额提升”的高定位目标追求，确保主要经济指标增速保持全市领先、进入全省前列，占全市比重持续攀升；确立“产业特色集聚、载体功能完善”的高质量转型路径，致力培育构筑产业高地、提升园区功能特色、放大港口岸线优势；确立“宜居宜业宜游、精品精细精致”的高品质城建方向，加强沿江生态保护、优化城市功能形态、统筹城乡一体发展。要打牢基础、厚植优势。经过多年的接续奋斗，高港的发展已经迈上了新的台阶，项目建设持续突破，主导产业不断壮大，园区发展蒸蒸日上，特别是扬子江药业、长城汽车等一批龙头企业的集聚带动，为未来发展提供了支撑、积蓄了动能。我们要立足现有基础、谋划长远发展，聚焦重点求突破，发挥优势创特色，在高水平上再提升，在高平台上再跨越。要顺势而为、乘势而上。当前，长江经济带、长三角一体化等重大战略交汇叠加，特别是泰州打造江苏高质量发展中部支点城市，推动市区一体化发展，必将重塑区域发展新格局，为高港赋能升级、跨越赶超提供了强大动力。我们要敏锐地发现机遇、用好机遇，下好先手棋、打好主动仗，进而创造更大的机遇。要肩负使命、不负重托。市委五届九次全会提出了“一高两强三突出”的目标要求，如何交出让市委和群众满意的答卷，考验的是我们的能力水平，体现的是我们的责任担当。我们要坚持用奋斗作答、用实干回应，集中精力抓经济、心无旁骛谋发展，以实际行动彰显排头兵担当、作出排头兵贡献，不辜负市委的殷殷重托。目标催人奋进，使命无比光荣。全区上下要始终坚持一张蓝图绘到底、一任接着一任干、一锤接着一锤敲，向着“强富美高”一路高歌，向着“基本实现现代化”阔步前进！

勇立潮头、自强争先，必须解放思想，强化系统思维。面向未来，最根本的是要在对标对表新思想中持久深入地解放思想、统一思想，使我们的思想和行动彻底地告别“过去时”、适应新时代。要遵循规律。不论是“迈过产业、园区、港口高质量发展的坎”，还是回答好“沿江生态保护、滨江城市形态、城乡统筹发展”三个课题，都是一项长期的系统工程，都有其内在科学规律。要坚持顶层设计与分类指导相结合、统筹兼顾与重点突破相结合，辩证考量各方因素，准确把握内在规律，不断增强工作的前瞻性、系统性、科学性，在高质量发展的征程中不走错路、少走弯路、避免走回头路。要善于创新。当前的高港，既有发展中积累的一些老问题，还会遇到各种各样的新问题，如果不能打破惯性思维和路径依赖，矛盾就会越积越多、包袱就会越背越重。要勇于反思自我、敢于突破传统，找到“牵一发而动全身”的关键、“一子落而全盘活”的棋眼，不断优化发展思路、创新发展方式，努力提供更多范例、创造更大优势。要守住底线。发展的经验和教训告诉我们，不管形势任务如何变化，都必须牢牢守住“稳”这个根本前提，决不能片面追求速度和规模，决不能以牺牲安全、牺牲环境为代价换取发展，决不能对潜在的风险、积累的问题视而不见。要坚决守住稳定、安全、廉政、生态“四条底线”，把各项工作考虑得更加周全，把预警措施安排得更加细致，统筹兼顾、防患未然，从容不迫走好自己的路。实践发展永无止境，解放思想永无止境。全区上下要深入推进思想大解放，切实把新思想融入到血液里、落实到行动上，以新一轮改革开放激发动力活力、让新一轮发展春潮激荡港城大地！

勇立潮头、自强争先，必须奋发进取，永葆干事激情。在波涛汹涌、你追我赶的时代大潮中，只有确立更高的目标、付出更多的努力，才能赢得更好的未来。要成绩归零不自满。虽然我们已实现全市综合绩效考评“九连冠”，并获得全省首批“高质量发展先进区”，但过去的荣耀绝不是值得炫耀的资本，必须清醒看到，现在我们的不少指标已接近“天花板”，今后指标上升的压力将会越来越大。我们要切实增强危机感和紧迫感，时刻保持“归零”心态，不满足于按部就班、不陶醉于过往成绩，更大力度去拼去闯，推动各项工作再上新台阶、实现新跨越。要比学赶超不止步。当前，区域竞争日趋激烈，发展稍有迟滞，标兵就会越来越远，追兵就会越来越近。这次全市项目观摩活动和市委全会，兄弟市区项目建设如火如荼，争先目标气势逼人。我们的对标城市太仓，也明确了“四大两提一进”的奋斗目标和发展路径。面对百舸争流、不进则退的发展态势，全区上下要进一步激发攀高比强的斗志。立足全市，比干事创业精气神、比项目建设含金量、比营商环境小气候、比人民生活幸福感，敢于做“鲶鱼”、勇于当先锋；放眼全省，以更广的视野谋划发展、以更强的斗志追赶标杆，全省争一流、全国当先进。要担当作为不懈怠。我们面临的“时”与“势”，迫切需要把推动各项任务的落实落地作为重中之重，迫切需要各级党员干部争当善作善成的实干家。要坚持“功成不必在我、功成必定有我”，勇挑最重的担子、敢啃最硬的骨头，撸起袖子加油干，众人划桨开大船，用火红的“奋斗指数”换取过硬的“发展指数”，用过硬的“发展指数”赢得满满的“幸福指数”。气可鼓不可泄。全区上下要始终保持奋发有为的最佳姿态、真抓实干的最好状态，铆足干劲、众志成城，再造一个激情燃烧、干事创业的火红年代！

三、与时俱进深化“四个高港”建设，扎实推进当好排头兵的关键举措

2020年是全面建成小康社会和“十三五”规划收官之年，是贯彻落实十九届四中全会精神开局之年，也是“四个高港”建设提升之年。明年工作的总体要求是：以习近平新时代中国特色社会主义思想为指导，全面贯彻党的十九大和十九届二中、三中、四中全会精神，深入贯彻中央经济工作会议和省委十三届七次全会、市委五届九次全会精神，坚决贯彻党的基本理论、基本路线、基本方略，紧扣“强富美高”总目标，突出高质量发展总导向，坚持稳中求进工作总基调，自觉践行新发展理念，以供给侧结构性改革为主线，以改革开放为动力，坚决打赢三大攻坚战，全面做好“六稳”工作，扎实推进“一高两强三突出”，确保高水平全面建成小康社会和“十三五”规划圆满收官，凝心聚力谱写“四个高港”建设新篇章。

明年经济社会发展的主要预期目标是：地区生产总值增长7%左右，一般公共预算收入增长2.5%以上，固定资产投资增长8%左右，城乡居民收入增长高于经济增长，节能减排完成市交目标。

明年要抓好“三件大事”：一是深入学习贯彻党的十九届四中全会精神，推进社会治理体系和治理能力现代化。贯彻落实十九届四中全会精神，就要毫不动摇地坚持和完善党的领导制度体系，不断提高科学执政、民主执政、依法执政水平，推动制度优势转化为治理效能。聚焦区域发展治理、区域创新治理、城乡发展治理、产业发展治理、安全生产治理、生态环境治理、政务服务治理、公共服务治理等重点领域和关键环节，固根基、扬优势，补短板、强弱项，加快探索符合实际、系统完备、运行有效的制度体系。坚持以人民为中心的发展思想，着眼于“更好的教育、更稳定的工作、更满意的收入、更可靠的社会保障、更高水平的医疗卫生服务、更舒适的居住条件、更优美的环境、更丰富的精神文化生活”，从体制机制上解决群众最关心、最直接、最现实的利益问题，以良好健全的制度保障人民群众对美好生活的向往。二是确保完成高水平全面建成小康社会重点任务，全面开启现代化新征程。对照全面小康监测指标体系，紧盯“全面性”“高水平”两个基点，认真排查、逐项梳理、精准发力，坚决打好高水平全面建成小康社会“收官战”，顺势向基本实现现代化宏伟目标迈进。三是全力冲刺“十三五”规划，科学编制“十四五”发展规划。坚持目标导向和问题导向相统一，全面规划和突出重点相协调，战略性和操作性相结合，以决战决胜的姿态冲刺“十三五”规划“最后一公里”，及早谋划“十四五”规划思路举措，科学确定未来五年“四个高港”建设的发展路径。在此基础上，重点抓好以下工作：

1.突出质量效益，在打造实力高港上实现新提升。突出工业立区、产业强区，更大力度推进产业结构升级、技术创新升级、载体平台升级，努力实现高质量的转型跨越。要以项目为龙头，提升产业集聚度。突出项目为王、质量至上，以“重大项目攻坚年”为抓手，扎实开展“三比一提升”行动，更加注重项目含金量、含新量、含绿量，确保明年新签约、新开工、新竣工5亿元以上项目占全市比重均达15%以上，实际利用外资和港澳台资2.3亿美元。提升产业层次，突出大健康、高端装备制造等主导产业，持续强链补链扩链，打造两大千亿级产业集群；突出大数据、5G通信、人工智能等新兴产业，综合运用产业链、资本链、创新链开展靶向招商，加快招引一批总部经济、头部企业；突出现代物流、高端商贸、康养旅游等服务业，立足资源禀赋、注重精准策划，有针对性地补齐短板、做大总量。创新招商方式，坚持把招商作为“一把手工程”，各级党政主要负责人都要把主要精力放在项目上，冲在招商第一线，亲自抓、带头抓、主动抓；分类组建主导产业、特色产业专业招商团队，增强招商

选资组织化程度；积极探索公司化招商模式，推行专业招商和委托招商，全面提高招商效率。优化服务保障，总结长城汽车整车项目招引建设经验做法，持续深化“店小二”专业化团队服务，及时帮助协调解决项目建设中遇到的审批、环评、拆迁、土地、资金等问题，推动项目早开工、早投产、早达效。严格项目考核，调整优化项目建设考核体系，推动由单纯的数量追求转到重点抓大项目好项目上来、由漫天撒网式的招商引资转到高水平的项目谋划上来、由粗放的园区发展转到科学发展上来。要以园区为载体，构建开放大格局。紧扣创建国家级经济技术开发区目标，对照指标体系，补齐科技创新、生态文明、管理水平等短板指标，持之以恒做强优势指标，调整优化管理体制机制，推行企业化管理、市场化运作，力争明年泰州港经济开发区在省级开发区中排名进一步攀升，国家级经济技术开发区创建工作“出省进京”。紧扣做大做强专业特色园区，以泰州汽车产业园、扬子江龙凤堂中药产业园、医疗器械产业园、智能制造产业园为重点，放大特色优势，加快完善与主导产业相配套、与科技创新相融合的功能体系。紧扣打造长江中下游江海联运中心港，加快集装箱码头三期建设、永安港务粮食码头改造和保税物流中心（B型）申报，深化拓展与盐田港、瑞茂通的战略合作，持续加密与上海港、重庆港的航运航线，大力发展临港产业和交易交割、期货现货、金融保险等新业态，进一步增强港口的承载力、辐射力、综合竞争力。要以创新为引领，增强核心竞争力。深入实施“雏鹰”“瞪羚”“准独角兽”企业培育计划，力争获批高新技术企业40家以上、省市研发机构12家以上。充分发挥中科院智能制造研究院、中航704所等大院大所平台作用，突出自主孵化、合作集聚、服务发展三大功能，催生带动一批优质增量。实体化运作产业引导基金，以高科技含量项目和高成长型企业为重点，靶向发力、精准投放、科学运作，探索建立科技金融深度融合新模式。深入实施“港城英才五年行动”，坚持柔性引才、自主育才，致力留住人才、用好人才，健全引育留用人才“生态链”，招引一批创新型人才（团队），培育一批“高港工匠”“金牌工人”“首席技师”，聘用一批新时代“星期天工程师”，用源源不断的人才“活水”浇灌出高质量发展的参天大树。

2.突出城乡统筹，在打造精致高港上实现新提升。坚持优功能、拓内涵、强特色，推动城乡高品质建设、高水平融合，让“江东明珠”更加熠熠生辉，让滨江港城更具颜值气质。要优化城市空间布局。顺应长三角一体化、市区一体化发展新要求，紧紧围绕现代化、国际化目标，按照“东进、西优、南涵、北融”的思路，以更宽视野、更高标准谋划城市建设。结合国土空间总体规划修编，编制完善产业、城市、港口发展规划，做好与上位规划的衔接，统筹好生产、生活、生态“三大空间”，加快实现“多规合一”，努力塑造“沿江见江、近水亲水”的滨江城市形态。要加强城市建设管理。持续推进“城建惠民”，加快中心城区提档升级与东部新城谋篇布局，有序实施微整治、微更新、微改造，完善节点游园、市民休闲等配套设施，让群众生活更舒适、更顺心。把体育嵌入城市建设，新建、改造一批全民健身点，配合做好第二十届省运会筹备工作。抓好重点城建项目，加快凤栖湖公园、雕花楼景区二期、环溪花园、水岸景城三期、高港大道城市化改造、城乡河道活水工程、城乡污水一体化工程建设，以精品项目展示精致形象。持续优化城市治理与服务，巩固全国文明城市创建成果，推动城市治理从单向整治向综合治理转变、从突击整治向长效治理转变。要大力推进乡村振兴。深化农业供给侧结构性改革，以省级现代农业产业园、农产品加工集中区、粮食物流产业园为载体，加大农业产业项目培育和招引力度，大力发展生态种养、休闲农业、乡村旅游、农村电商等新产业新业态，促进一、二、三产深度融合。因地制宜推进中心镇和特色田园乡村建设，深入开展农村人居环境整治，统筹推进村庄河道疏浚活水工程、农村垃圾治理、污水治理、厕所革命，打造“一路高畅”品牌农路，做靓农村景色、还原乡土本色。持之以恒推进农村移风易俗，培育文明乡风、良好家风、淳朴民风，不断提高乡村社会文明程度。

3.突出内涵品质，在打造魅力高港上实现新提升。进一步培育和彰显文化优势、环境优势、发展优势，致力建设一座魅力四射、活力迸发的现代城市。要持续增强文化软实力。大力弘扬社会主义核心价值观，深化拓展新时代文明实践中心（站、所）建设，广泛开展“文明高港”志愿服务系列活动，不断提升人民群众的道德水准、文明素养。加大“中国好人”等各类先进典型的发掘、培育力度，用好道德讲堂、美德善行展示馆等宣传载体，引导广大群众见贤思齐、崇德向善。放大“大江系列”品牌效应，强化“书香高港”建设，打造更多的文化空间、文化设施、文化精品，让“诗和远方”成为老百姓的精神向往。加大对外宣传力度，讲好高港故事，传播高港声音，精心策划举办系列旅游节庆活动，不断增强城市美誉度和影响力。要持续增强绿色竞争力。坚持开发与保护并重，污染防治和生态修复并举，生物、工程、技术等多种措施协同发力，切实抓好中央及省市环保督察、巡察、巡视反馈问题整改，坚决打好污染防治攻坚战，让高港的天更蓝、水更清、地更绿。强化“三线一单”硬约束，加快高永化工集中区向原料药基地转型，从源头上杜绝新增污染。全面落实“河长制”“断面长制”，深入推进“健康长江泰州行动”，加大长江岸线生态修复力度，打造沿江生态保护样板区，再现“春江花月夜”诗情画意。要持续增强发展源动力。纵深推进全面深化改革，聚焦经济社会发展中的突出问题，统筹抓好“放管服”改革、国企改革、金融改革、工业用地提质增效改革等，深挖机制根源，提出破解之策，努力把既定任务变成实践成果，把发展堵点变成改革亮点，把精致“盆景”变成亮丽“风景”。持续优化营商环境，坚持“用户思维、客户体验”，认真落实党中央、国务院《关于营造更好发展环境支持民营企业改革发展的意见》，不折不扣落实减税降费等惠企政策，推动生产要素、政策资源、政府服务更多地向实体经济集中，切实保障企业轻装上阵、安心经营、加快成长。

4.突出共建共享，在打造幸福高港上实现新提升。注重精准性、普惠性、协同性，持之以恒回应关切、补齐短板、改善民生，让群众的获得感一年更比一年强。要多渠道推进富民增收。坚决稳住就业“基本盘”，重点解决好高校毕业生、退役军人、农村劳动力等群体就业，开展有针对性的就业技能培训，实现更高质量、更充分的就业。坚持以创业带动就业，充分发挥“富民十条”政策效用，吸引在外乡贤回乡创业，引导更多能人投资兴业，明年新增就业9000人，新增创业5000人。巩固脱贫攻坚成果，用好返（致）贫预警干预机制，对返贫人口和新发生贫困人口，做到第一时间发现、第一时间救助、第一时间纳入帮扶体系，确保小康路上一户不少、一人不落。聚焦经济薄弱村，加大产业扶贫、项目扶贫、消费扶贫力度，切实增强“造血”功能，不断壮大集体经济。要全方位优化公共服务。加快教育现代化，推进高港中专校、环溪学校和柴墟、胡庄、大泗幼儿园等建设项目，优化城乡教育资源配置。深化教师队伍建设，锻造一支素质高、结构优、有活力的师资队伍。提升医疗服务水平，加强市三院和高港中医院重点专科建设，加快市三院病房大楼、胡庄卫生院改造升级和刁铺、许庄社区卫生服务中心迁址新建，常态化开展专家义诊活动，让老百姓享受更优质的医疗服务。统筹推进养老、公共交通、城乡低保、社会救助等基本公共服务建设，为老百姓提供更多更好看得见、摸得着、用得上的公共服务供给。要系统化加强社会治理。以国务院专项督导整治为契机，深入开展安全生产专项整治行动，进一步加强应急管理体系和能力建设，压紧压实党委政府的领导责任、行业部门的监管责任、企业的主体责任，筑牢遏制较大及有影响事故发生的“防火墙”。突出“党建+基层治理”，完善全要素网格化社会治理体系，推进政治、自治、德治、法治、智治“五治融合”，打造具有高港特色的区域社会治理新模式。坚决打好防范化解重大风险攻坚战，全面落实化债目标，密切关注融资担保、互联网金融等领域，加强对农民资金互助合作社、小额贷款公司的监管，补齐监管制度短板，坚决守住不发生区域性系统性风险的底线。深入推进扫黑除恶专项斗争，全面抓好中央督导组反馈意见的整改落实，坚决铲除黑恶势力滋生蔓延的土壤。加强平安高港、法治高港建设，强化社会治安综合治理，加强食品药品安全监管，加大矛盾纠纷排查化解力度，争创全省“七五”普法先进区。

四、巩固“不忘初心、牢记使命”主题教育成果，致力强化当好排头兵的政治保障

深入贯彻新时代党的建设总要求，巩固深化主题教育成果，构建不忘初心、牢记使命的长效机制，以党建“最大政绩”引领保障发展“第一要务”。

1.强化思想引领，坚定对标看齐的政治自觉。坚持把政治建设贯穿党的建设全领域各方面，进一步增强党总揽全局、协调各方的政治领导力。要旗帜鲜明讲政治。把维护党中央权威和集中统一领导作为政治建设的首要任务，严明党的政治纪律和政治规矩，推动党员干部树牢“四个意识”，坚定“四个自信”，做到“两个维护”。严格执行新形势下党内政治生活若干准则，突出政治性、时代性、原则性、战斗性，发展积极健康的党内政治文化。要笃信笃行新思想。持续深入学习习近平新时代中国特色社会主义思想，引导全区上下进一步增强政治认同、思想认同、理论认同、情感认同，把新思想作为认识问题、分析问题、解决问题的“金钥匙”，系统把握新思想的科学体系、精神实质、重大意义和实践要求，在学习新思想中增强发展信心，在领会新思想中明晰工作思路，在贯彻新思想中谋求突破之策。要守正创新强引领。严格落实意识形态工作责任制，加强阵地建设和管理，丰富中心组学习“三个面对面”、基层党员冬训“三个班级”内涵，推动意识形态工作跟上时代节拍。完善突发事件报道和舆情处置机制，突出新媒体、学校、农村基层等重点领域，强化对社会焦点与理论热点的引导，最大限度强信心、聚民心、暖人心、筑同心。

2.砥砺担当作为，打造靠谱过硬的干部队伍。始终坚持党管干部原则，突出政治标准，着力建设忠诚可靠、低调务实的高素质干部队伍。要以实干导向选用人。坚持有为有位、无为让位，把愿不愿做事、敢不敢扛事、能不能成事作为评判干部的重要标准，大力选用敢闯敢干的“狮子型”干部、善作善成的“骏马型”干部、任劳任怨的“黄牛型”干部。探索干部常态分析研判“三维架构工作法”，着力提升调研广度、研判深度、结果运用力度，进一步考准考实领导班子，选优配强干部队

伍。要以科学机制激励人。充分发挥“三项机制”效力，着力解决思想上瞻前顾后不敢用、手段上因循守旧不会用的问题，形成干部为事业担当、组织为干部担当的良好局面。探索建立干部监督“三色预警”机制，试行过失干部“回炉锻造工程”，构建干部监督管理新模式，以从严管理彰显关心关爱。要以多维历练培养人。强化实践历练导向，放眼各条线、各领域、各行业，有针对性地选派优秀干部特别是年轻干部，经受重大项目一线、重点工程一线、重要事项一线的磨炼，对有真才实学、比较成熟的好苗子，看准了就压担子，保证使用上有梯队、选择上有空间。

3.激发内生动力，建强执政为民的战斗堡垒。扎实推进“五聚焦五落实”三年行动计划，全面加强和改进基层党的建设。要夯实基层基础。全面落实党支部工作条例，深入推进基层党组织标准化建设，深化区委常委“8个直到支部”工作制度，健全镇街党（工）委委员直接联系支部制度，全面提升支部工作水平。聚焦品牌打造，实施基层支部“群星闪耀”工程，推广“健康长江党建护航联盟”成功经验，以共建共享推动党建薄弱领域协同发展。要配强“头雁队伍”。深化“雁阵培育计划”和“新乡贤回流工程”，推进村居“两委”正职“一肩挑”，用好村居干部“四季谈”等载体，着力打造一支新时代高素质村居干部队伍。加大对基层干部的关心关爱力度，出台优秀村（社区）书记鼓励激励办法，用有含金量的政策激励人，用人性化的关怀温暖人，让他们干事创业更有劲头、更有奔头。要突出先锋引领。大力培育选树宣传基层党员先进典型，持续开展“党员闪光·红领行动”“周末高港·党员关爱服务行动”等活动，常态化评选“党员先锋岗”“党员红旗榜”，推动党员更好地发挥先锋模范作用。

4.持续正风肃纪，营造风清气正的良好生态。压紧压实“两个责任”，推动全面从严治党向纵深发展、向基层延伸。要坚定不移反腐败。用好用活监督执纪“四种形态”，既查处严重违纪违法案件，也整治侵害群众利益的腐败问题，巩固发展反腐败斗争压倒性胜利。做好深化派驻机构改革“后半篇文章”，充分发挥巡察“利剑”作用和派驻“探头”作用，加快构建不敢腐、不能腐、不想腐的长效机制。要驰而不息转作风。严格执行中央八项规定《实施细则》和省市区委《具体办法》，继续在常和长、严和实、深和细上下功夫，严防隐形变异新问题。充分认识形式主义、官僚主义的反复性、复杂性和多面性，持续发力、坚决整治，以党政机关和干部作风的转变带动社会风气的好转。要多措并举强监督。把监督作为对干部最好的保护，以强化党内监督为重点，促进纪律监督、监察监督、派驻监督、巡察监督有机贯通、相互协调，及时发现问题、纠正偏差，管好关键人、管到关键处、管住关键事。坚持以案明纪、警钟长鸣，常态化开展纪律教育特别是警示教育，用身边事警示身边人，形成既干事又干净的浓厚氛围。

2020年政府工作报告（摘要）

——在泰州市高港区第五届人民代表大会第四次会议上

区人民政府区长　孙宏建

2020年1月3日

2019年工作回顾

刚刚过去的一年，我们高举习近平新时代中国特色社会主义思想伟大旗帜，在市委、市政府和区委的正确领导下，在区人大、区政协的监督支持下，认真贯彻落实中央、省市区委决策部署，坚持稳中求进工作总基调，以供给侧结构性改革为主线，全力做好“六稳”工作，着力打好三大攻坚战，与时俱进推进“四个高港”建设，较好地完成了区五届人大三次会议确定的各项任务。预计全年实现地区生产总值620亿元，增长7.5%；一般公共预算收入42.1亿元，增长2.8%；固定资产投资增长10%；城乡居民人均可支配收入增长9.2%。

坚定“稳”的步伐，转方式、调结构，综合实力持续攀升。工业经济稳中有进。把稳固实体经济作为发展的着力点，突出项目招引扩增量、转型升级提质效，工业开票销售首次超千亿元，实现历史性突破。聚力产业链缺失和价值链高端环节的大项目、好项目，全年招引10亿元或超亿美元以上项目17个。总投资80亿元的长城汽车整车项目开工建设，喜圆泰州“汽车梦”；总投资40亿元的扬子江生物制药、总投资10亿美元的益海生态综合产业园项目有序推进。实施“百企智能升级改造行动”，统实冷充填车间被评为省级示范智能车间，友润、汇锦等11家企业通过省“两化融合”管理体系贯标评定，在全市率先实现规模以上企业“上云”全覆盖，获评省制造业创新转型成效明显地区。扬子江药业集团利税首次超百亿元，连续5年蝉联中国医药工业百强榜榜首，徐镜人董事长荣获江苏省质量奖唯一个人奖。现代农业稳中提质。新增农业产业化省级示范联合体1家，高标准农田1.2万亩，稻麦耕种收综合机械化率分别达95.4%、93.3%；新认证“三品”农产品18个，创成国家农产品质量安全县。陈家村被认定为全国“一村一品”示范村，现代农业产业园获批省农村一、二、三产业融合发展先导区。第三产业稳中向好。预计完成服务业增加值235亿元、社会消费品零售总额66.38亿元，分别增长7.5%、8%。高港综合物流园获批江苏省粮食物流产业园区。全域旅游方兴未艾，农民丰收节、乡村旅游好戏连台，口岸雕花楼影响力与日俱增，全年接待游客253.59万人次，旅游收入1.31亿元。建筑业蓬勃发展，实现总产值655亿元、入库税收8.96亿元，分别增长9%和3%。

对标“高”的站位，补短板、强弱项，三大攻坚战接续递进。高水平谋划风险防范。认真落实政府性债务十年化解方案，超额完成年度化债目标。建立债务风险评估及预警机制，推行政府投资项目财政承受能力论证，从源头上把好债务风险关。抢抓国家政策窗口机遇，全年上争专项资金6.04亿元、新增各类债券9.1亿元，政府隐性债务结构不断优化。加强对互联网金融、农民资金互助合作社等风险源的实时监管，区域金融生态持续向好，连续4年位居全省前列。高质量完成精准脱贫。所有建档立卡低收入农户和经济薄弱村全部超过省定、市定脱贫标准。完成农村危房改造132户，低收入人口住院自付费用稳定控制在政策范围内10%以下，义务教育适龄儿童全部落实教育保障。持续深化苏陕协作共建，淳化

建设中的凤栖湖景区　（口岸街道　供图）

县顺利实现“脱贫摘帽”。高标准推进污染防治。中央环保督察及“回头看”交办问题全部整改到位，省市环保督察巡察、水污染防治法执法检查等反馈问题真改见效。空气质量优良天数比例同比提高3个百分点，省考、市考断面水质全部达到或优于Ⅲ类。扎实开展“健康长江泰州行动”，区级以上骨干河道“两违”问题在全省率先通过销号验收，长江干流岸线利用项目清理整治工作基本完成，改造提升长江堤防2.8公里，新增绿化面积50万平方米、造林面积1508亩，获评全国绿化模范区。

保持“进”的势头，抓改革、扩开放，区域活力竞相迸发。综合改革纵深推进。认真落实中央“八字方针”，持续巩固供给侧结构性改革成果，全年降低企业成本12亿元左右。行政审批更趋便利，推行“代办+审批”与“店小二”专业化服务集成融合，获评全省“开办企业”评价先进地区“建设项目施工许可”评价先进地区。国有企业实体化运作，“3+3”架构体系基本形成，现代企业制度初步建立。全国特殊工时管理改革试点工作全省领先。金融改革破题推进，设立20亿元的汽车产业基金，创鸿公司、鑫港担保分别获评AA+、A+信用评级，商业保理、融资租赁等供应链金融新业态快速发展。工业用地提质增效，盘活处置低效用地1680亩。长城项目用地“规划一致性处理”全省唯一。科技赋能日新日进。创新开展科技服务“春耕行动”，累计发放“苏科贷”3.2亿元，获批高新技术企业40家，新增省市研发机构17家。高新技术产业产值占规模以上工业比重达57%，全社会研发投入占GDP比重达3.75%，引进高层次人才（团队）300多名，创成国家知识产权强县工程示范区。大院大所催生创新产业集聚集群，中科院智能制造研究院引进、孵化爱码信、视觉检测等6个项目，南理工测控研究院落户2家企业，中航704所智能感知与信息服务产业中心揭牌运行。开放开发破难而进。把握外商投资新机遇，实际利用外资和港澳台资2亿美元，完成进出口总额15.2亿美元。以争创国家级开发区为抓手，建平台、强功能，汽车及零部件产业园创成省特色创新（产业）示范园区，泰州港经济开发区获评省知识产权示范园区，在省级开发区综合排名跻身前五，继续领跑苏中苏北。持续提升港口能级，集装箱二期码头基本建成、堆场投入运营，疏港公路全面启动建设，保税物流中心（B型）创建稳步推进，集装箱吞吐量达35万标准箱。

顺应“优”的期盼，惠民生、促

和谐,群众幸福感不断提升。坚持把新增财力的80%以上投向民生领域,10件民生实事项目全部完成。城乡形态更加优化。推进"城建惠民"两年行动计划,实施重点城建项目55个,总投资139亿元。维景国际、明发商业广场开业运营,东方明珠二期竣工交付,应急备用水源地建成使用,凤栖湖公园、雕花楼景区二期等加快建设。完成棚户区、城中村、园中村动迁15万平方米,改造老旧小区、后街背巷4个,新建公厕5座,新增停车泊位410个,铺设城乡污水管网近100公里。深化农村人居环境整治,改造农村无害化卫生户厕1500座,建成农桥9座,实施城乡活水工程20.44公里,完成年度39个规划发展村庄的生活污水治理任务,建成"四好农村路"30公里。蔡庄村、乔杨社区和宗林村获评全国"千村万寨展新颜"村庄。公共服务更加优质。新增创业9693人、就业15500人,城镇登记失业率全市最低。素质教育专项考核首获全市第一,轻负提质、"三精教育"、校外培训机构专项治理等经验全省推广,水岸景城幼儿园、许庄中小全面建成。市区医联体建设持续深化,市三院通过二甲复审验收;常态化邀请南京、上海名医来我区坐诊,老百姓在家门口看上"专家号"。省级卫生镇实现全覆盖,许庄街道创成国家级卫生镇,永安洲镇通过省健康镇评估。精心组织新中国成立70周年、人民海军成立70周年系列庆祝活动,"大江放歌""苏演院线""文化港城行"等文化惠民活动蓬勃开展。建成新时代文明实践中心站所52个、城市书房2个,6人次获评"中国好人""江苏好人""最美人物"。本质安全更加优先。深化平安高港、法治高港建设,创新发展"枫桥经验",公众安全感继续保持全省领先。网格化社会治理体系进一步完善,"雪亮工程""升级版技防城"完成主体建设,建成智慧小区25个。纵深推进扫黑除恶专项斗争,持续保持高压态势。"七五"普法有序推进,信访积案有效化解,退役军人服务保障体系初步建成。坚持以责任闭环提高安全系数,深入推进安全生产大检查、大排查、大整治,高标准完成国务院和省安全生产巡查组反馈问题整改,各类安全生产事故起数和死亡人数同比实现双降,连续15年未发生较大及以上和有较大影响的事故。全民国防教育、人民防空和后备力量建设进一步增强。

践行"实"的作风,转职能、提效率,自身建设得到加强。深入学习党的十九大、十九届四中全会精神,扎实开展"不忘初心、牢记使命"主题教育,政府治理体系和治理能力现代化水平不断提升。高质量完成政府机构改革,政府效能全面提高。严格执行"三重一大"、重大行政决策法定程序,切实推进行政执法"三项制度",获评省法治政府建设示范区。畅通"12345"民生服务热线、市区长信箱等渠道,处理各类来信来电来访1.78万余件,群众关切得到及时回应和妥善解决。主动接受区人大及其常委会依法监督、政协民主监督,定期向人大常委会报告工作、向政协通报情况,高质量办理市区两级建议提案238件,满意和基本满意率保持100%。扎实抓好中央、省市巡视巡察督察督导反馈意见整改,持之以恒纠正"四风",认真落实"基层减负年"要求,坚决破除形式主义、官僚主义。全面落实党风廉政建设责任制,加强重点领域、关键环节的审计监督,严控"三公"经费和一般性支出,永葆为民务实清廉的政治本色。

此外,统计、消防、气象、外事、侨务、广电、通信、邮政、电力、工商联、残联、机关事务、史志档案、双拥等各项工作也都取得了新的成绩,工会、青少年、妇女儿童、红十字、老区经济建设和关心下一代事业健康发展。

各位代表,2019年是极具挑战的一年,我们承担的任务空前繁重,承受的压力前所未有,取得的成绩来之不易。这一年,我们负重致远、砥砺前行,积极应对中美经贸摩擦以及生态安全工作深刻变化带来的挑战,始终保持战略定力,坚持做最好的自己,迎难而上、无惧风雨,经受了一次又一次考验;这一年,我们不骛虚声、求实奋进,始终坚持"干在实处、走在前列",聚焦聚力三大攻坚战、扫黑除恶专项斗争以及各类巡视、巡察、督察督导,周密部署、扎实推进,打赢了一场又一场硬仗;这一年,我们仰取俯拾、收获满满,坚持系统化思维,注重规律性把握,致力高质量发展,矢志不渝改革创新,用情用心为民服务,挥洒汗水、拼搏奉献,干成了一件又一件实事。我们深知,这些成绩的取得,是在以习近平同志为核心的党中央坚强领导下,全面落实省市区委决策部署的结果,是区人大、区政协法律监督、民主协商的结果,是全区人民众志成城、团结奋斗的结果。在此,我代表区政府,向各位代表、委员,向全区人民以及所有关心、支持高港发展的社会各界人士表示衷心的感谢,并致以崇高的敬意!

安不忘危,兴不忘忧。立足新的坐标和方位审视,我们也清醒看到发展中还存在不少"短板"和"堵点":实体经济发展困难加大,新旧动能转换需要持续加力,发展的质量效益有待提升;滨江城市形态尚未形成,功能品质还不够完善,城乡统筹的步伐需要进一步加快;污染治理的成果还不牢固,不确定不稳定因素及安全隐患依然存在,沿江生态保护任重道远;民生领域、社会事业与群众的期盼还有一定差距,教育、医疗、养老资源优质供给不够的问题还需聚力解决;少数干部思想解放不够,推动发展、服务群众的本领需要在实践中不断加以锤炼,等等。对于这些问题,我们将勇于面对、有效破解。

2020年工作安排

2020年是全面建成小康社会和“十三五”规划收官之年，是贯彻党的十九届四中全会精神的开局之年，也是“四个高港”建设提升之年。我们将以习近平新时代中国特色社会主义思想为一以贯之的方向指引，积极响应市委对高港提出的“勇立潮头、争先领先，当好全市高质量发展排头兵”的期盼，坚持一张蓝图绘到底、一茬接着一茬干，推动“四个高港”建设在新时代结出更加丰硕的实践之果。确立“高定位”目标追求，弘扬新时期“高港精神”，以奔跑的状态、奋斗的姿态积极作为，敢与强者比、勇向高处攀，翻篇归零再出发、重整行装再长征，推动份额贡献在全市大提升、位次排名在全省大前移，体现高港担当；致力“高质量”转型跨越，聚焦源头培育构筑产业高地、聚焦功能提升做强园区特色、聚焦潜力挖掘放大港口优势，把稳的基础打得更牢、让进的步子迈得更大，用苦干实干拼出新一轮发展的辉煌，彰显高港作为；建设“高品质”空间环境，系统把握好生产、生活、生态空间的内在联系，加强沿江生态保护、优化城市形态、统筹城乡发展，让城市安放梦想、乡村承载永续、生态成就未来，建设绿色美丽家园，打造高港样板。

今年政府工作的总体要求是：以习近平新时代中国特色社会主义思想为指导，全面贯彻党的十九大和十九届二中、三中、四中全会精神，紧扣高水平全面建成小康社会目标任务，坚持稳中求进工作总基调，自觉践行新发展理念，以供给侧结构性改革为主线，以改革开放为动力，坚决打赢三大攻坚战，全面做好“六稳”工作，确保高水平全面建成小康社会和“十三五”规划圆满收官，奋力谱写“四个高港”建设新篇章，努力实现人民满意的高质量发展。

今年全区国民经济和社会发展的主要预期目标为：地区生产总值增长7%左右，一般公共预算收入增长2.5%以上；固定资产投资增长8%左右，社会消费品零售总额增长7%左右；高新技术产业产值占规模以上工业比重达57%以上，全社会研发投入占GDP比重达3.7%以上；节能减排完成市交目标任务；城乡居民收入增长高于经济增长。

围绕上述目标，重点做好以下五个方面的工作：

一、主攻项目建设，扩大有效投入，致力夯实实体经济的牢固根基

坚持“板块围绕项目转，部门围绕板块转，服务围绕发展转”，在做大总量中调优结构、在提升质量中加快升级，全力以赴推动经济发展行稳致远。

1.强势推进项目招引建设。以“重大项目攻坚年”为抓手，围绕大健康、高端装备制造主导产业，大力招引基地型、旗舰型项目和头部企业，强“龙头”、壮“筋骨”，构建自主可控的现代产业体系。坚持“一把手”带头招商，鼓励实行招商部门企业化运作，综合运用功能招商、资本招商、产业链招商等方式开展精准招商，全年新签约、新开工、新竣工5亿元以上项目占全市比重均达15%以上，跑出新一轮发展的“加速度”。以长城整车项目落户为“爆点”，在确保年底乘用车正式批量下线的同时，放大产业吸附效应，加大核心关键零部件企业的招引力度，推动汽车产业链式扩张。完善实绩实效导向的刚性考评办法，把考核压力转化为推动发展的动力，实现由单纯的数量追求向重点抓大项目好项目转变、由漫天撒网式的招商引资向高水平的项目谋划转变、园区由粗放发展向科学发展转变。

2.全力加快企业转型升级。制定全区企业技术改造工作实施意见，以“三化一补两提升”，即：智能化、绿色化、服务化、补短板、提升安全生产水平、提升质量水平为方向，采取财政贴息、加速折旧等措施，鼓励企业利用新技术、新工艺、新材料、新装备提高制造水平，以生产提“智”带动产品提质，力争建成智能车间5个。深入实施商标品牌战略，打造更多质量过硬的驰名、著名、知名商标，不断增强企业在市场上的质量好评度和品牌美誉度。强化标准引领，引导企业与国内外先进标准接轨，主导或参与标准制定，为产业全链条、企业全环节、产品全生命周期穿进高质量“准绳”。深入开展化工企业安全环保整治提升行动，依法淘汰环保不达标、安全没保障、技术低端落后的企业和项目，推动高永化工集中区向原料药基地转型，实现“砸笼换绿”“腾笼换鸟”“开笼引凤”。

3.用心打造一流营商环境。对标世界银行营商环境评价体系，逐个突破、精准发力，打造市场化、法治化、国际化的营商环境。坚决拆除各类隐形之“门”，既做到门好进、脸好看，更做到事能办、能快办；全面推进部门“双随机一公开”监管，严肃查处“中梗阻”问题，以行政效率换取企业活力。坚持用户思维、客户体验，推行“全科服务”，当好“金牌店小二”，擦亮“有求必应，无事不扰”品牌；建立政务服务“好差评”制度，畅通现场服务“一次一评”、网上服务“一事一评”、社会各界“综合点评”、政府部门“监督查评”评价渠道，以服务高地打造发展热地。认真落实中央支持民营企业“新28条”，全年降低企业成本12亿元；以政府信用为企业发展架桥铺路，鼓励银行提前主动对接企业续贷需求，创新金融产品、扩大信贷投放，畅通实体经济金融血脉；规范涉审中介机构管理，探索设立实体中介超市，以环境优势塑造竞争胜势。

二、深化改革开放，强化创新驱动，致力汇聚跨越发展的澎湃动力

坚定改革开放再出发的信心和勇气，推动改革再深化、创新再发力、开放再提质，全面释放发展新

动能。

1.以更实举措增强创新动力。走好新时代科技新长征之路，围绕产业链打造创新链，发挥企业在技术创新中的主体作用，激励企业开展研发活动，提升技术创新和资源整合能力，全年获批高新技术企业40家以上。围绕创新链体现价值链，加快构建“研发—孵化—加速—产业化”的成长体系，打通科技成果转化“最后一公里”。中科院智能制造研究院突出自主孵化、合作集聚和服务发展三大功能，打造全市“标杆型”研究院；吉大动力传动研究院发展校友经济，推动汽车配套项目精准招引、精准孵化，建立检验检测、工业设计等公共服务平台；南理工测控研究院、航天704所理顺管理运行机制，承接好创新项目的转移转化。围绕创新链匹配人才链，制定出台招才引智实施办法，发挥科技镇长团纽带作用，坚持高层次人才、高技能人才“两手抓、两手硬”，全年引进高层次人才（团队）300名。

2.以更大力度形成改革合力。深化行政审批制度改革，争取市级审批权限下放或委托授权，推行项目“容缺受理”，探索企业投资项目承诺制，打造工程建设项目审批专区。深化国资国企改革，以运营的思路指导策划规划，用效益的标准校验转型效果，真正推动市场化、实体化。城投公司向城市经营和产业地产运营商转型，打造具有清晰盈利模式和现金流支撑的产业实体。大江公司围绕申报特级资质目标，持续开拓国内外市场，提升核心竞争力。引江公司进一步盘活公益性资产，激发文旅、金融等板块活力，实现国有资产保值增值。各园区国有企业作为园区一级开发运营商，建立投入产出的良性运营机制，在促进产业提升、产城融合上大展宏图。深化金融改革，用足用好国家级金改试点机遇，构建以城市、开发区、产业、金融基金为主体，融资担保、转贷、风险补偿基金为补充的“四位一体”金融支持格局。积极上争国家信用担保、省再担保、泰信保基金等有关政策支持，引导我区参与的各类专项产业基金扩大返投比例。深化工业用地提质增效改革，坚持“亩产论英雄”导向，完善工业企业资源集约利用综合评价系统，推动要素资源配置向优质项目、优质企业集聚。统筹抓好其他各项重点改革任务，确保改有所进、改有所成。

3.以更宽视野激发开放活力。扎实开展“三比一提升”行动，推动园区做大总量、做强特色、提高质量，不断提升项目招引建设质效和核心竞争力，真正成为高质量发展的主力军、主战场。加快汽车产业园、医疗器械产业园等特色园区建设，完善与主导产业相配套、与科技创新相融合的功能体系，形成鲜明的园区标识度，推动泰州港经济开发区向国家级开发区迈进。结合新一轮泰州港总体规划修编，科学论证空间布局、产业规划和集疏运体系，推进港产城功能耦合。密切与盐田港的合作，组建合资运营公司，实现双方外贸直航、人才交流、货运信息等要素资源共建共享。大力发展港口经济，加快保税物流中心（B型）申报，持续深化与瑞茂通在供应链物流、商业保理等新业态方面的合作，构建全方位、多维度、立体化的沿江大物流体系。加大外资引进力度，鼓励增资扩股、收购兼并、利润转增、境外发债等，进一步优化外资利用结构，提高实体经济利用外资比例，全年实际利用外资和港澳台资2.3亿美元。聚焦“一带一路”重点国家、地区，引导本地企业围绕市场、资源、政策“引进来”和“走出去”，提升区域经济外向度。

三、注重城乡统筹，提升功能品质，致力建设宜居宜业的滨江港城

主动融入长三角区域一体化发展，践行“精致建设、精细管理、精美品质”工作标准，推动城乡建设从外延扩张向内涵提升转变，努力展现现代滨江城市的美好画卷。

1.提升城市颜值。深化城市空间形态、功能布局规划研究，提升规划的系统性、科学性、前瞻性。围绕新一轮国土空间总体规划修编，深入推进“多规合一”，合理划定“三区三线”，为未来发展赢得更大空间。持续推进城建惠民，加快雕花楼景区二期、凤栖湖公园、高港大道城市化改造、城乡污水一体化建设，完成滨河公园、东方明珠游园等绿地和口袋公园建设。探索实施差别化停车收费政策，建成中心城区智慧停车信息系统，新投放共享单车1500辆。开展老旧小区微整治，补齐消防、照明、适老化等配套设施短板，做好乱拉乱接整治、破旧墙面粉刷、加装电梯等工作。大力发展商圈经济、街区经济、夜间经济，积极招引高端商贸服务、文化休闲等业态进驻，持续拉动体验消费、休闲消费。加强城市治理与服务，探索建立地下管线综合管理系统，统筹地下空间脉络“一张图”；突出抓好违法建设、社区物业、户外广告专项治理，不断优化市容环境。

2.推进乡村振兴。以“五个振兴”为方向，选准路径、重点突破，提升三农工作“成色”。聚焦产业振兴，大力发展花卉苗木、设施果蔬等特色产业，加快休闲观光农业和农村电商等新业态发展，全年新增高标准农田9500亩。启动“一路高畅”四好农村路先导段建设，将特色小镇、田园乡村串成线、连成片，促进一二三产深度融合。实体化运作农业园区，健全运行机制、完善发展规划，统筹涉农资金支持园区发展，全力打造以胡庄镇为核心区的省级现代农业园区。聚焦生态振兴，持续推进农村人居环境整治，结合“1123”示范镇村建设工程，统筹抓好农村垃圾治理、污水处理、“厕所革命”、河道整治、村容村貌提升等，完成年度24个村庄生活污水治理任务。利用现有社区公共服务资源，建设10家“阳光宴会厅”。扩大村集体经营性资产“股权到人、固化到户”改革试点，保持土地承包关系稳定并长久不变。聚焦人才振兴，培育新型职业农民，突出抓好家庭农场、农民专业合作社发展，全年新增各类新型经营主体12个、市级以上示范家庭农场4家。深入开展大走访大落实新风行动，培育文明乡风、良好家风和淳朴民风，让群众共建文明乡村、共享文明成果。

3.丰富文化内涵。持续深化习近平新时代中国特色社会主义思想教育，培育和践行社会主义核心价值观，努力营造向上向善、健康文明的社会风尚。巩固文明城市创建成果，发挥新时代实践中心站所作用，开展“文明高港”志愿服务系列活动，选树“十行百星”“大江儿女”等先进典型，引导广大群众崇尚模范、见贤思齐。探索建立文物保护智慧平台和文化产业资源库，推动传统编织、虎头鞋、木雕等“非遗”项目产业化，让传统文化焕发新时代风采。常态化开展“大江放歌”、苏演院线等基层文化巡演活动，满足群众精神生活需求。加快图书馆、文化馆改造提升，推广24小时城市书房，造浓文化氛围。深入推进全域旅游，加快完善旅游基础设施，健全公共服务体系，策划开发一批具有高港特色的旅游节庆活动和产品，打造一批乡村网红地、打卡点，形成独具特色的农村IP。

四、坚持尽锐出战，确保决战决胜，致力打好全面小康的三大战役

进一步强化政治担当，以更加坚定的决心，更加务实的举措，坚决打赢打好三大攻坚战，使高水平全面建成小康社会得到人民认可、经得起历史检验。

1.打好重大风险防范化解攻坚战。坚守严禁新增政府性债务底线，做细做实“清、规、控、降、防”各项工作，确保按时保质完成阶段性化债目标。严格债务限额管理，建立全口径监管机制，新上政府投资项目严格实行债务风险评估和合法性审查，杜绝违规举债。用足用好地方政府性债券，有序推进债务置换、利率压降，降低融资成本。重点关注企业资金链风险、非法集资、房地产市场等领域，坚决打击“套路贷”等非法金融活动，同步防范处置风险中产生的次生风险，确保不发生区域性系统性金融风险。切实压紧压实地方政府属地责任、金融管理部门监管责任、行业部门主管责任以及金融机构主体责任，着力构建协调高效的工作机制，合力推动穿透监管、全面监管，营造良好金融生态。

2.打好精准脱贫攻坚战。把防止返贫摆在首要位置，充分运用返（致）贫预警干预机制，组织实施脱贫人口“回头看”，确保小康路上“一个不少、一户不落”。坚持脱贫不脱钩，常态化巩固脱贫成效，对经济薄弱村，充分挖掘区位优势、资源优势，大力实施电商扶贫和消费扶贫，推动村集体经济“满血”活起来；对低收入农户，有针对性地开展送岗位、送项目、送培训等集中帮扶活动，稳定提升增收能力；对无劳动能力、重大疾病患者，放大社会救助“1+14”系列政策效应，打好“六送”活动组合拳，确保应扶尽扶。鼓励社会力量参与扶贫解困，更好发挥扶贫志愿者作用。继续深化与陕西咸阳淳化县、辽宁本溪平山区的对口协作，实现互惠互利、共赢发展。

3.打好污染防治攻坚战。严格落实“共抓大保护、不搞大开发”的要求，扎实做好中央、省市各类巡视巡察反馈问题专项整改，严防反弹反复。围绕水气土污染防治，全过程把脉问诊、精准施策，推动生态环境质量全面提标。实施区域联防联控，强化重点污染源专项治理，确保优良天数比例达70%以上。压实“河长制”责任，深入推进“健康长江泰州行动”，加快城乡活水工程建设，完成入河排污口整治等各项目标任务，确保省考、市考断面水质稳定达标。强化固废危废管理，抓好重点工业企业用地土壤详查，严控农业面源污染，保障土壤环境安全。按照“沿江一张图”优化发展布局，实行更严标准的负面清单管理，从源头上降低环境负荷、减少生态影响。对环境违法行为勇于亮剑、敢于斗争，综合运用经济、行政、法律等手段，依法依规实行联合惩戒，形成强大震慑力。

五、聚力民生改善，注重用情用心，致力满足人民群众的美好期盼

以群众满意为标准，深刻把握民生政策、民生工程、民生服务的匹配性和关联度，用可观可感的实际成效赢得点赞。

1.多层次健全社会保障。实施更加积极的就业政策，加大重点群体就业支持力度，让更多人找到好工作、有份好收入，全年新增就业9000人；突出以创业带动增收，持续提升高港“双创”强磁场，鼓励支持各类人才返乡创业、下乡兴业，全年新增创业5000人。深入实施各项富民工程，细化落实“富民十条”，促进群众收入持续增长。加强社会保障体系建设，持续推进社保扩面征缴，推动实现法定人群全面覆盖、待遇水平合理增长。大力发展社会福利和慈善事业，有效开展大病医疗、城乡低保和特困人员救助，加强对残疾人、孤儿、困境儿童、农村留守儿童等特殊群体的关爱和帮助。

2.全方位回应群众关切。倾力办好人民满意教育，深入实施思政课铸魂育人工程，健全师德建设长效机制，推进中小学教师减负，持续提高教育教学质量。加快高港中专校、环溪学校和柴墟、胡庄、大泗幼儿园等建设，创成省义务教育优质均衡发展区。加快健康高港建设，建好医疗联盟，做强市三院，启动病房大楼改造和信息化建设，争创市级临床重点专科1~2个；新建许庄街道社区卫生服务中心，升级胡庄卫生院；创设更多“名医工作室”，打造家门口的优质医疗。加快完善居家、社区、机构等多层次养老服务体系，让更多老年人老有所养、老有所依、老有所乐。围绕群众健身需求，新改建全民健身点25个，推动高港实验学校、口岸中小田径场向社会开放。

3.高水平推进社会治理。把握社会治理的规律特点，突出体制创新、机制完善、制度建设，进一步理顺区、镇、村权责关系，形成区级推进、镇街强基固本的治理链条。完善全要素网格化社会治理体系，推进政治、自治、德治、法治、智治“五治融合”，打造具有高港特色的区域社会治理新模式。深入推进扫黑除恶专项斗争，完善立体化信息化社会治安防控体系，实施白马、大泗、胡庄、许庄等派出所营房建设。打好“七五”普法收官仗，高质量做好第七次全国人口普查工作。扎实开展为期一年的安全生产专项整治，以综合整治为抓手，全面推进22个重点行业领域安全生产专项整治，在消除监管盲区、化解风险隐患、压降事故总量上打一场攻坚战、歼灭战。支持社会化应急救援力量发展，加快消防综合设施、应急指挥中心建设。全面落实“四个最严”要求，强化食品药品监管，保障群众舌尖上的安全。扎实推进平安法治建设，创新服务提升公共安全感，确保社会大局和谐稳定。

加强政府自身建设

一行胜千言，实干论输赢。我们将大兴实干之风，以守正创新为关键加强政府治理体系和治理能力建设，更好履职尽责，不负人民重托。

旗帜鲜明讲政治。落实不忘初心、牢记使命的制度要求，引导全区上下进一步增强政治认同、思想认同、情感认同，真正从灵魂深处树牢“四个意识”，坚定“四个自信”，做到“两个维护”。自觉以新思想为准绳抓发展、推改革、干工作，谋深谋实“十四五”时期重大政策、改革开放举措和工程项目，勇攀“四个高港”建设更高峰。坚持把党对一切工作的领导贯彻到政府工作的各领域全方面，做到上级有要求、高港有行动、落地见效快，确保政令畅通、令行禁止。

真抓实干讲担当。大力弘扬“勇立潮头、自强争先”高港精神，进一步激发锐意创新的勇气、敢为人先的锐气、蓬勃向上的朝气，引导广大党员干部更好地承担起攻坚克难、推动发展的职责使命。坚持事业为上、知责思为，增强辩证思维和统筹能力，勇于接改革中的烫山芋，敢于挑发展中的重担子。强化对标对表，坚持“工作项目化、项目目标化、目标节点化、节点责任化”，更多采取“四不两直”方式开展调研，找准补短板、强弱项的具体“落点”，确保靶心不偏、高效落实。

规范履职讲法治。坚持权由法定、权依法使，自觉运用法治思维和法治方式推进工作。严格依照法定程序作决策、出政策，坚决纠正多头检查、“一刀切”执法，完善投诉举报回应制度，做到一切权力行使于法有据、违法必究。全面落实公众参与、专家论证、风险评估、合法性审查等程序，切实提升政府决策科学化、民主化水平。自觉接受人大及其常委会法律监督、工作监督，主动接受政协民主监督，广泛接受社会公众、新闻舆论监督，让权力在阳光下运行。

克己奉公讲纪律。切实履行管党治党主体责任和党风廉政建设“一岗双责”，扎实做好各级各类巡视巡察督察督导反馈问题整改工作。紧盯形式主义官僚主义新动向，驰而不息纠正“四风”，推动中央八项规定精神风化俗成。进一步规范政府采购、工程招投标程序，完善政府投资项目绩效管理，实现公共资金、国有资产、国有资源和领导干部履职情况审计全覆盖。始终把纪律和规矩挺在前面，加大执纪问责力度，坚决惩处各类腐败行为，守牢廉政底线，营造风清气正的政治生态。

大　事　记

1月

3日　中国共产党泰州市高港区第五次代表大会第二次年会召开。

5—7日　中国人民政治协商会议泰州市高港区第五届委员会第三次会议召开。

5—8日　泰州市高港区第五届人民代表大会第三次会议召开。

6日　泰州港经济开发区被认定为2018年中国产学研合作创新示范基地，泰州市金海运船用设备有限责任公司被认定为2018年中国产学研合作创新示范企业。

11日　由中华医学会主办、扬子江药业集团协办的中华医学科技奖（2018）颁奖大会在北京召开。

22日　高港区与南京理工大学签订战略合作及共建研发载体、产业化项目等6个协议。

30日　江苏“最美基层干部”乔向民电视发布会在泰州电视台演播大厅举行。

是月　区科协被省科协评为“2018年度科协创新发展能力提升计划”优秀单位，并获单项工作创新案例奖、优秀省级海智工作基地。

△　白马镇陈家村创成江苏省健康村，许庄街道马厂社区、永安洲镇润洲社区创成江苏省健康社区，泰州市海军小学、高港中医院、泰州市第三人民医院创成江苏省健康单位。

△　泗白路改扩建工程全线贯通并投入使用。

2019年1月30日，江苏“最美基层干部”乔向民电视发布会在泰州电视台演播大厅举行
（区委宣传部　供图）

2月

2日　中共泰州市高港区第五届纪律检查委员会第四次全体会议暨全区干部警示教育大会召开。

15—19日　高港区组织企业到陕西省咸阳市参加“2019年‘春风行动’暨苏陕扶贫劳务协作专场招聘会”。

18日　许庄街道蔡庄村入选江苏省特色田园乡村建设试点村庄。

19日　高港区举行载体平台揭牌及项目集中开工仪式。

△　高港区召开机构改革动员部署会，推进机构改革工作。

20日　长城汽车泰州整车项目签约落户高港区。

28日　高港区启用新版营业执照，江苏桂友医疗器械有限公司领取高港区第一张新版营业执照。

3月

6—7日　高港区举办党员干部读书班。

18日　2019高港（上海）投

2019年3月27—28日，“同饮一江水，共话新发展”常泰两地青年企业家交流活动在高港区举行　（区委宣传部　供图）

资说明会暨项目签约仪式在上海市举办。

19日　高港区举办第一期“安全大讲堂”活动。

20日　高港区召开五届区委第七轮巡察工作动员部署会。

21日　高港区召开全区农村工作暨扶贫工作会议。

26日　2019年江苏省“智造会”泰州（高港）专场在高港区举办。全区有8个企业参会。

27—28日　“同饮一江水，共话新发展”常泰两地青年企业家交流活动在高港区举行。

28日　区委全面深化改革委员会第一次会议召开。

△　第一期“高港区涉企政策大讲堂”开讲。

31日　教育部“国培计划”——中小学名师名校长领航工程名师班“卞珍凤工作室”授牌仪式在江苏省口岸中学举行。

4月

2日　高港区召开政策性粮食库存数量和质量大清查工作推进会。

10日　“乡约高港，共享健康”高港区2019乡村旅游节开幕式在江苏中药科技园举办。旅游节持续到10月。

△　中央电视台在高港区录制人民海军建军70周年纪念日特别节目《大手牵小手——海风你轻轻地吹》。

12日　区委网络安全和信息化委员会第一次会议召开。

13—14日　高港区组织党员干部开展“千名干部访万家，黑恶线索大排查”入户走访活动。

16—18日　江苏省第一届智力运动会象棋比赛在高港区举办。

17日　高港区举办海外科技人才项目高港对接活动。

20日　高港区举办第二十三期领导干部能力建设讲坛，邀请中国社会科学院教授朱继东作“新时代意识形态安全面临的挑战和应对”专题报告。

22日　高港区召开地方金融监管领域扫黑除恶专项斗争暨全区农民资金互助社风险防控部署工作会议。

23日　高港区举办以“乡村振兴”为主题的书记创意擂台赛。

29日　高港区举行“青春腾辉心向党，百年筑梦兴港城”纪念“五四运动”100周年主题活动。

30日　泰州柯普尼通讯设备有限公司与中远海运集运公司在泰州港经济开发区举行战略合作签约仪式。

5月

5日　高港区举行中青年干部专题研修班开班仪式。

8日　国务院安委会考核巡查

2019年4月29日，高港区举行“青春腾辉心向党，百年筑梦兴港城”纪念“五四运动”100周年主题活动　（区委宣传部　供图）

组检查指导高港区安全生产和消防工作。

9日 “2019中国品牌价值评价信息发布暨中国品牌建设高峰论坛”在上海市举行，扬子江药业集团以品牌强度980分、品牌价值428.69亿元，双双获得医药健康板块第一名。

13日 全区首场“科技金融进孵化器”活动在高港区高新技术创业服务中心举办。

16日 高港区举办“大江讲堂·周末法治报告会”——扫黑除恶专项斗争专题报告会。

24日 “壮丽70年，奋斗新时代”高质量发展沿江行全媒体新闻行动启动仪式在永安洲镇春江花月夜湿地公园广场举行。

28日 扬子江药业集团与上海财经大学会计学院举行战略合作签约和揭牌仪式。

29日 区工商联、区人民检察院联合举办“高港区民营企业家大讲堂”2019年第一期培训班。

30日 泰州医药高新区、高港区企业登记“跨区通办”启动仪式在泰州医药高新区行政审批局举行。

31日 “2019年度环保奖”在京发布，扬子江药业集团获评2019年度绿色企业管理奖和2019年度环境社会责任企业。

是月 高港区获评2018年“四好农村路”江苏省级示范县（市、区）。

△ 高港区获评江苏省文物安全综合管理实验区。

△ 中国人民解放军海军诞生地纪念馆入选江苏省庆祝中华人民共和国成立70周年学习体验线路。

△ 扬子江药业集团承担的“缓释智能递药系统的关键技术及其应用”项目获得2018年度江苏省科学技术一等奖。

△ 江苏大江建设工程有限公司技术中心被认定为江苏省第十二批建筑业企业技术中心，实现高港区建筑业企业省级技术中心零的突破。

2019年6月13日，高港区召开“深化银企合作·携手共赢未来”2019年金融恳谈会
（区委宣传部 供图）

6月

5日 高港区召开新时代文明实践中心建设工作现场推进会。

△ 高港区举办“助力乡村振兴·建设美好高港”传统手插秧、机插秧技能比武大赛。

6日 泰州医药高新区、高港区第二次联席会议召开。

△ 泰州市在泰州长江公路大桥北岸举行以“养护水生生物资源，促进生态文明建设”为主题的“健康长江泰州行动”2019年渔业增殖放流活动。

10—15日 口岸街道（临港经济园）在5天时间内全面完成长城项目地块动迁协议签约。长城汽车整车项目涉及地块位于临港大道以南、新港大道以东、文胜河以北、环城东路以西，占地面积达93.33公顷，涉及口岸街道248户动迁户，动迁面积约7万平方米。

11日 高港区2019年国民体质监测工作在白马镇启动。

13日 高港区召开“深化银企合作·携手共赢未来”2019年金融恳谈会。

△ 民进高港区支部成立大会召开。

17日 高港区高新技术创业服务中心、泰州大自然德森堡木业有限公司分别入选2019—2020年度江苏省电子商务示范基地和示范企业名单。

19日 泰州市医疗保障局高港分局举行揭牌仪式。

△ 区行政审批局向泰州德康箱包有限公司发放全区首张建筑工程抗震设防审查证书。

△ 中国人民解放军海军诞生地纪念馆加入中国博物馆协会航海博物馆专业委员会。

22日 泰州市自然资源和规划局高港分局挂牌成立。

△ 全区首个上门回收垃圾服务站点刁铺站正式投入运营。

25日 泰州高港健康长江党建护航联盟启动仪式举行。

26日 泰州明发商业广场项目举办开业典礼。

△ 江苏康贝宠物食品有限公司召开第一次妇女代表大会，选举产生第一届妇联执委，标志着高港区首个工业企业妇联组织诞生。

28日 高港兴福村镇银行永安支行举办开业仪式。

30日 高港区调整居民用管道天然气价格。

是月　泰州口岸船舶有限公司党建特色《保障参与服务监督，助推企业稳步发展》入选中央党校《学习时报》新时代百优民营企业党建典型案例。

△　中国人民解放军海军诞生地纪念馆成为革命圣地及重要旧址全国合作联盟成员单位。

7月

1日　高港区举行庆祝中国共产党成立98周年暨优秀共产党员事迹报告会。

△　自7月1日起，高港区被征地农民养老金待遇标准再次调整。此次待遇提标惠及全区1.75万名被征地农民。

2日　高港区召开农村人居环境整治提升工作推进会。

3日　高港区召开工业用地企业提质增效综合评价推进会。

4日　高港·淳化对口协作推进会召开。

△　白马镇社区教育中心校长王友传主编的《生命之水》教材被评为全国优秀乡土教材。

5日　泰州医药高新区沿江街道腾龙御园卫生服务站在高港区挂牌成立。

13—14日　第四届江苏志愿者服务展示会在扬州举行。高港区"健康江来"志愿服务项目获金奖。

15日　扬子江药业集团发明专利"去甲托品醇的合成工艺改进"获评第十一届江苏省专利项目优秀奖，为全市唯一获奖单位。

16日　高港区委退役军人事务工作领导小组第一次会议召开。

18日　农工党高港区总支"农工之家"和区政协首个界别"委员之家"医药卫生界别"委员之家"成立。

20日　高港区举办第二十四期领导干部能力建设讲坛，邀请清华大学法学院副院长、博士生导师余凌云作"依法行政与法治政府建设"专题讲座。

2019年8月28日，高港区召开"中国好人"陈伟发布会

（区委宣传部　供图）

30日　区委五届五次全体会议召开。

是月　胡庄镇胡庄社区获评第九批江苏省农村电子商务示范村。

△　金泰莱生态农业示范基地被确定为江苏省教育服务"三农"高水平基地。

△　益海（泰州）粮油工业有限公司进入2019江苏民营企业制造业100强，列第75位。

△　扬子江药业集团入选2018年度江苏省"自主工业品牌五十强"榜单。

8月

1日　五届区委第八轮巡察工作动员部署会召开。

1—29日　高港生态环境局组织执法人员对全区299个涉气企业实施拉网式督查。

5日　区工商联捐赠陕西省咸阳市淳化县工商联精准扶贫项目签约仪式在高港区举行。

7日　区法律援助中心对海上、通海水域船舶碰撞人身损害责任纠纷提供法律援助案获评江苏省2018年度法律援助十大优秀案件。

9日　高港综合物流园获评2019年度全国优秀物流园区。

14日　泰州港经济开发区举办高端半导体设备制造项目签约仪式。

△　高港区11个公立医疗机构加入泰州市公立医疗机构药品（医用耗材）阳光采购联盟，参与药品（医用耗材）集体谈判、联合议价、集中采购。

16日　区医疗器械行业协会举行第一届会员代表大会暨授牌仪式。

19日　丸庄益海天然酿造酱油项目举行上市发布会，推出一系列高端酱油新品供应市场。

20日　2019年"蓝火计划"博士生工作团高港分团举行闭团仪式。

25日　扬子江药业集团荣登2018年度中国医药工业百强榜首；同时，获评2019年中国医药研发产品线最佳工业企业。

28日　高港区召开"中国好人"陈伟发布会。

是月　泰州市海军小学成功创建江苏省第十八批绿色学校。高港区累计有12所学校获得省级"绿色学校"称号。

△　高港区人民检察院法律援助工作站成立。

9月

5日　高港区在区美术馆举办庆祝中华人民共和国成立70周年系列展暨“蕙心纨质，绽放港城”江苏省女青年艺术家十人展。

△　大泗学校援藏教师钱维胜获评全国模范教师。

6日　高港区召开“企业上云”工作推进会。

9日　高港区举行“泰有爱·慈善一日捐”启动活动。

12日　扬子江尚德智幼儿园正式开园。

△　许庄街道通过国家卫生镇省级验收。

16日　高港区召开“不忘初心、牢记使命”主题教育动员会议。

17日　泰州大自然德森堡木业有限公司被认定为省级跨国公司地区总部，实现高港区跨国公司地区总部零突破。

19日　高港区启动“我与国旗合个影，我为祖国送祝福”主题宣教活动。

20日　高港区获评全国绿化模范区。

23日　高港区在大泗生态园举办“2019泰州·高港农民丰收节”庆祝活动。

△　区委区级机关工委成立机关工委党校。

24日　白马镇陈家村被认定为第九批全国“一村一品”示范村。

26日　江苏“最美教师”钱维胜电视发布会在高港区举行。

△　第44届国际质量管理小组会议召开，扬子江药业集团选送的3个质量管理小组课题全部获得金奖。

27日　省商务厅发布2018年度全省经济开发区科学发展综合考核评价情况通报，泰州港经济开发区在全省经济开发区（含国家级）中综合排名位列第27位，在省级开发区中位列第5位。

30日　大泗镇在大泗陵园举行佴家庄战斗纪念碑落成典礼。

是月　中国人民解放军海军诞生地纪念馆获得“第一批江苏省党史教育基地”命名。

10月

1日　高港区胡庄镇人叶培建、史保东应邀赴北京参加庆祝中华人民共和国成立70周年大会，观看阅兵式和群众游行。

10日　民革泰州市高港区总支成立大会召开。

△　“叙长江情怀，品河豚美味”2019首届中国泰州河豚节在永安洲镇举行。

10日　在2019中国化学制药行业年度峰会上，扬子江药业集团获2019中国化学制药行业工业企业综合实力百强第一名、2019中国医药行业企业集团十强、“两化”融合优秀企业品牌等荣誉。

12日　省市场监管局发布2019年度优秀测量管理体系认证（AAA）企业名单，扬子江药业集团入选。

14日　泰州港经济开发区汽车及零部件产业园获评第二批江苏省级特色创新（产业）示范园区。

△　高港区产业工人“能级工资”集体协商现场会在泰州口岸船舶有限公司召开。

△　泰州港经济开发区汽车及零部件产业园获评江苏省级汽车及零部件产业园。

16日　长城汽车股份有限公司泰州分公司与泰州职业技术学院举行签约仪式，建立全面产学研合作关系。

△　百世快运泰州新基地落成。

18日　泰州智能制造论坛暨第十四届中国中小商业企业家年会在高港区举办。

19—27日　高港区开展庆祝中华人民共和国成立70周年当代篆书名家精品展。

21日　泰州港经济开发区汽车及零部件件众创社区入选第三批江苏省众创社区备案试点。

22日　高港区举行2019年冲刺四季度项目集中开工仪式。

24日　江苏昆仑光源材料有限公司、泰州大自然德森堡木业有限公司、泰州汇锦电子有限公司、泰州友润电子科技股份有限公司、泰州润杰物流安全装备科技有限公司5个企业被认定为2019年江苏省级工业企业技术中心。

27日　泰州口岸船舶有限公司“新型73多功能73米铺缆船、豪华高效型50车999客客滚船”，泰州三福船舶工程有限公司“新型江海直达适装铁路箱2400TEU船、环保型12500DWT多用途重吊船、新型34500DWT成品油/化学品船”5个新船型通过省级新产品新技术鉴定。

28日　高港区在苏州企业联合会第一次会员大会暨成立大会在苏州工业园区召开。

11月

5日　全市垃圾分类小区建设观摩会在高港区召开。

6日　高港现代农业产业园入选2019年江苏省农村一二三产业融合发展先导区。

7日　高港区举行“119”消防宣传月活动启动仪式。

11日　长城汽车泰州整车项目举行开工仪式。

△　高港综合物流园获评江苏省粮食物流产业园区。

15日　“学习强国”江苏学习平台“学习打卡我来了”线下学习活动在高港区举办。

19日　由中央网信办组织的“乡村振兴在行动——走进江苏”主题线下活动走进胡庄镇宗林村，实地了解高港区实施乡村振兴战略取得的成效。

2019年11月19日，“乡村振兴在行动——走进江苏”主题线下活动（泰州站）走进胡庄镇宗林村　　（区委宣传部　供图）

22日　高港区举行公共租赁住房选房入住仪式，17位市民成功选到住房。

25日　大泗镇便民服务中心启用。

28日　区人民法院联合区司法局、交警高港大队举行“道交一体化”中心等相关机构集中揭牌仪式。

29日　全市群众安全感和网格规范达标率建设推进会在高港区召开。

是月　区地震科普馆获评江苏省级防震减灾科普教育基地。

12月

2—4日　高港区组织74名先进典型参加免费健康体检活动。

4日　高港区召开园区、镇街党（工）委基层党建“书记项目”展示交流会。

5日　五届区委第九轮巡察工作动员部署会召开。

6日　高港区召开承担行政职能事业单位改革动员会。

9日　高港兴福村镇银行大泗支行开业，系高港兴福村镇银行在高港区的第3个支行，也是全区第57个银行网点。

16日　江苏逸夏农产品产业化联合体获评第二批农业产业化省级示范联合体名录。

20日　高港区与中信建投资本管理有限公司举行战略合作签约仪式。

30日　中国共产党泰州市高港区第五次代表大会第三次年会召开。

△　省台办、省商务厅下发通知，同意设立苏台（泰州）大健康食品产业合作园。

31日　扬子江药业集团召开2019年年终工作会议暨职工代表大会。

是月　胡庄镇汪群社区获评2019年度全国综合减灾示范社区。

△　江苏典雅墙纸有限公司获准筹建非织造墙布国家级标准化工作组，系高港区首个获准筹建的国家级标准化工作组，也是全国首个非织造墙布行业的标准化工作组。

△　扬子江药业集团董事长徐镜人获2018年江苏省质量奖。

△　泰州凤栖湖农场、孔氏农场、同人于野家庭农场获评江苏省级示范家庭农场。

△　白马镇陈家村获评2019年江苏省休闲农业精品村；高港西来原乌湖羊炭烧主题创意农园、高港杏都葡萄休闲主题创意农园获评2019年江苏省主题创意农园。

逸夏果园猕猴桃采摘　　（区委宣传部　供图）

区情概览

高港名片

【人民海军诞生地】 1949年1月，中共中央政治局通过《目前形势和党在一九四九年的任务》的决议，提出："一九四九年及一九五〇年我们应当争取组成一支能够使用的空军，及一支保卫沿海沿江的海军。"此后，中共中央、中央军委指示第三野战军前敌委员会在华东地区把海军组建起来。3月下旬，第三野战军前敌委员会传达中共中央和中央军委关于筹建人民海军的指示。4月23日，中央军委急电：第三野战军立即组建海军，名为中国人民解放军华东军区海军。13时30分，张爱萍在白马庙宣读中央军委急电和第三野战军前敌委员会关于成立人民海军的决定。张爱萍带领李进、张渭清、黄胜天、温礼芝等13人开展组建工作，成立中共华东军区海军临时委员会，组建司令部、政治部等部门。抽调第三野战军教导师第3团、直属侦察营等部和苏北军区海防部队编入海军，并接管国民党海军起义、投诚的军舰。张爱萍任华东军区海军司令员兼政治委员。1989年2月17日，中央军委关于海军成立日期的批复同意以一九四九年四月二十三日成立华东军区海军的日期为中国人民解放军海军的成立日期。1998年，江泽民为中国人民解放军海军诞生地纪念馆题写馆名。1999年，中国人民解放军海军诞生地纪念馆开馆。人民海军诞生地为全国重点文物保护单位，中国人民解放军海军诞生地纪念馆为全国爱国主义教育示范基地。

【泰州港高港港区】 北宋乾德二年（964），柴墟港口形成。明初，柴墟港口成为口岸港口。19世纪末，由于江中沙洲不断淤涨，江岸线南移，口岸港口南移2000米至封家庄。清光绪二十八年（1902），港口开埠通商。清末，封家庄码头淤浅，港口西移500米至龙窝口。1954年9月，龙窝口码头淤浅，口岸港口移至高港，称高港港口。1988年7月，高港港被省政府批准为对外开放二类港口。1992年11月，高港港被国务院批准为对外开放一类港口。1997年6月，高港港更名为泰州港。1999年，建成杨湾作业区。2002年，原高港港改称泰州港高港港区，为泰州港主港区。2006年，建成永安作业区。2014年，泰州港核心港区（高港）集装箱码头开港。2019年，高港港区拥有高港、杨湾、永安3个作业区，为集装卸、仓储、运输、船舶代理、货物代理、配送等物流服务于一体的综合性港口，有长江泊位14座，其中万吨级泊位11座，完成货物吞吐量4433万吨、集装箱进出口35.08万标准箱。

【扬子江药业集团】 扬子江药业集团创建于1971年，是跨地区、产学研相结合、科工贸一体化的国家大型医药企业集团，也是科技部命名的全国首批创新型企业。集团总部位于高港区，有员工1.4万余人，总占地面积300余万平方米。旗下20余个成员公司分布于泰州、北京、上海、南京、广州、成都、苏州、常州等地；营销网络覆盖除台湾以外的全国各省、市、自治区。集团始终秉承"求索进取，护佑众生"的企业使命，践行"高质、惠民、创新、至善"的核心价值观，高起点打造"扬子江水哺育中华，扬子江药造福华夏"的品牌文化。1996年起，连续多年排名江苏省和全国医药行业前列。2019年，在工业和信息化部公布的2018年度中国医药工业百强企业榜上排名第1位。获2019年中国品牌价值评价医药健康板块品牌强度、品牌价值双第一。蝉联全国医药行业质量管理成果评比一等奖总数第1名，实现15连冠。 （区党史方志办）

【口岸雕花楼景区】 口岸雕花楼景区总占地面积8.8万平方米，建筑面积3.9万平方米，总投资近10亿元，为国家AAAA级旅游景区。以柴墟古街区为载体，融休闲、娱乐、餐饮、购物等功能，集楼景、水景、桥景、街景于一体，形成包括"一桥、两街、三庙、四宅"在内的主要景点。2019年，实现景区接待游客

口岸雕花楼雪景 （陈 云 摄）

105.5万人次，比上年增长16%。景区解放街戚宅、李信昌过载行被评为第八批江苏省文物保护单位。景区获评江苏省乡镇电子商务特色产业园（街）区、省级社科普及优秀示范基地。

（区文化体育旅游局）

地理环境

【区位面积】 高港区位于泰州市市区南部，濒临长江。北连泰州医药高新区，东接姜堰区、泰兴市，西临扬州市江都区，南与镇江扬中市隔江相望。全区总面积286.83平方千米。建成区面积20平方千米。

【地形地貌】 高港区属长江三角洲冲积平原。古代是浅海，后来渐次成陆。地形平坦，地面高程一般2~5米，最低处1.8米（永安洲北沙局部地面）。大体北部为高沙平原，南部为沿江平原，江岸线附近的狭长区域为江边滩地。

【河流交通】 区内主要河流有8条，东西向有许庄河、宣堡港、古马干河、生产河和周山河，南北向有南官河、引江河和西干河，均可通航。G2京沪高速、G40沪陕高速、S336线穿境，乡际、乡村均有公路通达。泰州港高港港区、泰州长江公路大桥坐落境内。

（区党史方志办）

【气候】 2019年，高港区气候异常，气象灾害频发，平均气温比常年偏高。全年高温日数比常年明显偏多。年降水量788.1毫米，较常年偏少2成，出现暴雨日1个。秋季出现秋旱。登陆并影响高港区的台风有2个。全年主要气象灾害有暴雪、台风暴雨、冰雹、高温、秋季干旱等。

日照 全年日照总时数为1853.1小时，日照总时数较常年偏少。其中，1月、2月、4月、6月、7月、10月、12月日照时数较常年偏少，5月、8月较常年偏多，其他各月接近常年。

气温 全年平均气温16.7℃，比常年（常年15.1℃）偏高。年极端最高气温38.2℃（7月29日），年极端最低气温-5.3℃（1月17日）。全年出现14个高温日（35℃以上），比常年（常年7.7天）偏多。

降水 全年降水量790.7毫米，比常年（常年1022.6毫米）少2成，其中，1月、2月分别出现连阴雨天气，降水明显偏多；10月、11月降水量比常年明显偏少，出现明显旱情。全年降水日数124天（常年114.7天）。

2019年高港区月度降水量一览表

表1 单位：毫米

月份	降水量	月份	降水量
1	61.1	7	133.0
2	72.8	8	121.5
3	16.9	9	116.8
4	39.5	10	2.1
5	32.6	11	35.4
6	93.8	12	65.2

暴雪 全年出现3次降雪过程，其中2月8日夜里到9日全区普降大到暴雪，雨雪量为8.0毫米，积雪深度为7厘米。

梅雨 6月18日入梅，与常年一致（常年6月18日），7月21日出梅，出梅偏晚（常年7月10日），梅期长34天，梅期偏长（常年23天）。高港区梅雨量为146.4毫米，与常年平均梅雨量240.1毫米相比，偏少4成。

台风暴雨 8月10—11日受第9号台风“利奇马”影响，高港区出现降水总量95.8毫米的暴雨天气，日极大降水为58.9毫米，同时出现8级大风天气。13.33公顷低洼稻田、2公顷玉米、3.33公顷大豆受淹，2.67公顷西瓜大棚受灾，部分大棚受损，总受灾面积40.67公顷。

强对流天气　4月9日，出现雷雨大风，其中永安洲镇极大风力达 到8级（20.5米/ 秒），11时35分左右。7月6日下午，高港区出现雷雨大风、短时强降水、冰雹等强对流天气，有三四处大棚有损坏现象，主要受损作物为西瓜，面积约10公顷，每亩损失在2000元左右，3处桃园有落果现象，面积约10公顷，收益影响一至两成。

高温　全年总共出现高于35℃高温日14个。其中，6月4—5日高港区连续2天出现高温天气，5日最高气温36.1℃。出梅后7月22日—8月2日出现连续35℃及以上的高温天气。其中37℃及以上天气有4天，出现在7月28—31日。

秋季干旱　9月中旬—11月中旬出现干旱，9月中下旬降水量共0.5毫米。10月降水量为2.1毫米，较2018年同期（16.5毫米）偏少87.3%，比常年同期（常年55.7毫米）偏少96.2%。11月1—16日无降水。

（徐为进　刘　翔）

【水文水情】2019年，境内长江最高水位为4.8米，发生在7月18日；长江最低水位为-0.06米，发生在12月28日。口岸闸全年引水288次、31623.2万立方米。

【自然资源】长江岸线资源　高港区拥有沿江岸线25.6千米。

水资源　可利用水资源主要为长江水，水量每年约3亿立方米。全区水面广阔，资源丰富，江、河、塘中主要产鱼、虾、蟹、蚌、龟、鳖等。

江河资源　高港区内现有各类河道1307条，其中，骨干河道13条，总长106.12千米；城区河道15条，总长22.88千米；中沟105条，总长247.42千米；村庄河道1174条，总长636.88千米。

土地资源　全区土地总面积为28683.55公顷，有耕地12701公顷、园地772.29公顷、林地37.11公顷、草地0.53公顷、城镇村及工矿用地7073.61公顷、交通运输用地1788.58公顷、水域及水利设施用地5976.68公顷、其他土地333.75公顷。

（区水利局　区自然资源和规划分局）

建置区划

【建置沿革】西周，境内初属邗国，后改属吴、越、楚。秦王政二十四年（前223），为晦（海）陵县地。汉高帝五年（前202），属楚国。汉高帝六年，属荆国。汉高帝十二年，属淮郡海陵县。新莽天凤元年（14），属淮平郡亭间县。汉建武十三年（37），属广陵郡海陵县。汉永平元年（58），属广陵国海陵县。永平十年，属广陵郡海陵县。三国魏文帝黄初五年（224），海陵县废，境内沦为魏、吴间弃地。晋太康元年（280），属广陵郡海陵县。南朝梁武帝天监元年（502），属海陵郡海陵县。隋开皇三年（583），属吴州海陵县。开皇九年，属扬州海陵县。隋大业三年（607），属江都郡海陵县。唐武德三年（620），属吴州吴陵县。武德七年，属邗州海陵县。武德九年，属扬州海陵县。唐天宝元年（742），属广陵郡海陵县。唐乾元元年（758），属扬州海陵县。五代十国杨吴武义二年（920），属江都府海陵县。南唐昇元元年（937），分属泰州泰兴县、海陵县，泰兴县治设于济川镇，济川镇位于济川河（今南官河）河口附近。北宋乾德二年（964），因济川镇坍江，泰兴县治移至柴墟。北宋宣和四年（1122），分属扬州泰兴县、泰州海陵县。南宋建炎四年（1130），岳飞任通泰镇抚使兼知泰州，屯兵柴墟，在南坝桥大败金兵。时境内分属泰州泰兴县、海陵县。南宋绍兴五年（1135），分属扬州泰兴县、泰州海陵县。绍兴十年，分属泰州泰兴县、海陵县。绍兴十二年，分属扬州泰兴县、泰州海陵县。元至元十四年（1277），分属扬州路泰兴县、泰州路海陵县。至元二十一年，分属扬州路泰兴县、扬州路泰州海陵县。元至正二十五年（1365），徐达为进攻泰州，自境内大江口开济川河直至泰州南门。至正二十六年，境内分属扬州府泰州海陵县、扬州府泰兴县。明洪武元年（1368），分属扬州府泰州、泰兴县。明嘉靖年间（1522 —1566），泰州至泰兴的驿道经过境内，并设刁家渡铺、口岸铺。明代，口岸成为泰兴的西北重镇，先后建有口岸察院、口岸公馆。清顺治二年（1645），分属扬州府泰州、泰兴县。清雍正二年（1724），分属泰州、通州泰兴县。清雍正十三年，泰兴全县分为四辖，口岸巡检司所治地域为“口辖”。口岸逐渐发展为长江北岸的一个重要港口和物资集散地。清乾隆九年（1744），境内分属扬州府泰州、泰兴县。1912年，分属泰兴县、泰县。1940年7月后，分属泰兴、泰县抗日民主政府。1945年11月，苏皖边区政府成立，境内分属第一行政区的泰兴县、泰县。1949年4月，分属苏北行政公署泰州专区的泰州市、泰兴县。1950年5月，分属泰兴县、泰县。1953 年1月，分属扬州专区（后改称扬州市）泰兴县、泰县。1959 年1 月，泰州市、泰县合并为泰州县，境内分属泰兴县、泰州县。1962 年5 月，分属泰州市、泰兴县、泰县。1964 年9 月，分属泰兴县、泰县。1992 年9 月，分属泰兴市、泰县。1994 年10 月，分属泰兴市、姜堰市。1996年7 月，境内分属地级泰州市所辖泰兴市、姜堰市。1997年4 月，属泰州市海陵区。1997 年8月，设高港区，隶属于泰州市。

（区党史方志办）

【行政区划】1997年8月高港区成立时，辖永安洲、田河、口岸、刁铺、许庄、白马、野徐7个乡镇。2008年区划调整，辖口岸、刁铺、许庄3个街道及永安洲、野徐、白马、大泗、胡庄5个镇，野徐镇殷蒋村、陈庄村和白马镇朱穆村划归泰州市周山河街区管委会代管。2009年区划调整，辖口岸、刁铺、许庄3个街道及永安洲、白马、大泗、胡庄4个镇，许庄街道唐家村、老庄村划归野徐镇代管，野徐镇及刁铺街道部分村组划归泰州经济开发区代管。至2019年年末，辖街道3个、镇4个，共有社区51个、居民小组973个，村40个、村民小组749个。

（侯金春）

2019年高港区各镇街所辖村（社区）情况一览表

表2

街道、镇	社　区	行政村
口岸街道	王营社区、口岸社区、龙窝口社区、城东社区、柴墟社区、新城社区、育才社区、城南社区、蔡滩社区、东南社区、朱营社区、戴集社区、集成社区、新明社区、引江社区、张马社区、田河社区	吴楼村、雅儒村、郎庄村、徐桥村、徐庄村、大石村
刁铺街道	关桥社区、通太社区、环溪社区、万庄社区、大丰社区、界牌社区、圩岸社区、明发社区	—
许庄街道	马厂社区、三星社区、官沟社区、周梓社区、三旗营社区、曹官营社区、许庄社区、乔杨社区、赵王社区、孔桥社区	明河村、钱赵村、管营村、蔡庄村
永安洲镇	福沙社区、新街社区、中心社区、永兴社区、兴洲社区、永胜社区、上桥社区、建安社区、东江社区、兴隆社区、润洲社区	—
白马镇	金马社区、白马社区	岱白村、陈家村、陆家村、黄河村、前进村
大泗镇	大泗社区	时庄村、马龙村、康乐村、霍堡村、大马村、佴陈村、佴庄村、二陈村、北港村、曹于村、前进村、杨营村
胡庄镇	胡庄社区、汪群社区	赵市村、薛垛村、戴陈村、刘荡村、单王村、刘元村、史庄村、庵桥村、周马村、宗林村、丁庄村、田野村、陈隆村

人口·民族

【人口】 2019年年末，高港区户籍总人口261702人，其中，男性131769人，占人口总数的50.35%；女性129933人，占人口总数的49.65%。比例为1.01∶1。人口密度为912人/平方千米。全年出生人口2045人，死亡人口2209人。

【民族】 2019年，高港区有定居少数民族32个，少数民族常住人口958人。少数民族人口中，以土家族最多，有248人。镇街中，少数民族人口以口岸街道最多，有197人。

（区民宗局）

2019年高港区少数民族人数及分布情况一览表

表3　　单位：人

民族	口岸街道	刁铺街道	许庄街道	永安洲镇	白马镇	大泗镇	胡庄镇	小计
土家族	36	8	29	22	65	45	43	248
苗族	17	5	9	11	12	24	45	123
满族	28	14	11	11	4	8	6	82
壮族	10	6	19	7	9	16	14	81
彝族	14	7	16	8	3	14	5	67
回族	24	6	12	3	6	4	3	58

续表3

民族	口岸街道	刁铺街道	许庄街道	永安洲镇	白马镇	大泗镇	胡庄镇	小计
布依族	8	11	3	4	5	10	8	49
蒙古族	22	1	8	4	1	3	9	48
侗族	7	—	4	1	4	2	10	28
傣族	3	5	2	5	3	4	4	26
白族	4	3	5	1	—	2	10	25
黎族	7	—	2	2	5	4	4	24
朝鲜族	5	1	5	—	3	2	—	16
瑶族	1	—	1	5	2	3	4	16
畲族	1	2	2	2	2	—	—	9
仡佬族	3	—	4	1	—	—	—	8
土族	2	—	1	2	1	1	—	7
哈尼族	—	—	1	—	—	4	2	7
佤族	—	4	—	—	1	—	—	5
傈僳族	2	—	—	2	—	—	—	4
藏族	2	—	—	—	—	—	2	4
锡伯族	1	—	—	2	—	—	—	3
水族	—	—	1	—	—	2	—	3
纳西族	—	—	—	—	—	1	2	3
羌族	—	—	3	—	—	—	—	3
拉祜族	—	—	1	—	—	—	1	2
保安族	—	—	2	—	—	—	—	2
景颇族	—	—	—	—	2	—	—	2
达斡尔族	—	—	2	—	—	—	—	2
普米族	—	—	1	—	—	—	—	1
维吾尔族	—	—	—	1	—	—	—	1
裕固族	—	—	—	—	—	1	—	1
合　计	197	73	144	94	128	150	172	958

古迹·名人

【名胜古迹】 高港辖区内有全国重点文物保护单位1处(人民海军诞生地),省级文物保护单位3处(口岸雕花楼、解放街戚宅、李信昌过载行),市级文物保护单位6处(口岸城隍庙、刁铺龙王庙、泰昌生木号、龙泉池浴室、解放街孙宅、佴家庄战斗旧址纪念碑)。有南宋抗金名将岳飞大胜金兵的遗址南坝桥,有形成于南宋的口岸庆元街、口岸解放街清式民居、古东岳庵等古建筑。口岸雕花楼景区为国家AAAA级旅游景区。中国人民解放军海军诞生地纪念馆、江苏中药科技园均为国家AAA级旅游景区。凤栖湖景区初具规模。

【名人】 有东汉秣陵(今南京)县尉蒋子文(被孙权追封为“白驮将军”,民间俗称“白马大将军”)、北宋名臣潘及甫、明代儒学大家储巏、明代武进士戚世光、清康熙侍卫徐左柱、清开明绅士赵良礼、当代高僧仁德法师、《解放军报》总编赵易亚少将、工程力学专家蔡强康、现代“生命之约”英雄刘绍安、民间收藏家蔡澧泉、儿童文学作家陈模、著名作家叶文彬、“人民科学家”叶培建、“抗战老兵”史保东等。(区党史方志办)

地方美食

【全羊席】 刁铺全羊席具有上百年历史,用料考究、工艺独特、口味鲜嫩、色香俱佳、养身补体。全部菜肴皆以1年生山羊为原料,经去膻工艺后,或焖或炖或炒或冷切或红烧或油浸,将羊肉及羊的眼、耳、心、肝、腰、脑、蹄、卵、鞭、肠、肚等部位做成一道或数道佳肴。其中,以扒乳羊、蟹黄羊肉狮子头、生爆羊球片、多子多福、豆腐烩羊脑、鳜鱼烧羊肉为代表。

【全牛席】 新中国成立前,大泗有“霍堡庄、穷叮当、杀老牛、卖生姜”的说法。霍堡人做牛肉生意已有近百年的历史。霍堡牛肉传承至今成为大泗独特的菜肴。大泗镇现有几十个牛肉店,其中以“泗水人家”全牛席最为有名。全牛席以牛的头、尾、蹄、内脏、肉为原料。上菜顺序,从头到尾,极为讲究,共有百余种菜品。最具代表性的有十大名菜,依次是:牛气冲天(牛头)、爆炒世界(牛眼)、美味牛簧(牛舌)、生爆牛宝(牛宝)、酸辣牛肚(牛肚)、心怀天下(牛心)、铁板腰花(牛腰)、快马加鞭(牛鞭)、祥龙摆尾(牛尾)、脚踏实地(牛蹄)。牛肉分水牛肉和黄牛肉,黄牛肉纹理清晰,肉实味美,为大泗全牛席的首选。

(区党史方志办)

2019年高港区国民经济和社会发展统计公报

【概况】 2019年,高港区实现地区生产总值611.3亿元,按可比价计算,比上年增长7.5%。其中:第一产业增加值13.78亿元,增长2.1%;第二产业增加值325.93亿元,增长7.4%;第三产业增加值271.59亿元,增长7.9%。产业结构进一步优化,三次产业比为2.3∶53.3∶44.4。城镇化水平不断提升,常住人口城镇化率为69.86%,比上年提高1.84个百分点。人均地区生产总值达24.03万元,分别比全省、全市平均水平高11.67万元和12.96万元,比苏南平均水平高7.23万元。年末,全区就业人数为14.8万人,其中,第一产业为1.8万人,第二产业为6.9万人,第三产业为6.1万人。全年新增就业人数为15310人,新增创业人数为9693人,期末城镇登记失业率为1.7%。

【农林牧渔业】 农业生产平稳增长。全区实现农林牧渔业总产值21.48亿元,比上年增长2.7%,其中农业、林业、牧业、渔业和农林牧渔服务业产值分别完成15.05亿元、0.13亿元、3.39亿元、1.87亿元、1.04亿元。全年实现农林牧渔增加值14.31亿元,增长2.2%。种植业结构逐步优化。全区粮食播种面积13133.33公顷,下降5.6%。粮食产量9.09万吨,下降4.2%。油料作物种植有所上升,全区油料面积1466.67公顷,增长2.8%;油料产量0.49万吨,增长5.5%。蔬菜等经济作物增长较快,全区蔬菜播种面积4706.67公顷,增长1.1%;产值4.34亿元,增长5.6%。

【工业和建筑业】 工业生产稳中有增。2019年,全区规模以上工业产值比上年增长9.6%,其中民营工业产值增长11.6%。分轻重工业看,轻工业产值增长11.2%,重工业产值增长5.2%。分经济类型看,集体企业产值下降9.7%,股份制企业产值增长10.5%,外商及港澳台商投资企业产值下降3.8%。从产值排名前五的行业看,医药制造业增长13.9%,农副食品加工业增长1.5%,铁路、船舶、航空航天和其他运输制造业增长17.9%;电力、热力生产和供应业下降7.6%,化学原料和化学制品制造业增长4.5%。装备制造业平稳向好。全年装备制造业实现产值213.4亿元,增长10.6%,超规模以上工业产值增速1个百分点,装备制造业产值占全区比重为16.3%,累计拉动规模以上工业产值增长1.7个百分点,对规模以上工业产值增长的贡献率达17.4%。企业盈利能力稳步提高。全年规模以上工业企业利润增长19.0%,高于全市平均水平15个百分点;年度营业收入利润率为6.1%;每百元营业成本为63.2元,较2018年同期下降1.1元。建筑业平稳发展。全年共完成建筑业总产值566.74亿元,增长3%;竣工产值536.89亿元,增长22.6%,竣工率为94.7%。建筑业企业房屋建筑施工面积3576.69万平方米,增长5.7%,其中,新开工面积1505.25万平方米,下降14.1%;竣工面积1755.77万平方米,增长20.7%,其中,住宅竣工面积1620.46万平方米,增长27.9%。

【固定资产投资】 固定资产投资稳中有升。2019年,全区固定资产投资整体呈平稳增长趋势,各季度增速在合理区间8%~12%,全年增速为10.9%,其中,民间投资增长18.2%,占固定资产投资比重达81.1%;高新投资比上年增长41.6%,占固定资产投资比重为23.7%。分登记注册类型看,内资企业投资增长14.4%,港澳台商企业投资增长28.1%;外商企业投资下降61.9%。分行业看,纺织业投资增长86.7%,文教工美和体育娱乐用品制造业投资增长26%，医药制造业投资增长439.2%，住宿和餐饮业投资增长250.9%，科学研究和技术服务业投资增长46.7%，文化体育和娱乐业投资增长67.3%。全年高技术制造业占工业投资的比重为31.2%，比上年提高8.3个百分点。

工业投资增势较强。全年工业投资增长12.8%，高于全市平均水平6.7个百分点，高于固定资产投资增速1.9个百分点，工业投资占固定资产投资比重为65.5%，比上年提高1.1个百分点。其中工业技改投资增长17.8%，高于全市平均水平11.5个百分点，高于工业投资5个百分点。

房地产业形势较好。全区房地产投资为13.29亿元，比上年增长35.7%，高于全市平均水平36个百分点。商品房销售面积为60.58万平方米，增长0.2%。

【国内贸易】 消费市场质态良好。2019年，全区实现社会消费品零售额66.25亿元，比上年增长7.8 %，超全市平均水平2.6个百分点。分地区看，农村消费市场活力彰显，全年实现零售额2.78亿元，增长132.6%，高于城镇127.3个百分点；分行业看，批发业支撑作用显著，全年批发业实现商品零售额30.06亿元，增长13.8%，占社会消费品零售总额的45.4%。零售业零售额下降5.1%，住宿业零售额增长347.1%，餐饮业零售额增长75.6%；从商品分类上看，粮油及食品类和石油及制品两类增长乏力。全年限额以上粮油及食品类和石油及制品类商品零售额9.76亿元，增长0.5%，占全区限额以上零售额的43.3%。建筑及装潢材料类和汽车类实现限额以上零售额5.12亿元，增长29.7%，成为限额以上社会消费品新的增长点；从消费需求看，部分升级类商品增长迅速，相比食品、服装和日用品等传统消费，家用电器和音像器材类商品零售额增长15.7%，中西药品类商品零售额增长11.6%。

【开放型经济】 对外贸易逆势增长。2019年，高港区创新外贸增长方式，补齐传统外贸企业下滑短板，有效应对中美贸易摩擦，外贸进出口逆势增长。江苏海企化工仓储有限公司、江苏春之谷食品有限公司、泰州大自然德森堡木业有限公司、泰州新安阻燃材料有限公司等28个外贸企业增速超100%。全年进出口总额为15.78亿美元，比上年增长9.1%，其中，出口总额5.34亿美元，增长18.5%，进口总额10.44亿美元，增长4.9%。一般贸易出口额2.15亿美元，增长1.5%；加工贸易出口额2.33亿美元，下降5.1%。农产品出口额0.43亿美元，下降31.2%；机电产品出口额2.23亿美元，下降5%；化工产品出口额2亿美元，增长125.2%；高新技术产品出口额0.07亿美元，增长111.1%。对东盟、欧盟、拉丁美洲、北美洲和大洋洲出口额分别为1.26亿美元、2.12亿美元、0.21亿美元、0.45亿美元、0.1亿美元。

对外经济稳定发展。2019年，高港区引导企业“走出去”，筛选优质企业进行重点培育，组织参加“江苏企业走出去”、“泰中投资机遇研讨会”、首届中非博览会等各类培训和对接会，增加企业与全国行业领军企业、各大银行接触、交流的机会。全年完成外经营业额0.57亿美元，新批境外投资项目6个，实际到账外资和港澳台资2.1亿美元。

【财政和金融】 财政收支同步提升。2019年，全区一般公共预算收入为42.1亿元，比上年增长2.8%，其中，税收收入33.43亿元，增长1.1%。政府性基金收入7.85亿元，上划中央四税（国内增值税、国内消费税、企业所得税、个人所得税）27.72亿元。全年一般公共预算支出47.7亿元，增长19.8%。其中，社会保障和就业支出5.03亿元，增长35.9%；一般公共服务支出4.65亿元，下降18.4%；公共安全支出1.03亿元，下降6.4%；节能环保支出0.68亿元，下降37%；科学技术支出2.28亿元，增长40.7%；教育支出6.76亿元，增长3.5%。

金融市场运行稳健。2019年年末，全区金融机构本外币各项存款余额516.77亿元，比上年增长14.3%；贷款余额310.61亿元，增长8.8%。全区银行业存贷比为60.1%。

【科学技术、教育和卫生】 科技创新能力持续增强。2019年，高港区成立“科技服务团”，围绕“送政策、送信息、增信心、增动能”开展科技服务“春耕行动”，分小组、分片区走访调研208个企业，通过“两必进、两必谈”征集各类需求349条。出台《“雏鹰”企业、“瞪羚”企业、准“独角兽”企业培育实施计划》，分别建立企业培育库。获批省级民营科技企业4个、省高企培育入库企业33个，81个企业进入省科技型中小企业评价库，新增市级高新技术企业17个，逐步形成高新技术企业、省级民营科技型企业、科技型中小企业梯队发展的良好态势。全区高新技术产业产值占比达56.84%。加大对科技型企业的融资支持，16个企业获批“苏科贷”科技贷款，贷款金额6900万元，累计科技贷款余额3.1亿元。

教育事业全面协调发展。全区共有各级各类学校39所（不含市属高中），其中，幼儿园17所，小学11所，初中9所，九年一贯制学校1所，中等专业学校1所。全区幼儿园在园人数7339人，毕业人数2334人；小学在校人数12258人，毕业人数1822人；普通中学在校人数5612人，毕业人数1867人；职业中学在校人数1957人，毕业人数643人。学龄儿童入学率、小学毕业升学率、初中学生毕业率均为100%。

卫生保健事业加快发展。年末共有各类卫生机构81个，新型农村合作医疗覆盖面100%。其中，医院4所，卫生院（社区卫生服务中心）9个，疾病预防控制中心1个，妇幼卫生保健机构1个。全区各类卫生机构设置床位数1195张，其中，医院758张，卫生院（社区卫生服务中心）437张。卫生技术人员共有1260人，其中，执业医师、执业助理医师573人，注册护士534人。医院卫生技术人员758人，卫生院（社区卫生服务中心）卫生技术人员440人，疾病预防控制中心卫生技术人员9人，妇幼卫生保健机构卫生技术人员16人。

【文化、体育和旅游】 文化工作精彩纷呈。2019年，全区以庆祝中华人民共和国成立70周年为契机，举办形式多样的文体活动50余场，参与群众近4万人次。举办"苏演院线"演出12场，"文化港城行"大江艺术团基层巡演7场，大江放歌广场文艺演出8场。继续扩大"文化惠民券"惠民效益，全年点单演出共180场，发放惠民券160万元。全区新增公共文化设施面积约1.32万平方米，完成公共文化设施面积约11.90万平方米，人均拥有公共文化设施面积约0.48平方米。

体育工作重点突出。全年新建口岸水岸景城、许庄乔杨、胡庄周马、大泗前进等10个健身场所。制定全民健身点管理维护实施方案，形成区、镇、村三级管理网络。全年新增公共体育设施面积6.91万平方米，人均公共体育设施面积达到1.03平方米。成功举办"高港杯"第六届全国象棋青年大师赛和江苏省第1届智力运动会象棋比赛。

旅游工作成效显著。全区新开工或续建重点旅游项目28个，其中，景区类项目6个，小城镇与古街区类项目1个，乡村类项目2个，医疗健康与养生养老类项目1个，住宿餐饮类项目2个，公共服务设施类项目12个，其他类项目4个。指导白马镇陈家村整村打造乡村旅游区，全年接待游客突破40万人次。推动4个民宿产品入驻携程、美团等线上销售平台，新增民宿床位数138张。新增5家旅游商品无理由退换购物店，游客满意度综合指数82.86分。

【人民生活和社会保障】 人口总量基本稳定。2019年末，全区家庭总户数79970户，户籍总人口26.17万人，其中女性12.99万人。户籍人口中，17岁以下人口3.76万人；18岁~34岁人口5.08万人；35岁~59岁人口10.65万人，60岁以上人口6.68万人。全年出生人口2045人，人口出生率为7.81‰，比上年年末下降1.97个千分点，死亡人口2209人，人口死亡率为8.44‰，比上年末下降0.82个千分点；全年迁入1289人，迁出1713人。年末常住人口25.46万人，较上年年末增加0.04万人，其中，城镇人口17.79万人，较上年末增加0.5万人。

人民生活显著提升。2019年，全区全体居民人均可支配收入为38863元，增长9%，其中城镇、农村居民人均可支配收入分别为47990元和24100元，比上年分别增长8.7%、9.1%。从收入情况看，工资性收入、经营性收入、财产性收入和转移性收入比由上年的61.5∶17∶9.7∶11.8调整为60.6∶17.5∶10∶11.9，收入结构进一步优化。从消费支出情况看，食品烟酒支出仍占首要位置，为29.3%，但与上年相比，回落1个百分点；文教娱乐、医疗保健支出进一步提高，与上年度相比，教育文化娱乐、医疗保健支出分别提高364元/人和146元/人，占比分别提升0.7个、0.1个百分点。

社会保障水平稳步提高。2019年，全区每万名劳动力中高技能人才数为1523人。发放富民创业贷款4600万元，支持成功自主创业3257人。引进各类高层次人才312名，集聚高校毕业生2397人，新增专业技术人员3100名，发放"购房券"953万元。全区养老保险参保人数11.42万人，工伤保险参保人数4.85万人。企业退休人员养老金人均达2007元/月。城乡居保基础养老金提高至每人每月158元。标准化镇（街道）、村（社区）基层人社平台建成率100%。全年处理各类劳动人事争议案件2027件，结案率100%，调解成功率80%。

【资源环境】 生态环境建设成效明显。稳步推进生态文明示范区建设，刁铺街道、许庄街道创成省级生态文明示范镇（街道），口岸街道引江社区、大泗镇前进村创成省级生态文明示范村（社区），省级生态文明示范镇（街道）全覆盖。$PM_{2.5}$年均浓度为44ug/m^3、空气质量优良天数比率为75.6%。

说明：（1）本公报使用的数据为快报数。

（2）地区生产总值和各产业增加值绝对值按现行价格计算，增长速度按可比价格计算。（区统计局）

中共泰州市高港区委员会

综 述

【概况】 2019年，区委全面落实中央和省、市委决策部署，统筹推进改革发展稳定各项工作，经济社会发展和党的建设取得新成效，高质量发展迈上新台阶。以量质并举为追求，不断提升经济实力；以“三大攻坚战”为重点，不断补齐发展短板；以开放创新为动力，不断加快动能转换；以人民满意为标尺，不断增进民生福祉；以主题教育为主线，不断深化党的建设。全区共有基层党组织839个，其中，党委23个、党总支106个、党支部710个，有党员14468人。

【信息工作】 2019年，区委办49篇信息被省委办公厅《江苏信息》采用报中办，《金融服务“三农”存在梗阻》被中办采用，供中央领导参阅。全年被省委办公厅采用信息200余篇，其中，《对比京沪粤浙我省区块链发展相对滞后》获得省委书记娄勤俭批示，信息工作质量系数在全省55个市辖区中位居第2名，区委办被评为全省2019年度优秀信息工作单位。信息工作连续位居全省第一方阵前列。全年被市委办公室采用信息675篇，基层直报点上报的信息《泰州港经济开发区深入贯彻落实市委“大兴实干之风，致力高质量发展”部署要求》得到市委书记史立军批示，信息综合采用情况位居市区第1、全市第2。6月，在市委办公室召开的全市党委信息工作座谈会上介绍经验做法。全年编报《高港情况（快报）》57期；编报《高港情况（专报）》28篇，获得区领导批示30件次，其中区委书记顾萍批示3件次；编报《高港情况（普刊）》7期，对各地各部门贯彻落实区第五次党代会第二次年会精神、区委五届五次全会精神情况进行专题督查通报。加强信息员队伍建设，将信息报送网络拓展至扬子江药业集团、泰州口岸船舶有限公司、江苏省口岸中学等重点企事业单位。加大信息工作组织化程度，召开全区信息工作会议；定期对各地各部门信息报送采用情况进行督查通报，实行信息订单制度，开展信息网络活动，对区农业农村局、区统计局等单位信息工作进行业务辅导。先后2次召开全区紧急信息报送工作座谈会，印发《关于加强和规范重要紧急信息报送工作的通知》，对紧急信息报送的内容、时限、渠道进一步予以明确，做好紧急信息报送工作。（蒋震宇）

【调研工作】 2019年“不忘初心、牢记使命”主题教育期间，区委办制定高港区调查研究工作方案，按照“党委点题、群众出题、干部选题、公开评题、共同答题”的总体思路，推动各地、各部门开展调查研究，形成一批优秀调研成果。年内，区委办撰写的《再现“春江花月夜”诗情画意》《推进特殊工时管理改革试点》《瞄准中高端，致力高质量，为打造中部支点城市提供坚强支撑》《为高质量发展锻造高素质队伍》《聚力工业经济，打造发展引擎》《构筑融合发展“咬合点”》《打造惠及千家万户的教育品牌》《奔跑新征程，追梦新时代》《决战四季度，冲刺“全年红”》等文章在《群众》《江苏通讯》《泰州通讯》和“先锋泰州”微信公众号等媒体发表。（华宇飞）

【保密工作】 2月，区保密局向区级机关各部门免费发放《保密工作》《保密科学技术》杂志，促进各级干部和涉密人员强化保密意识、掌握必要的保密常识。4月15日—5月15日，组织全区保密干部参加全市“知保密、懂保密”普法知识竞赛。6月，与区招生考试办公室、公安分局组成联合检查组对高港区普通高考、中考安全保密及考前准备工作情况进行检查，提出保密要求。8月22日，组织全区保密干部参加全市“红色保密”教育活动，到泰兴市新四军黄桥战役纪念馆和沈安娜生平事迹陈列馆参观学习。10月，向各园区、镇街和区级机关各部门、区各直属单位印发《党政机关工作人员保密常识》宣传资料，增强党政机

关工作人员的保密意识，严防失密泄密行为发生。（戚斐斐）

【档案行政管理工作】 3月，区史志档案办公室（区档案局、区档案馆）的行政职能划归区委办公室，区委办公室挂区档案局牌子，在区委办公室秘书科增挂档案管理科牌子，负责全区档案管理工作以及档案事业发展的规划管理和业务指导，档案体制机制实现由“局馆一体”向“局馆联动”转变。机构改革后，区委办公室（区档案局）、区党史方志办（区档案馆）密切配合做好全区涉改单位档案业务指导、接收等工作，帮助各单位鉴定档案移交范围，确保档案质量达到进馆标准。5月，举办全区档案业务培训班，学习宣传贯彻《机关档案管理规定》。组织开展“6·9”国际档案日宣传活动。组织参加国家档案局征文活动。排查整治档案安全风险隐患，加强档案事业统计调查。推动拓展村级建档工作。（王燕勤）

重要会议

【区第五次党代会第二次年会】 1月3日，区第五次党代会第二次年会召开，泰州医药高新区党工委副书记、管委会主任，高港区委书记顾萍作《保持定力增信心，笃志前行勇争先，以改革开放再出发推动高质量发展再突破》工作报告。区委副书记、区长孙宏建作小结讲话，对贯彻落实会议精神提出具体要求。区第五次党代会全体代表出席会议。区纪委委员，不是区党代表的区四套班子负责人等列席会议。会议强调，全区上下要深入学习贯彻习近平总书记在中央庆祝改革开放40周年大会上的重要讲话精神，保持定力、增强信心，沿着总书记设计的新时代改革开放路线图，坚持以习近平新时代中国特色社会主义思想定向领航，始终沿着正确方向不断前行；不断深化思想大解放，始终确立新时代勇立潮头的奋进志向；抓实抓住一系列重大战略机遇，始终把牢高质量发展的主动权，不忘初心再出发，牢记使命谱新篇。会议要求，更高质量推进供给侧结构性改革，全面巩固“三去一降一补”成果，不断增强微观主体活力，加快提升产业链水平，着力畅通经济循环，持续优化实体经济质态；更高质量打好“三大攻坚战”，防范风险要守住底线，精准脱贫要巩固提升，污染防治要久久为功，创造过硬全面小康成果；更高质量深化改革开放，蹄疾步稳推进改革，不断扩大对外开放，持续建强平台载体，着力厚植区域竞争优势；更高质量统筹城乡建设，优化城市空间布局，建优建美中心城区，积极推动乡村振兴，全面提升城市内涵品质；更高质量增进民生福祉，把推动持续增收作为富民之要，把提升公共服务作为惠民之策，把完善社会治理作为安民之基，不断提高群众幸福指数。会议强调，要全面贯彻落实新时代党的建设总要求，加强政治建设，坚决践行“两个维护”；鲜明用人导向，锻造中坚骨干力量；夯实基层基础，建强一线战斗堡垒；严格正风肃纪，营造良好政治生态，全面提升党的建设科学化水平，为高质量发展提供坚强保障。

【区委五届五次全体会议】 7月30日，区委五届五次全体会议召开。泰州医药高新区党工委副书记、管委会主任，高港区委书记顾萍作《不忘初心再出发，牢记使命勇担当，交好高质量发展中部支点城市建设的高港答卷》工作报告。区委副书记、区长孙宏建作小结讲话，就贯彻落实会议精神和做好当前工作进行部署。区委委员、候补委员出席会议。区纪委委员，不是区委委员、候补委员的区四套班子负责人等列席会议。会议指出，要深刻领会解放思想无止境的内涵要求，理清思路、创新突破；要紧紧聚焦高水平全面建成小康社会的历史使命，补齐短板、交好答卷；要积极融入市区一体化发展的战略布局，乘势而上、主动作为；要始终坚持当好全市高质量发展排头兵的目标定位，勇立潮头、奋发进取。会议要求，要突出稳中求进，把狠抓项目提升

2019年7月30日，中国共产党泰州市高港区第五届委员会第五次全体会议召开（区委宣传部 供图）

作为主引擎，把做强实体经济作为压舱石，把优化营商环境作为助推器，巩固经济运行基本面；要突出动能再造，提升开放带动力，激发创新驱动力，释放改革源动力，增强区域发展竞争力；要突出精准发力，筑牢防范风险“防火墙”，提升脱贫攻坚“含金量”，守护生态港城“高颜值”，打好“三大攻坚战”组合拳；要突出统筹协调，优化城乡空间布局，提升中心城区品质，加快推进乡村振兴，塑造城乡融合新形态；要突出以人为本，以增收富民提升获得感，以优化服务提升幸福感，以治理创新提升安全感，致力人民生活更美好。会议强调，全区各级党组织和广大党员干部要切实担负起管党治党的政治责任，深化理论学习，创新工作载体，注重教育实效，更高标准开展主题教育；强化正面宣传，强化阵地建设，强化责任落实，更强担当抓好意识形态；坚持项目化推进，建好带头人队伍，加快标准化建设，更实举措夯实基层基础；坚持正确导向，提升能力本领，激励担当作为，更大力度建强干部队伍；切实加强政治建设，持之以恒改进作风，保持反腐高压态势，更严要求深化正风肃纪。

【区第五次党代会第三次年会】 12月30日，区第五次党代会第三次年会召开，泰州医药高新区党工委副书记、管委会主任，高港区委书记顾萍作《勇立潮头、自强争先，奋力当好全市高质量发展排头兵》工作报告。区委副书记、区长孙宏建作小结讲话，对贯彻落实会议精神提出具体要求。区第五次党代会全体代表出席会议。区纪委委员，不是区党代表的区四套班子负责人等列席会议。会议强调，站在“两个一百年”奋斗目标的历史交汇期，必须进一步传承和弘扬“高港精神”，激励全区上下勇立潮头、自强争先，在高质量发展的道路上不断跨越关口、始终走在前列。要坚定目标，加快跨越赶超，打牢基础、厚植优势，顺势而为、乘势而上，肩负使命、不负重托；要解放思想，强化系统思维，遵循规律，善于创新，守住底线；要奋发进取，永葆干事激情，成绩归零不自满，比学赶超不止步，担当作为不懈怠。会议要求，要突出质量效益，以项目为龙头提升产业集聚度，以园区为载体构建开放大格局，以创新为引领增强核心竞争力，在打造实力高港上实现新提升。突出城乡统筹，优化城市空间布局，加强城市建设管理，大力推进乡村振兴，在打造精致高港上实现新提升。突出内涵品质，持续增强文化软实力，持续增强绿色竞争力，持续增强发展源动力，在打造魅力高港上实现新提升。突出共建共享，多渠道推进富民增收，全方位优化公共服务，系统化加强社会治理，在打造幸福高港上实现新提升。会议强调，要巩固“不忘初心、牢记使命”主题教育成果，致力强化当好排头兵的政治保障。强化思想引领，旗帜鲜明讲政治，笃信笃行新思想，守正创新强引领，坚定对标看齐的政治自觉。砥砺担当作为，以实干导向选用人，以科学机制激励人，以多维历练培养人，打造靠谱过硬的干部队伍。激发内生动力，夯实基层基础，配强“头雁队伍”，突出先锋引领，建强执政为民的战斗堡垒。持续正风肃纪，坚定不移反腐败，驰而不息转作风，多措并举强监督，营造风清气正的良好生态。

【区委常委会会议】 2019年，五届区委共召开常委会会议21次。

1月7日，泰州医药高新区党工委副书记、管委会主任，高港区委书记顾萍主持召开五届区委第五十次常委会会议，讨论高港区党政机构改革方案有关事项。区委常委出席会议。区人大常委会、区政协有关负责人列席。

1月30日，泰州医药高新区党工委副书记、管委会主任，高港区委书记顾萍主持召开五届区委第五十一次常委会会议，集中学习习近平总书记在十九届中央纪委三次全会上的讲话精神，听取区人大、区政府、区政协、区法院、区检察院党组工作情况汇报、全区“大棚房”问题专项整治情况汇报，全区非洲猪瘟防控工作情况汇报，讨论十三届省委第五轮巡视反馈意见相关整改工作方案，通泰花苑、环溪小学、高新初中、刁铺社区卫生服务中心、柴墟幼儿园、市第三人民医院整体景观提升及地下停车场等项目有关事项。区委常委出席会议。区人大常委会、区政府、区政协有关负责人列席。

3月26日，泰州医药高新区党工委副书记、管委会主任，高港区委书记顾萍主持召开五届区委第五十四次常委会会议，学习贯彻习近平总书记、李克强总理对江苏响水“3·21”爆炸事故作出的重要指示批示精神，落实省委、省政府主要领导相关指示要求以及市委常委会会议精神，部署当前安全生产工作，听取全区扫黑除恶专项斗争工作情况汇报，讨论《十三届省委第五轮巡视市县板块发现共性问题对照整改方案》《关于省委巡视反馈意见整改进展情况的报告》《区委主要负责人关于组织落实省委巡视整改情况的报告》《高港区长江生态沿线生态环境整治工作反馈意见整改方案》《高港区2019年度高质量发展专项考核办法》，研究机构改革后部分调整和新成立的委员会、领导小组组织架构方案等有关事项。区委常委出席会议。区人大常委会、区政府、区政协有关负责人列席。

5月5日，泰州医药高新区党工委副书记、管委会主任，高港区委书记顾萍主持召开五届区委第五十五次常委会会议，传达学习全省2018年度高质量发展总结表彰大会、长江大保护（南京）现场推进会会议精神、中央政法委政法领导干部专题研讨班精神，讨论《高港区工业投资项目综合评估暂行办法》《关于推进工业经济高质量发展的若干政策意见（试行）》《关于加快创新转型推进高质量发展的若干政策意见》《关于促进开放型经济高质量发展的若干政策意见》《关于进一步鼓励企事业单位聚才用才推动高质量发展的若干政策意见（试行）》以及区纪委监委派驻机构改革方案等有关事项。区委常委出席会议。区人大常委会、区政府、区政协有关负责人列席。

6月26日，泰州医药高新区党工委副书记、管委会主任，高港区委书记顾萍主持召开五届区委第五十八次常委会会议，听取中央督导组督导扫黑除恶相关工作情况汇报、全区2019年上半年意识形态工作情况汇报和区意识形态工作联席会议成员调整事项、2019年度高港区第一批"骏马奖"评选情况汇报，讨论高港区庆祝中华人民共和国成立70周年活动方案、《2019年高港区向环境污染宣战考核考评办法》《高港区关于坚持农业农村优先发展扎实做好"三农"工作的实施意见》、长城项目地块变更等相关事项。区人大常委会、区政府、区政协有关负责人列席。

9月16日，泰州医药高新区党工委副书记、管委会主任，高港区委书记顾萍主持召开五届区委第六十四次常委会会议，研究"不忘初心、牢记使命"主题教育相关事项，讨论相关挂职干部任职事宜。区委常委出席会议。区人大常委会、区政协有关负责人列席。

12月20日，泰州医药高新区党工委副书记、管委会主任，高港区委书记顾萍主持召开五届区委第六十八次常委会会议，讨论2020年区政府民生实事项目，听取武装工作情况汇报、2019年度全区意识形态工作情况汇报，审议《中共泰州市高港区委关于新时代加强和改进人民政协工作的实施意见》等有关事项。区委常委出席会议。区人大常委会、区政府、区政协有关负责人列席。

【工业经济暨开放创新大会】 2月21日，高港区召开全区工业经济暨开放创新大会。泰州医药高新区党工委副书记、管委会主任，高港区委书记顾萍出席并讲话。区委副书记、区长孙宏建作工作报告。区四套班子全体负责人出席会议。会议强调，工业经济是高质量发展的坚实根基，必须始终坚持"工业立区、工业强区"不动摇，全力打造现代产业地标，全力提升产品品质标准，全力提高生产经营效率。对外开放是高质量发展的必由之路，必须始终坚持融入全球化经济体系不动摇，坚定不移建强平台载体，坚定不移推进项目建设，坚定不移深化对外合作。科技创新是高质量发展的不竭动力，必须始终坚持加快转型升级不动摇，强化企业的主体作用，强化平台的集聚作用，强化人才的支撑作用。广大企业家是高质量发展的中坚力量，必须始终坚持优化营商环境不动摇，社会环境要更加突出尊商重商，市场环境要更加突出激发活力，政务环境要更加突出便捷高效。会议表彰一批先进集体、个人和企业。

【组织宣传统战政法工作会议】 3月8日，高港区召开全区组织宣传统战政法工作会议。泰州医药高新区党工委副书记、管委会主任，高港区委书记顾萍出席并讲话。区委副书记蒋向荣主持会议。组织、宣传、统战、政法四个部门主要负责人分别作工作报告。区委常委，区人大常委会、区政协主要负责人，区政府有关负责人等出席会议。会议强调，组织工作要建强队伍、夯实基础，为当好全市高质量发展排头兵提供坚强保障；宣传工作要主题鲜明、守正创新，为当好全市高质量发展排头兵营造浓厚氛围；统战工作要聚焦大局、发挥优势，为当好全市高质量发展排头兵凝聚强大合力；政法工作要维护稳定、弘扬正气，为当好全市高质量发展排头兵全力保驾护航。

【农村工作暨扶贫工作会议】 3月21日，高港区召开全区农村工作暨扶贫工作会议。会议传达泰州医药高新区党工委副书记、管委会主任，高港区委书记顾萍的批示要求。区委副书记、区长孙宏建作工作报告。区四套班子有关负责人出席会议。会议强调，各地各相关部门要坚持以习近平新时代中国特色社会主义思想为指引，把乡村振兴战略作为新时代"三农"工作的总抓手，坚持农业农村优先发展，凝心聚力完成"三农"发展任务，全力冲刺高水平全面建成小康社会。会议指出，要把握历史方位，观大势识大局，增强做好"三农"工作的责任感使命感；突出关键重点，明目标定举措，抓好"三农"工作的各项硬任务；健全组织领导，强统筹重执行，开创"三农"工作的新局面。

【"不忘初心、牢记使命"主题教育动员会议】 9月16日，高港区召开全区"不忘初心、牢记使命"主题教育动员会议。泰州医药高新区党工委副书记、管委会主任，高港区委书记顾萍出席并讲话。区委副书记、区长孙宏建主持会议。会议强调，全区各级党组织和党员干部要提高思想认识，深刻认识开展主题教育是强化创新理论武装的重要举措、是落实管党治党责任的重要内容、是密切党群干群关系的重要实践、是推动经济社会高质量发展的重要保证，增强开展主题教育的政治自觉。会议要求，全区上下要紧扣中央和省、市委部署，牢牢把握"守初心、担使命，找差距、抓落实”的总要求，把开展主题教育同深化思想解放结合起来、同落实重点工作结合起来、同学习先进典型结合起来，确保主题教育取得实实在在的成效。要推进深入解放思想，确保理论学习有收获；推进锤炼坚强党性，确保思想政治受洗礼；推进提振精神状态，确保干事创业敢担当；推进转变工作作风，确保为民服务解难题；推进涵养政治生态，确保清正廉洁作表率。

（华宇飞）

【区委政协工作会议】 12月11日，高港区委召开政协工作会议，深入学习习近平总书记在中央政协工作会议暨庆祝中国人民政治协商会议成立70周年大会上的重要讲话精神，贯彻落实中央和省委、市委政协工作会议精神，总结高港区政协工作成绩和经验，研究部署高港区新时代加强改进人民政协工作。泰州医药高新区党工委副书记、管委会主任，高港区委书记顾萍在会上讲话，强调要以习近平新时代中国特色社会主义思想为指导，加强和改进高港区新时代人民政协工作，为与时俱进推进“四个高港”建设、当好全市高质量发展排头兵作出新的更大贡献。区委副书记、区长孙宏建主持会议，区四套班子有关负责人出席会议。区委统战部、永安洲镇党委、区住房城乡建设局党组、民盟高港支部分别作表态发言。

（朱　娟）

【区委全面深化改革领导小组会议】 区委深改委第一次会议　3月28日，泰州医药高新区党工委副书记、管委会主任，高港区委书记顾萍主持召开区委深改委第一次会议。区委全面深化改革委员会全体成员，各改革专项小组组长、副组长出席会议。区人大常委会、区政协主要负责人，各改革专项小组联络员等列席。会议传达学习中央深改委第六次、第七次会议和省委深改委第五次会议精神，审议全面深化改革委员会工作规则、专项小组工作规则、办公室工作细则、2019年改革工作要点，书面审议区委深改委专项小组成员名单，对2019年改革工作进行研究部署。会议认为，2018年全区上下坚持健全机制明责任、改革举措有特色、强化督察促落实，各项改革工作取得新的进展和成效，为全区经济社会发展增添新的活力。会议指出，2019年是新中国成立70周年，是决胜高水平全面建成小康社会的关键之年，也是高港改革开放再出发、高质量发展再突破之年，做好2019年改革工作意义重要、责任重大。会议要求，提高政治站位，改革方向要紧跟紧随，在思想上对标对表，在谋划上精细精准，在落实上坚定坚决；狠抓重点关键，改革探索要聚焦聚力，紧扣问题导向抓改革，紧扣先行先试抓改革，紧扣民生需求抓改革；坚持求真务实，改革推进要有序有效，强化统筹协调，强化跟踪督察，强化氛围营造。

区委深改委第二次会议　6月26日，泰州医药高新区党工委副书记、管委会主任，高港区委书记顾萍主持召开区委深改委第二次会议。区委全面深化改革委员会成员，各改革专项小组组长、副组长出席会议。区人大常委会、区政协主要负责人，各改革专项小组联络员等列席。会议传达学习中央深改委第八次会议和省委深改委第六次、第七次会议精神，讨论有关改革文件稿。会议强调，要强化问题导向，各改革责任单位要及时总结回顾，再次对标党中央和省委改革决策部署、对照全年重点改革任务，抓紧查漏补缺、攻坚突破。会议要求，要强化效果导向，以“群众满不满意、办事方不方便、企业减没减负”来衡量和检验改革成效，切实以改革成果惠民生、顺民意、暖民心；要全力打响改革品牌，谋求国家和省改革试点机遇，确保全区改革工作始终朝气蓬勃、昂扬奋进。会议明确，要强化责任导向，年度计划实施过程中，区委改革办要加强综合协调，切实履行好抓改革落实的工作职能；各专项小组要切实担负起牵头抓总本领域重要改革工作的组织协调责任；承担相关改革任务的地区和部门要强化大局观念、协作意识，形成条块结合、联动推进的工作合力。

区委深改委第三次会议　7月25日，泰州医药高新区党工委副书记、管委会主任，高港区委书记顾萍主持召开区委深改委第三次会议。区四套班子有关负责人参加会议。会议审议《全区国资国企改革总体方案》《高港区区属国有企业领导人员管理暂行办法》等改革文件稿。

区委深改委第四次会议　12月20日，泰州医药高新区党工委副书记、管委会主任，高港区委书记顾萍主持召开区委深改委第四次会议，审议有关改革事项，听取改革督察情况汇报，研究部署当前及今后一段时期改革工作。会议指出，2019年以来，全区上下认真贯彻落实中央和省、市委决策部署，紧扣全面深化改革委员会2019年工作要点，突出鲜明导向，突出重点领域，突出高港特色，在重点改革、试点改革、特色改革等领域拿出高港方案，为经济社会高质量发展注入新的动能。会议强调，抓好全年的改革任务已经到了冲刺关口，全区上下要认真学习贯彻中共十九届四中全会以及中央和省、市委深改委会议精神，总结年度工作，谋划来年任务，确保2019年工作圆满收官、2020年改革顺利起步。会议要求，要坚守改革初心，坚持改革原则，深化任务落实，扛起责任担当，锚定改革正确方向。要奋力攻坚克难，紧盯目标任务抓成效，认真查漏补缺抓收官，突出成绩亮点抓提升，推动改革落地落

实。要及早思考谋划,注重承上启下,注重制度创新,注重联动集成,持续释放改革红利。　(王耀华)

组织工作

·综述·

【概况】 至2019年末,高港区有基层党组织839个,其中党委23个,党总支106个,党支部710个。党员14468人,其中,女党员3613人,占25%;35周岁以下党员3250人,占22%;大专以上学历党员6435人,占44%。共调整区管干部11批次476人次(含党政工作部门机构改革),其中,提拔重用35人(正科职级11人,副科职级24人),职级晋升27人(一级主任科员16人,三级主任科员11人),到龄退休21人,挂职锻炼30人。调整区委组织部部管干部4人。

【"高港党建"微信公众号】 2019年,"高港党建"微信公众号共发布微信162期、信息453篇,总阅读量超168.6万人次,平均每篇文章3500余人阅读,累计48周进入泰州政务类微信周榜前十强。3月,开设"学习贯彻全区组织工作会议精神"专栏。9月,宣传推广"党建元素·微系列"彰显行动公益广告,在公众号底部自定义菜单栏增设"公益广告"专栏。8—12月,结合"不忘初心、牢记使命"主题教育,开设"'两先一改'进行时""到问题现场去""初心故事·FM"等专栏,推送相关信息30余篇。

(区委组织部)

·干部工作·

【干部教育培训】 2019年,高港区共选派53人次参加中央和省、市委组织部组织的调训。加强与市委党校的联系沟通,打造扬子江药业集团、雕花楼景区、海军诞生地纪念馆、口岸街道引江社区和徐庄村等具有高港特色的现场教学点。市委党校、周边市(区)各类培训班到高港区现场教学点参观学习23个班次,现场教学1100余人次。建立健全290人的干部教育培训师资库,涵盖清华大学、北京大学、复旦大学等名校专家学者和本地相关领导干部。建立以全国重点师资课程为主、本地区特色课程为辅的全区干部教育培训课程库。举办主体班次11个、专题班次78个。

【领导干部能力建设讲坛】 4—10月,高港区共举办领导干部能力建设讲坛3期,分别邀请中国社会科学院教授朱继东、清华大学法学院副院长余凌云、中央党校教授韩庆祥详细解读意识形态建设、依法行政与法治政府、哲学思维与领导工作方法等专题。区四套班子负责人、各地及各单位领导班子成员、省委选调生、专门人才、大学生村干部等1800余人次参加学习。

【中青年干部专题研修班】 5月5—10日,高港区组织园区、镇街和区级机关部门的30名优秀中青年干部赴苏州大学,举办为期6天的中青年干部专题研修班。围绕政治理论、领导科学、业务素养、党建知识等专题培训学员。设置情景模拟、交流研讨等环节,提升中青年干部的党性修养和业务素养。

【乡科级干部党性锻炼培训班】 6月26—30日,高港区组织部分园区及镇街主要负责人、区有关部门主要负责人、优秀副科职干部,到河南红旗渠举办党性锻炼培训班。采取专题讲座、现场教学、激情教学、体验式教学等相结合的方式,带领学员重温"自力更生、艰苦创业、团结协作、无私奉献"的红旗渠精神,激励参训学员坚定政治信仰、树牢宗旨意识,埋头苦干、务实奋进,推动高港高质量发展。

【第十二期新上岗副乡科级干部培训班】 10月22—26日,高港区组织2017年10月—2018年12月新上岗的副乡科级干部接受为期5天的培训。培训分为综合能力提升和党性锤炼2个阶段,采用集中授课、现场教学、调研反思等方式,从政治理论、党性修养、领导思维、园区建设、舆情应对、应急管理、生态环保等方面,培训新上岗的副乡科级干部。

【党员电化教育】 2019年,高港区以创业典型张海霞为对象拍摄制作微视频《匠心轮毂路》,入选省委组织部《奋斗吧!青春》系列微视频项目,在"学习强国"平台、"江苏先锋"微信公众号、省委组织部党建电视栏目《时代风范》宣传播出,并被省委组织部推荐参加2019年全国第十五届党员教育电视片观摩交流活动,获优秀奖,为全市唯一。以抗战老兵史保东为对象拍摄制作纪录片《永远的军礼》,在全省"初心·使命"党员教育全媒体作品创作大赛中获三等奖。在全省党员教育微视频大赛暨第十四届党员教育电视片观摩活动中,高港区拍摄制作的电教片《雪域"阿爸"》《那些花儿》分别获纪实类二等奖、十佳编导奖和剧情类三等奖、十佳摄影奖,入选"学习强国"平台。

【远程教育】 2019年初,高港区深入推进区"智慧党建"双向学习视频系统,整合站点管理维护人员、学习管理制度、学用手册等信息,统一制作站点信息栏145个,安排专业人员到各镇街中心站点、基层村居站点进行统一悬挂安装,推动站点建设管理规范有序。全年组织143个远程教育站点开展"固定学习日"活动12次。打造党建电视栏目《高港先锋谱》,共宣传优秀共产党员12人,引导广大基层干部群众学习身边的优秀典型。

【党政工作部门机构改革人事工作】 2019年，区委组织部加强与机构编制部门的沟通联系，把握机构设置总框架，全面掌握职能调整、职数设置、人员转隶等情况，对拟核定职数和拟安排领导数做到心中有数。制作涉改部门领导职数对比表，提前测算调配空间、职数消化进度，确保三年改革过渡期内完成干部消化任务。1月，分层次、分类别开展调研摸底，对机构改革中职能划转、领导职数等变化较大的15个单位进行调研式考察，了解划转人员大致规模、思想动态、个体诉求等，做到底数清、情况明。2月中旬，完成全区35个党政工作部门机构改革人事工作。采取"分管常委、副区长分工负责制"，由分管领导牵头负责转隶工作落实，做到无缝衔接、按时搬迁、如期挂牌、平稳过渡。

【国企领导班子调整】 7月，区委组织部参照泰州市和周边市区国有企业设置情况，确定高港区国有企业设置规模。研究制定《高港区区属国有企业领导人员管理暂行办法》，明确国有企业领导班子需配备的干部类型、数量和条件。开展调研摸底，加大对曾从事过综合经济、财税金融、城建规划等工作，熟悉财务管理、资本运作、基础设施建设等领域人员的分析研判，听取区分管领导、国资办、国有企业及相关园区主要负责人的意见建议，选拔专业化干部，充实进区属国有企业领导班子。5个区属国有企业领导班子共配备正副职10人。

【干部监督】 2019年，高港区调整干部4批，均在经市委组织部职数预审同意后启动选任程序，对推荐、考察等程序进行严格把关。召开干部监督联席会、交流会6次。先后提醒谈话5人、函询1人，结合市委组织部相关文件要求对操作流程进行再规范。完成"三责联审"项目1个、经济责任审计项目4个。按序时进度完成各类专项整治、涉组涉干巡视整改等任务，制定整改方案，上报工作完成情况。

【干部人事档案管理】 2019年，区委组织部牵头完成全区14个管档部门（单位）1000余份干部人事档案的转递验收工作，制定《干部人事档案规范化建设方案》，为管档部门（单位）规范化管理提供基本遵循。对涉及提拔的25名乡科级干部和22名中层干部开展任前档案审核，对700余份干部人事档案实行规范化整理。

【年轻干部"青优微+"系列活动】 2019年，区委组织部持续深化年轻干部"青优微+"系列活动，全方位提升年轻干部的能力水平。

"青优微调研" 4月，确定15个选题，建立调研组48个，引导年轻干部参与其中，形成调研报告41篇。7月，开展评选表彰活动，评选出一等奖2篇、二等奖3篇、三等奖5篇。

"青优微力量" 6月，召开总结部署会，总结成绩，部署工作，评选出"优秀志愿者服务分队"3支，"优秀志愿者"10人，并明确"一队一品"工作方向，相关做法被《泰州日报》头版头条重点推介。

"青优微党课" 9月，研究确定6个党课主题，组织12人参加微党课现场决赛，评选出一等奖1人、二等奖2人、三等奖3人。突出活动成果运用，对表现突出、条件成熟的年轻干部及时提拔使用，2019年，配备"85后"正科职干部2人，"85后"副科职干部5人，其中"90后"副科职干部1人。 （区委组织部）

·人才工作·

【人才政策】 2019年，高港区以高端引领为导向，升级政策增强人才"吸引力"。提档区"人才十条"扶持政策，从住房保障、生活补贴、创业启动资金、创业奖励资金和创业提升奖等多方面给予人才支持。优化专门人才选聘政策，在专门人才选聘简章中增加"购房券"优惠政策，提升选聘竞争力，年内，选聘优秀应届硕士研究生14人。制定《高港区科技镇长团绩效管理办法》，提高科技镇长团成员工资待遇，对招才引智成效比较突出的给予奖励，激发招才引智活力。

【高层次人才引进】 2019年，高港区实施区分管负责人带头招才，先后分片区组团到长春、武汉、西安、重庆、苏州等地开展集中招才活动8次。推进2019年"百日百名精准引才"竞赛，开展高层次人才招引专项培训会，各园区（镇街）、区人才工作领导小组各成员单位积极参与，招引产业、企业发展急需的高层次创新创业人才103人。创新实施"人才第一招引人备案制度"，调动全区各层级人员招才引才积极性，全区所有机关人员均可作为高层次创新创业人才第一招引人开展招才引智，成功备案的人才项目后期如获批区级以上"双创计划"，每个项目给予第一招引人最高1万元奖励。

【"双创计划"申报】 2019年，高港区坚持创业优先、省外优先、高薪优先导向，从项目质量、经济效益、社会贡献等方面评价"双创计划"申报项目，邀请第三方专业机构进行评审，保证项目质量。加大资助和扶持力度，经评审入选的人才（团队），最高可获得100万元项目资助。储备10个高层次创新创业人才项目。年内，高港区3名人才入选2019年江苏省"双创计划"资助人选，10名人才入选2019年泰州市"双创计划"资助人选。

2019年高港区入选省、市“双创计划”资助人选名单一览表

表4

级别	姓 名	申报单位
江苏省“双创计划”	邹贻泉	扬子江药业集团有限公司
	朱晓鹏	扬子江药业集团有限公司
	刘 超	泰州市旺灵绝缘材料厂
泰州市“双创计划”	关慧平	扬子江药业集团有限公司
	邹贻泉	扬子江药业集团有限公司
	刘 威	默凯斯（泰州）能源技术有限公司
	党小宝	泰州莱迪弗彻照明科技有限公司
	刘 戈	泰州润骐防务科技有限公司
	张 俊	泰州市炎川金属材料有限公司
	吴艳杰	泰州市博泰电子有限公司
	向 锋	泰州市旺灵绝缘材料厂
	栾加双	泰州市宏达工矿安全部件有限公司
	王洪振	泰州市西亚带业有限公司

【人才培育】 2019年，高港区2名人才获省“六大人才高峰”项目资助，27名人才增选为第五期市“311工程”第一、二、三层次培养对象，5名人才获市“311工程”科研项目资助。全年培育高技能人才597人，高级专业技术资格人员70人。执行高港区“人才十条”政策，对在职职工100人以上的企业高技能人才比例首次达到职工总数50%以上的，一次性给予10万元奖励。摸排建区以来首位符合国家级人才自主申报条件的扬子江药业集团关慧平博士，指导其完成最终答辩。

【优化人才发展环境】 2019年，高港区做优服务增强人才“凝聚力”。开展全区“工业、服务业项目对科技人才的贡献度情况调研”“科技人才载体平台运行情况的调研”活动，全面了解项目建设和载体平台建设对人才工作的贡献情况。组织召开“港才汇”第七期高校毕业生交流会，引导更多高港籍毕业生回乡工作，吸引来自南京大学、湖南大学等高校的120余名高港籍优秀学子参加，汇福粮油江苏泰州分公司等20个企业参加会议并开展毕业生招聘，现场与40余名毕业生达成就业意向。指导178名人才申领2019年度泰州市高层次人才生活补贴190万元，奖补数量和资助金额均位列泰州各区之首。表彰高港区“十佳创新创业人才”，推荐泰州市华强照明器材有限公司总经理陈龙入选2019年度“泰州市创新创业杰出人才”，协助扬子江药业集团申报获评全省“引才用才成效显著单位”A档50强（全市仅3个）。全年发放凤城“英才卡”70张、人才“购房券”953万元，为省“333工程”、市“311工程”培育对象发放图书资料补贴15.84万元。宣传人才特色做法、人才先进典型。《开展人才科技“春耕活动”》被《中国人才》《大国人才》等国家级杂志和新媒体宣传推介。全年累计有17篇信息在国家级报刊宣传，52篇信息在《新华日报》等省级报刊宣传，185篇信息在《泰州党建》《泰州人才工作简报》等市级报刊宣传，81篇信息在《江苏省科技镇长团》《先锋泰州》《泰智汇》《创新泰州》等省、市新媒体上宣传。乡土人才陈伟反哺长江事迹被大型文献专题片《我们走在大路上·第十九集〈绿水青山就是金山银山〉》宣传报道，《钱维胜：三次援藏，甘做藏娃“阿爸”》在《江苏公共新闻》上宣传。

（区委组织部）

·基层党组织建设·

【基层党建责任落实】 2019年，高港区召开区委党建工作领导小组会议，研究部署年度全区基层党建重点工作，对年度党建工作进行谋篇布局。全面推行镇街党（工）委书记、党委委员直接联系支部制度。组织实施各级“书记项目”163个，其中大泗镇“党员干部‘三访’谱写发展新景象”项目、白马镇“创新实施‘三农’人才集聚计划”项目获评2019年度全市乡镇党委基层党建“十佳书记项目”，被省、市

媒体宣传推介；胡庄镇“‘党委+支部联盟+合作社’激发‘棚’勃生机”项目获全市“党建+扶贫”“书记项目”路演二等奖。组织召开全区园区、镇街党（工）委基层党建“书记项目”展示交流会，评出“金质奖”“银质奖”“铜质奖”。推行“委员轮值”制度，明确每名支部委员每年牵头策划并组织实施2~3个主题党日活动。提升支部主题党日活动质量，举办全区党务工作骨干业务培训班，帮助提升主题党日活动策划和组织能力。举办全区主题党日活动擂台赛，统筹利用党员组织生活馆、社区党群服务中心等资源，放大使用效益，每月安排1个支部到馆开展主题党日活动，全年共有190余个党组织到馆开展活动。

【基层党员干部管理】 2019年，高港区有序流动大学生村干部11人，其中考取公务员4人，考取事业编制4人，考核招聘镇街事业单位工作人员2人，自主择业1人。至年底，在岗大学生村干部6人。开展2轮村居“两委”成员违纪违法违规情况排查。实施《村（社区）党组织书记选拔任用联合预审实施办法（试行）》《村（社区）“两委”班子人选联合审查实施办法（试行）》，加大人选资格审查力度，逢进必查，坚决防止不符合条件人员进入“两委”班子。持续加强第二批区选派“第一书记”跟踪管理，动态了解在岗情况和工作现状，督促“全脱产”履行职责。推进“新乡贤回流工程”，结合选派干部到村任职回乡兴村工作，从区级机关选派3名干部到村担任“第一书记”。加大村居“两委”正职“一肩挑”人选选配力度，深入实施村居干部队伍“雁阵培育计划”，有6名党组织书记后备走上村党组织书记岗位。招聘40名“见习村干部”到村工作。常态化组织在职党员开展“五带三星”活动，全区2200余名在职党员148支服务队，共开展志愿服务活动600余场次。

【农村党建】 2019年，高港区开展各领域软弱涣散党组织排查整顿，结合市反馈的重点村居名单以及主题教育工作要求，严格排查7个软弱涣散党组织，印发《整顿工作流程》《验收标准及流程（试行）》。创新推行“三跟进一承诺”整顿工作模式，即教育引导跟进、监督管理跟进、帮扶保障跟进，亮出目标承诺，明确区委常委挂钩指导，推行区委常委、所在镇街党（工）委书记、区委组织部职能科室、整顿工作组、走访组组长“5+1”结对指导模式，区委主要负责人挂钩调研指导，严格进行验收评估，7个软弱涣散党组织全部达标销号，被市委组织部推荐为中组部重点调研指导单位。开展村（社区）办公场所“牌子乱象”清理规范工作，全区共集中清理各类牌子6500余个。

【“两新”党建】 2019年，高港区共有8个“两新”组织实现组织覆盖，其中，2个单独组建党组织，6个“两新”组织纳入已建立的4个“两新”组织联合党组织；27个“两新”组织实现工作覆盖。举办高层次“两新”组织党建培训班9期，联动培训1000余人次，非公企业党组织书记培训工作连续7年被省委组织部评定为“优秀”等次。开展非公企业“四同八助”党组织创建活动，共有67个非公企业申请创建“四同八助”党组织，其中推荐8个作为泰州市级示范党组织创建对象，10个作为高港区级示范党组织创建对象。建立园区党建“红色联盟、整体提升”工作机制，继续开展“两新”组织领域“3100红领菁英”培育工程，全年确定第二期推荐培养对象30人。

【大走访大落实新风行动】 2019年，高港区组织集中走访活动4次，近3000余人次走访全区91个村居1611个村民小组。审核制定组长项目93个，总投入资金达1100余万元。放大垃圾分类处理工作成效，垃圾分类兑换相关做法被省、市媒体宣传报道。继续加大污水处理设施建设力度，在全市率先实现区级干河“一河一策”、城区河道“一城一策”和各镇街中沟、村庄河道“一片一策”行动计划全覆盖。全区91个村居实现双车道四级路通

2019年7月1日，高港区举行庆祝建党98周年暨优秀共产党员事迹报告会。图为泰州港经济开发区党工委的两名年轻党员向飞、徐玉讲授党课《信仰的“度量”》

（区委组织部　供图）

达率100%,创成“四好农村路”省级示范县。加快推进区级新时代文明实践中心建设,形成具有高港特色的“1+8+N”(1个中心,8个所,N个站、点)的新时代文明实践中心矩阵。

【庆祝建党98周年暨优秀共产党员事迹报告会】 7月1日,高港区召开庆祝建党98周年暨优秀共产党员事迹报告会。泰州医药高新区党工委副书记、管委会主任,高港区委书记顾萍在报告会上讲话,区委副书记、区长孙宏建宣读表彰决定。顾萍、孙宏建分别为受表彰的高港区优秀共产党员、优秀党务工作者和先进基层党组织颁奖。泰州港经济开发区党工委的两名年轻党员上《信仰的“度量”》专题党课。江苏能建机电实业集团有限公司副总经理王军、区司法局政策法规科科长褚辉和泰州市第三人民医院儿科主任虞敏代表受表彰的先进典型做事迹报告。区四套班子负责人参加活动。 (区委组织部)

·公务员管理·

【公务员招录】 2019年,区委组织部根据部门(单位)用人需求以及空编情况,设置岗位要求,组织开展报名初审、资格复审、考察、公示、录用审批等工作,公开招录公务员12人(其中,男性7人,女性5人),涉及9个部门(单位)。招考工作全程接受纪检监察部门和社会监督,确保阳光操作、公开公正,考录工作整体“零”差错、“零”投诉。

【公务员教育培训】 9月19—30日,区委组织部组织区新招录公务员、省委组织部选调生和区高层次人才共31人参加初任培训,通过集中授课、现场教学、研讨互动、案例分析、技能实训等教学方法,围绕公务员制度、依法行政、廉政教育、公文写作、生态文明建设和环境保护、安全生产、科学素养、拓展训练、应急救护培训等主题进行授课。全年在泰州市公务员培训网络平台组织全区科级以下机关单位工作人员600余人参加培训,通过个人自学、网络在线学等方式开展学习,完成率99%。

【年轻公务员成长计划】 2019年,区委组织部实施年轻公务员成长计划,全年培训学员500余人次。开展“调研与策划”“公文写作”专题讲座各4期,新修订的《中华人民共和国公务员法》解读1期,读书分享活动1期。实施“青蓝行动”培养工程,采取“1+N”师徒抱团结对的模式,筛选政治素养好、理论水平高、工作成绩优的骨干,组成“导师团”,通过政策理论领学、业务指导促学、调查分析研学等方式结对帮带2018年招录的32名年轻公务员。

【公务员年度考核】 2019年,区委组织部组织对全区52个部门(单位)的股级以下公务员(含行政附属人员)、参公管理人员进行年度考核,经民主测评和实绩考核,173人获评优秀。报请区委、区政府为优秀等次的22人记三等功,为优秀等次的151人给予嘉奖。

【“人民满意的公务员”评选】 2019年,区委组织部面向全区基层和工作一线,组织推荐“人民满意的公务员”候选人和“人民满意的公务员集体”候选单位,在进行政治审查、征求纪检监察机关和有关部门意见基础上,提出拟推荐对象。江苏泰州港经济开发区党工委副书记、管委会主任田光明被授予第五届江苏省“人民满意的公务员”称号。

【规范机关事业单位津贴补贴发放】 2019年,高港区加大对全区各类机关事业单位津贴补贴和奖金发放情况专项检查力度,印发《关于开展全区机关事业单位违规发放津贴补贴和工会福利情况专项整治的通知》,重申严格执行津贴补贴发放相关规定,并由区纪委监委、区委组织部、区财政局、区人力资源社会保障局、区审计局等部门组成联合检查组,到59个机关事业单位进行抽查2次。

【工资福利管理】 2019年,区委组织部根据省委组织部、省人力资源和社会保障厅、省财政厅关于贯彻执行《国务院办公厅转发人力资源社会保障部财政部关于调整机关事业单位工作人员基本工资标准和增加机关事业单位离休人员离休费三个实施方案的通知》,协调做好对易星工资软件V2018版的升级和维护服务工作,调整机关事业单位工作人员基本工资标准,调资起始时间为2018年7月1日,平均增资300元/月。全年为全区机关事业单位工作人员办理正常晋升及职务、津补贴等工资变动核定5000余人次,为25名达到退休年龄人员办理退休,办理抚恤金及遗属生活困难补助9人。根据省委组织部、省委老干部局、省财政厅、省人力资源和社会保障厅《关于给离休干部发放高龄护工费补贴的通知》,增发高龄护工费补贴,自2019年1月1日起执行。

(区委组织部)

宣传思想工作

【概况】 2019年,高港区始终聚焦学习贯彻习近平新时代中国特色社会主义思想,围绕庆祝中华人民共和国成立70周年,推动全区宣传思想文化工作守正创新。“学习强国”平台党员注册率、日活率长期稳居全市第一,“学习路上有风景”江苏学习平台线下打卡活动掀起学习新高潮。区委中心组获评全省县以上党委理论学习中心组示范点,系泰州市唯一。高港区获评全省基层党员冬训先进区，实现“六连冠”。在全区布置“国旗一条街”15条，新增城市小品30个，开展“我和我的祖国”合唱比赛暨歌咏大会、音乐快闪、书画展、摄影展、征文比赛等群众性系列文化活动。策划“寻找渡江战役人和事”大型主题新闻行动。区新时代文明实践中心，永安洲镇、白马镇、大泗镇、许庄街道等实践所，30余个村、居实践站，8个基层实践点建成。成立“大江志愿”服务总队和14支志愿服务分队。常态化开展“十进”美德善行展示馆活动。陈伟当选“中国好人”，何芬当选“江苏好人”，乔向民、钱维胜当选“江苏最美人物”，20人分别当选“最美泰州人”和市“十行百星”。广播剧《老师阿爸》在省级平台轮播。完成“送电影下乡”480场。 （赵　越）

2019年3月28日，区委中心组学习（扩大）会召开 （区委宣传部　供图）

【中心组学习】 2019年，区委理论学习中心组把学习贯彻习近平新时代中国特色社会主义思想作为首要政治任务，作为领导干部学习的重中之重。全年共组织学习（扩大）会23次，其中交流研讨6次，编辑中心组学习资料12期。区委理论学习中心组获评全省县以上党委理论学习中心组示范点。

（王卫军）

2019年区委理论学习中心组学习情况一览表

表5

学习主题	主讲人
《习近平新时代中国特色社会主义思想三十讲》学习心得交流	区委中心组成员
传达学习医药高新区、高港区第一次联席会议精神	顾　萍
区域现代化的理论逻辑与实践方略——兼论经济高质量发展	章寿荣
习近平新时代中国特色社会主义（四个自信）	陈　蔚
意识形态工作专题	姜迎春
舆情主动应对机制建构	王　克
传达学习习近平总书记在中央政治局第十二次、十三次集体学习讲话精神，在中央党校（国家行政学院）中青年干部培训班开班式上重要讲话精神；传达学习全国扫黑除恶专项斗争视频会议精神	顾　萍　孙宏建　高宇彤　陈志斌　蔡秋云
中共中央在延安十三年	杨忠虎
传承红色基因，弘扬海军精神	顾　萍
传达学习习近平总书记关于扫黑除恶专项斗争重要批示指示精神	顾　萍　孙宏建
《习近平在正定》学习心得交流	顾　萍
传达学习中宣部有关文件精神	顾　萍　蒋向荣　高宇彤
网络安全	吴天寿
《习近平新时代中国特色社会主义思想学习纲要》学习心得交流	区委中心组成员

续表5

学习主题	主讲人
集中观看警示教育片；传达学习习近平总书记在中央和国家机关党的建设工作会议上的重要讲话；传达省委办公厅、省政府办公厅《关于进一步加强安全生产工作的意见》	区委中心组成员
旗帜鲜明讲政治，把维护政治纪律扛在肩上	顾　萍
《深刻认识把握中国共产党人初心使命为新时代奋斗》	黄建军
《从红船精神到西柏坡精神》	刘大武
“学‘周恩来精神’、锤炼坚强党性”交流研讨	区委中心组成员
“勇于自我革命、砥砺政治本色”交流研讨	区委中心组成员
传达学习习近平总书记在庆祝中华人民共和国成立70周年大会上的讲话精神、在中央政协工作会议暨庆祝中国人民政治协商会议成立70周年大会上的重要讲话精神、在国家勋章和国家荣誉称号颁授仪式上的重要讲话精神；传达学习《中国共产党宣传工作条例》	顾　萍　孙宏建
中共十九届四中全会精神学习心得交流	区委中心组成员
传达学习习近平总书记关于扶贫工作的重要讲话精神，传达学习《中国共产党农村工作条例》，传达学习《江苏省扶贫开发条例》；传达学习习近平总书记关于安全生产的重要论述；传达学习《中国共产党统一战线工作条例》	顾　萍　蒋向荣 张汉刚　李春荣

【基层党员冬训】 2019年，高港区围绕主题主线，精心设计基层党员冬训内容，创新传播方式，组织全区1万余名基层党员干部参加区级读书班、镇街主体班、村（社区）冬训班。围绕“区域现代化”“四个自信”“当前我国意识形态领域热点问题透视”“舆情主动应对机制构建”等主题，邀请章寿荣、陈蔚、姜迎春、王克等授课。创编群口快板《走进新时代》等20余个文艺节目，在基层先后巡演23场次，受众5000余人次。组织开展“学习新思想，奋进新时代”主题微党课风采展示活动，《理论宣讲“志愿军”，“健康江来”实践行》获评泰州市冬训工作创新案例。年内，高港区被省委宣传部和省委组织部评为全省基层党员冬训工作先进区，实现“六连冠”。

【社科宣传】 2019年，高港区印发《高港区社会科学普及周活动实施方案》，组织区级机关相关单位及社科类各学会在雕花楼景区广场，开展社科专家咨询、主题图片展、人文知识竞赛、科普图书展销、广场文艺演出、科普电影放映等活动。组织开展“学习贯彻新思想，奋力开辟江苏高质量发展中部支点城市新境界”专题读书调研活动，为区委、区政府决策和经济社会发展服务。（王卫军）

【意识形态工作】 2019年，高港区将意识形态工作纳入党委中心组学习计划和干部教育培训计划，举办意识形态专题讲座、报告3次。印发意识形态工作计划，制定全区党委（党组）意识形态工作共性、个性任务清单。区委常委会专题研究意识形态工作2次，定期召开联席会议，并向市委专题汇报。印发《关于对全区各类讲座讲坛实施备案管理的通知》，对各类讲座、讲坛、论坛严格实行事前备案、现场监管、事后报告制度。在区委巡察工作中，对意识形态工作进行专项巡察；每季度对全区意识形态工作责任制落实情况开展督查，并通报情况。（常尤为）

【新闻宣传】 2019年，高港在央媒发稿近20篇，省级媒体发稿150余篇，市级媒体发稿400余篇，“学习强国”学习平台用稿208篇，推出“微高港”原创作品350余篇。《高港先看病后付费》《渔家后裔长江放养10万尾河豚苗》获得江苏省2019年度报纸好新闻二等奖，《寻找渡江战役的人和事》获得全市重大主题宣传三等奖。邀请《人民日报》《经济日报》《新华日报》《泰州日报》《泰州晚报》和江苏电视台、泰州电视台、高港电视台、新华网、人民网、新浪网、中国新闻网、中国江苏网等媒体对中国人民海军诞生70周年暨渡江战役胜利70周年、“守护长江母亲河”主题志愿服务活动、省首届智力运动会、象棋大师赛、长城汽车泰州整车项目开工等活动进行报道。在全市率先策划“寻找渡江战役人和事”大型主题新闻行动，发稿50余篇。《人民日报》和《新华每日电讯》头版头条关注高港敬礼老兵史保东；央视《朝闻天下》聚焦高港创新禁渔管理方式维护长江生态环境；央视《回家吃饭》关注高港美食；央视《我们走在大路上》《一路走来》围绕健康长江主题到高港拍摄“江苏好人”陈伟反哺长江事迹；央视《话说长江》《远方的家》《跟着课本去旅行》到高港拍摄春江花月夜主题公园；央视《朝闻天下》聚焦高港行政审批放管服；东方卫视聚焦高港河豚放养长江保护；新华社《国庆海纪馆打卡忙》聚焦中国人民解放军海军诞生地纪念馆红色主题旅游情况；《经济日报》报道高港区科技创新工作。

（杨　鼎）

2019年国内主流媒体有关高港区新闻报道一览表

表6

日期	发表媒体	报道标题	作　者
1月25日	央视《回家吃饭》	高港美食	—
1月25日	东方卫视《东方新闻》	陈伟反哺渔民	—
2月15日	《人民日报》	那一刻，我们光荣接收检阅	黄书波　李建文
2月15日	《新华每日电讯》	那一刻，我们光荣接收检阅	黄书波　李建文
2月18日	《新华日报》	扬子江药业：精准扶贫彰显民企担当	刘良鸣　李　江
3月2日	央视《朝闻天下》	长江钱塘江迎来4个月禁捕期	—
3月2日	央视网《美食中国》	江河原味	—
3月20日	央视《朝闻天下》	行政审批放管服	—
4月5日	新华报业网	跨越历史的会面——70年后的第一次握手	陈　彤　陶　蓉
4月5日	《新华日报》	重温渡江风云　共话激情岁月	顾介铸　赵晓勇
4月6日	荔枝网《荔枝新闻》	时隔70年，泰州两位老兵相拥	顾介铸
4月16日	《求是》杂志	人民海军：扬帆奋进70年	沈金龙　秦生祥
4月20日	央视网	人民海军向海图强70年	—
4月20日	江苏卫视	渡江战役70年，老兵相拥	—
4月20日	中新网	人民海军从这里诞生	—
4月22日	《前线》	白马庙：人民海军从这里起航	于　江
4月21日	中新社	人民海军从这里诞生	—
4月22日	《学习时报》	白马庙：人民海军从这里起航	于　江
4月23日	《新华日报》	泰州：人民海军，起锚白马向大洋	顾介铸　赵晓勇
5月10日	江苏卫视	河豚放养长江保护	—
8月4日	《新华日报》	高港驱动高质量发展引擎	顾介铸
8月5日	《新华日报》	开启科技创新绿色转型“金钥匙”	顾介铸
9月10日	新华社	“阿爸，我们想念您”——记援藏教师钱维胜	赵久龙
9月25日	央视《我们走在大路上》	绿水青山就是金山银山	—
10月6日	新华社	江苏泰州海军诞生地纪念馆国庆假期“打卡忙”	赵久龙
10月10日	《经济日报》	锻造科技创新“金钥匙”	沈　慧

口岸街道新时代文明实践所“点点关爱”志愿服务队

（区委宣传部　供图）

【网络媒体平台监管】 2019年，高港区网络舆情直报工作连续三年位居全省第一，有害不良信息举报工作继续位居全省前列，被评为全省互联网舆情工作先进单位、全省互联网违法和有害不良信息举报工作先进单位。“健全网络舆情风险防范工作机制”有关做法被省委宣传部和省委网信办推广。组织参加全省网络安全竞赛，获 App 运营组全省第二名。网络安全宣传进社区有关做法被省委网信办内刊采用。策划开展“凤栖湖西瓜节”网媒走进乡村活动，国际在线、中江网等10余个主流网媒和泰无聊等地方网媒进行全面报道。1人（陈伟）获评第二届江苏十佳网络公益达人，全市唯一；1人（钱维胜）入选“中国好网民·江苏榜样”2019年度网络感动人物初选榜单。（戴斐斐）

【文明城市创建】 2019年，高港区在市文明城市长效管理月度测评中成绩整体保持领先。年内，组织22个省级文明单位建设24座城市景观小品；实施重点城建项目55个，完成棚户区、城中村、园中村动迁15万平方米，改造老旧小区、后街背巷4个，新建公厕5座，新增停车泊位410个，铺设城乡污水管网近100千米；改造农村无害化卫生户厕1500座，建成农桥9座，实施城乡活水工程20.44千米，完成39个村庄生活污水治理任务，建成“四好农村路”30千米。

【公民道德建设】 2019年，高港区推进新时代文明实践中心、所、站、点建设，建成新时代文明实践中心1个、所8个、站56个、点8个。常态化开展“十进”美德善行展示馆等主题实践活动，累计参观人数1000余人次。镇街、村居美德善行榜建成率100%，每半年更新1次，全年上榜好人300余人。全年举办“道德讲堂”总堂活动19期，各级各类“道德讲堂”活动800余场次。持续开展“我推荐我评议身边好人”活动。7月，陈伟被评为“中国好人”，全区累计上榜“中国好人”达16人；何芬被评为“江苏好人”；钱维胜被评为“第七届‘感动泰州’十大人物”；吴余庆家庭当选“泰州市第二届文明家庭”。（杨　盟）

【未成年人思想道德建设】 2019年，高港区组织开展“我与新时代”“红领巾寻访”“开学第一课”等主题征文大赛，引导青少年强化责任担当、立志报国成才。在清明、七一、国庆节、烈士纪念日等重要时间节点，开展缅怀革命先烈、“童心向党”、“向国旗敬礼”等主题教育活动。“七彩的夏日”经验做法“文明实践‘串烧’唱响萌娃暑期生活”，被“学习强国”平台推送。6月13日，泰州市暨高港区10岁成长仪式示范活动在高港区举办。9月27日，由泰州市文明办主办，高港区委宣传部、区文明办等承办的2019年“我们的节日·重阳”主题活动在高港区举办。高港实验小学、海军小学、胡庄中心小学、口岸实验学校4所学校被评为2016—2018年度江苏省文明校园。

志愿者指导社区居民注册使用“学习强国”App　（区委宣传部　供图）

【志愿服务活动】 2019年，高港区常态化开展脱贫攻坚、扶危济困、关爱他人、文化服务、环境保护、乡村振兴、“讲文明树新风”等志愿服务活动。3月5日，打造“健康江来”长江母亲河保护志愿服务活动品牌，活动分为长江鱼苗增殖放流、长江江堤植树造林、沿江骑行环保宣传、环境整治、清洁水源、环保宣传6项主题内容。7月14日，在第四届江苏省志愿服务展示交流会上，“‘健康江来’赢未来”志愿服务项目获金奖，并被央视专题片《我们走在大路上》专门推介。（杨　寅）

【全民阅读活动】 2019年，高港区制定《2019年高港区全民阅读系列活动方案》。举办2019年高港区“柴墟读书节”暨全民阅读活动启动仪式。全区农家书屋开展主题阅读活动122场次，刁铺街道圩岸社区农家书屋获评省“五星级”农家书屋。利用“微高港”微信公众号发布信息、张贴公益广告、悬挂横幅等方式，普及全民阅读知识。开展“小手拉大手，书香润港城”活动，收集问卷2.4万余份。

【文化市场监管】 2019年，高港区开展“扫黄打非”“固边”“净网”“清源”“秋风”“护苗”五大专项行动。开展“绿书签”签名活动。结合文明城市创建要求，加强对文化市场的检查，共出动检查人员720余人次，检查出版物市场、店档摊点和印刷复制企业180个次，收缴非法出版物1700余册（盘），办结新闻出版案件9件。推进“扫黄打非”进基层示范点建设，提前完成全区91个村（社区）“扫黄打非”基层站点全覆盖工作。开展版权登记工作，建立泰州城色文化传媒有限公司版权登记工作站。规范农村电影放映，开展电影放映监管以及平台数据报送工作，完成“送电影下乡”480场。发放省级农村电影放映专项资金7.06万元。城区中广蓝海影城获得国产片奖励专项资金23万元。（刘　波）

【中华人民共和国成立70周年系列庆祝活动】 2019年，高港区制定《庆祝中华人民共和国成立70周年活动方案》，对全区庆祝活动进行统一部署、系统安排。举办“我和我的祖国”合唱比赛暨歌咏大会，区四套班子全体负责人和全区各地各部门的12支代表队参加。拍摄制作《我和我的祖国》音乐快闪，学校、医院、企业及机关各部门的1000余名干部群众参与拍摄，第一时间被“学习强国”平台采用。全区15条重要路段和口岸雕花楼景区布置“国旗一条街”，新增城市小品30个。（卞小士）

【中国人民解放军海军诞生70周年系列庆祝活动】 2019年，高港区在全市率先策划“寻找渡江战役人和事”大型主题新闻行动，新闻工作者南下苏州，北上石家庄，采访“敬礼老兵”史保东等近20名战争亲历者。此项新闻行动获得全区“骏马奖”。综合运用全媒体报道手段，实行线索共访、内容共享、信息共用。“学习强国”平台推送高港区庆祝活动相关报道30篇，在《新华日报》、江苏卫视、泰州电视台推出50余个融媒体产品。在《泰州日报·高港周刊》、“微高港”微信公众号开设“壮丽70年奋斗新时代”等专题专栏，加大宣传力度，共对外发稿200余篇。（杨　鼎）

【“三下乡”活动】 1月23日，高港区2019年“三下乡”集中慰问服务暨新时代文明实践志愿服务启动仪式在白马镇陈家村举行。区委副书记、区长孙宏建向白马镇转交慰问金和慰问物资，并为高港区新时代文明实践“大江志愿”服务总队及分队授旗。区委常委、宣传部部长高宇彤主持启动仪式。活动现场举行2018年“大江儿女·最美人物”和2017—2018年度五星级文明家庭示范户颁奖仪式，对先进典型进行表彰。志愿者代表、“中国好人”钱维胜宣读倡议书。活动中，高港区16个单位（部门）共向白马镇捐赠现金和物资20余万元。组织文艺演出、卫生服务、科技宣传、法律咨询、义务写春联等10余个志愿服务项目。江苏农牧科技职业技术学院“挂县强农富民”工程项目小组现场开展农技咨询、农技讲座。（卞小士　杨　盟）

统战工作

【概况】 2019年，高港区推荐提拔副科级以上非中共党员干部3人，民主党派发展成员40人。全区有党外市人大代表6人、区人大代表32人，有党外市政协委员16人、区政协委员94人。组织非公经济人士开展“光彩助学”活动，帮助汪群小学83名小朋友实现微心愿。民革高港支部升格为民革高港总支，民进成立高港支部，致公党成立高港支部，农工党高港总支农工之家揭牌。加强对党外代表人士培训，举办第九期党外干部培训班。完成区新社会阶层人士联谊会注册备案工作，组织开展“聚力新阶层，聚焦高质量”新社会阶层人士联谊会议政沙龙活动。

【党外人士联系交流】 2019年，高港区组织民主党派、无党派知识分子、新社会阶层人士开展“纪念中华人民共和国成立70周年暨多党合作制度确立70周年活动”，到嘉兴南湖开展“不忘合作初心，继续携手前进”主题教育活动；组织知联会法律界别人士走进扬子江药业集团、泰州港务集团，开展送法进企活动，提供法律咨询服务；民革高港总支在许庄街道蔡庄村开展“博爱走基层”活动；农工党高港总支开展“关爱女性、呵护健康”“两癌”防治知识讲座；组织召开党外人士通报会2次、党外人士高质量发展座谈会1次，征求党外人士对高港区高质量发展的意见建议10余条。

【党外干部选拔培养】 2019年，全区25个政府部门中有12个部门配备非中共党员干部，远超1/3的规定比例，教育、科技等9个部门全部配备非中共党员干部，法院、检察院配备非中共党员干部副院长、副检察长各1人。10月21—22日，举办高港区第九期党外干部培训班，区党外干部代表、民主党派班子成员及新发展成员、区无党派知识分子联谊会和新的社会阶层人士联谊会负责人及代表等共44人参加培训。培训期间，组织参观考察镇江市茅山新四军纪念馆和常州市青果巷统战教育活动基地。

【非公经济统战】 2019年，高港区引导企业家参与“微心愿”认领对接活动，举办“不忘初心，‘童’圆梦想”暨“光彩助朝阳，爱心筑栋梁”光彩助学活动，现场帮助汪群小学83名小朋友实现微心愿。组织非公经济人士代表到陕西省延安市开展“寻访红色印迹，传承强国之志”活动。举办高港区与常州市新北区“同饮一江水，共话新发展”泰常两地青年企业家交流活动。印发《关于完善区委统战部同党外知识分子、非公有制经济人士谈心交流制度的实施意见》。

【无党派知识分子联谊会】 2019年，高港区无党派知识分子联谊会开展考察调研工作，形成调研报告2篇。开展“寻找渡江战役人和事”新闻线索征集工作，征集到新闻线索1条。完成区无党派知识分子联谊会换届工作，修改并通过《高港区无党派知识分子联谊会章程》，选举产生第三届联谊会会长1人、副会长3人、秘书长1人、常务理事23人。开展无党派人士政治面貌使用认定工作，制定无党派人士政治面貌使用认证的工作方案，第一批认定无党派人士54人，推荐省无党派重点人选5人，撰写党外知识分子工作案例1篇。

（党红交）

网络信息管理

【概况】 4月1日，高港区委印发《关于区委网络安全和信息化委员会组成人员任职的通知》，加强对全区网络安全和信息化工作组织领导，将“区委网络安全和信息化领导小组”更名为“区委网络安全和信息化委员会”，对组成人员进行调整。4月12日，召开区委网络安全和信息化委员会第一次会议，审议通过并印发《区委网络安全和信息化委员会工作规则》《区委网络安全和信息化委员会办公室工作细则》《2019年高港网信工作要点》。

网络舆情管理　2019年，区网管中心收集处置网络舆情1000余条，处置重大突发敏感网络舆情30余起。编印各类舆情快报、专报、通报250期，其中区领导批示20余件次。“人民网江苏视窗”“泰州问政”等省、市重点网络问政平台和《每日网情快报》《每周舆情专报》等市交舆情回复处置率均达100%。

网络安全工作　加强网络安全顶层设计，建立健全工作机制，先后制定印发《党委（党组）网络安全工作责任制实施细则》《高港区网络安全事件应急预案》《高港区网络安全统筹协同工作制度（试行）》《2019年高港区网络安全工作要点》《2019年高港区网络安全检查工作方案》等文件，完善责任体系，明确工作目标，推动任务落实。加强网络安全宣传教育，6月29—30日，区委宣传部、区委网信办、区网管中心、区住房城乡建设局、区大走访大落实新风行动办公室结合开展“守初心·担使命”主题大走访大落实新风行动，在全区广泛开展“网络安全进村居”活动，发放宣传手册7000余份，有关做法被省委网信办《江苏网信动态》、市委办《昨日要情》和《泰州日报》刊用推广。7月11日，召开区委中心组学习（扩大）会，邀请省委网信办网络安全协调处副处长作题为《网络安全形势与任务》专题讲座，区委中心组成员，各园区、镇街党（工）委主要负责人、分管负责人，区级机关各部门（单位）主要负责人等近140人参加学习。9月3日，组队参加全省网络安全竞赛，获App运营组全省第二名。9月16—22日，开展网络安全宣传周活动，举办网络安全主题广场宣传、网络安全主题论坛等活动，集中开展校园日、电信日、法治日、金融日等主题日系列活动，同步进行网络安全进社区、进校园等宣传活动。

网络综合治理　开展“清源净网”、网络虚假信息等专项治理行动，约谈并限期整改违规网站2个，查删100余条违法违规网络信息。持续开展涉苏舆情直报和互联网有害信息举报工作，网络舆情直报工作连续三年全省第一，互联网违法和有害不良信息举报工作继续位居全省前列，获评全省互联网舆情工作先进单位、全省互联网违法和有害不良信息举报工作先进单位。组织开展“网络人士看高港”活动。

（戚锁林　徐国华）

【“12345”民生服务热线】 2019年，区“12345”民生服务热线受理各类诉求17853件，比上年增长31.12%，办结率100%。其中，省“12345”热线328件，市“12345”热线16978件，市、区长信箱485件，区长公开电话62件。从诉求热点看，主要集中在居民日常服务（2820件，占15.8%）、资源监管（1889件，占10.58%）、住房管理（1833件，占10.27%）、民生保障（1716件、占9.61%）、治安法治（1560件，占8.74%）、违法建设（1464件，占8.2%）等方面。依托协同办公系统，建设高港区“12345”民生服务热线在线办理系统和数据分析系统，12月新系统上线运行，进一步提升办理质量和效率，提高分析研判能力。编发《“12345”民生服务热线和网络舆情工作情况通报》10期，领导批示重要事项15件次。

（彭铁官 杨 玲）

【政务公开】 2019年，区网管中心印发《高港区2019年政务公开工作要点》，制定《2019年高港区政务公开重点工作任务分解表》，明确5大类17项重点工作和责任单位。优化区政府网站信息公开栏目，建立财政预决算、公共资源配置、重大建设项目批准和实施、社会公益事业建设4大重点领域信息公开专区，开设“高港区重点领域信息公开”专栏，全年发布重点领域信息426条。加强政策解读，发布本地政策解读26条，编制政策简明问答10篇。规范依申请公开答复工作，依法办结依申请公开62件。区网管中心连续3年被评为全市政务公开工作先进单位。

政府网站建设 推动政府门户改版及党群网站整合迁移工作，规范政府网站域名管理，建立网站信息发布三级审核机制，举办网站内容保障专题培训会，网站管理工作向集约化、精细化迈进。全年共开展网站监测工作12次。区政府网站发布各类政务信息8974条，被泰州市政府网站采用信息219条，被江苏省政府网站采用信息21条。制作“高港区2019年民生实事项目”“2019年高港区义务教育阶段学校招生入学方案”“高港区法治建设成果展”“深化政务公开，助推企业发展——政务公开进园区”“高港区垃圾分类”等专题专栏15个。及时做好省政府网站政策文件库的发布更新工作，按期办结“我为政府网站找错”平台网民留言1条。3月，区政府办被省政府办公厅评为2018年度全省政府网站建设管理先进单位。

涉企政策宣传 围绕“深化政务公开，助推企业发展”主题，11月15日，区网管中心在泰州港经济开发区举办“政务公开进园区”涉企政策大讲堂活动。编印《涉企政策宣传手册》，涵盖人才、工业、金融、税务等方面，区委常委、常务副区长张汉刚带领区发展改革委、区工业和信息化局、区科技局等8个单位就相关涉企政策对企业负责人进行现场宣传及解读。邀请区工业和信息化局、区商务局、区科技局、区人才办分别对“工业十条”“开放十条”“科技十条”“人才十条”进行政策宣讲，提升企业对政策的知晓度。活动发放宣传手册300余本，接受现场咨询100余人次，企业相关负责人共160余人参加。

（彭铁官 朱 浩 唐 琴）

【电子政务】 2019年，高港区实施电子政务外网（二期）改造升级工程，新增UPS及动环系统，优化线路架构及设备布局，提升智能化管理和预警水平。持续推进电子政务外网整合，制定专网专机安全管理策略，实现公检法等部门应接尽接，电子政务外网部门覆盖率近100%。严格落实网络安全等级保护要求，强化技术防护措施，完成电子政务外网备案及测评，实现关键安全设备冗余备份，部署内网安全管理平台，筑牢底层安全防线。依托协同办公平台，升级“12345”智慧派单系统；推进热线数据共享，打造民生大数据平台，提升综合分析研判能力。做好各类平台支撑保障工作，协助推进全区“互联网+政务服务”建设，各单位通过OA平台正常发文，累计签发电子印章近80枚，制作各类CA数字证书200余个，相关业务系统平稳高效运行。

（彭铁官 张振兴）

督查与考核工作

【市（区）综合考评“十连冠”】 2019年，区督查考核办公室围绕“继续保持领先”的要求，统筹协调全区绩效管理考核工作。高港区获2019年泰州市市（区）综合考评一等奖，实现“十连冠”。

【园区、镇街综合考评】 2019年，区督查考核办公室根据《关于对各园区、镇（街道）2019年度工作实施目标考评的意见》，对核心港区（永安洲镇）、高新园区（刁铺街道、许庄街道）、临港园区（口岸街道）、白马镇、大泗镇、胡庄镇、刁铺街道、许庄街道考核重点指标、高质量指标、专项工作、党建和社会管理工作。区督查考核办公室会同有关部门对园区（镇街）进行考核评比，临港园区、高新园区、胡庄镇获园区（镇街）综合考评一等奖，核心港区、刁铺街道、大泗镇获二等奖。

【区级机关部门绩效管理】 2019年，区督查考核办公室组织开展2019年度区级机关部门（单位）绩效管理考核工作，制定出台绩效管理实施细则，协调综合牵头部门制定共性目标考核细则，对个性目标实施季度考评，组织牵头责任部门开展共性目标考核、公众评议等工作，综合评选出人民满意机关（单位）和效能建设先进单位。

2019年度人民满意机关（单位） 财政局、人民检察院、人力资源社会保障局、统计局、教育局、人民法院、卫生健康委、行政审批局、住房城乡建设局、工业和信息化局、商务局、水利局、高港生态环境局、发展改革委、市场监管局。

2019年度效能建设先进单位 审计局、科技局、应急管理局、金融监管局、税务局、城管局、文化体育旅游局、司法局、信访局、自然资源和规划分局、交警高港大队、公安分局、民政局、交通分局、机关事务管理局。

【"骏马奖"评选】 2019年，区委、区政府研究决定开展高港区"骏马奖"申报评选活动。根据《高港区"骏马奖"认定办法（试行）》要求，经推荐申报、初审、初选、现场评议、区委常委会会议研究审定等程序，最终评选产生10个2019年度高港区"骏马奖"：区纪委纪检监察干部管理监督室（认定事由：高效组建运行派出监察员办公室）、区人力资源社会保障局劳动监察大队（认定事由：特殊工时改革试点为全国全省提供"高港经验"）、区政协办公室（认定事由：高港政协委员"三级"履职平台全国推广）、区住房城乡建设局市政公用事业中心（认定事由：5亿专项资金助推污水治理快出成效）、区委区级机关工委组织科（认定事由：在全市率先建立支部工作清单）、区行政审批局投资建设审批科（认定事由：打好改革"组合拳"，刷新服务"加速度"）、区委宣传部新闻科（认定事由：用主题新闻宣传擦亮红色名片提升城市影响）、区工业和信息化局经济运行科（认定事由：强化调控服务，助推工业经济持续增长）、泰州港核心港区管委会社会事业局（认定事由：古马干河综合整治快出成效）、区教育局职业与社会教育科（认定事由：校外培训机构专项整治全省领跑）。

2019年，根据《泰州市"骏马奖"认定办法（试行）》有关规定，经推荐申报、初审、初选、现场评议、市委常委会会议研究审定等程序，高港区获评泰州市"骏马奖"2个：高港区应急管理局工贸科科长胡德荣（认定事由：推动工贸行业安全生产标准化样板区一次性通过验收）、长城汽车泰州整车项目招引服务团队（认定事由：招引落户全市首个整车制造项目，圆了泰州"整车梦"）。

【"创新创优"奖评选】 2019年，区委、区政府继续开展"创新创优"工作评选活动，评出2019年度"创新创优"奖一等奖项目10个、二等奖项目12个、三等奖项目18个。

2019年高港区"创新创优"奖获奖项目一览表

表7

获奖	奖项
一等奖项目	泰州港经济开发区、口岸街道、区行政审批局、区自然资源和规划分局：成功招引、全力保障、快速推进长城汽车整车项目
	区委宣传部：泰州建市23年零突破，区委理论学习中心组荣获省示范点
	区委组织部：党员电教工作获全国优秀奖
	区督查考核办：全面运行区管干部绩效评估系统
	区农业农村局：创成国家农产品质量安全县
	区市场监管局：成功获批国家知识产权强县工程示范区
	区财政局："一二三"推进政策性融资担保"惠企富民"
	大泗镇：抓实党员干部"三访"，打造书记项目"样板"
	区交通分局：打响"一路高畅"公路品牌，上争奖补资金过亿元
	区商务局：泰州港经济开发区成功挺进全省前五
二等奖项目	区政协办：高港政协委员"四级"履职平台全国推广
	区纪委监委：高效组建运行派出监察员办公室
	区级机关工委：在全市率先建立支部工作清单
	区人力资源社会保障局：特殊工时改革试点为全国全省提供"高港经验"

续表7

获奖	奖项
二等奖项目	区住房城乡建设局：5亿专项资金助推污水治理快出成效
	核心港区：古马干河综合整治快出成效
	区教育局：校外培训机构专项整治全省领跑
	区总工会："能级工资"协商高港样板全国首创
	白马镇：陈家村创成全国"一村一品"示范村
	区委办：党委信息工作全省第二
	区党史方志办：《高港年鉴》连续在全国、省级评比中获奖
	区人大办：建立"五级代表回访"机制，助力打好"碧水保卫战"
三等奖项目	区网管中心：网络舆情直报工作连续三年全省第一
	区委政法委："三官一律"进网格，打造社会治理"高港样板"升级版
	区人民法院：优化升级司法服务供给，倾力助推实体经济发展
	区统计局：住户调查工作走在全省前列
	区政府办：用好督查利器，推动工作落实
	刁铺街道：三条良策破解基层主题教育三道难题
	区金融监管局：聚力打造金融生态优化的"高港实践"
	区工业和信息化局：创成省级"制造业创新转型成效明显地区"
	胡庄镇：搭建全区首家"群众微心愿"服务平台
	区委统战部：创成省级苏台（泰州）大健康食品产业合作园
	许庄街道：多措并举创成国家级卫生乡镇
	区审计局：运用大数据技术推进部门预算执行审计监督全覆盖
	区司法局：申报成功首批江苏省法治政府建设示范区
	高港生态环境局：全市首家完成省考断面水质自动监测站站房建设
	区水利局：河道"两违"专项整治工作全省领跑
	区公安分局：推进警网双格融合，打造社会治理共同体
	区发展改革委：抢抓政府专项债券政策机遇
	区人民检察院："企业安全服务检察+"活动

【区管干部考评】2019年，区督查考核办公室根据《关于实施机关干部绩效考评的意见》，对区管干部进行年度履职考核，共评出"优秀"等次139人，其中正科级62人、副科级77人。（蒋逸仙）

机关党建

【概况】2019年，区级机关新发展党员10人，转正预备党员12人。区委区级机关工委辖党组织69个，其中党总支部5个、党支部64个。区级机关有党员1034人，其中，女党员299人，占党员总数的29%；大专以上学历971人，占党员总数的94%；35岁以下党员301人，占党员总数

2019年10月24日，高港区举行“同升国旗、同唱国歌”活动

（区委区级机关工委 供图）

的29%；36岁至45岁的党员339人，占党员总数的33%；46岁至60岁的党员312人，占党员总数的30%；61岁及以上的党员82人，占党员总数的8%；离退休党员72人。全年督促指导24个基层党组织换届选举。

【机关党的政治建设】 2019年，区委区级机关工委坚定“走在前、作表率”，以中共十九大精神和习近平新时代中国特色社会主义思想为引领，贯彻落实《关于加强和改进中央和国家机关党的建设的意见》、习近平总书记在中央和国家机关党的建设工作会议上的讲话精神。担起机关党建主体责任，以机关党建高质量发展为目标，推动区级机关全面从严治党向纵深发展。组织开展清明祭扫活动、“主题党日”活动、“固定学习日”活动、“同升国旗、同唱国歌”活动、庆祝中华人民共和国成立70周年合唱活动等，强化党员干部经常性教育。组织区级机关党（总）支部书记轮训，举办新党员和新提拔中层干部廉政谈话会。用好“江苏先锋”“微高港”“高港党建”等微信公众号平台和“学习强国”学习平台，进行正面激励、正向宣传、正面引导。

【机关党的组织建设】 2019年，区委区级机关工委制定《区级机关党组织书记抓基层党建工作责任清单》，明确机关党组织书记抓机关党建有计划、有责任、有活动、有汇报、有考核的“五有”责任清单。举办区级机关学习贯彻中共十九届四中全会精神培训班，举办党务工作者素质能力培训班。开展机关服务品牌评选。深化“党员闪光·红领行动”和“月晒季评年考”制度，推动党员亮身份、树形象、争先锋。深化“周末高港·党员关爱服务行动”志愿服务活动。举办区级机关“我的入党初心”主题演讲、“精品党课”、“青优微党课”比赛。召开区级机关“守初心，勇担当”主题党日活动现场观摩会。聚焦基层党建热点难点问题，示范带动区级机关各党组织实施“书记项目”。评选表彰区级机关优秀“书记项目”一等奖5个、二等奖6个、三等奖7个。推进党建带群建工作，提升党组织凝聚力。

【机关干部教育培训】 2019年，区委区级机关工委共组织开展各类教育培训4期次。4月24—26日，举办机关党务工作者业务培训班，区级机关各部门（单位）分管党务工作的负责人、党务工作者100余人参加培训。5月29—31日，区委区级机关工委与口岸街道党工委联合举办2019年度入党积极分子和发展对象培训班，采取专题辅导、现场教学、心得撰写、理论考试、实践锻炼相结合的方式，开展党的基本知识短期集中培训，入党积极分子及发展对象150余人参加培训。9月12日，组织2018年下半年以来区级机关各部门（单位）新提拔的股级中层干部及新发展的党员50余人参加廉政谈话，学习

2019年10月30日，区委区级机关工委在区人民检察院组织召开区级机关“高标准抓好主题教育，助推机关党建高质量发展”现场观摩会

（区委区级机关工委供图）

新修订的《中国共产党问责条例》。9月26—27日，组织开展以“不忘初心做头雁、牢记使命强堡垒”为主题的基层党支部书记轮训，解读习近平新时代中国特色社会主义思想的丰富内涵、核心要义、根本立场和重大意义，区级机关各党组织党（总）支部书记，区委教育工委所属各党（总）支部书记，各镇街、园区组织委员和宣传统战委员等130余人参加培训。

【机关精神文明建设与文化建设】2019年，区委区级机关工委联合区文化体育旅游局举办2019年“体彩·中润”杯高港区乒乓球比赛、区级机关三人制篮球比赛、区级机关掼蛋比赛、趣味运动会等活动。开展区级机关工会会员信息采集登记工作，规范人员管理。做好高港区机关口劳模、区级机关最美职工、区级机关“公仆之星”和区级机关2018年度先进基层党组织、优秀党务工作者、优秀共产党员等的推荐、评选、表彰工作，树立先锋形象。

【机关服务品牌评选】2019年，区委区级机关工委在区级机关部门中开展服务品牌申报评选活动，经自查申报、初步审查、综合评审、公示、审定，评选出“阳光财政”等4个优秀机关服务品牌、“‘史志’不渝，资政育人”等6个服务品牌、“聚焦民生，助力实事”等4个提名服务品牌为高港区第三批机关服务品牌。

【周末高港·党员关爱服务行动】10月12日，区委区级机关工委联合区委统战部、区委教育工委在汪群小学开展高港区“不忘初心，‘童’圆梦想”暨第二届“光彩助朝阳，爱心筑栋梁”光彩助学活动。10月25日，联合区民政局、区委教育工委党员志愿者到大泗学校开展“周末高港，党员关爱服务行动”。共为300余名少年儿童圆梦“微心愿”。

【“精品党课”比赛】5月15日，区委区级机关工委在机关部门党组织中举办第二届“精品党课”比赛，区级机关20余名党员围绕“永葆激情，笃志前行，为‘四个高港’建设贡献红色力量”主题，结合自身工作实际和岗位特色讲述新时代共产党人的吃苦奉献、廉洁自律的优秀品质与使命担当。比赛共评选出一等奖3人（A、B、C类各1人），二等奖2人，三等奖1人，优胜奖4人。（程小迎）

机构编制工作

【承担行政职能事业单位改革】2019年，高港区推进承担行政职能事业单位改革，制定《泰州市高港区承担行政职能事业单位改革实施意见》，经与市委编办对接修改完善并提交区委编委会议审议后，于2月28日向市委编办呈报请示。3月14日，市委编办给予批复。12月6日，召开承担行政职能事业单位改革动员会。12月20日，完成涉改的承担行政职能事业单位“三定”规定印发。通过改革，减少正科级事业单位2个、股级事业单位3个；剥离行政职能后更名并保留，继续履行公益职能的事业单位10个。

【相对集中行政许可权改革】2019年，高港区以机构改革为契机，以“三级四同”权力清单调整为依据，将区市场监管局、区文化体育旅游局、区应急管理局3个部门涉及“3550”改革的市场准入和投资建设审批链条上的4项审批事项划入区行政审批局。

【审批服务便民化改革】2019年，高港区根据《关于对江苏省行政权力清单进行动态调整的通知》和机构改革新修订的部门“三定”规定，动态调整并公布区级部门行政权力事项目录清单，完善权力事项办事指南，提高清单实用性、便民性。深化行政审批“三集中三到位”，按照“应进必进、能进必进”的原则，推进相关民生高频服务事项进驻，不断升级政务服务大厅“一站式”服务功能。推行“全区通办、异地可办、就近能办”改革，公司登记实行“全区通办”，将企业登记服务前延至各银行网点，进一步提升登记服务便民化、利民度。

【机构编制管理】2019年，区委编办坚持实行“严控总量，动态管理”，建立常态化、长效化管理机制，依托机构编制实名制信息库，对批准的机构编制实行全程管理和监督，有效提高编制资源的使用效益。常态化开展党政领导干部“三责联审”工作，加强对部门“三定”规定执行情况和实有人员情况的督查，并将编外用工使用纳入督查范围。

【事业单位管理】3月，区委编办按照《事业单位法人年度报告公示办法（试行）》要求，按时完成全区事业单位法人年度报告报送和公示工作，共有221个事业单位年度报告在区委编办网站公示。9月，会同相关部门，经过初定等级、信用修复、反馈征询等程序，最终确定199个事业单位信用等级，在区政府网站予以公示。12月，按照“双随机、一公开”的监管要求，随机选取6个事业单位进行公示信息抽查，重点检查事业单位法人是否紧紧围绕公益职能开展活动、是否严格规范使用名称、是否认真执行《中国共产党机构编制工作条例》等方面，按时按量完成事业单位法人公示信息抽查工作。（赵聪聪）

党史·地方志·档案

【概况】2019年，区史志档案办公室（区档案局、区档案馆）更名为区党史方志办公室（区档案馆）。区党史方志办编写形成《中共高港地方

2019年3月29日，高港区召开名镇名村志编纂工作座谈会

（区党史方志办　供图）

史》正本初稿。开展地方党史重大事件、重要人物专题研究。做好地方党史和地方优秀历史文化宣传工作。完成6部名镇名村志初审工作，其中《白马镇志》通过复审。地方志工作、乡镇年鉴工作分别在全省地方志工作会议、全省乡镇年鉴编纂工作座谈会上作交流。“《高港年鉴》连续在全国、省级评比中获奖”项目获区委、区政府2019年“创新创优”奖二等奖。机构改革后，“局馆联动”（档案局与档案馆联动）做好档案工作。区党史方志办被泰州市党史方志办评为党史工作、档案工作先进单位。

【党史编研】 2019年，区党史方志办组织《中共高港地方史》编写工作，形成57万字初稿。修改完善泰州市党史“三卷本”高港区专题——《高港区的发展历程、重要成就、宝贵经验》，经区委审核同意后上报泰州市党史方志办，收入《实干之路——中国共产党泰州历史专题集（1996—2016）》。指导区老建会编写《泰州市高港区革命老区发展史》，形成书面审读意见。对地方党史重大事件、重要人物作专题研究，形成关于曹起溍、史保东、苏中七战七捷、海军诞生等多篇研究成果，转化为对党员的宣讲材料。

【党史资料征集】 2019年，区党史方志办配合区委宣传部审核上报高港区红色故事，收集、征集渡江战役史料向区委宣传部提供。配合区委宣传部审核泰州市庆祝中华人民共和国成立70周年展览大纲高港部分，并整理、提供相关图片。协助泰州市党史方志办编写《初心之光——泰州红色教育基地概览》，并发放到区四套班子负责人、区级机关部门和园区、镇街，作为“不忘初心、牢记使命”主题教育党员学习资料。组织开展《高港区红色故事选编》汇编工作。对许维等老战士、佴家庄战斗亲历者等开展口述史采集工作。

【党史宣传】 3月，区党史方志办开展集中宣传月活动，到泰州市第三高级中学开展“爱党爱国爱家乡”主题宣讲，开展“高港优秀历史文化在我心中”主题拍摄等活动。4月底至5月10日，在区政府一楼大厅举办“东线第一帆——泰州市纪念渡江战役胜利70周年档案史料图片展”，区四套班子主要负责人参观展览。5月，组织党员干部为全区入党积极分子和发展对象宣讲高港发展史。10月，到佴家庄战斗纪念碑进行实地调研，指导做好红色教育基地保护利用工作；区党史方志办主要负责人到口岸街道王营社区宣讲地方党史。全年在中国方志网等媒体刊发信息70余篇次。

【名镇名村志编纂】 2月，区党史方志办在全省地方志工作会议上作《致力服务“四个高港”建设，推动地方志事业高质量发展》书面交流。召开全区名镇名村志编纂工作座谈会。制定名镇名村志编纂进度安排表，加强督查、指导。7月起，区党史方志办及早介入名镇名村志初审工作，审读稿件，提出修改意见建议，参加初审会议，提出工作要求，做到关口前移，把控志稿编纂质量。年内，完成《口岸街道志》《刁铺街道志》《白马镇志》《引江社区志》《乔杨社区志》《蔡庄村志》6部名镇名村志的初审工作，《白马镇志》通过复审。

【年鉴编纂】 3月6日，区委办、区政府办印发《〈高港年鉴（2019）〉编纂实施方案》。3月19日，区党史方志办举办全区年鉴业务培训暨《江苏省地方志工作条例》宣讲活动，邀请海安市地方志专家作打造精品年鉴工作经验介绍。指导各单位编写年鉴稿件，对各单位稿件进行修改完善。开展统稿工作，组织校对、审核和排版设计工作。12月，《高港年鉴（2019）》经区政府同意后出版发行。年内，《高港年鉴（2017）》被中国出版协会评为全国优秀二等年鉴；《高港年鉴（2017）》被江苏省地方志办公室评为第五届江苏省综合优秀一等年鉴；《高港年鉴（2018）》被省地方志办公室通报表扬，获全省综合年鉴质量评定二等年鉴。推进《永安洲年鉴》《大泗年鉴》编纂工作，12月，在全省乡镇年鉴编纂工作座谈会上交流乡镇年鉴工作经验。

【大事记编写】 2019年，区党史方志办每月按时保质编印高港区大事

2019年11月15日，区党史方志办工作人员到老战士许维家中开展口述史采集工作
（区党史方志办 供图）

记，及时报送区四套班子负责人参阅，并发送至各园区、镇街、部门，为各方面工作提供参考。

【档案业务工作】 2月，区委办、区政府办印发由区史志档案办起草的《关于做好区级机关机构改革档案处置工作的通知》，指导涉改单位做好档案处置工作。5月，区党史方志办会同区档案局举办全区档案业务培训班，邀请有关专家讲解《机关档案管理规定》。组织开展“6·9”国际档案日宣传活动，开展以“新中国的记忆”为主题的征文活动。按照“六有”标准指导做好村级建档工作。

【档案馆建设】 2019年，区党史方志办拟定区档案馆改造初步方案。经区政府常务会、区委常委会议研究，区人代会票决，区档案馆改造项目被确定为2020年区政府民生实事项目。加强档案馆安全管理，制定档案馆突发事件防范和应急处理预案，开展档案馆安全检查和消防演练，强化节假日值班工作。升级改造档案馆机房和档案信息管理系统。深化“百村万户”口述史采集工作，将有关音频资料和文字资料汇总报送泰州市。组织开展全区红色档案普查登记工作。4月，区委办印发《关于做好档案移交进馆工作的通知》，启动新一轮档案接收进馆工作，部分单位2007—2015年的文书档案和区民政局2016—2017年婚姻档案接收进馆。对已进馆的农村承包地确权档案进行目录数据校核。将有关谱牒资料、专题片、民间收藏报纸征集进馆，打造地方文史资料中心和特色档案资源管理中心。为群众提供免费查档服务，全年接待833人次。创新为民查档服务机制，建成民生档案查阅平台，启动“三省一市”（江苏省、浙江省、安徽省、上海市）跨馆联动服务。11—12月，利用馆藏资源，举办“档案见证改革开放，档案记录人民生活”图片展，在区政府大厅和口岸街道王营社区、口岸社区等地展出。
（高蓓蓓）

老干部工作

【概况】 2019年，高港区有离休干部17人，平均年龄92岁。其中，90周岁以上15人，85~89周岁2人。副乡科级以上退休干部222人，其中，副县处级以上退休干部18人，正乡科级退休干部120人，副乡科级退休干部84人。有区级机关、镇街老干部党支部38个。

【老干部党支部工作】 2019年，高港区组织老干部党支部开展“不忘初心、牢记使命”主题教育，举办老干部党支部书记业务培训、“四重四亮”主题党日、“我看新中国成立70周年新成就”专题调研等活动。持续开展“银发生辉、红心向党”“青蓝、护苗、晚霞”等主题活动，发挥老干部党员的先锋模范作用，“家园先锋”“银辉向党”被评为全市老干部系统党建“十大品牌”。组织老干部支部开展“我和我的祖国”等系列党日活动，开展“银发联盟”“夕阳红引导团”“党员流动哨”“周末高港·党员关爱服务行动”等活动。至年末，全区9个老干部支部书记全部调整配备到位。开展老干部党组织“星级化”创建活动，评选出区级四星级、三星级党支部各5个，实行统一挂牌。胡庄镇老干部党支部和离休干部丁震宇分别被江苏省委组织部、省委老干部局评为全省离退休干部先进集体、全省离退休干部先进个人。落实“六有一提升”要求，强化基层支部活动场地建设和工作经费保障，健全完善老干部支部书记工作补贴和党费全额返还机制，指导口岸、刁铺、孔桥、永安洲等支部升级改造，推动许庄街道易地新建老干部活动阵地，全区老干部支部都拥有固定学习场地，挂有“离退休干部党员之家”标识。依托区老干部活动中心，启动老干部组织生活馆建设。贯彻执行“三会一课”、组织生活会等制度，在全区离退休干部党员中开展“党员闪光红领行动”“亮身份、做表率”“月晒季评年考”等活动，每个支部均制定年度组织生活计划，每个党员制定“四个合格”党员创争规划。

【落实老干部待遇】 2019年，区委老干部局向老干部免费赠阅《党的生活》《银潮》等报纸杂志。定期

重阳节区领导慰问离休干部　　（区委老干部局　供图）

召开老干部情况通报会，通报有关情况。开展“谈祖国新成就，话江苏新发展”座谈会，畅谈新中国成立70年的变化，征集开展“不忘初心、牢记使命”主题教育的建议。完善老干部参加政治理论学习、按规定看文件、听报告、参加重要会议、重要活动、就近就便参观考察和重大节日走访慰问等工作制度。对年老体弱、行动不便的老干部，坚持上门服务。妥善处理老干部信访诉求。组织老干部1年1次健康检查，常态化走访慰问易地安置离休干部。严格按照标准足额发放离休干部五项补助（离休干部特需费、参观休养费、交通费、护理费、高龄护工费）、住房补贴和改制破产企业离休干部月租补贴等。落实离休干部看病就医“三有一落实”医疗待遇，实现挂号、就诊、收费、化验、取药、住院“六优先”，17名离休干部家庭医生签约率100%，自付费报销比例100%。

【老干部文体活动】 2019年，区委老干部局组织老干部参与省、市文体赛事，定期开展门球、乒乓球、象棋、垂钓、掼蛋、京剧等活动。组织全区老干部党支部开展“我看新中国成立70周年”系列文体活动，开展以“红色记忆”为主题的离休干部访谈活动，请老干部讲述革命历史和红色故事，传承红色基因，弘扬革命传统。

【老干部作用发挥】 2019年，高港区7个镇街组建27支银发志愿者团队，其中，关爱工作团10个、法治教育报告团17个。常态化组织老干部到基层一线宣讲。结对帮教青少年113人、帮扶困境青少年130人。法治教育报告团组织法治宣讲40余场次，开展社会实践活动50余次，受众2万余人次。“夕阳红引导团”“党员流动哨”等创新做法被省委老干部局宣传推介。

（杨震宇）

对台工作

【概况】 2019年，高港区实际到账台资6047万美元。全年组织20批70余人次团组到台开展各类交流交往活动。接待台商20余批100余人次。创成省级苏台（泰州）大健康食品产业合作园。

【台资集聚区建设】 2019年，全区新注册台资企业4个，新增资台资企业6个，实际到账台资6047万美元，列全市第一。总投资1.25亿美元、占地11公顷的丸庄酱油项目8月投产，总投资6000万美元、占地4公顷的久裕科技自行车花鼓项目和总投资30亿元人民币、占地18.67公顷的将军机械高端精密机床项目即将建成投产。

【对台交流】 2019年，高港区组织5批30余人次公职团组、15批40人次商务团组到台开展各类交流交往活动，拜访各类台商200余人次，积累一批台资项目信息。邀请并接待台湾敏实集团、台玻集团、台塑网科技等20余批100余人次台商到高港区实地考察和对接洽谈，达成一批台资项目合作意向。

【对台综合服务】 2019年，高港区健全完善台企服务“一企一卡”制度。全年走访服务台企30余个次，及时更新信息20余条，帮助泰州铭建精机模具有限公司、泰州亚东建材有限公司等台资企业解决问题8件。其开展“台商走电商”、台企人才需求、环境保护、安全生产等专题调研活动，了解台资企业生产经营状况，提高服务台企的针对性、实效性。建立区台办工作人员挂钩服务重大台资项目帮办制度，对落户签约或新开工（在建）台资企业，明确区台办工作人员进行服务，对选址建设、立项审批、安装调试、生产经营全程跟踪协办，助推签约台资项目早日开工建设、投产达效。

【省级苏台（泰州）大健康食品产业合作园获批】 2019年，高港区开展省级苏台（泰州）大健康食品产业合作园创建工作，加强服务保障，争取省、市支持，探索建立海峡两岸大健康食品产业合作新模式。12月30日，省台办、省商务厅同意建立苏台（泰州）大健康食品产业合作园，为全省涉台园区审批改革后全市首个获批的省级涉台园区。

（钱锦江　曹　健）

泰州市高港区人民代表大会

综 述

【概况】 2019年，高港区召开区人代会1次，人大常委会会议7次、主任会议10次，审议专项工作报告24件；开展视察、执法检查、专题询问和专题调研26次；作出决议决定9项，任免国家机关工作人员49人次；受理群众来信10余件，接待群众来访30余人次。年内，因个人原因辞去区人大代表职务1人；因工作变动，调离本行政区域，终止区人大代表代表资格3人；补选区人大代表6人。12月27日，区五届人大常委会第二十一次会议审议并通过区人大常委会代表资格审查委员会关于高港区五届人大代表变动和补选情况的报告，高港区第五届人民代表大会实有代表173人，区五届人大四次会议应到代表为173人。驻高港的全国人大代表1人、省人大代表2人、市人大代表30人。

【民生实事票决制】 2019年，区五届人大三次会议组织代表观看2018年政府民生实事项目完成情况专题片，对2018年民生实事项目完成情况进行满意度测评，代表满意、基本满意率达99.76%；票决产生10件2019年民生实事项目：城乡污水一体化建设工程、城乡环卫一体化及垃圾分类项目、河道疏浚整治工程、农村公路提档升级工程、第三水厂备用水源地工程、长江堤防防洪能力提升工程、活水工程、养老服务中心标准化建设工程、后街背巷整治工程、刁铺街道社区卫生服务中心异地新建项目。4月8日，区人大常委会办公室印发《关于做好区人大代表联系监督2019年区政府民生实事票决项目的通知》，建立联系监督机制，区人大常委会负责人牵头指导、各工委对口联系、代表小组全程参与，定期开展督查并发文通报。年内，共开展项目监督活动4次，发出督查通报3份。9月24日，区人大常委会组织部分区人大代表视察2019年区政府民生实事票决项目。9月27日，区五届人大常委会第十九次会议听取区政府相关工作情况报告。至年末，区五届人大三次会议上票决产生的实事项目全部完成。

【人事任免】 2019年，区人大常委会坚持任前法律知识考试、拟任职人员向常委会作拟任职发言和任后颁发任命书、向宪法宣誓等制度。共任免国家机关工作人员38人次。加强任后监督，听取和审议区司法局、区卫生健康委、区统计局、区农业农村局4个部门主要负责人履职情况报告，进行满意度测评。（焦卫华）

【区人大法制委员会活动】 2月13日，区五届人大法制委员会召开会议，研究制定2019年度区人大法制委员会工作计划。3月18日，调研全区促进残疾人就业工作情况。4月24日，调研公益诉讼工作情况。7月9日，调研产权保护审判工作情况。10月25日，调研区监委派出监察员办公室工作情况。11月7日，组织部分区人大代表视察“雪亮工程”建设情况。（周来泉）

重要会议

【区五届人大三次会议】 1月5—8日召开。应到代表171人，实到165人，列席173人。会议听取和审议区政府工作报告；审查和批准区2018年国民经济社会发展计划执行情况和2019年计划草案的报告；审查区2018年预算执行情况和2019年预算草案的报告，批准区2018年区级预算执行情况的报告和2019年区级财政预算；听取和审议区人大常委会工作报告、区人民法院工作报告、区人民检察院工作报告。通过上述各项报告的决议。组织观看2018年政府民生实事项目完成情况专题片，对项目完成情况进行满意度测评；表决确定2019年区政府民生实事项目。补选李惠平为区人民法院院长，于跃进、卞晓江为区人大常委会委员。（倪守红）

【区五届人大常委会会议】 2019年，区五届人大常委会召开常委会会议7次。

区五届人大常委会第十五次会议　1月5日召开，通过区人大常委会代表资格审查委员会关于高港区五届人大代表变动情况的报告。决定免去戴登军的区政府副区长（挂职）职务、邢斌的区政府副区长（挂职）职务、杨兆华的区政府副区长（挂职）职务，任命李惠平为区人民法院副院长、审判委员会委员、审判员，免去刘艳的区人民检察院副检察长、检察委员会委员、检察员职务，决定接受陈富贵辞去区人民法院院长、审判委员会委员、审判员职务的请求，决定李惠平任区人民法院代理院长。

2019年1月5—8日，高港区五届人大三次会议召开

（区人大办　供图）

区五届人大常委会第十六次会议　3月5日召开，听取和审议区政府关于2019—2020年突出环境问题清单的报告、关于劳动保障监察工作情况的报告，审议通过区人大常委会贯彻落实《省人大常委会关于聚焦突出环境问题，依法推动打好污染防治攻坚战的决议》的实施方案。免去陈雯的区人大常委会刁铺街道工作委员会副主任职务，决定免去邱小平的区科学技术和知识产权局局长职务、秦荣生的区经济和信息化委员会主任职务、李明荣的区农业委员会主任职务、马才本的区文化体育旅游局局长职务、刘长军的区卫生和计划生育委员会主任职务、魏玉云的区安全生产监督管理局局长职务、左祥生的区环境保护局局长职务、高希兆的区市场监督管理局局长职务、冷洪的区人民政府法制办公室主任职务；决定任命邱小平为区科学技术局局长、秦荣生为区工业和信息化局局长、张小平为区城市管理局局长、李明荣为区农业农村局局长、马才本为区文化体育和旅游局局长、刘长军为区卫生健康委员会主任、雷家昌为区退役军人事务局局长、魏玉云为区应急管理局局长、蒋加华为区市场监督管理局局长、韩记国为区信访局局长、陆青为区地方金融监督管理局局长、白剑为区机关事务管理局局长。

区五届人大常委会第十七次会议　5月30日召开，听取和审议区政府关于2018年度环境状况和环境保护目标完成情况的报告、区人民检察院关于公益诉讼工作情况的报告，区卫生健康委、区司法局主要负责人履职情况的报告。决定接受李阿庆辞去区第五届人大代表职务的请求，免去栾红霞的区人民法院民事审判第一庭庭长职务、王震的区人民法院民事审判第二庭庭长职务、周树平的区人民法院民事审判第三庭庭长职务、何芬的区人民法院少年及家事案件审判庭庭长职务、李安健的区人民法院行政审判庭庭长职务、张晨的区人民法院审判监督庭庭长职务，任命周树平为区人民法院民事审判庭庭长、何芬为区人民法院少年及家事审判庭庭长。

区五届人大常委会第十八次会议　7月25日召开，听取和审议区人大常委会执法检查组关于检查《中华人民共和国水污染防治法》和《泰州市水环境保护条例》实施情况的报告，区政府关于2019年上半年国民经济社会发展计划执行情况、2018区本级决算和2019年上半年预算执行情况以及2018年区本级预算执行和其他财政收支情况的审计工作报告，区人民法院关于产权保护审判工作情况的报告，审查批准2018年区级决算。免去张万卿的区人大常委会环资城建（农业农村）工作委员会主任职务、陈鸿斌的区人大常委会人事代表联络工作委员会副主任职务，任命陈鸿斌为区人大常委会环资城建（农业农村）工作委员会主任、赵琴为区人大常委会人事代表联络工作委员会副主任；免去叶飞的区人民法院民事审判第一庭副庭长职务、刘安丰的区人民法院民事审判第二庭副庭长职务、冀小燕的区人民法院民事审判第三庭副庭长职务、蒋霞宏的区人民法院少年及家事案件审判庭副庭长职务，任命叶飞为区人民法院民事审判庭副庭长、刘安丰为区人民法院民事审判庭副庭长、冀小燕为区人民法院民事审判庭副庭长、蒋霞宏为区人民法院少年及家事审判庭副庭长。

区五届人大常委会第十九次会议　9月27日召开。听取和审议区政府关于深化新时代教师队伍建设改革情况的报告、关于2019年政府民生实事项目推进情况的报告和关于代表建议办理工作情况的报告，专题询问深化新时代教师队伍建设改革情况。决定任命王晓云为区人民政府副区长（挂职），决定免去薛荣美的区人民政府副区长职务、赵珂的区人民政府副区长（挂职）职务、谢军的区人民政府副区长（挂职）职务，任命朱冬为区人民法院副院长（挂职）。

区五届人大常委会第二十次会议 11月27日召开。听取和审议区人大常委会执法检查组关于检查《中华人民共和国预算法》贯彻实施情况及地方债务化解专项督查情况的报告，区政府关于2018年金融企业国有资产管理情况的专项报告、关于审计查出问题整改情况的报告，区农业农村局、区统计局主要负责人和市人大代表王小飞、史爱梅履职情况的报告，审议区政府关于2018年度国有资产管理情况的综合报告，审议通过关于召开区五届人大四次会议的决定，对部分部门审计整改情况进行测评。决定将高港区人大常委会内务司法工作委员会更名为高港区人大常委会监察和司法工作委员会，将高港区人大常委会教科文卫工作委员会更名为高港区人大常委会社会建设和教科文卫工作委员会。决定接受张小平辞去区第五届人大代表职务的请求，免去徐新的区人大常委会内务司法工作委员会主任职务、陈礼庆的区人大常委会内务司法工作委员会副主任职务、朱俊茂的区人大常委会教科文卫工作委员会主任职务、凌晓娟的区人大常委会教科文卫工作委员会副主任职务，任命徐新为区人大常委会监察和司法工作委员会主任、陈礼庆为区人大常委会监察和司法工作委员会副主任、朱俊茂为区人大常委会社会建设和教科文卫工作委员会主任、凌晓娟为区人大常委会社会建设和教科文卫工作委员会副主任，免去朱冬的区人民法院副院长（挂职）职务。

区五届人大常委会第二十一次会议 12月27日召开。听取和审议区政府关于2019年国民经济社会发展计划预计执行情况和2020年计划草案的报告，关于区本级2019年预算调整方案、2019年预算预计执行情况和2020年预算草案的报告，关于2019年区政府民生实事项目完成情况和2020年区政府民生实事候选项目形成情况的报告；审议区人大常委会工作报告稿，批准区本级2019年预算调整方案，确定2020年区政府民生实事候选项目，通过关于召开区五届人大四次会议的有关事项。决定接受陆明航辞去区第五届人大代表职务的请求、薛永忠辞去区监察委员会主任职务的请求，决定免去毛一鸣的区民政局局长职务，决定任命陆明航为区民政局局长。 （倪守红）

【区五届人大常委会主任会议】 2019年，区五届人大常委会召开主任会议10次。

区五届人大常委会第二十四次主任会议 1月5日召开。听取关于区五届人大代表变动情况的汇报和人事任免事项的说明。

区五届人大常委会第二十五次主任会议 2月21日召开。讨论通过区人大常委会2019年度工作要点和区人大法制委员会2019年工作计划、区人大财政经济委员会2019年工作计划。

区五届人大常委会第二十六次主任会议 3月5日召开。讨论区人大常委会关于贯彻落实《省人大常委会关于聚焦突出环境问题依法推动打好污染防治攻坚战的决议》的实施方案（草案），听取人事任免事项的说明。

区五届人大常委会第二十七次主任会议 4月29日召开。听取区政府关于全区促进残疾人就业情况的汇报和人事任免事项的说明。

区五届人大常委会第二十八次主任会议 6月28日召开。听取区政府关于医联体建设情况的汇报和人事任免事项的说明。

区五届人大常委会第二十九次主任会议 8月20日召开。听取区政府关于促进农民增收工作情况的汇报。

区五届人大常委会第三十次主任会议 9月27日召开。听取人事任免事项的说明。

区五届人大常委会第三十一次主任会议 11月22日召开。传达学习全市人大工作研讨交流会议精神，区人大常委会各工委交流2019年工作情况和2020年工作打算。

区五届人大常委会第三十二次主任会议 12月18日召开。听取区政府关于2020年政府投资项目情况的汇报、关于2019年国民经济社会发展计划预计执行情况和2020年计划草案的汇报、关于2019年预算预计执行情况和2020年预算草案的汇报、关于2019年区政府民生实事项目完成情况和2020年区政府民生实事候选项目形成情况的汇报，讨论区人大常委会工作报告稿、区人大法制委员会工作报告稿、区人大财经委员会工作报告稿。

区五届人大常委会第三十三次主任会议 12月27日召开。听取人事任职事项的说明。 （倪守红）

【区人大财经委员会会议】 2019年，区五届人大财经委员会召开会议3次。

区五届人大财经委员会第十一次会议 1月7日召开。表决通过关于高港区2019年国民经济社会发展计划和预算执行情况及2020年计划和预算草案的审查结果报告（草案）。

区五届人大财经委员会第十二次会议 2月20日召开。讨论通过财政经济委员会2019年度工作计划；对全区金融支持实体经济情况开展调研。

区五届人大财经委员会第十三次会议 7月10日召开。听取和审议区财政局关于2018年区级决算（草案）和2019年上半年预算执行情况的报告、高港税务局关于2019年上半年税收完成情况、区审计局

关于2018年度区级决算执行和其他财政收支的审计工作报告，表决通过2018年区级决算（草案）的审查报告。（赵亚丹）

监督工作

【概况】 2019年，区人大常委会审议专项工作报告24件；开展视察、执法检查、专题询问和专题调研26次。

经济发展监督 关注全区财政经济运行质态，审议2019年上半年计划执行情况报告，跟踪督查政府投资项目进展情况。针对经济下行压力加大、部分项目推进缓慢、企业融资难融资贵等问题，实地调研重大产业项目建设情况，专题视察金融支持实体经济发展情况，形成调研报告和视察纪要。支持、督促政府紧盯目标任务，强化工作举措，重点在"巩固、增强、提升、畅通"上下功夫，推动营商环境不断优化，促进全区经济稳中有进、进中向好。持续深化预决算审查监督，在审议2019年上半年预算执行和2018年度决算情况报告、审计工作报告的基础上，注重人大预算审查监督重点向支出预算和政策拓展，提请区委出台建立区政府向区人大常委会报告国有资产管理情况制度的意见，审议国有资产管理情况的综合报告，重点审查金融企业国有资产管理情况的专项报告，推动国有资产保值增值。组织对区发展改革委等4个部门预算草案、区工业和信息化局等4个部门决算情况和安全生产、科技创新券等2个专项资金使用情况进行审查，提出细化预决算编制、拓展审计监督领域、改进专项资金监管等具体建议。加强审计查出问题整改情况的跟踪督查，审议专项工作报告，对区财政局等22个部门（单位）整改事项逐一"回头看"并进行满意度测评，要求建立巡察审计整改联动机制，强化内部控制、外部监管和责任追究等措施，助力审计"后半篇文章"做实做好。

三大攻坚战监督 围绕防范化解重大风险，建立债务管理报告制度，定期听取区财政部门债务管理和债务化解情况、审计部门债务审计和债务化解审核情况的汇报。开展专题督查，督促有关方面高度重视隐性债务风险化解，加强源头治理严控增量，注重多管齐下化解存量，确保不发生区域性金融风险。围绕推进精准脱贫攻坚，聚焦残疾人、低收入农民等特殊、困难群体，开展调查研究，专题听取促进残疾人就业、促进农民增收等工作情况汇报，要求有关方面健全完善工作机制，拓展就业增收渠道，落实兜底保障，确保全面小康路上一个不少、一个不落。围绕推进污染防治攻坚，在听取审议年度环境状况和环境保护目标完成情况报告的基础上，制定《区人大常委会贯彻落实〈省人大常委会关于聚焦突出环境问题，依法推动打好污染防治攻坚战的决议〉的实施方案》，重点审议2019—2020年突出环境问题清单的报告，开展水污染防治"一法一条例"执法检查，以"一份方案""一张清单"和"一次法律巡视"明确路线图、时间表和任务书，督促有关方面围绕4大类20个具体问题，细化分工、落实责任，攻坚突破、逐一销号，推动污染防治攻坚战稳扎稳打、打出成效。

增进民生新福祉监督 关注民生实事推进，坚持常委会领导牵头、工委具体联系、代表小组全程参与的监督机制，审议进展报告，现场视察问效，跟踪检查督查，助力2019年区政府民生实事票决项目有序实施、圆满完成。以群众需求为导向，会同政府广泛征集、反复遴选2020年候选项目，确保实事项目贴近民生、符合民意、温暖民心。关注社会事业发展，听取审议深化新时代教师队伍建设改革情况报告并开展专题询问，围绕打造一支高素质、专业化教师队伍，提出加强师德师风建设，实施"三名"工程（名校长、名教师、名班主任），改革教师招引和培养机制等具体意见。审议医联体建设、劳动保障监察工作情况报告，视察全区群众体育工作和城区道路交通标识设置情况，督促有关方面推改革、补短板、强弱项，提升人民群众的获得感与幸福感。关注法治高港建设，上下联动开展水污染防治"一法一条例"和《中华人民共和国预算法》执法检查、视察调研，把法律监督与工作监督结合起来，推进法律法规在高港区的有效贯彻、正确实施。专题审议区人民法院产权保护审判工作和区人民检察院公

2019年5月27日，区人大代表视察群众体育工作情况

（区人大办 供图）

益诉讼工作情况报告，视察全区平安法治建设和“雪亮工程”推进情况，促进依法行政、公正司法，为高质量发展营造良好法治环境。

【视察活动】 4月17日，区人大常委会组织部分区人大代表视察全区金融支持实体经济发展情况。代表们实地察看建设银行、南京银行、江苏银行等3个金融机构和泰州市榕兴医疗用品股份有限公司、泰州口岸船舶有限公司等2个企业，听取区政府关于金融支持实体经济发展情况的汇报。建议加强金融机构建设，着力提高金融服务实体经济能力；进一步拓宽融资渠道，加大金融服务实体经济的力度和效率；进一步完善体制机制，持续优化金融生态环境。

5月27日，区人大常委会组织部分区人大代表视察全区群众体育工作情况。代表们察看区全民健身中心、刁铺街道明发社区健身广场、大泗体育公园、胡庄镇丁庄村健身文化广场、区老年健身中心等群众体育健身场所，听取区政府关于全区群众体育工作情况的汇报，建议强化组织领导，创新工作机制；强化基础建设，推进提档升级；强化全民健身，建设体育强区；凝聚各方力量，形成工作合力。

9月24日，区人大常委会组织部分区人大代表视察2019年区政府民生实事票决项目。代表们察看第三水厂备用水源地、后街背巷整治、长江堤防防洪能力提升、河道疏浚整治、养老服务中心标准化建设、农村公路提档升级工程及城乡污水管网建设、刁铺街道社区卫生服务中心异地新建、城乡环卫一体化及垃圾分类项目等2019年区人代会票决政府民生实事项目，要求在政治站位上再提升、在部门协作上再发力、在项目管理上再强化、在项目遴选上再深入。

10月23日，区人大常委会组织部分区人大代表视察口岸转盘改造及城区道路“大循环”建设情况。代表们察看金港路北延、环港大道、扬子江路南延、口岸转盘改造等项目现场，听取区人民政府专题工作情况汇报，建议严抓工程质量，确保建设任务顺利完成；采取切实措施，破解项目审批难和拆迁难；科学编制规划，维护规划的刚性和严肃性。

10月31日，区人大常委会组织部分市、区人大代表视察城区道路交通标识设置情况。代表们察看港城路和扬子江南路道口、新港大道老许庄河桥南道口、高港实验小学西门等6个标识设置现场，建议树立法治思维，强化为民意识；正视存在问题，科学规范设置；坚持多管齐下，实行标本兼治。

11月7日，区人大常委会组织部分区人大代表视察“雪亮工程”建设情况。代表们察看人脸识别、区公安分局指挥中心等现场，听取区政府关于“雪亮工程”建设情况的汇报，建议加大治安防控宣传力度、提升治安防控科技水平、提高治安防控保障能力。

【执法检查】 4—6月，区人大常委会组成执法检查组，对《中华人民共和国水污染防治法》和《泰州市水环境保护条例》（简称“一法一条例”）贯彻实施情况进行检查。

5月27—31日，执法检查组组织开展集中执法检查活动，随机抽查新区南北河、宣南中沟、小刘港、孔丁中沟等10余条城乡河道，听取区政府及高港生态环境局、区水利局、区住房城乡建设局、区农业农村局等职能部门工作情况汇报，征集五级人大代表的意见和建议，开展有关部门负责人、执法人员、企业负责人法律知识问卷调查。7月25日，区五届人大常委会第十八次会议听取和审议区人大常委会执法检查组关于检查“一法一条例”贯彻实施情况的报告，建议区政府坚持系统谋划，明晰防治思路；抓住关键环节，实施标本兼治；凝聚社会共识，形成治污合力。

8—10月，区人大常委会组成执法检查组，开展《中华人民共和国预算法》执法检查及地方政府债务化解专项督查活动。8月14日，召开专题工作部署会，制定印发工作方案和执法检查参阅资料汇编，组织开展预算法律法规学习宣传，全面启动执法检查和专项督查工作。9月18日，市、区人大常委会执法检查组联动开展集中检查，听取区政府和相关部门的工作汇报，查阅相关台账资料。9月下旬至10月中旬，组织财经委委员、部分预决算审查专家组成员到部分镇街及区级部门，采取召开座谈会、听取汇报、查阅资料、征求意见等形式进行全面检查。11月27日，区五届人大常委会第二十次会议听取和审议区人大常委会执法检查组关于《中华人民共和国预算法》执法检查及地方政府债务化解专项督查情况的报告，要求区政府加大学习宣传力度、强化预算编制工作、加强预算执行监管、推进预算绩效管理、防范化解债务风险。

【专题询问】 9月27日，区五届人大常委会第十九次会议听取和审议区政府关于深化新时代教师队伍建设改革情况的报告，以联组审议的形式进行专题询问。常委会组成人员和部分人大代表就落实省委省政府全面深化新时代教师队伍建设改革的意见、治理有偿家教、教师借用、高层次人才引培、政府部门工作进校园进课堂、提高幼儿园生均公用经费标准、加强职业中专校教师队伍建设、教师招聘时间等方面的工作进行询问，有关部门分别受询作答。询问后，常委会形成审议意见，要求区政府加强组织领导，做好顶层设计工作；强化培养培训，提升教师综合素养；改革内部管理，激发队伍整体活力；坚持综合施策，完善待遇保障机制。

（倪守红）

代表工作

【概 况】 7月28日—8月3日，区人大常委会组织常委会全体组成人员，区人大法制委员会和财政经济委员会组成人员，各镇街人大负责人、人大秘书和区人大机关全体人员到湖南大学参加履职能力提升培训班。通过辅导讲座、经验介绍、书面交流等形式，深化代表对人大制度、法律法规、代表地位和责任的认识，为代表履行职责打牢基础。开展“五级人大代表回选区（选举单位）访选民，助力打好‘碧水保卫战’”活动。以区、镇人大联动的方式，把区域内不是区人大代表的所有全国、省、市人大代表分到各个片区代表小组。共有432名代表参加，走访接待选民834名，形成调研报告14篇，收集意见建议127条，作为市人大代表闭会期间建议提交8条，其余均发函交区政府研究处理，答复意见在三季度工作日时由代表带回选区答复选民。拓宽代表知情知政渠道，通过列席常委会会议，参与视察调研、执法检查活动，赠阅人大刊物等途径，保障代表的知情权、参与权、表达权和监督权。

【代表履职管理】 2019年，区人大依托专门委员会探索设立代表专业小组，整合和发挥代表专业特长优势，为代表提供政府部门主要负责人约见及询问平台，就百姓关注以及社会热点难点问题开展专题询问，提高代表履职的针对性、实效性。研究规范闭会期间代表受邀参加有关会议活动的内容范围。对代表职责要求、履职保障、履职管理监督等方面作明确规定，坚持代表履职登记制度，汇总履职登记情况，适时向原选区选民通报。推进代表活动平台标准化建设，起草“人大代表之家”和“人大代表工作室”基本规范工作。

【代表建议办理】 区五届人大三次会议及闭会期间，人大代表立足高港发展大局，建言献策，共提出建议、批评和意见98件（连同议案转成的建议）。所有建议全部按时办理完毕，办复率、见面率、代表满意率均为100%。9月27日，区五届人大常委会第十九次会议听取和审议区政府关于代表建议办理工作情况的报告。代表提出的关于科学规划、精心打造宣堡（柴墟）港生态观光走廊、择址新建环溪小学等建议得到办理，一批事关发展、涉及民生、代表群众普遍关注的问题得到解决。

2019年高港区五届人大三次会议部分代表建议一览表

表8

建议人	案 由	承办单位	
		主办单位	会办单位
高小超等10人	关于科学规划、精心打造宣堡（柴墟）港生态观光走廊的建议	区住房城乡建设局	区水利局
戴娟等10人	关于大手笔规划建设南官河绿化观光走廊的建议	区住房城乡建设局	区水利局
周琴等10人	关于农村土坝坡岸改造的建议	口岸街道	区水利局、区财政局
戚晓艳等10人	关于新建高港实验小学食堂，改善师生就餐环境的建议	区教育局	—
曹小平等10人	关于建设高港区妇女儿童活动中心的建议	区妇联	区发展改革委
史爱梅等10人	关于口岸街道蔡滩居民点的情况调查和建议	区住房城乡建设局	口岸街道
于跃进等10人	关于开发利用龙泉浴池的建议	区文化体育旅游局	—
吴剧等10人	关于启动环溪路西延的建议	高新区	区交通分局、区规划分局、区国土分局
张卫东等10人	关于启动老小区旧城改造的建议	区住房城乡建设局	刁铺街道
栾小丽等10人	关于老啤酒厂地块整体开发的建议	城投公司	—
孙永忠等10人	关于南官河西侧泰镇路（G523）北延的建议	区交通分局	—
孙琴等10人	关于择址新建环溪小学的建议	区教育局	—
张志政等10人	关于统筹解决孔桥学校公用经费不足问题的建议	区教育局	区财政局
孟伯兰等10人	关于尽快启动泗白路南延工程的建议	区交通分局	区规划分局、许庄街道

续表8

建议人	案　由	承办单位	
		主办单位	会办单位
孙云生等10人	关于打造许庄河绿色生态走廊的建议	许庄街道	区水利局、区文化体育旅游局
孙美靖等10人	关于改善农村公办园的办园条件的建议	大泗镇	区教育局
刘瑾等10人	关于在工业集中区建设标准厂房的建议	区国土分局	区发展改革委
于涛等10人	关于提高骨干河道区补资金的建议	区水利局	区财政局
谢加宣等10人	关于适当提高基层劳动保障协理员工资福利待遇的建议	区人力资源社会保障局	区民政局、区财政局
史奎生等10人	关于将胡庄污水管网纳入区级统筹规划建设的建议	区住房城乡建设局	胡庄镇
刘勇等10人	关于新建胡庄中心幼儿园的建议	胡庄镇	区教育局
谢春华等10人	关于加大区财政对偏远乡镇学校支持力度的建议	区教育局	区财政局
沈金凤等10人	关于徐桥中沟雅儒段路面损毁及安全隐患问题	口岸街道	区交通分局
徐勤生	关于立法维护种田大户利益的建议	区人大法制工委	—
钱　峻	关于维修车站与坝口之间路段的建议	区交通分局	—
戚晓艳	关于非生活垃圾无处堆放急待解决的建议	区城管局	—
丁　骏	关于孤寡老人的低保问题	区民政局	区人力资源社会保障局
虞继罗	关于解决部分社区办公用房的建议	口岸街道	—
徐建青	关于双新港水体污染严重影响群众生活的问题	区住房城乡建设局	—
周菊萍	关于重建栾庄大桥的建议	区水利局	区财政局
刘　俊	关于慎重引进化工企业的建议	区工业和信息化局	—
曹　美	关于引江河道路两侧路况差，严重影响群众出行的问题	区交通分局	—
李伟平	关于柴墟西路、沿河北路棚户区拆迁改造的建议	区住房城乡建设局	—
戚晓艳	关于对已动迁地块尽快交地、规划管制的建议	区住房城乡建设局	区规划分局
董风琴	关于金港嘉园1~7号楼没有土地证的问题	区国土分局	区住房城乡建设局
周　敏	关于三官新村东侧路面改造的问题	区住房城乡建设局	—
周　敏	关于在雕花楼正阳门交叉路口设置红绿灯的建议	交警高港大队	—
丁　骏	关于柴墟东路路灯、停车位建议	区住房城乡建设局	—
虞继罗	关于新建排涝站的建议	区水利局	—
曹亚楠	关于整治河道污染的建议	口岸街道	区水利局
刘　俊	关于完善社区卫生服务体系的建议	区卫生健康委	各镇街
丁觉民	关于加强电动二、三轮车管理的建议	交警高港大队	区市场监管局
丁觉民	关于稳定人社协理员队伍，夯实基层社会服务平台的建议	区人力资源社会保障局	区民政局、区财政局
戴纪凤	关于管理振兴路绿化、拓宽道路的建议	口岸街道	区交通分局

续表8

建议人	案　由	承办单位	
		主办单位	会办单位
戴纪凤	关于解决徐桥中沟两侧泥土流失严重问题的建议	区水利局	口岸街道、区财政局
董凤琴	关于老旧小区房屋维修的建议	区住房城乡建设局	口岸街道
祁亚飞	关于增加骨干河道以及中沟河道管护经费的建议	区水利局	区财政局
高国达	关于切实处理许庄街道曹官营等社区土地征用后，村民失地保障问题的建议	区国土分局	区农业农村局、许庄街道
张素玉	关于在孔桥集镇铺设燃气管道的建议	区住房城乡建设局	高新区
孙永忠	关于更改“后街背巷改造”实施主体的建议	区住房城乡建设局	—
朱俊茂	关于推进老小区加装电梯的建议	区住房城乡建设局	区规划分局、区市场监管局、区财政局
刘　勇	关于维修古田线胡庄段路牙、宣堡港饮水槽的建议	胡庄镇	区交通分局
季宝宏	关于增加村干部退休待遇，解除后顾之忧的建议	区委组织部	—
季宝宏	关于继续实施未完工高标准农田建设项目的建议	区农业农村局	—
于　涛	关于进一步加大失地农民保障协调支持力度的建议	区国土分局	区农业农村局
谢加宣	关于请求提高村（社区）干部待遇的建议	区委组织部	—
戴曙光	关于建设高港区科普基地的建议	区科协	区工业和信息化局、区科技局
谢加宣	关于切实解决农村弱势群体生活保障的建议	区民政局	区卫生健康委
李　泽	关于加快白马人民医院升级改造的建议	区卫生健康委	—
肖建华	关于加大对白马镇通达工程投入力度的建议	白马镇	区交通分局
殷德明	关于进一步整合现有教育资源的建议	白马镇	区教育局
陈　林	关于在白马镇试点建设自行车骑行道的建议	白马镇	区住房城乡建设局、区交通分局
窦新谋	关于支持白马镇建设标准厂房区的建议	区国土分局	白马镇、区发展改革委
黄　伟	关于加大对核心港区财政扶持力度的建议	区财政局	区交通分局
王小飞	关于加大核心港区集疏运体系建设的建议	核心港区	区交通分局、区规划分局、区国土分局
孙忠厚	关于推动多规融合的建议	区国土分局	区规划分局
黄　伟	关于加大对集装箱物流企业奖励力度的建议	区商务局	—
黄　伟	关于系统谋划长江游轮停靠点的建议	区商务局	—
周义松	关于推进古马干河综合整治和长效管理的建议	核心港区	高港生态环境局、区住房城乡建设局、区财政局、区水利局
李文兰	关于科学处置居民生活区大宗废弃物及装饰装潢垃圾的建议	区城管局	—

续表8

建议人	案　由	承办单位	
		主办单位	会办单位
陆　军	关于完善基层环保监管执法体制的建议	核心港区	高港生态环境局
郭宏鹤	关于加强高港大道过境化工罐车监管力度的建议	交警高港大队	区交通分局
周　彬	关于推进乡镇卫生院“医养结合”工作的建议	区卫生健康委	—
徐　琴	关于深化义务教育教师“区管校聘”体制改革的建议	区教育局	—
李兴兵	关于细化第三方环境管护方案，切实减轻社区负担的建议	区农业农村局	区城管局
周　琴	关于市长热线回访导致矛盾反复的问题	区网管中心	—
李　华	关于化工厂晚间排放气体严重影响周边居民的问题	高港生态环境局	—
钱　峻	关于加强政策法规、城市规划等方面宣传的建议	区住房城乡建设局	区规划分局
刘春生	关于明确江平路徐桥段道路管护责任主体的建议	口岸街道	—
丁　骏	关于春港东路朱营段与唐张线十字路口设立红绿灯和摄像头的建议	交警高港大队	—
吕春红	关于在春港东路东延朱营社区段增设公交站台的建议	区交通分局	—
常建云	关于友谊路城南段与扬子江南路接头处的道路安全问题	区住房城乡建设局	—
孙云生	关于在蔡庄村凡青大桥北侧和北港大桥北侧设置红绿灯或测速点的建议	交警高港大队	区交通分局
祁亚飞	关于加强环卫外包公司管理，切实减轻村居负担的建议	区城管局	许庄街道
祁亚飞	关于尽快启动许庄街道社区卫生服务中心建设的建议	区卫生健康委	—
乔晶茗	关于尽快收回孔桥自来水厂经营管理权的建议	区住房城乡建设局	—
徐志辉	关于尽快开工建设孔桥集中安置区的建议	高新区	—
高国达	为学校、幼儿园排解厨余垃圾处理之忧	区教育局	—
张卫东	关于接通京沪高速北的河港污水管网建议	区住房城乡建设局	—
栾小丽	关于在建设街老农具厂建设公共厕所的建议	刁铺街道	区城管局
孙永忠、秦勇峰	关于垃圾分类处置的建议	区城管局	—
栾中庆	建议区级相关部门督促“四好农村公路”施工单位加快建设进度	区交通分局	—
杨学军	建议加大残疾人技能培训力度	区残联	区人力资源社会保障局
张　娟	建议加强垃圾分类的系统运作处置	区城管局	—
王道清	建议在创新路与时庄干道交界处增设人行道，维修交通警示灯、降低绿岛植物高度	交警高港大队	区交通分局
李文兰	关于加大农林生物质能源的再利用力度的建议	区农业农村局	—
陆　军	关于统筹规划建设固体废物处置中心的建议	高港生态环境局	核心港区
郭宏鹤	关于政府简政放权企业自主选择检测机构的建议	区行政审批局	—

【“主任接待代表日”活动】 11月初，区人大常委会分别在大泗镇、胡庄镇、永安洲镇、口岸街道组织开展“主任接待代表日”活动，区人大常委会主任、党组书记赵晓玲，副主任刘振东、李强、田宝武与代表们面对面交流，听取代表们的意见和建议。代表们围绕2020年度区政府民生实事项目和区人大常委会及人大机关主题教育开展情况展开讨论，提出道路交通、河道整治、污水管网治理、教育卫生等方面意见和建议。16条意见、建议全部办理到位。

【“人大代表工作日”活动】 2019年，区人大常委会共开展“人大代表工作日”活动4次。征求选民对区人大常委会及“一府一委两院”工作及社会热点难点问题的意见和建议，走访慰问基层困难群众。听取选民对全区2018年环境状况和环境保护目标完成情况、残疾人就业及金融机构支持实体经济发展情况的意见与建议，组织代表学习《中华人民共和国水污染防治法》《泰州市水环境保护条例》以及“健康长江泰州行动”计划，开展法律法规及政策宣传活动。征求选民对2020年政府民生实事项目的意见和建议，组织代表视察片区区域范围内2019年民生实事票决项目。征求选民对推进师德师风师能建设，办好人民满意的教育，深化教师队伍建设改革情况的意见和建议。全年，全国、省、市、区人大代表参加活动650余人次，接待走访选民2500余人次，收集交办意见和建议280余条。

（焦卫华）

人大自身建设

【人大常委会及机关建设】 2019年，区人大常委会将强化自身建设作为履行好人大法定职责的基础和保障，突出抓党建、提素质、聚合力，强化责任担当，锤炼过硬本领，提升人大工作整体绩效。坚持把开展“不忘初心、牢记使命”主题教育作为一项重大政治任务摆在突出位置，牢牢把握主题教育总体要求、目标任务和方法步骤，聚焦主题主线，坚持学做结合，立足人大实际，将学习教育、调查研究、检视问题、整改落实四项重点措施一体部署、融合推进、贯穿始终。将政治理论、法律法规和人大业务知识学习相结合，举办履职能力提升培训班，就人大制度和实践创新、预算监督、乡村振兴等开展学习、研讨。围绕区委中心工作和区人大常委会重点议题，策划调研课题，改进调研方法，着重在发现真问题、研究好方法上下功夫，形成一批有质量、有分量的调研成果，为全区重大事项决策和区人大常委会会议审议提供参考。聚焦宣传人大制度，讲好人大故事，重点对重大活动、代表履职和特色工作等进行宣传报道，全年推介15名人大代表的履职事迹，共有96篇稿件在市级以上媒体刊载，其中，《预算联网监督系统实现“横联纵贯”》获江苏人大新闻奖三等奖，《构建“工作日”活动新机制，更好发挥代表主体作用》被省人大理论研讨会论文集收录。

【指导镇街人大工作】 2019年，区人大常委会坚持主任会议成员分片指导、各委办挂钩联系镇街人大工作制度，专题召开全区镇街人大工作座谈会，加强联系督导和工作交流，在执法检查、视察调研、代表主题实践等活动中，形成全区人大工作“一盘棋”格局。永安洲镇率先试行生态环境报告制度；许庄街道聚焦村级债务管控化解；口岸街道开展河道污染治理“回头看”；白马镇探索建立“三聚焦三提升”工作机制；大泗镇开展“每季视察”活动，跟踪督查票决项目，助推民生实事办好办实、落地见效；刁铺街道创新开展“代表‘大调研’点亮群众‘微心愿’”主题活动；胡庄镇组织“三访三促”代表实践活动，进一步增强代表工作的活力与实效。

【人大工作创新】 2019年，区人大常委会建立“五级代表回访”机制，聚焦助力打好“碧水保卫战”，将活动与水污染防治“一法一条例”执法检查有机结合，432名五级人大代表参与，走访接待选民834人，察看大小河流河道605条、排污口34个，收集各类问题和意见建议127条。活动中，提交区级层面办理意见建议35条，提交市级以上层面办理意见建议8条，形成调研报告14篇。北栾河道河坡需清理管护、杨营中沟等部分河道内有树枝秸秆、前进河河岸有零散建筑垃圾等42件问题得到有效解决。市人大常委会常务副主任、党组副书记王建专题作出批示；江苏人大网、《泰州日报》、“泰州人大发布”微信公众号等省、市媒体多次进行专题报道；省人大代表、区委副书记、区长孙宏建在市人大成果交流会上作交流发言，区人大常委会在会上作经验介绍。 （倪守红）

泰州市高港区人民政府

综　述

【概况】 2019年，区政府贯彻落实中央和省、市、区委决策部署，坚持稳中求进工作总基调，以供给侧结构性改革为主线，做好“六稳”工作，打好三大攻坚战，推进“四个高港”建设。高港区实现地区生产总值611.3亿元，比上年增长7.5%；一般公共预算收入为42.1亿元，增长2.8%；固定资产投资增长10.9%；人均地区生产总值240291元；居民人均可支配收入为38863元，增长9%，城镇、农村居民人均可支配收入分别为47990元和24100元，分别增长8.7%、9.1%。

【政务信息】 2019年，区政府办公室编发《政务通讯》40期（专刊5期、普刊35期），上报政务信息近900条，被省、市采用32条。（王　欢）

【专项督查】 2019年，区政府办公室围绕区政府常务会议、区长办公会议、专题会议相关议题的完成情况，以及人大代表建议、政协委员提案办理情况，开展督查。全年编印《督办通报》30期。（高慧敏）

【政策调研】 2019年，区政府研究室主持起草政府工作报告、区政府五届五次全体（扩大）会议暨政府廉政工作会议等各类重要会议文稿80余篇，参与起草区委、区政府有关综合文字材料100余篇。围绕产业发展、园区建设、城市经营、生态保护、富民增收等方面提出思考和对策，全年完成重点调研文章30余篇。（王润环）

【出入境审批审核】 2019年，区外事办办理因公出国（境）任务审批审核手续7批21人次，办理护照签证手续3批、15人次，完成APEC卡申办8批、15人次，办理外国人来华邀请函材料审核27批、43人次。（郭　靖）

重要会议

【概况】 2019年，区政府共召开全体会议1次、常务会议7次、城乡规划委员会会议3次、区长办公会议6次、专题会议62次。

【区政府全体会议】 7月31日，区政府召开五届五次全体（扩大）会议暨政府廉政工作会议。区委副书记、区长孙宏建作重要讲话。会议指出，全区上下坚定不移，以习近平新时代中国特色社会主义思想为指导，坚持稳中求进工作总基调，认真落实中央八字方针，做好六稳工作，打好三大攻坚战，加快“四个高港”建设，高质量发展取得新进展。会议要求，面对不确定、不稳定因素持续增多的严峻挑战，要凝心聚力、攻坚克难，以务实的举措推进高质量发展；面对建设中部支点城市、市区一体化发展的大背景，要抓住机遇、创造机遇，保持经济平稳健康发展、矢志不渝突出项目为王、聚焦聚力三大攻坚战、坚定不移推动科技创新、蹄疾步稳深化重点改革、持之以恒扩大开放开发、用情用心增进民生福祉，以足够的定力实现新的发展；面对当好全市高质量发展排头兵的目标定位，各地各部门要履职尽责、担当作为，坚持系统谋划科学干、注重规律把握智慧干、致力勇争一流拼命干、恪守廉洁从政坦荡干，以决胜的信念把政府工作做实做好。区行政审批局、区金融监管局、区水利局、区城管局在会上作交流发言。

【区政府常务会议】 3月28日，区委副书记、区长孙宏建主持召开区政府第十四次常务会议，听取全区扫黑除恶专项斗争工作情况汇报、讨论《2019年全区安全生产工作要点》和《关于调整区安全生产委员会成员的通知》等。

4月30日，区委副书记、区长孙宏建主持召开区政府第十五次常务会议，讨论2019年收入绩效考核及债务管理等相关事项。

5月22日，区委副书记、区长孙宏建主持召开区政府第十六次常务会议，部署当前安全生产工作、传达学习近期上级关于生态环境保护会议精神等。

6月18日，区委副书记、区长孙宏建主持召开区政府第十七次常务会议，讨论《高港区关于进一步明确重点行业部门安全生产工作职责的意见》等。

8月13日，区委副书记、区长孙宏建主持召开区政府第十八次常务会议，讨论《高港区鼓励银行业金融机构支持地方经济发展考核办法》等。

10月15日，区委副书记、区长孙宏建主持召开区政府第十九次常务会议，讨论贯彻落实《省委办公厅省政府办公厅印发〈关于进一步加强安全生产工作的意见〉的通知》任务分工方案，研究部署当前安全生产工作等。

11月29日，区委副书记、区长孙宏建主持召开区政府第二十次常务会议，传达全省耕地保护警示会议精神，研究部署全区违法用地整改工作等。（黄月琴）

2019年高港区政府重要会议一览表

表9

会议类别	召开时间	主要内容
区政府全体会议	7月31日	贯彻落实省委十三届六次全会、市委五届八次全会、区委五届五次全会精神，部署全年工作
区政府常务会议	3月28日	听取全区扫黑除恶专项斗争工作情况汇报、讨论《2019年全区安全生产工作要点》和《关于调整区安全生产委员会成员的通知》等
	4月30日	讨论2019年收入绩效考核及债务管理等
	5月22日	部署当前安全生产工作、传达学习近期上级关于生态环境保护会议精神等
	6月18日	讨论《高港区关于进一步明确重点行业部门安全生产工作职责的意见》等
	8月13日	讨论《高港区鼓励银行业金融机构支持地方经济发展考核办法》等
	10月15日	讨论贯彻落实《省委办公厅省政府办公厅印发〈关于进一步加强安全生产工作的意见〉的通知》任务分工方案，研究部署当前安全生产工作等
	11月29日	传达全省耕地保护警示会议精神，研究部署高港区违法用地整改工作等
城乡规划委员会会议	4月3日	研究《高港区城市发展规划研究》编制事项等
	8月9日	研究临港经济园控规图则调整事项等
	11月21日	研究关于220千伏变电站选址及供电线路事项等
区长办公会议	3月28日	研究"网上数据一体化"工作资金补助事项等
	4月30日	研究2018年高港区"高层次创新创业人才（团队）引进计划"资助资金事项等
	6月18日	研究关于拨付安全生产与应急管理信息化建设经费事项等
	8月13日	研究提高校车运行核算成本及相关费用事项等
	10月15日	研究2018年度区"创新十条"政策兑现情况方案等
	11月19日	研究调整城市社区工作者薪酬预算事项等
区政府专题会议	1月2日	协调港城污水处理公司一期改造工程等问题
	1月9日	协调口岸街道张马社区二十三组征地保障遗留问题
	1月15日	部署推进2019年部分民生实事项目
	1月17日	关于特种消防装备、年热处理500吨含氮不锈钢等3个工业投资项目评估
	1月17日	协调泰州国际财富中心酒店项目实施等问题
	1月17日	研究加强涉及政府资产（资金）企业管理问题
	1月22日	协调区科知局办公用房调整相关工作

续表9

会议类别	召开时间	主要内容
区政府专题会议	1月28日	协调高永化工集中区废气扰民等环境问题
	1月29日	研究明确区城投公司对白马镇相关地块开发等有关事项
	2月1日	协调龙凤堂新建110千伏变电站项目问题
	2月18日	协调凤栖湖项目征地涉及口岸街道戴集社区、徐庄村地类变更调整等问题
	3月6日	研究现场督查固体废物专项整治工作
	3月7日	协调长城汽车项目56公顷用地相关问题
	3月8日 3月11日	协调处理S355线道遗留问题
	3月11日	研究督查推进南官河河长制工作
	3月14日	关于特种牵引机带、新零售自动机台及RFID物联网传感器配套加工生产等3个工业投资项目评估
	3月21日	协调解决高港大道城市化改造交地过程中涉及矛盾
	3月25日	协调环溪花园项目建设问题
	4月8日	关于泰州国际集装箱码头集装箱堆场项目等2个服务业投资项目评估
	4月18日	协调许庄街道曹官营社区城中村改造工作相关事宜
	4月24日	研究“大棚房”专项整治“回头看”工作
	4月26日	高永化工集中区废气扰民专项督查
	5月13日	关于消防防护装备及消防机器人、智能吊具及吊索具专用存放架等4个工业投资项目评估
	5月10日 5月23日 5月27日	协调口岸街道南部片区城中村改造（长城汽车整车项目备选地块动迁）工作相关事宜
	6月3日	协调凤栖湖（寿胜寺）项目建设有关问题
	6月4日	关于板式家具智能装备、高端医疗器械等3个工业投资项目评估
	6月11日	协调泰州国际财富中心地下停车场连通部分基坑支护施工相关问题
	6月20日	协调扬子江（柴墟东路南侧）项目征地保障等问题
	7月1日	关于蜂巢DCT变速器、蜂巢增压器及氢燃料电池空压机等4个工业投资项目评估
	7月4日	高港区淳化县党政联席会议
	7月12日	研究推进城市书房运营管理责任分工
	7月19日	研究建档立卡低收入农户基本医疗保险个人缴费部分由区财政全额补助问题
	7月25日	协调凤栖湖项目地类调整、预征地等相关问题
	7月26日	关于全家福养老助残服务中心项目等4个服务业投资项目评估
	8月5日	关于智能环保无人机、年产200套包膜机智能装备等10个工业投资项目评估
	8月5日	关于年产100万条工业精密传动带、乳胶枕头等5个工业投资项目评估
	8月9日	研究一、二、三产业融合发展试点项目验收问题
	8月12日	研究烈士陵园和思源公墓相关问题
	8月16日	协调临港园区有关融资问题

续表9

会议类别	召开时间	主要内容
区政府专题会议	8月23日	协调全区药肥包装废弃物回收中心建设有关问题
	9月4日	协调姜高公路改扩建工程高港段相关问题
	9月4日	协调龙凤堂新建110千伏变电站项目
	9月4日	协调工业用地挂牌出让方案
	9月5日	关于年产3.6万吨精密不锈钢带、5000吨不锈钢水管等工业投资项目评估
	9月10日	协调泰州国际财富中心续建工程建设投资增加费用等问题
	9月21日	协调长江（高港段）干流岸线利用相关项目手续补办工作
	9月25日	研究协助提供高港大道城市化改造及地下综合管廊、核心港区道路及码头建设综合项目融资便利条件等问题
	9月27日	协调江苏创鸿资产管理有限公司争创AA+主体评级相关事宜
	9月28日	协调高港大道城市化改造及地下综合管廊项目施工许可证办理问题
	10月10日	协调环溪花园项目等相关问题
	10月21日	关于年产30万只IBC吨桶、长城汽车年产10万辆纯电动轿车等6个工业投资项目评估
	10月28日	研究2017年“三化”示范片项目调整方案
	10月29日	协调高港大道地下综合管廊工程存土场用地租用等问题
	11月12日	关于龙凤堂五期中药生产、龙凤堂中药饮片生产等4个工业投资项目评估
	11月14日	协调孔桥实验学校、许庄中心小学项目建设工程款资金相关问题
	11月14日	协调高港区人防地下指挥所项目建设等相关问题
	11月15日	研究永安原料药基地项目建设
	11月26日	协调综合PPP项目（核心港区堆场、码头子项工程）相关问题
	12月11日	协调刁铺街道环溪、万庄高标准农田建设项目相关事宜
	12月11日	研究有关违法用地处置工作
	12月16日	协调综合PPP项目（核心港区子项工程实施机构）相关问题
	12月19日	研究江苏省口岸中学、泰州市第三高级中学不动产权证办理相关事宜

（黄月琴）

行政审批

【概况】 2019年，区行政审批局探索高效审批模式，通过强化专区建设，推行“一站式”服务，打造“一体化”审批，有效推进行政审批“提速增效、惠民利企”。全年办理各类审批项目38037件，其中，即办件24062件，承诺件13975件，办结率100%，群众满意率100%。

【“商事登记”改革】 2019年，区行政审批局在全市率先打造“一站式”企业开办、注销专区，推行“一条龙”服务模式。拓展服务外延，将权力事项下放至园区、镇街，助推企业开办、注销。

设立企业开办、注销专区 联合税务、公安、人力资源社会保障、市场监管、金融监管等5个部门，在全省率先印发《企业开办、注销专区标准化指引》，构建企业开办、注销专区，通过信息共享、流程优化，初步形成“一窗受理、一表申请、一站办结”工作格局。推行“证照联办”套餐式服务，企业、群众只需提交一次申请、报送一套材料，即可同时办理营业执照和相关许可证，避免重复提交材料，缩短办事时间。泰州市商事登记“出众行动”在全市政务系统推荐高港区该创新做法。

简化企业开办、注销程序　简化整合办事环节，实现企业基础信息的高效采集、有效归集和充分运用，用“数据网上行”让“企业少跑路”，常态化实现企业注册一日办结，对有特殊要求的企业，可做到“半日”办结。对符合要求的企业推行“超级简易”注销（全省率先推出），正常情况下30分钟就可当场办结，破解企业“注销难”这一营商环境中的堵点、难点，实现“准入”“退出”双便捷，打造“不见面审批”的高港模式。4月，中央电视台《朝闻天下》栏目对此项工作进行宣传报道。

探索企业登记“就近办”　在口岸街道、白马镇、大泗镇试点“前台办理、数据推送、后台核准”的企业登记新模式，最大限度方便群众办事。开展公司设立“政银合作”，将企业登记服务前延至各银行网点，申请人到银行网点可以免费办理企业名称自主选择、网上登记等事项。医药高新区和高港区行政审批局通力协作，形成一体化注册登记服务体系，在不改变属地管理的前提下，向企业提供跨区域就近登记的新服务与新选择，打破登记区域管辖限制。年内，江苏省委新闻网、《新华日报》、《泰州日报》等媒体对“就近办”新模式进行宣传报道。

推行“一事一办”　各部门单位联合编制“一事一办”目录清单，及时公开并实行动态调整。根据清单内容，将“一事一办”涉及的事项全部进驻政务服务大厅办理，满足群众“进一扇门、办好一件事”的需求。实行一次告知、一张表单、一窗受理、一次联办、一次办好，形成“一事一办”新的办理流程。“一件事”事项达24项，包含食品销售、餐饮服务、药店等。

【行政审批“一体化”改革】　2019年，区行政审批局将投资项目审批链条划分为立项许可、规划报建、联合评估、施工许可四大模块，通过并联审批、流程再造、优化审批，为企业提供立项至施工许可“一站式”服务。

出台政策文件　年内，出台《高港区“市场主体准入清单”和“企业投资建设项目审批清单”》《关于推进“店小二”式专业化服务、提高项目建设审批效率的意见》《高港区行政审批局“马上办”标准化指引》《高港区投资建设项目并联审批实施办法（试行）》《高港区投资项目“多评合一”工作方案》《高港区区域评估（能评、环评、稳评）改革试行方案》《泰州市高港区投资建设项目多图联审实施办法》《高港区企业投资建设项目联合测绘规则》《高港区投资建设项目“代办+审批”服务工作细则（试行）》《高港区重大项目服务工作制度》等改革配套文件。

构建“一层级”扁平审批　争取项目建设审批链中关键许可事项委托下放或窗口前移，构建涉企投资“一层级”扁平审批。4月，在全市率先与市审图中心合作创新“1+1”审图新模式，将审图功能线上线下前移至区级。6月，争取抗震设防审查权限，通过审图信息共享、局内自主核查等方式，加强内循环，在全市创新取消抗震设防企业申报环节，实现抗震与施工图审查同步办结，优化企业办事体验。《泰州日报》对此项工作进行宣传报道。

打造“极简化”审批流程　按照“可简则简、能减必减”的原则，精简审批环节和报批材料。项目备案至施工许可全链条提交材料由68件缩减至24件，精简率达65%。8个事项由承诺件压减为即办件，2个以上事项并联审批项目占比100%。一般工业项目施工许可办理时限常态化控制在30个工作日以内，比省、市要求提速40%。

【“不见面”审批改革】　2019年，区行政审批局推行“线上+线下”“不见面”审批服务新模式，优化企业发展环境，服务全区招商引资、项目建设和企业发展。

提供“电子化”网络平台　在保留服务大厅窗口登记服务的同时，依托江苏政务服务网上登记平台，采取银行U盾和手机App两种方式进行实名认证、电子签名，通过试点先行、稳步推进、适时推广的办法，推进公司设立全程电子化登记，实现申报零纸张、材料零数量、审批零见面。

提供“专业化”线上指导　进一步规范、细化事项申报材料清单、

2019年5月，高港区发放首张“跨区通办”营业执照

（区行政审批局　供图）

网上操作指南及填报样本，在江苏政务服务网实时公开，让企业看得懂、易获取、简单办。对共性问题，通过建立企业服务QQ群、微信群，开展网上告知、指导、预审等线上服务，方便在线交流咨询。对个性问题，通过电话答疑、远程视频等方式"一对一"指导，提高服务精准率，让企业办事"一次不用跑"。

金牌"店小二"线下服务　拓展店小二"代办+审批"服务内涵，窗口工作人员既是审批人又是代办员，为企业提供"保姆式"服务。项目招引前期，将服务触角前移至招商一线，通过对引进项目拟选地址、生产工艺、原辅材料及污染防治措施提前把关，为招商提供合理化的意见和建议，使企业对环保政策和投资方向有可见的预期，实现招商选资与项目服务"同频共振"，有效提高项目招引的专业性、精准性和时效性。项目审批期间，通过实施"五个一"工作法，打造"项目专人管，手续有人办，进度可跟踪，问题必协调"的审批服务模式。常态化开展"问需于企""问计于企"等活动。全年服务团队累计服务项目300余个，组织召开联合办公会100余次，帮助企业节约资金成本2000余万元。年内，"代办+审批"优质服务作为全省25项优化营商环境典型经验做法之一，得到省编办通报表扬。

【审管联动】　2019年，区行政审批局与各相关业务主管部门密切配合，建立许可信息推送、联合现场踏勘、重点项目联合会商等审管联动模式，提高审批效能。8月，《泰州日报》对此项工作进行宣传报道。

规范审批行为　坚持政策法规科全程介入审批工作，严把政策法规关。规范审批事项办理流程，对划转的8个部门、58项审批事项进行梳理，将审批程序、审查要件、环节时限、服务标准等要素精细拆分进行流程再造，明确每个审批环节的操作标准和规则，进行再规范、再优化，实现日常监督有参照、执纪问责有坐标。在方便群众办事的同时保障审批及服务事项的合法性，从行政管理上建立健全审批工作内部制约机制，规范审批服务行为，强化核查纠错机制。实行受理审查、定期抽查、集体评议制度，及时发现、纠正审批过程中存在的问题。年内，区行政审批局制定《否定复核制度（暂行）》《重大审批事项集体讨论制度（暂行）》《行政许可案卷评查制度（暂行）》等制度。

信息双向推送　将集中的行政审批事项审批结果信息通过联动平台及时推送给监管部门。监管部门将日常监管情况及时推送给区行政审批局。

现场联合踏勘　针对专业性较强的审批事项，建立联合现场踏勘工作机制，区行政审批局会同区相关职能部门开展现场联合踏勘，解决部分审批事项专业性强、工作力量不足等困难。

批前会商机制　对申请设立企业名称和经营范围中含"资产管理""理财"等字样或涉及金融业务活动的，启动区级注册登记会商机制，严把市场准入关。

【政府采购】　2019年，区公共资源交易中心组织政府采购105次（公开招标38次、竞争性谈判招标30次、竞争性磋商招标18次、询价19次）。全年区政府采购预算金额15170.76万元，采购实际支付金额13638.52万元，节约资金1532.24万元，节约率10.1%。

（夏华俊　张明东）

机关事务管理

【概况】　2019年，区机关事务管理局调整为政府组成部门。年内，区机关事务管理局承担区公安分局、交警高港大队业务技术用房等工程项目建设任务。开展节能宣传和节能培训活动，推进党政机关开展垃圾分类、节能示范单位创建工作。加强资产清查和监管，推进固定资产信息化管理。出台《高港区党政机关办公用房管理办法》，完善办公用房档案信息，整合盘活现有房源。完成会议、活动的保障任务。按照规定和流程，审批、调度、派遣车辆，保障机关公务出行。常态化开展公务用车监督检查，规范事业单位用车。健全人防、物防、技防相结合的安全保卫机制，做好物业管理工作。

【机关工程项目建设】　2019年，区机关事务管理局续建、新建工程项目10个，其中，续建项目2个，区公安分局、交警高港大队业务技术用房装修改造项目完工并交付使用；新增项目8个，分别是区政府大楼三楼部分办公用房改造、区政府大楼技防改造、区政府大楼电梯更换采购、区自然资源和规划分局办公楼主楼及辅楼改造、区退役军人事务局办公用房改造、区住房城乡建设局配电增容、区应急局值班室改造、区政协木门安装及过道改造，总投资1.34亿元。

【机关国有资产管理】　2019年，区机关事务管理局加强资产清查和监管，实行资产年报、出租备案等管理措施，促进资产管理的制度化、规范化。完善固定资产信息管理系统，完成各项数据报表的填报工作。加强固定资产信息化管理，全年新增固定资产156件，合计36.97万元，审核处置城管大楼资产124.3万元。

【公务用车改革】　2019年，区机关事务管理局落实《泰州市党政机关公务用车管理办法》要求，建立健全车辆管理台账。常态化开展公务用车监督检查，将事业单位业务用车纳入平台化、标准化、信息化建设的范围，对全区事业单位业务用车实施标识化管理，落实公车定点停放、信息登记以及“一车一档”等管理制度，规范用车、管车。

【机关办公用房管理】 2019年，区机关事务管理局制定《高港区党政机关办公用房管理办法》，明确办公用房各个环节的管理要求和操作程序，提高规范管理水平。完善办公用房档案信息，在全面自查自纠的基础上实地丈量全区办公用房，核对、登记机关工作人员的身份、级别、用房面积等信息，并录入信息系统。按照“大稳定、小调整”的原则，统筹调配机构改革涉改单位办公用房，优化办公用房资源配置，共调整移交办公用房21间约470平方米。

【机关后勤服务】 2019年，区机关事务管理局先后完成区党代会年会、区两会、警示教育大会、周末法治报告会、长城汽车泰州整车项目开工仪式等各类会议、活动保障任务。提供会议服务1938场、用车服务5000余次，安全行驶60余万千米。保障区级机关大楼、大江剧院、区教育局、建设大厦、人才大楼、世代服务中心、政务服务中心、社会管理中心、区商务局、区农业农村局等10余个机关集中办公区近8万平方米物业管理工作。全年完成水、电、气维修4500余起，零星维修3200余起。处理集访事件21起、480余人次，接待个访群众500余次。快速处置消防预警和突发事件。加强对食堂服务外包单位的考核管理，在合同中增加奖惩措施；保障就餐人员23.6万人次，餐饮满意度保持在90%以上。润勤超市挂牌运营。

（高 婷）

信 访

【概况】 2019年，高港区共受理群众来信来访1013人次，其中，来访248批、624人次，来信289件。全年未发生一起进京至非接待场所登记，未发生一起进京集体访，未发生一起到省50人以上规模访，未发生一起到市百人以上大规模访，未发生因信访问题而引发的群体性事件。

【领导干部接访下访】 2019年，高港区坚持领导干部接访下访常态化，区委、区政府主要负责人根据省委要求，共包保“百县千案”6件，主动接待、牵头会办、推动解决。区党政负责人每月到区人民来访接待中心接待来访群众，全年接待共计70批101人次，涉及事件全部化解。各镇街党政负责人先后接访下访147批次，接访事项182件，化解160件。

【信访事项网上办理】 2019年，高港区依据省政府信访局《信访来信办理工作规范》《群众来访接待工作规范》等，推动熟练掌握标准、规范开展工作。坚持信访件“应录尽录、应办尽办”，放大考核占比，实行每日巡察、每月通报，纳入“阳光信访”办理信访件354件，全部按期办结。

【矛盾纠纷源头处置】 2019年，高港区完善信息预警、应急处置机制，突出“‘一站式’受理、‘一条龙’服务、‘一揽子’解决”，推动相关职能部门、责任镇街参与联合接访、联席会办。区信访局联席办牵头召开会办会议20余次，推动永安洲渔民补偿、南官河码头整治等16件疑难问题妥善解决。

【信访积案专项整治】 2019年，高港区开展信访积案专项整治工作，确保重点案件攻坚化解有始有终、案结事了。全年排查矛盾80件，化解72件，化解率90%。其中，化解矛盾40件，化解困难20件，化解心结12件。相关做法被《泰州政法》专题刊发。

【初信初访办理】 2019年，高港区全面落实信访事项首接责任制，加强初信初访交办督办工作，提高初信初访事项办理质量和效率，加大回访工作力度，提升群众满意率与参评率。深化访调对接、诉访分离，有效运用失信信访人惩戒机制，引导群众依法逐级走访，初信初访一次性办结率达99%以上。

【要信要访处置】 2019年，高港区重视要信要访处置，严格实行“挂牌销号”制度。采取现场督办、部门联办、去函督办、网上提醒、电话催办、信访通报等形式，对上级交办的信访件进行督办落实，做到交则必办、办则必果、件件有着落，事事有回音。在“阳光信访”信息系统上办理国家交办网上投诉件32件、省委书记与省长信箱34件、市委书记信箱55件，全部办结。

【信访复查复核】 2019年，区信访局立足于停诉息访，严把办结质量关，对每一件复查案件都及时召集相关部门集体会诊、分析案情。严格审查职能部门作出的答复书，对答复明显不当的，直接要求重新办理。在办理过程中，坚持实地调查原则，对受理的每一件复查件，组织部门成立调查小组实地调查核实，确保调查结果真实可信。全年受理复查案件18件，复查终结17件。

【信访督查督办】 2019年，区信访局加强信访工作统筹督查和实地督查，着重抓好“四查一访”：对每一件信访事项办理全程跟踪督查；对敏感时期信访工作责任落实情况联合督查2次；开展信访工作责任制落实、“阳光信访”系统应用等业务督查2次；开展信访积案化解和重点人员稳控专项督查3次；对27件基层报结信访案件进行回访。

【信访基层基础建设】 2019年，高港区实行联席会议向基层延伸，建立领导小组，细化组织架构，规范工作流程，强化督查反馈。全年7个镇街召开镇街信访联席会议38次，协调会办重点事项72件，落实会办意见42条。实现“矛盾不搁置、任务不虚置、责任不空转”。

（区信访局）

对口支援与合作

【对口支援淳化县】 5月，陕西省政府宣布，淳化县2018年退出贫困县序列。7月4日，淳化县委副书记、县长郭立志带领淳化县党政代表团到高港区学习考察，并在高港区召开扶贫协作党政联席会议。9月22日，泰州医药高新区党工委副书记、管委会主任，高港区委书记顾萍带领高港区党政代表团到淳化县交流对口协作工作事宜，并在淳化县召开扶贫协作党政联席会议。11月26日，咸阳市政协副主席、淳化县委书记刘涛带领淳化县党政代表团到高港区考察交流，进一步推进扶贫协作相关工作，并在高港区召开扶贫协作党政联席会议。年内，高港区泰州港经济开发区、白马镇、大泗镇、胡庄镇分别与淳化县润镇、城关街道、官庄镇、车坞镇确定结对帮扶关系；口岸街道王营社区、永安洲镇兴洲社区分别与淳化县薛家村、南莫村签订村村帮扶协议；泰州市旺灵绝缘材料厂、江苏凯威药用包装有限公司、江苏友润电子科技股份有限公司、江苏康贝宠物食品有限公司分别与淳化县米仓村、秦河村、曹村、贵村签订村企帮扶协议。

【对口合作平山区】 4月1日，辽宁省本溪市平山区党政代表团到高港区参观考察，双方举行对口合作座谈会。在高港期间，平山区党政代表团先后考察扬子江药业集团、滨江生态湿地保护带、集装箱码头、汇福粮油江苏泰州公司、永安洲实验学校、泰州统实企业有限公司、万向精工江苏有限公司等地。11月21日，高港—平山对口合作座谈会在平山区召开，两地就加强经济合作、人才交流、产业互补等方面进行交流。泰州医药高新区党工委副书记、管委会主任，高港区委书记顾萍出席会议并讲话。在平山期间，高港区党政代表团先后到本溪高新技术产业开发区、本溪钢铁集团第三冷轧厂、本溪金桥焊接材料有限公司和本溪福耀浮法玻璃有限公司等地参观考察。

（区发展改革委）

2019年7月4日，高港·淳化对口协作推进会召开　（区委宣传部　供图）

政协泰州市高港区委员会

综　述

【概况】 2019年，政协泰州市高港区第五届委员会共有界别19个，包括中共、工商联、无党派人士、工会、共青团、妇联、侨联、台联、文艺、新闻、教育、体育、医药卫生、农业和农村、经济、少数民族、宗教、科技、特邀。区政协委员162人，其中增补委员14人，辞去委员职务11人，净增3人。在高港区的市政协委员23人。区政协常务委员会有主席1人、副主席5人、秘书长1人、常委26人，辞去秘书长职务1人、辞去常委职务1人。区政协有内设机构5个，分别为办公室、学习提案文史委、经济城乡建设委、社会法制委、科教文卫体委。全年区政协召开全体会议1次、常委会议5次、主席会议4次，共讨论通过事宜47项；收到委员提案201件，立案128件，所立提案全部办复，委员满意率和基本满意率100%，表彰优秀提案13件；开展调研3次，形成调研报告3篇；组织视察、议政活动7次，提出意见、建议27条；向区人力资源社会保障局、区统计局、区教育局3个部门派驻民主监督小组，提出意见、建议14条。

【文史编研】 3—12月，区政协围绕1966—1976年高港政治、经济、文化、教育等方面，编撰《高港文史（第八辑）》，计73篇30余万字。4—10月，围绕文化高港建设，开展历史文化挖掘和研讨，先后在《泰州日报》《泰州晚报》《钟山风雨》《大江南北》《新周刊》《江苏老龄》等报刊发表高港文史资料，计10万余字；《孝义文化在乡村振兴中闪光》入选省“优秀传统文化与乡村振兴”理论研讨会交流文章；协助编撰出版高港企业家名人传记《铸镌人生》《攻玉》，计50余万字。8月，开展文史资料“进社区、进学校、进企业”活动。　（李文华）

重要会议

【区政协五届三次会议】 1月5—7日，区政协五届三次会议召开。应到委员159人，实到150人。会议听取并讨论泰州医药高新区党工委副书记、管委会主任，高港区委书记顾萍的讲话；听取并审议区政协主席韩亚所作的常委会工作报告和区政协副主席周法鸣所作的提案工作情况报告；列席区五届人大三次会议，听取并讨论政府工作报告。区委副书记、区长孙宏建参加委员大会发言。会议补选政协高港区第五届委员会秘书长1人，政协高港区第五届委员会常务委员3人。会议表彰2018年度优秀政协镇街工委、优秀政协委员和区政协五届二次会议以来的优秀提案，通过区政协五届三次会议决议。

【区五届政协常委会会议】 2019年，区五届政协共召开常委会会议5次。

第一次常委会会议　1月5日召开。听取区委组织部关于人事安排的说明，协商候选人建议名单和监、计票人员建议名单。

第二次常委会会议　1月6日召开。通过区政协五届常委会秘书长、常务委员候选人以及监、计票人员名单，听取各讨论组汇报讨论区委书记顾萍讲话、政协常委会工作报告、提案工作情况报告、政府工作报告和会议决议（草案）以及酝酿候选人和监、计票人员建议名单的情况。

第三次常委会会议　3月20日召开。审议通过区政协2019年工作要点、办公室及各专门委员会主要工作职责、关于加强办公室及各专门委员会与党政部门对口联系协商的意见、委员履职管理暂行办法和2018年度反映社情民意信息工作先进单位、先进个人名单及奖励发放方案。通过委员调整事项，增补区政协五届委员会5人，同意3人辞去委员职务。通报区政协五届三次会议提案审查立案情况。通过人事任免事项。

第四次常委会会议　9月6日召开。听取区政府关于全区经济社会发展情况的通报、听取区政府办公室关于区政协五届三次会议以来提案办理情况的通报，常委们建言献策。审议通过《关于提案工作提质增效的意见》《提案质量评价办法》。通过人事免职、委员免职事项。

第五次常委会会议 12月27日召开。通过关于召开区政协五届四次会议的决定、会议日程（草案）、区五届政协常委会工作报告和提案工作情况报告及报告人。通过五届四次会议分组及召集人名单、2019年度优秀政协委员及优秀镇街政协工委名单、区政协五届三次会议以来优秀提案表彰名单、2019年社情民意信息拟发稿费的建议方案以及区政协提案审查委员会、决议起草委员会成员调整事项。3名常委进行会议述职。通过委员调整事项，增补区五届政协委员9人，同意7人辞去委员职务。通过人事任免事项。

【区五届政协主席会议】2019年，区五届政协共召开主席会议4次。

第一次主席会议 3月22日召开。传达学习全国两会精神，通过区政协2019年工作要点、办公室及各专门委员会主要工作职责、关于加强区政协办公室及各专门委员会与党政部门对口联系协商的意见、委员履职管理暂行办法、区政协五届十次常委会会议方案。通过委员任免和人事任免事项。通报区政协五届三次会议提案审查立案情况。

第二次主席会议 6月14日召开。传达学习习近平总书记在“不忘初心、牢记使命”主题教育工作会议上的讲话、全国政协主席汪洋在全国地方政协工作经验交流会上的讲话、省政协主席黄莉新在全省政协工作经验交流会上的讲话精神。

第三次主席会议 9月6日召开。通过《关于提案工作提质增效的意见》《提案质量评价办法》“2019—2021年度区政协常委及其他委员述职计划表”和区政协五届十一次常委会议方案。通过人事免职和委员免职事项。

第四次主席会议 12月27日召开。通过关于召开区政协五届四次会议的决定、会议日程（草案）、区五届政协常委会工作报告和提案工作情况报告及报告人。通过区政协有关委员的调整事项、人事任免事项、委员年度履职评价结果、区政协五届四次会议分组及召集人名单，通过2019年度优秀政协委员、优秀镇街政协工委、区政协五届三次会议以来优秀提案表彰名单和2019年社情民意信息拟发稿费方案、区政协五届十二次常委会议方案。

（朱 娟）

协商议政

【主席走访活动】4月24日，区政协开展主席走访“三高融合”活动，与会人员实地参观滨江工业园区的中海油气（泰州）石化有限公司、江苏富华新型材料科技有限公司，以及医药园区的医药博物馆、泰州第一外国语学校、鲲鱼健康药业江苏有限公司、桑缇亚泰州生产基地、疫苗工程中心、阿斯利康药业（中国）有限公司等现场，听取情况介绍，详细询问企业在产品生产、销售、研发、创新等方面的做法。建议加强深度调研，查摆要素优势和短板问题；坚持“破、立、统”并举，推进规划、体制机制、产业、社会建设等全面融合；强化保障措施，精准破解“三高融合”要素制约。

【委员议政活动】7月19日，区政协社会法制委组织13名政协委员与区政府办、区发展改革委、区委编办、区自然资源和规划分局、区人民法院开展基层人民法庭建设专题协商活动。建议立足长远，坚持规划超前；发挥职能，当好政策法律的“宣传员”；触角延伸，补齐基层一级司法调解“短板”；夯实基础，建全建强基层司法队伍。

9月10日，区政协经济城乡建设委组织14名政协委员与区政府办、区发展改革委、区工业和信息化局、区商务局、区科技局、区市场监管局、区行政审批局、区金融监管局开展促进民营经济高质量发展议政活动。建议提高认识，营造有利于民营经济发展的宣传舆论氛围；创新方式，着力解决企业融资难融资贵问题；落实举措，打造促进民营经济高质量发展的政务环境。

2019年12月13日，许庄街道召开“加快蔡氏庄园修复建设”“有事好商量”基层协商议事会

（区政协办 供图）

9月20日，区政协科教文卫体委组织13名政协委员与区科技局、区发展改革委、区工业和信息化局、区科协、区商务局、区财政局、区人才办开展科技创新助推高质量发展议政活动。建议提升服务水平，精准开展“产学研”活动；重视平台建设，促进项目集聚；强化招才引智，优化培育人才集聚环境；突出赋能升级，强化创新企业培育；发展风险投资，拓宽融资渠道。

11月5日，区政协经济城乡建设委组织10名政协委员与区政府办、区住房城乡建设局、许庄街道、白马镇开展特色田园乡村建设议政活动。建议加强规划设计，突出特色田园乡村的鲜明“特色”；解决资金土地问题，为特色田园乡村建设提供要素保障；强化统筹力度，引导各方积极参与特色田园乡村建设。

2019年4月16日，市、区政协委员开展“办好人民满意的教育”主题调研活动 （区政协办　供图）

【专题调研活动】 3—5月，区政协围绕规范小区物业管理开展专题调研，形成《关于规范小区物业管理的调研报告》。针对规章制度不完善、业主委员会组建比例低、老旧小区存在问题多、公共维护资金和安置区管理经费不足等问题，建议健全制度，完善物业管理工作意见；齐抓共管，切实强化履职意识；多管齐下，有序推进老旧小区改造；强化服务，提高物业管理水平。区长及分管副区长作批示。

4—7月，围绕城市地下综合管廊建设开展专题调研，形成《关于城市地下综合管廊建设的调研报告》。建议着眼长远，明确思路，坚持规划引领；因地制宜，多措并举，创新投融资模式；完善制度，成立机构，强化运营管理；完善配套，健全信息，充分发挥管廊功效。

5—7月，围绕加快全域旅游创建开展专题调研，形成《关于我区加快全域旅游创建的调研报告》。针对区旅游资源未得到有效利用、高品质旅游业品牌及旅游项目极度缺乏、旅游配套设施多处欠缺、旅游人才面临不足、立体化宣传远远不够等问题，建议强化顶层设计，推进全域旅游发展；壮大龙头产品，引领旅游产业发展；精准营销，打造旅游品牌；提升服务，完善公共服务体系。

【委员视察活动】 10月24日，区政协组织8名政协委员视察全区校舍建设情况。视察水岸景城幼儿园、田河小学、高港中等专业学校、许庄中心小学现场，听取情况介绍，开展座谈讨论。建议坚持民生导向，切实办好人民满意的教育；坚持统筹规划，持续推进城区学校规划建设；强化精准治理，不断改善农村学校校舍条件；组织协调，尽快启动高港中等专业学校建设工作。

10月29日，组织7名政协委员视察“七五”普法工作情况。视察大泗法治文化公园、白马陈家村法治长廊现场，听取情况介绍，开展座谈讨论。建议统筹协调，强化普法责任主体；精准普法，提升普法工作实效；精雕细琢，打造法治文化品牌；夯实基础，完善普法推进机制。

（朱　娟）

民主监督

【提案工作】 2019年，区政协共收到提案201件，经审查立案128件。至年末，提案全部办理结束，委员满意率100%。《解决城市停车难问题》《加快推进农村生活污水处理》等已经解决和基本解决的89件，占69.5%。《加快推进农村天然气管道安装入户》《大手笔规划建设南官河生态观光走廊》等列入计划逐步解决的38件，占29.7%。尚不具备落实条件的1件，占0.8%。

2019年高港区政协五届三次会议以来优秀提案一览表

表10

提案号	提案人	案　由
1953008	政协许庄街道工委、孙晓红	合理整合高港区基层医疗资源

续表10

提案号	提案人	案　由
1953020	封　茜	打造高素质师资队伍
1953022	毛庆武	在城区主要路段斑马线安装车辆和行人识别系统
1953032	杨振中	促进中小微企业健康有序发展
1953042	张月霞	实施府前河活水工程　打造城区水循环系统
1953054	周　晔	提高古马干河(永安洲段)整治工作质量
1953079	王祖奎	加强学校周边食品安全监管
1953088	蔡　卿	加强对农村失学残疾儿童教育
1953093	晋光泽	加强小微企业工伤保险意识
1953097	樊成功	加强高技能人才引进和培养工作
1953112	民革高港支部	推进基层平台人员队伍建设
1953121	张亚芳	助推现代农业高质量发展
1953126	施瑾瑜	高度重视排查重点单位和场所消防安全隐患

【社情民意信息】 2019年,区政协编发《社情民意信息》191期,其中,全国政协《每日社情》采用2期,省政协采用3期,市政协采用23期,区领导批示23期。收集和反映“关于应对短期猪源短缺现象的建议”“关于破解基层政协‘两支队伍’培训瓶颈制约的建议”“安置房源成为棚改工作的堵点亟待引起重视”“基层政协创新实践及建议”等社情民意信息190余条。区政协被市政协评为信息工作先进单位,顾晶晶被市政协办评为信息工作先进个人,丁平等15人被评为高港区政协社情民意信息工作先进个人。

【委派民主监督和民主评议】 2019年,区政协向区人力资源社会保障局、区统计局、区教育局委派民主监督小组。民主监督小组到受派部门了解实情、收集民意、梳理问题、商讨对策,提出整改建议方案,推动受派部门更好地改进作风、履行职能。从提高服务能力和社会保障水平、提升“双基”建设水平和统计服务水平、优化义务教育阶段教师队伍、加快城区学校建设等方面,共提出意见、建议14条。区政协开展民主评议区供销社发展农村电商工作,通过走访、座谈、问卷调查等形式,全面了解工作情况,查找存在问题和不足,提出建议意见,帮助部门改进工作。提出优化完善电商环境、培大育强电商主体、做优做精电商产品、加强电商人才培育等建议。

(朱　娟)

政协自身建设

【思想政治引领】 4月、9月,区政协分别召开学习习近平总书记关于加强和改进人民政协工作的重要思想研讨交流会。《坚持“五个突出”,提升政协品质》《搭好履职平台,助推“双向发力”》《加强履职平台建设,发挥委员主体作用》《不忘履职初心,交出优异答卷》等理论文章被省、市政协刊物采用。以“党中央在延安十三年”“传承中华文化”为主题举办政协讲堂,政协干部和政协委员200余人参加。5月底,在南京大学举办为期1周的培训班,50余名政协干部和政协委员参加学习教育。举办庆祝中华人民共和国成立70周年暨人民政协成立70周年书画摄影展。《高港新闻》播报政协委员履职活动50余次,区政协微信公众号发布信息200余条。

【政协党的建设】 2019年,区政协落实区委加强新时代人民政协党的建设工作的实施意见,制定党组工作要点,建立区政协党组、机关党组、机关党支部、镇街党员委员活动小组组织体系。深入开展“不忘初心、牢记使命”主题教育活动,组织全体党员到淮海战役纪念馆、杨根思革命烈士纪念馆进行现场教学,在政协机关走廊打造“不忘初心、牢记使命”主题教育文化墙,推动机关党员干部坚守初心、尽责思为。“党建引领政协机关干部、政协委员两支队伍建设”获区级机关优秀“书记项目”一等奖。

【党派及界别活动】 2019年,区政协以“践行政协初心使命,资政建言促进发展”为主题,开展“界别月”活动。中共界委员到南通港闸区学习考察“有事好商量”协商议事工作，探索基层协商新路径；特邀界委员调研视察高港区长江岸线保护、化工园区治理情况，为提高生态环境保护成效建言；工商联、少数民族、宗教、侨联、台联界委员联合走访调研江苏中药科技园、大泗医疗骨科器械广场，搜集提案素材；经济和农业农村界委员围绕发展物流业进行协商座谈，集思广益形成大会发言报告；文艺、新闻、教育、体育界委员参观胡庄镇宗林村家风家训墙、农家书屋，提出加强村庄环境整治、涵养乡风文明等建议，助力乡村文明建设；无党派人士界委员围绕"增设老年群体娱乐场所"开展基层协商，为老有所乐发出呼吁；医药卫生界委员调研滥用抗菌药物情况，提出对策建议，关爱群众健康。

【委员履职平台建设】 2019年，区政协研究出台《关于加强政协委员履职平台建设的意见》，建成市、区、界别、镇街"政协委员活动之家"10个，村（社区）"委员工作室"91个，"委员联络点"10个，委员"四级"履职平台建设获评区2019年"骏马奖"和全省政协工作最佳创新案例。全市政协基层协商工作推进会在高港区召开，省政协主席黄莉新率队考察指导并在全省政协系统推广"高港模式"。

【政协基层协商】 2019年，高港区建设"有事好商量"协商议事室110个，在全市率先实现区、镇、村三级全覆盖。12月，7个镇街及其7个社区的协商议事室选择切口小、立意高、关联广，与人民群众生产生活息息相关的议题，如永安洲镇润洲小区建设电动车集中充电点、口岸街道城中片区增设市民休闲娱乐场所、刁铺街道圩岸社区环湖文化广场建设、白马镇前进河整治、大泗镇康锦佳园绿化美化、胡庄镇幼儿园改扩建等，分别开展政协基层协商，形成建议报当地党委、政府推进落实。市政协副主席黄立红参加许庄街道"加快蔡氏庄园修复建设"基层协商活动。市政协主席卢佩民作出"高港的做法、经验很好，值得面上借鉴"的批示，市政协办公室专题转发全市。中宣部"学习强国"学习平台作《江苏高港："望闻问切"四步法让"有事好商量"》专题宣传。

【"政协委员工作日"活动】 2019年，区政协分别于2月、5月、8月、11月组织开展"政协委员工作日"活动。通过调研视察、座谈走访等形式，宣传中共十九届四中全会、区党代会年会、区两会精神，帮助村（社区）理清工作思路，听取基层群众对政协工作的建议。结合全区"不忘初心、牢记使命"主题教育活动和大走访大落实新风行动，开展调研走访，广泛听取意见建议，收集社情民意信息。以建议函或社情民意信息等形式，向区委、区政府反映40余条建议。到街道、社区开展"送服务、送政策"活动，为基层群众创业致富提供常态化服务；开展"送医送药"下乡镇、进社区义诊活动，服务基层群众生命健康；开展精准扶贫，以项目扶持、提供就业等方式参与脱贫攻坚；慰问贫困群众，踊跃参与爱心募捐活动。

【交流联谊活动】 2019年，南京市政协组织所辖11个区政协主席到高港区开展专题调研。省政协督导组、南京大学统战部以及甘肃、辽宁、安徽等省内外政协单位50余批次、800余人次到高港区考察。区政协组织政协委员到浙江、江西、山东、南京、盐城、宜兴、靖江等地考察12批次，学习借鉴先进经验。做好省政协主席黄莉新率调研组到高港考察指导政协委员履职平台建设、省政协副主席王荣平"加快发展农业现代化，大力发展休闲观光农业"专题调研等组织、接待工作。配合市政协在高港区召开全市政协基层协商工作推进会、全市政协文教卫体委工作座谈会，开展"办好人民满意的教育"、"促进大数据与智能制造融合，推动制造业高质量发展"、妇女儿童权益维护等调研活动。举办区政协系统第3届乒乓球比赛活动，组织区政协委员参加全市政协机关第11届乒乓球友谊赛。

（朱　娟）

纪检监察

综 述

【概况】 2019年，高港区共设园区纪（工）委2个、镇（街道）纪（工）委7个、区委巡察办公室1个及巡察组4个、派驻纪检监察组12个。各级纪检监察组织共立案123件，留置10人，查处99人，涉嫌犯罪移送司法机关处理7人。

【区五届纪委第四次全体会议】 2月2日，中共泰州市高港区第五届纪律检查委员会第四次全体会议暨全区干部警示教育大会召开。泰州医药高新区党工委副书记、管委会主任，高港区委书记顾萍讲话，要求全区广大党员干部要把牢正确方向，切实增强全面从严治党的政治自觉；要突出工作重点，奋力夺取全面从严治党的更大成果；要抓住关键少数，推动形成全面从严治党的“头雁效应”。区委常委、区纪委书记、区监委主任薛永忠代表区纪委常委会向大会作《强化政治担当，提升监督质效，为加快建设“四个高港”贡献更多“纪检份额”》工作报告。会议组织观看警示教育片。全会审议通过工作报告和区第五届纪律检查委员会第四次全体会议决议。区四套班子负责人参加。

【派驻监察全覆盖】 2019年，区纪委监委持续深化派驻机构改革，对机构改革后的50个区级机关部门（单位），以及6个区属企事业单位实现派驻监督“全覆盖”。

2019年2月2日，中共泰州市高港区第五届纪律检查委员会第四次全体会议暨全区干部警示教育大会召开 （区纪委 供图）

【纪检监察品牌创建】 2019年，区纪委监委聚焦“促规范、提质效、抓延伸”三大要素，推动派出监察员办公室高效、规范运转。推行“专职监察员正常驻点、兼职监察员轮班值守”工作机制，编制《派出监察实务操作手册》，建立领导分片挂钩联系机制，制定专门考核办法。创新建立廉情档案，实现监察对象建档“全覆盖”。出台《关于建立纪检监察室与巡察组常态化协作机制的实施方案》《关于加强派出监察员办公室与巡察机构协作配合的意见》，构建多维监督体系，推动全面从严治党向基层延伸。4月，区监委在全省县级监委派出监察员办公室工作推进会上作经验介绍；区纪委监委组建运行派出监察员办公室工作被评为2019年度区“骏马奖”；相关经验做法被省纪委专刊介绍推广。 （高纪办）

监督检查

【概况】 2019年，区纪委监委查处群众身边不正之风和腐败问题29起40人，党纪政务处分28人，组织处理12人。查处违反中央八项规定精神问题28起，党纪政务处分39

2019年9月27日，高港区专项治理工作推进会召开　（区纪委　供图）

人，下发专题通报5期。

【监督执纪“四种形态”】 2019年，全区实践运用监督执纪“四种形态”671人次，其中，“第一种形态”566人次，“第二种形态”87人次，“第三种形态”5人次，“第四种形态”13人次。

【专项治理】 2019年，区纪委监委开展健康长江泰州行动、减税降费、违建别墅、安全生产等专项整治行动。统筹推进扶贫、农村集体“三资”、教育、医疗卫生等重点领域问题专项治理，整治群众身边的腐败问题和不正之风。聚焦化解政府债务风险，严查违规出借资金、违规担保等违纪违法行为，严防发生区域性、系统性风险。全年开展专项治理22个，立案48件，党纪政务处分71人，涉及科级干部12人。

（高纪办）

审查调查

【概况】 2019年，区纪委监委共立案123件，涉及123人。其中，自办案件105件，科级干部案件17件；留置10人，给予党纪政务处分99人，涉嫌犯罪移送司法机关处理7人。

【监察调查】 2019年，区纪委监委开展扫黑除恶专项斗争，运用监督执纪“第一种形态”处理70人次，全年立案2件2人，政务处分1人。做好查办案件“后半篇文章”，制发纪律检查建议4份，监察建议16份。组织开展纪律处分决定执行情况专项检查，责令限期整改的39个问题全部整改到位。开展纠“四风”、树新风专项治理行动，查处“四风”问题74个，党纪政务处分52人，诫勉谈话41人，下发专题通报8期。

【容错纠错机制】 2019年，区纪委监委落实《高港区干部容错纠错实施办法》，建立“一函、两会、三谈、四通报”机制。发送“一函”，对经认定为错告、误告、诬告且造成不良社会影响的举报，制发《不实举报问题澄清函》。召开“两会”，对于受到错告、误告、诬告且造成不良社会影响的被举报人，专题召开信访澄清会；对于疑难、复杂、牵涉面较广的信访举报件，联合相关职能部门召开信访听证会。实施“三谈”，对受到不实举报的干部进行勉励谈话，对适用容错纠错机制的干部进行激励谈话，对受到党政纪轻处分的干部进行回访谈话。下发“四通报”，建立不实举报信访澄清通报制度、恶意诬告问责情况通报制度、容错纠错典型案例通报制度及容错纠错机制运用失当问责情况通报制度。全年共实施容错纠错案例4件4人，信访澄清3件4人，通过“对负责者负责、为担当者担当”，从制度和实践层面有效保障和激励党员干部干事创业的积极性。　（高纪办）

党风廉政建设

【“两个责任”落实】 2019年，全区各级党组织和纪检监察组织坚持“清单化+责任化+项目化”三化一体的工作思路，以“三张清单”定责、“平台纪实”督责、“一案双查”问责，推动“两个责任”在基层落地生根。运用省、市履责纪实平台，加强对履责情况的监督检查，制发纪律检查建议4份，实施党内问责24人，问责党组织4个，下发专题通报4期。

【廉政教育】 2019年，区纪委监委在中央、省、市级媒体刊登多篇稿件，其中，《中国纪检监察报》7篇，《党的生活》和“清风扬帆”网各2篇。“高港纪检”微信公众号推送150期、300余条信息，“高港廉政网”同步更新。开展“5·10”廉政教育月活动，组织县处级干部党纪党规在线测试，征集“亲语连廉”征文格言80余篇，选送3个文艺作品参加市廉政节目汇演。组织党员干部观看警示教育片、旁听案件庭审，接受警示教育。

【“纪委基层行”活动】 2019年，区纪委监委开展深化“纪委基层行”活动，按照实施方案，明确每月带单监督主题，通过实时、嵌入监督方式，形成“两员”（村、社区纪检委员和驻村联络员）监督、监察监督、巡察监督的合力。全体驻村联络员、助理联络员围绕区纪委监委制定的共性及个性问题清

单，挖掘群众身边的不正之风和腐败问题线索，推动全面从严治党向基层延伸。（高纪办）

巡视巡察

【概况】 2019年，高港区按照省委要求，落实十三届省委第五轮巡视反馈问题整改工作。泰州市委巡察组对高港开展“健康长江泰州行动”落实情况跟踪巡察、脱贫攻坚工作专项机动式巡察和对部分村（社区）提级巡察工作。全年开展3轮巡察，对9个区级机关部门、1个镇和43个村（社区）党组织进行政治巡察，实现对村（社区）巡察全覆盖。

2019年1月10日，高港区召开省委巡视高港反馈意见整改工作部署会

（区委宣传部　供图）

【省委巡视高港反馈意见整改】 1月4日，省委第五巡视组向高港区反馈6个方面40个问题。省委巡视反馈后，区委第一时间召开专题会议，成立巡视整改工作领导小组，区委常委专题民主生活会上各常委主动认领整改任务。针对省委巡视反馈的40个问题，区委制定整改措施138条，逐条明确牵头区领导、牵头单位、责任单位和整改时限。整改工作开展以来，全区先后召开推进会、督查会等会议20余次。至年末，完成整改问题35个、措施132条。

【区委巡察监督】 2019年，区委巡察组共组织开展3轮巡察工作，完成对区供销社、团区委、区行政审批局、区妇联、区统计局、区总工会、区工商联、区红十字会、区残联9个单位党组织的常规巡察，对白马镇进行巡察“回头看”。全年共发现各类问题356个，移交问题线索19条。围绕全面建成小康社会和“乡村振兴”战略，将巡察监督向纵深发展、向基层延伸，全面推进村（社区）巡察工作。全年巡察村（社区）党组织43个，发现各类问题1222个，移交问题线索44条，提前完成对村（社区）巡察“全覆盖”。持续深化巡察机构与派出监察员办公室的协作配合，进一步聚合监督职能，参与制定《关于加强派出监察员办公室与巡察机构协作配合的意见》，以巡察工作流程为主线，进行全程规范。制定《关于建立纪检监察室与巡察组常态化协作机制的实施方案》，通过结对联系协作的方式，强化定向联动，密切巡察组与纪检监察室的日常协作，提升监督互补性。

【督促整改】 2019年，区委巡察组针对巡察发现的个性问题，督促被巡单位党组织严格落实主体责任，立行立改、真改实改，特别是对村（社区）巡察反馈问题整改，按照分级分类原则，由镇街、村（社区）按照整改责任分别落实整改；针对部分突出共性问题，建议区委在全区开展联动整改，逐步建立完善相关制度。会同派出监察员办公室，联合组建4个督查组，对所有完成集中整改的42个村（社区）进行现场督查，重点对整改工作推进情况、台账资料建立情况、长效机制运行情况、移交问题线索处置情况等开展督查，共发现问题209条。

（冀　超）

民主党派·工商联·群众团体

民主党派

【概况】 2019年,高港区有民主党派成员206人,其中,民革高港总支33人、民盟高港支部28人、民建高港总支41人、民进高港支部13人、农工党高港总支55人、致公党12人、九三学社高港支社24人。有4个支部,分别为民盟高港支部、民进高港支部、致公党高港支部、九三学社高港支社;有3个总支,分别为民革高港总支、民建高港总支、农工党高港总支。成员中有市、区人大代表5人,市、区政协委员33人。

(党红交)

【民革高港总支】 2019年,民革高港总支新发展党员7人,新增发展对象3人,共有党员33人,其中,区人大代表2人(含人大常委1人),区政协委员7人(含政协常委2人)。规范支部工作制度,定期开展支部活动。支部党员先后参加民革省委基层组织负责人培训活动,到山东革命老区、南京大学参加培训教育活动,参加泰州市委统战部组织的民主党派基层组织负责人培训活动。组织党员到茅山革命纪念馆、常州青果巷爱国教育基地参观学习,到高港革命烈士纪念馆祭扫英烈。与姜堰区总支、教育支部联合开展支部共建活动,组织党员参观泰兴市新四军黄桥战役纪念馆、朱履先故居。坚持开展社会服务和环保公益活动,组织支部党员到城镇、园区参与环境污染情况调研,推动黑臭水体整治与废气扰民等环境污染问题监督整治工作。主委沈建被市向环境污染宣战指挥部办公室评为市“向环境污染宣战百人团”优秀督察组员。加强与社区结对共建,开展送文化下乡活动;联合区人民法院结对帮扶农村贫困儿童,全年共募集爱心捐款3万余元;完成民革市委集中对口支援贵州贫困山区的任务目标。高港区两会期间,代表、委员建言献策,共提交建议和提案近20件,一支部主委、区政协常委蔡晶作“聚焦技能人才发展,助力高质量就业”专题发言,代表民革支部提交的“推进基层平台人员建设”提案被政协高港区委员会评为2019年度优秀提案。反映区人大常委、支部党员周敏代表风采的电视专题片在区两会期间播出。

(沈 建 党红交)

【民盟高港支部】 2019年,民盟高港支部共有盟员28人,其中,高级职称6人,中级职称10人。新增发展对象3人。支部有市人大代表1人,市、区政协委员7人。召开盟务工作会议4次,组织盟员系统学习习近平总书记重要讲话,传达学习全国两会、中共十九届四中全会、江苏民盟盟务工作会议及民盟市委会议精神。组织盟员参观海军诞生地纪念馆、嘉兴南湖革命纪念馆、泰兴市新四军黄桥战役纪念馆。组织盟员对各类民生热点进行梳理,撰写提案,向民盟市委、区政协和区委统战部报送优秀调研报告及社情民意。全年民盟高港支部共提交调研报告2篇,社情民意11篇,相关宣传信息及文章8篇,部分社情民意、宣传信息、文章被省级、市级部门采用。组织新盟员至大泗镇敬老院开展“寒冬送温暖”春节慰问活动;组织新盟员及医卫界盟员到口岸街道王营社区开展“科学防癌,健康生活”健康咨询活动;组织支部委员、骨干盟员、新盟员到许庄街道乔杨社区开展“合力监护,相伴成长”关爱留守儿童六一慰问活动;组织支部医卫界盟员、骨干盟员、新盟员到口岸街道新城社区开展“心肺复苏术”等急救知识培训。盟员陶金华的作品《登临寻古意,俯仰赋新诗》获区政协“庆祝中华人民共和国成立70周年书画比赛”绘画类一等奖;陶金华的作品《山水》入选江苏党外人士书画联展。韩韫、顾秀琴被评为2019年度优秀区政协委员。

(韩 韫 党红交)

【民建高港总支】 2019年,民建高港总支有会员41人,其中,市政协委员3人,区人大代表1人,区政协委员5人(政协常委1人)。组织学习中共十九大精神,学习习近平总书记系列讲话精神，学习民建中央参政议政工作会议精神、民建江苏省委九届八次常委会精神、民建市委（扩大）会议精神。组织会员参加泰州市第八期“党派联合大讲堂”、“不忘合作初心，牢记职责使命——民建江苏省委会员事迹报告会”和区党外干部培训班。组织新会员参加民建泰州市委2019年新会员培训班。开展“不忘合作初心、继续携手前进”主题教育活动，组织会员参观市民建“会员之家”、民建中央爱国主义教育基地镇江市冷遹纪念馆。开展“统战情、祖国颂”线上征集活动。组织参观嘉兴南湖纪念馆纪念活动。举办“抒发爱国情”文艺展示活动。组织部分会员到贵州省黔东南州考察交流，在丹寨县南皋小学、石桥小桥开展助学行动，为22名贫困学生送去慰问品。在泰州市海军小学开展“携手筑梦”思源·助学行动，为该校所有特殊困难学生颁发助学金，柴墟支部和海军小学现场签订服务结对协议，建立长效合作机制。全年撰写调研报告1篇，提交提案和社情民意16篇。

（周正青　党红交）

【民进高港支部】 6月，民进高港支部成立，由民进高港小组升格为高港支部。支部有会员13人，其中，区政协委员2人，新发展会员2人。会员大多为口岸中学教师，其中，本科学历占87.5%，中高级职称占100%。组织会员参观泰兴市新四军黄桥战役纪念馆。定期到大泗镇走访调查，与大泗镇二陈村群众进行座谈交流，及时反映群众呼声。撰写提案《禁止焚烧秸秆面临的新问题及建议》和社情民意《关于加强自动电瓶车等交通管理的建议》。

（包继林　党红交）

【农工党高港总支】 2019年，农工党高港总支共有党员55人（含预备党员3人），其中，区政协委员3人（政协常委2人），政协特约信息员1人。农工党高港总支向农工党市委、区政协共报送社情民意7篇。组织部分党员开展“抗菌药物滥用问题”调研座谈活动，提交“关于抗菌药物滥用问题建议”社情民意3篇，宣传报道5篇。组织党员到浙江省嘉兴市开展“不忘合作初心，继续携手前进”主题活动。在区政协“不忘初心、牢记使命”主题教育暨庆祝人民政协成立70周年交流研讨会上，主委周娟代表农工党高港总支交流学习习近平总书记关于人民政协工作的重要讲话精神体会。6月，组织总支党员无偿献血。6月14日，开展“夏日送清凉，慰问暖人心”活动，为困难群众送上慰问品。9月10日，组织所有教师党员开展茶话会活动。建成“农工之家”和全区首个界别“委员之家”。

（周　娟　党红交）

【致公党高港支部】 12月，致公党高港支部成立，共有党员12人。党员中有市政协委员3人、区政协委员1人。党员主要为泰州市第三高级中学教师、泰州市职业技术学院教师。致公党高港支部组织党员调研，撰写提案，撰写的《关于加强乡村医生队伍建设的建议》提案得到有关领导肯定。（李　蓉　党红交）

【九三学社高港支社】 2019年，九三学社高港支社共有社员24人，其中，区人大代表1人、区政协委员6人（政协常委1人）。社员中本科学历占75%，硕士以上学位占5%。开展“不忘合作初心，继续携手前进”主题教育活动，学习习近平总书记关于政协工作系列重要讲话、全国政协主席汪洋讲话精神。组织部分社员到浙江、江西考察学习。针对高港区旅游业发展问题，提出整合开发旅游资源、强化旅游基础设施建设、改善旅游发展环境等建议，形成调研报告供区领导决策参考。组织开展“科技创新助推我区高质量发展”议政会，形成议政报告为区领导及相关部门参考。组织部分社员参观水岸景城中心幼儿园、田河小学、许庄初中及小学、高港中等专业职业学校，开展座谈，形成调研报告供政府及相关部门参考。组织社员参加“大走访大落实”活动。

（徐桂明　党红交）

区工商联

【概况】 2019年，区工商联下辖商会17个，其中，镇商会4个，街道商会3个，行业商会6个，异地商会5个。有工商联会员单位1036个，其中，企业会员731个，团体会员18个，个人会员287个。区工商联连续4年获评全国“五好”县级工商联。

【商会组织建设】 2019年，区工商联组织召开五届三次常委会暨五届四次执委会，增补刘晓璐（女）、严菲（女）、吴慧敏（女）、孙志刚、陈雯（女）、袁邦跃6人为区工商联第五届执行委员会委员。选举严菲为区商会专职秘书长。与辽宁省本溪市平山区工商联、陕西省咸阳市泾阳县工商联结成友好商会。创新成立泰州市高港区在苏州企业联合会暨苏州市泰州商会高港分会。指导北京、上海、南京、深圳高港商会开展活动，邀请南京财经大学教授开展税务培训。许庄商会获江苏省“四好”商会示范点称号。

【非公有制经济人士思想政治教育】 2019年，区工商联组织非公有制经济人士参加“中国特色社会主义主题教育”“社会主义核心价值体系教育”“理想信念教育先进事迹报告会”等教育活动。组织非公经济代表人士到陕西省泾阳县、三原县开展以“感悟红色精神，接受红色教育”为主题的理想信念教育实践活动。建立高港区舆情员队伍，利

2019年8月，区工商联组织工商联界别人大代表、政协委员、民营企业家代表参加“检察护航民企发展”检察开放日活动 （区工商联 供图）

用商会网站、微信公众号、会刊宣传会员日常动态和先进事迹。组织30余名企业家参加市工商联举办的专题讲座和专题研修班。举办社保统征下的人力资源管理合规和个税新政运用、企业管理能力培训等系列讲座。在全区工商联系统组织开展“壮丽70年，奋斗新时代”主题征文活动和民营企业文艺展演节目选送活动。组织区工商联机关党外人士到嘉兴南湖参观学习。

【参政议政】 2019年，区工商联组织工商联界别政协委员开展“践行政协初心使命，资政建言促进发展”活动，走访调研江苏中药科技园、大泗医疗骨科器械广场。组织工商联界别人大代表、政协委员、民营企业家代表参加“检察护航民企发展”检察开放日活动并开展座谈。开展“主席基层行”活动，了解企业生产经营状况、企业发展面临的主要问题，收集意见和建议向有关部门反映。完成全国工商联上规模民营企业调查和省工商联民营企业履行社会责任调查、苏商回乡投资调研工作、民营经济营商环境调查工作。

【服务会员企业】 2019年，区工商联为会员企业搭建信息互通、资源共享平台。开办“高港民营企业家大讲堂”活动3期，参加人数200余人。组织客商参加高港（上海）投资说明会，助推高港区招商引资工作。组织企业家代表到上海参加进博会。组织会员企业参加苏州校园招聘会，解决企业用工难问题。组织会员企业参加市工商联“法律三进”座谈会活动，促进企业守法经营健康发展。组织企业会员代表参加昆明泰州商会行业峰会，到盐城参观学习，引导会员企业学习先进管理经验，加强产业交流。联合区人民法院召开“加强民营企业产权保护，保障民营经济高质量发展”研讨会，探索建立商事纠纷协调机制。联合区委统战部举办泰常两地“同饮一江水，共话新发展”泰州（高港）高质量发展投资推介会，邀请70余名常州新北区青年企业家和高港区三大园区企业代表参加。举办高港籍在外人士新春联谊活动，到南京、上海等地拜访客商，搜集招商引资信息。

【光彩事业】 2019年，区工商联定期开展“大走访大落实”“阳光扶贫”等活动。八一建军节，慰问高港区烈士遗属、现役军人家属、退役军人代表14户。国庆节、重阳节前，联合民建高港总支走访慰问失独家庭27户。各级商会组织分别开展“爱心助学，情暖童心”“关爱女性，呵护健康，防治两癌”“情系大山，书香助学”等系列活动。工商联系统爱心企业家筹集爱心款物共计25万元，用于资助2019年淳化县贫困大学生和淳化县城关街道贫困村产业发展扶持项目。联合上海高港商会组织上海医疗界专家到高港开展义诊活动。 （严 菲）

区总工会

【概况】 2019年，高港区新增独立工会65个，新增会员2000余人。至年末，累计建立工会组织553个，其中，独立企业工会390个，系统、直属单位工会34个，村（社区）联合工会92个，村、社区独立工会34个，行业（产业）工会联合会3个。全区工会会员3.75万人。建成省级“模范职工之家”1个，规范化“职工之家”4个，评选表彰区级工会工作先进集体6个。创新民主管理机制，在各园区、镇（街道）召开企业职工代表大会现场会8场。“学习强国”平台和《工会信息》《工人日报》《新华日报》《江苏工人报》《泰州日报》等媒体报道高港工会工作信息60余篇。年内，区总工会获省级文明单位称号；在全市工会系统绩效考评中获第一名；“能级工资”集体协商工作入选《工人日报》年度十大新闻热点；获全省基层工会服务职工优质项目一、二、三等奖各1个。

【工会组织建设】 2019年，高港区全区新建工会65个，百人以上企业全部建会，保安、快递等群体全部入会。其中，建立村、社区独立工会34个，建立小农场联合工会3个。创成省级“模范职工之家”1个，市级“百佳示范工会”5个。在全市率先试点推行村（社区）工会主席兼挂职制度，农民劳模张晓兰当选胡庄镇薛垛村联合工会主席，农民劳模王步忠担任大泗镇霍堡村联合工会兼职副主席。推进“一镇一品”建设，分别在胡庄镇、白马镇、大泗镇、口岸街道举办现场观摩会。

【职工先进评选】 劳模评选 4月，推选吴万娟、张建章、刘飞、陈斌、王正宇、栾兴俊、史建伟、王步忠、陈宝进、朱美芳、钱维胜为泰州市劳动模范。

工匠评选 2019年，高港区开展“高港工匠”和“高港乡村工匠”评选活动。杜敏、吉云、金凤、王读根、周宇、李瑶、周健、陆余圣、叶云松被评为“高港工匠”。帅春燕、邓小华、袁永亮、孙学仁、毛裕勤、刘敏、王步忠、张亚芳、叶留建、曹光甫、孙书鸿、李春元、毛俊勇、孙继兵、刘纪云、王艳、蔡正荣、陈伟、孔云、刘楠楠、任新远、孙德基被评为“高港乡村工匠”。帅春燕、刘兆被评为“新时代泰州百名工匠”，孙玉龙、李汉祥获提名奖。帅春燕被评为“江苏轻工十大工匠”。刘兆获江苏省五一劳动奖章。

“最美职工”评选 6月，区委宣传部、区总工会发文表彰2019年度高港区“最美职工”，汪晓燕、纪文磊、钱灯春、郭美娟、孔云、朱宏、韩诤、刘彦龙、蔡萍、顾姐被评为区“最美职工”，李卫明、王小锋、刘向前、许婷婷、周丽兰、周娟、高蓓蓓、朱群、杨淑萍、宗桦获提名奖。

【职工技能比赛】 2019年，区总工会以“打造港口名城·建功十三五”为主题，举办区第三届职业技能大赛以及砌筑工、手插秧、机插秧、绳网吊索具行业等乡土技能竞赛10余场，参赛职工500余人。举办木雕、农民工职业技能、种植技术、电子商务等技能培训班30余场，累计培训职工3000余人次。奖补企业工会培训项目8个。

【职工文体活动】 2019年，区总工会举办道德讲堂、劳模事迹主题宣讲报告会、中华人民共和国成立70周年庆祝活动、区级机关趣味运动会、职工摄影培训、职工读书分享会等活动20余场次，区总工会获泰州市庆祝中华人民共和国成立70周年职工广场文艺演出优秀组织奖。“劳模工匠领航新时代，同心齐奏奋进主旋律”经验做法被评为省职工思想政治工作优秀案例。对基层工会开展的文体活动给予补助，全区基层总工会开展本级工会职工文体活动15次。免费向基层工会赠阅《工人日报》《江苏工人报》等工会报纸杂志1300余份。

【劳模（工匠）创新工作室】 2019年，区总工会建成泰州口岸船舶有限公司劳模（工匠）创新工作室联盟，泰州市劳模工匠协会、主导产业“英才联盟”首场交流观摩会在高港区召开。晋升区三星级劳模（工匠）创新工作室2个、二星级1个，新命名一星级2个，取得创新成果（专利）23项，获市级“十大科技创新成果”和“十大先进操作法”共3项，王海东、刘兆劳模（工匠）创新工作室分别获省、市示范性劳模与工匠人才创新工作室称号。

【劳模工匠精神宣传】 2019年，区总工会将曹光甫、刘兆、王友传3名工匠的先进事迹拍摄成《寻找高港工匠》专题宣传片，开展劳模工匠精神“七进”活动10场，宣讲劳模工匠先进事迹。区总工会与区委组织部联合拍摄的微视频《那些花儿》获全省党员教育微视频大赛暨第十四届党员教育电视片观摩活动评比剧情类三等奖、十佳摄影奖，获亚洲微电影艺术节“优秀作品奖”，在“学习强国”平台展播。

【“工村同振共兴”行动】 年初，区总工会制定出台《关于开展工村同振共兴行动的实施意见》，部署实施建会入会、素质提升、竞赛建功、模范领航、创业就业、维权维稳、普惠特惠、正向激励八大行动。年内，该项目中泰州口岸船舶有限公司“集体协商助力蓝领精英与企业共享共赢”，帅春燕工匠工作室“‘以点带面’发扬工匠精神，技能培训促进再创业”，胡庄镇农场联合工会“工村同振共兴发展农业产业经济”分别获全省基层工会服务职工优质项目一等奖、二等奖和三等奖。

【“能级工资”集体协商】 2019年，高港区贯彻落实中共中央办公厅、国务院办公厅印发的《关于提高技术工人待遇的意见》，发挥集体协商

“助力乡村振兴·建设美好高港”手插秧技能比赛现场

（区总工会　供图）

区总工会法律服务大篷车活动进企业　　（区总工会　供图）

工作在新时期产业工人队伍建设改革中的重要作用，将职工技能等级、专业技术职务、所作的贡献与薪酬挂钩，将获得荣誉、先进人物奖励等与薪酬待遇配套，提高技术工人待遇，培育泰州口岸船舶有限公司协商典型，在全国打造出“能级工资”集体协商“高港样板”。10月14日，全区产业工人“能级工资”集体协商现场会在泰州口岸船舶有限公司召开。会上，职工方与企业方谈判代表就增设劳模工匠荣誉津贴、竞赛获奖特殊津贴、技能人才技术津贴等议题逐一协商谈判，最后达成一致意见。高港区“能级工资”集体协商经验得到中华全国总工会、省总工会重点推介，《工人日报》《江苏工人报》进行宣传报道。高港区被市委、市政府确定为全市产业工人队伍建设改革试点地区。

【劳动保护】 2019年，区总工会依托劳动保护片区服务站，常态化开展“安康杯”竞赛、网上安康课堂、劳动保护监督检查等活动，5篇“安全隐患随手拍”作品获市级表彰，区总工会获优秀组织奖。

【职工普法维权】 2019年，区总工会开展“送法进基层”活动，举办法律广场咨询活动、法律维权知识讲座、“尊法守法，携手筑梦”农民工法律服务行动等30余场，送出普法书籍6000余册、宣传资料4800余份，接待咨询职工500余人次。发挥工会参与和创新社会治理的协同作用，会同相关部门构建“一站一室一网三员”职工维权服务体系：区总工会联合有关部门设立“工会维权驿站”，为职工提供咨询、援助、诉讼等服务；区人民法院、区人民检察院组织13名法官、检察官，分别设立何芬、袁亚琴“劳模（工匠）维权工作室”，打造“有事您说话、劳模帮您忙”维权服务品牌；区总工会聘请120余名基层工会干部和网格管理员为工会劳动关系信息员，聘请律师、仲裁员、人民调解员等为工会维权服务员，聘请人大代表、政协委员、先进模范人物和职工代表为工会劳动关系监督员，借助全区网格化社会治理资源，推动职工维权工作重心向基层延伸。该维权机制建立后，收集、处理各类劳动纠纷共涉及职工423人，帮助职工挽回经济损失260余万元。市政协工会界别委员专题视察该项工作并给予高度评价。

【职工帮扶】 2019年，区总工会继续做好“四季四送”帮扶品牌，“春送岗位”帮助下岗或待业职工55人实现再就业；“夏季三送”筹集资金70余万元，向5000余名户外及高温作业劳动者送去清凉；“金秋助学”资助25名困难职工子女每人5000元助学金；将26名职工纳入第二十一批特困职工予以帮助，并将救助金从650元/月提高到680元/月；“冬送温暖”投入资金70余万元，惠及职工600余人。职工阳光互助互济活动新增参保职工8556人，报销602人次，报销金额总计46.7万元。

【女职工权益保护】 2019年，区总工会组织开展“女职工健康关爱行”系列活动20场次。开展“逐梦新时代·巾帼绽芳华”女职工读书征文表彰暨分享会。组织开展《江苏省女职工劳动保护特别规定》专题宣传8场次，发放特别规定知识读本及宣传资料1000余份。举办法治专题讲座3场次，发放各类涉及女职工权益宣传读本和手册近800份。推动女职工权益专项集体合同签订工作，全年签订158份，涉及女职工近9000人，同步签订率达96%。慰问“两癌”困难女职工3人，给予17名特困女职工家庭每月650元的资助。（隆四清）

团区委

【概况】 2019年，高港区新发展团员603人，团员总数6096人。至年末，全区有基层团（工）委19个，团总支8个，团支部319个，团干部818人，其中专职团干部6人。有各级少先队组织23个，少先队员11204人，少先队辅导员261人。年内，团区委被评为全市共青团信息工作先进集体，获“新时代江苏青年精神”征集活动优秀组织奖。“小候鸟之家”留守儿童乐园项目获全市共青团工作“520”创新创优工程优秀项目三等奖。许庄街道团工委获江苏省红旗团委称号，胡庄初级中学团总支获江苏省五四红旗团总支称号，6个团组织被授予泰州市五四红旗团委、五四红旗团支部（总支）称号，6人被评为泰州市优秀共青团干部，5人被评为泰州市优秀共青团员；金秋桦入选“江苏省好青年”百人榜，获首届“泰州青年五四奖章”；4人入选泰州团市委青年讲师团；3人被评为“江苏省最美中学生”，1人被评为2019年江苏省优秀少先队队员，1人被评为江苏省优秀少先队辅导员，1支大队、1支中队分别被评为江苏省优秀少先队集体；2个阵地上榜泰州市级“青年学习社”榜单；3人分别获市“菁菁杯”微团课大赛一、二等奖；2篇原创视频稿件在“学习强国”上刊用。

“小小红领巾致敬火红青春”活动　（团区委　供图）

【团队组织建设】 2019年，高港区召开团区委六届四次全体（扩大）会议，总结2019年工作情况，展望2020年工作规划。按照专职、挂职、兼职相结合的方式，选优配强团的领导班子。将省委选调生、区高层次人才以及优秀大学生村干部等充实进镇街、园区团干队伍，提升中学中职团干队伍中学生团干比例。全年各类培训共计覆盖团干超500人次。加强团的基层规范建设，基层团组织覆盖面不断扩大，至2019年年底，全区共有基层团组织482个，其中，新建非公企业团组织64个、机关企事业单位团组织25个、社会组织团组织5个、互联网行业团组织1个。开展团干部基层组织情况大走访活动。探索雕花楼景区团支部“‘1+N’联合团建”新模式。 年内，高港区启动2轮团建督查工作，对基层团组织的团员发展、档案管理、“团员身份认定”工作开展情况和青少年之家、“青年学习社”阵地运营情况等逐一详查。开展团员发展摸底工作，落实新发展团员统一编号制度，统筹分配发展团员名额，控制中学中职团学比例，全年新发展团员603人，团员总数达6096人。强化“智慧团建”系统运用，全覆盖推行团省委《团支部工作清单制度》，量化基层团组织考核。全面推进少先队改革，全区22所中小学校全覆盖建立少工委。

【青少年思想建设】 2019年，团区委借助“团聚高港”微信公众号、“苏青U+”等，开展共青团的思想政治引领工作。打造“青年学习社”“青马学院”等团属阵地，联合雕花楼国学馆、历史文化馆等传统文化阵地，推动“青年微讲堂”“青马讲堂”“团团读书交流会”以及“团支部书记党（团）公开课”等品牌活动开展。创作微电影《青春再出发》《与你在一起》，分别获高港区“先锋在线”党员电教片创作大赛二等奖和优秀奖。举办“青春腾辉心向党·百年追梦兴港城”五四运动100周年纪念活动。在中华人民共和国成立70周年、五四运动100周年、少先队建队70周年等重要节点，组织开展“青春心向党·建功新时代”“共青团在我身边”“清明祭英烈”等主题团日活动以及“争做新时代好队员”“红领巾寻访新时代”“小小红领巾致敬火红青春”“中华优秀传统文化教育”等主题队日活动。各小学以六一儿童节和“建队日”为节点，开展集中入队仪式10余次；各中学开展“入团仪式”和“14岁青春仪式”30余次。

【青少年权益维护】 2019年，团区委开展自护教育活动30余场，动员专家力量10余人，覆盖青少年及家长800余人。组织江苏省高港中等专业学校15名师生参加泰州市第四届中职学校在校生模拟法庭大赛。关注农村特困青少年群体，结合“青暖童心”“童享阳光”“春风行动”等特色项目，给76名贫困儿童圆梦“微心愿”。成立法治宣传讲解队，创新开展“助力成长路·法制伴我行”“模拟法庭”等实境课堂教育活动。继续做好“12355”中、高考心理减压活动，4700名考生受益。

【青年创新创业】 2019年，团区委选派18名青年企业家代表参加市“新动力”训练营，筹备成立区青年商会。组织青年职工参加2019年全省青年职业技能大赛。推荐5人参加江苏省青年创新创业联盟。推荐9人参加泰州市第五届蜂鸟杯青年创客大赛。利用“新农菁英贷”计划平台，点对点服务返乡创业青年、新兴青年职业农民、农村青年致富带头人15人，协助审批发放青创小额贷款160余万元。

【青年志愿服务】 2019年，团区委开展“绿色骑行”“长江小卫士”等

“绿色骑行”活动　（团区委　供图）

活动，结合“学雷锋日”开展保护长江母亲河“健康江来”等志愿服务活动。落实“银杏果”公益课堂、“诵读学传”项目，在寒暑假、周末为困境青少年儿童免费提供看护、课业辅导、兴趣爱好培养等服务200余人次。开展“童享阳光·暖冬行动”活动，向30余名困境青少年送温暖。（徐　磊）

区妇联

【概况】2019年，高港区有园区、镇街妇联8个，村（社区）妇联91个，机关企事业单位妇联27个，基层妇联干部140人。年内，区妇联获评江苏省“首批云上妇联示范点”、泰州市妇女儿童工作先进集体称号。

【妇联组织建设】2019年，高港区成立“四新”领域妇联11个，在女性带头人、妇联执委身边建“微组织”，成立“恒凯妇女微家”等21个覆盖议事维权、公益服务、家风家教等诸多领域的妇女微家，口岸街道红黄蓝微家和白马镇“心连心”外来俏媳微家获评市级示范妇女微家。成立三八红旗手（集体）工作室20个，区城管局周荣美工作室、区人民法院少年及家事审判庭三八红旗集体工作室和张海霞工作室获市级示范工作室称号。

【妇女思想建设】2019年，区妇联组织开展“巾帼心向党·建功新时代”“庆祝中华人民共和国成立70周年”等群众性主题教育活动，坚定广大妇女听党话、跟党走的信念信心。组织妇联干部、妇联执委、优秀女性代表、巾帼志愿者等走进基层，开展“十百千巾帼万场宣讲”16场次。举办“寻初心、再出发——致敬巾帼英雄”道德讲堂。开展“书香高港，家家幸福”读书分享会，展示妇联干部精神风貌。举办“守初心，担使命，建新功”基层妇联干部培训班，培训机关、镇街、村（社区）三级妇联干部130余人。举办机关妇联干部“不忘初心、牢记使命”培训班，参观泰州市科学发展观展示馆和单声珍藏文物馆。

【妇女创业创新】2019年，区妇联举办第三届“港花新韵”女性专场招聘会，18个企业提供行政文员、财会、家政服务等岗位，89人达成就业意向。举办为期5天的“发展巾帼现代农业，提升转移就业能力”培训班，全区农村妇女骨干、妇女群众代表140余人参加培训。组织“乡村振兴，巾帼行动”妇女就业技能培训班暨“喜庆丰收节，晒赛好产品”推进会，帮助妇女学习新知识，掌握新技能。举办“巧手烹美食，巾帼展风采”厨艺大比拼、“巾帼亮新彩，比武秀绝活”技能竞赛。评比表彰区级巾帼建功先进集体10个，区级巾帼建功标兵10人，区级巾帼建功先进个人50人，命名区级巾帼文明岗22个。

【妇女权益维护】2019年，区妇联举办“欢庆70华诞，共建平安家庭”普法知识竞赛暨“平安家庭”创建工作推进会。联合区人大办、区司法局成立区性别平等咨询评估委员会，联合区人民检察院开展性别平等教育进课堂。创办“婚姻嫁校”讲堂，开设婚姻法律法规、改善婚姻家庭关系、科学教育子女、化解婚姻危机技巧等系列讲座。规范基

2019年5月17日，高港区举办“巾帼亮新彩，比武秀绝活”技能竞赛
（区妇联　供图）

2019年3月6日，高港区举办纪念三八妇女节109周年暨最美家庭表彰大会 （区妇联 供图）

层婚姻家庭调解室管理，明确专人负责。全年受理妇女儿童来电、来访案件38件。

【家庭文明建设】 2019年，区妇联持续开展寻找最美家庭活动，袁亚琴家庭获全国最美家庭称号。举办纪念三八国际妇女节109周年暨最美家庭表彰大会，表彰区最美家庭、品质家庭和家庭好角色70个。开展0~3岁早期家庭教育互动分享会3期，开展家教讲座6场，受益家长1000人次。开展儿童安全隐患排查和儿童守护培训10期，受益村（社区）20个，受益儿童及家长2万余人次。开展“传统文化进校园，经典诵读进社区”集中宣讲7场次，受众3000人次。全区设立村（社区）经典诵读点12个，周末和暑期开展经典诵读与国学夏令营86期，参与家长、孩子3000人次。

【巾帼志愿服务】 2019年，区妇联以“在你身边”为主题，围绕绿色环保、亲情关爱等开展巾帼志愿服务“一月一主题”活动，持续开展以普通家庭、空巢老人、留守儿童为服务重点的志愿服务28次。举办巾帼志愿者骨干及团队负责人培训班，培训基层妇联干部和巾帼志愿服务团队负责人50人。表彰区级优秀巾帼志愿者12人和优秀巾帼网宣员19人。

【妇女儿童关爱】 2019年，区妇联举办“花开向阳，同圆童梦”献礼祖国70周年专场文艺汇演。举办爱心妈妈与困境儿童“七彩夏日”亲子游，30名困境儿童与爱心妈妈同游常州嬉戏谷。开展“牵手成长，成就未来”助学活动，资助家境困难、成绩优异的中考学生34人，发放助学金3.5万元，赠送书籍34本。组织各级妇联组织和家庭参加“爱心储蓄罐99公益捐”项目，募集爱心捐款17.4万元。开展“港花新韵”女企业家关爱贫困妇女儿童活动，慰问65户无劳动力贫困母亲，发放慰问金7.7万元。开展“两癌”免费筛查，联合区卫生健康委、泰州市妇女儿童医院对全区2000余名女职工进行免费健康体检。发放“贫困母亲两癌救助款”1万元。结合“巾帼扶贫行动”，对口支援新疆昭苏，发放“母亲邮包”2万元；对口支援陕西淳化，发放关爱妇女儿童资金1万元。 （陈 媛）

区科协

【概况】 2019年，高港区有各类区级科技学会组织26个、园区科协3个、镇街科协7个、村（社区）科普协会91个、企业科协129个，科普志愿者1361人。年内，区科协建立科协委员履职服务管理与考评体系，促进“四长”委员作用发挥，被省科协评为单项工作创新案例；完善科普服务体系，线上内容新颖、线下活动丰富，获批中科协“科普中国”应用推广项目。

【科协委员履职管理】 2019年，区科协坚持“党建带科建”，推动科协系统深化改革，会同区委组织部研究制定《高港区科协委员履职服务

2019年6月1日，高港区举办庆六一“花开向阳，同圆童梦”晚会 （区妇联 供图）

科普大篷车走进泰州市口岸中心小学　（区科协　供图）

管理办法（试行）》，建立科协委员履职管理档案，全面推行科协委员履职管理与考评体系，被省科协评为2019年度单项工作创新案例。

【服务科技工作者】 2019年，区科协在全区科技工作者中动员开展“砥砺奋进跟党走，建功立业新时代”主题竞赛活动。举办科技工作者培训班，邀请省科协调宣部部长作《新时代科协组织创新与使命担当》专题报告、区委宣传部副部长作意识形态工作宣讲。组建科技工作者法律服务工作室，举办“法治报告会科技工作者专场”，邀请江苏明港律师事务所律师作合法维权专题报告。推动科技工作者建言献策，打造“智汇高港”科技智库品牌，被省科协评为2019年度十大科技创新智库基地。扬子江药业集团有限公司邹贻泉获批省科协青年人才托举工程资助项目。

【服务企业】 2019年，区科协举办海外科技人才项目对接活动，达成科技人才项目合作意向4个。征集企业科技人才需求91条，邀请专家、学者分别到园区、镇街和企业一线，开展“一对一”会企对接服务活动22人次。邀请省投资资金联盟专业人士到泰州市万里科技有限公司进行实地调研考察，开展金融对接服务活动。促成中科院北京成果转化中心常州中心与泰州市高港区临港经济园合作共建创新产业园。

【科普惠农】 2019年，高港区出台《高港区科普项目资金使用管理办法（试行）》，开展科普项目资金使用管理专项督查，推动科普项目健康发展。实施“科普惠农兴村”计划，泰州市港月生态农业专业合作社被命名为江苏省科普惠农服务站，江苏逸夏果园有限公司被命名为市级科普惠农服务站，江苏西来原生态农业有限公司获批市级科普惠农专项奖补项目。

【科普宣传】 5月19—26日，高港区举办以“科技强国，科普惠民”为主题的高港区第23届科普宣传周系列活动。21日，在口岸中心小学举办主场活动，现场组织开展青少年科技创新成果展示、科普大篷车进校园等活动。9月20日，举办以“礼赞共和国，智慧新生活”为主题的2019年全国科普日高港主场活动，开展科普志愿服务、科技创新成果展示等活动，区科协被省科协评为全国科普日活动优秀组织单位。全年组织开展科普进社区、进农村、进校园、进企业活动80余场次。获批中科协“科普中国”应用推广项目。江苏高港中等专业学校、泰州市口岸中心小学、泰州市永安洲实验学校被命名为市级科学教育示范学校，陆德芳、翟云涛、陈花（女）等被评为市级优秀科技辅导员。泰州市高港区科普志愿服务队获评市优秀科技志愿服务队，泰州市高港区口岸街道新城社区获评市优秀科普示范社区，泰州市港月生态农业专业合作社获评市优秀科普惠农服务站，泰州市高港区合家欢家庭农场获评市优秀科普教育基地。

【“讲理想、比创新、比贡献”活动】 2019年，区科协动员组织企业一线科技工作者开展“讲理想、比创新、比贡献”活动，推荐申报并获市科协立项16个，形成活动成果11个，江苏京华澄电力科技有限公司的10千伏配电设备一次二次融合、江苏张弛轮毂制造有限公司的一种采用铸旋新工艺轮毂的研发、泰州市博泰电子有限公司的新一代移动通信用铁氟龙和环氧树脂混压电路板关键技术研究、江苏乐彩印刷材料有限公司的环保型免冲洗印刷用热敏CYP版材的研发、江苏佳强照明电器有限公司的一丝双头免嫁接灯芯、泰州市金海运船用设备有限责任公司的搜救无人艇研发及产业化、泰州市祥盛工具有限公司的打结器7个项目被市科协评为优秀活动成果，扬子江药业集团有限公司孙春艳、江苏泰氟隆科技有限公司侯金国、江苏赛维环保有限公司吴月华、泰州市三星泰氟隆有限公司范国华、泰州市力鼎机械设备有限公司易建军、江苏飞达安全装备科技有限公司徐建明6名科技工作者被市科协评为活动先进个人。　（陈　群）

区侨联

【概况】 2019年，区侨联开展全区侨胞情况调查工作。至年末，全区有华侨、华人约230余人，主要分布在北美、欧洲、东亚、东南亚、大洋洲等国家和地区，侨眷属约560人。出国留学人员60余人。江苏江洲农业科技发展有限公司在安哥拉设立高港区第一个海外侨务工作联络站。

【侨界服务】 2019年，区侨联采取“走进门、认识人、拉家常”的方式，强化与侨眷的联络、联谊，做到走访、服务侨眷常态化。对侨眷及留学生家属逐户走访座谈，建立海外华人、华侨及留学生档案及“高港区侨胞之家”微信群，强化与侨眷及海外侨胞的联系、联谊，帮助侨胞解决实际问题。中秋及春节，慰问侨眷32人次，向侨眷送去慰问品、慰问信、慰问金。10月1日，向受中央组织部邀请参加国庆70周年阅兵庆典的3名高港籍华人华侨送去祝福。春节期间，通过“高港区侨胞之家”微信群发布《致海外侨胞的春节慰问信》，向全区侨眷、留学生及眷属邮寄《致全区海内外侨胞、留学生的春节慰问信》。

【侨界宣传】 2019年，区侨联坚持以侨为桥，以侨引侨，加大招商引资、招贤引智力度，做好重点人士工作，引导参与支持家乡建设。通过“高港区侨胞之家”微信群宣传祖国，宣传高港。（张　文）

区文联

参见《文化·体育》类目。

区残联

【概况】 2019年，高港区有各类残疾人14813人。其中，视力残疾2578人，肢体残疾7025人，听力残疾1590人，言语残疾186人，智力残疾1320人，精神残疾1016人，多重残疾1098人。办理第二代残疾人证6779本，办证率为46%。

【残疾人就业服务】 2019年，区残联举办残疾人编织培训班和电商培训班，72人参加培训，新增实名制培训残疾人70人；选送2名学员参加市残联组织的盲人保健按摩师培训班，其中，高级1人，初级1人。组织200余人次残疾人参加市残联组织的2次残疾人专场招聘会，8名残疾人当场签订用工意向书。至年末，全区18个企业集中安置残疾人就业559人，按比例安排残疾人就业258人，新增实名制就业95人。

【残疾人机构建设】 2019年，区残疾人托养中心常态化为30名残疾人开展托养服务，引进体育用品包装工疗制作项目。胡庄镇托养分中心正常运行，落实医用纱布、医疗纸箱盒、小提琴泡沫等工疗项目，30名残疾人在中心免费托养并参与辅助性就业。区残联联合区财政局制定印发《高港区“残疾人之家”建设与运行管理实施办法（试行）》。全区7个镇（街道）“残疾人之家”运行状况良好，各“残疾人之家”均配套工疗项目，增加辅助性就业岗位90个，均通过市残联考核组的验收。年内，新创建社区“残疾人之家”5个。

【残疾人无障碍环境建设】 2019年，全区残疾人家庭无障碍改造完成30户，完成率142.8%。残疾人家庭平均每户补贴3500元，共投入资金10.5万元，6月全部完成改造任务。

【助残宣传文体活动】 全国助残日期间，区残联开展系列助残宣传活动，组织22名残疾人参加市残联举办的残疾人文艺汇演；在胡庄镇“残疾人之家”开展健康咨询送医送药活动；在大润发广场开展残疾人康复、就业政策咨询宣传活动；邀请口岸街道艺术团在托养中心对残疾人进行慰问演出；组织康复中心的残障儿童游玩南通森林野生动物园。在全国残疾预防日，联合口岸街道新城社区开展“残疾预防，从我做起”主题党日活动，向社区群众宣传残疾预防知识。开展“书香中国，阅读有我”图书捐赠活动，为口岸街道新城社区农家书屋捐赠图书1000余册。

【残疾人合法权益保护】 残疾人证规范管理　全区新增办证残疾人

2019年6月25日，口岸中心幼儿园小朋友为残疾儿童康复中心小朋友送来爱心表演
（区残联　供图）

420人，启动对全区持证满10年和重度残疾人持证满5年的重评工作。出台重评工作方案，先后召开残疾人证重评工作征求意见会、评残专家组培训会和专职委员业务培训班，对重评工作前期准备情况与重评工作中注意把握的环节作详细说明。重评工作经过初评、复评、终评已完成，通过现场评残和上门评残相结合，共为全区3445名残疾人重新评定类别及等级。

残疾人诉求渠道　区残联参加泰州市残联系统“12345”政风行风热线直播活动，现场答复残疾人关心的政策性问题。全年接待残疾人来信25件，来访52人次，按时办结率100%，答复满意率100%。

（尚建南）

区红十字会

【概况】 2019年，高港区有红十字基层组织29个，红十字会员6760人，其中青少年会员5560人。红十字志愿者663人，其中，注册志愿者213人，登记志愿者450人。红十字会捐款收入90.46万元，支出74.58万元。继续开展“红十字博爱万人捐”活动，募集社会捐款79.87万元。做好红十字会宣传，开展电视媒体网站宣传和重要节日纪念活动。组织救护培训26场次，完成普及性救护培训2516人次，初级救护培训500人次。发放助医助学助困资金59.3万元。有52名志愿者采集血样，完成1例遗体捐献。全年在《中国红十字报》用稿1篇、《江苏红十字报》用稿2篇、省红十字会网站用稿12篇，市红十字会网站用稿21篇。

【区红十字会捐赠收支】 2019年，区红十字会捐款收入90.46万元。其中，“红十字博爱万人捐” 79.87万元，“高港区馨语爱心服务队”志愿者定向助学款6. 92万元，定向刁铺街道特困户捐款0.4万元，定向宜宾地震捐款0.27万元，高港中医院汇红十字关爱女性健康项目经费3万元。“红十字博爱万人捐”，区级机关捐款27.92万元，占34.96%；各镇街捐款34.48万元，占43.17%；文卫系统捐款13.56万元，占16.98%；其他单位和个人捐款3.91万元，占4.89%。捐款支出74.58万元。其中，助医支出3.14万元，助困支出42.25万元，助学支出13.92万元，定向宜宾地震支出0.27万元，支援对口帮扶淳化县贫困学生300人15万元。

【红十字青少年工作】 2019年，区红十字会组织泰州市口岸中心小学、泰州市口岸实验学校参加泰州市学校红十字应急救护知识与技能竞赛，泰州市口岸中心小学获团体二等奖，1人获个人二等奖，2人获个人三等奖。开展省、市红十字示范学校创建活动，泰州市口岸中心小学获评江苏省红十字示范学校，泰州市口岸实验学校获评泰州市红十字示范学校。

【公益性应急救护培训】 2019年，区红十字会明确各镇街、各部门年度应急救护培训工作任务。全年完成初级救护培训500人，完成市交目标任务125 %；普及救护培训2516人，完成市交目标任务115%。

【助医活动】 2019年，区红十字会关爱女性健康项目支出54人次、3.14万元，累计救助贫困女性患者362人次、22.2万元。

【助困活动】 2019年，区红十字会开展“红十字博爱送万家”活动，救助440人、21.53万元，将省红十字会下拨的价值1.82万元的物资发放给困难群众。定向救助特困群众24人、6.1万元。救助口岸街道特困群众1人、0.2万元。救助大泗镇特困群众1人、0.3万元。少儿大病救助2人、1.2万元。应急救助62人、12.4万元。重阳节慰问老人51人，发放慰问金0.52万元。

【助学活动】 2019年，区红十字会资助孤儿24人，发放助学款7万元。高港区“馨语爱心服务队”志愿者定向助学款资助学生86人次，发放助学款6.92万元。

【造血干细胞及遗体捐献】 2019年，区红十字会为52名造血干细胞志愿者采集血样，完成市交目标任务104%。完成再动员11例，完成高分辨进入体检阶段1例。完成1例遗体捐献。

【红十字志愿服务】 2019年，区红十字会开展养老照护知识培训班7场，培训510人。开展服务活动3期，共入户服务50户。组织“馨语爱心服务队”志愿者走进残疾人托养中心、刁铺敬老院，开展关爱残疾人、老人志愿服务活动。组织志愿者与43名贫困学生结对帮扶。组织5名品学兼优的结对学生到湖南省参加红色教育、户外拓展活动。

（孙晓红）

法　治

政法委及综治工作

【社会稳定风险评估】 2019年，高港区落实社会稳定风险评估机制，通过定期评估与临时评估相结合、类案评估与个案评估相结合、重点评估与一般评估相结合的方法，掌握动态信息，制定工作预案、采取应对措施，对影响社会稳定的潜在风险进行先期预测、先期研判，为矛盾纠纷的源头治理和根本化解提供决策数据和依据。全程跟踪进行业务指导和工作协调，帮助基层解决稳评实施过程中遇到的困难与问题。全年完成稳评项目31件，按照技术规范要求，对每个稳评项目进行跟踪督办，对每份稳评卷宗严格审查，对每项评估结论严格把关并跟踪回访决策实施情况，对所有发现的问题均口头或书面下达整改意见，责令限期整改。

【社会治安防控体系建设】 2019年，高港区"雪亮工程"暨升级版技防城改造项目主体建设完工，"智慧小区"进入试运行阶段。采用政府购买服务的方式，由建设运营单位负责前后端基础设备建设和设备的运维管护。聘请专业公司统筹规划设计"雪亮工程"实施方案，启动"雪亮工程"建设工作。新配备各类云存储主机、运算管理服务器、高端网络交换机。邀请第三方随机开展群众安全感电话测评，对薄弱环节及问题较为突出的镇街，有针对性地落实整改措施。围绕信访积案攻坚，实行领导包案，组织开展"信访积案攻坚百日会战""百日清零"及"三化解一规范"专项行动。围绕提高矛盾化解率，实体化运行区、镇两级矛盾纠纷多元化解中心和村（社区）调处服务站。弘扬"枫桥经验"，打造化解矛盾纠纷"店小二"团队，推动矛盾纠纷"一地"解决，省、市政法简报、《江苏法制报》专题刊登报道。

【扫黑除恶专项斗争】 2019年，高港区成立由区委、区政府主要负责人任组长，分管负责人任副组长，区各相关单位负责人为成员的领导小组。区委常委会、区政府常务会先后7次听取扫黑除恶专项斗争工作情况汇报，研究解决突出问题，主要负责人作为第一责任人，多次通过会议专题研究、深入一线督导等方式，以上率下抓推进；分管负责人常态化召开专题过堂会、推进会，具体抓专项斗争工作开展。分别制定出台全区实施方案及年度工作要点、中央扫黑除恶第17督导组第一次和第三次边督边改对接会反馈问题高港区整改落实方案，区级部门和各镇街相应制定整改落实方案，将专项斗争纳入年度平安建设考核体系，考核结果作为领导班子和领导干部

2019年5月6日，区领导督查永安洲镇扫黑除恶专项斗争开展情况

（区委政法委　供图）

绩效评价的重要内容，形成一级带一级、层层抓落实的良好局面。区、镇两级专项斗争领导小组、扫黑办，发挥牵头抓总、统筹协调的职能，召开全区扫黑除恶专项斗争整改落实督查推进会和领导小组扩大会议，传发中央扫黑除恶督导"回头看"重点任务分工方案，明确当前工作要求，做好中央督导组"回头看"准备，完善策略措施，加强指导监督。上半年，群众对扫黑除恶知晓率在全市排名上升至第1名。全区共破获涉恶案件32起，抓获涉恶犯罪嫌疑人116人，侦办"套路贷"2件，查处恶势力犯罪集团案件1件，确定软弱涣散村居党组织5个。中央督导组在泰州期间，高港区实现案件和线索双清零。

【法学课题研究】 2019年，高港区组织开展2019年度法学研究课题申报、立项、结项工作，围绕课题要求，确定重点课题5个和一般课题11个，经市法学会对课题进行相似度测评后，最终表彰资助优秀法学研究课题12个。

【综合执法】 2019年，高港区整合城管、市场监管、应急、环保等执法力量，依法将相应行政执法权限委托或下放到镇街，组建综合执法机构，建立全科综合执法队伍，依法独立行使有关行政执法职权，承担相应法律责任。推广刁铺街道试点组建综合执法机构的经验，通过执法队伍的联合，进行执法力量的整合。深化"三零"行动，通过"零缝隙预防、零距离服务、零容忍打击"，促进高质量发展。组织开展"三团三队助力三大攻坚战"普法志愿服务、"检润民企"、"六访六助"司法护企等专项行动，促进企业健康发展。全年全区政法机关累计为项目建设服务540余次（场），上门提供安防指导服务90余次、安保护送服务20余次，行政审批服务100余次，依法处置各类突发事件40余起，督促整改消除各类安全隐患50余个。优化服务举措，深化司法领域"最多跑一次"改革，推行假日法庭、午间立案和上门立案，累计提供各类诉讼服务495次。组织政法干警深入基层村居，开展大走访大落实活动，及时帮助基层化解难题。常态化开展执法督查和案件评查，全年共评查案件103件。

【网格化社会治理】 2019年，高港区推进网格化社会治理工作。紧扣网格规范达标率8个关键指标，健全机制、规范运行，实行区、镇、村、网格四级联动。依托综治视联网，邀请相关业务骨干，常态化开展网格员培训。创新设计网格员"口袋书"，便于网格员对网格事项做到"一口清"。以"织密红色网格，激发社会治理新活力"为主题，召开"网格+党建"现场推进会。区、镇、村三级网格化治理中心全部实体化运行。5月，举办为期1周的全区创新网格化社会治理专题培训班。依托综治视联网，邀请相关业务骨干，常态化开展网格员培训，年内累计培训4200余人次。评选表彰全区"十佳网格员"和"优秀网格员"各10人。49名公安民警、32名检察官、15名员额法官和33名法律顾问下沉至全区686个基础网格，担任"第N+1个网格员"，实现政法力量参与社会治理向前端延伸，《人民法院报》刊登报道。鼓励各村（社区）结合自身实际，推进"一格一品"建设，打造刁铺街道关桥社区、口岸街道王营社区"警官网格"，口岸街道徐庄村"技防网格"，永安洲镇中心社区"智慧网格"，永安洲镇润洲社区"党建网格"等。11月，市委政法委在大泗镇召开全市安全感和网格化规范达标率推进会。

（区委政法委）

公 安

·综 述·

【概况】 2019年，泰州市公安局高港分局（简称区公安分局）破获刑事案件324件，抓获刑事作案嫌疑人457人。破获经济犯罪案件11件，挽回经济损失3600万元。查破治安案件3464件，查处嫌疑人260人。全年接待处理群众来信来访175件，查办175件，查结率100%。处置各类群体性事件10件，完成多项重大安保任务。破获"八类"案件9件，连续8年实现"八类"案件全破。22个集体、125名民警受到上级表彰奖励。其中，1人被评为全省"110"接处警工作先进个人、1人被评为泰州最美警察、1人被评为全市政法系统"忠诚卫士"。区公安分局法制大队被评为法治泰州建设公正司法先进单位，白马派出所被评为全市公安机关"五型"好班子先进基层单位，口岸派出所党支部被评为全市公安机关先进基层党组织。

【警务工作服务站】 2019年，口岸警务工作服务站新增居住证及常规户籍办理业务。年内，警务工作服务站共提供便民服务1880余次，接处警1026起，比上年上升338%，处警占比达口岸辖区总警情的15%。受理案件93件，抓获各类违法犯罪嫌疑人56人。

【社区警务网格化管理】 2019年，区公安分局将网格与警格"双网"深度融合，打造高港特色社区警务。全区7个镇街、91个村（社区）划分为686个网格、46个警格，按照每个警格至少配备一警两辅的要求，配备社区民警57人、社区辅警102人及若干名兼职网格员。年内，全区警格、网格员共采集实有人口、实有房屋信息4万余条，收集矛盾纠纷、安全隐患等各类信息6300余条，累计服务群众4000余人次，为群众解决户口难题350余件。（戴 华）

·刑事侦查·

【刑事案件侦办】 2019年，全区共破获刑事案件324起，抓获刑事作案嫌疑人457人。先后侦破“1·15”贩卖毒品案、“5·6”寻衅滋事案、“8·7”故意放火案、“8·21”故意伤害案等重大案件。破获“八类”案件9件，实现“八类”案件连续8年全破。破获毒品案件4件，抓获涉嫌贩毒犯罪嫌疑人7人。

【经济案件侦办】 2019年，区公安分局破获经济犯罪案件11件，刑拘23人，提请批准逮捕11人，公诉23人，挽回经济损失3600万元。共立非法集资类犯罪案件5件，抓获犯罪嫌疑人17人（历年逃犯1人），其中7人移送审查起诉。

【涉黑涉恶案件侦办】 2019年，区公安分局共立涉黑涉恶案件31件，抓获涉恶犯罪嫌疑人79人，其中采取刑事强制措施75人。移交区监委涉黑涉恶腐败问题和“保护伞”线索11条共12人，查实立案1件，扣押、查封、冻结涉恶资产500余万元。全年共收缴子弹3000余发、枪支13支、炮弹1枚。

【禁毒工作】 2019年，区公安分局组织开展“清隐”行动，开展社会面吸毒人员核查管控行动，打击制贩、走私毒品和制毒物品犯罪活动。年内，共办理涉毒案件17件，公诉涉毒人员20人，查处吸毒人员17人。

【“云剑”专项行动】 6月，区公安分局组织开展“云剑”专项行动，打击通信网络诈骗、民族资产解冻类诈骗、“套路贷”等新型网络犯罪。年内，共破获电信诈案件25件，抓获犯罪嫌疑人90人，挽回经济损失70余万元；共办理“套路贷”类案件2件，抓获犯罪嫌疑人17人。（戴 华）

·治安管理·

【“雪亮工程”建设】 2019年，区委、区政府投资5500万元用于“雪亮工程”暨升级版技防城建设，完成17个小区的技防升级改造项目建设。辖区内新增布置全景枪机、智能枪机、超星光级球机和高空实景监控设备，实现社会面区域全覆盖、高密度型监控。

【“扫黄禁赌”专项行动】 2019年，区公安分局注重查处黄娼赌违法犯罪，净化社会治安环境。年内，共查处娼赌案件32件，抓获各类娼赌违法犯罪嫌疑人114人，组织收网“3·6”孙某等人开设赌场案、“4·2”王某等人开设赌场案，抓获刑事作案嫌疑人9人，移送起诉26人，查获涉案单位3个。

【易制爆危险化学品管理】 2019年，区公安分局对全区11个剧毒化学品单位、22个易制爆化学品单位、92个危险化学品单位、1个烟花爆竹公司以及2个长途客运站开展拉网式检查，排查整改安全隐患285处，当场落实整改254处，下发限期整改通知书31份，未发生一起安全责任事故。

【物流寄递管理】 2019年，区公安分局强化寄递企业源头治理，对全区12个寄递企业、7个寄递分拨中心、73个寄递网点和819个从业人员逐一排查，建立动态管理机制，排查整改安全隐患45处、涉爆隐患2处，下发限期整改通知书3份，处罚寄递企业2个。

【“110”接处警】 2019年，区公安分局共接报警1.98万起，其中，违法犯罪警情5453起、火灾事故225起、交通类警情166起、纠纷类7339起、求助类4036起、举报投诉1392起、其他1099起。（戴 华）

·户政管理·

【流动人口管理】 2019年，区公安分局加强流动人口服务管理工作，共采集流动人口5.33万人，注销4.29万人；登记房屋出租户3495户，登记率、治安责任书签订率均达95%以上。

【群租房管理】 2019年，区公安分局共排查登记群租房72户、租住人员1913人，共排查整改安全隐患67处，其中，消防隐患53处，电力隐患8处，改变房屋使用性质和用途的2处。（戴 华）

·出入境管理·

【出入境窗口服务】 2019年，区公安分局共受理出入境申请10827人次，其中，电子护照4664人次，港澳台通行证申请6163人。全年未发生违规违法办理出入境证件事件。

【境外人员登记管理】 2019年，区公安分局共登记常住境外人员56人，其中，外国人23人，台湾居民30人，港澳居民3人。审核临时入境境外人员432人，查处涉外行政案件4起，全年审核上报境外人员临时住宿信息769条。（戴 华）

·道路交通安全管理·

【概况】 2019年，高港区共发生各类交通事故4525起，死亡55人，伤1484人。泰州市公安局交通警察支队高港大队（简称交警高港大队）查纠各类交通违法行为14.92万起，其中，机动车违法12.98万起，非机动车、行人违法行为1.61万起；查获酒后驾驶306起，醉酒驾驶34

起，扣留机动车2910起，扣留驾驶证467本。完成春运、五一、端午、高考、中考等交通安全保障任务。

【路面勤务管理】 2019年，交警高港大队针对辖区交通违法行为的特点和规律，将交通秩序整治活动和文明城市创建有机结合，细化工作措施，制定交通秩序整治工作方案，全面完善早晚高峰岗制度，强化全员接处警。开展农村与城区整治、大规模整治和异地交叉执法，不定点、不定期开展酒驾毒驾整治，对酒驾、醉驾实行零容忍。

【日常管理中的排查治理】 2019年，交警高港大队结合“4221网格化”勤务模式，将辖区划分成若干片区，辖区外勤中队逐片对应，分片承包，每一片区的道路与中队民警一一对应，逐层逐级挂钩形成排查责任体系，督促民警在日常交通管理和上下岗时有意识的关注交通隐患的排查。不定期组织集中整治，逐路排查所承包责任区内的交通安全隐患。将交通隐患治理工作纳入铁骑四级勤务中，加大铁骑巡逻力度，定时、定岗、定人开展巡逻，机动发现问题。将二级指挥室与外勤中队紧密相连，对“110”接处警和“12345”投诉中发现的问题，及时下达指令到对应中队，第一时间到现场确认隐患是否存在，将检查结果进行反馈。

【事故易发点排查治理】 2019年，交警高港大队严格落实“重大事故一案一评”制度，组织事故中队梳理交通事故多发点段，通过交通事故通案会、评析会，研判分析交通事故发生规律和特点。通过大数据积累的事故数据进行统计，按照事故发生地点进行排名，将事故高发的路口路段作为隐患整改的重点。对事故类型、道路类型、天气特点进行统计，分析事故成因，总结出交通事故多发时段、多发地段、多发车型以及诱发交通事故的重点违法行为，提出针对性强、易操作的预防交通事故对策措施。

【农村道路排查治理】 2019年，高港区投入近2000万元，实施农村公路生命安全防护工程。交警高港大队同交通部门合作，完善警示桩、防撞护栏、指示标志等，尤其是对农村校车线路、临河、急弯、村庄及视线不良段加大投入力度。加大农村安保科技投入，安装发光道钉、行人过街预警、发光标志等。发挥警保合作劝导员的作用，对区域内的道路交通安全隐患进行日常巡查，发现隐患及时通过手机App上报，需要采取紧急防范措施的，采取必要措施并迅速报告。

【重点车辆专项整治】 2019年，交警高港大队合理调整勤务安排，加大工程运输车通行时段、路段的巡逻管控力度，采取错时巡逻与流动巡逻相结合的方式，重点抓工程运输车辆野蛮行驶、抛洒滴漏、无牌挡牌、假牌套牌、拼装报废、超载、超速、疲劳驾驶等交通违法行为的查处，做到不漏管、不失控，形成严查、严管、严纠、严打态势。加大路面巡逻，一旦发现“僵尸车”，一律实施拖离；及时公布封闭电动三、四轮车限行区域，广泛开展电动三、四轮车危害性宣传，加大处罚，组织开展联合整治行动，改善城区道路通行秩序。 （王阿林）

检 察

【概况】 2019年，区人民检察院审查逮捕刑事案件76件、110人，提起公诉235件、402人。办理民事检察案件49件。办理行政检察案件3件。办理公益诉讼案件33件。年内，区人民检察院被评为江苏省文明单位，未成年人刑事检察部门被评为江苏省青年文明号，院党总支被评为高港区优秀基层党组织；4名干警入选全市检察机关30名青年英才培养对象。通过省AAAAA级数字档案室联合评估小组验收。

【部门联动】 2019年，区人民检察院加强与监察机关的衔接配合，办理本地及异地指定管辖职务犯罪案件10件、12人，挽回国家损失900余万元。参与扫黑除恶专项斗争，批捕涉黑涉恶案件1件、5人，起诉1件、5人。加大知识产权检察保护力度，针对区内重点食品企业商标被侵权案件，联动区市场监管局调查处理，依法保护企业合法权益，相关做法得到区政府主要负责人批示肯定。开展“检察官进网格”活动。检察长与网格长共同走访社区矫正对象，对个别患有疾病、家庭困难的矫正对象，建议网格员对其重点关注并给予人性化关怀。与团委、公安等部门会签《罪错未成年人保护合作框架协议》，开展亲职教育、行为矫正等关爱帮教和犯罪预防活动。针对偏僻厂房被犯罪分子利用作为开设赌场犯罪场地问题，建议公安机关加强日常巡查和治安管理。

【刑事检察】 2019年，区人民检察院共审查逮捕刑事案件76件、110人，提起公诉235件、402人，有罪判决率100%。在全市首次提出精准型量刑建议，全年适用认罪认罚案件比例为70.96%。区人民检察院适用认罪认罚从宽制度的相关做法得到省人民检察院检察长批示肯定。坚持刑法谦抑性原则，主动行使好不捕、不诉权，对11人不予批捕，对26人决定不起诉。提前介入刑事案件19件，立案监督4件，纠正漏犯2人。开展刑事案件久侦不决专项监督，建议公安机关移送审查起诉积存案件33件。加强刑事审判监督。对适用速裁程序审理的案件，建议法院依法予以当庭宣判；对认罪认罚案件拟不采纳检察机关量刑建议的，建议法院书面征求检察机关意见。检察长列席法院审判委员会3次。对法院判处缓刑交付异地执行后，异地司法行政机关拒收情形，书面函请当地检察机关予以监督，3名被告人交付执行。对18名没有继续羁押必要性的犯罪嫌疑人提出变更强制措施建议。1件羁押必要性审查案件和1件暂予监外执行收监案件，分别被最高人民检察院与省人民检察院评为精品监督案件。

【民事检察】 2019年，区人民检察院办理支持起诉案件10件，维护务工人员合法权益，追索劳动报酬10余万元。加强对生效民事裁判的法律监督，提请民事抗诉案件和再审检察建议9件。查办虚假诉讼监督案件6件，涉案金额近1700万元。其中，办理1件虚构借款协议逃避还款义务的虚假诉讼案件，保障案涉公司债权人1100余万元权益。在办理某公司伪造合同和还款协议骗取法院调解书案件中，查明虚假诉讼事实，建议法院启动再审程序撤销原判决，移送公安机关追究虚假诉讼刑事责任，该案入围全省检察机关2019年十大法律监督典型候选案件。开展网络司法拍卖以及查封扣押冻结活动专项检察监督，发出检察建议14份；对2件拒不执行判决、裁定案依法提起公诉，助推解决“执行难”问题。

【行政检察】 2019年，区人民检察院调取2017—2019年的社会抚养费行政非诉执行卷宗，就法院受理行政执法机关强制执行申请后的审查程序问题，与区人民法院逐一沟通，规范行政非诉执行活动。深化行政执法与刑事司法衔接，督促行政执法机关移送刑事犯罪线索3件。

【公益诉讼检察】 2019年，区人民检察院践行“双赢多赢共赢”理念，综合运用口头检察建议、书面检察建议和提起诉讼三种方式，用心做好公益诉讼检察工作。全年共发出书面检察建议25份，口头检察建议8份。开展“保护长江母亲河”专项监督。定期到长江水源保护地、湿地生态保护区等地开展巡查。针对古马干河高港段沿岸18个砂石码头擅自占用河道堤防等违法行为，联合主管部门与镇街共同开展专项整治，违建码头全部拆除，河道岸线补植复绿。开展扬尘污染专项监督。对全区建筑工地进行走访摸排，针对部分工地防尘设施不健全、防尘措施不到位等情形开展调查，向部分镇街集中送达检察建议，推动开展综合治理。从1件滥用职权刑事案件中发现37万余元国有资产流失线索，向主管部门发出行政公益诉讼诉前检察建议，督促其履行监管职责，追回国有资产。针对群众举报的基本农田填埋生活垃圾情况，结合基本农田保护要求，与主管部门就土壤污染防治职责和整改方案达成共识。农田全部复垦到位，经第三方检测符合种植条件。

【检务公开】 2019年，区人民检察院树立“监督者更要接受监督”的意识。接受区人大常委会对公益诉讼工作的审议，对照审议意见认真落实改进。邀请“两代表一委员”评议检察工作、监督公开答复、参与公开听证12次。面向教师、工人、社区群众等举办专题检察开放日活动4次，举办新闻发布会2次，发布重要案件信息143份，在各类媒体发表宣传文章80余篇，编发微信145期、265条。全年编发检察简报和情况反映21期，2篇工作情况报告得到市人民检察院主要负责人、高港区政府主要负责人批示肯定。

【企业安全服务检察】 2019年，区人民检察院联动环保、应急管理等部门，不以行政处罚为目的，帮助江苏海企化工仓储有限公司等7个非公企业排查污染防治、安全生产、产品质量等方面风险，推动企业主动整改、消除隐患。

【食药安全检察行】 2019年，区人民检察院严厉打击生产销售假药和有害食品等违法行为。办理公安部督办的张某某等27人生产、销售假药案，鉴于部分被告人不积极履行赔偿责任，发出全省首份刑附民公益诉讼《财产保全建议书》，建议法院依法查封、冻结相关被告人房产，全案70余万元惩罚性赔偿金全部缴纳到位。参加行政主管部门组织的农贸市场、超市、药店、冷藏冷冻食品店专项检查6次，对中考考生供餐点的专项检查开展现场监督。

【安全生产领域公益诉讼】 2019年，区人民检察院针对区内婴幼儿照护机构安全隐患问题，向主管部门发出检察建议，推动在全区开展专项治理，排查出未依法登记的幼托机构3个，共推动13个婴幼儿照护机构整改安全隐患、强化风险管控。针对农村居民式浴室的消防安全问题，向镇街发出督促履职检察建议，邀请高港消防救援大队专业教员为镇街工作人员和部分经营业主开展消防安全专题培训。针对公共场所电梯、燃气管道安全问题，及时介入行政执法活动，通过检察监督增强执法刚性。针对高港大道因村民摆摊设点、危化品货车违停引发的群众通行安全隐患问题，联合交通、交警等部门开展专项整治。 （孙伦步）

法　院

【概况】 2019年，区人民法院受理各类案件6479件，审理、执结5653件，比上年分别增长10.17%和

10.09%。其中，受理刑事案件222件，审结212件；受理民商事案件2671件，审结2645件；受理执行案件2592件，执结2426件，执行到位标的4.5亿元。年内，区人民法院被评为省级青年文明号、全省妇女儿童工作先进集体、全省法院执行工作先进集体，13个部门获省、市、区表彰，43人次获省、市、区表彰。

【刑事审判】 2019年，区人民法院发挥刑事审判惩治和预防犯罪的职能。审结孙某某聚众斗殴、寻衅滋事案等暴力刑事犯罪案件18件、23人，判处5年以上有期徒刑4人。审结夏某贪污、受贿案等职务犯罪案件4件、4人，70余名党员干部旁听案件庭审，接受廉政教育。惩治危害生产安全犯罪，审结2件、2人。审结全省首例侵害公民个人信息公益诉讼案。对27名生产、销售假药附带民事公益诉讼案的被告人判处赔偿金100余万元。审结未成年人犯罪案件5件、5人，依法适用非监禁刑2人，做好档案封存、判后回访工作。

【民商事审判】 2019年，区人民法院办结房地产开发、建设工程等合同纠纷案件364件。审结道路交通事故、医疗损害赔偿等侵权纠纷案件305件。调判劳务合同、劳动争议类案件181件，为江苏华夏重工有限公司109名农民工追回工资370余万元。审理土地承包经营权纠纷案件8件。审理婚姻家庭、继承、"三养"案件410件，省妇联领导专题调研。

【案件执行】 2019年，区人民法院实现执行指挥中心"854模式"实体化运行，强化节点管控，规范案款发放，杜绝"一人包案到底"。集中执行18场，出动干警334人次。拘传460人次，搜查17次，司法拘留63人，罚款80余万元，判处拒执犯罪2件、2人，将1810名被执行人纳入失信名单，对1924人限制高消费。发布执行悬赏公告6则，悬赏金额20万元，兑付保额11万元。全面实行网络司法拍卖，成交拍品87件，成交金额2.6亿元，为群众节省佣金1000余万元。

【便民服务】 2019年，区人民法院建设"一站式"诉讼服务中心，整合多元化解、诉调对接、速裁快审职能，实现人员集中、功能集约、效果集成。以智能化平台建设为引领，全面升级"12368"诉讼服务，实现诉讼服务向移动终端的跨越。构建"当场立、自助立、网上立、就近立"四位一体便民立案新格局，全年办理网上立案、跨域立案3999件。深化司法领域的"最多跑一次"改革，网银发放执行款、退还诉讼费，减少当事人诉累。加大司法救助力度，为符合条件的当事人减、缓、免交诉讼费347万元，发放司法救助款50.7万元。

【诉源治理】 2019年，区人民法院建立健全"一站式"多元解纷机制，新收民商事案件数比上年下降2.6%。全面对接人民调解、行政调解、行业调解等多元力量，在交警高港大队、雕花楼景区设立巡回法庭。与区工商联建立商事矛盾纠纷诉调对接工作机制，充实商事审判专业人员咨询库，联合调处纠纷13件。依托9个何芬法官工作室和7个审务工作站，深入开展"法官进网格"活动，与全区686个网格一对一挂钩联系。开展巡回审理86次，其中赡养纠纷巡回审理率达98%。有效化解涉诉信访积案，促成有关信访户息访。网格化"1+N"经验做法获省高级人民法院简报推广。

【维护涉诉企业正常经营】 2019年，区人民法院畅通立案渠道，灵活采取柔性财产保全手段，维护涉诉企业正常经营，优化营商环境。完善府院联动，健全以法治化为保障、市场化为导向的破产案件审判机制。立案受理泰州市恒元置业有限公司、江苏绿泰电子有限公司等5个企业破产案，终结泰州市易达精密机械有限公司破产清算，推进市场出清和转型升级。妥善处理江苏张驰轮毂制造有限公司、江苏苏萨食品有限公司等企业涉诉纠纷，支持民营企业平稳发展，7日内审结泰州口岸船舶有限公司诉江阴某公司买卖合同案。护航"乡村振兴"，参与拆迁安置工作研处，推动重大项目依法有序落地。在扬子江药业集团有限公司、益海

2019年11月9日，区人民法院在大泗镇二陈村四组居民家中开展"法官进网格"活动

（区人民法院 供图）

（泰州）粮油工业有限公司、泰州港务集团有限公司及三大园区设立“司法供给共建基地”。

【防范化解金融风险】 2019年，区人民法院加强P2P平台停业、清盘等问题的司法应对，审结涉互联网借贷类案件20余件。审慎处理涉众型金融纠纷，对以金融创新为名的违法违规行为依法给予否定评价。审结戚某某非法吸收公众存款、集资诈骗案，徐某某非法吸收公众存款案等涉众型经济犯罪案件6件、19人，涉案金额2.8亿元。与金融管理部门、行业协会、调解组织建立联动机制，拓展多途径、多层次、多种类的金融纠纷解决渠道。完善市场主体法律制度，保障资金互助合作社有序转籍。

【司法改革】 2019年，区人民法院完成内设机构改革，细化人员分类管理，将原有15个内设机构精减为9个，优化审判资源配置，突出法官办案主体地位。构建民间借贷、建设工程等专业审判执行团队，明确内部分工权责，实现类案专审。健全院、庭长监督把关机制，确保有序放权与有效监督相统一。健全审判权力运行机制，研究制定审判人员权责清单，落实“让审理者裁判、由裁判者负责”。发挥院领导办案示范引领作用，所办案件占全体员额法官结案数的12.3%。强化司法安全和法官权益保障，关注干警身心健康。

【诉讼制度改革】 2019年，区人民法院开展“以审判为中心”的诉讼制度改革，通知证人、鉴定人、侦查人员出庭作证6人次，落实庭审实质化。适用刑事案件认罪认罚从宽制度，对182名被告人依法从宽裁判，所涉案件占刑事结案数的87%。强化诉辩对抗，为109名未聘请律师的被告人指定辩护。对43件轻微刑事案件适用速裁程序快审快结，占比23%，平均办案周期仅6天。建设并启用交通事故巡回法庭，上线运行交通事故“网上数据一体化处理”平台，与公安交警、司法行政、银保监会等多部门联动，实现案件快处快赔。网上申请调解交通事故案件50件，涉案金额420万元，收案数比上年下降11%。

【智慧法院建设】 2019年，区人民法院推进“移动互联网+审判”改革，普及“移动微法院”在诉讼全流程的运用，实现移动端网上立案、开庭、送达、调解，方便当事人在线完成诉讼。法院电子卷宗随案同步生成工作取得实效，实现案件上诉、移送、再审电子卷宗远程调阅，网上全流程智能化办案。试点速裁无纸化办公，推进民事速裁案件立案、审理、裁判等各环节网络化运行。推进审判流程、裁判文书、执行信息、庭审直播四大公开平台建设，构建开放、动态、透明、便民的“互联网+”阳光司法机制。利用数字法庭优势，常态化开展庭审直播，在中国庭审公开网直播案件2150件。落实裁判文书上网制度，网上发布生效裁判文书2824份。推进“七五”普法，举办合同法、反家暴巡回宣讲45场，线上讲座21次，编发宣传资料4900余份。关注青少年法治教育，开展“开学第一课”等活动11场，受众1200余人次，强化未成年人犯罪预防和法律保护。定期在微博、微信和门户网站发布工作动态，提高公众知晓度。

（王晓伟）

司法行政

【概况】 2019年，区司法局与区政府法制办职责整合，重新组建区司法局，作为区政府工作部门，承担区委全面依法治区委员会办公室日常工作。统筹推进依法治区工作，深化法治宣传教育，提升公共法律服务质效，全面落实管党治党主体责任，强化司法行政队伍建设。区司法局被评为全国公共法律服务工作先进集体、全省“七五”普法中期先进集体、全省司法行政系统人才建设先进单位、全省司法行政系统新闻宣传工作先进集体、全省司法行政系统2019年度工作绩效考核优秀单位。社区矫正工作科、行政复议与执法监督科分别被评为全省社区矫正和安置帮教工作先进集体、全省行政复议应诉工作先进集体。

【全面依法治区工作】 4月1日，高港区成立区委全面依法治区委员会，泰州医药高新区党工委副书记、管委会主任，高港区委书记顾萍任主任，区委副书记、区政府区长孙宏建，区人大常委会主任赵晓玲，区委常委、政法委书记蔡秋云任副主任，19个相关部门负责人为成员，下设办公室，办公室主任由蔡秋云担任，在区司法局设立依法治区办秘书科，承担相关工作。7月12日，召开区委全面依法治区委员会第一次会议，建立健全区委领导全面依法治区工作相关机制和制度，成立执法、司法、守法普法3个协调小组。年内，指导各镇街与重点部门成立依法治理委员会和领导小组。完成政法委、司法局及法检两院机构改革，推进高港区、医药高新区公安一体化融合，实现警力配置优化、警务资源整合。在2019年度江苏省法治建设群众满意度测评中，高港区得分94.3分，位居全省第一。

【法治政府建设】 规范性文件和政府重大合同合法性审查　审核全区各类文件37件，提出修改意见70余条。及时向市政府及区人大常委会报备区政府规范性文件1件。对省、市拟出台的27件法规、规章征求意见稿及时提出修改意见和建议。全面清理规范性文件，确认继续有效49件、拟修改12件、宣布失效11件、废止24件。审查政府重大合同26份，提出法律意见，有效防范法律风险。

行政复议与行政诉讼案件办理 办结行政复议案件8件，承办行政诉讼案件12件。办案中注重行政纠纷协调化解工作，有效化解行政纷争。继续推行行政机关负责人出庭应诉制度，出庭率100%。指导以部门、镇街为被告的行政诉讼案件10余件。

规范执法行为 在全区行政机关推行行政执法公示、执法全过程记录、重大执法决定法制审核"三项制度"，组织对全区行政执法机关120件执法案卷评查。邀请专家教授为全区领导干部和全区500余名行政执法人员开展依法行政专题培训。完成全区行政执法人员、行政执法监督人员的换证工作。

【法治宣传教育】 *普法责任落实* 2019年，高港区对普法责任清单内容进行大幅度调整细化，出台《2019年度区级机关部门普法责任清单》，确定58个普法责任主体，重点突出政法、生态环境保护、农业农村、地方金融监管、教育、应急管理、城市管理等机关部门的"谁执法谁普法"责任，对"四绿行动"、防范非法集资、扫黑除恶等重点普法项目进行再推进，确定年度12项法治宣传联动事项，联动普法机制进一步完善。

重点对象普法 将法治教育纳入全区干部教育培训总体规划，突出抓好宪法法律和党内法规的学习教育。建立健全领导干部法治讲座制度，督促区级机关常态化开展党委（党组）中心组学法和综合性学法活动，学法用法内容有效纳入部门年度工作计划和年度"述法"考评。坚持把青少年作为法治教育重点群体，持续落实未成年人法治教育"5+5"模式，推进"法治校园"建设。职能部门重点开展"青少年法治宣传教育月"等活动，先后开展"新学期法治教育第一课"、"快乐暑期·与法同行"青少年法治实践、"宪法公开课"优秀教案和精品微课评选等特色活动。抓牢企业经营管理者和新市民普法，广泛开展以案释法基层行活动，各职能部门累计举办各类企业经营管理人员法律培训百余场，参训人员达2万人次，发放各类宣传资料1.5万余本（册）。

法治文化阵地建设 进一步充实高港区"一圈两线"法治文化自助游线路，督促推进白马镇岱白村法治文化阵地实体建设，有效推进大泗法治文化主题公园二期工程；结合宪法主题宣传，优化更新宪法广场法宣阵地功能，胡庄镇刘元村宪法主题广场、胡庄镇薛垛村宪法主题广场、许庄街道蔡庄村宪法主题广场和口岸中心小学宪法主题馆建成并在宪法宣传周期间向社会公众开放。

志愿服务 创新开拓"'三团三队'助力三大攻坚战"普法志愿服务平台，职能部门积极参与，社会力量有效融入，统一志愿服务活动的标准，围绕"千所帮万企""四绿行动""营造法治营商环境"等主题活动，形成一批各具特色的服务项目，首次以新闻发布会形式开展的"法律风险评估报告发布会"获得社会好评。

【公共法律服务体系建设】 2019年，高港区完善区、镇街公共法律服务中心和村（社区）司法行政服务站功能，基本建成半小时公共法律服务圈。"12348"专线运行畅通，律师正常参与涉法涉诉信访值班。加强法律援助与计生工作的衔接，区司法局联合区卫生健康委在区法律援助中心成立高港区计生法律援助服务站，选派业务骨干律师轮值入驻，为家庭困难的计生服务对象提供法律咨询和法律服务。全区建成以区法律援助中心为中枢，以7个镇街、91个村（社区）法律援助工作站，区妇联、区残联、交警高港大队、区人力资源社会保障局、区人武部等专业性法律援助工作站为依托的三级法律援助组织网络。全区受理法律援助案件430件。

【律师事务】 2019年年底，全区有律师事务所6个（其中，个人所1个，在医药高新区办公2个），律师61人（专职律师32人、公职律师27人、法援律师2人），本科以上学历50人，中共党员40人。全年共办理案件1259件，其中刑事案件155件、民事案件1053件，非诉案件51件。

刑事案件律师辩护全覆盖试点 建立固定联系人制度，构建社会评价、任务派单、辩护质量点评"三大机制"，综合运用质量评估、庭审旁听、案件检查等措施强化案件质量管理。建立优秀律师人才库，选聘优秀律师开展刑事案件法律援助。全年受理刑事法律援助案件188件。

"两公"律师工作 对全区党政机关和区属企业配备公职律师、公司律师情况开展全面普查。全年有16名在职公务员申报公职律师，2名法律援助公职律师通过年检考核。制定《高港区村（社区）法律顾问制度汇编》，91个村（社区）全部配备法律顾问。

【公证事务】 2019年，泰州市祥泰公证处加强公证质量、公证业务、公证管理及公证队伍等各方面建设，提高公证服务能力。全年办理各类公证2122件，其中，办理涉外公证223件，办理服务民营企业类公证297件，签订服务民营企业顾问合同7份，现场办理政府重点项目拆迁选房公证800余套。公证质量连续3年在省、市公证质量检查中合格率达100%，全年有6篇案例入选司法部公证案例库。

【人民调解】 2019年，区司法局针对社会矛盾新形势、新特点，发挥社会矛盾纠纷多元化解实战平台作用，通过科学划分功能区，"网格化"破解社会治理难题，运行数据整合机制、四色预警机制、等级处置机

2019年2月8日，“法润港城·百场法治文艺进基层”活动走进永安洲镇（区司法局　供图）

制、任务派单机制、多元化解机制、跟踪督查机制、典型案例机制、损害修复机制“八项机制”。全区各级各类调解组织累计化解各类社会矛盾纠纷10081件，调解成功率98.2%，其中，化解非正常死亡纠纷28件，调处成功率100%，推动化解信访积案10余件，劝阻群体性上访20余批次320余人次，防止民转刑案件15件、22人次。

【社区矫正】 2019年，高港区接收社区矫正对象124人，解除社区矫正141人，无一脱管、漏管和重新犯罪。衔接刑满释放人员227人，落实帮教227人，帮教率和安置率均达100%。至年末，在册社区矫正对象121人，安置帮教对象712人。年内，区司法局推进《入矫宣告规范》、四色积分预警、“智慧矫正中心”试点工作，拍摄社区矫正高质量发展及入矫宣告专题片。依托中国人民解放军海军诞生地纪念馆、常州监狱、区人民检察院分别建立政治思想教育基地、警示教育基地、未成年社区矫正基地；培育特殊人群帮矫协会及社区矫正损害修复工作协会，通过政府购买服务，承接社区矫正对象帮教项目。强化社区矫正中心实战运行，分类、分阶段、分级开展教育，组织政治思想专题教育4期、498人次，集中宣告8批次、107人次，“重点”管控人员学习、队列训练8场、79人次，协调开展团体心理辅导2场、67人次，个案辅导29人次。

【“法润江苏·2019春风行动”】 2019年，高港区开展“法律服务进万家”活动，通过发放普法资料、联系卡和上门走访等方式，实现法治宣传与法律服务全覆盖。推进村（社区）法律顾问和司法行政服务站建设，组织法律服务单位与镇街、社区、企业建立联系制度，组织普法宣传志愿者与基层贫困家庭结对共建，开展送法进乡村（社区、单位、家庭）等活动。完善普法平台建设，发挥微博、微信等新媒体作用，开展公益法律服务活动。加大矛盾纠纷排查化解力度，组织全区各级各类调解员到企业、工地开展矛盾纠纷排查工作。

【“百日维薪”专项行动】 春节前后，高港区开展第四期“百日维薪”专项行动。组织工作小组对各司法所、镇街矛盾纠纷调处服务中心开展工作督查，维护农民工权益。共接待农民工讨薪咨询290余人次，受理农民工讨薪人民调解案件22件，涉及人数48人，涉及金额120余万元。

【“农民工学法活动周”活动】 3月5—10日，区司法局开展“追逐梦想，法律护航”活动。活动贴近农民工在权益保护、就业创业、法律救济等方面的实际需求，宣传与农民工相关的常用法律法规和政策、法律救济方法及途径等。开展法律服务“大走访”活动，了解农民工法律需求，宣传与农村土地承包、土地流转以及农村基本经营等有关的法律法规和政策，把农民引入现代农业发展新格局。开展法律知识“大培训”活动，在返乡就业和进城务工的农民工集聚的企业、社区和宿舍区等处，依托司法行政服务站、法律工作室、职工普法基地、法治书屋，通过法治讲座、视频讲解、学习讨论等形式普及法律知识。开展法惠民企“大篷车”活动，法律服务人员到辖区农民工集中的民营企业、建筑工地和劳务市场，畅通民意咨询渠道，让农民工就近便捷获得法律服务。开展媒体学法“大宣传”活动，运用新媒体集中宣传报道农民工学法活动动态、特色做法、工作成效。累计开展广场法治咨询10场次，法治讲座7场次，法律大走访20场次，征集各类法律问题40余条，发放宣传资料3000余份，推送短信5000余条。（蒋　浩）

军 事

人民武装

【概况】 2019年，高港区武装工作以习近平强军思想、中共十九大精神为指导，按照省军区、泰州军分区党委扩大会议的要求和部署，以应战应急准备为抓手，着眼实现党在新形势下的强军目标，坚持抓中心、固根本、打基础、保稳定，完成上级赋予的各项任务。

【党管武装工作】 2019年，区委、区政府把党管武装工作纳入全区目标考核范围，做到与经济社会发展同部署、同检查、同考核、同奖惩，推动各级党政班子进一步强化“党管武装是原则、管好武装是天职、抓出成果是政绩”的责任意识。严格落实常委议军会等各项制度，形成真抓实管、齐抓共管的浓厚氛围。12月20日，区人武部在区常委会上提出的《关于加强基层专武干部队伍建设的措施建议》和《关于调整人武部经费预算的意见建议》均获通过，相关做法在泰州军分区检查调研中受到高度肯定。

【国防教育】 2019年，区人武部联合区国防教育办公室做好国防教育进课堂、进社区、进机关、进企业等活动，按照“集中时抓够，分散时渗透”的思路，结合民兵整组、战备训练、征兵宣传等契机，着重开展形势政策、民兵制度和优良传统等教育。

【军事训练】 2019年，区人武部修订战备方案预案，突出重大节日、重要时期和敏感时间战备工作落实，做好战备值班、执勤和应急分队拉动训练演练。按照省军区和军分区统一计划部署，修订本级作战方案及非战争军事行动预案。确保指挥通信畅通，各项行动预有准备，关键时间时刻拉得出、起作用。在军事训练方面，严格按照新发布的训练大纲标准要求，落实各项训练工作。年初，全员参加军分区组织的业务集训考核，成绩总评优良；4月，参加军分区优秀干部考核，成绩优秀。民兵训练，坚持实战化标准要求。2月，组织区战备值班分队，进行为期3天的应急处突行动训练；4月，组织民兵骨干以战备救护和防化救援为主要内容，进行为期1周的四会教学集中训练，并参加泰州军分区比武竞赛；5月上中旬，在市民兵训练基地，组织为期2周的区民兵应急连集中轮训。

【民兵整组】 2019年，高港区对照上级下发的整组检查标准，研究细化贯彻落实的办法措施。在业务指导上，分别于3月12日、22日，组织整组业务培训会2次；4月8日，专门召开整组工作推进会，确保各个时间节点工作指导到位、目标到位、任务到位。在力量编组上，突出新质力量和专业对口，向大型企业与行业拓展编组，编实基干民兵。全区新质力量编组全部落实到位，退伍军人比例、党团员比例等各项指标均超过上级规定的标准要求。4月，泰州军分区开展民兵整组专项检查，对高港区整组做法和编组情况给予充分肯定，并推荐接受上级检查。5月，集中组织民兵应急分队点验及集中训练，效果良好。

【征兵工作】 2019年，区人武部做好兵役征集，坚持“一季征兵、四季准备”，注重协调宣传、公安、卫生、交通、教育等部门展开联动，同步指导镇街突出前期早计划早部署早着手，中期抓标准抓规范抓关键，后期重回访重记录重服务。1月，专门下发通知，要求各镇街开展征兵宣传；2月，开展征兵网上报名、登记和宣传工作，检查各镇街征兵准备情况；7月12日，召开全区征兵政考业务培训会；7月27日，召开全区征兵工作会议；7月31日，征兵体检工作开始。8月中旬，组织双合格青年进行役前封闭式集中教育训练。9月4日，召开全区定兵会。9月10日，起运新兵。10月，先后组织新兵回访2次。高港区聘请区内6名群众担任廉洁征兵“监督员”，严格落实“零报告”制度，征兵期间无一起违纪问题发生。完成年度新兵征集任务，实现连续21年无责任退兵。

【双拥共建】 2019年，高港区在全市率先推行国防军事设施保护责任制，与设施沿线的村（社区）民兵营长签订管护责任书，确保区内国防设施得到维护。开展社会化拥军，联合宣传、人力资源社会保障、民政、教育等部门推动军人子女入学入托优惠政策落地，协调落实军转干部全员落实公务员岗位；为退役士兵举办专场招聘会，宣传就业创业、学历提升等优惠政策。多方位服务军人军属，实现部队、本人、家庭“三满意”。牵头春江路文明城市创建，做好双拥模范城市创建。协调军分区落实大泗学校助学兴教资金20万元。区人武部拿出30万元用于帮扶革命老区“双百双建”活动。

（区人武部）

人民防空

【概况】 2019年，泰州市民防局高港办事处（简称高港人防办）坚持“长期准备、重点建设、平战结合”方针，贯彻与经济社会相协调，与城市建设相结合，与防灾、救灾和处置突发事件相兼容原则，坚持防空防灾一体化，开展民防知识教育，加强民防基础设施建设。建成社区民防工作站33个，实现主城区社区民防工作全覆盖。

【民防知识教育】 2019年，高港人防办加强民防法治宣传教育，开展民防进学习、进机关、进媒体、进社区、进企业活动。“5·12”防空减灾日，进社区向居民宣传防空防灾知识。在各初级中学普及民防知识教育，提高青少年学生防空意识，普及战时有关防核武器、防化学武器、防高技术空袭，以及平时防灾、灭灾、防灾发事故知识和技能。

【防空警报试鸣】 5月12日和9月18日，高港人防办组织全区防空警报例行试鸣。防空警报鸣36秒，停24秒，连续3分钟；空袭警报鸣6秒，停6秒，连续3分钟。解除警报连续鸣3分钟。鸣响率100%，音响覆盖率95%以上。　（陈　诚）

白马派出所老兵服务队　（区委宣传部　供图）

港口·口岸

泰州港高港港区

【概况】 2019年，泰州港高港港区（高港、杨湾、永安3个作业区）有长江泊位14座。其中，万吨级泊位11座，集装箱、石油制品专用码头各1个。堆场面积64万平方米，其中，集装箱堆场14万平方米，各类仓库面积1.2万平方米。港口有各类装卸机械300余台（套），最大起吊能力40吨，具备集装箱、件杂、散货、液体各形态货物的装卸能力，接卸以钢铁、铁矿、煤炭、粮食等主要大宗外贸货种近20个，与40余个国家的港口有运输往来。全年港口完成货物吞吐量4433万吨，比上年增长8%，创历史新高；完成外贸吞吐量516万吨，下降9%；完成装卸自然吨1847万吨，增长2%。泰州港务集团有限公司全年营业收入2.32亿元（不含泰州国际集装箱码头有限公司、泰州高港港务有限公司），本部装卸主业实现营业收入9975万元，增长22%。泰州国际集装箱码头完成集装箱吞吐量35.08万标准箱。

2019年泰州港高港港区主要泊位一览表

表11

作业区	码头（泊位）名称	长度（米）	宽度（米）	结构	前沿机械	前沿水深（米）	实际靠泊能力（吨级）
杨湾作业区	万吨级通用件杂货码头（2个泊位）	360	30	高桩梁板式	40吨门机1台，25吨门机6台	15.00	50000（减载靠泊）
	杨湾小码头（1个泊位）	60	25	直立式	皮带机装船机系统1套	12.00	500
高港作业区	4、5、6号码头改造（2个泊位）	337	西侧25 东侧27	高桩梁板式	25吨门机3台，10吨门机1台	10.00	30000（减载靠泊）
	汽渡码头（1个泊位）	—	34	块石斜坡	—	1.50	—
	内河码头（1个泊位）	170	—	重力式	5吨电吊1台	5.00	1000
	油品码头（1个泊位）	250	25	直立式	管道	12.50	20000
永安作业区	一期工程（2个泊位）	270	25	高桩梁板式	25吨门机3台，10吨门机1台	13.00	70000
	二期工程（2个泊位）	435	25	高桩梁板式	25吨门机6台	13.00	40000
	三期工程（1个泊位）	240	45	高桩梁板式	25吨门机3台，集装箱桥吊4台	13.61	40000
	梅兰码头（1个泊位）	210	25	高桩梁板式	—	16.00	50000

晚霞映港湾　（黄啸晨　摄）

【货源结构调整】 2019年，针对国内航运市场复苏和中美贸易摩擦对外贸货源的影响，泰州港务集团有限公司调整货源结构，保障效益增长。在码头泊位、堆场异常紧张的情况下，探索“散改集”（将原来散装的货物装入集装箱进行运输）等运输新方式。永安作业区完成粮食进口量310万吨，比上年下降32%；完成煤炭、铁矿石装卸自然吨1080万吨，增长23%。杨湾作业区在科学分析市场形势的基础上，调整大宗散货单价，营业收入增长36%。

【码头建设】 2019年，泰州港务集团有限公司推进永安作业区一、二期工程改造前期工作，完成区行政服务中心项目备案工作，后续工作稳步推进中。项目投资3.73亿元，对一期、二期工程进行改建。一线泊位改造：1号泊位改造增加粮油专用卸船设备和输送系统，由通用泊位改造为专业粮油装卸泊位；2号泊位增加粮食、食用油装卸系统。二线泊位改造：拆除原1号泊位的下游1号引桥和原岸侧1000吨级散货出口泊位，将1号泊位向内侧加宽20米，在该泊位内侧增设1.5万吨级散粮泊位1个；沿岸边重建二线码头，设3000吨级散粮泊位1个。7月，高港作业区6号码头钢引桥改造工程完成，对原钢引桥进行拆除，将闲置在杨湾作业区的钢引桥进行改造后搬运安装在高港6号码头，同时对旧供电线路进行改造。

【设备管理】 2019年，泰州港务集团有限公司对港口设备进行定期不定期检查，港口设备完好率97%。港口所有特种设备全部通过特种设备检验机构检测，设备检验合格率100%。永安作业区首台环保料斗改造完成并投入使用，该系统实现与门机系统联动控制，在料斗上空实现自动喷雾。杨湾作业区首台封闭式皮带输送机投入使用，有效抑制散货进斗作业中的扬尘。

【港口安全管理】 2019年，杨湾作业区结合生产实际，创新安全培训方式，在公司QQ工作群里开展“每日一题”活动，将收集整理的各种安全应知应会知识每天在QQ群里推送。9月，泰州港务集团有限公司召开安全操作规程评审会，修改原操作规程18处，新增操作规程30项。全年未发生重大安全事故。（季　玲）

海　关

【海关机构改革】 2019年1月22日，泰州海关召开全关大会，宣布“三定”方案，完成机构改革。在高港地区，泰州海关设置2个科室，分别为泰州海关驻泰兴办事处监管一科和泰州海关驻泰兴办事处查验一科。监管一科承担全关口岸监管业务日常运行监控指挥职责；免税商店监管；除泰兴市和综合保税区以外（2316场地号）现场监管业务，包括物流监控、舱单、运输工具、场所管理、供船物料、卫生检疫等。查验一科承担除泰兴市和综合保税区以外（2316场地号）的现场查验业务，包括进出境货物、物品及人员的检查、查验，检验检疫，危险化学品检验监管工作；H986设备使用管理工作。

【监管查验】 2019年，泰州海关驻泰兴办事处监管一科接受企业申报运输工具进出境728艘次，船舶卫生检疫396次，比例高达54.4%，登临检查56次，发现传染病有症状人员11例，确诊7例，截获医学媒介生物2种、2批、3只，截获有害生物11种、70次，后续监管入境特殊物品8批次，未发现不合格情况。开展进出口食品安全风险隐患排查专项活动，累计核查外供食品申报17批次，现场卫生监督5次，现场快速检测4次。加大饮用水采用送检力度，采样送检4批次，无不合格批次。推进危化品场所和储罐压减工作，场所压减2个，储罐从89个压减到0个。场所巡查40次，制发整改通知书4份。查获船舶数据申报不实、物料实际供应与申报不符、违规携带动植物及其制品入境等情事，办理案件22件。泰州海关驻泰兴办事处查验一科落实免除查验费用优惠政策，查验无异常报关单450票，免除查验费

用20.8万元。（陈　雨）

海　事

【概况】2019年，泰州海事局高港办事处服务进出高港港区船舶1.63万艘，船舶载货量约2247.95万吨（其中船舶载运危险货物216万吨），集装箱吞吐量约35万标准箱，办理国际航行船舶进出口岸查验774艘次，上缴港口建设费等各类规费2770.92万元。保障泰州口岸船舶有限公司和泰州三福船舶工程有限公司10艘新造船下水、出坞。为益海（泰州）粮油工业有限公司、泰州永福港务有限公司129艘船舶332.89万吨大豆运输，国家能源集团泰州发电有限公司210艘船舶895.88万吨电煤运输，为重点民生物资运输提供水上安全保障。完成12.5米深水航道二期工程试运行期维护性疏浚安全监管工作，累计疏浚840余万立方米。做好梅兰码头改造、永福港务码头维修等重点码头工程施工期间的安全监管工作。保障大型船舶进出港安全。发挥12.5米深水航道效能，强化安全监管，严格把关受限船舶审批，加强对重点船舶的VTS监控和现场巡查及安全维护，累计保障受限船舶安全进出港2201艘次。

【海事安全监管】事故预防预控　泰州海事局高港办事处完善监督检查与企业自查、定期排查与跟踪回访并行的常态化隐患排查治理机制，开展海事局领导带队巡查、海事处交叉检查和职能部门联合督查工作，2019年累计发放一般隐患整改通知书12份，对19个涉水单位开展安全约谈，就待闸船舶集聚、港华船厂违规涉水作业等重点隐患问题通报地方政府和相关部门，推动联合治理。强化恶劣天气应对，坚持“事前预警、事中监管、事后疏导”的原则，成功应对“利奇马”等3次台风影响；与泰州市气象局签订框架合作协议，先后发布恶劣天气预警66期，成功应对寒潮大风、浓雾、强降雨等极端天气影响32次。

水上安全监管　开展进江海船安全管理年等三大专项活动，推进整治内河船舶非法从事海上运输、安全生产月、汛期百日安全等专项活动，保障春运、两会、国庆、军运会、进博会等重点时期和重大活动期间辖区水上安全；运用行政检查系统、科学监管指挥系统等信息化手段，强化现场安全监管，实施各类行政处罚2110件，罚款674.55万元，先后向交通部门通报381艘涉嫌载运海砂的海轮，就4艘内河船舶非法从事海事运输行为实施行政处罚，并移交公安部门处置，规范辖区通航环境和秩序。与长航公安、水利、交通（港口）、渔政、航道等部门常态化开展联合执法，集中整治超载运输、渔船碍航、非法吸砂等违法行为；联合高港区政府和公安部门，取缔长江高港段1艘长期违规从事船舶维修的非法“吊梢船”，并将岸上附属生产生活设施全部清除；推动辖区“三无”船舶治理，联合公安、城管、水利、渔政等部门对高港龙窝口内的63艘“三无”船全部清除；配合高港区政府推进兴港船厂拆除工作，2艘在建船舶全部完成下水工作并驶离船厂。制定巡航计划和特殊时间段巡航安排，强化VTS+海巡艇的联动巡航模式，深入开展以“守河口、控横越、治淌航、查贪边、纠违锚”为主要内容的巡航工作方法，联合船闸、码头、过驳区等单位集中研讨解决南官河船闸、引江河船闸检修期间待闸船舶积压问题，保持日常巡航执法高压态势，及时驱违规锚泊船舶。持续强化应急反应能力，组织指导企业开展客汽渡船舶、船载危险品泄露防污染、水上消防、灾害性天气防控等各类水上应急演练40余次，举办“健康长江2019”泰州市水上搜救综合演习和泰州市水上搜寻救助综合保障技能竞赛。

（孙　蒙）

边防检查

【概况】2019年，泰州边防检查站监护一中队（正连级）转改为泰州出入境边防检查站执勤一队（正科级），主要承担长江沿线高港段24千米岸线、10座对外开放码头16个泊位的边防检查任务。全年监护出入境（港）船舶828艘次，检查上下轮人员1万余人次，依法查处违法违规行政案件6件，实现零事故、零投诉。

【执勤管理】2019年，泰州出入境边防检查站执勤一队综合运用“人工巡查、视频监控、精准管控、勤务协作”巡控手段，建立口岸群策群防群治检查监督体系，维护口岸出入境通关秩序。跟进中航船舶重工码头、泰州国际集装箱码头临时启用和开放事宜，定期向地方政府提供《口岸出入境数据分析报告》和发展建议，为政府制定发展规划提供决策参考，服务驻地外向型经济发展。（贲程祥）

江苏泰州港经济开发区

综　述

【概况】 2019年，江苏泰州港经济开发区（下辖高新园区、核心港区、临港园区）实现地区生产总值578.9亿元；工业总产值1386.66亿元，其中规模以上工业总产值963.94亿元；财政收入73.95亿元，税收收入57.45亿元；累计有高新技术企业80个，高新技术企业工业产值900.93亿元；新批外商和港澳台商投资企业15个，实际利用外资和港澳台资2.1亿美元。2018年度综合考评在全省开发区（含国家级）中位列第27位，在82个省级开发区中位列第5位，2016—2018年连续三年排名全省省级开发区前十，2017—2018年连续两年领跑苏中苏北省级开发区；在全市省级开发区考核中，2017—2018年连续两年获综合考核优秀开发区一等奖。

【营商环境评价先进开发区】 3月，省委机构编制委员会办公室表彰2018年营商环境评价先进地区，全省13个设区市、96个县（市、区）和126个省级以上开发区参加评价。江苏泰州港经济开发区在江苏省营商环境六大类评价先进地区评选中均上榜，其中，“综合评价先进地区”排名第11位，“不动产交易登记评价先进地区”排名第2位，“开办企业评价先进地区”排名第8位，“建设项目施工许可”“纳税”“用电报装”3项均获单项成绩评价先进开发区。

泰州大自然德森堡木业有限公司二期实景图　　（区委宣传部　供图）

【泰州汽车产业园成立】 7月，区政府同意江苏泰州港经济开发区成立汽车产业园。8月13日，区政府召开常务会议，进一步明确泰州汽车产业园为江苏泰州港经济开发区的特色功能园区，总规划面积5.8平方千米，主要发展汽车动力系统零部件、新能源汽车及零部件、汽车照明及汽车传动系统零部件、纯电动汽车和燃料电池汽车等汽车核心产业，整体打造具有领先发展优势的新能源汽车整机及汽车零部件等技术研发、生产基地，由江苏泰州港经济开发区负责相关项目的招引、建设、管理和服务。9月，区委决定在江苏泰州港经济开发区党工委、管委会内设机构投资促进局增挂“泰州汽车产业园管理办公室”牌子。10月14日，江苏省商务厅公布江苏省第二批江苏省特色创新（产业）示范园区名单，江苏泰州港经济开发区汽车及零部件产业园（即泰州汽车产业园）成功入选。10月21日，省科技厅公布第三批江苏省众创社区备案试点名单，江苏泰州港经济开发区汽车零部件众创社区入选第三批省众创社区备案试点。

（李雪云　丁　玲）

高新园区

【概况】 2019年，高新园区实现地区生产总值92亿元，增长8.6%；一般公共预算收入5.4亿元，比上年增长2.9%；征收期工业一般纳税人开票销售110.4亿元，增长7.1%；固定资产投资141亿元，增长11.6%；工业投资93.7亿元，增长17.24%。

【项目建设】 2019年，高新园区新招引1亿元以上项目40个，总投资超300亿元。其中，5亿元人民币、3000万美元以上项目18个。新开工1亿元以上项目19个，总投资141亿元，其中10亿元以上项目4个，包括总投资19亿元的年产12万套汽车内外饰件项目、总投资11亿元的高新区双创基地项目、总投资10亿元的明发铂金商业中心项目、总投资80亿元的长城汽车泰州整车项目；新竣工1亿元以上项目16个，总投资37亿元，其中，10亿元以上项目1个，为明发商业广场项目。

【科技创新】 2019年，高新园区实施产学研项目15项，新建校企联盟5个，建成省级企业技术中心、市级工程技术中心各3个，引进国家级人才3人。江苏省知识产权示范园区通过验收，江苏泰州港经济开发区汽车及零部件产业园被评为省级特色创新示范园区，泰晶e空间创成国家级众创空间，汽车零部件众创社区获批江苏省众创社区。

【企业转型升级】 2019年，高新园区新增省级跨国公司地区总部1个（泰州大自然德森堡木业有限公司），省服务型制造示范企业1个（江苏张驰轮毂制造有限公司），省级"专精特新"企业1个（泰州润杰物流安全装备科技有限公司），省级示范智能车间1个（泰州统实企业有限公司），市级示范智能车间1个（江苏鹏翎胶管有限公司），省级"两化"融合管理体系贯标企业3个（泰州友润电子科技股份有限公司、江苏苏萨食品有限公司、江苏康贝宠物食品有限公司），三星"上云"企业4个（江苏泽锦新能源科技有限公司、泰州润杰物流安全装备科技有限公司、泰州市中优壁纸有限公司、泰州市金鹰齿轮有限公司），四星"上云"企业2个（泰州友润电子科技股份有限公司、泰州大自然德森堡木业有限公司），规模以上工业企业15个，三部委（科技部、财政部、国家税务总局）高新技术企业18个。

【生态建设】 2019年，高新园区加强企业环保监管，聘请第三方机构帮助排查园区企业环保方面的问题。加快推进国家级生态工业示范园区创建，完成《江苏泰州港经济开发区国家生态工业示范园区建设规划（2018—2020）》和《江苏泰州港经济开发区国家生态工业示范园区建设规划技术报告（2018—2020）》初稿编制。实施生态环保工程，完成江苏省高港中等专业学校雨污分流改造、许庄街道马厂社区围庄河清淤换水等项目，新增绿地23万平方米。

【基础设施建设】 2019年，高新园区完成永宁路等道路建设。铺设各类管网10千米。科技孵化器三期综合楼完成60%工程量，双创基地一期6幢厂房封顶，百世快递、百世快运竣工交付，明发国际商业广场开业运营。完成许庄街道曹官营社区城中村改造、恒元城南面地块、江苏省高港中等专业学校对面地块228户、约5.5万平方米动迁。

【社会民生】 2019年，许庄中心小学改扩建工程基本竣工，许庄街道社区卫生服务中心项目拆迁交地。成立结对帮扶队伍，对30户贫困户逐户制定帮扶措施，所有帮扶对象均实现脱贫。流转土地面积37.07公顷，完成12个重点项目涉及的223名失地农民进保工作。

【南京理工大学泰州测控技术研究院揭牌】 2月19日，南京理工大学泰州测控技术研究院揭牌。该院由南京理工大学、江苏泰州港经济开发区管委会合作共建，集科技研发、科研成果工程化、高新技术企业孵化以及专业技术服务、公共技术服务等功能于一体。以南京理工大学为依托，重点围绕传感器、测控装备制造、新材料、电子信息等领域，引导科技、人才优质资源向高港集聚，建设人才引进与培养基地。

【柯普尼通讯与中远海运集运通导公司签约合作】 4月30日，泰州柯

2019年4月30日，泰州柯普尼通讯设备有限公司与中远海运集装箱运输有限公司旗下子公司上海远洋运输公司通信导航分公司在泰州港经济开发区举行战略合作签约仪式

（高新园区 供图）

普尼通讯设备有限公司（简称柯普尼通讯）与中远海运集装箱运输有限公司旗下子公司上海远洋运输公司通信导航分公司（简称中远海运集运通导公司）在江苏泰州港经济开发区举行战略合作签约仪式。上海远洋运输公司通信导航分公司长期从事海洋船舶通信导航设备研发生产、运营服务等业务，在远洋通信导航领域有着丰富的从业经验和先进的技术实力。泰州柯普尼通讯设备有限公司是国内唯一具备驾控、配电、内部通讯系统、无线电导航系统四大板块集成生产能力的高新技术企业，先后与卓凯投资、鑫诺卫星通信、ABB（中国）、施耐德电气等知名企业达成战略合作。

2019年6月26日，泰州明发商业广场项目举办开业典礼

（高新园区　供图）

【泰州明发商业广场项目开业】 6月26日，泰州明发商业广场项目举行开业典礼。该项目由明发集团投资兴建，首批开业的商业综合体项目约2.85万平方米，包含6000多平方米的超市、6000平方米的保利国际影城、300平方米的上海城隍珠宝。明发集团泰州公司2011年落户高新园区，开发面积125万平方米，先后开发并交付一期秋红园、业勤园，二期明贵园、百和园、千顺园、商业区等项目，累计入住户数超过5200户。建设幼儿园2所、商务会所1个、五星级标准酒店1个，以及解放路、环溪路和市政景观河道，总投资超过30亿元。

【泰州智能感知与信息服务产业联合创新中心揭牌】 7月21日，泰州智能感知与信息服务产业联合创新中心在江苏泰州港经济开发区揭牌。该中心是航天704所、南京理工大学和江苏泰州港经济开发区管委会三方共建的制造融合产业项目孵化平台。联合创新中心旨在通过航天704所、南京理工大学和江苏泰州港经济开发区的三方合作，推动政产学研深入对接与良性互动，实现高铁传感、海洋感知、惯性组件等一批科技成果产业孵化。

【全区首个省级跨国公司地区总部获批】 9月17日，泰州大自然德森堡木业有限公司被江苏省商务厅认定为省级跨国公司地区总部，实现高港区省级跨国公司地区总部零的突破。泰州大自然德森堡木业有限公司成立于2011年12月，由大自然家居控股有限公司全资子公司——大自然德森堡木门控股有限公司独资设立。公司总投资2300万美元，注册资本2000万美元，主要从事木制门、木制品生产销售及知识产权代理服务，2017年被认定为江苏省第七批跨国公司功能性机构。

【长城汽车泰州分公司与泰职院开展校企合作】 10月16日，长城汽车股份有限公司泰州分公司（简称长城汽车泰州分公司）与泰州职业技术学院（简称泰职院）举行校企合作签约仪式。通过双方合作，形成以企业人才需求和学生就业需要为导向，以行业、协会、企业为依托的校企合作、产学研结合的联合办学机制，成为高级技能人才培养、学术研究、项目开发、信息服务与技术援助的载体。

【高港区与中信建投资本签订战略合作协议】 12月20日，高港区与中信建投资本管理有限公司（简称中信建投资本）举行战略合作签约仪式，区政府和江苏泰州港经济开发区分别与中信建投资本签订战略合作协议，在招商引资、基金合作、综合金融服务三个方面开展合作。中信建投资本是由央企中信建投证券股份有限公司全资设立，专业从事私募股权投资业务的私募基金子公司，拥有投资银行及综合业务平台优势。（丁　玲）

核心港区

【概况】 2019年，核心港区实现地区生产总值124亿元、工业总产值245.57亿元，比上年分别增长7.07%、5.15%。一般公共预算收入2.91亿元。全社会固定资产投资93.72亿元，增长9.19%。实现服务业增加值51.34亿元。高新技术产业产值41.51亿元。全年签约1亿元以上项目65个，新开工项目19个，竣工项目18个。协议利用外资和港澳台资2.73亿美元，实际到账1.01亿美元。进出口总额12.61亿美元。

【项目建设】 2019年，核心港区组织到韩国、新加坡、日本和中国香港、上海等地开展招商活动。开展项目建设质效提升活动。益海稻谷深加工、丸庄天然酿造酱油等10亿元人民币和1亿美元以上重大产业项目竣工投产，扬子江原料药等10亿元以上重大产业项目有序推进。

【科技创新】 2019年，核心港区完成高新技术产业项目立项53个，实现高新技术产业产值41.51亿元。发明专利申报331件，发明专利授权27件，有效发明专利284件，万人发明专利拥有量88.01件。江苏能建机电实业集团有限公司和国家能源集团泰州发电有限公司共同研发完成的电站检修平台关键技术研发及应用项目获江苏省科学技术进步三等奖。泰州三福船舶工程有限公司、泰州市宏泰电力设备有限公司、江苏永胜海洋工程有限公司、恒达亲水胶体泰州有限公司、泰州淳蓝环保科技有限公司、江苏三和欣创通信科技有限公司、泰州市宏博节能环保科技有限公司、江苏耐特尔绳带有限公司共8个企业被认定为省高新技术企业。扬子江药业集团江苏龙凤堂中药有限公司质检中心被中国合格评定国家认可委员会认定为国家级实验室。由江苏能建机电实业集团有限公司主办的江苏省输变电控制保护工程技术研究中心被认定为省级工程技术研究中心。由江苏能建机电实业集团有限公司主办的泰州市模块式智能化修造作业装备工程研究中心、江苏海企化工仓储股份有限公司主办的泰州市石化储运工程研究中心被认定为市级工程研究中心。

【服务业发展】 2019年，核心港区完成服务业增加值51.34亿元，比上年增长10.47%，占地区生产总值比重提高9.08个百分点。出台《核心港区服务业发展引导资金管理办法》，全年发放引导资金1100余万元；新培育规模以上服务业企业8个、限额以上批零住餐企业9个。泰州国际集装箱码头有限公司、泰州华盛物流有限公司等企业分别创成省、市重点物流企业。泰州国际集装箱码头有限公司对绿色动力优力博物流江苏有限公司的股权由20%增至60%。全年泰州国际集装箱码头完成集装箱吞吐量35.08万标准箱，其中，外贸箱15.98万标准箱，内贸箱19.1万标准箱，营业收入7526.35万元，剔除资产拆除、报废等因素影响，实际实现利润总额1165万元。推动现代物流业嵌入供应链管理新模式，实施国有平台企业“脱虚向实”（实体化运作），江苏港瑞供应链管理服务公司运营实现开票销售74.82亿元，创利税近2450万元，江苏瑞泰商业保理有限公司实现日均保理余额超4亿元，利税110万元。高港综合物流园被评为全国优秀物流园区。

【生态建设】 参见《街道·镇》类目。

【基础设施建设】 2019年，核心港区完成古马干河北侧内河码头地块、华夏重工东侧地块和标准厂房门口地块等控制性详细规划图则调整报批工作。完成土地增减挂钩5.92公顷。泰州港易城建设股份有限公司的标准厂房通过省级安全文明标准化工地考评验收，疏港公路通过省平安工地评审。实施古马干河两侧居民生活污水改造、镇区雨污水管网疏通维护、化工园区部分路段雨水明渠改造。整治农村黑水河。永安花苑二期安置房项目完成主体封顶，开始实施室外工程。滨江诗语实验幼儿园、垃圾中转站等工程交付使用。

【丸庄酱油项目投产】 8月19日，丸庄金龙鱼天然酿造酱油项目举行上市发布会，推出一系列高端酱油新品供应市场。该项目由台湾丸庄食品工业股份有限公司与益海嘉里集团共同投资建设，开发适合中国市场的高端酱油产品。项目位于核心港区内，于2015年注册成立丸庄益海嘉里（泰州）食品工业有限公司，2017年9月全面施工，总投资1.25亿美元，占地面积约11万平方米，总建筑面积6.64万平方米，年产黑豆酱油、黄豆酱油、豆麦酱油等各类高端天然酿造酱油16万吨。2019年7月，丸庄益海嘉里（泰州）食品工业有限公司更名为丸庄金龙鱼（泰州）食品工业有限公司，全年实现开票销售约4000万元，税收近200万元。

【东君物流项目投运】 泰州东君物流发展有限公司（简称东君物流）项目总投资5.4亿元，由浙江东君控股集团、泰州国际集装箱码头有限公司、核心港区投资有限公司共同出资组建，占地面积10.88公顷，系集仓储物流、多式联运、信息交易、商务办公于一体的大型综合性集装箱物流基地，规划年通过能力为实物量80万吨和集装箱10万标准箱。11月，一期2.3万平方米标准化拆封箱仓库、1.9万平方米空箱堆场及1.1万平方米商务中心全面建成运行，每年可新增集装箱通过能力10万标准箱，新增物流开票销售5亿元。

【高永化工集中区由“化”向“药”转变】 2019年，核心港区推进高永化工集中区从“化”向“药”（粗放型化工企业到原料药企业）转变，将化工集中区27个企业分为三类，分类施策、分企施策，依法淘汰关闭化工企业8个，引导6个企业重组，聘请南京大学专家团队对其余13个企业安全环保逐一过堂，引导其向大健康产业特别是原料药板块靠拢。对外招引新的原料药项目。年内，新招引总投资超25亿元的扬子江药业集团永安原

泰州国际集装箱码头 （核心港区 供图）

料药项目。12月18日，医药高新区原料药项目编制的《泰州高端原料药产业创新基地发展规划》通过专家组评审。

【江苏能建引入3D数字化技术】 2019年，江苏能建机电实业集团有限公司(简称江苏能建)与南京航空航天大学、大连理工大学等高校院所合作，引入国际先进的3D数字化技术，开展产品从研发设计到生产制造全程的信息化改造，做到无缝对接，产品设计周期缩短一半以上，工程更改单减少5/6。建立3DPDM(产品数据管理)，收集整理设计研发产生的巨量数据，为行业大数据分析建立基础。

【永鑫商务实体化运营】 2019年，核心港区借鉴先进开发区招商管理模式，推动泰州永鑫商务咨询有限公司(简称永鑫商务)实体化运营，实行行政管理主体与公司运营主体相分离的管理体制，深化招商引资工作目标管理，建立科学、合理工作考评体系，成立招商引资工作领导小组、项目审核评审组，制定核心港区永鑫商务实体化运营办法、永鑫商务非招商人员绩效管理办法。 （李 誉）

临港园区

【概况】 2019年，临港园区实现地区生产总值152.52亿元，比上年增长10.86%。完成一般公共预算收入2.59亿元。高新技术产业产值占规模以上工业产值的34.74%。实现服务业增加值101.25亿元，增长12.32%，服务业增加值占地区生产总值的66.39%。工业企业一般纳税人开票销售119亿元，增长16.5%。固定资产投资增长15.49%。实际利用外资和港澳台资8196.34万美元。

【项目建设】 2019年，临港园区新签约1亿元以上项目60个，其中10亿元人民币或1亿美元以上项目4个(海燕金陵精选酒店项目、聚盟智慧物流园区及运营中心项目、复客中国智慧谷项目、中科临港创新科技园项目)，1亿元以上合同备案9个。1亿元以上项目新开工18个，新竣工19个，其中，10亿元以上项目新开工、新竣工各1个。

【产业发展】 2019年，临港园区推动高端装备制造、医药及高性能医疗器械和现代服务业等主导产业发展。高端装备制造产业，聚集长城汽车泰州整车项目、泰州苏中天线集团有限公司、泰州口岸船舶有限公司、泰州三福船舶工程有限公司等企业。医药及高性能医疗器械产业，打造以扬子江药业集团为龙头，江苏凯威药用包装有限公司、泰州市榕兴医疗用品股份有限公司、扬子江胶囊等项目为配套的“1+N”产业体系。现代服务业，围绕重点产业引进相关领域知名高校、科研院所、检验检测机构等创新资源，推进吉林大学泰州汽车动力传动研究院、江苏省测绘仪器计量中心、江苏省特种安全防护产品质量监督检验中心及圆通速递、中通快递、安能物流等一批产业配套服务平台建成运行。

【科技创新】 2019年，临港园区完成高新技术产业产值占规模以上工业产值的35.92%，有效发明专利274件，新增高新技术产业8个。泰州苏中天线集团有限公司、泰州市创新电子有限公司进入泰州市高价值专利培育计划。完成产学研合作项目12项，新增产学研联合体4个。江苏昆仑光源材料有限公司获批省级工程技术研究中心，泰州市海通索具有限公司、江苏天华索具有限公司获批市级工程技术研究中心，泰州市创新电子有限公司在省级研发机构绩效考核中获优秀等级；江苏东兴精密合金有限公司获得市孵育计划36万元扶持资金；泰州市佳源机带有限公司、泰州市榕兴医疗用品股份有限公司各获得市级科技支撑计划50万扶持资金。引进国家级人才1人、创业类人才4人、创新类人才8人、引进高层次人才60人、留学回国人员6人。

【企业转型升级】 2019年，临港园区新增泰州超人汽车电子有限公司、泰州汇锦电子有限公司、江苏昆仑光源材料有限公司、泰州市榕兴医疗用品股份有限公司4个市级以上信用管理贯标企业；江苏昆仑光源材料有限公司、泰州汇锦电子有限公司成功申报省级工业企业技术中心；江苏凯威药用包装有限公司、泰州市创新电子有限公司、泰州汇锦电子有限公司被评为省“两化”融合管理体系贯标试点企业；完成网上对标评估企业52个，小微企业进规模以上企业6个；泰州汇锦电子有限公司、江苏凯威药用包装有限公司获市级智能车间称号；江苏昆仑光源材料有限公司、江苏凯威药用包装有限公司获泰州市管理创新先进企业称号。

【园区服务】 2019年，临港园区为（泰州）江苏益联工业装备制造有限公司、泰州苏中天线集团有限公司、江苏百力特传动科技有限公司、江苏铁佑德液压科技有限公司、泰州市金衡建筑材料检测有限公司等企业（项目）办理土地上市、备案、规划、环保、施工许可等项目建设审批手续。完成江苏苏骏纺织有限公司、泰州市远方木业有限公司、泰州市口岸实验学校“两证”补办扫尾工作；为286个新办企业办理营业执照、税务登记、银行开户，为189个企业提供工商、税务、银行开户的变更服务。完成临港园区新、老园区的发展规划及规划环评编制工作。助推长城汽车泰州整车项目落户开工，仅用5天时间完成项目地块250户动迁工作。

【基础设施建设】 2019年，临港园区建成金衡检测中心、江苏省特种安全防护产品质量监督检验中心（二期）等公共服务平台建设，吉林大学泰州汽车动力传动研究院主体及配套工程全面建成。配合区自然资源和规划分局、江苏泰州港经济开发区完成临港园区控制性详细规划编制工作，为长城汽车泰州整车项目及配套设施建设提供规划支撑。

【生态建设】 参见《街道·镇》类目。

（陈　燕）

泰州汇锦电子有限公司　（区委宣传部　供图）

扬子江药业集团

综　述

【概况】 2019年，扬子江药业集团产值、销售、利税分别比上年增长11.91%、11.94%和16.2%。有员工1.6万余人，下属20余个成员公司分布在北京、上海、南京、广州、成都、苏州、常州等地；营销网络覆盖除台湾以外的全国各省、市、自治区。在工业和信息化部公布的2018年度中国医药工业百强企业榜上排名第1位。获2019年中国品牌价值评价医药健康板块品牌强度、品牌价值双第一。蝉联全国医药行业质量管理成果评比一等奖总数第1名，实现15连冠。入选中国医药研发产品线最佳工业企业、新中国成立70年医药产业脊梁企业、中国医药创新企业100强，获2019年度绿色企业管理奖和2019年度环境社会责任企业、中国化学制药行业“两化”融合推进优秀企业品牌、年度行业领军品牌等荣誉称号。

【企业党建】 扬子江药业集团党委成立于1995年6月。2019年，有党总支5个、党支部29个，党小组103个，党员1000余人。9月起，扬子江药业集团党委开展“不忘初心、牢记使命”主题教育，把握“守初心、担使命、找差距、抓落实”总要求，把学习教育、调查研究、检视问题、整改落实贯穿始终，与促进企业高质量发展有机融合。各党支部通过“红色党课”、“过政治生日”、到革命老区参观、邀请老员工讲述创业史等方式，引领党员重温初心，激发干事创业精气神。研发党总支被泰州市委评为先进基层党组织。扬子江大讲堂举行讲座24场次，120名来自全国的专家、学者和集团中高层管理干部开讲238课，受众近5000人次。开办职工子女暑期班，慰问救助36名困难职工，举办大合唱比赛、军训队列会操、集体婚礼等活动。工会创建5个创新工作室。开展巾帼标兵（岗）、岗位能手和扬子江工匠评选活动。集团向响水大爆炸受灾区捐赠403万元善款和物资。继续在贵州、云南、陕西等省开展重点扶贫活动，累计投入1000余万元。

（扬子江药业集团）

2018年度中国医药工业百强企业第1名奖牌（扬子江药业集团　供图）

药品研发

【概况】 2019年，扬子江药业集团加强新品研发管理，加快研发转型，落实产品高效高质落地，“仿创结合”的项目化推进初见实效，成为提速高质量发展的牵引力。年内，集团共有120个品种入选新版国家医保目录，全年申报仿制药39个，有13个品种完成BE（化学生物等效性）备案；海慈研究所化解原料药断供风险，完成厄贝沙坦、美洛昔康等6个原料药申报备案。完成枸橼酸他莫昔芬FDA注册申报。申报一致性评价项目30个，通过或视同通过一致性评价品种20个。

【创新药研发】 2019年，扬子江药业集团构筑技术平台，开发高端制剂。依托缓控释技术、纳米注射剂技术、脂肪乳技术等平台，推进硝苯地平缓释片、注射用紫杉醇白蛋白纳米注射剂等高端制药研究，攻克索马鲁肽纯化、成盐以及杂质谱研究等技术难题，并立项多个多肽原料药。

【中药和大健康产品研发】 2019年，扬子江药业集团完成5个中药新品、4个保健食品立项，完成111味配方颗粒研究。散风通窍滴丸在获批3个月后即上市供货，连榆烧伤膏获生产批件，复方苍术颗粒获临床许可，保健食品欣尔泰胶囊申报生产。

【药物质量和疗效一致性评价】 2019年，扬子江药业集团累计申报一致性评价项目30个，通过或视同通过一致性评价品种20个，12个为全国首家过评，其中奥美拉唑肠溶胶囊、美洛昔康片、布洛芬颗粒在发补阶段实现首家获批。

（扬子江药业集团）

质量管理

【概况】 2019年，扬子江药业持续完善集团化的顶层设计、板块化的监督管理、法人化的合规运行三级质量管理体系。编制质量文化手册，建立监督、指导、检查、评比机制，完善集团化管理文件，健全子公司关键质量信息指标。扬子江药业集团以938.5的高分获江苏省企业质量文化建设成熟度评价AAA级企业称号。

【质量品牌·安全环保月】 3月，扬子江药业集团以“守底线、拉高线，夯实质量品牌、安全环保基础”为主题，开展首届“质量品牌·安全环保月”活动。9月，以“强质量品牌、固安全环保、共创扬子江好”为主题，开展第二次“质量品牌·安全环保月”活动。

【蝉联全国医药行业质量管理成果评比一等奖总数第1名】 7月23—26日，由中国医药质量管理协会主办的第40次全国医药行业质量管理（QC）小组成果发表交流会在江苏南京召开。会议以“质量引领创新，创新创造价值”为主题，从实践和理论两方面开展和推动活动，共有来自全国百余个医药企业的650个QC小组同台竞技。扬子江药业集团103项课题全部获一等奖，97项课题获最佳发表奖，蝉联全国医药行业QC评比“十五连冠”。扬子江药业集团董事长徐镜人被评为“功勋人物”；扬子江药业集团被评为“质量标杆企业”；南京海陵药业有限公司、广州海瑞药业有限公司、北京海燕药业有限公司被评为“卓越推进组织”。

【3个课题获国际QC金奖】 9月23—27日，第44届国际质量管理小组会议（ICQCC）在日本东京召开，会议的主题为“通过全面质量管理和QC小组活动创造更美好的未来”。中国航天、中国电网、中国核电、扬子江药业、格力、海尔、正大天晴、广州白云山制药等30余个中国企业的48个课题参加发表。扬子江药业集团选送的3个质量管理小组课题全部获金奖，分别是精诚QC小组、超越QC小组和锐意QC小组的项目。精诚QC小组成功降低中药泡腾片B产品的胀气率，该产品是扬子江药

扬子江药业集团总部　　（扬子江药业集团　供图）

业集团研发的治疗胃痛疾病的中药泡腾制剂新药。超越QC小组以“提高口服液A产品的澄清度”为攻关课题，为其他中药口服液澄清度问题提供解决思路。锐意QC小组解决Ⅱ型糖尿病的一线用药Y产品溶出度达到欧洲药典标准的问题，使Y产品质量得到有效提升，为其出口欧洲市场打下坚实的质量基础。2015—2019年，扬子江药业集团在历届国际质量大会上共获20项金奖。

（扬子江药业集团）

销售管理

【概况】 2019年，扬子江药业集团调整营销战略，着重推广新产品、独家产品。借助高端学术活动，推进高质化的院企合作，新产品、独家产品的增产潜力充分释放。

【零售市场】 2019年，扬子江药业集团实施零售推广战略，从以商业流通模式为主，发展为以重点连锁、重点单品为主的销售合作模式。构筑处方药、非处方药和大健康产品新优势，蓝芩口服液、黄芪精、苏黄止咳胶囊等中成药产品进入全国零售市场畅销中成药前50强。11月11日，由扬子江药业集团主办的第七届健康中国医药连锁高峰论坛暨和熙论坛在集团泰州总部举行，与会人员共商医药零售行业发展大计、探讨行业变革方向、探索多元化新零售合作模式。

【销售支持】 2019年，扬子江药业集团医药经营总公司高效服务市场，市场医学双管齐下，完成国家级会议66场，发表指南共识4篇。做好价格维护和新品挂网，跟进带量采购中选品种落地执行。强化渠道管控，扩大市场审计，维护全国市场秩序。国际事业部加快4个已立项项目的推进，新立项项目6个，开发高端制剂的合作10余个，新获国际注册批件9份、再注册批件7份。

（扬子江药业集团）

集团化管理

【概况】 2019年，扬子江药业集团港内管委会（即高港区内管委会）统筹发力、释放产能、全面提升。港外管委会服务和监督并重，以整合资源为抓手，加强子公司管控。中药板块强化中成药核心优势，持续完善产业链结构布局，打造扬子江大健康产业高地。原料药板块保障集团原料供给，加快全面升级。

【港内公司】 2019年，扬子江药业集团港内管委会推进生产计划管理，平稳保障供货。对标FDA提升质量管理体系，开展高水平、高规格模拟审计，降低无效OOS、提升产品外观质量成效明显。对一致性评价27个品种、32个规格实行“一品一策”方案，着力向精细化管理转变，打造更具市场竞争力的成本。全年完成31项重大降本节支项目。首次建立与跨国药企的合作模式，实现国内产品代理零的突破。

【港外公司】 2019年，扬子江药业集团港外管委会对内以保质为前提，降低各种成本和开支；对外调整产品结构，拓展新业务。设立港外五大实训基地，成立19个专家分团，举办首届港外技术创新评比大赛，启动“百人计划”项目。上海海尼药业有限公司完成7个品种立项，2个品种获批，获上海市质量标杆、浦东新区民营企业突出贡献奖等荣誉称号。南京海陵药业有限公司完成10个品种立项，9个产品申报生产，获批双千万级专项。四川海蓉药业有限公司、四川海汇药业有限公司20个中药饮片品种上市，医疗器械车间投产，一次性使用消化道斑马导丝取得产品注册证及生产许可证。广州海瑞药业有限公司共获批生产4个品种，完成8个品种申报，降本增效效益明显。北京海燕药业有限公司获评北京市绿色制造示范企业，入选国家级绿色工厂。江苏紫龙药业有限公司完成9个药品立项，获江苏省和谐劳动关系先进企业称号。苏州海岸药业有限公司实现体系独立，首次盈利，完成新品立项10个，3个转产批件落地。

【中药板块】 2019年，江苏龙凤堂中药有限公司共30味中药饮片上市，中药材溯源系统，LIMS、MES和PAT系统上线运行，参与并牵头制定4个中药材行业标准。集团新增中药材种植基地19个，总面积6960公顷，开展基地飞检28次，从源头严格把控质量。探索配方颗粒新工艺，完成80味药材各3批配方颗粒生产，打通4个老品种工艺。

【原料药板块】 2019年，扬子江药业集团原料药板块贯彻“原料药+制剂”一体化发展战略，着力创建自有品牌，做强板块。江苏海慈生物药业有限公司6个车间、18个品种通过GMP认证。建成省级技术中心3个，24项产品标准达国际领先水平。江苏海慈生物药业有限公司以总分第一获泰州市市长质量奖，获“江苏省瞪羚企业”称号。

（扬子江药业集团）

经贸合作

进出口贸易

【概 况】 2019年，高港区实现进出口总额15.78亿美元，比上年增长9.14%，其中，出口总额5.34亿美元，增长18.46%；进口总额10.45亿美元，增长4.93%。一般贸易出口额2.15亿美元，增长1.46%；加工贸易出口额2.33亿美元，下降5.07%。受非洲猪瘟影响，全区大豆进口出现下滑，大豆进口总额6.64亿美元，下降19.32%。江苏海企化工仓储股份有限公司保税仓进出口货物激增，全年进出口2.77亿美元，增长296.49%。

【进出口商品结构】 2019年，高港区农产品出口额4317万美元，比上年下降31.16%；纺织服装出口总额3532万美元，增长0.43%；机电产品出口额2.23亿美元，下降5%；化工产品出口额2亿美元，增长125.23%；高新技术产品出口额673万美元，增长111.1%。船舶出口总额1.69亿美元，下降9.43%；化工品进口总额1.9亿美元，增长52.47%。

【进出口市场结构】 2019年，高港区对亚洲、欧洲、北美洲、拉丁美洲、大洋洲、非洲出口额分别为22618.79万美元、22500.28万美元、4499.62万美元、2058.9万美元、1037.15万美元和635.63万美元，比上年分别增长39.96%、14.44%、6.17%、–43.31%、–8.3%、–31.87%。对拉丁美洲、亚洲、北美洲、欧洲进口额分别为55273.62万美元、26623.48万美元、13366.84万美元、9221.25万美元，分别增长–15.44%、172%、–21.41%、24.12%。

【服务外包】 2019年，高港区完成服务外包执行额9941万美元。新增服务外包企业9个，分别为江苏海企化工仓储股份有限公司、泰州三福船舶工程有限公司、江苏港瑞供应链管理有限公司、江苏瑞泰商业保理有限公司、江苏华照节能服务有限公司、泰州大自然德森堡木业有限公司、泰州中山广告有限公司、江苏中理检测有限公司、泰州祝泓人力资源管理有限公司。

【"广交会"参展】 2019年，高港区组织企业到广州参加第125届、第126届中国进出口商品交易会（简称"广交会"），分3期参展，一期主要展出机电类产品，二期展出轻工工艺类产品，三期展出纺织服装类产品。江苏德泰墙纸有限公司、江苏张驰轮毂制造有限公司等13个企业参展，参展摊位共计29个，主要产品包含墙纸、餐厨用具、汽车轮毂、冷柜、吊索具、羽毛工艺品、绣花线、纺织面料等。

【中国国际进口博览会采购】 11月5—10日，第二届中国国际进口博览会在国家会展中心（上海）举行。高港区共组织各镇街、园区100余个企业、300余名专业采购人员参加，采购商品主要涉及粮油食品、医

泰州大自然德森堡木业有限公司车间 （区商务局 供图）

疗器械、高端装备制造等，累计完成进口采购约3282万美元。江苏港瑞供应链管理有限公司与来宝能源公司签订150万吨（约7.5亿人民币）动力煤年度长期采购协议。

（詹　绛）

招商引资

【概况】2019年，高港区新签约1亿元人民币（1000万美元）以上项目249个，总投资576.62亿元人民币。其中，内资项目228个，总投资428.01亿元人民币；外资和港澳台资项目21个，总投资21.23亿美元；5亿元人民币或3000万美元以上项目31个，总投资312.7亿元人民币。

【利用外资和港澳台资】2019年，高港区新批外商和港澳台商投资企业15个，其中制造业项目9个，占比超过50%。协议利用外资和港澳台资5.74亿美元，实际利用外资和港澳台资2.1亿美元，总投资3000万美元以上项目9个。（高　然）

对外和对港澳台经济技术合作

【概况】2019年，高港区新增境外投资项目6个，在“一带一路”国家投资千万美元以上制造业项目实现零的突破。全年新签境外工程合同额1153万美元；完成外经营业额5705万美元。全年接待劳务人员报名及咨询400余人次，未发生各类劳务纠纷。

【境外投资项目】2019年，高港区新增境外投资项目6个，分别是龙冉股份有限公司在印度尼西亚设立的龙冉装饰材料印度尼西亚有限公司，协议总投资75万美元；江苏苏萨食品有限公司在越南设立的越南苏萨食品有限公司，协议总投资1000万美元，该项目成为全区首个在“一带一路”国家投资制造业千万美元以上项目；泰州三泰船业有限公司在美国设立的晶福工程装备有限公司，协议总投资1950万美元；泰州苏中天线集团有限公司在美国设立的泰州苏中天线北美公司，协议总投资额50万美元；泰州口岸船舶有限公司在德国设立的泰州口岸船舶有限公司德国办事处以及在希腊设立的泰州口岸船舶有限公司希腊办事处。

【境外工程承包】2019年，江苏大江建设工程有限公司的安哥拉罗安达机场项目、泰州市高港区对外经济技术合作有限公司的安哥拉中信公寓项目和江苏江洲农业科技发展有限公司的安哥拉万博农场项目共实现外经营业额5075万美元。

（高　然）

2019年11月9日，在第二届中国国际进口博览会上，江苏港瑞供应链管理有限公司与国际知名矿山Noble Group（来宝能源公司）签订200万吨动力煤年度长期采购协议　（区委宣传部　供图）

农 业

综 述

【概况】 2019年，高港区实现农林牧渔业总产值21.48亿元，比上年增长2.74%。其中，种植业产值15.05亿元，林业产值0.13亿元，畜禽养殖产值3.39亿元，渔业产值1.87亿元，农林牧渔服务业产值1.04亿元。全年粮食总产量9.09万吨，种植面积13.13千公顷。新建高标准农田面积633.33公顷，累计建成高标准农田9706.67公顷，全区高标准农田面积比重达73.46%。新增高效设施农业面积305.4公顷，新增高效设施渔业面积20公顷。新增农业物联网应用基地2个（高港区昌玉达水产养殖家庭农场、高港区创世纪花卉园艺场）。培育新型职业农民1412人。新增农业产业化省级示范联合体1个（江苏逸夏农产品产业化联合体）；新增省级农业龙头企业1个（江苏海泰药业有限公司）；新增市级农业龙头企业2个（泰州统实企业有限公司、泰州锦龙园林工程有限公司）。 （华琳琳）

【高标准农田项目建设】 2019年，高港区实施高标准农田建设项目2个，机构改革后区水利局农田水利建设项目统一并入高标准农田项目，治理面积633公顷，涉及胡庄镇史庄、庵桥、胡庄、薛垛、赵市、汪群6个村（社区），总投资1663万元，均为财政资金。项目区共建设泵站4座，硬质明渠2.83千米，机耕桥11座，涵洞81座，硬质水泥路18.17千米。 （徐秋月）

【农产品质量安全】 2019年，高港区开展绿色食品、有机食品“两品”认证和获证后监管工作。新申报绿色食品24个、有机食品78个，胡庄镇和口岸街道绿色优质小麦基地通过省级绿色优质农产品基地验收，全区种植业绿色优质农产品比重106.05%。无公害渔业产地面积达562.67公顷，占渔业产地面积的91.2%。10月，农业农村部正式命名高港区为国家农产品质量安全县。区级、7个镇街监管站和7个规模果蔬基地检测点共上传速测果蔬样数据43665个，添加巡查记录558条。全区41个“两品”规模生产主体全部注册应用国家和省农产品质量安全监管追溯平台，平台应用率达100%。遴选推荐35个果蔬和粮食生产经营主体试点示范对接应用省农产品质量安全追溯管理平台，统一配备办公电脑、农残检测仪器、二维码打印机、扫描枪等追溯管理设备，开展“一品一策”标准化生产指导，规范信息采集、追溯建设业务培训和学习观摩等，推进农产品生产经营主体应用追溯平台建设。11月，35个生产经营主体全部通过专家组验收。 （王义超）

【农业保险】 2019年，高港区实现农业保险保费收入（不含农机保险）1089.68万元，除农户承担的154.7万元外，其余全部由各级财政承担。高效设施农业保险实现总保费696.5万元，高效农业保险保费收入占比64%。全年赔付总额370万元。 （陆 玲）

【农业执法】 2019年，高港区组织开展农业执法检查行动39次，共出动执法人员826人次，联合市农业农村局执法检查5次。检查规范农资经营点和农产品生产单位310余个。开展各类农资产品抽样送检49批次，其中，农药25批次，肥料24批次。查处肥料案件7件、非法捕捞案9件，向公安机关移送非法捕捞案件2件。 （张振洲）

【农业安全生产】 2019年，区农业农村局建立健全主要负责人负总责，分管负责人牵头，行业科室抓条线，镇街农服中心抓属地的安全工作体系。组织开展农业安全生产主题宣传日、农业安全监管培训、消防安全演练、安全生产政策法规宣传、安全生产应急处置和监管能力提升培训。开展农业领域危险化学品安全风险排查整治、两会期间农业生产隐患排查治理、农业领域安全生产专项整治百日行动、农业安全生产月、农机及渔业专项整治活动、“严打整治”专项行动、“大排查大整治”活动。全年累计组织各类农业安全生产检查820人次，检查农业经营主体526个次，排查整改各类农业安全生产隐患37处。（潘　峰）

种植业

【概况】 2019年，高港区实现种植业产值15.05亿元。粮食作物面积13130公顷，比上年减少5.6%，总产量9.09万吨，减少4.2%；油料作物面积1470公顷，增长2.96%，总产量4882吨，增长5.5%；果蔬种植面积5005公顷，增长0.9%，总产量18.13万吨，增长0.9%。种植的粮食作物主要为水稻和小麦。水稻主推品种为南粳5055、南粳9108，占97.4%，机插率95%。小麦主推品种为宁麦13，种植方式以机条播和机撒播为主。经济作物主要有油菜籽、花生和果蔬（含菜用瓜和瓜果类）。油菜主推品种为秦优11和秦优10号，搭配沪油17，以十边隙地直播为主。蔬菜主要有茄果类、叶菜类、葱蒜类、根茎类。果品类主要有桃、葡萄、梨、草莓、西瓜等。

【粮食作物】 2019年，高港区粮食生产期间整体天气利好，有局部阶段性弊端，春季多阴雨出现部分瘦弱苗，强化恢复肥和穗肥的应用，利于小麦后期产量提高；麦子腾茬快水稻播期早，搁田质量高，病虫害发生轻，全年粮食单产均高于上年，名列近十年前列。夏粮生产面积6470公顷，比上年减少8.5%；每公顷产量5688千克，增长0.7%；总产量3.68万吨，减少8%。其中，小麦种植面积6160公顷，减少9.8%；每公顷产量5730千克，增长0.7%；总产量3.53万吨，减少9%。水稻种植面积4780公顷，减少3.6%；公顷产量9384千克，增长1%；总产量4.49万吨，减少3.6%。优质食味性稻米占比97.4%，居全市第一位。

【经济作物】 2019年，高港区油菜籽种植面积720公顷，与上年持平；总产量2101吨，增长1.6%。花生种植面积730公顷，增长5.8%；总产量2730吨，增长8.8%。蔬菜种植面积4704公顷，增长1.1%；总产量17.11万吨，增长2.8%。瓜果种植面积301公顷，增长0.3%；总产量1.02万吨，增长2.3%，其中经济林果3581吨。花卉种植面积49公顷，减少3.9%。

【种植业财政补贴】 2019年，高港区继续实施农业支持保护补贴政策，耕地地力保护补助面积7516.8公顷，发放标准为每公顷1800元，全区补助1353.03万元。通过实施绿色防控项目、各类耕地保护项目等，为农业种植大户、规模经营主体发放各类新型绿色生产物资165万元。

【高产增效万亩示范片】 2019年，高港区共创建水稻绿色高效创建示范片5个，其中，胡庄镇2个，永安洲镇、白马镇、口岸街道各1个，涉及4个镇街11个村，示范片核心面积共540公顷，示范片种植主体以规模经营大户为主，含农场及大户19个，辐射带动周边生产。种植品种为南粳9108、南粳5055，主要推广水稻机插秧、秸秆全量还田技术、病虫专业化防治技术、测土配方施肥技术；推行稻田综合种养面积90公顷，比上年增12.25%，全面使用育苗伴侣、拌种剂和送嫁药。通过市级A级方验收1个。（施菊琴）

谷香　　（区农业农村局　供图）

畜牧业

【概况】 2019年，高港区实现畜牧业总产值3.39亿元、增加值1.28亿元。全年生猪出栏1.21万头，蛋禽存栏34.12万羽，肉羊年出栏1.76万只。有畜禽规模养殖场64个，其中，省级26个，市级20个，区级18个。全区生猪大中型规模养殖场比重为80.33%，比上年降低0.55个百分点；100只以上肉羊规模养殖场比重为83.29%，上升5.95个百分点。

【动物疫病防控】 2019年，高港区共检测牲畜口蹄疫免疫抗体530份、高致病性禽流感1461份、高致病性猪蓝耳病200份、猪瘟200份、新城疫487份、小反刍兽疫290份。全区牲畜口蹄疫、高致病性禽流感等重大动物疫病抗体检测合格率均超过省、市规定的标准。检测O型口蹄疫病原学样品50份，检测结果均为阴性。监测羊布病3427份，血吸虫病80份。开展流行病学调查工作，实地调查畜禽养殖场(户)35个，察看生猪1125头、羊8226只、鸡15.6万羽。

【非洲猪瘟防控】 2019年，高港区贯彻落实《全国非洲猪瘟防控工作方案(2019)》《国务院办公厅关于加强非洲猪瘟防控工作的意见》等要求，多次召开防控工作会议，进一步突出工作重点，压紧压实防控责任。严格落实调运监管、生物安全管控、监测排查、宣传培训和督查指导等措施，发放非洲猪瘟防控明白纸、告知书等宣传资料200余份。全年排查生猪养殖场(户)30906个次、排查生猪257.72万头次。区动物疫病预防控制中心兽医实验室获批全省第三批具备非洲猪瘟检测资质的实验室，被省动物疫病预防与控制中心授权开展非洲猪瘟检测工作，共检测非洲猪瘟病原学样品90份。

【动物检疫监督】 2019年，高港区未发生动物及其产品安全事件。完成养殖环节“瘦肉精”集中监测抽样1100份，均为阴性。全区检疫生猪0.59万头、家禽6.5万羽。强化病死动物无害化处理监管，无害化处理病死猪446头。

【畜禽屠宰监管】 2019年，高港区开展打击私屠滥宰“扫雷行动”，严厉打击各类屠宰违法行为。开展执法48次，联合执法4次，出动执法人员120人次，查处私屠滥宰案件2件，捣毁私屠滥宰窝点2个，销毁不合格猪肉180千克。 (王小斌)

林 业

【概况】 2019年，高港区实现林业产值0.13亿元，森林覆盖面积92.22百公顷，森林覆盖率28.09%。

【绿化造林】 参见《生态环境》类目。

(区自然资源和规划分局)

渔 业

【概况】 2019年，高港区水产养殖面积800公顷，总产量4620吨，实现渔业总产值1.87亿元。有专业捕捞渔船194艘，总吨位437吨，总功率3414.4千瓦。新增高效设施渔业面积20公顷，渔业“三品”认证率91.2%。区水产站在胡庄镇宗林村、田野村，永安洲镇东江社区建立水生动物疫病测报点3个，全年未发生重大水生动物疫病。推广长江鲈鱼、河蟹、青虾等高效生态混养新模式25公顷，标准化鱼池改造面积27.8公顷。

【渔业安全管理】 2019年，高港区全面落实渔业安全生产责任制，开展“平安捕捞”及“安全生产月”宣传教育活动，加强安全生产消防应急演练，开展渔业安全生产培训，提高渔民的安全生产意识。加强经常性安全生产检查，消除各类安全事故隐患。全年开展渔业安全检查23次，发放安全宣传资料200余份，无渔业安全生产事故。

(吴 宾)

延伸阅读：高港河鲀(暗纹东方豚)

高港河鲀是高港区特色渔业资源。河鲀又称为鲃鱼，体呈椭圆形，短而肥厚，头圆口小，古谚曰：“不食河鲀，焉知鱼味”。高港河鲀肉鲜味美、肉质滑嫩、入口即化，无刀鱼、鲥鱼之芒刺，而且有肉刺的鱼皮胶质浓厚，食之黏口，腴肥鲜美中略带些野味，味觉美感远胜于鱼翅、海参，别有风味；营养物质丰富，含有蛋白质、不饱和脂肪酸、维生素A、钙、磷等的营养成分，具有补虚、去湿、舒胃、去痔等功效。因此食用河鲀鱼古来有之，源远流长。河鲀鱼虽然美味，但体内含有剧毒。中国历史文献对此也多有相关记录，在《开宝本草》《本草纲目》《本草集解》等著作中都谈到河鲀鱼含有剧毒。现代医学也已检测证明，河鲀鱼含有神经毒素，主要分布在其肝脏、生殖腺及血液中，需要经过严格的处理后，才可食用。现在在医疗临床上河鲀鱼毒素具有广泛用途，可制成戒毒剂、麻醉剂、镇静剂等，还可用于癌症的介入治疗。高港区地处长江之滨，渔业资源丰富，水质优良，是河鲀鱼养殖的极佳场所。高港区河鲀鱼养殖面积33.33公顷，年生产销售河鲀鱼500余吨，畅销上海、南京、北京等地区。

(倪留山)

农业产业化

【概况】 2019年，高港区立项实施省级以上现代农业发展专项资金项目13

个，其中，先建后补项目7个，以奖代补项目6个。项目计划总投资827.3万元，其中财政资金435万元。江苏海泰药业有限公司和泰州市乐太食品有限公司在江苏股权交易中心农业板挂牌；新增农业产业化省级示范联合体1个，为江苏逸夏农产品产业化联合体；新增省级农业龙头企业1个，为江苏海泰药业有限公司；新增市级农业龙头企业2个，为泰州统实企业有限公司、泰州锦龙园林工程有限公司。全区市级以上农业产业化龙头企业保有量25个，全年完成销售162.06亿元。

【"一村一品"建设】 2019年，高港区新认定全国"一村一品"示范村1个，为白马镇陈家村（水果）；市级"一村一品"示范村3个，分别为口岸街道徐庄村（果蔬）、大泗镇霍堡村（畜禽）、胡庄镇薛垛村（果蔬）。（刘　姗）

农业机械化

【概况】 2019年，全区农机总动力12.3万千瓦，新增各类新型农机具128台（套）、粮食烘干机4台（套），落实农机购置补贴资金245.75万元。农机服务组织作业面积占机械化作业总面积的83.5%，农业综合机械化水平达86%。

【水稻种植机械化】 2019年，高港区新增高速插秧机34台（套），水稻机插率95.8%。7个镇街机插率均达90%以上。

【农机安全监理】 2019年，高港区落实农机安全生产责任制，深化安全生产专项治理活动，构建"平安农机"长效机制。注册登记联合收割机7台、拖拉机14台，年检拖拉机152台、收割机92台，注销长期脱检的变型拖拉机46台。投保各类农机政策性保险270份。（赵　荣）

农业园区

【概况】 2019年，高港区有市级以上现代农业产业园区6个。其中，省级农业产业园区1个（江苏省高港现代农业产业园区），市级农业产业园区5个（胡庄镇蔬菜园艺产业园区、大泗镇生态种养产业园区、白马镇现代农业园、胡庄镇粮食现代化种植示范园、大泗镇中药文化观光园）。市级以上园区建成面积3816公顷。

【省农村一二三产业融合发展先导区】 2019年，高港现代农业产业园累计入驻农业经营业主15个，园区核心区设施大棚蔬菜种植面积约100公顷。注重推进产业融合，着力构建"接二连三"的农业全产业链，推行"市场+企业+基地+农户"的运作模式、"市场+企业+电商+旅游"的经营业态，加快推进"线上线下"联动，延伸农业产业链、价值链。上争到高港现代农业产业园区服务功能配套提升项目、高港区智慧农业示范推广中心建设项目、有机蔬菜标准化种植示范及配套设施建设项目等重点项目。全年实现农产品销售总额1.6亿元，带动周边农民就业530余人，人均增收1.3万元以上。获江苏省农村一二三产业融合发展先导区称号。（刘　岳）

农业企业选介

【江苏海泰药业有限公司】 江苏海泰药业有限公司成立于2007年7月，公司位于高港区江平路江圣村59号，经营项目为药品批发，中药饮片制造、加工、销售，中药材种植、加工、收购、销售，医疗器械、化妆用品、日用百货销售。注册资本6500万元。公司于2007年10月首次取得药品经营GSP认证证书，2016年1月取得国家新版GSP认证证书。公司所属全资子公司是南京中医药大学等3所高等院校的教学基地。先后与南京中医药大学、南京农业大学等开展过多个国家、省、市级中药材研究合作项目。参与或主持完成编写2个省级、5个市级地道中药材标准种植规程。服务泰州市及周边中药材产业的发展，推进中药材加工技改工作，促进泰州市地道中药材产业发展。2019年，公司实现主营业务收入4881.16万元。获批农业产业化省级重点龙头企业。

【泰州锦龙园林工程有限公司】 泰州锦龙园林工程有限公司成立于2004年12月，位于高港区永安洲镇，注册资本200万元，拥有苗木基地34.87公顷，主要从事园林绿化工程、市政公用工程、景观绿化工程，园林小品、花盆、花药、花肥等销售，花卉园艺技术咨询服务等业务。主营苗木种类包括：银杏、香橼、红叶李、国槐、广玉兰、垂丝海棠、西府海棠、栾树、桂花、垂柳、瓜子黄杨球、高杆女贞、乌桕等。2017年6月8日，在泰州市科技支撑计划（农业）项目中对黑果腺肋花楸品种筛选及容器苗栽培进行技术研究，取得黑果腺肋花楸在制茶领域的应用专利，使黑果腺肋花楸生产企业利润提高10%~20%。2019年，公司实现销售额2721.47万元。获批农业产业化市级重点龙头企业。（刘　姗）

工业·建筑业

工业

·综述·

【概况】 2019年，高港区规模以上工业产值增幅9.6%；规模以上工业增加值增幅10.8%；规模以上工业利润增幅19%；征收期工业一般纳税人开票销售完成1011.2亿元，比上年增长7.1%；净入库税金完成40.73亿元，增长1.1%。工业投资增长12.8%。新开工1亿元以上工业项目58个，竣工项目42个。高港区被省政府评为江苏省制造业转型升级成效明显地区（全市唯一）；成功申报省级工业互联网平台（培育型）2个（扬子江药业集团、泰州口岸船舶有限公司）；省级建筑业企业技术中心1个（江苏大江建设工程有限公司）；省级企业技术中心5个（江苏昆仑光源材料有限公司、泰州大自然德森堡木业有限公司、泰州汇锦电子有限公司、泰州友润电子科技股份有限公司、泰州润杰物流安全装备科技有限公司）；省级智能车间1个（泰州统实企业有限公司）；省级专精特新小巨人企业3个（江苏能建机电实业集团有限公司、江苏昆仑光源材料有限公司、泰州润杰物流安全装备科技有限公司）；省重点物流企业（扬子江药业集团江苏扬子江医药经营有限公司、泰州统一超商有限公司）；省服务型制造企业（江苏张驰轮毂制造有限公司）；省二星级公共服务平台1个（泰州市计量测试院）；省级专精特新产品2个（江苏昆仑光源材料有限公司的基于微波辐照技术封半导体用新型杜美丝、泰州润杰物流安全装备科技有限公司的航空安全紧固件）；省级科技小巨人企业1个（江苏能建机电实业集团有限公司）；市级智能车间4个[丰益生物科技（江苏）有限公司、泰州汇锦电子有限公司、江苏鹏翎胶管有限公司、泰州市天润合成化工有限公司]；市级小微企业创新创业示范基地1个（泰州市永成投资有限公司）。通过“两化”融合贯标企业11个（泰州友润电子科技股份有限公司、泰州汇锦电子有限公司、江苏汇福油脂科技有限公司、江苏康贝宠物食品有限公司、泰州市榕兴医疗用品股份有

江苏汇福油脂科技有限公司 （永安洲镇 供图）

限公司、泰州超人汽车电子有限公司、扬子江药业集团江苏龙凤堂中药有限公司、贝尔泰克医疗器械、江苏宇马铝业有限公司、江苏苏萨食品有限公司、江苏昆仑光源材料有限公司）；上云企业132个，其中星级上云企业20个。

2019年度全市工业经济与开放创新工作先进单位和个人名单（高港区）

工业经济工作目标考核先进市（区）一等奖：高港区

开放型经济工作目标考核先进市（区）一等奖：高港区

开放型经济工作目标考核先进开发（园）区一等奖：泰州港经济开发区

市十佳工业企业：扬子江药业集团有限公司、国家能源集团泰州发电有限公司

市十佳工业转型创新投资项目：丸庄金龙鱼（泰州）食品工业有限公司天然酿造酱油项目，泰州万诺纺织科技有限公司年产6000吨高档缝纫线、丝线、纱线项目

市十佳智能制造示范企业：泰州统实企业有限公司

市十佳专精特新企业：泰州市创新电子有限公司

市十佳外经贸企业：益海（泰州）粮油工业有限公司

市十佳科技创新企业：泰州市创新电子有限公司

市创新创业杰出人才：泰州市华强照明器材有限公司总经理　陈龙

【工业经济运行研判】 2019年，高港区编制2019年工业经济目标任务，修订《高港区2019年度工业经济专项考核办法》。区工业和信息化局及时对经济运行中热点和难点问题开展专项调研，提出有针对性措施和建议，形成《重点企业生产经营情况调研报告》《规模以上工业企业停产半停产企业情况简析》《关于提升工业企业亩均效益的调查与思考》《高港区部分重点企业运行情况调研分析》《关于工业用地企业提质增效相关案例的汇报》等调研材料，其中《关于提升工业企业亩均效益的调查与思考》《关于工业用地企业提质增效相关案例的汇报》获区负责人批示。

【智能制造】 2019年，高港区实施百企智能升级改造三年行动计划，制定《高港区百企智能升级改造行动方案（草案）》，推动企业实施升级改造，培育市级以上智能工厂、示范智能车间。泰州统实企业有限公司、丰益生物科技（江苏）有限公司等5个企业通过省、市示范智能车间认定，10个企业、16个产品通过省级新产品鉴定。以5亿元、10亿元、30亿元培强企业为重点，以高端产品攀升为中心，以技术创新和技术改造为抓手，强化“专精特新”的培育，建立“专精特新”培育库，抓好典型企业培育。引导企业实施“品牌提升”战略，参与行业标准制定；园区、镇街两级建立培育帮扶工作制度，完善中小企业运行监测体系，实施跟踪辅导、帮助解决困难。申报江苏省二星级公共服务平台1个（泰州市计量测试院）；市级小微企业创新创业示范基地1个（泰州市永成投资有限公司）。开展工业企业“两化”融合专题调研活动，对全区“两化”融合和星级上云工作进行全面了解和梳理，帮助企业开展“两化”融合管理体系贯标和星级上云等工作。至年末，全区获批“两化”融合贯标企业11个，星级上云企业20个。扬子江药业集团有限公司智能制药工业互联网平台获批江苏省工业互联网发展示范企业（培育类）。

【化工产业安全环保整治提升】 2019年，高港区推进“化工产业安全环保整治提升”工作。制定《高港区化工产业安全环保整治提升实施方案》《高港区化工产业安全环保整治提升实施方案（初稿）》，明确各相关部门职责分工，成立领导小组。推进化工生产企业“四个一批”专项行动，计划淘汰关闭化工生产企业2个，改造升级化工生产企业17个，整治重组化工生产企业1个。对区2019年化工产业安全环保整治提升和化工生产企业“四个一批”工作情况进行督查通报。至年末，全区有化工生产企业20个，其中，园区内15个，园区外5个。

【工业经济大数据平台构建】 2019年，高港区运用“互联网+”大数据，构建包括大数据云图、一企一档、决策分析、专题应用、综合评价、查询统计、数据中心、手机App八大模块的高港区工业经济大数据平台和手机App（试运营中）。依托平台，完成2018年度规模以上和规模以下（0.2公顷以上）工业企业综合评价。对疑似闲置土地企业开展盘活存量、挖潜增效。共盘活闲置土地企业12个，合计18.95公顷。

【工业项目综合评估】 2019年，高港区进一步推动全区节约用地和集约用地，突出项目建设高质量发展导向，优化全区产业结构，推进产业集聚发展。修订《高港区工业投资项目评估暂行办法》。全年召开项目综合评估会议10次，否决项目1个，通过评估项目46个，计划总投资175.9亿元。

【服务中小企业】 2019年，区工业和信息化局按照“重培育、强服务、助发展、促升级”工作思路，建立健全“小进规”梯度培育库，对全区“小进规”培育库企业进行数据监测，通过实地走访调研，摸清各园区、镇街“小进规”工作的进展，形成《关于“小进规”调研情况的分析》，为下一步指导“小进规”工作理清思路。以国家、省、市各类惠企政策和区出台的“四个十条”为宣讲重点，共召开“高港区涉企政策

大讲堂"活动7期，分4个专题（财税融资、企业管理、减税降费、项目申报），每季度组织1次集中宣讲，第二季度组织3个专场活动进园区、镇街宣讲。全区有700余名企业家和管理人员参加政策宣讲活动。按季度召开全区减负工作推进会议，传达学习国家、省、市保护民营企业发展重要指示精神，成员单位汇报交流减负工作成效，按月报送减负工作成效表，全年高港区为实体经济降成本约17亿元。区工业和信息化局牵头组织审计、财政等有关部门建立拖欠民营企业中小企业账款台账，开展多轮摸底排查、审计调查与专项督查。全年高港区清欠完成欠款总额的100%。（孙 骁）

·大健康产业·

【概况】2019年，高港区大健康产业实现产值961.4亿元、利润65.66亿元，比上年分别增长11.8%、22.6%，有扬子江药业集团、益海（泰州）粮油工业有限公司、江苏汇福油脂科技有限公司、泰州统实企业有限公司、华润雪花啤酒（泰州）有限公司等规模以上企业26个。借助泰州获批长江经济带大健康产业集聚发展试点机遇，重点培育药品、食品、饮品、保健品和医疗器械"四品一械"，打造大健康产业集聚区。

【泰州统实企业有限公司】2012年由台湾统一实业股份有限公司投资设立，位于高新园区，投资总额9000万美元，注册资本3000万美元，占地面积18.27公顷，有员工394人。公司建立市场开发、工程评审、技术研发、生产监控、质量保证、物料控制、清洁生产、重视环保等一系列管理体系，实施SAP、EKP等信息化管理系统。企业质量管理通过ISO9001质量体系、ISO14001环境体系、ISO22000食品安全管理体系等认证，获批农业产业化市级重点龙头企业。主导产品为茶饮料、果汁饮料等，在国内外市场有很高的占有率，先后从德国、日本、瑞典等国家引进生产设备和检测、试验设备，生产装备与检测试验水平在同行业中处于领先水平。2019年，公司总资产4.74亿元。

泰州统实企业有限公司生产线 （高新园区 供图）

【江苏康贝宠物食品有限公司】创建于1992年，位于高新园区创业大道南侧。注册资本0.2亿元。有员工500余人。先后获批省级企业技术中心、省级农业产业化龙头企业、省农产品出口基地。公司自主品牌PEIDI为江苏省名牌产品。通过ISO 9001：2008质量管理体系、ISO 22000食品安全管理体系认证。产品畅销美国、欧洲、日本、加拿大等国家和地区。CPET、PeiDi商标在美国注册，自主品牌"禾仕嘉""贝家"在国内注册。

【泰州正大饲料有限公司】2012年8月投产，位于永安洲镇疏港北路19号。由正大集团投资2.5亿元，占地面积8公顷。采用先进的饲料生产加工设备及中央自动控制系统，建成年产18万吨的现代化饲料生产线及配套设施。生产工艺控制采用美国WEM 4000控制系统，系统控制进料、粉碎、混合、二次粉碎、二次混合、膨化（制粒）、包装等工序。有4条自动化程度高的600制粒生产流水线，2条膨化饲料生产线，全套引进国际先进的超微粉碎系统，形成水产料专业生产线、禽料专业生产线，是正大集团使用的最先进系统。

【统之幸食品（江苏）有限公司】创建于2016年，位于高新园区永盛路29号。日商独资企业，注册资本0.82亿元。占地面积3.91公顷。主要研发和生产食品调味料、食品用香精、方便菜肴等产品，是统一企业（中国）投资有限公司的战略合作伙伴及协同创新重要基地。食品香精的生产采用MES信息化管理系统，对投入原料的重量、批号、品名等信息自动识别、记录。方便菜肴生产系统采用日本东洋自动包装机、中国台湾水浴式高温高压杀菌釜、日本安立自动化重量选别机、金属探测机及X光机，实现产品全检。（孙 骁）

·高端装备制造产业·

【概况】2019年，高港区高端装备制造产业实现产值133.39亿元、利润4.82亿元，比上年分别增长15.4%、-19.7%，有泰州三福船舶工程有限公司、万向精工江苏有限公司、泰州苏中天线集团有限公司、江苏福马高新动力机械有限公司、江苏张弛轮毂制造有限公司等规模以上企业26个。其中，船舶行业实现产值113.64亿元、利润3.83亿元，分别增长19.8%、-13.8%，有规模以上企业9个；汽车零部件行业实现产值19.75亿元、利润0.98亿元，分别增长-5%、-36.6%，有规模以上企业17个。

【万向精工江苏有限公司】 创建于2010年，位于高新园区永进路19号，为浙江万向精工有限公司全资子公司，隶属于万向集团。有员工300余人。占地面积13.4万平方米，建筑面积8.1万平方米。专业制造"万向WANXIANG""WGC"牌汽车轮毂轴承单元系列产品。通过OHSAS 18001职业健康安全管理体系、ISO 14001环境管理体系、IATF 16949质量体系、安全生产二级标准化认证。2019年，实现营业收入5.64亿元，纳税总额733.47万元。获2019年度高港区区长质量奖、2019年度质量强区工作先进单位荣誉称号。（曹　慧）

【泰州苏中天线集团有限公司】 创立于1986年，从1994年开始从事汽车天线的研发、设计、生产、销售。公司注册资金0.89亿元。被认定为江苏省新标准高新技术企业、国家发展改革委汽车电子高技术产业化基地，承担江苏省科技成果转化资金资助项目。企业拥有江苏省车载信息天线放大器智能生产车间，是江苏省首批五星级上云企业。2019年，实现产量1500万支，研发投入0.16亿元，占销售收入7.3%。实现主营业务收入2.1亿元，利税0.38亿元。

【江苏能建机电实业集团有限公司】 是原电力工业部定点企业，创建于1984年。企业主要生产各种规格的特大型火电厂用模块式智能化修造作业平台、锅炉炉膛检修平台、滤油机、空气干燥机、高效节能照明和蓝宝石晶片。其中主导产品锅炉膛检修平台市场占有率达80%以上，位居全国首位，是全国五大锅炉生产企业的定点配套单位。企业被评为省"重合同、守信用"企业，是国家重点高新技术企业、江苏省高新技术企业、国家标准化良好行为企业、江苏省民营科技企业、江苏省创新型企业，获批国家火炬计划项目2个、江苏省火炬计划项目2个、江苏省高新技术产品12个，拥有发明专利15件、实用新型专利45件。建有省级博士后实践基地、省级研究生工作站、省级企业技术中心、省级工程技术研究中心。与中科院上海光机所、兰州化物研究所、山东医疗器械研究所、东南大学、南京航空航天大学等科研单位和高校建立协作关系。2019年，实现产值4.5亿元、销售4.15亿元、利税0.55亿元。（孙　骁）

・电子信息产业・

【概况】 2019年，高港区电子信息产业实现产值25.7亿元、利润总额1.65亿元，比上年分别增长-2.2%、126%，有泰州市创新电子有限公司、泰州汇锦电子有限公司、泰州友润电子科技股份有限公司、泰州海天电子科技股份有限公司、泰州市旺灵绝缘材料厂、泰州市博泰电子有限公司等规模以上企业23个。

【泰州市创新电子有限公司】 创建于2001年，位于临港经济园友谊港路189号。注册资本0.3亿元，有员工2500人，占地面积12万平方米。系专业从事液晶显示器支架、笔记本电脑转轴等机构件研发与制造的高新技术企业。企业研发中心有研发人员195人，先后与南京大学、江苏大学、武汉理工大学、南京理工大学达成产学研合作关系，拥有知识产权340余件，研发中心先后被认定为江苏省企业技术中心、江苏省工程技术研究中心、江苏省重点研发机构。在中国台湾台北市设有研发中心，在日本、美国、德国等地设有分支机构。客户涵盖惠普、戴尔、联想、LG、冠捷电子、明基、三星电子等企业，全球市场占有率约为20%，为国内规模最大、综合实力最强的显示器支架供货商。2019年，实现营业额10.3亿元。

【泰州市旺灵绝缘材料厂】 创建于1984年，位于永安洲镇马船东路8号。总资产1.63亿元，员工230人。拥有微波材料覆铜箔板专业化生产线，主要产品为高性能毫米级覆铜箔板系列，市场占有率位列国内生产覆铜箔板企业前列。为江苏省高新技术企业、江苏省民营科技企业、江苏省科技型中小企业。建有江苏省企业技术中心、江苏省高频微波复合材料工程技术研究中心、中科院泰州应用技术研究及产业化中心高频微波复合材料分中心、江苏省高频高速纳米陶瓷微波复合材料工程研究中心。2019年，企业研发投入0.11亿元，实现销售0.75亿元、利润0.02亿元、税收0.04亿元。

【泰州市博泰电子有限公司】 创建于2005年，位于永安洲镇马船路10号。总资产1.03亿元，职工128人。拥有印制电路板专业化生产线，主要产品为微波高频电路板系列。是江苏省高新技术企业、江苏省民营科技企业、江苏省科技型中小企业、江苏省企业知识产权管理标准化示范单位、江苏省"两化"融合转型升级示范企业、江苏省管理创新示范企业。建有江苏省企业技术中心、江苏省微波高频多层电路板工程技术研究中心、江苏省博士后创新实践基地。2019年，企业研发投入0.07亿元，实现销售0.97亿元、利润0.03亿元、税收0.05亿元。

【泰州友润电子科技股份有限公司】 成立于2009年1月23日，位于高新园区永丰路6号，注册资本0.28亿元，占地面积2万平方米，建筑面积1.83万平方米，总资产1.14亿元，银行信用等级AAA级。共有员工156人，其中，大专以上学历53人，研究生1人，从事研究开发人员38人，高级技术人员3人。是专业从事集成电路、半导体分立器件塑封引线框架研发、设计、生产的省级高新技术企业，是江苏省"两化"融合贯标示范企业、江苏省中小科技型企业，建有省级企业技术中心。公司有3大系列100余个产品，产品经江苏省电子信息产品质量监督检验研究院检测合格，多个产品获得省新技术、新产品的鉴定。公司通过ISO9001质量体系、ISO14001环境体系认证。2019年，企业研发投入0.07亿元，实现销售2.12亿元、利润0.07亿元、税收0.05亿元。

（孙 骁）

·新材料产业·

【概况】 2019年，高港区新材料产业规模以上企业实现产值28.54亿元、利润0.6亿元。其中，有泰州市欣港电子材料有限公司、泰州市天润合成化工有限公司、泰州市永昌化工有限公司、富彤化学有限公司等规模以上化工生产企业13个，实现产值27.69亿元、利润0.84亿元；有江苏典雅墙纸有限公司、江苏东宇墙纸有限公司等规模以上壁纸生产企业5个，实现产值0.85亿元。

【江苏省瑞丰高分子材料有限公司】 创建于2008年，位于永安洲镇规划路6号。有大专以上学历29人，工程师2人。主要从事醋酸甲酯的研发与生产。产品采用独特的合成法生产，纯度99.99%以上，酸和醇含量低，满足树脂、油墨、涂料、胶粘剂以及生物医药行业的溶剂需求。产品出口欧洲、美国、拉美、日本、韩国及东南亚等国家和地区。2019年，实现销售1.15亿元，入库税金0.02亿元。

【泰州市天润合成化工有限公司】 创建于2002年，位于永安洲镇裕兴路1号。占地面积12公顷，有高分子材料工程师8人。主要从事树脂的研发与生产，有模压、拉挤、防腐、船用等系列树脂及胶衣。产品出口澳大利亚、新加坡、越南、埃及等国家。"永兴天润"商标为泰州市知名商标。2019年，投入研发费用0.05亿元，实现销售4.2亿元、利税0.23亿元。

【泰州市永昌化工有限公司】 创建于2003年，位于永安洲镇马船路2号。注册资本0.05亿元，占地面积1公顷。专业生产三氯化磷、三氯氧磷、亚磷酸及盐酸等化工产品。建有年产21000吨三氯化磷、5000吨三氯氧磷、25000吨亚磷酸及副产90000吨盐酸生产装置。2019年，实现销售1.51亿元、税收0.07亿元。

【江苏鸿泰环保科技有限公司】 创建于2008年，位于高新园区创业大道312号。占地面积1.53公顷，固定资产0.11亿元，员工60人，其中高级专业技术人员35人。主要生产经营家居及酒店等室内装潢墙纸，版本涵盖现代、欧式、中式、乡村、简约、油画等多种风格，材质肌理均为天然材质型。通过ISO 9001质量体系认证和中国绿色、环保、节能建材产品认证。

（孙 骁）

·电力工业·

【概况】 2019年，高港区有规模以上电力工业企业1个。完成发电量200亿千瓦时，国税开票销售63.54亿元，上缴税费5.63亿元，利润总额7.89亿元。

【国家能源集团泰州发电有限公司】 2019年，国家能源集团泰州发电有限公司共有员工390人，其中，专业技术人员66人，技能人员238人，应届大学毕业生8人。全年发电量完成200亿千瓦时，平均售电均价292.6元/千千瓦时（不含税）。入厂标煤单价完成641.05元/吨（不含税）。供电煤耗完成274.23克/千瓦时，发电厂用电率完成1.65%，均达历史最高水平。供热量完成201.2万吨，实现利润总额6127.28万元；固弃物销售收入完成12468.98万元（含税）。实现营业收入63.54亿元，利润总额7.89亿元；完成经济增加值（EVA）3.33亿元，资产负债率44.1%。获评中国电力科学技术进步一等奖、江苏省文明单位、江苏省科学技术奖、全省单位治安保卫工作先进集体。

安全环保　全年未发生人身设备和环境污染事故，百日会战期间"零非停"，3号机组获评可靠性金牌机组，4号机组全年运行，实现连续安全生产4239天，公司获评国家能源集团安全环保一级单位。根据"责任落实年"工作部署，细化完善安全责任体系，制定覆盖全员的安全环保责任清单，明确安全环保具体职责。编制印发《2019年安全工作目标和保障措施》，层层签订安全生产责任状，并结合公司标准体系建设工作，修订完善安全管理制度24个。开发运用员工人身安全风险预控App，实现未进行风险分析不进现场作业，构筑防范安全事故的双重防火墙。对11大类现场作业进行作业任务风险评估，完善《安全风险分析数据库汇编》，分级执行《风险控制单》48项。深入开展安全联系点活动，定期召开安委会和安全分析月度例会，做好风险预控与隐患治理，强化设备巡检及点检质量，实行缺陷分级分类管理，提高消缺验收标准，通过1号机组A级检修解决高过出口A/B侧集箱、后屏过出口A/B集箱硬度偏低、金相组织异常等重大安全隐患。落实国家能源集团污染防治三年行动计划和长江沿岸火电企业生态环境治

国家能源集团泰州发电有限公司　　（国家能源集团泰州发电有限公司　供图）

理三年规划要求，全面梳理固弃物装运、灰库、煤场、输煤廊道等重点环节与区域，制定无组织排放整治规划及方案，优化工业废水、含煤废水、生活污水回用方式，提高公司各类水资源利用效率。全年二氧化硫、氧氮化物、烟尘平均排放指标分别为14.85毫克/立方米、37.72毫克/立方米、2.27毫克/立方米；累计消除各类缺陷15000余条，消缺率达95%。

提质增效　全年替代电量市场份额列全省火电企业第一位。通过月度竞价平台获取电量34.47亿千瓦时（含优先发电权4.59亿千瓦时），折利用小时747小时，高于江苏公司均值64小时；利用小时完成5000小时；二期机组完成6066小时，实现苏中苏北发电企业的历史性跨越。开展厂内电量经济调度，全年一期向二期转让电量20.3亿千瓦时，节约燃料成本约2700万元。全年累计综合盈余达1003.25万元，创历史最高水平。固弃物总销售量93.03万吨，实现销售收入1.18亿元（不含税），比上年增加3191万元；灰综合均价157元/吨（含干渣，含税），增加42元/吨；等级灰率70%，增加4个百分点，固弃物收入、灰综合均价、等级灰率均创历史最高水平。开展波段性储煤和阶段性销售工作，寻求"库存"与"控价"之间的最佳平衡点。全年累计销售煤炭97万吨，为进口煤留出空间；采购进口煤338万吨，其中异地通关113万吨，进口煤采购占比38%，创历史最高水平，节约采购成本2.1亿元。加强与海运公司、船长、装货港沟通交流，加大船舶运损索赔力度，按航次跟踪、按月通报，全年盈吨达12000吨，创公司盈吨历史纪录。与泰兴市人民政府签订合作框架协议，规划建设2台400兆瓦级9F燃气热电联产机组，以"十四五"期间投产为时间节点开展前期工作，召开内审会议2次。

科技创新　通过技改持续提升机组运行水平，升级更换3号炉低温过热器部分管段解决氧化皮易堆积隐患，1号机组低压缸本体和低压轴承振动修后明显下降，1号机组A修锅炉联箱更换现场被评为江苏省五星级管理现场。全年二期机组供电煤耗完成265.07克/千瓦时，比上年下降0.16克/千瓦时。3号、4号机组再度蝉联中电联火电机组能效对标1000兆瓦组别AAAAA级前两名，3号机组获评供电煤耗最优奖，继续保持行业内标杆水平。燃料智能化设备投运率达100%，水尺与电子秤重量差异0.13%，达到国家能源集团先进水平。创新实施一、二期煤仓间皮带机连通项目，实现一期煤场存煤可以加仓二期机组。获江苏省科技进步三等奖1项，获集团公司科技进步三等奖1项，获2019年泰州市职工十大科技创新成果2项。全年公司获得专利授权4项，其中发明专利1项；17项专利在受理中，其中发明专利3项；员工在各类公开刊物上发表论文132篇。《降低1000MW二次再热塔式炉吹灰器故障率》获集团公司QC成果二等奖和中国水利电力质量管理协会QC成果三等奖，实现公司QC国家级奖项零的突破。在江苏省电力行业协会QC成果发布中获一等奖2个、二等奖2个和三等奖3个，2个QC小组被评为江苏省优秀质量管理小组。（张倩倩）

·其他工业·

【概况】 2019年，高港区其他工业有规模以上企业113个，实现产值161.22亿元、利润9.37亿元，比上年分别增长0.7%、18.2%。

【江苏明浩新能源发展有限公司】 创建于2012年，位于永安洲镇马船路南侧。注册资本1亿元，占地4公顷。建成日产量350吨燃料油生产装置，油品罐区仓储库容3.5万吨，公司自有10辆油罐车及5条油船。可以处置废矿物油1万吨/年，设有1000立方米废矿物油专用储罐2个，为泰州市内中海油气、扬子江药业集团有限公司、益海（泰州）粮油工业有限公司、国家能源集团泰州发电有限公司、华润雪花啤酒（泰州）有限公司、富彤化学有限公司、泰州瑞世特新材料有限公司、恒达化工材料泰州有限公司等重点企业配套处置废油。主要产品有：各类燃料油、润滑油、船舶用油、锅炉用油、沥青，公司与中石油、中石化、中海油、中国远洋公司等多个大型国企有长期、广泛的业务关系。为安全生产三级标准化企业，通过ISO 9001 质量管理认证。2019年9月，被评为江苏省质量、服务、诚信AAA级企业。全年实现产值3.8亿元。（孙　骁）

建筑业

【概况】 2019年，高港区完成建筑业总产值655.03亿元，比上年增长8.99%。完成出省施工产值343.11亿元，增长14.93%；完成地区入库税收9.12亿元，增长4.88%。新增规模以上企业5个。境外营业额3043.1万美元，增长159.89%；完成工程结算收入354.4亿元，增长10.12%；利润总额19.16亿元，增长5.68%。全年新增一级资质企业3个、二级资质企业5个、三级资质12个。至年末，全区建筑业资质企业总数178个，其中，施工总承包企业82个，专业承包企业57个，不分等级20个，劳务分包企业19个。组织建造师、中岗人员、“三类人员”、中级工、班组长、统计人员等各类教育培训1200余人次。新增建造师、中岗人员、“三类人员”近300人，通过初、中、高级职称评审108人。创成江苏省星级工地12个，市级文明工地14个，全区纳入监管的83个工程项目实现全年零伤亡。高港区获泰州市建筑业工作目标考核一等奖。江苏大江建设工程有限公司获批江苏省建筑业企业技术中心，入选“江苏省最具成长性百强企业”榜单；江苏华泰建设工程有限公司入选江苏省建筑业竞争力百强企业。

【建筑业市场】 2019年，高港区建筑业企业继续拓展浙江市场和非洲市场。江苏大江建设工程有限公司以7.14亿元的价格中标德清天安云谷城项目，进入葛洲坝集团供应商库，中标安哥拉华为西非总部项目。高港区继续推进“泰州市建筑市场监管与信用信息一体化工作平台”应用，完善、更新入库企业信息。全区入库建筑企业94个，入库人员5295人，信用平台信息达标率100%，信用手册发放率100%。全年为企业办理各类资质审批、人员变更、施工企业业绩补录、在线工程竣工（交工）申报等业务678件。全年配合省住房和城乡建设厅专项督查1次，配合市住房和城乡建设局进行在建工程项目综合大检查2次，配合市住房和城乡建设局对预拌混凝土企业进行专项督查考核1次。开展建造师违法“挂证”整治1112人次，接收并处理违法“挂证”投诉案件近170件。

【建筑业质量管理】 2019年，高港区建筑企业共创成省级优质工程2项、市优质工程“梅兰杯”9项。泰州长江公路大桥获中国建设工程鲁班奖；获得国家级QC奖1项、省级QC奖4项，发明专利8项，实用新型专利33项，省级科技成果奖1个，省级新技术应用示范工程2项，省级绿色施工示范工程1个，市级BIM施工技术示范项目1个。

【建筑业安全生产管理】 2019年，高港区共有纳入监管的新建工程项目83个，总施工面积约294.15万平方米，工程造价约56.73亿元。累计开展安全培训教育6次，组织节后复工、扬尘整治、起重机械、深基坑及高支模、脚手架工程、施工消防等专项检查8次，下发隐患整改通知书183份，停工整改通知书39份。查封塔吊、吊篮9台，约谈项目负责人、安全管理人员11人。创成江苏省星级工地12个、市级文明工地14个。建筑施工安全生产形势始终保持平稳，全年未发生监管项目安全生产事故。（姚　翔）

【建筑施工管理】 2019年，高港区建筑工地围挡设置率100%，施工道路硬化率100%，规模以上工程车辆冲洗平台设置率100%，渣土密闭运输率100%，裸土覆盖率98%，建筑工地整治达标率96.55%。（高进勇）

【江苏三泰建设工程有限公司】 前身为1983年成立的泰兴县刁铺建筑安装工程公司。取得建筑工程总承包一级资质。2019年，在建工程施工总面积541.23万平方米，完成建筑业总产值35.15亿元，工程结算收入19.72亿元，创利税2.19亿元，被评为泰州市建筑业综合实力30强企业。

【江苏华泰建设工程有限公司】 创建于1996年12月，取得建筑工程总承包一级资质，拥有国外施工经营权。连续多年被评为江苏省建筑行业竞争力百强企业。拥有8万平方米的后方基地和科技创业基地，一期工程建筑面积近4万平方米，用于筹建公司博士后流动工作站，研发、生产建筑高科技产品。2019年，在建工程施工总面积179.66万平方米，完成建筑业总产值75.39亿元，工程结算收入52.68亿元，创利税5.92亿元，入选泰州市建筑业综合实力30强企业。

【江苏金云建设工程有限公司】 成立于1998年6月，拥有建筑工程施工总承包一级，建筑装修装饰工程专业承包二级，市政公用工程、地基基础工程、环保工程三级等资质。公司注册资本3.18亿元。2019年，在建工程施工总面积168.11万平方米，完成建筑业总产值17.78亿元，工程结算收入9.42亿元，创利税0.74亿元。

【泰州宝厦建设工程有限公司】 公司系泰州市交通产业集团下属子公司——泰州鑫通置业有限公司与江苏宸业建设工程有限公司共同出资成立的国有控股公司。成立于2016年12月，注册资本1亿元，拥有建筑工程总承包一级资质。2019年，进入高港实体运营，公司于年底中标高港高新区华创电子信息产业园EPC项目及高新区21万平方米房屋建设工程总承包项目，工程中标总金额达14亿元。

（焦翼飞）

【江苏大江建设工程有限公司】 公司前身是高港建筑安装工程总公司。成立于1997年8月，注册资本约3亿元，现为全资国有建筑工程施工总承包一级资质企业。2000年，改制为高港建筑安装工程有限公司，入股加盟特级资质企业江苏省华建建设股份有限公司。2008年，取得房屋建筑施工总承包一级资质，同时具备市政公用工程施工总承包二级、建筑装饰装修工程专业承包二级、地基基础工程专业承包三级和钢结构工程专业承包三级资质。2001年，取得对外承包工程资格证书。2010年，组建江苏大江建设集团有限公司。2012年，更名为江苏大江建设工程有限公司。2016年，取得市政总承包二级资质。2017年，取得电子与智能化专业承包二级资质。2019年8月，升格为区属国有企业。公司有江苏、广东、广西、内蒙古、浙江和海外安哥拉等建筑市场。有各类技术人员302人，其中高级工程14人，中级职称91人，拥有长期劳务合作职工5000余人。

江苏大江建设工程有限公司德清天安云谷项目部　（大江公司　供图）

工程建设　完成施工产值16.58亿元，比上年增长36.64%，合同施工面积283.52万平方米，新签项目8个，新辟广西南宁和浙江德清市场，新签合同额达34亿元。年内，获国家发明专利2项，获广东省级工法1项，获2019年广东省新技术应用示范工程2项，获全国QC二类成果奖1项、省级QC成果奖4项，获市级优质工程奖2项。获省标准化文明示范工地2项，深圳市双优工地1项，绿色施工示范工程1项，东方明珠二期工程获省级绿色智慧示范工地奖补资金80万元。

“升特”工作　围绕晋升特级资质目标，加快推进“升特”各项工作。成立工作专班，明晰工作思路，确定新办公场所，建成建筑业企业省级技术研发中心，落实单一银行5亿元授信额度等“升特”要素。引进人力资源经理，加强各级人才梯队的建设，积累一级建造师、设计人员和注册会计师等相关人才。

纳税工作　加强纳税规划，提高在本地的纳税。全年公司在本地纳税约3125万元，上缴区财政利润580万元，均创历史新高。

市场开拓　以7.14亿元的价格中标德清天安云谷城项目，拓展浙江市场；在广西承接南宁中海半山壹号项目、中海柳州天钻二期项目；在内蒙古承接包头中海河山郡项目，为与中海集团建立全面战略合作伙伴关系奠定基础；响应国家“一带一路”倡议，进一步扩大境外市场份额，进入葛洲坝集团供应商库，中标安哥拉华为西非总部项目。与市金控集团合资成立金控工程建设有限公司，凭借金控集团的平台优势，从工程代建着手，积累资源和业绩，拓宽经营领域，拓展本埠市场。　（刘　岩　薛文杰）

服务业

综述

【概况】 2019年，高港区实现服务业增加值271.6亿元，比上年增长7.9%，占地区生产总值的44.4%。完成服务业税收收入13.4亿元，服务业固定资产投资增长7.5%，服务业产业投资增长13.4%。规模以上营利服务业营业收入增长27.7%，商品房销售面积增长0.2%。全区新增规模以上服务业企业入库32个。

【服务业项目建设】 2019年，高港区推进服务业重点项目建设，列入省、市考核的6个重点服务业项目累计完成投资15.2亿元，超额完成目标，其中，泰州港国际集装箱码头二期堆场、中科院自动化研究所泰州智能制造研究院、百世快递等项目建设均超过序时进度。完成市级服务业1亿元项目开工认定12个，总投资53.1亿元；1亿元以上新竣工项目20个，总投资61亿元。

（区发展改革委）

金融业

·金融管理与服务·

【概况】 2019年，高港区有银行机构14个，金融机构存贷款余额504.21亿元、365.22亿元，比年初分别增加62.39亿元、46.68亿元。存款增速为14.12%，贷款增速为14.65%，小额贷款公司7个，其中，农村小额贷款公司6个、科技小额贷款公司1个，注册资本金9.08亿元，贷款余额9.15亿元，增长6.02%，存量客户510户。

【金融改革】 2019年，高港区金融改革的主题为“立足港口优势，探索创新金融支持物流业发展”，具体项目为大宗商品+仓储物流+现代金融。明确江苏港瑞供应链管理有限公司、泰州国际集装箱码头有限公司、泰州东君物流有限公司、江苏瑞泰商业保理有限公司等以大宗商品贸易、港口、仓储物流和供应链金融为主业的企业作为金融改革核心试点单位。至年底，引进融资机构对物流园区益海（泰州）粮油工业有限公司、江苏汇福油脂科技有限公司、江苏港瑞供应链管理有限公司等11个物流龙头企业共授信40亿元。新设农村小额贷款公司1个，新增银行网点2个。至年末，全区有银行机构14个，网点57个，小额贷款公司7个。利用市级产融综合服务平台，组织全区1600余个企业注册上线并发布融资需求，构建平台自主对接、线上人工撮合和线下联合会诊的融资服务新模式。累计解决企业线上融资需求52.48亿元，融资问诊40余个。与中国农业发展银行等政策性银行对接，围绕水环境整治、老旧小区改造、河道疏浚、城市基础设施建设等方面上争融资贷款，为园区、国有企业上争近20亿元项目贷款。

【金融服务】 2019年，高港区出台《高港区鼓励银行业金融机构支持地方经济发展考核办法》《高港区促进金融高质量服务民营企业的实施意见》等，引导和调动金融机构合理调配信贷资源，精准对接重点项目、重点产业、重点企业转型升级，满足融资需求。组建金融服务团队，设立总队和服务分队，上门开展走访调研，提供“一企一策”专业化金融服务。高效运作中小企业转贷资金，累计帮助企业转贷1.47亿元。推广“泰信保”“小微创业贷”“富农贷”等普惠金融产品落地，“泰信保”实现1.5亿元，“富农贷”实现2600万元。常态化开展银企对接交流会，促进金融机构与企业有效对接，更新《金融扶持实体经济政策汇编》《银行创新产品汇编》等，畅通银企信息渠道。全年累计召开银企对接会近20场，帮助企业解决融资需求约85亿元。

“服务民营企业，金融青年在行动” 5月7日，高港区召开“服务民营企业，金融青年在行动”金融活动，组织参观调研、交流座谈，引领金融系统团员青年聚焦金融主业，服务经济发展。

2019年5月7日，高港区开展“服务民营企业，金融青年在行动”金融活动
（区金融监管局　供图）

金融恳谈会活动专场　6月13日，高港区举办金融恳谈会活动专场，邀请中国人民银行泰州市中心支行行长分析当前金融形势，讲解如何更好防范金融风险、推动经济高质量发展。17个企业与金融机构进行现场签约，总金额31.96亿元。

阳光信贷普惠金融工程　11月14日，高港区召开阳光信贷普惠金融工程动员部署会，启动阳光信贷普惠金融工程。高港区联合泰州农商行探索建立以信用为基础的普惠金融体系，推动金融资源向城乡居民倾斜，促进高港区信用建设与金融发展良性互动、城乡经济与金融服务协调发展。

【培育企业上市】 2019年，区金融监管局加大企业上市培育力度，鼓励企业股份制改造，邀请专家把脉问诊拟上市企业，组织企业参加上交所、深交所上市培训。通过“走出去”和“请进来”相结合，拓宽企业家视野，引导企业家转变传统经营理念与融资观念，建立起现代化企业管理理念。继续开展企业主板上市三年行动计划，健全上市后备资源库，实施“一企一策”，开辟“绿色通道”，助推企业登陆多层次资本市场。鼓励中小企业开展信用评级，增强市场认可度，通过发行中小企业私募债、集合债等方式开展直接融资，不断扩大发债融资受益面。2019年，全区共有20个企业在区域性股权交易市场挂牌。

【地方金融从业机构监管】 2019年，高港区共有地方金融从业机构30个，其中，小额贷款公司7个，融资担保公司2个，融资租赁公司3个，商业保理公司2个，典当行3个，转籍的农民资金互助社13个。区金融监督局健全监管体系，落实监管责任，做好地方金融从业机构的监管工作。逐步完善地方金融从业机构监管档案，建立一企一档制度，为每个地方金融从业机构配备主、辅监管员，实行月度非现场检查、季度现场检查、半年分析报告、年度抽查审计等动态监管制度。与全区所有地方金融从业机构签订责任状，在地方金融从业机构经营场所统一悬挂监管举报公示牌，全面接受社会监督。完善全区87个金融网点排查网格，形成“排查、研判、处置”三位一体的区、镇、网格员三级联动风险排查处置机制，做到金融风险排查网络全覆盖。依托互联网金融舆情监测、金融机构反洗钱系统、泰州金融风险监测预警平台和省非法金融活动监测预警系统，实时搜集信息，加强风险研判，筑牢金融企业风险预警网络。年内，全区3个典当企业均被评为A类机构；2个参加监管评级小额贷款分别为AA级、A级；2个融资担保公司信用评级分别为A级和A+级。

【线下投融资机构风险防范】 2019年，高港区开展线下投融资机构风险线索摸排，从源头把控，从严落实注册登记会商机制。全年共对11个企业进行会商，通过审核企业10个，未通过审核企业1个。开展全面排查放贷活动、坚决打击“套路贷”专项行动，在各园区、镇街、驻区银行机构、小额贷款公司、农民资金互助社等机构进行拉网式排查，全面摸排非法高利放贷、暴力讨债等非法金融线索。持续采取日常督查、专项排查、重点检查、随机检查4项督导措施，多部门联合处置，对可疑对象移交公安机关处理。利用广告监测系统，加强对门户网站、微博、微信、手机客户端等新兴媒体的监管，非现场监测各类广告和咨询信息213条次，现场检查各类广告经营者、发布者56个，检查广告170个，清理户外广告2处。全区61个线下投融资门店机构，拆除关闭60个，剩余1个实施良性退出。

（尤红婷）

·银行·

【中国工商银行股份有限公司泰州高港支行】 2019年，支行本外币各项存款余额41.94亿元，较年初新增12.14亿元；本外币各项贷款余额22.29亿元，较年初新增2.94亿元。共有营业网点4个、自助银行5个。

信贷业务　全年投放小微企业创业贷3200万元，私银尊享贷740万元，网上小额贷719万元，个人经营性贷款4685万元，E抵快贷5165.5万元。全年发放住房按揭贷款4500万元，公积金贷款2186万元。信贷结构调整上，重质量、精调控、防劣变，重点扶植优质项目，加大项目储备和投放力度。全年投放项目贷款3笔，共4.28亿元。

拓户维护　注重扬子江药业集团等存款大户的维护工作，加大项目客户存款稳存增存工作，积极拓展机构客户。年内，为扬子江药业集团办理银企互联承兑汇票接口项目，成功营销扬子江药业集团旗下泰州市高港区尚德智幼儿园有限公司在支行开立基本户并实现银校通收款，成功营销扬子江药业集团全资子公司北京海诺康医药经营有限公司及成都海裕医药有限公司在支行开户。

内控管理　组织各级管理人员签订2019年案防责任书，支行行长与各分管行长签订责任书，各分管行长与专业条线管理人员签订责任书，明确管理者责任，落实“一岗双责”制度。开展“压实责任年”主题活动。各网点、部门按期开展“内控合规大家讲”活动。召开支行内控案防分析会，提升全行内控案防水平。对网点负责人履职情况、合规经理履职情况进行检查。开展季度检查工作，针对自身内控案防的风险现状，结合“十大重点领域和关键环节”专项检查要点，制定季度检查计划。

（工商银行高港支行）

【中国农业银行股份有限公司泰州高港支行】2019年，支行本外币各项存款余额63.9亿元，比年初增加7.44亿元；人民币核心存款日均增量5.61亿元。本外币各项贷款余额23.16亿元，比年初增加2.95亿元。支行内控评价继续保持“一类行”水平，继续保持江苏省文明单位称号，被江苏省财贸轻纺工会评为2019年度江苏省金融系统“模范职工之家”。

资产业务　针对信贷规模偏紧、部分贷款大户还贷致使信贷规模持续下降等不利因素，主动适应市场变化，合理调整信贷计划，支持地方实体经济和小微企业。在法人客户方面，年内成功发放中交PPP项目贷款3.13亿元；发放国家能源集团泰州发电有限公司流动资金贷款1亿元；全年新拓展小微企业58户，实现投放7560万元。在个人客户方面，从年初开始增强对个贷客户经理的培养与考核，提高竞争意识、市场意识和份额意识，主动走进楼盘营销，全年个人贷款比年初净增2.63亿元，农户贷款比年初净增3661万元。

负债业务　组织各类营销竞赛活动，全年新开有效对公客户861户、新增存款6000万元。开展“大走访，大调查，大推动”活动，累计拓展注册资金1000万元以上客户60户、1000万元以下客户240户。个人存款方面，组织实施“春天行动”“激情仲夏”和“万马奔腾”等专项竞赛活动，强化网点外拓营销、实施客户分群营销，做实大堂协作营销，加强贵宾客户维护，推进产品组合营销，发挥资产业务杠杆作用，实现储蓄存款高平台上的平稳发展，人民币储蓄存款余额33.56亿元，比年初增加3.03亿元。

中间业务　全年实现营业净收入1.48亿元，与2018年基本持平；实现拨备后利润1.08亿元，减少1738万元；实现中间业务收入4810万元，增加360万元。（蒋建华）

【中国银行股份有限公司泰州高港支行】2019年，支行本外币存款余额55.55亿元，较年初增长7.75亿元，其中，公司存款余额33.66亿元，储蓄存款余额21.89亿元。本外币各项贷款余额37.76亿元，较年初增长3.78亿元，其中，公司贷款余额31.29亿元，个人消费贷款余额6.47亿元。

存贷业务　注重对存量客户及产业链客户群的延伸营销，通过强化服务与沟通，巩固与扬子江药业集团等传统优质客户关系，对接好辖区各大工业园区。公私联动，加大对代发薪业务的争揽力度，成功营销南韵家园、临港建设、红阳、中建八局等智慧工地项目，重视储蓄存款增长源头，带动基础客户群的增长。做好中小授信企业、优质代发企业的拓展。加大对重点企业客户的二次营销和跟进力度。至年末，拥有船厂系、药厂系两大重点客户。

内控管理　继续关注内控管理的精细化，完善内控管理机制，提高防范风险的能力和水平。组织员工参加增强员工综合素质系列培训、员工违规处理办法学习、典型案例学习会议等活动，提升全员内控合规意识、业务技能和职业操守。组织召开月度内控会议，开展“合规为本、执行是根”情景剧、“一把手讲合规、讲案例”活动、合规文化漫画征集、青年员工“谈合规”座谈会等特色活动，提升全员内控防案水平。走进社区，走进企业，提供金融产品宣讲和反假币、反洗钱、反电信诈骗等金融知识公益宣传活动。

（张佳华）

【中国建设银行股份有限公司泰州高港支行】2019年，支行本外币各项存款余额54.35亿元，市场份额26.2%；本外币贷款余额51.56亿元，市场份额38.1%；中间业务收入4566万元，市场份额29.4%；实现账面利润1.73亿元，市场份额33.4%。不断优化客户结构，尤其是财政机构客户、房地产资金监管客户、江苏苏萨食品有限公司等一批客户。年内，获泰州市高港区2019年度银行业支持地方经济发展工作一等奖。

（建设银行高港支行）

【交通银行股份有限公司泰州高港支行】2019年，支行各项贷款余额20.9亿元；各项存款余额28.12亿元，较上年新增1.75亿元。坚持以负债业务为核心，抢占市场份额，增强核心竞争力；坚持以资产业务为根本，加强风险控制，求得快速健康发展；坚持以中间业务为突破口，加强服务创新，实现中间业务收入有明显提高；强化改革创新，提高内部管理和服务水平，加快项目储备和落地，扩大贷款规模，不断优化信贷结构。提高资金营运水平，争取最大限度地实现利润。

（交通银行高港支行）

【中国邮政储蓄银行股份有限公司泰州市高港支行】 2019年，支行共实现各项存款余额9.05亿元，贷款余额22.19亿元。

资产业务　实现"信息同享""服务同步"，锁定优质客户，进行实地走访，了解客户的贷款需求，提供差异化融资服务。践行"服务三农、服务小微、服务中小企业"的理念，向高港区"三农"及中小企业投放贷款，支持地方经济发展。

负债业务　坚持把储蓄存款工作放在突出的位置，发挥比较优势，以优势产品为主，拓宽储蓄存款新增长点。强化网点外拓营销，实施客户分群营销，做实大堂协作营销，夯实存款基础，打牢日均份额。建立理财类业务营销管理的长效机制，加强对市场不同需求的分析和不同时间段销售策略的研究，合理配置金融产品。（张云飞）

【招商银行股份有限公司泰州高港支行】 2019年，支行各项存款余额8.12亿元，新增个人存款4700万元，贷款余额6.05亿元。（李文娟）

【江苏银行股份有限公司泰州高港支行】 2019年，支行人民币各项存款余额53.1亿元，比年初增加4.2亿元，其中，储蓄存款比年初增加1.4亿元，公司存款比年初增加2.8亿元。各项贷款余额55.9亿元，较年初新增1.6亿元，其中，个人贷款余额5.9亿元，比年初新增0.5亿元；公司贷款余额50亿元，比年初新增1亿元。实现净利润20162万元。支行民营企业授信新增4.1亿元，制造业贷款新增6126万元，普惠实贷新增8632万元，国际结算新增2.5亿美元，累计投放园区重点项目贷款4.7亿元。

（江苏银行高港支行）

【南京银行股份有限公司泰州高港支行】 2019年，支行本外币各项款余额34.77亿元，其中，企业存款28.21亿元，储蓄存款6.56亿元；贷款余额34.69亿元，其中，公司贷款余额31.93亿元，个人类贷款2.76亿元。年内，江苏望涛投资建设有限公司定向债务融资工具发行成功，该笔业务从注册到发行，仅1个月时间。支行推出"鑫高企""鑫采购""鑫快捷"等一系列产品支持民营经济发展。针对优质企业，举办第三届"投贷联动20强"活动，入围企业可以享受"鑫转贷""抵押放大贷"等产品，其中"鑫转贷"能够有效缓解企业还款期间资金的压力。（张　平）

【中信银行股份有限公司泰州高港支行】 2019年，支行各项存款余额32.25亿元，比年初增加12.42亿元，增长63%；各项贷款余额23.98亿元，比年初增加12.64亿元，增长111%；实现国际收付汇量11434.06万美元，结售汇业务4076.2万美元；新增欧元贷款业务8700万欧元。全年资产业务不良率为零。推出一站式金融生活平台，为企事业单位打造政府金融特色及普惠金融特色业务系列，为个体工商户和市民提供"一站式出国金融服务平台"、线上贷款"信秒贷"等特色在线金融服务。（中信银行高港支行）

【上海浦东发展银行股份有限公司泰州高港支行】 2019年，支行各项存款余额20.03亿元，各项贷款余额12.5亿元。支行开展"走进社区"活动，为社区居民普及金融知识，开展防范电信诈骗警示教育宣传以及反假币、反洗钱等宣传工作。立足实体经济，围绕金融支持实体、金融支持地方经济工作等课题，开拓思路，创新业务品种，利用政策和产品，结合地方特色为客户制定最佳授信方案，新增实体经济贷款客户7户，新增贷款总金额1.79亿元。

（浦发银行高港支行）

【江苏泰州农村商业银行股份有限公司】 2019年，高港区域内所有支行网点各项存款余额85.47亿元，比上年增加1.31亿元，增长1.56%；各项贷款余额40.11亿元，增加1.66亿元，增长4.32%。

服务"三农"　坚持服务"三农"的宗旨，坚持支农支小的市场定位，专注"三农"服务主业，优化"三农"金融服务。至年末，涉农贷款余额2.53亿元，比年初增加7042万元。

普惠金融　在高港区域辖内统筹安排全部网点做好阳光E贷的推广普及工作，将普惠金融分试点示范阶段、全面推广阶段、完善深化阶段、总结提升阶段有序开展，严守各类风险底线，推进业务转型、流程创新，增强服务实体经济的资金实力。

绿色金融　持续加大信贷投放力度，将信贷投放的重点瞄准新型农业经营主体、小额贷款农户、消费类贷款客户、优质个体经营户、优质小微企业客户等群体，提高金融服务对实体经济的支持力度。将绿色低碳理念融入信贷政策制定的全过程，优化投放结构，引导信贷资金向低碳、环保、绿色领域投放。将信贷投放重点向绿色、创新及产业升级项目倾斜，引领企业在提升产品科技质量及绿色环保上下功夫。加快信贷结构调整步伐，帮助企业渡过难关。将船舶制造、光伏制造、食品加工等行业纳入信贷扶持清单。响应供给侧结构性改革需要，对低附加值产业客户，高消耗、高污染、高排放产业客

户实施退出。（泰州农村商业银行）

【江苏江阴农村商业银行高港支行】2019年，支行实现存款总额32880万元，其中，对公存款25766万元，对私存款6194万元。

贷款业务　支行灵活运用抵押、担保等方式，加强对区重点企业、成长型小微企业的信贷投放，并推出结算贷、优享贷、余抵贷等特色信贷产品。至年末，贷款余额53094万元，其中，短期贷款37148万元，中长期贷款15946万元。推出线上贷款“江小鱼”产品，全程在线申请，无抵押无担保，最快3分钟，最高30万元，额度循环使用。

特色业务　支行推出大额存单、惠民宝及稳健的理财业务，其中最具特色的储蓄产品为大额存单业务，按月付息，收益率高，安全性强，年末，大额存单7300万元。

（黄　建）

【泰州高港兴福村镇银行有限责任公司】2019年，全行各项存款余额28194.47万元，各项贷款余额59216.95万元，净利润806.26万元。不良贷款率为0.99%，资产状况良好。实现全年零安全责任事故和案件发生。年内，引导业务条线严格落实监管部门要求，组织相关人员参加培训，坚持把每一条政策落到实处，做到可落实、可评估。开展信贷风险排查工作，对所有员工是否参与民间借贷活动展开专项排查。针对发现的问题贷款，及时出台处置预案，落实化解措施。年内，在永安洲镇、大泗镇设立支行。

（兴福村镇银行）

2019年12月9日，高港兴福村镇银行大泗支行开业

（区金融监管局　供图）

·保险·

【中国人寿保险股份有限公司泰州市高港支公司】2019年，公司实现总保费收入2.22亿元，比上年增长11.26%。首年期交保费5787.42万元，十年期交2631.96万元，其中，个人保险业务实现新单期交保费3876.42万元，银保渠道实现新单期交保费1658.34万元。团险渠道开拓政保业务260万元，发展非船舶法人业务320万元。老年人保险、计生系列保险分别实现保费收入200万元、60万元。全年处理赔付案件3372件，赔款支出1164.01万元。

（中国人寿高港支公司）

【中国人民财产保险股份有限公司泰州市分公司高港营业部】2019年，高港营业部实现总保费收入9922万元，比上年增长3.93%。其中，车险保费收入4797万元；非车险保费收入4328万元；农险保费797万元，实现表结利润1593万元。

（人保财险高港营业部）

旅游业

【概况】2019年，高港区旅游业共接待游客182.4万人次，比上年增长9.75%；实现旅游总收入10713.22万元，增长9.62%。创成三星级旅游饭店1个，新增高港区旅游商品无理由退换购物商店5个。全区有国家AAAA级旅游景区1个，国家AAA级旅游景区3个，省工业旅游区3个，省星级乡村旅游区9个，有旅行社5个。全年旅游行业无安全生产事故，受理旅游投诉1件，结案率100%。全区新（改）建旅游厕所13个（其中A级4个、AA级9个）。

2019年高港区省级以上旅游景区、工业旅游区、乡村旅游区一览表

表12

类　别	景区名称	景区级别	地　址
国家A级旅游景区	口岸雕花楼景区	AAAA	口岸街道金港南路五一桥南侧
	中国人民解放军海军诞生地纪念馆	AAA	白马镇

续表12

类　别	景区名称	景区级别	地　址
国家A级旅游景区	白马文化旅游区	AAA	白马镇野黄线
	泰州市本草养生景区（江苏中药科技园）	AAA	大泗镇泗白路8号
省工业旅游区	世泽雕艺文化旅游区	—	白马镇野黄线东50米
	益海（泰州）粮油工业有限公司	—	永安洲镇疏港北路1号
	安爵理德咖啡观光工厂	—	许庄街道创业大道308号
省星级乡村旅游区	上膳源泰州农场	四星	高港现代农业园管委会南侧
	鑫马生态园	四星	白马镇海军东路北50米
	杏都葡萄园	三星	胡庄镇润园路北50米
	西来原生态农场	三星	大泗镇霍堡村11组
	御膳源生态农业观光园	三星	胡庄镇胡庄社区孔庄一组
	逸夏果园	三星	白马镇陈家村
	天德园生态农庄	三星	永安洲镇兴隆社区
	御庐园生态果园	二星	永安洲镇永胜社区
	白马庙森林公园	二星	白马镇岱白村

【旅游项目建设】 2019年，高港区新开工或续建重点旅游项目42个，完成投资额63.94亿元。其中，景区类项目5个，为口岸雕花楼景区改扩建工程、口岸雕花楼景区二期新建工程、凤栖湖景区续建、古寿胜寺续建、江苏中药科技园续建，总投资4.64亿元；小城镇与古街区类项目2个，为大泗中药养生小镇新建工程、高港区白马镇生态观光旅游工程项目，总投资1.7亿元；乡村类项目1个，为蔡庄村特色田园乡村新建工程，总投资200万元；医疗健康与养生养老类项目2个，为龙凤堂中药基地项目二期续建以及三期建设工程，总投资5.77亿元；住宿餐饮类项目7个，为海燕大酒店国际会议中心升级改造项目、海川（尚客优品）酒店续建项目等，总投资12.61亿元；公共服务设施类项目13个，为疏港公路改扩建、农村公路提档升级工程、许庄街道永宁路改造工程、高港区幸福闸至泰州长江公路大桥段长江堤防防洪能力提升工程等，总投资12.44亿元；其他类12个，为欢乐亲子观赏游乐园项目新建工程、逸夏果园生态大棚采摘项目新建工程、益海粮油参观走廊项目、高港生态公园改造升级项目等，总投资26.76亿元。

【旅游节庆活动】 2019年，高港区举办旅游节庆活动10余次，包括高港区2019乡村旅游节、2019“中国旅游日”泰州凤栖湖首届西瓜节、泰州·高港农民丰收节、2019年首届泰州河鲀节、逸夏果园首届春季赏花节、蔡庄梨花节等。4月起，高港区举办2019年乡村旅游节活动。4月9日，在江苏中药科技园举办高港区2019乡村旅游节开幕式，为省三星级乡村旅游区西来原生态农场、省级工业旅游示范区安爵理德咖啡观光工厂授牌，推介省星级乡村旅游区上膳源泰州农场、鑫马生态园、杏都葡萄园、天德园生态农庄、御膳源、白马庙森林公园、御庐园生态果园以及特色田园乡村建设试点村庄许庄街道蔡庄村、白马镇陈家村，组织参观江苏中药科技园及陈家村。4月6日—5月6日，在白马镇陈家村举办逸夏果园首届春季赏花节，安排花卉观赏、休闲娱乐、杂技表演等活动。4月10日，在许庄街道举办蔡庄梨花节，设置庙会、民俗展示、梨花观赏、文艺演出等环节。5月1—4日，在天德园生态农庄举办钓鱼节。5月18日，在口岸街道徐庄村举办2019“中国旅游日”泰州凤栖湖首届西瓜节。4—11月，举办高港乡村旅游区水果采摘、植物观赏等系列节庆活动。

【旅游推介】 10月29日，高港区组织各景区、乡村旅游区、酒店、旅行社等相关旅游单位到扬州市邗江区开展旅游推介活动。年内，组织口岸雕花楼景区、江苏中药科技园参加2019苏州国际旅游展；组织口岸雕花楼景区、城色广告、世泽雕艺参加首届大运河文化旅游博览会；组织口岸雕花楼景区参加2019海峡两岸高雄旅展；组织口岸雕花楼景区参加2019上海旅游节首届长三角文旅集市；参加江苏旅游新干线在新疆伊犁举办的旅游宣传推介会；参加泰州市文广旅局在重庆、宜昌举办的泰州文化旅游推介活动；参加文化和旅游部、中国民用航空局和云南省人民政府在昆明举办的2019中国国际旅游交易会。

【泰州市本草养生景区】 即江苏中药科技园，全年接待游客30万人次，比上年增长10%。景区联系周边学校开展中药文化和药材认知科普科教工作。泰州市第一外国语学校和泰州市康和实验学校先后在园区挂牌，选择园区作为学生校外活动实践基地。配合团市委、市科协举办，“智慧泰电，卓越未来”夏令营活动、“2019青仔公益夏令营”、“中医药文化科普探究之旅”公益活动、泰州市“青仔+YUAN”红领巾成长营公益活动。泰州明德教育集团在园区举行迎接第35个教师节户外团队活动。姜堰区委党校组织新进人员在园区开展户外招展活动。“献礼建国70周年健康江苏行”义诊活动和高港区2019乡村旅游节开幕式在园区举办。年内，江苏中药科技园被评为全国休闲农业和乡村旅游四星级企业。

【海川餐饮休闲管理公司创成三星级旅游饭店】 公司位于刁铺街道东环路北侧（观五村），2018年8月开业，营业面积3500平方米，有餐位230个，客房102间。2019年，经区文化体育旅游局初审推荐和泰州市旅游星级饭店评定委员会组织现场评定，海川餐饮休闲管理公司被评定为三星级旅游饭店。

（仲　明）

【创意休闲农业】 2019年，高港区获批江苏省休闲农业精品村1个（白马镇陈家村）、江苏省主题创意农园2个（高港西来原乌湖羊炭烧主题创意农园、高港杏都葡萄休闲主题创意农园），泰州市休闲观光农业示范村2个（大泗镇康乐村、胡庄镇薛垛村）。成功推介泰州高港逸夏休旅农业融合创意农园、泰州高港区河鲀养殖创意园入围市级五一休闲观光精品线路，江苏西来原生态农业有限公司入围市级“中秋国庆”休闲观光精品线路。举办创意休闲农业节庆活动7场（2019泰州·高港农民丰收节、高港区2019乡村旅游节、逸夏果园第五届采摘节、2019年首届泰州河鲀节、白马逸夏首届春季赏花节、高港凤栖湖首届西瓜节、刁铺街道特色乡村庆丰收活动），休闲农业和乡村旅游游客总人次超过46.77万人次，区域休闲农业吸引度达1630.58万人次，比上年增长153.91%。（刘　岳）

房地产业

【概况】 2019年，高港区共有房地产开发企业45个，完成房地产开发投资18亿元。新开工商品房面积40万平方米，竣工面积30万平方米。天逸名邸、珑悦花园、阳光家园等项目基本建成。南韵家园二期、天逸华府五期、吉祥园开工建设。办理预销售许可事项16件，批准预售面积39.7万平方米。新建商品房成交3284套、46.6万平方米，普通住宅成交每平方米均价5622元。

天逸华府　东临高港大道，南临港城路，北临春港路。由泰州宇泰置业有限公司投资建设，占地面积15.8公顷，建筑面积41万平方米，总投资15亿元。年内，五期5万平方米竣工。

明发国际广场　位于泰高路东侧，马厂中沟西侧，高港大道南侧，由明发集团泰州房地产开发有限公司投资建设，占地面积52公顷，建筑面积125万平方米，总投资40亿元。年内，三期19万平方米竣工。

南韵家园　位于港城路北侧，王营河西侧。由泰州恒建置业有限公司投资建设，占地面积9公顷，建筑面积15万平方米，总投资7亿元。年内，二期9万平方米竣工。

【房产交易】 2019年，高港区共完成各类房产交易4177笔、建筑面积66.27万平方米、成交金额36.69亿元。新建商品房交易3284套、46.6万平方米，成交金额28.19亿元。办理存量房交易893套、19.67万平方米，成交金额8.5亿余元。完成房产评估3宗，房产测绘61.9万

天逸华府住宅小区　（区住房城乡建设局　供图）

平方米。 （唐 婷）

市场建设

【商品市场】 2019年，高港区有各类商品市场15个，其中，农贸市场12个，工业品消费市场2个，小商品市场1个。完成农贸市场建设任务数2个（新建明发智慧农贸市场、完成2018年结转2019年口岸智慧农贸市场辅助设施建设），社区商业便利网点建设任务数4个，分别为完成市交任务的100%、133.3%。

【批发零售业】 2019年，高港区社会消费品零售总额66.24亿元，比上年增长7.8%；新增限额以上批零住餐企业40个。其中，批发贸易额787.14亿元，零售贸易额51.99亿元，住宿业营业额1.06亿元，餐饮业营业额16.07亿元。

【成品油市场监管】 2019年，高港区有19个加油站（点）通过成品油零售经营批准证书年检，其中，中石化10个（水上加油点1个）、中石油2个、中海油1个、社会加油站6个（水上加油点1个）。

【农贸市场建设】 至6月底，高港区12个农贸市场全部完成提档升级并通过市、区两级验收，实现各园区（镇街）标准化菜场覆盖率100%，标准化菜场达标率100%，审计认定实际投资8600余万元。其中，三星级农贸市场6个、二星级农贸市场2个、一星级农贸市场4个，三星级农贸市场占农贸市场总数的50%。

【泰州苏民福连锁超市有限公司】 位于刁铺街道明发商业广场，地处解放东路和扬子江北路交汇处。由江苏浙华市场管理有限公司投资建设，于2018年6月5日注册成立，2019年6月营业。拥有6000余平方米的营业面积，经自动人行道直达3楼卖场，超市经营生鲜食用农产品、五金电器、鞋帽服装、日用百货等大众民生消费品，满足包括明发国际、育才花苑、明桂园、百合园、千顺园、业勤园等周边市民的购物需求。2019年，超市日均人流量5000人次，年营业额3000万元。 （周 洪 李士珏）

住宿餐饮业

【概况】 2019年，高港区住宿业营业额1.06亿元，餐饮业营业额16.07亿元。限额以上住宿餐饮企业29个，星级酒店1个（泰州维景国际大酒店），连锁酒店2个（格林豪泰连锁酒店、尚客优连锁酒店）。

【泰州维景国际大酒店试营业】 位于扬子江路与港城路交汇处，由泰州市港城建设投资发展有限公司兴资建设，委托中国旅游集团酒店运营有限公司全权经营管理。是集客房、餐饮、康乐、会议、健身、娱乐于一体的五星级标准酒店。共有地上24层，地下2层，高99.7米。酒店总建筑面积约4.5万平方米，包括五星级酒店客房338间（套），配有

泰州维景国际大酒店夜景 （大江公司 供图）

各类餐厅5间、会务及康体水疗中心等。年底,酒店开始试营业。

（李士珏）

粮食购销

【概况】 2019年,高港区组织开展全国政策性粮食库存大清查、省级粮食物流产业园创建、夏秋两季粮食收购等工作,落实地方储备粮任务,推进区级粮油质量监测中心建设。全区涉粮企业原粮收购25.58万吨,其中小麦18379吨、粳稻237411吨;累计销售55371吨,其中小麦3946吨、粳稻51425吨。

【库存清查】 2019年,高港区开展政策性粮食数量和质量大清查工作。按照建立大清查协调机制、制定工作实施方案、召开动员部署推进会、组织企业参加业务培训等一系列规定程序,组织企业开展自查、配合省粮食局质量扦样。高港区2019年政策性库存粮数量和质量账实相符、质量良好,完成大清查要求的各项目标任务。

【省级粮食物流产业园】 2019年,高港区利用国家、省、市大力发展粮食产业的政策,结合《江苏省"十三五"粮食发展规划纲要》和《省政府办公厅关于大力发展粮食产业经济,加快建设粮食产业强省的实施意见》,以高港综合物流园作为粮食物流产业园平台,推动核心港区争创省级粮食产业园。10月,被江苏省粮食局、省发展改革委批准认定为5个江苏省省级粮食物流产业园之一。11月,省财政厅向园区下拨专项资金补助1000万元。

【粮油质量监测中心建成】 2019年,高港区将产粮集聚地附近的汪群粮库闲置罩棚仓改造为粮油质量监测中心,通过区财政招投标配备必要的检化验设施,添置大型仪器设备,配齐检测需要的各类化学试剂及药品,12月通过省、市粮食局组织的项目验收。粮油质量监测中心建成后,对当年收购的小麦、稻谷进行检验,从源头上确保粮食质量安全,及时、全面地了解全区粮食生产情况,客观、准确地向社会提供粮食质量与安全信息。（区发展改革委）

供销合作

【概况】 2019年,区供销社系统共有基层供销社7个,村级为农服务社59个,农民专业合作社(联合社)22个,参控股企业12个。全系统实现销售总额21.99亿元,资产总额4.36亿元,所有者权益2.06亿元,比上年分别增长3.97%、5.83%和3.52%。充实基层社人员3人。实现连续19年无安全生产事故。区供销社被评为江苏省文明单位,在全市供销社系统综合业绩考核中获一等奖;同人于野专业合作社被评为全国农民专业合作社示范社。

【基层供销组织建设】 2019年,口岸供销社、永安洲供销社、刁铺供销社、大泗供销有限公司分别召开第一届社员代表大会,选举产生第一届理事会和监事会。全区7个基层社全部完成社员代表大会、理事会、监事会"三会"创建工作,在全市率先实现基层供销社"三会"制度全覆盖,其中白马基层社"三会"制度建设通过全国总社、省社专项试点验收。

【为农服务】 2019年,区供销社系统坚持以密切农民利益联结为核心,进一步提升为农服务能力。提档升级白马黄河现代农业服务中心,增添秸秆综合回收利用服务项目。完善口岸街道引江社区现代农业服务中心服务功能,主动参与引江社区特色田园乡村建设。推进大泗前进为农服务中心建设。开展农民合作社规范提升行动,推进示范合作社建设,新建专业合作社1个、联合社1个,同人于野专业合作社被评为农民专业合作社示范社。围绕地方优势特色农产品,将农产品生产、加工、服务有机整合,推动一、二、三产业融合发展,重点支持泰州丰汇农业科技有限公司产业融合项目。

【再生资源回收体系建立】 2019年,区供销社与区城管局合作,推进再生资源回收利用与生活垃圾分类"两网融合",区再生资源分拣中心初步建成,完成再生资源回收网点建设2个,覆盖全区的再生资源回收体系初步建立。

【药肥零差率配供】 2019年,区供销社完成胡庄镇药肥统一配供试点工作,通过区财政局验收。制定《药肥包装废弃物回收体系建设方案》,完成18个回收网点选址确认工作,部分网点开始回收。

（陈 巍）

电子商务

【概况】 2019年,高港区开展各类电子商务培训推广活动23次,培训人次1174人次。新增电子商务创业人数141人。

【电子商务示范创建】 2019年,高港区创成省级农村电子商务示范村2个(第八批省级农村电子商务示范村、第九批省级农村电子商务示范村各1个)。泰州市高港区高新技术创业服务中心获2019—2020省级电子商务示范园区称号,泰州大自然德森堡木业有限公司获2019—2020省级电子商务示范企业称号。全区累计创成省级电子商

泰州东君物流发展有限公司　　（区委宣传部　供图）

务示范镇2个（口岸街道、许庄街道）、示范村9个（口岸街道田河社区、许庄街道马厂社区、胡庄镇宗林村、大泗镇大泗社区、大泗镇大马村、口岸街道大石村、口岸街道引江社区、口岸街道徐桥村、胡庄镇胡庄社区）、省级乡镇特色电子商务产业园（街）区2个（泰州市高港区口岸雕花楼景区、高港电商创业中心）。

【电子商务政策宣讲】 5月10日，区商务局与口岸街道大石村联合举办口岸街道2019年春季电子商务培训班，重点围绕电子商务法、电子商务政策解读等方面进行专题授课，口岸街道19个涉网企业、23个村居的近百人参加培训。9月20日，组织第三期"高港区涉企政策大讲堂"，向100余名企业代表宣讲电子商务法、电子商务政策。

【农村电子商务】 2019年，区供销社采取政府购买服务的方式，加强与市供销优品有限公司合作，提档升级农村电子商务服务网络，培训电子商务人才865人次，全区电子商务销售总额达4.5亿元。开展电子商务扶贫工作，与8个经济薄弱村签订合作协议，帮助销售农产品。

【对口扶贫电子商务培训】 8月18日，区商务局组建由相关业务人员、讲师、平台运营商等8人组成的工作小组到陕西省淳化县开展苏陕协作电子商务培训等活动。8月20—21日，苏陕协作——淳化网络运维人才第三期培训班在陕西淳化举行，淳化县镇、村级电子商务服务站负责人和相关电子商务创业及从业人员共100余人参加培训。

（周　洪　陈　巍）

物流业

【概况】 2019年，高港区有规模以上现代物流企业28个，实现营业收入31.2亿元。

2019年高港区规模以上现代物流企业名录

江苏正德物流有限公司
泰州港务集团有限公司
中铁物流江苏有限公司
泰州市高港区永安船舶代理有限公司
江苏润港物流有限公司
泰州益友船务代理有限公司
江苏优力博国际物流有限公司
泰州鸿宇国际货运代理有限公司
泰州华盛物流有限公司
泰州市永安洲镇交通运输服务公司
绿色动力优力博物流江苏有限公司
泰州国际集装箱码头有限公司
大泗医疗器械物流有限公司
泰州益海码头有限公司
江苏泰州大桥有限公司
泰州市高港区永安起重有限公司
泰州长丰海运有限公司
泰州永安港务有限公司
泰州俊涛水运有限公司
江苏海企化工仓储股份有限公司
泰州港明船务有限公司
泰州统一超商有限公司
泰州市海顺水运有限公司
泰州中瑞物流有限公司
泰州益嘉物流有限公司
泰州圆通速递有限公司
泰州港盛船务有限公司

泰州顺丰运输有限公司

【高港综合物流园】 泰州高港综合物流园组建于2007年9月，位于高港区永安洲镇，由泰州市泰州港核心港区管委会统一管理，规划面积约10平方千米（含水域面积）。经过十余年的发展，初步形成以港口物流、大宗商品加工贸易为主导，以多式联运、保税物流、集装箱运输为补充的发展格局。园区周边集聚益海（泰州）粮油工业有限公司、汇福粮油江苏泰州公司、益海嘉里丸庄酱油、扬子江药业集团江苏龙凤堂中药有限公司、瑞茂通（新加坡）有限公司、江苏晋和电力燃料有限公司、正丰国际贸易（江苏）有限公司、泰州统一超商有限公司、长城汽车股份有限公司泰州分公司等企业。园区探索推动现代物流业嵌入供应链管理新模式，推动国有平台企业脱虚向实进行市场化运作，江苏港瑞供应链管理有限公司实现开票销售74.82亿元，创利税近2450万元，江苏瑞泰商业保理有限公司实现日均保理余额超4亿元，利税1190万元；集装箱码头全年完成吞吐量35.08万标准箱。2019年，高港综合物流园实现营业收入339亿元，完成税收2.11亿元。连续两年在全国物流园区年会上被评为全国优秀物流园区，园区下属粮食物流产业基地被省发展改革委、省粮食局评为江苏省省级粮食物流产业园区。

（区发展改革委）

邮政·通信

·邮政·

【概况】 2019年，全区有快递分拨中心7个，快递公司12个，网点50余个，从业人员1300余人。全年快递业务量2675.04万件，比上年增长8.12%，同城、异地、国际及港澳台快递业务量分别占全部快递业务量的14.73%、85.16%和0.11%。快递业务收入6.43亿元，增长20.38%，同城、异地、国际及港澳台业务收入分别占全部快递收入的5.01%、75.22%和0.75%。高港寄递调解委员会共受理快递矛盾纠纷11起，成功调处11起，调处成功率100%。

【邮政普遍服务监管】 2019年，区邮政管理局配合市邮政管理局开展邮政普遍服务标准检查2次，检查全区乡镇网点9处，通过企业自查、市级督查的形式，基本实现邮政网点、村邮站、建制村的监管全覆盖。全区小区快递箱共投放57组，总格口数4754个，其中日日顺、富友、丰巢分别投放23、18、16组，格口数分别是1748个、970个、2036个。履行“扫黄打非”责任，出台《高港区快递行业协会“扫黄打非”工作举报奖励办法》，建立地区邮政行业“扫黄打非”奖励机制。以邮政遍布城乡的综合服务平台——村邮站、“邮乐购”为基础，以村邮员、加盟店为宣传员，建立“扫黄打非”工作基层站点。

【寄递业务】 2019年，高港区召开快递行业旺季安全保障会议。区邮政管理局联合公安、消防等部门开展寄递渠道安全生产大检查。举办邮政业危化品泄漏应急演练，邀请专家对企业员工进行禁寄物品和危化品辨识、处置方法的培训。全面开展打击虚假实名收寄宣传、整治专项行动，查处邮政、快递企业未严格执行实名收寄制度，伪造寄件人身份信息，单证不符收寄邮件、快件，虚报、瞒报、漏报实名收寄信息的行为。监督企业制定国庆、双十一旺季等特殊时段安全预警方案。全年寄递安全生产零事故。

【助力农产品销售】 2019年，区邮政管理局利用邮政综合服务平台，推广“农产品+大同城”模式，鼓励邮政企业为已认证的无公害农产品、绿色食品提供销售服务。

（嵇晓东）

·通信·

【电信】 2019年，中国电信股份有限公司泰州分公司高港区局（简称区电信局）完成主营收入1.07亿元；新兴业务收入0.2亿元。全年新开门店10个，门店达标27个。

业务发展　“天翼”用户年净增0.2万户，12月底“天翼”网间到达份额较上年末份额提升0.85%，宽带用户净增0.21万户，电信电视用户净增0.18万户。完成ICT（信息、通信和技术）收入1674万元，传媒收入33万元。完成高港“雪亮工程”、扬子江药业集团云桌面、建源水表物联网等业务大单10个。完成扬子江药业集团、泰州长江公路大桥、泰州维景国际大酒店等企事业单位客户团购大单。

营销竞赛　开展跨年攻坚、战狼活动、五一大促、国庆大促活动、企业上云活动、培元固本活动等营销竞赛活动。开展企业上云活动，发展企业上云核数300余核。

（马友益）

【移动通信】 2019年，中国移动通信集团江苏有限公司泰州分公司高港营销中心（简称高港移动）用户规模27.3万户，运营收入超1.41亿元，比上年增长4.6%。强化政府、金融、卫生、交通及各大中小企业用户18.14万人，集团客户服务满意度99.8%。全年新增签订专网专线、一网通2731条，范围覆盖全区7个镇街，产生收入2.73亿元。参与惠民工程建设，拓展“320”一期升级改造项目、政法委云视讯、国土卫士等民生项目。

网络建设　累计建设2G室内分布系统40个、4G室内分布系统70个。新增覆盖小区（行政村）19

个，新增覆盖用户1.24万户，基本实现标准小区全覆盖，宽带总覆盖10.46万户，99%以上小区和村（社区）实现宽带接入。新购节点机房2处，网络质量持续提升。

宽带业务　新增覆盖小区（行政村）6个，新增覆盖用户1758户，基本实现标准小区全覆盖，宽带总覆盖14.04万户，99%以上小区和村（社区）实现宽带接入。全年宽带用户净增3478户。对所有宽带小区完成光纤改造，到户带宽可达100 M。（王　艳）

居民服务业

【美容美发业】 2019年，高港区新注册理发及美容业公司2个，即泰州市艺源美容美发管理有限公司、泰州市高港区燕之语美容院。新增个体户66户。累计有经注册的理发及美容业公司11个、个体户445户。

【洗浴业】 2019年，高港区新注册洗浴业个体户6户，包括高港区清逸洗浴会所、高港区海之都洗浴中心、高港区乔园浴场、高港区泽才洗浴休闲中心等。累计有经注册的洗浴业公司10个、个体户211户。

【中介业】 2019年，高港区新注册中介业公司53个，包括泰州市港源人力资源服务有限公司、泰州市众从职业中介有限公司、泰州亿万家房产中介有限公司、泰州中庭房地产经纪有限公司、泰州金源通人力资源服务有限公司、泰州祝泓人力资源管理有限公司、泰州鸿邦人力资源管理有限公司、泰州市恒轩人力资源有限公司等。新增个体户20户，包括高港区鑫家房产中介服务部、高港区港湾房产中介服务部、高港区领航房产中介服务部、高港区时代房产中介服务部、高港区屏夕科技服务中心、高港区甄致广告设计工作室等。累计有经注册的中介公司166个、个体户60户。

【广告业】 2019年，高港区新注册理广告业公司240个，包括泰州飞宇电子商务有限公司、泰州顺航文化传播有限公司、泰州轩苑畅想文化传播有限公司、泰州市微庆昀市场营销策划有限公司、泰州市瑞凡市场营销有限公司、泰州市学辰美市场营销有限公司、江苏宝策管理咨询有限公司等。新增个体户444户，包括高港区怀根市场营销服务中心、高港区石金市场营销服务中心、高港区顺前市场营销策划服务中心、高港区记珠市场营销中心等。累计有经注册的广告业公司801个、个体户1060户。

【家政服务】 2019年，高港区新注册家政服务公司64个，包括泰州市乐百家物业管理有限公司、泰州市百年松养老服务有限公司、泰州市港景保洁有限公司、泰州市星耀劳务有限公司、泰州英利清洁服务有限公司、泰州贤能建筑劳务有限公司、泰州桃银保洁有限公司、泰州市高港区留英家政服务有限公司、泰州市高华劳务服务有限公司、泰州市高港区英陈文家政服务有限公司、泰州市秀珍家庭保洁服务有限公司等。新增个体户22户，包括高港区宁敏家政服务中心、高港区洁康家政服务中心、高港区金灵日用百货商行、高港区兰妮家政服务部、高港区好妈妈家政服务中心、高港区张美兰家政服务中心、高港区佳佳家政服务中心、高港区陈庭燕家政服务部等。累计有经注册的家政服务公司174个、个体户90户。

【信息咨询】 2019年，高港区新注册信息咨询公司196个，包括泰州昊正信息科技有限公司、泰州司尔摩信息科技有限公司、泰州市兴美电子商务中心、泰州市征宇溪佳市场营销策划有限公司、泰州市俊刚市场营销策划有限责任公司、泰州市兴虹电子商务中心、泰州市否极市场营销中心、泰州市泰之来策划营销服务中心、泰州市天航管理咨询有限公司等。新增个体户1010户，包括高港区修参市场营销策划服务中心、高港区开源捷流市场营销中心、高港区茨椿金市场营销中心、高港区文之圣营销服务中心、高港区聚泰捷市场营销中心、高港区建芸市场营销中心等。累计有经注册的信息咨询公司761个、个体户2508户。（孔　芳）

科 技

综 述

【概况】 2019年,高港区实现高新技术产业产值744.75亿元,占规模以上工业产值56.84%。新增高新技术企业40个,高新技术企业培育入库33个。全社会研发投入占地区生产总值的3.75%。新增产学研合作项目57项,新建“校企联盟”19个。“泰科易”网上交易项目46项,交易金额5525万元。新增省级企业研发机构2个、市工程技术研究机构5个,获省级绩效“优秀”2个、市级“优秀”5个。新增省级众创社区1个,获批市级科技支撑计划项目4个,市级孵育计划项目10个,新增省级“星创天地”2个。全年向16个企业发放“苏科贷”贷款6880万元。

【科技成果】 2019年,全区新增省科学技术奖1项,累计获省科学技术奖14项。国家能源集团泰州发电有限公司的“高参数大容量二次再热机组运行控制关键技术”项目获2019年度江苏省科学技术三等奖。

【科技服务“春耕行动”】 3月20日—5月20日,高港区科技服务团开展科技服务“春耕行动”活动,服务小组围绕“送政策、送信息,增信心、增动能”主题,按照“企业必到,车间必到,研发机构必到,科技主管、科技专员必交流,企业主要负责人必见”要求,共走访服务企业150个,征集各类需求249条,针对征集的企业需求和科技创新存在的问题不足,拟定科技服务实施方案。

（刘孟娜 胡 晖）

科技研发机构

【概况】 2019年,江苏昆仑光源材料有限公司承担的江苏省精密合金材料工程技术研究中心、江苏能建机电实业集团有限公司承担的江苏省输变电控制保护工程技术研究中心获批省级工程技术研究中心,全区累计有省级工程技术研究中心18个。泰州市创新电子有限公司的江苏省显示器支架系统工程技术研究中心、泰州市博泰电子有限公司的江苏省微波高频多层电路板工程技术研究中心在省级研发机构绩效评估中获优秀等次,泰州三福船舶工程有限公司的江苏省数字化造船工程技术研究中心、泰州口岸船舶有限公司的江苏省精益化绿色造船工程技术研究中心、江苏宇马铝业有限公司的江苏省铝合金门窗工程技术研究中心、江苏神驰机电有限公司的江苏省（神驰）新型小型单项发电机工程技术研究中心、江苏能建机电实业集团有限公司的泰州市输变电自动化控制保护工程技术研究中心在市级研发机构绩效评估中获优秀等次。泰州市东方传动技术有限公司的泰州市汽车变速器及其零部件工程技术研究中心、泰州晟禾水处理设备制造有限公司的泰州市（晟禾）水处理设备工程技术研究中心、江苏天华索具有限公司的泰州市（天华）安全吊带工程技术研究中心、江苏亚太吊具有限公司的泰州市防滑系列吊装设备及配件工程技术研究中心、江苏省海通索具有限公司的泰州市（海通）安全索具工程技术研究中心获批市级工程技术研究中心。是年,高港区新增省级“众创社区”1个、省级“星创天地”2个、省级企业研发机构2个、市工程技术研究机构5个。

【中国科学院自动化研究所泰州智能制造研究院】 2月19日,中国科学院自动化研究所泰州智能制造研究院产业化基地举行揭牌仪式。年内,搭建组织构架,建立健全各项制度,从所内项目孵化、外部项目招引、本地化服务3个方面开展工作。完成自主无人系统项目、智能视觉检测项目和盲人视觉辅助眼镜项目3个中国科学院自动化研究所项目的孵化工作;对接外部意向集聚企业70余个,其中5个企业完成注册;服务本地企业、学校10余个，培训人员300余人次。

【新增省级“星创天地”2个】9月，省科技厅公布第三批“星创天地”名单，高港区江苏逸夏果园有限公司承担的逸夏果园“星创天地”和泰州市光普现代农业科技有限公司承担的光普现代农业“星创天地”名列其中。全区累计有国家级“星创天地”2个和省级“星创天地”6个。逸夏果园“星创天地”位于白马镇，构建“龙头企业+基地+合作组织+农户”的现代综合性农业开发新模式，先后培育各类新型农业经营主体15个，与115户农户签订股份合作制协议，常年带动当地农民用工700余人次，帮助农民订单销售水果53.33公顷，带动周边农民种植果树153.33公顷，帮扶贫困户160余户。光普现代农业“星创天地”通过“企业+合作社+家庭农场+专业大户”的协同发展组织模式，开展规模化管理、标准化生产、品牌化营销，建有蔬菜大棚6.67公顷，建立电商平台3个，入驻创业企业11个，创业团队6个，孵化企业3个，带动贫困户23户。

（褚华岳　徐辉宇）

科技管理与服务

【科技计划】2019年，高港区共获批各级各类科技计划项目37项。省级“众创社区”1个，省级“星创天地”2个，省级农业科技型企业1个，省科技基础设施建设计划2项。市科技基础设施建设计划5项，获得资助40万元。市级科技支撑项目11项，获得资助267万元。市级孵育计划10项，获得资助312万元。市级重大科技成果转化资金项目5项，获得资助1080万元。

2019年高港区科技计划项目一览表

表13

计划类别	项目名称	承担单位	奖励资金（万元）
省级“众创社区”	泰州高港汽车零部件“众创社区”	泰州市鼎顺创业投资有限公司	—
省级“星创天地”	逸夏果园“星创天地”	江苏逸夏果园有限公司	—
	光普现代农业“星创天地”	泰州市光普现代农业科技有限公司	—
省级农业科技型企业	—	江苏苏萨食品有限公司	—
省科技基础设施建设计划	江苏省精密合金材料工程技术研究中心	江苏昆仑光源材料有限公司	30
	江苏省输变电控制保护工程技术研究中心	江苏能建机电实业集团有限公司	30
市科技基础设施建设计划	泰州市汽车变速器及其零部件工程技术研究中心	泰州市东方传动技术有限公司	10
	泰州市（晟禾）水处理设备工程技术研究中心	泰州晟禾水处理设备制造有限公司	10
	泰州市（天华）安全吊带工程技术研究中心	江苏天华索具有限公司	10
	泰州市防滑系列吊装设备及配件工程技术研究中心	江苏亚太吊具有限公司	10
	泰州市（海通）安全索具工程技术研究中心	江苏省海通索具有限公司	10
市级科技支撑计划（农业）	药食同源特菜设施立体栽培技术及营销推广创新研究	泰州市永诚蔬果专业合作社	15
	猕猴桃提质增效关键生产技术研发与示范	江苏逸夏果园有限公司	15
	特色有机型芽菜培育技术研发与应用	泰州市高港区光普家庭农场	15
	现代农业大数据物联网化农产品储藏保鲜制冷系统的研发	泰州百思特制冷设备制造有限公司	15
	有益微生物驱动的水稻全程有机种植体系科技示范	泰州垄上行生态农业有限公司	40
市级科技支撑计划（社会发展）	新型阿片类镇痛药物的设计、合成和构效关系研究	扬子江药业集团有限公司	15
	添加果胶膳食纤维的肠内营养对重症脑卒中患者胃肠道并发症的影响	泰州市第三人民医院	2

续表13

计划类别	项目名称	承担单位	奖励资金（万元）
市级科技支撑（产业关键技术研发）	子母战斗部用高性能抛撒气囊成型制造关键技术研发	泰州市佳源机带有限公司	40
	基于人体工程学高性能海藻酸钙纤维制备关键技术研发	泰州市榕兴医疗用品股份有限公司	50
	环保安全型化学品储运废气膜处理及综合利用技术的研发	江苏海企化工仓储股份有限公司	50
市级孵育计划	5G用高性能电子材料基材及其高精制造技术的研发	江苏泰氟隆科技有限公司	50
	高科技双金属热元件的研发	江苏东兴精密合金有限公司	30
	生物催化法制备药物中间体5-甲基-2-吡嗪酸	泰州市惠利生物科技有限公司	30
	10kV智能分界真空断路器（一二次融合配电设备）	江苏京华澄电力科技有限公司	30
	新型高效液相色谱分析柱的研发	江苏绿盟科学仪器有限公司	30
	双层包覆改性铝颜料项目的研发	劳安新材料江苏有限公司	30
	北斗小型化全网通精准定位GNSS天线	江苏三和欣创通信科技有限公司	42
	农业机械及水域环保设备的研发及产业化	泰州市力鼎机械设备有限公司	30
	重型汽车专用长寿命带滚动式滑块的同步器及其自检模块的研发	泰州贺安特动力科技有限公司	30
	城市污水高效分离与综合处理一体化系统的研发	泰州晟禾水处理设备制造有限公司	30
	纤维多孔滤袋离心式烟气滤尘装置的研发	江苏赛维环保有限公司	30
市级重大科技成果转化资金项目	新型江海直达2400箱集装船的研发及产业化	泰州三福船舶工程有限公司	220
	物联网化智控纳米复合陶瓷基板封装高效LED节能灯具的研发及产业化	泰州市华强照明器材有限公司	160
	治疗结肠直肠癌药物雷替曲塞原料及制剂的研发和产业化	扬子江药业集团有限公司	220
	高性能IMT-2020毫米波电路用碳氢树脂型覆铜箔板研发及产业化	泰州市旺灵绝缘材料厂	260
	高效绿色数字化印刷免冲洗CTP版材的研发及产业化	江苏乐彩印刷材料有限公司	220

【产学研合作】 2019年，高港区组织开展“新时代科技新长征”活动，拓宽“专家高港行”“技术专家巡诊团”等各类“科技行”活动，组织到昆明、重庆、沈阳、武汉等地开展企业院校行、校企对接会等“走出去”活动12次，“一对一”专家服务、技术专家巡诊团、大学科技园联盟高港行等“请进来”活动10次，20余个企业与南京理工大学、重庆大学、西安交通大学等高校院所建立长期合作关系。组织开展“博士生工作团”驻企服务活动，联合教育部科技发展中心，根据企业需求遴选12名博士入驻高港区10个企业开展驻企服务。

【科技金融服务】 2019年，高港区向16个企业发放“苏科贷”贷款6880万元。泰州浙华机械精锻有限公司获贷金额280万元，泰州市昊鑫电力机具有限公司获贷金额300万元，泰州市万达轮业制造有限公司获贷金额300万元，江苏子辰教育设备有限公司获贷金额500万元，江苏昆仑光源材料有限公司获贷金额700万元，江苏天华索具有限公司获贷金额300万元，泰州市榕兴医疗用品股份有限公司获贷金额500万元，江苏科创医疗用品有限公司获贷金额300万元，泰州市贝斯特精铸机械有限公司获贷金额300万元，泰州库宝制冷设备制造有限公司获贷金额150万元，泰州晟禾水处理设备制造有限公司获贷金额400万元，江

高港区2019年"蓝火计划"博士生工作团开团仪式 （区科技局 供图）

苏保力自动化科技有限公司获贷金额500万元，泰州市宏达工矿安全部件有限公司获贷金额300万元，江苏东兴精密合金有限公司获贷金额50万元，泰州凯瑞电子有限公司获贷金额200万元，泰州汇锦电子有限公司获贷金额1800万元。

【农村科技推广】 2019年，高港区组织江苏逸夏果园有限公司、泰州市光普现代农业科技有限公司创成省级"星创天地"，推广农业科技，发展有机农业，实现农民增收、企业增效。组织高港银杏产业分店参加年度农村科技服务超市考评。组织企业参加江苏农业科技新成果新产品嘉年华活动。组织江苏逸夏果园有限公司、江苏海诞特供现代农业发展有限公司、泰州市高港区光普家庭农场参加"农业科技创业之星"评选活动。组织泰州市高港区光普家庭农场参加省农业科技企业融资路演。

【"蓝火计划"博士生工作团】 7月22日，高港区举办2019年"蓝火计划"博士生工作团泰州高港分团开团仪式。12名博士生被派驻至10个企业，与企业深度对接。8月20日，举办"蓝火计划"博士生工作团泰州高港分团闭团仪式。活动期间，博士生工作团共为企业梳理分析技术需求和难题24项，提出企业生产工艺优化方案23个，开展专业知识培训讲座9次，参与编制企业科技计划项目6项，开展各类科研试验16次，累计考察服务企业12个。

（胡 晖 周 静）

高新技术产业

【概况】 2019年，全区新增省级高新技术企业40个、省级高新技术企业培育入库企业33个、市级高新技术企业17个、省级民营科技型企业7个、区瞪羚企业5个、区雏鹰企业10个。

2019年高港区新增各类科技企业一览表

表14

类别	企业名称
省级高新技术企业	泰州天达绳带有限公司
	泰州永盛包装股份有限公司
	泰州友润电子科技股份有限公司
	泰州市裕鑫吊装设备有限公司
	泰州百思特制冷设备制造有限公司
	江苏大力神链传动有限公司
	泰州三福船舶工程有限公司
	泰州市宏泰电力设备有限公司
	泰州市康驰汽车配件有限公司
	泰州市正峰机电有限公司
	泰州市创新电子有限公司
	江苏三和欣创通信科技有限公司

续表14

类别	企业名称
省级高新技术企业	江苏永胜海洋工程有限公司
	江苏星徽精密科技有限公司
	泰州库宝制冷设备制造有限公司
	江苏张驰轮毂制造有限公司
	江苏安凯隆消防装备实业有限公司
	江苏子辰教育设备有限公司
	泰州建源仪表有限公司
	江苏追日汽车同步器有限公司
	泰州市欣港电子材料有限公司
	江苏乐彩印刷材料有限公司
	江苏科创医疗用品有限公司
	江苏中泰吊索具有限公司
	江苏永大化工设备有限公司
	江苏苏骏纺织有限公司
	江苏东兴精密合金有限公司
	江苏板桥软件有限公司
	江苏福马高新动力机械有限公司
	江苏鹏翎胶管有限公司
	江苏世冠自动化设备有限公司
	泰州贺安特动力科技有限公司
	恒达亲水胶体泰州有限公司
	泰州市宏博节能环保科技有限公司
	泰州淳蓝环保科技有限公司
	江苏耐特尔绳带有限公司
	泰州市润辉机械制造有限公司
	江苏圣洁达水处理工程公司
	江苏九龙消防科技有限公司
	泰州市宏达工矿安全部件有限公司
	泰州润骐防务科技有限公司
省级高新技术企业培育入库企业	江苏奥莱克冷链有限公司
	泰州市三星铁氟隆有限公司
	江苏安生手套有限公司
	江苏耐特尔绳带有限公司
	江苏三和欣创通信科技有限公司

续表14

类别	企业名称
省级高新技术企业培育入库企业	江苏永胜海洋工程有限公司
	泰州市精细化工厂
	江苏正申索具有限公司
	泰州市正峰机电有限公司
	泰州市毕加锁科技有限公司
	泰州天达绳带有限公司
	江苏鹏翎胶管有限公司
	泰州市中泰教学装备有限公司
	江苏长海消防装备有限公司
	江苏星徽精密科技有限公司
	江苏欧莱特新能源科技有限公司
	江苏大力神链传动有限公司
	江苏绿盟科学仪器有限公司
	江苏泽锦新能源科技有限公司
	泰州贺安特动力科技有限公司
	江苏福马高新动力机械有限公司
	泰州市润辉机械制造有限公司
	泰州市欣港电子材料有限公司
	江苏祥宏消防装备有限公司
	江苏圣洁达水处理工程有限公司
	江苏建声影视设备研制有限公司
	泰州威迈机电科技有限公司
	江苏泓博舞台设备科技有限公司
	江苏九龙消防科技有限公司
	江苏科创医疗用品有限公司
	江苏板桥软件有限公司
	江苏益联工业装备制造有限公司
市级高新技术企业	泰州星瑞精密工业有限公司
	江苏绿盟科学仪器有限公司
	江苏鹏翎胶管有限公司
	江苏大力神链传动有限公司
	江苏长海消防装备有限公司
	江苏欧莱特新能源科技有限公司

续表 14

类别	企业名称
市级高新技术企业	江苏圣洁达水处理工程有限公司
	江苏奥华体育健身器材有限公司
	江苏安生手套有限公司
	江苏耐特尔绳带有限公司
	江苏正申索具有限公司
	泰州市正峰机电有限公司
	泰州市欣港电子材料有限公司
	江苏上膳源生态农业发展有限公司
	江苏建声影视设备研制有限公司
	泰州天达绳带有限公司
	江苏泰供海诞现代农业发展有限公司
区瞪羚企业	万向精工江苏有限公司
	江苏张驰轮毂制造有限公司
	泰州市常泰电子有限公司
	江苏天华索具有限公司
	江苏佳强照明电器有限公司
区雏鹰企业	江苏永胜海洋工程有限公司
	江苏飞达安全装备科技有限公司
	泰州星瑞精密工业有限公司
	江苏星徽精密科技有限公司
	江苏绿盟科学仪器有限公司
	泰州库宝制冷设备制造有限公司
	江苏泽锦新能源科技有限公司
	江苏欧莱特新能源科技有限公司
	江苏三和欣创通信科技有限公司
	江苏世冠自动化设备有限公司
省级民营科技型企业	泰州市惠利生物科技有限公司
	江苏泰氟隆科技有限公司
	泰州鼎恒环保科技有限公司
	泰州凯瑞电子有限公司
	江苏固泰建筑材料科技有限公司
	恒达亲水胶体泰州有限公司
	江苏中源石化建设工程有限公司

【科技企业孵化器】 2019年，全区有省级以上科技企业孵化器3个。泰州市高港区高新技术创业服务中心2017年被认定为国家级科技企业孵化器，累计入驻企业287个，毕业177个，在孵企业86个，成功孵化11个双创人才项目。泰州市华航科技企业孵化器依托泰州市华强照明器材有限公司以及复旦大学的科研成果资源和人才技术优势，累计入驻企业47个，在孵企业32个，毕业企业15个。泰州市泰州港核心港区科技企业孵化器2018年被认定为省级孵化器，累计入驻企业26个。（陈　燕）

2019年3月23日，区气象局开展世界气象日专题开放日活动

（区气象局　供图）

气　象

【突发事件预警发布系统建设】 2019年，区气象局发挥预警信息发布平台作用，及时在平台上发布气象灾害预警信息58条。扩大突发事件预警信息发布内涵，与区人防办、区应急管理局、区农业农村局、区文化体育旅游局、高港生态环境局签订协议，接入预警信息发布系统，以上部门的相关突发事件预警信息均在平台上向全区发布。

【公共气象服务】 2019年，区气象局发布重要天气报告15期、一周天气公报48期、各类专题服务材料43期，公报内容包括最新天气变化、天气过程防灾减灾建议、夏收夏种及秋收秋种意见等。全年发布各类预警信号58次，其中，大雾橙色预警信号2次，大雾黄色预警10次，霾黄色预警6次，雷暴橙色预警信号1次，雷暴黄色预警信号16次，台风黄色预警1次，暴雨黄色预警1次，暴雨蓝色预警1次，大风黄色预警7次，高温黄色预警5次，寒潮蓝色预警5次，暴雪蓝色预警1次，道路结冰预警2次。春运、春节、清明、五一、端午、中高考等重要节点，发布《天气公报》。开展各重要农事阶段的气象服务，如4月下旬至5月上旬的小麦赤霉病防治气象服务，5月下旬至6月上旬的夏收夏种气象服务，10月下旬至11月的秋收秋种气象服务工作。

【防雷安全监管】 2019年，区气象局全面强化防雷安全监管工作。响水“3·21”特别重大爆炸事故发生后，区气象局及时传达国家及省、市、区安委会会议精神和上级气象部门对防雷安全监管工作的部署，及时调整防雷安全监管重点与措施。开展两节期间安全检查、安全生产专项整治百日行动、安全生产大检查和专项整治行动等防雷安全监管工作。开展全区重点危化企业全面安全检查33个次，共检查出安全隐患8处，全部整改到位。开展防雷安全检测技术服务机构抽查工作，对中介公司河北沧州天祥防雷检测公司在高港区活动进行抽查，提出整改措施4项，限期整改。

【气象科普】 2019年，区气象局举办“3·23”世界气象日开放日活动，参与区科普宣传周科普宣传活动和安全生产月相关宣传工作。区气象局联合区应急局在大泗镇、永安洲镇、胡庄镇汪群社区组织基层气象信息员和相关企业人员培训3场。做好胡庄镇汪群社区、许庄街道曹官营社区基层气象灾害预警传播功能配置工作，其中汪群社区通过应急管理部全国综合减灾示范社区考核验收。（言文峰）

经济管理

宏观经济管理

【经济运行监测】 2019年，区发展改革委加强对经济运行的监测和分析，总结全区经济运行中取得的成绩，剖析存在的突出问题，有针对性地提出应对措施，为区委、区政府研究部署发展举措提供依据，提交五届人大四次会议审议通过《关于2019年国民经济社会发展计划执行情况和2020年计划草案的报告》。

【社会信用体系建设】 2019年，高港区推进全区社会信用体系建设。开展企业信用管理贯标和示范创建工作，扬子江药业集团、益海（泰州）粮油工业有限公司被认定为江苏省信用管理示范企业，137个企业被认定为江苏省信用管理贯标企业，26个企业被认定为泰州市信用管理示范企业。提升“双公示”数据归集力度，全年泰州市公共信用基础数据库归集高港区“双公示”数据1864条，其中，行政许可信息数据1418条，行政处罚信息数据446条。建立行业信用准入机制，拓展企业信用审查和信用报告应用，在各类财政资金、政策性贷款、优惠政策享受、评优评先与其他公共资源分配活动中，对有失信行为记录的行政相对人实施限制措施。提供信用审查及修复服务，全年信用审查201批次，涉及企业3756个次，帮助企业信用修复超20个次。

【投资管理】 2019年，区发展改革委完成政府投资项目审批108件，其中项目建议书批复60件，可行性研究报告批复45件，初步设计批复3件。

【项目上争】 2019年，区发展改革委共上争16个项目，涉及基础设施、民生工程、科技创新、粮食储备等领域，获得各级各类奖励扶持资金4941.89万元。其中，中央预算内资金3638万元，省级扶持资金1152.63万元，市级扶持奖励资金151.26万元。泰州市第三人民医院门急诊楼西延扩建项目获得中央预算内投资资金1770万元；永安花苑二期配套基础设施建设工程获得保障性安居工程2019年第二批中央预算内投资资金1868万元；泰州高港综合物流园创成省级粮食物流产业园，获奖励资金1000万元；获批省级工程研究中心1个、市级工程研究中心3个；获批市级信用管理贯标企业14个、泰州市信用管理示范企业3个。

【重大项目建设】 2019年，全区新开工1亿元以上投资项目72个（含5000万元以上技改项目，下同），计划总投资216.2亿元。其中，10亿元以上项目6个，分别是长城汽车泰州整车项目、诺博汽车年产12万套内外饰件项目、明发铂金商业中心项目、高新区双创基地项目、扬子

2019年10月22日，高港区举行“冲刺四季度”项目集中开工仪式
（区委宣传部　供图）

江药业国际会展中心项目、创鸿医疗器械产业园项目。其中工业项目58个，总投资163.13亿元，当年实际投资40.64亿元；服务业项目14个，总投资53.07亿元，当年实际投资25.8亿元。竣工1亿元以上项目65个，实际完成投资117.3亿元，丸庄益海年产13万吨酿造酱油项目、益海粮油2000吨/天稻米深加工项目、明发商业广场项目等一批重大项目建成投产。

2月19日，高港区举行载体平台揭牌及项目集中开工仪式，全区26个1亿元以上项目集中开工。

10月22日，高港区举行“冲刺四季度”项目集中开工活动，集中开工20个项目，计划总投资48.4亿元。其中，高新园区参加集中开工项目5个，总投资13.2亿元。核心港区参加集中开工项目6个，总投资22.71亿元。临港经济园参加集中开工项目5个，总投资9.2亿元。参加集中开工的项目还有刁铺街道的物联智能水表项目，许庄街道的微型扬声器项目、大泗镇的高性能医疗器械生产项目、胡庄镇的冶金专用设备制造项目。

11月6日，高港区举行2019年“冲刺四季度”重大项目集中签约仪式。共签约45个项目，总投资215.26亿元。签约项目涉及新医药、粮油食品、装备制造、新材料四大主导产业。（区发展改革委）

2019年高港区新开工1亿元以上项目一览表

表15

项目名称	建设规模及主要内容	计划总投资（万元）	项目来源
一、工业（58）			
苏萨年产1600万箱饮料生产线技术改造项目	项目使用公司原有厂房，面积约1.43万平方米，拟新增PET瓶果粒灌装机、自动贴标机、封箱机、输送系统等PET、超洁净、无菌冷灌装生产线配套设备20台（套），项目建成后，年产1600万箱（中性饮料400万箱、酸性饮料600万箱、植物蛋白饮料600万箱）	5100	技改
玖润彩色印刷包装项目	项目用地面积3.3万平米，总建筑面积2.57万平方米。引进德国生产设备，配套台湾铭伟ERP管理系统和物流系统，实现年产包装纸板3亿平方米，原纸10万吨的进出吞吐量，实现销售5亿元，税收2000万元	30000	新建
骏鹏特种装备智能军用通信特种装备项目	新建厂房3.6万平方米，主要购置瑞士缪勒织带机、整经架、机械手等设备，项目建成后，可形成年产200万套发电机吊具、50万套炮筒吊具、500万套军车捆绑器等	20000	新建
永盛年产2200万平米瓦楞纸板纸箱项目	利用原有厂房，新增宽幅高速纸板生产线，主要设备约20台套	5100	技改
高港森度智能科技高端高频微波板电子元件项目	项目使用厂房约8000平方米，拟配备贴片机、印刷机等主要设备共计约20台（套），主要从事SMT接插件的生产	6000	新建
高港典雅墙纸年产3000万平方米新型环保水刺墙布项目	利用原有厂房，引进全自动化墙布生产线，建设年产3000万平方米新型环保水刺墙布项目	5000	技改
高港润杰年产1000万套高端航空安全紧固器项目	拟新建8幢建筑，总占地面积约42506平方米，总建筑面积约37674平方米，拟将原厂区数控车床等243台（套）设备迁入，并新购钻床、磨床等主要生产设备约56台（套），主要从事高端航空安全紧固器具的生产	50000	新建
高港三帝增材制造（3D打印）应用项目	使用厂房5000平方米，主要从事康复医疗领域增材制造应用，并建设运营工程中心	10000	新建
高港鹏翎汽车胶管项目	改造厂房，主要从事汽车胶管技术改造项目	5000	技改
高港704所高端智能传感器项目	使用厂房约5000平方米，主要由704所从事高端智能传感器的生产项目	5000	引进
高港长城汽车整车项目	该项目建设年产10万辆纯电动轿车项目，新购置四大工艺生产设备及检测设备，建设冲压车间、焊装车间、涂装车间、总装车间等生产用房及相关辅助用房，总建筑面积518663平方米	800000	新建

续表15

项目名称	建设规模及主要内容	计划总投资（万元）	项目来源
高港依禄神丰年产180万只天然乳胶枕项目	项目租用厂房约5000平方米，拟配备球磨机、空压机、搅拌机等主要设备共计68台，主要从事乳胶枕头的生产	6000	技改
高港统之幸年产2740万包料理包技术改造项目	项目使用公司原有厂房，面积约4800平方米，拟新增进口智能化全自动开条机、真空滚揉机、进口落地式切片机、进口智能高速双充填包装等主要生产设备共计约26台（套），主要从事料理包的生产	6000	技改
高港信华高端制版设备及柔性版材项目	项目使用厂房约4000平方米，拟配备 ESKO CDI 、制版机、LEAD 橡胶直雕机等主要设备共计8台（套），主要从事柔性版树脂印版的生产	6700	新招引（租用标房）
高港诺博汽车年产12万套内外饰件项目	项目用地10公顷，总建筑面积11万平方米，位于高港区新港大道东侧、泰镇高速西侧、文圣河北侧、临港大道南侧。主要从事汽车内外饰生产	190000	新招引
祥安建材路面新材料项目	项目用地2.31公顷，建设年产50万吨环保型沥青混凝土生产线，生产实验室、办公楼等	16000	新建
益海（泰州）粮油米糠膨化车间技改项目	项目拟使用公司原有空地1839平方米，新建1幢建筑面积约3500平方米的厂房，配备 DT 冷凝器、节能器等主要设备共计约34台（套），主要从事米糠膨化的处理	10120	技改
龙凤堂中药前处理1号车间产能提升技术改造项目	使用公司前处理1号车间进行适应性改造，建筑面积约23100平方米，二层拟新新增自动化清洗烘干线4套、切制烘干线2条，一层车间适应性改造，拟新增自动化清洗烘干线4套、切制烘干线2条，共新增设备约443台（套）	6800	技改
高港丰益生物绿色智能化技术改造项目	项目主要对原有车间进行主装置工艺管道改造，同时升级 PLC 操作系统、DCS 控制系统，扩建部分罐区	5120	技改
高港益海粮油新增年产2.5万吨米糠毛油浸出车间改扩建项目	项目拟使用公司原有空地，新建1个米糠浸出车间及其他辅助设施，配备浸出器、毛油冷却器等主要设备共计约35台（套），主要从事米糠毛油的生产	10130	改扩建
高港中科爱码信集成工业机器人、汽车零部件生产项目	项目租用永成标房，拟配备数控机床、工业机器人、空压机等设备32台（套），主要从事集成工业机器人及汽车零部件的生产制造。	10600	新招引（标房）
高港益海新增年产2100吨提环技改项目	项目使用公司原有厂房，拟新增注塑系统设备14台（套），主要从事9克把手、15克把手、20升提环、促销提环的生产	5252	技改
高港丸庄酱油自动清洗与辅料自动添加系统技术升级改造项目	项目拟对纯天然酱油生产线 进行升级改造，拟新增添加剂添加系统、调配罐系统、化料罐系统等主要设备共计约10套，建成自动清洗与辅料自动添加系统。	5239	技改
高港益海瓶盖厂技改项目	在原厂房内增加生产线扩产，新增注塑设备共13台（套），主要从事10升和20升的螺纹盖生产	5628	技改
高港益海粮油20升瓶胚及节能技术改造项目	对现有瓶坯注塑车间设备进行更新升级，拟更换 PET 干燥设备2台、新增注塑系统设备6台，主要从事20升瓶坯的生产	5110	技改
高港冠研年产120套纸浆模塑自动生产线项目	租用创亿机械厂房6000平方米，拟配备激光平面切割机、激光三维切割机、数控车床等主要生产设备，主要从事智能化纸浆模塑设备的生产	10300	新招引
高港硕电物联网传感器项目	项目使用标房3500平方米，主要配备自动刻码机、耳标自动组装机、激光刻码机等设备，主要从事电子耳标、宠物芯片、汽车钥匙芯片生产	5200	新招引（标房）

续表15

项目名称	建设规模及主要内容	计划总投资(万元)	项目来源
高港国电一期锅炉综合升级技术改造项目	项目使用公司原有厂房,拟更换1号锅炉过热器出口集箱,1号、2号锅炉高温再热器出口异种钢管。增加设备后,将加大对原煤的预处理,使煤粉在锅炉内充分燃烧,锅炉燃烧效率达94.75%以上,使燃煤产生热量充分利用,达到节能降耗、提升原煤利率的效应	5530	技改
高港国电制水系统扩容技术改造项目	项目配备原水升压泵、超滤进水泵、超滤产水泵等主要设备,同时拟新建一栋面积2730平方米的化学水处理车间和综合泵房,主要从事制备除盐水	6992	技改
高港IBC吨桶项目	项目使用标房进行适应性改造,建筑面积6000平方米,购置加工设备,主要生产IBC吨桶	6246	新招引(标房)
扬子江药业无菌制剂产能扩大及技术改造项目	项目拟对公司闲置厂房进行改建,在大容量注射剂车间新增一条玻璃瓶装生产线,配备不锈钢配液系统(含CIP站)、超滤系统,纯化水制备系统、纯蒸汽发生器、净化空调、自动包装线以及自动化控制系统等,提高大容量注射剂产能,预计碘海醇注射液、碘克沙醇注射液产能达到2000万瓶/年;改造冻干粉剂车间无菌灌装机,满足CMO生产需求,注射用泮托拉唑钠新增产能1000万瓶/年	51000	技改
杰力索具年产3万吨高端钢丝绳及吊索具项目	项目占地约3.33公顷,采取先租后购的方式,厂房面积约30833平方米,配备大轴承式捻股机、工业缝纫机等各种主辅设备共约372台(套),主要从事中高端钢丝绳和吊索具的生产和销售	15000	新建
高港扬子江药业无菌制剂及口服药品智能化示范工厂技术改造项目	使用公司原有广房,面积约1.5万平方米,通过对车间生产线、仓库、公用工程开展软硬件智能化改造,包括对现有工艺和设备进行智能化改造,购置各类智能化自动设备,应用ERP、MES、WS等工业软件,搭建工业互联网络,实现设备互联系统互通数据共享,提升企业智能制造水平。拟更换自动化生产设备约200台(套),主要从事地住辛注射液、蓝本口服液等品种的生产	27800	技改
高港扬子江药业中药材提取、制剂生产技术改造项目	使用公司原有厂房,面积约9.58万平方米,拟对全厂部分生产设备及环保措施进行提标改造,淘汰遮光包装机、湿法混合制粒机、多功能粉碎机等、高效筛粉机等主要设备共计150台(套),新增破碎机、醇沉罐、提取罐等主要设备共计约80台(套),主要从事中药提取物以及中药、化学药品制剂生产	5120	技改
高港汇锦电子年产400万套电脑转轴、TV/PC支架技术改造项目	项目使用公司原有厂房,面积约1.3万平方米,拟配置压铸机、注塑机等设备197台(套),主要从事电脑转轴、TV/PC支架的生产	5000	技改
高港创新电子年产1000万套各类型数显终端机构件项目	项目盘活公司原有土地,拟建设研发和生产车间,总建筑面积约16000平方米,拟配备CNC加工中心、钻床等主要设备约80台(套),主要从事各类型数显终端机构件的研发与生产,年产达1000万套	16000	技改
高港肽源生物年产360吨食品低聚肽项目	项目使用标准化厂房约10500平方米,一期使用1500平方米,二期使用9000平方米,配备酶解罐、调浆罐等设备12台(套),主要从事食品低聚肽的生产	5000	新建
高港金瑞泰年产600万平方米热敏CTP版材项目	黄山金瑞泰科技股份有限公司投资江苏金印瑞泰印刷材料有限公司新上年产600万平方米热敏CTP版材项目,项目拟租用厂房约20000平方米,配备污水处理设备、冷冻机组等设备8台(套),主要从事热敏CTP印刷版材生产	10000	新建

续表15

项目名称	建设规模及主要内容	计划总投资(万元)	项目来源
高港崇泰数码影业有限公司高端数码影像广告制造基地项目	上海朗艺数码影像科技有限公司投资江苏崇泰数码影业有限公司新建高端数码影像广告制造基地项目，项目盘活闲置厂房，租用约13000平方米厂房，拟配备意大利Durst（得世）大幅面UV卷材打印设备、日本FUJIFILM（富士）大宽幅平卷一体打印设备、韩国Dilli（滴利）大幅面平板打印设备、日本EPSON（爱普生）大幅面写真打印设备，挪威ESKO（艾司科）高精度道具切割设备等主要设备共计约16台，主要从事海内外公司新季度海报和灯布内容设计、制作、更换，橱窗制作及相关安装，装修围板形象画面及店内展示道具设计、生产	5000	新建
高港金灿金属防腐喷涂有限公司新增年产400套智能电气设备技术改造项目	项目拟使用公司原有土地，新建1栋占地面积1900平方米、建筑面积5600平方米的厂房，配备自动插件机、数控母排机等主要生产设备约25台（套），主要从事智能动态无功补偿装置、谐波治理装置、安规测试仪等设备的研发与生产	5000	技改
高港扬子江固、液体制剂技术改造项目	使用公司原有厂房（面积约109292平方米），拟配备隧道烘箱、全自动灯检机、脉动真空灭菌器、不锈钢配制系统、自动进出料系统、配液系统及相关辅助设备设施共计约679台（套）。主要从事固体制剂、口服液和无菌剂的生产	56896	技改
高港益联年产500万套（高铁、动车、地铁）风道项目	项目计划用地1.53公顷，新建厂房、研发中心、实验楼、办公楼及配套设施，总建筑面积1.8万平方米，购置数控加工中心、数控车床、机器人焊机、全自动焊机等设备76台（套），用于生产高铁、动车、地铁风道设备	12000	新建
高港中泰年产2000套实验室设备、10万套学生课桌椅项目	项目改建厂房约7920平方米，二期扩建生产车间13000平方米，购置数控机床、加工中心等设备63台（套），主要从事教学实验设备、课桌椅的研发、生产、销售，工艺流程	13000	改扩建
高港苏心年产30万平方米高端节能遮阳帘制造基地项目	项目使用厂房及办公用房约7000平方米，购置激光裁布机、帘片生产线、切割机、自动烫布机等设备，主要从事高端节能遮阳帘生产制造	5000	改建
高港叁叁伍贰轻烃制气装备生产项目	项目使用厂房面积约6000平方米，拟配备永磁变频螺杆空压机、精密过滤器等主要设备约113台（套），主要从事混空轻烃脉冲式发生器制气装置的组装	15000	新建
高港宠多年产30万件宠物笼具及用品项目	项目一期拟租用标准厂房两层6000平方米，配备伺服矫直机、下料折弯一体机、排焊机等主要设备，主要打造全自动化柔性机器人智能制造系统，年产宠物笼具30万件	5000	改建
高港建源年产400万套智能IC卡冷热水表技术改造项目	项目使用公司原有厂房（面积约3000平方米），拟新增水道阀门生产线、微型流量计检测线、SW2000摄像式全自动水表检定装置等主要生产设备共计约17台（套），主要从事物联智能IC卡冷热水表的生产	5008	技改
柯普尼通讯年产10万套船用通讯设备项目	项目用地面积约1.25公顷，拟新建标准厂房及办公大楼约17800平方米，主要从事船用通信设备的研发、生产、销售等	12000	新建
高港万诺纺织年产800吨纺丝线技术改造项目	项目使用公司原有标准厂房约4500平方米，拟新增空压机、冷却塔等主要设备共计52台，主要从事纺丝线的生产	6000	技改
高港凯瑞电子年产3000万只微型扬声器项目	项目盘活标准厂房面积约8000平方米，拟新增空气压缩机、充磁机、单点胶机、全自动三维点胶机等主要生产设备共计约135台，主要从事微型扬声器的生产	10000	新建
高港量能车辆配件年产600万套自行车制动件项目	项目使用标准厂房6300平方米，购置数控车床、砂带机、震动研磨机等主要生产设备约54台，主要从事自行车制动件的生产销售	10200	新建

续表15

项目名称	建设规模及主要内容	计划总投资（万元）	项目来源
高港奥华体育器材技改项目	翻新原有厂房，购置新型设备	5200	本地企业技改
高港盾华年产8000套消防安全梯项目	新建部分标准厂房，购置新型设备	10100	新建
中锴年加工355万只汽车轮毂轴承单元项目	项目使用厂房及办公楼约1.2万平方米，配备电动螺旋压力机、高速圆锯床等生产设备约63台（套），主要从事汽车轮毂轴承单元的加工	10100	引进
兄弟彩印环保包装项目	项目使用标准厂房约8000平方米，新购德国海德堡等智能设备，从事彩印包装制品的研发、生产	11000	新建
高港大泗生物科技高端医疗器械生产项目	项目使用标准厂房约6000平方米，采购进口五轴数控机床等智能设备，与昆明云岭工作室等离岸孵化基地共同研发、孵化三类医疗器械产品	15000	新建
汇彩家具年产5000套高档家具项目	项目使用标准厂房，共3层约8460平方米，分三批购置数控折弯机、环保涂装机、拼板机、压板机等主要及辅助设备共126台套，从事高档家具生产	10100	引进
高港天酬冶金专用设备制造项目	项目占地约1公顷，总投资1.06亿元，新建2栋标准厂房及1栋辅助用房，新上4条冶金专用设备生产线，主要从事冶金专用设备的生产销售	10600	新建
二、服务业（14）			
高港明发时代广场项目	利用现有土地，建筑面积10万平方米，建设商业、写字楼等项目	100000	新建
百世快运电商产业园项目	建筑面积6.3万平方米，建设电商产业园及快运泰州分拨中心项目	35000	新建
高港高新区双创基地项目	建筑面积30万平方米，建设综合研发中心、写字楼、高标准厂房及部分配套用房，并配套建设道路、管网、绿化等基础设施。一期用地4.67公顷，建设高标准厂房6栋，建筑面积约8.5万平方米	110000	新建
高港高新区电子信息产业园科技创业中心项目	建筑面积2.4万平方米，建设12层科技创业中心及相关配套设施项目；地下停车场建筑面积3024平方米，设置约75个地下停车位，并按要求配备充电桩	15500	新建
高港中科院自动化研究所泰州智能制造研究院项目	利用中科院自动化所在智能制造方面的优势，开发、引进、落实一批智能制造领域相关的、拥有自主知识产权的、领先的高科技技术、项目和专利	14000	新招引科技项目
高港集装箱物流商务服务中心	盘活原永安中学现有资产，并进行改造，建成近2万平方米商务办公区及相应配套设施。	11000	新建
扬子江药业国际会展中心	项目总占地面积约49719平方米，主要建设国际会展中心大楼一栋，用于各种会议、培训、展览等，总建筑面积估计4.68万平方米，其中地下停车场面积8479平方米	100000	新建
扬子江尚德智幼儿园项目	项目用地约2公顷，教学楼及附属配套设施总建筑面积约2.7万平方米，新建1所设施一流的现代双语幼儿园	11000	新建
高港苏民福智慧农贸市场项目	苏民福智慧农贸市场项目，总投资1.02亿元，由江苏浙华市场管理有限公司投资，拟租赁明发集团泰州房地产开发有限公司场地12716平方米，用于建成销售食品、蔬菜、服装、日用品、五金产品、电子产品、工艺品、非保鲜类水果、黄金首饰、玉器等货品的新型智慧农贸市场	10200	引进
高港逸夏欢乐亲子观赏游乐园项目	项目使用白马镇陈家村20公顷土地，新建宠物小猪亲子观赏游乐园、桃花园、郁金香园，配套建设亲子园大门、绿化、道路、公厕等；主要从事亲子游乐及旅游观光，年产值达1000万	12000	本地企业新建

续表15

项目名称	建设规模及主要内容	计划总投资（万元）	项目来源
高港创鸿医疗器械产业园项目	一期计划用地7.67公顷，新建标准厂房及附属用房20万平方米，定位高端医疗器械和医疗设备产业，建设集医疗器械研发、孵化、生产、总部经济于一体的专业园区	100000	新建
高港鑫华东酒店项目	项目占地面积约10.67公顷，其中商业用地0.25公顷，其余为流转土地。该项目为资产盘活项目，计划总投资约1.2亿元。0.25公顷商业用地建设大酒店项目，建筑面积约5500平方米。主楼共五层，一层拟规划为餐厅和会议中心，二楼拟规划为娱乐中心，三楼至五楼拟规划为客房。其余流转约10.4公顷，用于二期建设景观苗木、花卉盆景、百果采摘乐园等	12000	技改（腾笼换鸟）
高港港瑞总部经济项目	年度纳税超1000万元	—	新招引
高港瑞泰商业保理总部经济项目	年度纳税超1000万元	—	新招引

2019年高港区新竣工1亿元以上项目一览表

表16

项目名称	主要建设内容	建设性质	实际完成投资（万元）
一、工业			
龙冉年产180万米壁纸项目	改造现有厂房，新增高端壁纸生产线，建设年产180万米壁纸项目，投产后新增开票销售5500万元	技改	5100
莱迪弗彻照明科技灯具部件项目	改造厂房，新增数控折弯机、剪板机、喷涂生产线等设备30台套，年产100万套 LED 照明灯具等，新增开票销售5000万元，税收500万元	技改	5200
高港海天半导体年产30亿只集成电路及功率晶体管项目	项目购置各类进口、国产设备240台（套），主要生产集成电路及功率晶体管，年产30亿只集成电路及功率晶体管，形成销售1亿元	新建	11000
高港苏萨年产1600万箱饮料生产线技术改造项目	项目使用公司原有厂房，新增 PET 瓶果粒灌装机、自动贴标机、封箱机、输送系统等 PET、超洁净、无菌冷灌装生产线配套设备20台（套），年产共达1600万箱	技改	5100
高港友润科技 IC、半导体分立器件项目	改造厂房6000平方米，主要从事 IC、半导体分立器件项目	技改	6000
高港永盛彩印包装年产2200万平米瓦楞纸板纸箱项目	利用原有厂房，新增宽幅高速纸板生产线，主要设备约20台套，年产量2200万平米，新增销售5000万元，税收400万元	技改	5100
高港三帝增材制造（3D打印）应用项目	使用厂房5000平方米，配备 AFS500、浸蜡机、三维振动筛等主要设备约81台。年产量达3000件	新建	10000
高港科瑞塑业年产5亿只饮料瓶、瓶坯项目	新增注塑机、压塑机等设备30台（套），主要从事年产5亿只饮料瓶、瓶坯项目	技改	5000
高港奕博食品包装材料项目	改造现有厂房，新增设备30余台（套），建设食品包装材料项目，新增开票6000万元	技改	5000
高港典雅墙纸年产3000万平方米新型环保水刺墙布项目	利用原有厂房，引进全自动化墙布生产线，建设年产3000万平方米新型环保水刺墙布项目	技改	5000
高港统之幸年产2740万包料理包技术改造项目	项目使用公司原有厂房，面积约4800平方米，新增进口智能化全自动开条机、真空滚揉机、进口落地式切片机、进口智能高速双充填包装等主要生产设备共计约26台（套），主要从事料理包的生产，新增年产达2740万包，共计年产3700万包	技改	6000

续表16

项目名称	主要建设内容	建设性质	实际完成投资（万元）
高港森度智能科技高端高频微波板电子元件项目	项目使用厂房约8000平方米，配备贴片机、印刷机等主要设备共计约20台（套），主要从事SMT接插件的生产，年产达10万套，形成销售1亿元	新建	6000
益海（泰州）粮油工业脱臭三级油技术改造项目	项目利用公司原有厂房约5200平方米进行改造，采用科学、绿色、环保的新型工艺以提高成品油品质为目的，配备离心罐等设备21台（套），形成1000吨/天的脱臭三级油生产能力	技改	5200
丸庄益海年产13万吨酿造酱油项目	用地约1.1公顷，建筑面积约6.64万平方米年生产酱油能力13万吨	招引新建	100000
高港益海粮油2600吨/天小包装油技改项目	对公司3000平方米的原有厂房进行改造，对原有小包装生产线进行升级改造，新建1条小包装油生产线。形成2600吨/天的生产能力	技改	6500
高港益海稻米油扩产及能源综合利用项目	利用厂区原有空地，新建稻米油加工车间，总建筑面积约1.36万平方米，形成年加工量为6万吨的米糠毛油的加工规模。污水扩建部分在原污水车间旁进行扩建，建筑面积约2563平方米	技改	33517
高港常佳化工有限公司年产5000吨生物环保新材料技改项目	适应性改建厂房3000平方米，采用自主研发关键专利技术，购置生产设备和检测设备40余台（套），生产胶原蛋白系列、清洁剂系列、手感剂系列产品	技改	6200
高港旺灵年产100万平米高频、高速、5G通信覆铜箔板技改项目	改造厂房5976平方米，新增生产自动流水线、自动涂胶机、镜板清洗机等全自动智能化先进设备266台（套），主要从事高频、高速、5G通信、低损耗覆铜箔板的生产，年产100万平方米	技改	12000
高港益海（泰州）粮油工业有限公司6.4万吨油罐区项目	利用厂区原有空地，建设6.4万吨罐区，其中配备2000吨罐12个，5000吨罐8个，采购手动阀门、发船离心泵等设备132台，主要用于公司产出食用油的存储，年存储量6.4万吨	技改	10010
高港丰益生物绿色智能化技术改造项目	主要对原有车间进行主装置工艺管道改造，升级PLC操作系统、DCS控制系统，扩建部分罐区	技改	5100
益海立体库二期及辅助设施项目	使用公司原有空地，新建立体库裙房1栋，对原有立体库进行改造，配备链式输送机、升降输送机、巷道堆垛机等智能化仓储设备，主要从事小包装油的仓储	技改	5100
高港益海（泰州）粮油工业有限公司2000吨/天稻米深加工项目	总占地约13.33公顷，新增用5.83公顷，总建筑面积9.5万平方米，主要建设大米生产车间、600吨/天米糠膨化车间、浸出车间，配套30万吨原料筒仓、1500吨/天烘干塔6套、成品库及副产品库、稻壳汽化锅炉2台等仓储设施，主要从事稻谷深加工生产，建成后可年产大米43万吨、稻壳灰3.5万吨、米糠毛油2.5万吨、13.5万吨粕、蒸汽10万~25万吨	新建	102500
益海粮油新增年产2.5万吨米糠毛油浸出车间改扩建项目	使用公司原有空地，新建1幢米糠浸出车间及其他辅助设施，配备浸出器、毛油冷却器等主要设备共计35台（套），主要从事米糠毛油的生产，年新增米糠毛油2.5万吨	技改	5130
高港益海新增年产2100吨提环技改项目	使用公司原有厂房，新增注塑系统设备14台（套），主要从事9克把手、15克把手、20升提环、促销提环的生产，年产达2100吨	技改	5252
凯威药用包装聚氯乙烯硬片包装项目	改造公司原有7500平方米厂房，购置高低速搅拌机、行星挤出机、六辊压延机、分切机等设备80台，主要从事药用复合硬片的生产，年产5000吨	技改	5500
扬子江药业固体制剂、无菌剂生产线技术改造项目	对现有工艺和设备（包括无菌制剂、固体制剂、口服液等车间）进行智能化改造，购置理瓶机、数粒机等各类智益化自动设备约30台，开发ERP、MES等工业软件提升企业智能制造水平。提高20%的生产能力	技改	6000

续表16

项目名称	主要建设内容	建设性质	实际完成投资（万元）
高港中药饮片中药饮片技改项目	新建仓储用房1栋，生产、仓储和质检综合楼1栋，总建筑面积约6500平方米主要从事中药材、中药饮片生产加工。年产达1.2亿元	技改	5000
泰源物资钢板纵切分条项目	租用厂房6000平方米，购置激光切割机、线切割、氩弧焊机、智能数控车床等设备200余台（套），新上智能化钢板纵切分条项目，年产20万吨钢板线条	技改	5000
高港海通索具年产3500吨新型吊索具项目	租用临港经济园标准化厂房7500平方米，配备钢丝绳压套机、切割机等生产设备60台（套），主要从事新型吊索具的生产，年产达3500吨	新建	5500
高港汇锦电子头戴式耳机、电脑转轴、弹簧项目	用地2.3万平方米，新建车间厂房3.1万平方米，从事头戴式耳机、电脑转轴、弹簧的生产加工	新建	15000
高港长江机械年产1200台机械制造项目	新建办公楼及2栋厂房约1.3万平方米，购置数控折弯机、气保焊、剪板机、数控冲床、CNC 加工中心、空压机、干燥机、摇臂钻床等设备90余台（套），生产工艺流程为切割、焊接、折弯、剪切、组装等，主要从事机械设备的生产、制造和销售	新建	11000
高港扬子江药业中药材提取、制剂生产技术改造项目	使用公司原有厂房，面积约9.58万平方米，对全厂部分生产设备及环保措施进行提标改造，淘汰遮光包装机、湿法混合制粒机、多功能粉碎机等、高效筛粉机等主要设备共计150台（套），新增破碎机、醇沉罐、提取罐等主要设备共计约80台（套），主要从事中药提取物以及中药、化学药品制剂生产。新增年产3070.23吨中药提取物、1004.1吨中药制剂、27.11吨化学制剂	技改	5120
高港泰州苏中天线集团有限公司年产450万套汽车天线外壳自动喷涂线项目	使用公司原有厂房，面积约9000平方米，增加自动喷涂线4条，对公司内部产品（汽车天线外壳）进行喷涂，配备主要喷涂设备约50台（套），年喷涂450万套汽车天线外壳	技改	5000
高港金瑞泰年产600万平方米热敏 CTP 版材项目	黄山金瑞泰科技股份有限公司投资江苏金印瑞泰印刷材料有限公司新上年产600万平方米热敏 CTP 版材项目，项目租用厂房约2万平方米，配备污水处理设备、冷冻机组等设备8台（套），主要从事热敏 CTP 印刷版材生产，年产600万平方米	新建	10000
高港肽源生物年产360吨食品低聚肽项目	使用标准化厂房约1.05万平方米，一期使用1500平方米，二期使用9000平方米，配备酶解罐、调浆罐等设备12台（套），主要从事食品低聚肽的生产，年产达360吨	新建	5000
万诺纺织科技年产6000吨高档缝纫线、丝线、纱线项目	计划用地1.73公顷，新建标准厂房及办公大楼3.4万平方米，主要从事年产6000吨高档缝纫线、丝线、纱线	新建	18000
中优年产50万卷壁纸技改项目	租用标准厂房约2283平方米，新增壁纸生产流水线4条、壁纸涂布机1台，主要从事壁纸生产，年产50万卷	技改	5000
高港聚龙源装饰材料木门、橱柜、木饰面和木华格生产项目	计划用地1.33公顷，新1.8万平方米厂房，主要从事原木门和衣橱柜项目的生产制造、销售	新建	10000
高港国通医疗器械生产基地项目	总用地面积2.67万平方米，总建筑面积约3.42万平方米，建设办公楼及生产配套用房	新建	10200
辉春医疗器械综合生产基地项目	新建办公用房、生产性综合用房1.5万平方米，新上医疗器械生产线2条	新建	10000
高港灵珑汽配年加工500万套汽车轴承项目	租赁胡庄镇茂林创业园厂房及办公楼月1万平方米，配备电动螺旋压力机、高速圆锯床等生产设备58台（套），主要从事汽车轴承的生产	新建	11000

续表16

项目名称	主要建设内容	建设性质	实际完成投资（万元）
高港汇彩年产5000套高档家具项目	使用3层厂房2栋，约1.7万平方米。设备总投资约7500万元。其中，投资3400万元购置数控下料机、折弯机、拼板机、压板机等主要及辅助设备68台（套）；投资2300万元建设环保喷涂车间约2500平米，新上4条进口环保喷涂生产线；投资约1800万元建设环保预处理设施。该项目主要从事美式、新中式等高档家具生产，年产能5000套，年产值2亿元，利税2000万元	新建	10100
二、服务业			
高港明发商业广场项目	总建筑面积约为12.5万平方米，主要从事开发建设包括商业、影院、超市、农贸市场、私立幼儿园等国际商业广场项目	新建	206000
高港区韵达电子商务有限公司韵达电商产业园项目	新建厂房及办公楼5万平方米，建设泰州及苏中地区快递电商产业园	新建	30000
百世快运电商产业园项目	建筑面积6.3万平方米，建设电商产业园及快运泰州分拨中心项目	新建	35000
高港百世快运电商产业园及快运泰州分拨中心项目	主要建设电商产业园及快运泰州分拨中心；具体建设内容包括货运分拣操作平台（含雨棚）1.2万平方米，综合楼2500平方米，总建筑面积1.5万平方米。年货物运输总量35万吨	新建	30000
益海挖入式粮食中转港池	新建挖入式粮食中转港池3座，包含6座2000吨级粮食专用码头泊位	扩建	18000
高港泰州国际集装箱码头有限公司二期堆场项目	项目计划用地6.59公顷，主要建设通过能力为12万标准箱的堆场及海关查验、闸口、变电所等配套设施。	新建	12986
高港泰州港易成建设有限公司科技孵化基地项目	主要建设4层的标准厂房2幢及其他配套设施，总建筑面积2.3万平方米	新建	10200
高港淳蓝环保生态景观旅游项目	流转土地约8.67公顷，建设办公楼1000余平方米，建设景观亭、绿化带、垂钓中心、餐饮中心和开挖2.67公顷人工湖等	新建	10000
菜篮子口岸、水岸景城、新港农贸市场升级改造项目	总改造面积4.37万平方米。其中口岸农贸市场原建筑面积约为8000平方米，扩建征用现有市场后侧0.9公顷；水岸景城农贸市场总面积4500平方米；新港农贸市场在现有的8600平方米进行改建，扩建为二层，外部停车场拟改造为智能化停车场，约5000平方米	技改	12000
菜篮子市场口岸农贸市场推翻重建项目	拆除市场原有建筑，并征用现有市场后侧部分土地，总占地约1.7万平方米，总建筑面积约2.2万平方米，对口岸农贸市场推翻重建，进行提档升级	新建	11000
高港吉林大学汽车动力研究院项目	用地面积3.33公顷，新建办公区、科研区、孵化区、测试区、后勤服务区等，重点建设6大中心，总建筑面积3.5万平方米	新建	35000
高港临港经济园科技孵化器项目	新建4层标准厂房，项目用地约2.33公顷，新建约5.8万平方米标准化厂房	新建	12000
高港区扬子江药业集团有限公司昆仑检测中心项目	总占地面积约1.97万平方米，主要建设质检中心大楼1栋，用于药品、药材质量的检测，总建筑面积3.68万平方米，其中地下停车厂面积8479平方米	新建	13700
高港扬子江药业集团有限公司扬子江尚德智幼儿园项目	用地约2公顷，教学楼及附属配套设施总建筑面积约2.7万平方米，新建1所设施一流的现代双语幼儿园，聘请高级幼教，采用伊顿国际KA双语课程体系教学，融合先进的教育教学理念，供200余名儿童学习的国际化精品幼儿园	新建	11000
高港扬子江药业国际会展中心项目	由扬子江药业集团投资建设，总占地面积约4.97万平方米，主要建设国际会展中心大楼1栋，用于各种会议、培训、展览等，总建筑面积4.68万平方米，其中地下停车厂面积8479平方米	新建	100000

续表16

项目名称	主要建设内容	建设性质	实际完成投资（万元）
高港港城资产投资维景酒店装修改造、地下工程项目	对原财富中心大楼5.1万平米进行装修改造，新建地下工程	技改	50000
高港苏民福智慧农贸市场项目	苏民福智慧农贸市场项目，总投资1.02亿元，占地面积1.27万平方米，用于建成销售食品、蔬菜、服装、日用品、五金产品、电子产品、工艺品、非保鲜类水果、黄金首饰、玉器等货品的新型智慧农贸市场。已正式营业	新建	10200
高港海川温泉酒店项目	占地0.8公顷，建设面积1万平方米，用于建成餐饮、住宿、洗浴、休闲、娱乐等综合性商务休闲服务体系	新建	10000
高港优力博仓储物流项目	占地1.6公顷，仓储办公1.3万平方米、停车场6000平方米，绿化300平方米，道路700平方米	新建	12000
神奇中药文化馆与中药研究院	由江苏神奇中药科技有限公司投资建设，项目占地约1.33公顷，建设中药研究所和中药展览馆项目	新建	10000
高港西来原休闲观光园	用地约20公顷，建设以农业资源为核心依托，以旅游功能为核心展示，集科技示范、旅游观光、科普教育以及休闲娱乐功能于一体的综合型园区	新建	10500
高港港瑞总部经济项目	年度纳税超1000万元	新建	—
高港瑞泰商业保理总部经济项目	年度纳税超1000万元	新建	—

（区发展改革委）

财 政

【全区一般公共预算收支】 2019年，全区一般公共预算收入42.1亿元，比上年增长2.8%，其中税收收入33.43亿元，加上级补助、债务转贷等收入25.93亿元，收入合计68.03亿元。一般公共预算支出47.7亿元，增长19.9%，加上解上级、债务还本等支出19.22亿元，支出合计66.92亿元。收支相抵，结余结转1.11亿元，均用于下年重点项目支出。

【区本级财政收支】 一般公共预算收支　区本级一般公共预算收入30.1亿元，加上级补助、下级上解、债务转贷等收入32.05亿元，收入合计62.15亿元。一般公共预算支出39.7亿元，加上解上级、补助下级、债务还本等支出21.35亿元，支出合计61.04亿元。收支相抵，结余结转1.11亿元，均用于下年重点项目支出。

政府性基金预算收支　区本级政府性基金收入7.78亿元，加上级补助、债务转贷等收入5.9亿元，收入合计13.69亿元。政府性基金支出9.85亿元，加补助下级、债务还本等支出2.73亿元，支出合计12.57亿元。收支相抵，结转下年支出1.11亿元。

国有资本经营预算收支　国有资本经营预算收入2789万元。国有资本经营预算支出208万元。收支相抵，当年结余2581万元，全部统筹调入一般公共预算。

社会保险基金预算收支　社会保险基金预算收入10.96亿元，加上年结余收入14.28亿元，收入合计25.24亿元。社会保险基金预算支出8.85亿元。收支相抵，当年结余2.11亿元，年末滚存结余16.39亿元。

【帮助企业减负降本】 2019年，高港区减免税费12.62亿元，帮助企业减负降本。设立20亿元规模的瑞鸿汽车产业基金，保障长城汽车泰州整车项目资金需求。指导泰州鑫港担保有限公司开展信用评级工作，泰州鑫港担保有限公司获评A+信用等级。与各金融机构商谈，准入9个银行，授信总额突破10.3亿元。加大中小微企业融资担保引导支持力度，制定《高港区2019年度"泰信保""富民贷"业务考核办法》，全年通过"泰信保"业务向中小微企业发放贷款1.5亿余元，通过"富民贷"业务向小微企业和创业者发放贷款2600万元，获上级专项补助资金78万元。落细落实"科技十条""工业十条""人才十条"等政策，兑付工业转型升级、科技创新奖励等各类企业奖补资金3.94亿元。

【民生资金投入】 2019年，区财政部门把保障和改善民生作为财政支出"优先选项"。全年民生支出39.96亿元，比上年增长28.4%。区财政投入4295万元组织实施村级公益事业建设"一事一议"财政奖补项目102个、新建高标准农田786.67公顷，发放涉农奖励资金632.41万元；发放农业支持保护补贴资金1353.03万元、稻谷补贴资金382.71万元，涉及全区耕地7520公顷，惠及4.91万户农户。完善教育医疗文化惠民。投入教育资金6.76亿元，卫生健康资金3.23亿元，兑付文化惠民券149.1万元。办好民生实事。安排棚户区、老旧小区、后街背巷、公厕户厕改造等民生项目资金11.9亿元。

【政府采购管理】 2019年，区财政局出台《关于加强政府采购活动内部控制管理的通知》，进一步落实采购人的主体责任，规范政府采购活动中的权利，促进政府采购提质增效；优化政府采购营商环境，不对供应商实行差别待遇，不设任何门槛，任何供应商都可以自由地进入高港区政府采购市场；加大对采购人、采购代理机构、评审专家诚信管理的力度，出台《高港区政府采购诚信管理实施意见》；完善政府绿色采购机制，2016—2019年政府绿色采购考核指标连续四年高于省、市80%的要求；推进政府购买服务工作，2019年完成政府购买服务项目30个，实际采购金额1473万元，节约财政资金148万元。

【国企改革】 2019年，高港区制定《高港区国有独资公司董事会工作办法》《高港区区属国有企业负责人薪酬管理暂行办法》等12项关于国企改革的规章制度。完成党政机关事业单位办企业全面脱钩，整体划转19个区级企业至城投、大江、引江公司，实行归口管理并确立发展方向，即城投公司主攻城市经营、大江公司主营建筑行业、引江公司主打多元发展；划转资产约4.51亿元，助力引江公司获取AA主体信用等级，为大江公司“申特”工作、城投公司提升AA+信用评级打下坚实的基础。成立泰州兴港国际汽车产业园开发建设有限公司，加快汽车园区建设，集聚汽车零部件产业，发挥产业基金效益，扩大经营效益。

【债务管理】 2019年，区财政局推进政府债务综合监管系统建设，动态监管，实时更新，全面及时掌握本地区债务规模、融资成本、还款压力、化债进度等相关情况，控制融资综合成本，有效防范化解政府债务风险，超额完成政府隐性债务年度化解目标。继续开展“一降三清”专项督导行动，持续压降隐性债务规模、清理对外担保、清收出借资金，不断规范全区债务管理工作。加大政府债券上争力度，争取政府债券9.1亿元。

【村级财务管理】 2019年，高港区优化村级会计委托代理模式。规范代理中心运行，全面推行“村级会计委托代理服务+会计师事务所监理”模式；规范资金监管方式，推行村务卡结算业务，在全区范围内实现“双印鉴”管理，并按季度开展财务互审；完善村级财务流程，规范各类结报表单，规范村级代理中心的报销流程；各镇街成立“三资”领导小组，财政所所长兼任代理中心主任，农经站（科）长兼任代理中心副主任。全年高港区会计代理中心集中管理资金达11.89亿元，累计办理收支业务35378笔，支付金额7.47亿元，退回不规范业务682笔。工程建设招投标项目2248项，预算价1.41亿元，中标价1.3亿元，节支1074.7万元。通过闲置资产的公开招租、对外承包等，增加集体收入1.3亿元。

【绩效管理】 2019年，区财政局印发《关于加强高港区区级预算绩效评价结果应用的实施意见》，将评价结果作为预算安排、预算调整的重要依据。全年审核专项资金预算绩效目标259个、资金总额6.85亿元，组织实施重点评价项目27个、资金总额2.4亿元。严格政府投资项目预算审核，评审政府投资项目预算99个，涉及项目总规模12.39亿元，净核减资金约3280万元。

【会计管理】 2019年，高港区继续推行网络会计继续教育工作。全区参加继续教育1976人次，办理会计人员继续教育减免810件。1月，开展2018年度内控报告编报工作。4月，完成全区102个行政事业单位内控报告的汇总上报工作和全区7个代理记账机构的年度备案工作。9月，组织全区大中型企事业单位总会计师、财务总监、会计主管以及财政部门业务骨干共14人，到北京国家会计学院进行为期1周的总会计师素质提升工程培训。全年初级会计职称报名人数910人，通过112人；中级会计职称报名人数423人，通过52人；发放会计职称证书106本。 （黄 冀）

2019年高港区一般公共预算收入决算一览表

表17　　单位：万元

项　目	2019年决算数	2018年决算数	比2018年增（减）%
一般公共预算收入合计	420972	409496	2.8
一、税收收入小计	334267	330667	1.1

续表17

项　目	2019年决算数	2018年决算数	比2018年增(减)%
1.增值税	207986	195352	6.5
2.营业税	—	16	-100.0
3.企业所得税	30137	29097	3.6
4.个人所得税	13799	25142	-45.1
5.资源税	—	—	—
6.城市维护建设税	27644	24758	11.7
7.房产税	7764	6924	12.1
8.印花税	3528	3378	4.4
9.城镇土地使用税	8456	12962	-34.8
10.土地增值税	12377	11908	3.9
11.车船税	22	18	22.2
12.耕地占用税	14537	15342	-5.2
13.契税	7768	5770	34.6
14.其他税收收入	249	—	—
二、非税收入小计	86705	78829	10.0
1.专项收入	20546	20201	1.7
2.行政事业性收费收入	3216	8704	-63.1
3.罚没收入	1517	1688	-10.1
4.国有资源(资产)有偿使用收入	1605	8983	-82.1
5.捐赠收入	2	1000	—
6.其他收入	59819	38253	56.4
上划中央四税合计	277228	280101	-1.0
1.增值税(50%)	207986	195368	6.5
2.消费税	3337	3375	-1.1
3.企业所得税(60%)	45206	43645	3.6
4.个人所得税(60%)	20699	37713	-45.1
财政收入总计	698200	689597	1.2

2019年高港区一般公共预算支出决算一览表

表18　　单位:万元

项　目	2019年决算数	2018年决算数	比2018年增(减)%
一、一般公共服务支出	46532	57414	-19.0
二、外交支出	—	—	—
三、国防支出	1009	464	117.5

续表18

项　目	2019年决算数	2018年决算数	比2018年增（减）%
四、公共安全支出	10307	10892	-5.4
五、教育支出	67621	65321	3.5
六、科学技术支出	22753	16205	40.4
七、文化旅游体育与传媒支出	5904	3567	65.5
八、社会保障和就业支出	50346	37026	36.0
九、卫生健康支出	32338	31857	1.5
十、节能环保支出	6758	10805	-37.5
十一、城乡社区支出	149112	105851	40.9
十二、农林水支出	30781	28690	7.3
十三、交通运输支出	578	278	107.9
十四、资源勘探信息等支出	8763	7766	12.8
十五、商业服务业等支出	1639	1409	16.3
十六、金融支出	60	194	-69.1
十七、援助其他地区支出	844	1591	-47.0
十八、自然资源海洋气象等支出	3528	2140	64.9
十九、住房保障支出	27976	7440	276.0
二十、粮油物资储备支出	508	471	7.9
二十一、灾害防治及应急管理支出	1176	—	—
二十二、预备费	—	—	—
二十三、其他支出	30	548	-94.5
二十四、债务付息支出	8410	7898	6.5
二十五、债务发行费用支出	40	22	81.8
一般公共预算支出合计	477013	397849	19.9

2019年高港区区本级一般公共预算收入决算一览表

表19　　单位：万元

项　目	2019年决算数	2018年决算数	比2018年增（减）%
一般公共预算收入合计	301015	283597	6.1
一、税收收入小计	214310	204768	4.7
1.增值税	135214	132908	1.7
2.营业税	—	—	—
3.企业所得税	20316	12461	63.0
4.个人所得税	9632	12722	-24.3
5.资源税	—	—	—

续表 19

项　目	2019年决算数	2018年决算数	比2018年增(减)%
6.城市维护建设税	18838	16005	17.7
7.房产税	896	1119	-19.9
8.印花税	852	993	-14.2
9.城镇土地使用税	1414	1672	-15.4
10.土地增值税	4591	5798	-20.8
11.车船税	3	3	—
12.耕地占用税	14537	15342	-5.2
13.契税	7768	5770	34.6
14.其他税收收入	249	—	—
二、非税收入小计	86705	78829	10.0
1.专项收入	20546	20201	1.7
2.行政事业性收费收入	3216	8704	-63.1
3.罚没收入	1517	1688	-10.1
4.国有资源(资产)有偿使用收入	1605	8983	-82.1
5.捐赠收入	2	1000	-99.8
6.其他收入	59819	38253	56.4
三、上划中央四税合计	180136	170657	5.6
1.增值税(50%)	135214	132882	1.8
2.消费税	—	—	—
3.企业所得税(60%)	30474	18692	63.0
4.个人所得税(60%)	14448	19083	-24.3
财政收入总计	481151	454254	5.9

2019年高港区区本级一般公共预算支出决算一览表

表 20　　单位:万元

项　目	2019年决算数	2018年决算数	比2018年增(减)%
一、一般公共服务支出	28825	28146	2.4
二、外交支出	—	—	—
三、国防支出	942	342	175.4
四、公共安全支出	8798	9565	-8.0
五、教育支出	53426	58697	-9.0
六、科学技术支出	20435	16067	27.2
七、文化旅游体育与传媒支出	5625	2441	130.4

续表20

项 目	2019年决算数	2018年决算数	比2018年增（减）%
八、社会保障和就业支出	43927	32439	35.4
九、卫生健康支出	27384	25398	7.8
十、节能环保支出	5925	8230	-28.0
十一、城乡社区支出	130832	78024	67.7
十二、农林水支出	21225	18881	12.4
十三、交通运输支出	536	234	129.1
十四、资源勘探信息等支出	7806	6581	18.6
十五、商业服务业等支出	1625	1321	23.0
十六、金融支出	60	194	-69.1
十七、援助其他地区支出	459	1214	-62.2
十八、自然资源海洋气象等支出	3328	2140	55.5
十九、住房保障支出	25686	5307	384.0
二十、粮油物资储备支出	508	471	7.9
二十一、灾害防治及应急管理支出	1153	—	—
二十二、预备费	—	—	—
二十三、其他支出	—	528	-100.0
二十四、债务付息支出	8410	7898	6.5
二十五、债务发行费用支出	40	22	81.8
一般公共预算支出合计	396955	304140	30.5

税 务

【概况】 2019年，国家税务总局泰州市高港区税务局（简称高港区税务局）组织入库各项收入75.9亿元，比上年增收2.2亿元，增幅3.02%。组织入库税收收入61.4亿元，增收0.29亿元，增幅0.47%。组织入库一般公共预算税收收入33.43亿元，增收0.36亿元，增幅1.09%，增幅位列全市第三。组织入库非税收入14.5亿元，增收1.9亿元，增幅15.45%，其中，组织入库社会保险费12.2亿元，增收1.9亿元，增幅18.28%。全年落实各项减税降费政策累计减免13.8亿元。年内，高港税务局被评为2016—2018年度江苏省文明单位。

【税收征管改革】 2019年，高港税务局组织骨干力量，完成“金三并库”、统一版电子税务局、增值税发票管理系统2.0版和个税系统等上线工作。推进社保费和非税收入征管职责划转，实现机关事业单位养老保险与城乡居民基本养老保险、基本医疗保险全面平稳划转征收。加强增值税管理，做好企业所得税、个人所得税汇算清缴，推进土地增值税清算，加强“房、土”两税和契税征管。依据市税务局考核口径，结合工作实际，制定风险应对单项考核办法，实行按月通报、年终评比奖励，将结果运用到综合评先创优中，推行重大业务事项集体审议制度。全年风险应对成效1.21亿元。

【减税降费】 2019年，高港税务局成立实施减税降费工作领导小组，抽调业务骨干集中办公，制定多批次减税降费工作任务清单，推进减税降费工作。开展减税降费政策宣传辅导培训33场，涉及纳税人和缴费人6000余户次。加强小微企业普惠性减税政策、深化增值税改革、个人所得税专项附加扣除等重点工作，持续释放政策红利。各项减税降费政策累计减免税收13.8亿元。

【税收营商环境】 2019年，高港税务局简化税务注销流程，即时出具清税文书，全年累计办理注销4153户。拓展社保费缴费方式，开通“微信”渠道，最大程度方便缴费人。打造“半小时”办税圈，在全区设立92个网格点。在泰州市税务局统筹下，联合中国人民银行泰州市中心支行和财政部门推行简易退税，全年落实5459户小微企业普惠性政策退税。深化新办企业“套餐”服务，将“套餐”前移至市场监管登记窗口，实现“一站式”集成办公。加速发票领用线上办理，加大自助办税终端投入，推广7×24小时全自助办税服务厅，发票自助领用线上办理率达97.69%。整合不动产交易服务大数据资源，构建不动产登记、房产交易与“金税三期”相互衔接的信息化平台，部门间信息实时共享，实现不动产登记“一窗受理、集成服务”。

【税务网格化服务】 2019年，高港税务局按照“品质税务”建设的要求，打造“网格全覆盖、服务零距离”的税务网格化服务品牌，构建适应自然人特点的税费服务新格局和税收共治新格局，推进社保服务窗口入住乡镇网格化服务中心，下沉服务资源，拉近与缴费人的距离，方便缴费业务，缩短缴费业务时长，实现税费服务的精细化、扁平化、高效化，增强纳税人办税缴费便利度。至年末，全区设立92个网格点，初步实现治理单元一网到底，各类涉税事项一网尽收。

（高港税务局）

审　计

【概况】 2019年，高港区审计部门开展年度计划审计项目16个，委托中介机构对151个工程项目实施造价审核，出具审计报告、审计调查报告、审计结果报告和审计决定书21个，审计移送书1个，审计查出违规问题金额8238万元，管理不规范金额18.31亿元。向区负责人报送审计要情3份，移送案件线索10条，6人受到党纪政纪处分、12人受到诫勉谈话。制定《中共泰州市高港区委审计委员会工作规则》《中共泰州市高港区委审计委员会办公室工作细则》，做好区委审计委员会第一、二次会议准备工作。做好区委、区政府原主要负责人经济责任和资源环境离任审计以及全区债务审计中查出问题整改工作，加强对相关园区、镇街、部门的整改工作指导。强化对节假日期间津补贴发放和“三公”经费使用情况监督检查。2篇论文被评为市审计学会优秀论文。

【政策跟踪审计】 2019年，区审计局对海陵区乡村振兴战略贯彻落实情况实施跟踪审计。开展地方政府隐性债务化解跟踪审计，推进隐性债务化解工作。每季度对违规借款和出借资金等事项实施跟踪审计，督促园区、镇街清理违规出借资金。对区清理拖欠民营企业中小企业账款情况实施专项审计调查，推动支持民营经济发展的政策措施落地生效。

【预算执行审计】 2019年，区审计局对2018年度区本级预算执行、部门预算执行情况和其他财政收支、大泗镇财政收支实施审计。本级预算执行审计查出非税收入未按规定缴库、土地出让预缴款长期挂账、农业综合开发资金专户结余资金未按规定安排使用、财政借垫资金未清理，以及财政资金绩效评审项目整改跟踪落实不到位等问题，从加强预算收支执行管理和强化财政资金管理等方面提出有针对性的意见和建议。部门预算执行审计揭示出违规先征后返税收、出租收入应收未收、原始凭证不规范、现金管理不严格、资产管理不规范等问题，及时纠正预算执行中违规行为，提高预算收支运行效果和经济运行质量。

【经济责任审计】 2019年，区审计局完成2018年结转的白马镇党委、区城管办原负责人和区城投公司总经理经济责任审计，实施临港经济园党工委、大泗镇党委、胡庄镇党委原书记，区商务局、区机关事务局原局长任期经济责任审计，结合胡庄镇党委原书记经济责任审计开展自然资源资产离任审计。审计查出违规发放经补贴，大额费用支出无明细、无合同，出借资金逾期未能收回，未按规定收取履约保证金等问题，督促被审计单位落实整改。

【政府投资审计】 2019年，区审计局对孔桥实验学校、通港路东延工程实施竣工决算审计。组织中介机构对高新园区永平路、春港路东延、城区雨污水改造等106个政府投资建设项目进行造价审核，对在建的东方明珠二期、“四好农村路”、古寿胜寺工程等45个政府投资建设项目实施造价跟踪审核。已审结的项目工程造价报审金额11.8亿元，净核减16.5亿元，核减率14.01%。

【审计信息化】 2019年，区审计局实施数字化审计模式。继续运用大数据审计技术对全区222个一级、二级预算单位实施部门预算执行和其他财政收支审计，审计过程中对筛选疑点较多的8个单位进行重点核查。运用信息化技术，采用泰州市固定资产投资审计应用系统，加强对重大项目参审中介机构人员的实时监管。培养信息化人才，组织参加上级审计机关组织的计算机辅助审计培训，邀请南京软件公司专业人员在全局开展大数据审计专业知识培训。

（张艺慧）

统　计

【概况】 2019年,高港区统计工作贯彻落实新发展理念,提升统计服务能力,推进统计改革创新,提高数据质量。区统计局发布《2018年高港区国民经济和社会发展统计公报》,发行《高港统计年鉴(2019)》。全年编印《高港统计月报》"口袋书"11期,撰写各类统计分析69篇。年内,完成第四次全国经济普查、住户调查、1‰人口抽样调查等统计调查任务。

【第四次全国经济普查】 2019年,区统计局按照"单位查全、总量查准、结构查清"的总体要求,建立"分片包干"制度,实现经济普查工作网格化、精细化管理,将普查单位与编办、民政、市场监管等部门行政记录数据进行比对。建立普查员自审、镇街普查办集中审、专业人员重点审的普查数据联审制度,对重点行业、重点指标进行联审。《中国信息报》刊登《运用三招式,打好组合拳》《"小身板"扛起"千斤担"》,重点推介高港区经济普查做法和普查先进事迹。

【统计改革】 完善"小升规"后备企业库　2019年,高港区在调查摸底的基础上,借助第四次全国经济普查普查库,将2018年全年开票销售额大于等于1200万元的规模以下工业企业收集入库,对在库企业实行月度监测,对企业产值、主营业务收入、开票销售额等经济指标实行月度监测,建立起"小升规"后备企业信息台账,实时更新月度主要经济指标数据。全年在库监测企业31个,较上年增加17个,增长121.43%。

建立"四上"企业新增入库"1+N"工作机制　建立联席会议制度,成立领导小组,召开联席(扩大)会议,及时反馈疑似达标线索。实施过程中采用"1+N"工作机制,"1"是指行业主管部门,牵头负责本行业新增"四上"企业工作,"N"指其他相关部门以及园区、镇街等,主动解决有关问题,相关做法被《中国信息报》报道。2019年,全区新增"四上"企业120个,新增规模以上企业单位数占规模以上企业单位总数比重列全市第一。

下沉部门联席会议制度　定期召开统计工作部门联席会议,将统计工作联席会议制度向基层全面延伸,各园区、镇街均建立由分管负责人任组长、统计站站长任副组长、各经济条线科室负责人为成员的联席会议制度,理顺基层统计工作体系。

【统计调查】 住户调查　2019年,高港区推进住户调查工作,推广电子记账,基本实现电子记账全覆盖,电子记账率在全省位居首位,获省调查总队领导批示。

粮食测产　按照调查制度和方案组织全区15个遥感测量面积点进行春、夏播和秋、冬播遥感测量工作,组织全区8个粮食测产点进行夏、秋粮测产工作,测产数据审核汇总并上报。由省调查队评估反馈高港区的粮食播种面积及粮食产量,全区粮食面积约13.13千公顷,总产9.09万吨,其中,夏粮播种面积6470公顷,秋粮播种面积6660公顷。

1‰人口抽样调查　9—11月,全国统一开展1‰人口抽样调查,高港区做好样本信息核实,业务技术指导员、调查人员选聘与管理,宣传动员,调查摸底,PDA数据采集报送,质量控制和事后质量抽查,数据处理和评估推算,分析研究等工作。调查期间,市统计局到高港区检查指导1‰人口抽样调查入户登记工作,现场观摩调查员入户登记工作。

【数据质量管理】 2019年,区统计局制定出台《高港区统计数据全程质量管理实施办法(2019)》。坚持过程控制、预防为主、全员参与、持续改进的工作方法,建立健全分级职责明晰、程序科学合理、操作严谨方便、上下协调顺畅的数据质量管理工作机制,加强数据采集、审核整理、资料发布等业务环节的管理,把握数据质量控制的主动权。关于该做法信息被泰州市政府新闻中心采用。开展主要经济指标月度、季度波动情况监测,防止数据大起大落。科学设置分专业联网直报查询模板,第一时间向数据增速异常、指标之间协调性差的企业核实会计报表和纳税申报表等相关资料。严格执行核算、工业、投资、服务业等专业数据集中会审、公开评估制度,注重应税销售、工业用电量、固定资产抵扣、服务业税收、财政8项支出等硬指标,加强评估的科学性和公信度,缩短统计数据与公众感受的距离。

【统计服务】 经济形势预警预判　2019年,区统计局每月对经济形势进行分析,研究部分行业、弱项指标。针对粮油食品生产处于低位徘徊的状况,加强对益海(泰州)粮油工业有限公司、汇福粮油江苏泰州公司等区重点工业企业跟踪监测,全面了解企业当前生产经营现状以及下阶段走势。

基层单位调研分析　深度挖掘数据背后的经济现象,将数据上报、基层调研、撰写分析高度融合。到高港高新园区、核心港区、临港园区进行专题调研,走访部分重点企业,就各园区经济运行特点进行深入剖析,针对壁纸企业产能萎缩、船舶企业劳务公司税收流失、经济持续增长乏力等问题,分别形成分析报告;专题召开全区壁纸行业企业负责人座谈会,摸清高港区壁纸企业生产经营现状及走势,进一步分析壁纸产业发展面临的挑战,撰写的《高港区壁纸产业的现状及发展趋势剖析》得到区领导的肯定。

“两高”发展监测　从先进县市评选、指标体系变化、测算评估办法等方面进行分析研究；专题召开部门协同推进会，详细解读指标，明确部门职责和联络员，形成合力。牵头召开城区高质量发展监测培训会议，邀请市统计局领导授课，从文件解读、指标体系、评价分析和工作建议4个方面进行解读与分析。印发《关于开展高港区高全面建成小康社会监测统计工作的通知》，加大工作推进力度，针对高港区实际加强分析研判，撰写的《2018年度高港区高水平全面建成小康社会进程监测统计报告》获区政府主要负责人批示。

【统计基层基础建设】　2019年，区统计局制定全年基层基础规范化建设“回头看”计划表，分层级开展统计规范化“回头看”工作。全年共完成100个企业的规范化“回头看”，8个园区、镇街统计站规范化“回头看”，现场提出整改要求。开展新增联网直报企业的规范化验收工作，加强规范指导、提升规范水平。全年共验收98个新增联网直报企业，验收率100%、合格率100%。配合开展村（社区）统计规范化建设“千佳单位”申报工作，共申报8个村（社区）进入省“千佳单位”序列。

【统计执法监督】　2019年，区统计局根据《防范和惩治统计造假、弄虚作假督察工作规定》要求，建立全覆盖、可追溯、严问责的防范和惩治统计造假、弄虚作假责任体系，对数据异常的地区、单位通过发函查询、行政指导、集中调研、“双随机”检查等形式，督促各板块单位依法统计。开展防范和惩治统计造假、弄虚作假专项治理工作，逐条逐项核实是否存在统计违规违纪的行为。突出治理重点，重点开展联网直报单位数据质量核查和违规文件排查。

【统计法治】　2019年，区统计局推进“七五”普法工作，重视统计法律法规的经常性教育，结合“12·4”国家宪法日、“12·8”统计法宣传日、统计开放日等，开展统计法治宣传。随机抽取许庄街道、大泗镇和30个企业，于8月对2个镇街和30个企业开展统计执法检查，检查情况良好。10月和11月，统计部门分别在区政府常务会议和区委常委会作统计工作情况汇报，解读《关于深化统计管理体制改革提高统计数据真实性的意见》《统计违纪违法责任人处分处理建议办法》《防范和惩治统计造假弄虚作假督察工作规定》《江苏省党政领导干部防范和惩治统计造假、弄虚作假责任制规定》等，并提出统计意见。　（孙　涛）

市场监督管理

·综　述·

【概况】　2019年，高港区新增企业2628个，注册资本163.11亿元，从业人数17023人，其中，有限责任公司2323个，个人独资企业283个。新增农民专业合作社23个，成员出资总额10380万元。新增个体商户6206户，从业人员10379人，注册资本7.39亿元。至年末，全区登记企业14397个，注册资本1323.88亿元；个体工商户30070户，资金数额43.9亿元；农民专业合作社480个，资金总额8.44亿元。共有食品生产企业33个、食品小作坊68个、食品销售单位1032个，餐饮服务单位928个，特殊食品经营单位102个，药品零售企业94个（连锁门店62个、单体药店32个），互联网药品信息服务单位2个；医疗器械批发企业284个（三类243个、纯二类41个），医疗器械零售企业101个（三类零售6个、二类零售95个），医疗器械网络销售备案单位9个；医疗机构13个，村卫生室62个，个体诊所6个；化妆品生产企业1个，化妆品经营企业25个（超市12个、化妆品专营店12个、宾馆1个），化妆品使用单位（美容美发）30个。全区在用特种设备数量6487台（不包括压力管道），其中，锅炉54台，压力容器2557台，电梯2023台，起重机械1115台，厂内机动车辆738辆。压力管道全长1488.05千米。有各类商品市场15个，其中，农贸市场12个，工业品消费市场2个，小商品市场1个。广告经营单位168个，从业人员670人，广告经营额8200万元。

【行政执法规范化建设】　2019年，区市场监管局制定《泰州市高港区市场监督管理局行政复议、行政诉讼工作制度》，修订《行政处罚案件备案提醒工作制度》《行政执法案卷评查制度》《案件调查取证制度》及《案件档案管理制度》。开展行政处罚案卷评查2次，评查案卷40余份；召开行政执法与刑事司法衔接会议2次，讨论案件57件；召开案审会8次，集中审理案件131件。组织行政处罚案件听证会3次，完成行政复议答复7件，行政诉讼应诉3件，未发生行政复议、行政诉讼败诉案件。

【稽查执法】　2019年，区市场监督管理局办理各类案件195件，罚没入库512.38万元，4件案件依法移送公安机关。规范成品油市场经营行为，查获涉嫌走私的车用柴油约1600吨。查处虚假宣传行为，1件案件申报省级典型案例。推广“集中力量、交叉执法、异地办案”执法模式，由全局组织过渡到分局自主开展。开展埋地管材绳网带等专项整治。在食品药品领域案件办理工作成效明显，联合公安机关查办的

“5·13”生产、销售假药案申报省级大要案，查获假减肥药2500余盒，涉案金额超过50万元，对涉案的13人取保候审；查办的某公司无证经营第三类医疗器械案申报入选国家级稽查执法优秀案例汇编。组织开展金融行业、宾馆娱乐特种行业、农资经营、农民工工资支付4项跨部门双随机联合抽查，区市场监管局、区商务局等7个部门参加，累计检查97户。检查结果在国家企业信用信息公示系统上向社会公示。

【抽样检验】 2019年，区市场监管局完成食品抽检1125批次（其中自主招标抽检405批次），4批次不合格食品被依法立案查处。强化快速检测的初筛作用，区食品安全快检中心和分局快检室每月快检500批次以上，全年食品快速检测7944批次，疑似阳性47批次，做好不合格食品的后处理工作，将检测情况及分析依法进行公示。药品抽检70批次，其中阳性药品5批次，占抽样总数的7%左右。商品质量省级抽检合格率91.67%，依法立案查处不合格产品19批次。完成生产领域各级产品质量监督抽检不合格后处理5批次（国抽2批次、省抽2批次、市抽1批次）。完成环境污染相关监督抽查，机动车尾气处理液5批次，车用柴油4批次，船用燃油2批次，煤炭1批次。

【消费维权】 2019年，区市场监管局共受理各类投诉举报和咨询电话1509件，其中，投诉举报1368件，咨询141件。食品餐饮类、广告类投诉举报大幅增加，分别为284件、531件。投诉调解成功率96%，消费者满意率98%以上。开展“3·15”国际消费者权益日宣传咨询活动，发放《中华人民共和国消费者权益保护法》《中华人民共和国食品安全法》《食品安全知识手册》等宣传资料800余份，接受各类咨询17件。 （谷昌财）

·工商行政管理·

【民营经济管理】 2019年，区委办、区政府办出台《高港区推动民营经济高质量发展的实施办法》，加大对民营企业在转型升级、创新创业方面的奖励力度，新增、提高标准化、知识产权相关奖励标准。出台《高港区2019年民营经济高质量发展考核办法》，设立民营经济高质量发展考核单项奖。全区新增私营企业2355户、个体工商户6206户，比上年分别增长22.1%、26%。办理动产抵押登记38件，帮助企业融资6.55亿元。区市场监管局会同中国工商银行泰州高港支行召开金融服务企业座谈会，为6个企业争取银行授信额度1.26亿元。策应市委构建“1+5+1”产业体系战略，以民营医药行业为切入点，开展“三心助力”（贴心服务、倾心扶持、用心监管）活动。召开药品零售企业座谈会，了解企业需求，破解企业难题。以大泗医疗器械科技产业园及大泗医疗器械第三方物流平台为依托，支持建立医疗器械第五方物流平台，助力产业发展。运用大数据“互联网+监管”，研究设计开发“冰剑智慧监管”平台。开展区级医疗器械GSP示范基地创建，出台《自动售药机销售药械管理规定》，指导成立区医疗器械行业协会，探索服务大健康产业高质量发展的新路径。

【市场主体年报公示】 2019年，全区企业年报率99.2%、个体工商户年报率99.4%、农民专业合作社年报率100%，企业年报率全省第一。完成全区519户市场主体年报公示信息的抽查工作，抽查结果依法在全国企业信用信息公示系统中公示。检查发现问题完成责令改正28户，通过登记的住所无法取得联系列入经营异常名录106户，公示信息隐瞒真实情况弄虚作假列入经营异常名录122户，不配合检查情节严重的24户。

【合同监管】 2019年，区市场监管局组织开展2018年度“守合同重信用”公示活动，通过向法院和相关部门征询意见，剔除一些严重失信的企业，共公示泰州市级“守合同重信用”企业116个，其中新申报14个。全年办理动产登记抵押38件，帮扶企业融资6.55亿元，盘活企业资产8.71亿元。

【网络监管】 2019年，区市场监管局制定《2019年网络监管工作计划》《关于深入开展互联网广告整治工作的通知》，以网络交易平台、购物网站、团购网站等网络交易服务网站为整治重点，查处网络虚假宣传、刷单炒信、非法集资等突出违法问题。落实网店实名制，依托“互联网广告监测系统”，对网站、网店设置搜索任务，人工对网站进行监测检查。运用“静态取证”功能，以及终端、手机客户端对网页拍照、录像等电子证据进行固定。对数据库内的网络经营主体开展日常监测，结合消费者、经营者和媒体集中反映的热点问题开展专项监测，在网络集中促销活动特定时间段开展定向监测。开展“线上+线下”综合行政执法。线上，依托江苏省网络交易监管系统和泰州互联网广告监测中心，建立健全网络经营主体数据库，落实专人负责并实行动态管理，完善网络市场监管信息化系统功能，逐步建立线上主体锁定、违法线索搜集、电子证据固定与线下线索处理、案件查办一体化监管执法工作机制。线下，结合市场特点和消费热点问题，推进“双随机 一公开”工作，梳理适用于“双随机”抽查的项目与工作清单，按计划、分批次开展网络交易商品质量抽检，适时向社会发布抽检结果，维护网络消费安全。建立网络行业诚信档案。全年办理网络案件23件，罚款总金额60.44万元。

【广告监管】 2019年，区市场监管局开展涉嫌非法集资广告、互联网广告等专项整治工作，制定《关于开展严厉打击非法集资广告专项整治行动的工作方案》和《区市场监管局关于深入开展互联网广告整治工作的通知》。组织开展整治不规范地名、打击非法放贷（套路贷）、利用国旗发布不合法广告等专项整治活动。检查各类企业249个，监测、检查广告2748条，查处广告案件21件。江苏宏大广告有限公司和泰州宏峰广告有限公司被评为泰州市创新发展优秀广告企业典型。

【农贸市场管理】 2019年，全区12个农贸市场全部完成提档升级任务，其中，三星级市场6个，二星级市场2个，一星级市场4个，标准化市场达标率100%。在全市率先出台《高港区农贸市场长效管理（考核）办法》，规范农贸市场的管理和考核工作，4个农贸市场检测数据连接省市场监管局快检系统信息化平台，实现数据实时传输。

【野生动物保护】 2019年，区市场监管局与区自然资源和规划分局联合印发《野生动物保护专项整治行动实施方案》，开展执法检查活动。先后出动执法人员32人次，共检查相关的广告行为23个，检查相关经营、服务行为单位56个，包括5个网络交易平台和12个农贸市场。

（谷昌财）

·质量技术监督管理·

【质量强区工作】 2019年，扬子江药业集团董事长徐镜人获江苏省政府质量奖（个人），为泰州市首获江苏省政府质量奖的个人。完成第二届高港区区长质量奖评选。全年新增“泰州品质”认证企业2个，分别为泰州市华强照明器材有限公司和江苏苏萨食品有限公司。全年新增检测机构2个，至年末，全区共有各类检验检测中心11个。其中，省级以上质检中心3个，分别为国家特种劳动防护用品质量监督检验中心（江苏）、江苏省测绘仪器计量中心、江苏省墙体装饰装修材料质量监督检验中心。国家特种劳动防护用品质量监督检验中心（江苏）通过中国合格评定国家认可委员会（CNAS）专家组的现场评审，成为泰州市第三个国家级质检中心。泰州市金衡建筑材料检测有限公司总投资1.1亿元迁址升级，成为泰州地区规模最大的民营检测中心。深化“放管服”改革工作，工业产品生产许可证获证企业压缩至10个，主要集中在危化品企业和食品相关产品企业。

【标准化工作】 2019年，江苏典雅墙纸有限公司获批筹建全国家用纺织品标准化委员会非织造墙布标准化工作组。江苏能建机电实业集团有限公司省级特大电厂用锅炉炉膛检修平台高新技术自主创新标准化试点通过验收。区市场监管局省级品质城市建设标准化试点通过验收。新增市级服务业标准化试点2项（高港区社区矫正标准化试点、泰州丰汇农业科技有限公司的水产品电子商务服务标准化试点）。新立项市级服务业地方标准3项（《入矫宣告规范》《政治矫正管理规范》《社会矛盾纠纷多元化解服务规范》）。新增市级农业标准化试点1项（江苏上膳源生态农业发展有限公司的有机食品——鲜食玉米栽培标准化试点）。新立项市级农业地方标准2项（江苏海泰药业有限公司的中药材瓜蒌栽培技术规程、泰州市高港区润馨肥料有限公司的水稻育秧牛粪基质生产技术规程）。泰州口岸船舶有限公司主导制定国家标准《节水型企业　船舶行业》、行业标准《船舶行业变配电站、压缩空气站、气体供应间、锅炉房、泵站、油库及加油站、加油车、材料堆场、物资仓库安全要求》。江苏杰力钢缆索具有限公司牵头制定的国家标准《电动葫芦桥式起重机用钢丝绳》通过国家标准委员会的立项。江苏能建机电实业集团有限公司牵头制定的团体标准《电站锅炉检修平台安全评估规范》获得立项。扬子江药业集团省级地方标准《中药智能工厂生产全过程质量监控集成要求》获得立项。扬子江药业集团主导制定注射用替加环素、枸橼酸他莫昔芬片、阿那曲唑片、地佐辛注射液、盐酸莫西沙星氯化钠注射液等14项国家标准。江苏荣鑫通用设备有限公司、江苏典雅墙纸有限公司、江苏能建机电实业集团有限公司、江苏张驰轮毂制造有限公司通过国家AAAA标准化良好行为试点企业验收，江苏泓博舞台设备科技有限公司、江苏建声影视设备研制有限公司通过国家AAA标准化良好行为试点企业验收。

2019年高港区参与制定（修订）的国家标准、行业标准一览表

表21

标准号	标准名称	参与（负责）起草单位	发布时间
GB/T37332-2019	节水型企业　船舶行业	泰州口岸船舶有限公司	2019-03-25

续表21

标准号	标准名称	参与（负责）起草单位	发布时间
CB/T4497-2019	船舶行业变配电站、压缩空气站、气体供应间、锅炉房、泵站、油库及加油站、加油车、材料堆场、物资仓库安全要求	泰州口岸船舶有限公司	2019-08-02
国药准字 H20183198	注射用替加环素	扬子江药业集团	2019-02-19
国药准字 H32021472	枸橼酸他莫昔芬片	扬子江药业集团	2019-02-19
国药准字 H20050328	阿那曲唑片	扬子江药业集团	2019-03-04
国药准字 H20184150	地佐辛注射液	扬子江药业集团	2019-04-10
国药准字 H20193112	盐酸莫西沙星氯化钠注射液	扬子江药业集团	2019-04-25
国药准字 H20193154	平衡盐冲洗液	扬子江药业集团	2019-05-29
国药准字 H20000093	盐酸特拉唑嗪胶囊	扬子江药业集团	2019-06-13
国药准字 H20193203	盐酸莫西沙星注射液	扬子江药业集团	2019-07-04
国药准字 H20193211	玻璃酸钠滴眼液	扬子江药业集团	2019-07-12
国药准字 H19990151	氟康唑片	扬子江药业集团	2019-08-01
国药准字 H32020985	头孢氨苄胶囊	扬子江药业集团	2019-08-19
国药准字 H20010207	美洛昔康片	扬子江药业集团	2019-09-06
国药准字 H32020984	头孢拉定胶囊	扬子江药业集团	2019-09-10
国药准字 H20055226	布洛芬颗粒	扬子江药业集团	2019-10-18

【计量工作】 2019年，区市场监督管理局开展春耕农资计量、节前超市商品定量包装及净含量等定量包装商品计量专项检查，控制商品过度包装行为。共抽检商品定量包装及商品量220批次，综合合格率为92.27%。开展重点领域计量监督检查，检查18个水果销售经营户计量器具24台；检查全区3个停车计时收费装置；检查夏粮收购计量器具11台；检查全区“放心粮油店”10个；检查用于贸易结算的充电桩（机）22台；检查高港区18个加油站加油机70台；检查12个集贸市场电子计价秤403台；检查眼镜制配场所19个；检查能效标识产品经销商20个，产品总数78台；检查水效标识产品经销商7个，产品总数15件。针对检查中发现的器具台账不完善、检定标签受损等行为，当场责令整改。完成计量合格确认企业12个。组织5个单位参加2019年度诚信计量示范单位申报，4个单位被评为2018年度省诚信计量示范单位。江苏典雅墙纸有限公司获AAA测量管理体系认证证书。扬子江药业集团被评为

2019年6月21日，区市场监管局联合江苏汇福油脂科技有限公司开展特种设备事故应急救援演练
（区市场监管局　供图）

2019年度优秀测量管理体系认证(AAA)企业、2018年度省能源计量示范单位。

【特种设备安全管理】 2019年,高港区开展特种设备安全专项整治活动,重点对学校、医院、车站、商场、住宅小区等公众聚集场所的特种设备使用单位、危化品单位、浴室锅炉使用单位、涉氨制冷单位、气瓶充装单位和造(拆)船企业开展专项检查。全年共检查企业221个,出动检查人员463人次,下达特种设备安全监察指令书33份,发现安全隐患56项。其中,重点监督检查类企业检查183个,出动检查人员370人次,下达特种设备安全监察指令书25份,发现安全隐患43项。百日整治行动,排查企业80个,出动执法人员165人次,下达特种设备安全监察指令书5份,发现安全隐患22项。电梯专项整治,排查企业34个,出动执法人员72人次,下达特种设备安全监察指令书3份,发现安全隐患9项。全年立案7件,暂扣罚没款33万元。 (谷昌财)

·食品药品监督管理·

【概况】 2019年,高港区检查各类食品生产、经营单位1977个,餐饮服务单位928个、特殊食品经营单位102个。围绕重点环节、重点领域开展流通类、生产类、餐饮类等各类食品安全专项整治行动15次。结合日常监管重点及专项整治工作,开展年夜饭、学校食堂及校园周边、粉丝粉条面制品、保健食品、大中型餐饮单位等"双随机"检查,共随机检查各类食品生产经营单位200余个。对农村家庭自办宴席进行备案,全年备案农村厨师79个,从业人员306人;集体聚餐备案餐次995次,桌数1.06万桌,指导餐次995次,指导率100%。对全区33个食品生产企业、928个餐饮单位进行风险等级评定,张贴食品安全信息公示栏。开展药械专项治理及飞行检查16次,收集零售药店自查自纠报告92份,医疗器械经营使用单位自查自纠报告196份,药品、医疗器械经营使用单位2019年度自查报告350份,累计检查药械经营使用单位463个次,出动执法人员926人次,共发现183项一般缺陷,17项严重缺陷,对涉及违法违规的20个药品、医疗器械经营企业进行立案查处。全年上报药品不良反应318例,完成率126%,对4个医疗机构上报的严重不良反应开展真实性核查工作,检查结果均符合规范上报要求。公示年度药械经营A级诚信单位30个,其中,药品零售企业15个,医疗器械经营企业15个。全年共检查化妆品生产经营使用单位34个次,出动执法人员70余人次,抽验4个批次。8月16日,高港区举行医疗器械行业协会第一届会员代表大会暨授牌仪式。

【食品安全监管】 学校及周边食品安全监管 2019年,区市场监管局开展春秋季学校食堂及校园周边食品安全检查,检查学校食堂74个次,校园周边餐饮店92个次,校园周边食品经营单位44个次,出动执法人员428人次。发现问题165个,立案查处4件,监督抽检39个批次,均为合格。开展学校食堂及校园周边餐饮店食品安全"双随机"检查,检查学校食堂30个和校园周边餐饮店6个,食品安全快检62批次,均为阴性。对检查发现的问题进行通报,并督促被通报单位整改。

食品小作坊监管 高港区7个镇街核查通过并发放小作坊登记证14个,累计登记68个,登记率100%。以各类示范创建为契机,推动小作坊提档升级。开展全区小作坊日常监管,加大检查力度,对脏乱差、拒不办证的小作坊加大治理力度。

网络餐饮服务监管 高港区现有入网餐饮服务单位366个,正常配送点1个(美团)。2019年,区市场监管局出动执法人员146人次,到全区7个镇街,对学校周边、旅游景区、农家乐、快餐店、小吃店、饮品店等入网餐饮服务单位进行全面排查,检查中发现违法违规经营行为48个,下发责令改正通知书26份。

食品安全电子追溯 继续开展各领域食品安全电子追溯系统建设,选取2个食品经营单位创建食品安全电子追溯系统。对建成的食品生产企业,要求其扩大电子追溯覆盖品种及范围。一对一指导企业开展电子追溯系统建设,定期对食品生产经营单位电子追溯系统建设情况进行跟踪督查。

食品安全示范创建 深化省级食品安全示范城市创建,巩固提升创建成果,出台《关于深化省级食品安全示范城市创建工作的实施意见》,推动创建工作制度化、规范化、科学化、常态化。召开创建工作部署协调会,明确工作职责,细化工作任务,开展食品安全宣传活动,接受省级食品安全示范城市跟踪评价。12月26日,刁铺街道通过市食安办组织的2019年度市食品安全示范乡镇(街道)现场验收。年内,创成省级餐饮质量示范店(食堂)8个。

【食品安全风险监测】 2019年,区市场监管局突出重点领域、重点环节食品安全风险防控,强化食品生产添加剂企业、养老机构食堂、食用农产品、猪肉生产销售、非洲猪瘟防控、豆制品小作坊、网络食品销售等重点领域风险隐患排查,加强重大活动餐饮食品安全保障。对冷菜店、火锅店、羊肉汤馆、牛肉汤馆进行检查,严防非法添加罂粟原料。对各餐饮具集中消毒服务单位进行现场检查与抽样监测。

食品添加剂生产企业专项检查 对全区3个食品添加剂生产企业进行检查,重点排查食品生产许可资质、原辅料进货查验、生产过程控制、成品出厂检验等方面。随机抽取原料和成品批次，对产品的原料入厂检验与原料的去向方面进行检查，未发现企业使用不符合国家标准规定的原辅料进行生产的情况。

猪肉类制品生产企业专项检查　对全区2个使用生猪肉作为原料的食品生产企业开展检查，与企业签订猪肉制品生产企业告知承诺书，对承诺书内容现场逐条宣讲，监督企业将承诺书张贴于食品安全信息公示栏上。向企业送达《关于在加工流通环节开展非洲猪瘟病毒检测的公告》。对企业进货查验制度的落实情况进行检查，要求企业查验每批次猪肉非洲猪瘟相关的检测报告，做好企业自检。对索证索票制度履行不到位、未及时开展自检的企业提出整改要求，督促其定期整改到位。

食用植物油标签标识专项整治　对全区2个大型食用植物油生产企业开展检查。提前送达国家市场监督管理总局、农业农村部、国家卫生健康委员会《关于加强食用植物油标识管理的公告》和《食品安全国家标准植物油（GB2716—2018）》，要求企业及时开展自查。对食用植物油的标签管理、原辅料进货查验、生产控制、出厂检验、追溯管理等方面开展检查，突出对企业在浸出工艺中使用的抽提溶剂的检查，督促企业使用食品添加剂级别的抽提溶剂，检查中未发现问题。要求企业扩大电子追溯系统中产品品种的覆盖率。

粉丝粉条、面制品专项整治　针对粉丝粉条、面制品生产企业及小作坊、餐饮服务提供者开展专项检查。组织生产经营者从食品配方、原材料采购、生产加工、出厂检验等方面开展全面自查，要求其依法依规生产经营，落实主体责任。在自查的基础上开展监督检查，重点检查企业的原辅料把关、生产过程控制，特别是含铝食品添加剂的使用情况。开展“双随机”检查，出动执法人员36人次，检查粉丝粉条、面制品生产企业和食品加工小作坊、餐饮单位共18个，组织食品安全监督抽检9批次，食品安全快检28批次，均为阴性。

豆制品加工小作坊专项整治　对全区豆制品加工小作坊再摸排，共排查豆制品加工小作坊29个，引导其中11个进行整改并取得食品小作坊登记证。全面开展检查，重点排查小作坊的许可管理和信息公示、生产环境条件、食品原辅材料管理、卫生管理、加工过程控制、贮存和运输等方面。取缔豆制品小作坊1个，限期整改14个，快检64批次。

2019年11月6日，国家级整治食品安全问题联合行动督导组到高港区开展现场督查（区市场监管局　供图）

校园周边“辣条”类“五毛食品”专项整治　对全区所有幼儿园及中小学周边的食品销售经营者进行检查，重点察看“辣条”等“五毛食品”是否存在产品名称和包装不符合要求的情况。共出动执法人员140人次，检查校园周边食品经营单位44个，未发现销售“3·15”晚会曝光问题企业生产的辣条的行为，也未发现销售其他不符合食品安全标准的“辣条”等“五毛食品”。

食品经营者用盐安全专项执法检查　开展“五一”“端午”两节期间食品经营者用盐安全专项执法检查，共出动执法人员18人次，检查食盐经营使用单位45个，未发现非碘盐和工业盐流入食盐市场。

【药品安全监管】 药品安全专项整治　2019年，高港区开展春节前药械安全集中专项整治、中药饮片质量集中整治、药品安全大排查大检查大督查专项行动、含特殊管理药品复方制剂经营企业专项抽查、药品零售企业执业药师“挂证”行为整治、城乡接合部和农村地区药店诊所药品质量安全集中整治“回头看”、处方药销售专项监督检查、药品安全风险隐患排查、药品安全检察行、夏季药品安全飞行检查、加强高温季节和重大节假日期间药械经营使用质量监管工作等专项检查，检查药品经营和使用单位110个次，出动执法人员220人次，检查结果及时通报。

“诚信药店”评定　2019年，申报参评“诚信药店”的企业28个，经过宣传动员、企业申报、现场检查、验收考评等，结合日常监管、投诉举报、行政处罚等情况，泰州普安大药房医药连锁有限公司春天店、泰州普安大药房医药连锁有限公司许庄店、泰州伯仲大药房有限公司、泰州普安大药房医药连锁有限公司泰安店、泰州市百姓人大药房连锁有限公司泗水店、京东大药房泰州连锁有限公司春江路店、泰州市百姓人大药房连锁有限公司春港路店、泰州市百姓人大药房连锁有限公司永新店、泰州市百姓人大药房连锁有限公司明发店、泰州博爱大药房连锁有限公司白马分店共10个企业被评为高港区2019年度“诚信药店”。

执业药师管理 全面梳理排查辖区内药品零售企业及其注册执业药师信息，形成《泰州市高港区药品零售企业及其注册执业药师清单》，在高港区人民政府网站上公示。要求辖区内所有药品零售企业及其注册执业药师开展自查自纠，对自查问题进行整改，如实上报。开展药品零售企业执业药师“挂证”行为整治活动，检查采取“双随机”模式，抽调执法人员异地交叉检查，发现2个企业未及时延续注册执业药师，按规定依法查处。组织第二期“高港区药师评审”培训班，53人参加全区药师评审，全部通过。组织9个区内优秀药械生产、流通企业参展第十届中国（泰州）国际医药博览会。泰州市第三人民医院刘慧霞、万维香获2019年泰州市扬子江杯优秀药师称号。

疫苗质量风险排查 对高港区疾病预防控制机构和11个疫苗接种单位实施全覆盖监督检查，重点排查疫苗储存、运输环节中的风险隐患。先后开展疫苗安全集中专项整治、疫苗安全“回头看”行动、2019年高港区药品安全检察行、夏季疫苗安全专项检查4次专项行动。累计检查单位30个次，出动执法人员60人次，共发现一般缺陷42项，将检查结果向区卫生健康委及相关单位通报，相关缺陷项均整改闭环。

互联网药品信息服务及销售企业巡查 对辖区内2个持有互联网药品信息服务资格证书的企业网站进行全覆盖网上巡查，每季度到企业现场检查1次。督促取得医疗器械网络销售备案凭证的9个企业履行主体责任。开展网络监测、抽样检验、现场检查等监督检查。

含特殊管理药品复方制剂经营企业专项抽查 对含特殊管理药品复方制剂经营企业实施日常检查、专项检查、飞行检查，重点检查上年度被立案查处、年度诚信等级评定为C级和新开办的单体药店。检查经营含麻黄碱类复方制剂的零售药店是否存在违反限量销售规定、未按规定进行登记销售的行为，严厉查处违法违规行为，防止发生流弊事件，累计检查企业49个次，出动执法人员98人次。检查过程中开展违法销售含麻制剂对社会危害性的宣传教育，加强对药品经营企业的告诫和警示，督促零售药店持续合规经营。

【医疗器械安全监管】 医疗器械安全专项整治 2019年，高港区开展春节前药械安全集中专项整治、避孕套质量安全管理、打击非法经营装饰性彩色平光隐形眼镜行为、无菌和植入性医疗器械监督、医疗器械“清网”行动、加强高温季节和重大节假日期间药械经营使用质量监管工作、医疗器械经营企业集中整治、医疗器械使用环节专项抽查等专项检查，检查医疗器械经营、使用单位302个次，出动执法人员604人次，检查结果及时通报。

医疗机构医疗器械使用质量信用等级评定 高港区共8个医疗机构申请参评泰州市医疗器械使用质量安全示范单位。经自查自评、现场评查、综合评定等程序，参评的8个医疗机构均被评为B等级。至2019年年底，泰州市医疗器械使用质量安全示范单位全区医疗机构参创率100%，创成率100%。

医疗器械代贮代配平台监管 组织对大泗医疗器械代贮代配平台87个入驻企业进行专项检查，将检查结果进行汇总分析，专题召开集中指导会，采取“一对一”服务方式，引导入驻企业规范管理及经营。

出台《高港区自动售药机销售药械管理规定（试行）》 区市场监管局联合区药品零售行业协会，围绕医药行业改革的新政策、新趋势组织开展座谈，探讨企业发展新理念，为全区药品零售行业健康发展出谋划策。对座谈会上收集到的意见建议进行筛选汇总，出台《高港区自动售药机销售药械管理规定（试行）》。

创建区级医疗器械GSP示范基地 江苏捷瑞森医疗器械销售有限公司被命名为高港区医疗器械GSP示范基地。通过示范基地的建设，放大规范企业的示范效应，提升全区医疗器械经营质量管理水平。

【保健食品安全监管】 2019年，区市场监管局开展特殊食品防范化解风险专项行动，检查特殊食品经营单位34个。1个保健食品经营单位未能提供保健食品管理制度文件及供货商资质，2个保健食品经营单位未能提供购进票据且验收记录监督整改未到位。开展保健食品非法添加、非法声称问题专项检查，严厉惩治非法标示疾病预防、治疗功能行为。对药店、商超内销售的保健食品开展检查，共检查保健食品经营单位16个。开展保健食品经营单位“双随机”检查，共抽查保健食品经营单位25个，将检查结果和整改情况录入系统并进行公示。

【化妆品安全监管】 2019年，区市场监管局开展化妆品“线上净网线下清源”风险排查处置工作。以化妆品电子商务平台经营者及网络销售者为重点，要求化妆品电子商务平台经营者全面开展自查，督促其建立并执行平台内化妆品经营者实名登记、发现违法制止和报告、停止提供电子商务平台服务等制度。要求化妆品网络销售者按照风险排查工作重点全面开展自查自纠，对销售的违法产品进行清理下架，督促其建立并执行化妆品进货查验记录等制度。加强对经营销售者监管法规知识的培训，引导其守法规范经营。

【食品药品安全宣传与培训】 2019年，区市场监管局在区政府网站、电视、微信公众号等载体开展食品药品安全知识社会宣传，发布食品安全工作信息、饮食提示等20余条。组织食品安全进社区、进农贸市场等活动，在辖区各大社区、农贸市场、食品经营单位、集体食堂等派发食品安全宣传布袋、扇子各3000份，发放保健食品宣传手册140余份，接受消费者咨询80余人。向全区手机用户推送省级食品安全示范城市创建相关短信20余万条。全年编辑发布"高港市场监管"微信56期、117条。组织开展学校食堂、大型餐饮单位、食品生产企业等从业人员培训。开展新版《中华人民共和国药品管理法》专题培训、"高港区药师评审"培训班等培训，累计培训监管人员及行业从业人员300余人。累计在《高港新闻》播出药械安全常识小贴士200条。开展家庭过期失效药品回收、"执业药师进社区，安全用药入民心"、安全用药月宣传等公益活动，接受咨询400余人次，义诊近100人，张贴海报25张，悬挂宣传横幅10幅，发放宣传单450余份，回收过期、失效药品168批次、300余盒。 （谷昌财）

·价格管理·

【价格监督检查】 2019年，区市场监管局加强元旦、春节、中秋、国庆等节日期间生活必需品、商贸服务领域等民生价格监管，加大价格检查和巡查力度，维护市场价格秩序。开展机动车停放收费专项检查、涉农收费专项检查、医疗服务价格专项检查、转供电主体供电价格专项检查、涉企收费专项检查等工作。全年共查处价格违法案件3件，罚没款17.8万元。根据区委全面深化改革委员会2019年度工作计划的要求，对改革后2019年度农业灌溉水费的价格执行情况开展专项检查。受理价格投诉咨询120件，办结120件，办结率和回复率均达100%。

【价格调研】 2019年，区市场监管局开展机动车检验检测行业收费情况调研。完成对泰州市高港区华安机动车检测有限公司、泰州港城交通科技有限公司收费情况的调研工作，为出台相关政策提供数据。开展事故车辆救援服务收费调研。在全区开展事故车辆救援服务收费调研，结合周边地区救援服务收费情况提出相关意见和建议。

（谷昌财）

【居民用天然气价格调整】 自2019年6月30日用气量起，高港区居民用管道天然气价格由2.42元/立方米调整至2.68元/立方米，一至三阶梯销售价格仍按照1∶1.1∶1.4的比例确定。扩大对困难群体的优惠幅度。对低保、特困家庭每月每户免费用气量由6立方米提高至8立方米。实际年用量不足96立方米的，按实际用气量减免。超过免费用气量部分不论气量多少，一律按第一阶梯价格执行。进一步优化简化多人口家庭用气认定办法，完善居民用天然气销售价格与天然气门站价格联动调整机制。

【非居民用天然气价格调整】 自2019年4月1日售气量起，泰州永安港华燃气有限公司非居民用天然气配气价格为每立方米0.8元，基准价格为每立方米3.2元，最高浮动幅度不超过8%；泰州科思燃气有限公司非居民用天然气配气价格为每立方米0.59元，基准价格为每立方米3.08元，最高浮动幅度不超过4%。自2019年6月15日售气量起，泰州永安港华燃气有限公司非居民用天然气基准价格由每立方米3.2元调整为2.94元，泰州科思燃气有限公司非居民用天然气基准价格由每立方米3.08元调整为2.82元，浮动幅度不变。自2019年11月1日售气量起，泰州永安港华燃气有限公司非居民用天然气基准价格由每立方米2.94元调整为3.4元，泰州科思燃气有限公司非居民用天然气基准价格由每立方米2.82元调整为3.25元，浮动幅度不变。

【非居民用污水处理费标准调整】 自2019年12月1日售水量起，高港区非居民用水污水处理费调整至每立方米1.4元，其他生活用水、生产经营用水和特种用水到户价分别由每立方米3.59元、3.74元、4.91元上调至3.61元、3.76元、4.93元。

【本草养生景区门票和服务项目试行价格】 自2019年7月24日起，高港区本草养生景区门票试行价格35元/张；观光电瓶车试行价格10元/人次，100元/辆。试行二年后，根据实际成本监审情况制定正式标准。景区导游讲解费实行市场调节价，由提供导游服务的单位与游客自行约定。 （区发展改革委）

·知识产权管理·

【概况】 2019年，全区专利申请量2292件，其中，发明专利申请量728件，PCT申请量17件；专利授权量1323件，其中发明专利授权92件。全区万人有效发明专利拥有量为40.4件。7月，高港区获批国家知识产权强县工程示范区。12月，通过江苏省知识产权强省建设区域示范区验收工作。泰州市创新电子有限公司、泰州市东方传动技术有限公司获批国家知识产权优势企业。泰州市东方传动技术有限公司获批江苏省企业知识产权管理标准化先进单位。扬子江药业集团有限公司获省专利项目优秀奖。泰州欣港电子材料有限公司、江苏泰华消防电气设备有限公司、泰州五星教学设备有限公司、江苏星徽精密科技有限公司为省地方标准《企业知识产权管理规范》贯标备案企业。泰州市苏中天线集团有限公司承担泰州市高价值专利培育示范中心。江苏星徽精密科技有限公司承担泰州市企业知识产权战略推进计划。泰州市华强照明器材有限公司、江苏宇马铝业有限公司、江苏张弛轮毂制造有限公司、泰州市创新电子有限公司、江苏海企化工仓储股份有限公司、泰州汇锦电子有限公司通过知识产权标准第三方认证。泰州汇锦电子有限公司、泰州市银杏织锦有限公司、江苏海企化工仓储股份有限公司、泰州润杰物流安全装备科技有限公司通过省知识产权贯标管理绩效认证。泰州市东方传动技术有限公司被认定为泰州市知识产权密集型企业。泰州市精细化工厂、泰州市前进救护设备厂、泰州市鑫仪电器有限公司被认定为市“正版正货”承诺企业。组织区级银企对接会，新增知识产权质押贷款5笔，融资金额约1000万元。

2019年高港区知识产权计划立项情况一览表

表22

计划类别	承担单位
国家知识产权优势企业	泰州市创新电子有限公司
	泰州市东方传动技术有限公司
省企业知识产权管理标准化先进单位	泰州市东方传动技术有限公司
省专利项目优秀奖	扬子江药业集团有限公司
省地方标准《企业知识产权管理规范》贯标备案企业	泰州欣港电子材料有限公司
	江苏泰华消防电气设备有限公司
	泰州五星教学设备有限公司
	江苏星徽精密科技有限公司
省知识产权贯标管理绩效评价合格单位	泰州汇锦电子有限公司
	泰州市银杏织锦有限公司
	江苏海企化工仓储股份有限公司
	泰州润杰物流安全装备科技有限公司
省知识产权贯标管理绩效认证	泰州市华强照明器材有限公司
	江苏宇马铝业有限公司
	江苏张弛轮毂制造有限公司
	泰州市创新电子有限公司
	江苏海企化工仓储股份有限公司
	泰州汇锦电子有限公司
市企业知识产权战略推进计划	江苏星徽精密科技有限公司
	泰州永盛包装股份有限公司
	江苏宇马铝业有限公司
	江苏张驰轮毂制造有限公司
	江苏润阳物流器械科技有限公司
	江苏泰氟隆科技有限公司

续表22

计划类别	承担单位
市企业知识产权战略推进计划	泰州市光明电子材料有限公司
	泰州浙华机械精锻有限公司
市知识产权密集型企业	泰州市东方传动技术有限公司
	泰州市精细化工厂
市“正版正货”承诺企业	泰州市前进救护设备厂
	泰州市鑫仪电器有限公司

【知识产权宣传与培训】 在“3·15”消费者权益日、“4·26”世界知识产权日宣传周期间，高港区开展知识产权广场宣传活动。年内，围绕专利申请、专利保护与维权、假冒专利商品的识别进行重点宣传，共发放相关资料400余份，接受咨询50人次。组织人员参加省、市知识产权局举办的知识产权工程师培训、贯标内审员培训、企业高管知识产权涉外培训班、专利信息分析实战班等10余期培训，培训人员200人次。申报省知识产权领军人才1人、骨干人才1人。

【获批国家知识产权强县工程示范区】 2019年7月初，高港区获批国家知识产权强县工程示范区。本次全国获此荣誉的县（区）共18个，按得分高低排序，高港区名列第一，为泰州地区唯一入选市（区）。国家知识产权强县工程是国家知识产权局为推动县域知识产权工作而开展的一项重要工作，分为强县工程试点县（区）、强县工程示范县（区）两类。高港区于2015年11月启动国家知识产权强县工程试点区建设，2018年6月高分通过验收后申报国家知识产权强县工程示范区。 （谷昌财）

土地资源管理

【统筹用地保障】 2019年，高港区结合长城汽车泰州整车项目、北沿江高铁新城规划及周边收储地块、扬子江龙凤堂四期与五期项目规划以及重要的基础设施、民生工程和急需解决历史遗留问题的项目，向省自然资源厅申请将土地利用总体规划调整到位。全年共申报农转用征收项目10个，征收土地面积235.67公顷，其中，单独选址项目4个，面积126.89公顷；村镇批次6个，面积108.78公顷，保障长城汽车、石油机器、佳群汽车、疏港南路、泗白路等一批重点项目的用地需求。

【土地整治】 2019年，区自然资源和规划分局会同财政、农业、环保、水利等部门针对市自然资源和规划局下达的26.67公顷土地整治目标，通过图面筛选、现场勘查、综合分析等措施，确定2019年度拟实施地块。在对拟实施地块进行可行性分析后，最终确定上报市级立项土地整治项目229块，实施规模43.25公顷，其中增减挂钩17.75公顷，占补平衡25.5公顷。完成土地整治项目区级验收。完成2015年以来实施的81个占补平衡复垦项目的核查，核查面积94.21公顷；开展2006年以来158个增减挂钩补充耕地项目的核查，核查面积357.06公顷；完成216个疑似耕地不实图斑的核查，核查面积268.79公顷。

【第三次国土调查】 2019年，区自然资源和规划分局推进第三次国土调查工作。高港区调查图斑总数60301个，通过国务院第三次全国国土领导小组办公室全图斑检查，成为全市第一批通过国家检查的区县级调查单位。推进农村不动产权籍调查工作。

【不动产登记】 2019年，高港区不动产登记窗口全部进驻区行政审批中心。全年受理各类登记18969件，发放不动产权证书5197本，不动产抵押证明3550份，出具各类不动产权属证明6745份，办理抵押权注销1850宗（户），办理查封业务1377宗（户），办理解封250宗（户）。

（区自然资源和规划分局）

城乡建设

城乡规划

【概况】 2019年，高港区开展国土空间规划编制，完善《高港分区规划大纲》，推进控制性详细规划修编、村庄规划编制。规范城乡规划管理，优化城乡规划服务。全年完成24个村庄规划编制。泰州市自然资源和规划局高港分局（简称区自然资源和规划分局）承办人大代表建议6件、政协委员提案9件，其中，主办件5件，会办件10件。

【机构改革】 2019年，原高港区国土分局和高港区规划分局实行合署办公、机构整合，更名为泰州市自然资源和规划局高港分局，6月22日，挂牌成立。主要职责是：承担辖区内各类自然资源调查、统计和动态监测及评价工作；参与编制并监督实施国土空间规划、分区规划、详细规划以及其他专项规划，协助划定生态保护红线、永久基本农田、城镇开发边界等控制线；组织实施最严格的耕地保护制度；负责落实辖区内自然资源领域安全生产责任和综合防灾减灾规划相关要求；组织开展植树造林工作；负责不动产登记高港区分中心的日常管理。

【国土空间规划】 2019年，区自然资源和规划分局按照市国土空间总体规划编制工作方案要求，推进高港区战略规划研究。10月16日，召开国土空间总体规划编制工作部署会，督促设计单位对《高港分区规划大纲》规划方案进行修改完善。12月3日，区政府专题听取汇报。12月10日，区委、区政府成立高港区国土空间总体规划编制工作领导小组，拟定高港区国土空间总体规划编制工作方案。

【村庄规划】 2019年，区自然资源和规划分局推进镇村布局优化完善，完成基础资料收集。12月3日，区政府专题讨论《高港区镇村布局规划（2019版）（征求意见稿）》规划方案，基本认可规划方案。开展25个村庄的规划编制，其中，许庄街道9个，大泗镇4个，胡庄镇1个，白马镇4个，口岸街道5个，刁铺街道1个，永安洲镇1个，24个村庄规划方案通过专家论证。

【控制性详细规划修编】 2019年，区自然资源和规划分局调整完善刁铺街区控制性详细规划，控制性详细规划修编成果于2019年7月29日获市政府批复。结合长城汽车泰州整车项目落户和城乡规划、土地利用总体规划“一致性处理”，对临港经济园控制性详细规划进行调整，系统性谋划长城汽车泰州整车项目及周边用地、道路、市政配套，控制性详细规划调整方案于9月2日通过泰州市规划委员会审查。

【规划审批】 2019年，区自然资源和规划分局按照市自然资源和规划局新制定的管理办法与程序要求，履行规划技术审查会会审、初审复核等制度规定，规范开展规划审批。全年初审和办结选址意见书7份，面积34万平方米；建设用地规划许可证8份，面积44万平方米；建设工程规划许可证30份，面积31万平方米；规划红线18份，面积120万平方米；规划条件9份，面积81万平方米；审查规划方案17份；开展规划核实23份。开展个人建房现场踏勘18次56户，召集农村个人建房联席会议3次。

【农村危房踏勘】 2019年，区自然资源和规划分局按照脱贫攻坚“两不愁三保障”要求，推进农村危房改造，保障农村住房安全。结合市自然资源和规划局《关于做好个人建房规划管理有关事项的通知》，会同相关部门开展农村危房联合踏勘，共解决14户农民危房改造建设问题。

【长江经济带国土空间用途管制和纠错机制研究】 5月，高港区召开长江经济带国土空间用途管制和纠错机制试点工作部署动员会议，启动长江经济带国土空间用途管制和纠错机制研究工作。经前期准备、资料收集整理、外业调查、内业整理、数据库建立、成果编制等,形成《泰州市高港区长江经济带国土空间用途管制和纠错机制研究》成果方案。成果方案于10月31日通过泰州市自然资源和规划局验收。

(区自然资源和规划分局)

城市建设

【概况】 2019年,全区实施重点城建项目55个,完成投资约139亿元。完成市政公用设施投入1.22亿元。完成房屋动迁576户,搬迁面积15万平方米。安置房在建项目1个(东方明珠花苑二期项目),总建筑面积20.52万平方米,房屋1145套。全年共改造老旧小区2个,整治后街背巷2条,新增停车位410个,铺设雨污管网100千米。

【重点城建项目建设】 2019年,全区实施重点城建项目55个。竣工交付永宁路改造、"四好农村公路"、马永路延伸、老许庄河活水工程、朱庄河活水工程、建设河活水工程、府前河活水工程、张马中沟活水工程、小刘港截污纳管工程、第三水厂备用水源地工程、城区污水管网工程、江苏港城污水处理有限公司一期改造工程、刁东中沟游园、东方明珠花苑(二期)、金港路北延绿化、污水厂厂区优化布局改造工程、老旧小区雨污分流改造工程、老旧小区改造、后街背巷整治、城乡环卫一体化及垃圾分类、泰州国际财富中心、公安分局及交警大队业务技术用房、江苏港城污水处理有限公司一期及二期工程人工湿地扩建、老镇区排水管网改造、百世快递(分拨中心一)、百世快递(分拨中心二)、许庄中心小学扩建共27个项目。

刁铺街道卫生服务中心 位于扬子江路与环溪路交会处育才小区南侧,项目占地面积7300平方米,建筑面积8270平方米,设计床位80张。至年末,主体封顶。

凤栖湖景区 位于高港区城区东部,北至春港路东延线,南至宣堡港,东至泰镇高速公路,西至新港大道,规划总面积2.5平方千米。景区占地面积235公顷,其中,古寿胜寺约7.47公顷,公园186公顷(含水面66.67公顷),预留村落区域41.53公顷。至年末,完成东部湖区开挖及绿化种植。

口岸雕花楼景区二期 位于高港区柴墟西路,东至扬子江路,西至金港南路,南跨柴墟河,北含柴墟西路。项目总用地4.2万平方米,总建筑面积7.32万平方米,计容总建筑面积5.03万平方米,地下室总建筑面积2.49万平方米,建筑密度38.24%,容积率1.2,绿地率20%,机动车停车位420个。至年末,完成桩基施工。

张马中沟北延沟通工程 位于春港东路北侧,通港东路南侧。张马中沟北端(春港路南阳桥)向北新开河道150米接至老河道,对450米老河道进行拓宽、整治,采用生态模块墙护岸和绿化护坡。至年末,竣工交付。

【城市道路建设】 2019年,高港区建设城市主次干道5条,约10.35千米,完成投资5.97亿元。高港大道取直段、永宁路改造、马永路延伸段等建成通车,高港大道城市化改造、疏港南路等工程有序推进。

高港大道取直段 起于振兴路平交北侧约127米,顺接高港大道老路,往南与振兴路平交,下穿江广高速公路,与环港大道平交,止于环港大道平交南侧约230米,顺接回高港大道老路,全长约730米。项目红线60米,主要为路基路面、泵站、交安、管线、路灯、绿化工程,同步恢复马厂中沟。至年末,竣工通车。

高港大道城市化改造 起于向

高港城区全貌 (区委宣传部 供图)

阳北路与336省道交界处，止于永安洲东夹江路，全长约17.2千米。全线采用一级公路标准建设。其中向阳路至泰镇高速公路下穿为城市化改造段，泰镇高速公路下穿至泰兴界为路面改善段，在高港大道柴墟路至通港路段实施地下综合管廊2.7千米，主体结构为现浇，分为燃气舱、综合舱和电力舱3个舱。至年末，启动地下综合管廊施工。

【市政公共设施建设与维护】 2019年，全区市政公用设施总投资1.22亿元。完成污水管网全覆盖、雨污水管网完善、易涝片区排水改造、城区雨水管道疏通、老旧小区雨污分流、城区河道控源截污等工程。修复城区破损混凝土路面约9000平方米、沥青路面约1500平方米、人行道板约4000平方米、大理石道板800平方米，铺装路面改混凝土路面约1800平方米，清掏雨水篦子约1958个，疏通雨污水管网30千米，维修隐患消防栓54处，补缺井盖120个，维修损坏护栏950米。全年新增管护路灯454盏，其中通港路东延168盏、春港路东延182盏、春城支路104盏，新增930盏LED灯并纳入能源合同管理。全年更换中华灯灯罩1255个，更换LED灯头426处，灯杆扶正、迁移（包括基础松动重新浇筑）41次，拆除路灯灯杆（扬子江南路路东）21个，维修灯杆后盖43个；维修控制箱（接触器、时控、断路器）26个，处理交通事故撞毁路灯13次，紧急处理敷设电缆YJV5×16毫米约629米、YJV2.5×3毫米约6米、YJV5×10毫米约96米；处理数字化城管反映问题121件，“12345”反映的问题71件，市政路灯设施完好率、路灯亮灯率分别达95%、99%。

黑臭水体长效管护　配合河长制工作，对整治完成的黑臭水体进行长效管护。5月，全区7条黑臭水体整治工作均通过生态环境部和住房城乡建设部的后评估。

易淹易涝片区改造　完成港城路东延易涝片区改造工程，城区基本消除低洼易涝片区。

老旧小区雨污分流　实施春江小区、通扬新村雨污分流改造，完善污水收集系统。完成小刘港、友谊港、南官河及主城区其他6条河道控源截污工程建设。全面封堵城区入河排污口，新增污水管网18.7千米，污水管网增加率8%，城市生活污水处理率93%，城市污水集中处理率83%。

海绵城市建设　坚持规划引领、生态优先、因地制宜、统筹推进的原则，推进海绵城市建设，共实施东方明珠花苑小游园、刁东中沟游园、张马中沟水系连通工程、府前河水系连通工程、东方明珠花苑雨水回收系统和金港路北延绿化6个海绵城市项目。

市政设施管护　建立专业市政综合巡查队伍，市政设施完好率达95%以上，处理高港区数字化城管市政维修案例3003件，处理率100%，反馈率100%。

燃气行业管理　与各燃气企业签订2019年燃气安全生产目标责任书，定期对辖区内燃气企业进行安全检查督查，实现全区燃气生产零事故。口岸船厂家属区、通河路小区约400户老旧小区居民用户接通燃气，新增天逸名邸三期、天逸华府五期、东方明珠花苑二期、豪斯美苑二期、明发国际广场千顺园、百合园、云墅一号等新建小区配套燃气用户3548户。

【后街背巷整治及老旧小区改造】 2019年，高港区总投资270万元对2条后街背巷（迁善小区、繁荣小区）实施综合环境整治。改造项目为绿化翻新、道路维修、垃圾中转站、排水管网改造、健身场所升级、照明维修升级、垃圾分类试点及局部微整治。对2个老旧小区（都市好家园、蔡西小区）实施综合环境整治。改造项目为管道更换维修、楼道维修、道路维修、景观亭出新和增设非机动车停车雨棚等。至年末，竣工交付。

【城乡动迁】 2019年，高港区完成口岸街道王营社区棚户区（城中村）改造、口岸街道南部片区棚户区（城中村）改造、许庄街道曹官营社区棚户区（城中村）改造、许庄街道三星社区职中对面地块改造、许庄街道马厂社区创业大道南侧地块改造5个项目，完成棚改动迁575户，约14.87万平方米。按照《关于进一步明确全区房屋征收搬迁相关事项的通知》，在区委、区政府的统一部署下，各镇街成立城市建设动迁分指挥部，具体负责各项目动迁工作，按照序时进度基本完成动迁目标。

【物业管理】 2019年，高港区有物业企业22个。区住房城乡建设局征收住宅专项维修资金3063.11万元（其中，维修资金2444.27万元，电梯消防专项维修资金618.84万元），受理房屋维修申报82个，核准使用维修资金583.62万元。推进老旧小区加装电梯工作，共征集加装电梯对象近30个单元，完成2台电梯加装工作。金通玉兰园小区创成省级示范居住区建设项目。推广安装新型充电设施，8个小区安装电动车智能充电站并投入使用。打造“智慧物业”建设，初步形成专项维修资金维修系统，推进物业行业转型升级。开展全国文明城市创建工作，抄送巡查通报2次。加大对物业服务企业定期考核、督查力度，全年发放限期整改通知500余份。建立健全投诉回访机制，处理各类投诉169起，回访满意率100%。

（邱明泉）

【泰州市港城建设投资发展有限公司】 2019年，泰州市港城建设投资发展有限公司（简称城投公司）严格落实国务院债务管理要求，保证政府隐性债务只减不增。对原有平台提档升级，以申请AA+主体信用评级为契机，拓展融资渠道，发行更多的债券直融工具，提升自身担保能力，有效降低融资成本，确保重点城建项目资金链安全，保证城投投入的城市基础设施项目顺利实施。

市政项目建设　项目建设总投入10.2亿元。其中，城市道路建设3.82亿元，包括高港大道改扩建、泗白路改扩建、扬子江南路拓宽改造及南延、金港路北延、通港路东延、春港路东延、通港路等；安置小区工程款4810万元；民生基础设施及其他工程款3.1亿元；支付拆迁及土地费用2.8亿元。

资产保值增值　加大实体化运作力度。其中，全资子公司泰州市港城驾驶员培训有限公司考场完成6.7万人次的考试任务，总收入达3850万元。泰州市富康担保有限责任公司累计在保余额15479万元，共取得担保费收入160余万元。泰州江东热力有限公司经营收入11074.71万元，累计销售蒸汽数量63.71万吨。江苏港城污水处理有限公司共处理污水912.69万吨，平均日处理污水3万吨。推动泰州维景国际大酒店项目的实施。

控制债务规模　化解债务16.05亿元，超额完成化解任务。安排专人清理对外担保，清收对外出借资金，全年对外担保余额由9.82亿元压降至3.72亿元，对外借款累计收回1.25亿元。打造全新市级平台江苏创鸿资产管理有限公司，获外部评级AA+，资产总额超500亿元。压降融资成本，全年融资成本控制在7%左右。（蒋曙光）

【泰州引江城市开发建设有限公司】2019年，泰州引江城市开发建设有限公司(简称引江公司)根据“十三五”发展战略，以打造城市综合运营为特色，以建设、经营、服务城市为职能，以战略转型和管理提升为主线，全面深化国有企业改革。

项目建设　新开工项目6个，总投资约23.35亿元。完成项目设计勘察、施工、监理、检测、审计等工作的招标，其中施工造价平均下浮约6%，设计及相关服务费用平均下浮约50%，监理、检测、审计及相关服务费用平均下浮约30%。完成刁铺街道社区卫生服务中心、泰州市第三人民医院门急诊楼西延扩建、环溪花园、柴墟幼儿园、环溪小学及环溪初级中学5个城建项目考核任务。

子公司规范管理　响应国企改革，服从区国资办将12个区属国有企业划入引江公司的决策安排，强化对子公司的管理与控制。9月，成立专组对12个子公司全部资产进行盘点交接工作，全面掌握12个子公司的资产状况，推动股权变更，保证各类资产的安全。

主体信用获AA等级认定　选定中诚信证券评估有限公司作为AA评级公司。聘请中兴华会计师事务所对引江公司账务进行审计，按照评级要求，整合高港区划转企业报表；聘请万隆（上海）资产评估有限公司对引江公司及转入公司资产、项目等进行核查评估，配合会计事务所出具审计报告；按照评级要求，梳理公司在建、拟建项目等情况，完善相关申报材料。11月8日，经中诚信证券评估有限公司评估，引江公司获AA主体信用等级认定。（引江公司）

乡村振兴

·镇村建设·

【概况】2019年，高港区完成39个村庄的生活污水治理，改造农村无害化卫生户厕1500座，实施城乡“活水工程”20.44千米，建成“四好农村路”30千米、农桥9座，农村危房改造132户，创成区级美丽宜居乡村14个，实现城乡环卫一体化和垃圾分类治理全覆盖。许庄街道蔡庄村、胡庄镇宗林村、许庄街道乔杨社区获评全国“千村万寨展新颜”村庄，蔡庄村入选省级特色田园乡村建设试点村庄、传统村落名单。许庄街道蔡庄村、胡庄镇宗林村、白马镇前进村、刁铺街道界牌社区获评全国森林乡村，口岸街道引江社区、白马镇前进村创成省级生态文明示范村。白马镇陈家村获评全国“一村一品”示范村，口岸街道徐庄村、大泗镇霍堡村、胡庄镇薛垛村获评市级“一村一品”示范村。

【农村人居环境】2019年，高港区实行“户初分、组保洁、村收集、镇分拣、区镇处理”的垃圾分类新模式，实现全区城乡环卫一体化和生活垃圾分类两个全覆盖。实施村庄生活污水治理工程PPP项目，完成39个村庄的生活污水治理工作。完成农村无害化卫生户厕改造1500座，农村无害化卫生户厕普及率达96.65%。全面推行“河长制”，通过“抓源头、保畅通、净水体”，构建起标本兼治、综合治理的长效机制，全面完成219块河长公示牌更新，完成“三乱”整治71处、“两违”整治78处。大泗镇先进做法在《农民日报》微信公众号展示。许庄街道蔡庄村、乔杨社区和胡庄镇宗林村获评全国“千村万寨展新颜”村庄，在国家级网站展示。《泰州农业农村工作》专题印发题为《用汗水换成绩，用实干验作风——高港区大泗镇杨营村扎实推进人居环境整治》的专刊，向全市推广大泗镇杨营村特色做法。（王　勇）

【农村危房改造】2019年，高港区完成农村危房改造132户，其中，修缮加固48户，翻建新建60户，利用闲置农房和集体公房安置、子女赡养、养老院集中供养等方式安置24户。拨付危房改造资金164.28

永安洲镇东江社区污水处理站　（区委宣传部　供图）

万元。（黄　淼）

·农村经济·

【概况】 2019年，高港区有82个涉农社区，总农户6.97万户，农业人口24.15万人，农村劳动力14.25万人，耕地面积1.28万公顷。有47个村（社区）实施“一事一议”，共筹集资金132.26万元，建设项目101个。全区农村居民人均可支配收入2.41万元。

【村级集体经济】 2019年末，高港区农业资产总额148840.41万元，其中，流动资产62969.2万元，农业资产906.62万元，长期投资23173.17万元，固定资产61791.42万元。全年高港区村集体经济总收入额18672.93万元，村平均222.3万元。其中，村级集体经济总收入50万~200万元的村（社区）56个，200万~500万元的村（社区）22个，500万~1000万元的村（社区）5个，1000万元以上的村（社区）1个。

【农村三大合作组织】 2019年，高港区新增农民专业合作社工商注册登记9个，新增登记成员45人。至年末，全区有农民土地股份合作社32个，登记成员0.65万人；农民专业合作社401个，登记成员1.8万人；社区股份合作社84个，登记成员23.61万人。农民专业合作社年度报告公示率达90%。推进农民合作社规范化建设，纳入征东软件农民合作社管理平台，实行会计电算化。市级以上“五好”示范社监测合格20个。

【农村产权改革】 2019年，高港区加快各类经营主体的规范化建设，新增家庭农场26个、规模经营面积555公顷，培育泰州凤栖湖农场等3个农场为省级示范家庭农场、泰州市春之源农场等9个农场为市级示范家庭农场、泰州凤栖湖农场等6个农场为绿色家庭农场，新增3个由家庭农场共同参与的农业产业化联合体。许庄街道乔杨社区继续开展以农民农村土地承包权、宅基地使用权、集体收益分配权“三权”有偿退出为核心的农村产权制度改革，完成宅基地使用权退出工作。深化承包土地“三权分置”改革，胡庄镇获2018年度承包地“三权分置”改革示范乡镇认定，口岸街道、永安洲镇、白马镇获2019年度承包地“三权分置”改革示范乡镇认定。（陆　玲）

【农村集体“三资”管理】 2019年，高港区开展农村集体“三资”预警处置，做到保护用好资源性资产，盘活用好经营性资产，管护用好非经营性资产。全年下发预警通报2期，处置经营性资产预警15个，土地等资源预警180.7公顷，合同履行异常预警110个，合同期限大于等于10年预警112个。

农村集体资产资源交易　农村集体资产资源交易项目总数2521笔，比上年增长212.39%，实现成交金额12901.33万元。其中，土地、水面及四荒地经营权交易121笔，交易额4477.73万元，涉及面积902.17公顷；集体经营性资产93笔，交易额528.43万元；涉农项目2260笔，交易额7536.45万元；其他47笔，交易额358.72万元。

集体经营性资产“股权到人、固化到户”试点工作　根据农村集体资产清产核资审计和测绘结果，扩大集体经营性资产“股权到人、固化到户”改革试点。巩固清产核资工作成果，盘活农村集体资产，维护农民集体经济组织成员权利，建立归属清晰、权能完整、流转顺畅、保护严格的农村集体产权制度。至年末，累计完成84个村级集体经济的股权量化工作。（曹银华）

·老区建设·扶贫开发·

【概况】 2019年，高港区老区经济建设会、扶贫基金会、扶贫开发协会（简称区扶贫“三会”）实施扶贫开发项目35个，其中贴息项目21个，带动弱势群体就业近400人。安排发放扶贫帮困资金35万余元，其中，资助特困学生、贫困户260人（户），帮扶资金31.6万元。形成调研宣传文章28篇，被市以上刊物录用20篇。

【镇村慈善互助会组建】 至2019年末，全区7个镇街全部成立慈善互助会，在91个村居建立70个慈善互助会，其中以入股形式建立慈善互助会的49个。白马镇、大泗镇、胡庄镇由镇分会牵头、村居入股，建立镇村合一的慈善互助机构；许庄街道慈善互助会一次性增资140万元；大泗镇年内新增扶贫资金50万元；永安洲镇分会开辟筹资渠道，镇扶贫协会筹资120万元；口岸、刁铺分会均有专户储存的扶贫资金。全区扶贫资金总规模2000余万元。2019年，高港区扶贫“三会”帮扶148户特困户，每户1000元，帮扶资金14.8万元；112名特困生，每人1500元，帮扶资金16.8万元。全区扶贫资金用于扶贫助学“双百工程”31.6万元，剩余资金用于项目开发和突发情况处理。

【公募活动】 2019年，区扶贫“三会”共申报公开募捐项目5个。其中，省扶贫基金会募捐系统和微信公众平台上线运行的项目3个，分别是：“救助白血病儿童陆某某”，上线捐款1366人次，捐款59665元；“救助换肾儿童栾某某”，上线捐款109人次，捐款8484元；“救助肾衰竭史某某”上线捐款162人次，捐款8580元。3个项目合计上线捐款1637人次，共捐款76729元。在第六个国家扶贫日，口岸分会发动各界向陆某某家捐款6万余元。

【扶贫项目建设】 2019年，高港区开发各类扶贫项目35个，其中贴息项目21个，带动弱势群体就业近400人。区扶贫“三会”利用自有资金加大对革命老区的支持力度，为胡庄镇提供贴息扶贫项目7个。

【扶贫志愿者队伍建设】 2019年，区、镇街扶贫“三会”继续动员社会力量加盟扶贫志愿者队伍，用动态管理推进真实帮扶。全区2186名志愿者均与贫困户签订帮扶意向书。按照市定标准，全区建档立卡户全部脱贫。年内，区扶贫“三会”打造扶贫帮困创新品牌爱心团队。许庄街道分会组建微信群爱心团队，捐款捐物合计100余万元；大泗镇分会以村（社区）为单位、以党员干部为主体的爱心团队，捐款60余万元。各镇街分会均成立爱心团队。 （孙小平）

城乡管理

【概 况】 2019年，高港区持续推进城乡生活垃圾分类工作，开展违法建设防治，深化城乡环境长效管理，全区人居环境明显改善。高港区违法建设防治工作考核获全市一等奖，完成“十连冠”；区城管局被泰州市城管局评为城市管理优秀单位。

2019年8月21日，高港区扶贫“三会”金秋助学金发放仪式现场
（区老建会 供图）

【城乡卫生管理】 2019年，高港区推进城乡环卫一体化，由专业化服务运营公司负责全区主次干道、背街小巷等清扫保洁，以及公厕、中转站、垃圾桶等设备的维护和运营。对城区主次干道实行“16小时清扫保洁”，发挥机械化作业优势，形成以“道路清扫车为主、人工清扫保洁为辅、洒水车定时作业降尘”的保洁模式，建成区机扫率达90%以上，主次干道基本实现全天候保洁和全覆盖。开展城乡生活垃圾一体化处理工作，及时收集各镇街的生活垃圾，并统一密闭运输至泰州垃圾焚烧发电厂进行无害化处理，全年处理量7.5万吨，投入处置费609.01万元，运输费559.62万元，无害化处理率100%。完成5座公厕的新建工作，对9座已建公厕进行改造，配备扫码派纸机。

【市容秩序专项治理】 2019年，高港区对主次干道沿线、重点商圈和省运会比赛场馆周边等重点区域开展“违法建设、违法广告、违法棚亭”整治行动，集中解决一批突出问题，共拆除违法广告71处、违法棚亭7处、违法建设22处。按照“主干道严禁、次干道严控、背街小巷规范”要求，坚持堵疏结合的思路，推进流动摊点整治，取缔农贸市场、重点商圈、学校周边等区域流动摊点100余处、出店经营200余处。与城区7个在建工地签订在建工地市容环卫责任状，督促工地出入口硬化，设置车辆冲洗设施；与7个渣土运输公司签订渣土运输环卫责任状，共查处各类违法违规行为40起，渣土运输秩序得到有效规范。对城区户外广告资源进行统筹安排，布置扫黑除恶、全国文明城市创建、安全生产等公益广告。完善户外广告市场化运作机制，推行户外广告公开拍卖，完成明发商业广场LED显示屏的拍卖工作。规范城区车辆清洗、维修及汽车美容行业经营活动，对通扬路、扬子江路、春江路、春港路开展7次整治行动，取缔店外洗车10余处。加大人行道机动车停放日常管控和执法力度，对城区特别是一些商业区域实行无盲区、全覆盖巡查执法，共贴罚单2200余张，拖车58辆。

【垃圾分类】 2019年，高港区深化环卫体制改革，出台《高港区城乡环卫一体化及垃圾分类工作指导手册》《高港区城乡环卫一体化及垃圾分类工作考核细则》。完成8台餐厨易腐垃圾处置设备的采购工作。新购置的大件垃圾处置设备、可回收物分拣设备、65辆环卫机动作业车辆及527辆电动保洁车常态化投入使用，5万只垃圾桶全部发放到位。结合“大走访大落实新风行动”，开展垃圾分类进村居、进机关、进学校等系列活动；举办垃圾分类知识推广、积分现场兑换等活动100余次，累计发放宣传手册5.8万本，引导居民主动分类、正确分类。对82个涉农行政村负责人进行现场培训。成立“港嫂”回收服务队，建成“港嫂”回收服务点14个，城区划分网格预约上门、农村定时定点回收，完善可回收垃圾、有害垃圾收运、分拣、处置全链条体系，打造可回收、有害垃圾回收高港模式。以口岸街道、永安洲镇省级试点和锦江花园、百年豪景等4个示范小区为切入点，在机关事业单位、住宅小区等区域进行垃圾分类先行先试。启动高港区第一批21个村（社区）生活垃圾分类示范村（社区）创建工作。高港区城市小区垃圾分类经验被泰州市城管局向全市进行推广。

【违法建设专项治理】 2019年，高港区开展交通沿线边、场站边、工地边、河湖边、红线边、重大活动节点、交通枢纽节点“五边三节点”专项整治及石材加工违建棚点专项整治，共排查发现违建36起，其中，主次干道及道路节点两侧违建棚点11起，石材加工企业违章搭建25起，全部予以拆除。全年共拆除违建118处，面积22044.81平方米，其中，新生违建46处，面积4307.34平方米；历史违建72处，面积17737.47平方米，新生违建发现率100%，拆除率98%。

高港区生活垃圾分类回收服务中心刁铺站001号　（区城管局　供图）

【停车位建设】 2019年，高港区完成市410个停车泊位建设，其中，春港路停车泊位60个，刁东中沟小游园停车泊位70个，泰州维景国际大酒店停车泊位280个。区城管局会同交警高港大队、城投公司调研停车收费工作，对高港区中心城区停车泊位数据进行摸底调查，制定高港区停车收费方案。完成共享单车站点初步规划方案，预设140个共享单车站点，投放1500辆共享单车。

【数字城管】 2019年，高港区数字城管平台共上报、受理、派遣各类城市管理问题信息45238件，立案4.42万件，各专业部门应处理案件4.41万件，其中部门反馈4.41万件，办结4.41万件，每月结案率均为100%，基本实现“两级监督、二级指挥、三级考核、四级联动”的高效运转目标。开展“城建惠民”环境整治、道路破损、文明城市创建专项考核36次，全面排查城市市容环境问题，共交办问题461起。

【行政执法】 2019年，区城管局实施行政执法公示制度，依靠部门网站、政务服务窗口等载体，依法及时向社会公开有关行政执法信息；推进执法全过程记录制度，通过文字、音像等方式，对行政执法活动进行记录并归档，每月对中队案件文书制作和音像保存记录情况进行考评；推行重大执法决定法治审核制度，对一般程序案件全部落实法治审核，其中2件重大行政处罚案件由区城管办领导班子集体研究决定。全年办理一般程序案件139件（市容环境136件，违法建设3件），结案130件，办结简易程序案件36件，入账罚款金额合计19.1万元，未发生因行政复议或行政诉讼而变更、撤销或者败诉案件。（陈　乔）

交　通

【概况】 至2019年年底，全区公路总里程722.3千米。其中，按技术等级分，高速公路31.5千米，一级公路99.3千米，二级公路92.5千米，三级公路68.4千米，四级公路430.6千米；按行政等级分，国道35.3千米，省道42.2千米，县道133.7千米，乡道228千米，村道283.1千米。公路桥梁293座。有过江通道1条（泰州长江公路大桥），汽渡1个（高港汽渡)。有通航船闸2座。公路客运总量56.13万人次。共开通公交线路25条,营运车辆154辆,线路总长511千米,日运营1160趟次,实现全区村(社区)公交线路全覆盖。

【交通项目建设】 2019年,区交通分局牵头实施金港路北延绿化景观工程、高港大道下穿取直段工程、高港大道改扩建等交通工程,做好环港大道绿化工程的协调服务工作。

金港路北延绿化景观工程 为高港区新建的城市道路配套绿化工程。该路段总长约1.04千米,乔木种植总数约3100株。小苗草坪总面积约4万平方米,于2019年12月通过交工验收。

环港大道绿化工程 区委、区政府与市交通运输局、市交投公司对接,确定环港大道南侧18米范围内绿化由市交投公司负责组织实施,区交通分局与地方政府、部门对接做好交地及矛盾协调工作。至年末,完成环港大道绿化任务。

【农村公路建设】 2019年,高港区农村公路674.4千米,公路面积密度2.36千米/平方千米。在全市率先实现区通镇公路一级化、镇通镇公路二级化。全区91个村(社区)双车道四级路通达率100%,被授予江苏省"四好农村路"省级示范区称号。配合泰州市"四好农村路"省级示范市创建工作,按照"一县一品牌,一区一特色"的要求打造高港区"一路高畅"农村公路品牌。继续做好农村公路提档升级,完成路肩备土、交安、绿化等道路附属工程。推进养护专业化,保障农村公路处于受管养状态。年内,高港区高新技术产业园区通过招标确定道路养护单位。

【交通干线沿线环境综合整治】 2019年,高港区开展普通国道及省道、高速公路等交通干线沿线环境综合整治行动。实施整治任务84处,普通国、省道整治56处,其中,取缔违法广告3处,补植绿化2处,清除堆积物29处,整治违法建筑物3处,规范新增道口5处,取缔非法种植物1处,取缔移动非法广告标志6处,实施物理隔离6处,整治违法管线1处;高速公路整治28处,清除垃圾14处,整治非法搭建物10处,清除堆积物2处,整治违法广告1处,整治建筑立面1处。7月底,完成所有整治工作,通过省、市组织的检查验收。

金港路北延绿化　　（区交通分局　供图）

【客运管理】 2019年,高港汽车客运站设有标准规范的候车厅、售检票系统、综合服务台、母婴室、城市候机楼、公交及出租车停靠区等,开通29条班线、55个班次,其中省际班线8条、市际班线20条、县际班线1条。高港汽车客运站和高港北站全年发送旅客48.25万人,比上年增长6.99%;全年营收2002.23万元,增长1.85%。

【货运管理】 2019年,高港区加强柴油货车污染治理,强制淘汰高污染排放柴油货车504辆;引导运输企业调整运输结构,新增专用车辆406辆、5059吨。江苏正德物流有限公司获得区级财政服务业引导资金奖励,泰州华盛物流有限公司等5个公司获得集装箱市级财政补助资金奖励。推进水陆联运,江苏优力博国际物流有限公司联合泰州三水投资公司、瑞银三水物流公司运营姜堰区内河集装箱码头,实现"江海河"联运。强化行业统计工作,各运输企业每月按期上报货运量、货物周转量等运输统计报表,江苏益嘉物流有限公司、江苏正德物流有限公司、泰州华盛物流有限公司被市交通局评为统计工作先进单位。

【交通安全生产】 2019年,区交通分局建立安全生产工作领导小组,明确主要负责人、部门负责人的安全生产责任。印发2019年高港交通系统安全监管等工作计划任务分解表。1月,召开系统安全工作会议暨春运、两会期间安全生产工作动员会,与区交通行业各单位主要负责人签订2019年安全工作目标责任书。春节前,对全区公路、桥梁全面巡查,分别对重点部位进行安全督查,对农村公路生命防护工程进行专项检查,对部分损坏设施进行更换,加强24小时值班应守。3月29日起,对全区2个危化品运输企业进行检查，共发现隐患18处，整改落实18处；对高港汽车客运站进行检查，发现隐患4处，整改4处；对道路施工企业进行检查，发现隐患5处，整改5处。年内，通过第三方机构对全区运输企业、驾培维修企业进行全方位检查。全年共发现行业安全隐患90处，发送整改通知书8份，相关单位在规定时间内进行整改。

（黄维民）

水 利

·综述·

【概况】 2019年，高港区修编《城区水系综合规划》，完成投资5200万元，实施城区5条河道活水工程，改善城区水环境。投资1400万元，实施河道疏浚整治工程。投资500万元，实施幸福闸至泰州长江公路大桥段2.8千米长江堤防防洪能力提升工程，将防洪标准提升至"百年一遇"。农业水价综合改革实施面积4300公顷。推进河长制工作，全年完成骨干河道"三乱"整治71处，"两违"整治127处，"两违"专项整治领跑全省，率先完成销号验收。常态化开展河道长效管护，2019年农村河道长效管护考核获全市第1名，河长制工作年度考核获全市一等奖。

【城乡水利基础设施建设】 2019年，高港区投资1400万元，疏浚、整治河道43条、13.5千米，疏浚土方13.4万立方米；投资5200万元，实施老许庄河、建设河、朱庄河、府前河、张马中沟5条河道活水工程，解决河道水系畅通问题。

【农业水价综合改革】 2019年，农业水价改革计划完成改革面积约3333.33公顷，涉及口岸、刁铺、许庄、胡庄、大泗、白马6个镇街。至年末，实际完成水价协商备案面积约4300公顷，超额完成年度水价改革任务。

（白 伟）

·引江河建设与管理·

【引江河工程管护】 2019年，江苏省泰州引江河管理处做好工程巡视检查和维修养护，确保工程设备设施完好。修订完善泵站、水闸、船闸等精细化管理手册，推进精细化管理评价自查工作。完成泵站、水闸、船闸工程管理细则修订，通过江苏省水利厅批准。管理处以水闸工程958.4分、泵站工程965分通过水利部国家级水利工程管理单位复核验收。明确全处132个岗位安全生产责任清单，修订完善各类应急预案30项，开展反事故预案演练、水上应急演练等。重视安全生产风险防控，制定《安全风险管理制度》。开展隐患排查治理，及时消除安全隐患。管理处在全国水利安全生产标准化成果展评中获二等奖，通过水利安全生产标准化一级单位延期申请。通过江苏省文明单位复核，获评国家水情教育基地。综合档案室通过江苏省 AAAAA 级数字档案室评估验收。

【防汛防旱】 2019年，江苏省泰州引江河管理处共执行省防指调度指令35次，高港枢纽常态化向苏北及里下河地区大流量引水315天，累计引长江水60.3亿立方米，比上年引水量增加50%。高港泵站冬春枯水期7次向通南地区开机送水2.8

疏浚整治后的跃进中沟 （区水利局 供图）

亿立方米，改善通南地区及泰州城区水生态环境，服务地区工农业发展和城乡居民用水。江苏省防汛机动抢险三队参与全省防汛抢险实战演练，提高抢险队员的应急处置能力。

【船闸管理】 2019年，江苏省泰州引江河管理处优化高港船闸运行流程，继续推广使用高港船闸电子收费信息系统和微信公众平台，简化船民办事流程，保障船舶过闸安全和效率。落实船舶诚信管理制度，查处违章船舶220艘次，处理船舶严重失信行为30艘次，确保船闸通航有序。成功应对因京杭运河缺水和临近船闸大修导致的通航高峰，高港船闸全年开闸3.57万闸次，放行船舶16.3万艘次，过闸船舶吨位累计1.58亿吨，放行吨位比上年增长10.2%。

【河湖管理】 2019年，江苏省泰州引江河管理处履行江苏省水利厅关于省级河长、湖长助理分工职责，做好河长制、湖长制相关工作，配合完成省长巡河、省长巡湖准备协调工作。对涉湖建设项目提出指导意见，推动涉湖违建项目的查处。推进退圩还湖工作，加强退圩还湖规划实施监管。继兴化、宝应及大纵湖（盐都区）规划得到省政府批复后，至2019年年底，高邮、盐都、阜宁、建湖、淮安、姜堰境内湖泊退圩还湖专项规划通过省级技术审查，正在施工和已经施工的还湖面积超过整个里下河湖区总保护面积的1/4。推行里下河湖区、通榆河、泰州引江河网格化管理，出台网格化巡查、案件分类处置、考核、奖惩等相关制度。实现里下河湖区146个网格巡查全覆盖，抓好通榆河、泰州引江河网格巡查，网格员共巡查1141次，巡查里程6226千米。通过遥感监测、视频监控，动态掌握河湖基本情况，及时发现并查处违法侵占河湖行为。

【法治水利】 2019年，江苏省泰州引江河管理处配合江苏省河长制工作办公室做好引江河、通榆河及里下河湖区河湖“三乱”整治验收销号工作，完成泰州市、南通市、盐城市、连云港市、扬州市167个“三乱”点现场核查验收。做好工程管理范围内的“两违”整治，对接当地河长制工作办公室，立案查处2起。管理处划界确权工程通过江苏省水利厅竣工验收。贯彻落实新修订的《江苏省泰州引江河管理办法》，完成泰州引江河原交叉管理区域移交工作。联合渔政、公安、海事开展引江河河道整治行动5次；清除高港枢纽水域非法停泊杂船20艘，消除工程运行安全风险。

【水利科技创新】 2019年，江苏省泰州引江河管理处主持研发的“高港船闸智慧管理系统研究与应用”项目成果获2018年度江苏省水利科技进步奖三等奖。“一种坝体伸缩缝用观测标点”“一种摇摆式洗墙灯”等5项发明获得国家实用新型专利。《智慧船闸》《河长制下泰州引江河及里下河湖区水生态水环境保护研究》等专著出版发行。

（王昕炜）

泰州引江河高港枢纽 （泰州引江河管理处 供图）

生态环境

环境质量

【空气环境质量】 2019年，全区空气环境质量优83天，良好194天，轻度污染63天，中度污染22天，重度污染3天。空气质量优良率为75.6%。污染天气中，细颗粒物（$PM_{2.5}$）有40天超标，可吸入颗粒物（PM_{10}）有5天超标，臭氧（O_3）有43天超标。

二氧化硫（SO_2） 全年平均浓度为7微克/立方米，较2018年下降30%，达到国家二级标准。

二氧化氮（NO_2） 全年平均浓度为29微克/立方米，较2018年下降17.1%，达到国家二级标准。

可吸入颗粒物（PM_{10}） 全年平均浓度为69微克/立方米，较2018年下降13.8%，达到国家二级标准。

细颗粒物（$PM_{2.5}$） 全年平均浓度为44微克/立方米，较2018年下降6.4%，超过国家二级标准0.26倍。

一氧化碳（CO） 全年一氧化碳（CO-95per）浓度为1.2毫克/立方米，较2018年下降20%，达到国家二级标准。

臭氧（O_3） 全年O_3-8-90per浓度为181微克/立方米，较2018年下降3.2%，超过国家二级标准0.13倍。

【水环境质量】 饮用水源地 2019年，高港区城区集中式饮用水源地——泰州市长江永安洲永正水源地水质达标率、覆盖率均为100%。

地表水 2019年，高港区2个地表水监测断面（南官河口岸闸、宣堡港口岸桥）水质为Ⅲ类，优于考核要求Ⅳ类标准。

【声环境质量】 区域环境噪声 2019年，高港区区域环境噪声昼间平均等效声级为55.7分贝，比2018年上升0.8分贝。依据《声环境质量常规监测暂行技术规定》，高港区区域环境噪声评价为一般。城市环境噪声达标区建设覆盖率达100%。

交通噪声 2019年，城区交通噪声平均等效声级为69.2分贝，较2018年上升0.3分贝。依据《声环境质量常规监测暂行技术规定》，高港区交通噪声评价为较好。

【生态环境质量】 依据《生态环境状态评价技术规范（HJ192-2015）》，

春江湿地公园 （区发展改革委 供图）

2019年高港区生态环境质量指数为62.19，处于良好状态。（季　勇）

生态保护

·综述·

【生态文明建设示范区创建】5月，区委办、区政府办印发《关于做好高港区创建国家生态文明建设示范区2019年度重点工作的通知》。年内，全区突出生态红线管控，开展国家级生态“绿盾2019”专项行动和省级及以上生态红线动态巡查工作。12月10日，刁铺街道、许庄街道省级生态文明建设示范镇与口岸街道引江社区、大泗镇前进村省级生态文明建设示范村创建工作均通过省生态环境厅组织的考核验收。

【生态保护项目建设】2019年，高港区对照泰州市生态环保“十三五”专项规划重点工程项目，推进生态保护项目建设，高港区凤栖湖水生态治理工程、高港城区雨污水管网完善工程、春江湿地公园、泰州市城南高效农业观光走廊等7个项目共计投入资金4.48亿元，完成2019年度序时进度。

【环保项目上争与资金管理】2019年，高港区组织各园区、镇街及相关企业申报环保项目，建立全区环保项目库，筛选其中85个项目进入省级环保项目库。全年上争各类环保资金573万元，其中，长江经济带修复资金222.4万元，省级环保引导资金48万元，泰州市排污权有偿使用和交易返还资金149.6万元，市级环保资金153万元。上争资金均拨付至相关项目。（季　勇）

·水资源保护·

【长江水域环保】泰州海事局高港办事处推进长江高港段船舶污染物“零排放、全接受”接受处置政府招投标工作，实现辖区全覆盖。组织辖区码头、船厂、作业单位召开推进会，对实施效果进行评估，宣传相关政策并在醒目位置张贴告知书。定期检查码头台账，对到港船舶污染物的接受情况进行检查，一律要求码头先接收后作业，对违反规定的码头、船厂暂停船舶作业，对生活污水处理装置未按要求处置的进行行政处罚。（孙　蒙）

【节水型社会建设】2019年，区水利局组织编制《高港区节水行动实施方案》。区发展改革委、区住房城乡建设局、区水利局印发《关于建立健全高港区非居民用水超定额（计划）累进加价制度的通知》。全区创建节水型单位2个（区市场监管局、区人力资源社会保障局）、节水型企业3个（江苏康贝宠物食品有限公司、泰州永盛彩印包装有限公司、泰州谷之源饮料有限公司）、节水型社区1个（口岸街道蔡滩社区港城花苑）、节水型学校4个（高

湿地芦花　（区委宣传部　供图）

港实验小学、海军小学、大泗学校、刁铺中心幼儿园）、水效领跑者1个（孔桥中学）、节水减排示范项目1个（江苏康贝宠物食品有限公司）、合同节水1个（江苏宇马铝业有限公司）。

【入河排污口管理】 2019年，高港区严格入河排污口设置管理，关闭生活排污口2处，开展刁铺街道圩岸工业园排污口接管工作，完成白马镇岱白村、陆家村生活污水处理站以及永安洲镇东江生活污水处理站排污口审批工作。

【取水工程（设施）管理】 2019年，高港区完成取水工程（设施）核查登记工作，共登记取水口228个，其中农业电灌站及取水闸212个，企业取水口5个，生态补水闸站11个。

【水土保持监管工作】 2019年，高港区依法开展水土保持监管工作，组织编制全区水土保持规划。区水利局与区行政审批局对接落地项目，督促指导生产建设项目及时编制水土保持工作方案。完成水利部、省水利厅下发的生产建设项目扰动图斑现场复核工作任务70个，对30个疑似违法违规项目进行核查，下达期限办理水土保持方案许可23份。

【水政执法】 2019年，高港区水政监察大队开展长江巡查274次，其中江上联合巡查97次，抓获现场作业非法采砂船只6条、协助非法采砂船盗运江砂的运砂船1条、非法移动采砂船1条，立案8件，结案8件，罚没款119.7万元。 （白 伟）

【河长制工作】 2019年，区政府主要负责人先后召开河长制工作专题会议3次。区、镇、村三级河长常态化开展巡河工作，当好发现问题的巡视员、调查问题的研究员、交办问题的发令员、解决问题的督导员。12名区级河长到现场开展巡河履职70余次，196名镇村级河长上岗履职5200余次，解决河道突出问题200余个。高港区全面完成河长制公示牌的更新工作，全区共更新河长制公示牌219块，其中，骨干河道公示牌23块，中沟公示牌114块，村庄河道公示牌82块，公示内容覆盖河道概况，河长姓名、职务、职责和监督电话等基本信息。区河长制工作办公室会同各镇街、河长制工作联络部门积极推动河长履职。全区三级河长通过巡河履职及时了解河段情况、查找问题源头、交办相关问题、落实整改措施、跟踪整改情况。

【河道“三乱”“两违”专项整治】 2019年，高港区按照省、市河长制工作要求，及时组织各镇街对辖区内骨干河道“三乱”“两违”情况进行全面排查，形成问题清单。编制《高港区2019年度骨干河道河长制工作计划》《高港区骨干河道“三乱”“两违”整治任务清单》《高港区河道违法圈圩和违法建设专项整治工作方案》。5月中旬，开展“两违”整治集中攻坚月活动，对“两违”任务完成情况实行日通报制度，肯定成绩、宣传典型、曝光问题，倒逼责任落实，加大工作推进力度。全区累计完成“三乱”整治71处，完成“两违”整治127处，其中市交办“两违”整治78处全部完成，实现两年任务半年完成，在全省率先通过市级销号验收。开展长江岸线清理整治，高港区长江岸线利用清理整治项目共15个，其中3个拆除取缔项目于规定期限内全部完成拆除；5个现状保留项目（根据水利部长江水利委员会、省水利厅现状保留的复核意见，泰州长江公路大桥、泰州港高港港区港政执法码头、国家能源集团泰州发电有限公司港池码头、国家能源集团泰州发电有限公司脱硫减排综合码头、泰州永福港务有限公司均为现状保留），均通过防洪影响论证审查；7个需整改项目中，泰州市海事局永安水上执法基地（与泰州港明船务有限公司合并）按照要求完成整改，其余5个项目正在完善整改方案，推进整改。

【河道常态长效管护】 2019年，区河长制工作办公室采用日常巡查、抽查和暗访相结合的方式，对全区河道长效管护情况进行督查考核，河面漂浮物、河坡垃圾、杂物堆放等得到及时清理。8月起，进一步加强河道长效管护考核，实行月度督查，按月通报全区河道长效管护的情况，做到及时发现问题，及时督促整改。 （白 伟）

·土地资源保护·

【耕地保护】 3月，区政府与各镇街分别签订《高港区耕地保护与违法用地防治目标责任书》，将耕地保护任务纳入各镇街负责人个人考核目标。年内，全区完成土地整治项目并通过市级验收的新增耕地面积40.64公顷，完成市交任务的152.42%。其中，占补平衡23.66公顷，增减挂钩16.98公顷。开展土地整治项目清理核查工作，共计核查240个项目、1376个地块，核查新增耕地面积454.47公顷。按照“边核实边整改”要求，做到应查尽查，加强新增耕地保护。高港区完成永久基本农田保护任务，上级下达高港区永久基本农田保护面积为7366.4公顷任务，最终划定7522公顷，比上级下达任务多划155.6公顷。年内，全区未发生项目建设占用永久基本农田的情况，无永久基本农田的补划。经土地资源全天候遥感监测成果与永久基本农田划定成果数据库套合，不存在疑似建设占用永久基本农田。

【湿地保护】 2019年,永安洲镇恢复水泊湿地11公顷,胡庄镇新建孔丁中沟湿地保护小区1个。全区新增自然湿地保护面积12.97公顷,自然湿地保护率超过50%。

【土地资源执法监察】 2019年,区自然资源和规划分局落实自然资源执法监管"源头预防、过程监管、后果严惩"的原则,围绕"实时监管"工作的总要求,对新发生违法违规用地开展防控,确保违法用地能够"发现在初始,解决在萌芽"。开展"大棚房"专项清理整治,发现"大棚房"问题7宗,一般违法违规用地问题15宗,累计拆除项目12宗,恢复耕地3.4公顷。实施卫片执法核查图斑196个,总面积141.93公顷,上报违法用地30宗,总面积21.51公顷(耕地面积15.63公顷),坚持边核查、边查处、边整改,把整改贯穿卫片检查的全过程。推动违法用地整改,对系统上报的违法用地38个图斑(计30宗、21.51公顷,其中耕地15.64公顷),下发书面限期整改通知,进一步细化整改方式、整改措施、整改期限。对公共停车场、高港农贸市场疏导点等尚未整改到位的7宗3.25公顷(其中耕地2.64公顷)违法用地,实行分类处置、责任包保,加快推动整改落实。全年立案查处违法用地34宗,查处面积17.18公顷(耕地14.17公顷),罚款254.55万元,没收建构造物10.25万平方米,责令拆除建构造物5.18万平方米,建议纪检监察部门追究责任人34人,申请法院强制执行18件,涉及违法查处总面积10.47公顷。非立案整改22宗,面积5.23公顷。规范处结涉土信访工作,完善"'一站式'受理、'一条龙'服务、'一揽子'解决"信访接待处理模式,推动相关职能科室参与联合接访、联席会办。共办结群众来信9件,处理省、市、区领导信箱232件,处理网络系统信访7件,信访结报率100%。

(区自然资源和规划分局)

·森林资源保护·

【概况】 2019年,高港区秉持"不搞大开发、共抓大保护"理念,围绕森林抚育、林木采伐管理、林业执法、野生动物、病虫害防治等目标,推进全区林业资源保护工作。成功救助夜鹭3只、白鹭1只、绿鹭1只、蓝孔雀1只。

【林地和林木采伐管理】 2019年,高港区强化林地用途管制,严格限制林地转为建设用地,严格控制林地转为其他农用地,实行林地占补平衡,保障林地资源总量只增不减。严格执行限额采伐、凭证采伐制度,全年办证采伐量11.46公顷。坚决依法查处擅自改变林地用途、任意侵占林地、非法砍伐、破坏林木资源的行为。年内,配合公安机关查处1宗违法毁坏林木的刑事案件,涉案2人受到法律严惩。

【林业有害生物防治】 2019年,高港区共新建美国白蛾监测装置5个,发放防控类药剂25箱、生物天敌4000万余头。实现美国白蛾等林业有害生物成灾率低于5‰。

【绿化造林】 2019年,全区新增造林面积100.53公顷,其中长江岸线造林面积57.33公顷。完成刁铺街道万庄社区,永安洲镇上桥社区、新街社区,许庄街道官沟社区和白马镇陆家村5个省级绿化示范村(社区)创建工作,村内道路、水体绿化率提高。推进森林抚育工作,完成森林抚育336.67公顷,运用卫星遥感技术,对所有抚育小班实行电子化管理。按照"小网格、宽林带"建设要求,优化网格布局,增强防护功能,农田林网建设面积达375公顷。举办区级义务植树活动,共栽植香樟、榉树等树木1000余株。做好森林督查暨森林资源管理"一张图"年度更新工作,对全区2个疑似地类变化小班开展内业比对判读和外业调查工作,成为全省首批通过验收的区(县)之一。

【长江岸线植树造林】 2019年,高港区共开展沿江岸线造林11个地块,面积57.33公顷;开展沿岸500米范围内4个村庄绿化工程,其中,新建绿化示范村为永安洲镇新街社区、上桥社区,提升绿化示范村为口岸街道龙窝口社区、新明社区;完成沿岸500米范围内"三网"绿化折实面积6.4公顷,1000米范围内森林质量提升面积49.07公顷。

【获评全国绿化模范区】 高港区以打造"绿满高港、生态名城"为目标,确定"培育绿色产业、发展生态经济"的林业发展思路,以实施"三网"工程、开展村庄绿化、发展高效林业等林业重点工程为依托,开展林业绿化工作。2019年9月20日,国家绿化委员会公布全国绿化模范单位和全国绿化奖章获得者名单,高港区被评为全国绿化模范区。

通道绿化建设　先后建设完善泰镇高速、京沪高速、S336、S355共4条高等级公路和以高港大道、新港大道、长江大道、金果路为主的10余条县级以上道路两侧的宽幅林带绿化,累计绿化道路里程近100千米、造林400余公顷。

城市绿化　采取拆房建绿、征地增绿、租地添绿、拆墙透绿等多种途径,高标准建设城区道路、滨河、街头游园的景观绿化,做到立体与平面有机结合,乔灌花草相搭配。先后建成各类社区公园、街旁小游园、绿化广场等公共绿地30余个,创建省级园林式单位4个、省级园林式居住区6个。

村庄绿化　对村庄绿化实行分类指导,对居住紧密型庄台以庭院绿化、河道绿化、进村干道、围庄林带、农田林网绿化为主,对新建中心村强化街道、河道、干道、公共绿地绿化全覆盖。全区建成省级绿化

（森林生态 / 三化）示范村49个，占全部涉农村居的50%以上。

（区自然资源和规划分局）

·渔业资源保护·

【概况】 2019年，长江干流江段禁渔期时间为3月1日0时至6月30日24时，为期4个月。禁渔期内，区农业行政综合执法大队工作人员划分成2个小组，实行双休日、节假日值班制度和8小时以外时间单双日轮流值班制度，确保每天24小时有人执法。发放《致广大渔（农）民的一封信》，从关爱生命、维护法律尊严、保护渔业资源、促进全区渔业经济可持续发展的角度，告知广大渔（农）民非法电鱼的危害性，共发放资料2100余份。印发《关于严禁电力捕鱼的通告》，在高港电视台公开播报。在主要干河河段张贴禁渔标语。区农业行政综合执法大队对长江以及内河巡航18次，里程720海里，出动执法车艇186余次，执法人员463人次。

【长江重点水域退捕退渔】 11月8日，区政府印发《泰州市高港区重点水域渔民退捕工作实施方案》。至12月30日，194户专业渔民退出捕捞。永安洲镇新街社区外江边26口鱼塘、面积13.9公顷退出水产养殖。（吴　宣）

【长江增殖放流】 2019年，高港区配合市农业农村局在高港区长江段开展渔业增殖放流活动，共放流各类鱼种460万尾，30万元。

（张振洲）

节能减排

【污染物减排】 2019年，高港区完成减排工程5个，全面完成市交主要污染物减排任务。全年化学需氧量、氨氮、总磷、总氮排放总量较2015年分别削减9.6%、9.6%、6.4%、6.4%，二氧化硫、氮氧化物、挥发性有机化合物排放总量较2015年分别削减21%、18%、20%。

（季　勇）

【工业企业节能减排】 2019年，高港区对固定资产投资项目实行“能源三控+分类管理+能效标准”的节能审查管理模式，建设高效节能审查工作机制，严格执行高耗能行业新增产能实行能耗等量或减量置换。实施节能专项检查和节能改造，对全区29名能源管理岗位人员实施备案制，共对7个企业进行节能监察，实施15个重点节能工程项目。

（孙　骁）

【公共机构节能】 2019年，区机关事务管理局开展节能宣传周活动，举办节能培训班，加深机关工作人员对机构节能的理解和认识。推进党政机关垃圾分类工作，邀请专家进行专题讲解，定期开展监督检查。推进节能示范单位创建，指导高港中医院成功创建省级公共机构节能示范单位，区市场监管局、区人力资源社会保障局创成市级节水型单位。（高　婷）

污染防治

【水污染防治】 2019年，高港区开展“健康长江泰州行动”，建立“长江体检表”，围绕沿江排口、工业、农业、航运、码头、岸线、生态、水质8个方面，深入查找环境问题、环境风险和生态隐患。落实河长制，强化水环境综合治理，完成水污染减排重点项目6个（江苏港城污水处理有限公司原1万吨/日的设施改造、污水处理厂尾水湿地扩建工程、府东路污水管网建设、张马中沟整治、张旺河支河黑臭水体整治、高永化工集中区环境质量监控平台）。实施工业污染防治、城镇生活污水处理、农业农村污染治理、地下水污染防治等项目，高港区省考、市考断面水质均达到年度水质改善目标，水质均达Ⅲ类水要求。

【大气污染防治】 2019年，高港区实施大气污染防治重点工程13个，包括企业的挥发性有机物治理项目11个、港口岸电系统项目1个、高永化工集中区废气监控系统项目1个。扩大挥发性有机物治理范围，继续组织开展全区餐饮油烟污染专项整治工作，列入整治范围内餐饮单位（食堂）46个。根据2019年《重污染天气重点行业应急减排措施制定技术指南》，重新编制工业企业限停产应急管控清单，按照“一厂一策”原则确定精准有效的减排措施。落实省、市预警要求，强化大气污染监控、预警工作，落实应急响应措施，降低重污染天气不利影响。

【固体废物污染防治与土壤环境监管】 2019年，高港区继续实施重点行业企业用地土壤污染状况调查。根据市生态环境局提供的相关信息，增补2个关闭化工企业列入详查名单，督促第三方完成调查企业地块资料信息采集质控工作。对地区沿江关闭的化工企业（劲松油漆厂）开展土壤调查，完成化工集中区已关闭的4个化工企业及化工园区周边土壤调查、监测工作。根据《区政府办公室关于印发泰州市高港区固体废物环境隐患排查工作方案的通知》要求，结合“健康长江泰州行动”，组织沿江镇街对无人机航拍影像提取的184个固废及物料堆存点位情况进行逐一核实登记，组织口岸街道、永安洲镇对发现的问题立查即改，3个固废点位完成清理工作。持续开展化工企业等“减库存、控风险”专项行动，对于累计贮存危险废物100吨及以上的化工企业未完成削减库存任务的进行挂牌督办，富彤化学有限公司安全处置贮存在厂区的15吨含磷废渣。

（季　勇）

【畜禽养殖污染整治】2019年，全区非禁养区内规模养殖场28个、非规模化养殖场86个全面完成达标治理，禁养区内养殖场关停31个、转产175个，全区规模养殖场治理率100%，粪污处理设施装备配套率100%，畜禽粪污综合利用率100%。组织开展"回头看"行动，落实专人定期对禁养区养殖场关停和非禁养区养殖场粪污处理情况实施监管，严防关停复养和养殖污染等现象发生。完成"农之梦区域性粪污收集处理中心"项目建设，组织实施农业农村废弃物资源化利用项目，进一步推进畜禽粪污资源化利用。开展禁养区重新划定工作，出台《泰州市高港区畜禽养殖禁养区划定调整方案》。

（王小斌）

环境监督管理

【环境执法监管】2019年，高港生态环境局综合利用"双随机"抽查、专项行动督查、节假日夜查等形式，对全区排污企业进行监管。强化行政执法与司法联动，对环境违法行为从重从严处理。全年出动执法人员1600余人次，检查企业500余个次，立案查处环境违法行为41起，处罚金额724万元，移送行政拘留案件1件。对固废危废违法行为"零容忍"，强化环保司法执法联动，对18个企业固废违法行为实施处罚。

【环境应急管理】2019年，高港区组织环境风险等级较大以上的34个企业开展环境安全隐患排查治理工作，要求企业将"江苏省突发环境事件风险企业数据调查表"录入省级数据库平台。年内，共有19个企业完成环境安全隐患排查工作，3个企业长期停产，未按要求完成环境安全隐患排查工作。高港生态环境局组织企业按照区政府突发环境事件应急预案进行定期演练，提升各部门在突发环境事件情况下组织协调能力和应急处置能力。全年高港生态环境局配合应急管理部门处理高港境内发生的2起突发性环境事件，未发生次生环境污染事故。按计划完成化工企业环境安全隐患暨排污口排查整治专项行动及2019年企业环境安全达标建设工作。

【中央环保督察"回头看"整改】2016年中央环保督察、2018年中央环保督察"回头看"共交办高港区21件信访件，其中，2016年中央环保督察组交办高港区环境信访件共12件（重点信访件10件、一般件2件），于2017年年底全部整改到位；2018年中央环保督察"回头看"交办信访件共9件（重点信访件4件、一般件5件），于2019年年底全部整改到位。至2019年年末，所有信访件全部完成整改并销号。

【长江入河排污口排查整治专项行动】2019年，泰州市成为长江入河排污口排查整治全国试点城市。2月15日，长江入河排污口排查整治专项行动暨试点工作启动会在重庆召开，泰州市设立视频分会场。会后，市委、市政府继续开会，部署试点工作，启动"健康长江泰州行动"。高港区根据市政府制定的《长江入河排污口排查整治试点方案》，全面开展"排查、监测、溯源、整治"工作，取得阶段性成效。至11月15日，高港区全面完成长江入河排污口"排查、监测、溯源"前三个阶段工作，基本实现"有口皆查、有水必测、有口必溯"的目标。

【"两减六治三提升"专项行动】2019年，高港区继续推进"两减六治三提升"专项行动，开展媒体曝光问题整改、各类信访处理督查，下发督办函49件，编印简报13期。全年省级交办信访2件、市级交办信访2件均整改到位，市曝光19个点位按要求整改到位。区《"263"在行动》栏目共曝光环境污染问题33次，一些区域性、行业性环境问题得到有效整治。

【废铅酸蓄电池行业专项整治】4月，高港区开展废铅酸蓄电池产生、收集、利用处置企业及非法黑窝点专项整治行动。全区共有170个废铅酸蓄电池收集单位，均为个体经营户，其中，78个为汽车销售维修点，74个为电动车销售维修点，

2019年3月5日，高港区开展保护长江母亲河"健康江来"志愿服务活动

（区委宣传部　供图）

18个为摩托车、电动车修理点，均不涉及废铅酸蓄电池产生、利用处置企业及非法黑窝点。

【挥发性有机化合物及工业窑炉整治】2019年，高港区开展挥发性有机化合物、工业窑炉等领域的大气专项执法检查。全区范围内无工业窑炉，重点对挥发性有机化合物排放企业进行排查，对一般废气排放企业进行检查，对废气设施运行不正常、超标排放等环境违法行为依法严查。至年末，共立案查处6个无废气设施或废气设施运行不正常的企业，对其中1个实行查封扣押及停产举措，3个实行停产。

【石材加工市场专项整治】 2019年，高港区对不符合经营要求的石材加工市场，首先落实停产、停止排污要求，拆除违法建设；拒不配合的，及时依法依规进行断水、断电、断气，清除原料、清除产品、清除设备。全区58个石材加工企业，停产搬迁4个，责令搬迁1个，其余的全部停业，等待办理手续。

【高永化工集中区“水平衡”专项行动问题清单整改】 2019年，高港区对省生态环境厅交办的高永化工园区的总体水平衡误差大、集中污水处理厂化工废水和生活污水混合处理的问题，泰州瑞世特新材料有限公司在线仪总磷监测频次不够且流量计未联网，江苏骏佳食品添加剂有限公司冷凝水未综合利用，江苏省瑞丰高分子有限公司和恒达亲水胶体泰州有限公司雨水在线仪未验收等问题，均制定相应的整改方案，全面付诸实施，实时跟进监督整改进度。至年末，完成大部分项目整改任务。

2019年3月29日，高港区召开向环境污染宣战暨“城建惠民”工作推进会

（区委宣传部　供图）

【清废行动】 2019年，江苏响水“3·21”特别重大爆炸事故发生后，高港区组织开展“清废行动”，严格规范设置危险废物贮存设施，严禁混存、库外堆存、超期超量贮存，督促产废企业规范存贮、规范处置危险废物，依法查处环境违法行为。严格落实危险废物经营许可、转移等管理制度，打击固体废物非法转移倾倒等环境违法犯罪行为。全年共立案查处4个违反固体废物管理制度的企业，对其中1个企业采取查封扣押和停产措施。

【生态环保宣传】 2019年，高港区围绕“美丽中国·我是行动者”主题，开展宣传活动。3月5日，开展保护长江母亲河“健康江来”志愿服务活动；3月27日，开展“法润港城·绿色普法村居行”活动；5月27日，组织环保志愿者进社区开展废旧衣物回收宣传活动；5月底，到各园区、镇街开展《中华人民共和国水污染防治法》宣传活动；6月4日，到高港中等专业学校开展题为“增强环保法规意识，崇尚低碳绿色生活”的专题宣讲活动；6月5日，在口岸街道健身广场开展旧衣回收宣传活动。9月10日，在口岸街道开展“健康长江泰州行动”环保知识宣讲。

【环保信访】 2019年，高港生态环境局接到各类信访890件，其中，“12369”环境信访322件（来信4件、来访8件，其余均为来电），“12345”环境信访562件，省转信访6件。信访问题主要集中在工业废气、三产油烟、建筑施工噪声等方面。结案率和回复率均为100%。

（季　勇）

文化·体育

文化综述

【概况】2019年，高港区新建百姓大舞台23个，村（社区）综合文化服务中心全部建成并免费对外开放。完成图书馆、文化馆微信公众号升级工作，适时发布工作信息。完成蔡滩社区、全民健身中心的2个“城市书房”建设，并免费对外开放。全区新增文化设施面积6.9万平方米，公共文化设施总面积17.2万平方米，人均公共文化设施面积0.6平方米，居全市第一，全省领先。举办庆祝中华人民共和国成立70周年合唱比赛及歌咏大会等系列文化活动，新创各类文艺作品150余部。开展送戏下乡14场。组织群众文化活动，“文化惠民券”资助演出金额160万元，全年演出189场。组织“大江文化惠万家”品牌文化活动，举办“苏演院线”大江剧院演出12场、“大江放歌”广场文艺演出8场，“倡导移风易俗，弘扬时代新风”巡演巡展暨大江艺术团基层巡演10场。组织基层文艺团队优秀节目展演、“我们的节日”、“柴墟读书节”等各类群众文化活动。

【文化产业】2019年，高港区组织申报省、市现代服务业（文化）发展专项资金，口岸雕花楼景区基础设施及文化功能配套提升工程获泰州市市区文化产业发展专项资金40万元，柴墟娃娃系列文创产品获泰州市市区文化产业发展专项资金15万元，蔡滩社区“城市书房”获泰州市市区文化产业发展专项资金10万元。组织文化旅游企业参加全国、省、市各类文创和文化产业产品展销会，其中，泰州城色获2019年第二届江苏版权贸易博览会优秀参展单位奖，“柴墟娃娃”获首届江苏省旅游文创商品大赛铜奖。全区文化及相关产业增加值占GDP比重为5.26%。（徐　欣）

文化设施

【高港美术馆（书画院）】位于口岸雕花楼景区西侧，占地面积2465平方米，建筑面积3540平方米。2019年，高港美术馆（书画院）围绕中华人民共和国成立70周年共组织开展书画展览12场，创作各类书画作品20余件，在省级以上展览中展出。作品《粉刷界的娘子军》参加江苏省庆祝中国人民共和国成立70周年主题美术作品展，作品《夏至时节家家园》入选“美好中国·二十四节气主题创作”全国中国画作品展，作品《故园情深》入选“青春时光”第三届江苏省青年艺术家作品展等。

【高港历史文化展示馆】以李信昌过载行为载体打造，位于柴墟路北侧。李信昌过载行为高港区保存较为完好的过载行，是口岸地区商贸发展繁荣的历史见证。呈晚清时期民居建筑风格，坐北朝南，为砖木结构，局部二层，总占地面积1380平方米，建筑面积1116平方米，清代前商后宅建筑的典型代表。高港历史文化展示馆从历史沿革、商贸文化、民俗文化、宗教文化、红色文化、高港名人、柴墟八景、高港新貌8个方面再现高港的历史文化进程。2019年，被评为江苏省文物保护单位。

【国学文化启蒙馆】以孙氏四方楼为载体打造，位于口岸雕花楼景区庆元街82号。孙氏四方楼建于清代末期，总占地面积367平方米，建筑面积405平方米。坐西朝东，平面呈四方形，东西两进二层小楼。两小楼间有小天井呈回廊式，天井二层楼板外侧雕有各式各样精美的雕花，二楼回廊四周为欧式铸铁护栏，为清洋务运动时代的产物。孙氏四方楼系泰州市文物保护单位。国学文化启蒙馆重点展示国学文化知识及传统私学发展的历史沿革，弘扬国学文化和高港地区尊师重教的传统风尚。

【中华武进士馆】以戚氏进士第为载体打造，位于口岸雕花楼景区庆元街94号。总占地面积1906平方米，建筑面积1654平方米。戚氏进士第系戚氏第九世公戚世光于明天启二年（1622）中武科进士后所建。宅第坐北朝南，原宅为明代建筑，现存大门堂、对厅、敞厅、卷屋、堂屋前后五进，敞厅正梁上方挂一对贴金雕龙纹“圣旨诰命”木龛，门前有1株400余年的古黄杨。中华武进士馆重点展示古代科举考试中关于武进士的相关内容。2019年，被评为江苏省文物保护单位。

【图书馆（室）】 2019年，高港区图书馆新增图书1万册，报纸杂志230种。新建蔡滩社区和全民健身中心2个分馆（城市书房），每个书房配备图书1万册，实现无人值守与读者自我管理服务，全年共接待读者10.54万人次。组织全区中小学生参加全省红领巾读书征文活动，2篇获省级一等奖，4篇获省级三等奖；举办2次绘本阅读活动——《时间的意义》故事会和《红雨伞》亲子阅读会；暑期和国庆期间举办2场红色经典观影活动——《古田军号》与《我和我的祖国》；10月，与口岸中心小学合作，举办《红色经典进校园》活动；利用微信公众号推广数字阅读，每周发布1次《每天一本连环画》的数字阅读信息；举办“壮阔东方潮，奋进新时代”——庆祝中华人民共和国成立70周年线上图片展、“雷锋，永恒的精神丰碑”线上展览。

【镇街宣传文化中心】 至2019年，全区建成6个镇街宣传文化中心并免费对外开放。年内，各镇街宣传文化中心组织开展广场舞、太极拳等培训活动2次，共培训文体指导员约400余人次。组织辖区内爱好者围绕中华人民共和国成立70周年等主题创作优秀文艺作品100余个。协助举办“大江放歌”广场文艺、“倡导移风易俗，弘扬时代新风”基层巡演、“文化惠民券”点单等惠民演出。

【村（社区）文化设施】 至2019年年末，全区91个村（社区）综合文化服务中心免费对外开放，开展送戏送电影下乡、“文化惠民券”点单演出、体育健身等群众性文化活动。新建23个百姓大舞台，新增胡庄镇宗林村便民书屋、刁铺街道通太社区多功能室等公共文化服务设施。

（孙国星）

公共文化

【“大江放歌”广场文艺演出】 2019年，高港区举办“大江放歌”广场文艺演出8场，演出小品、戏剧、舞蹈、音乐快板等节目约150个，观众4万人次。5月9日，举办“最美护士”颁奖晚会；6月14日，举办庆祝中华人民共和国成立70周年白马镇专场文艺演出；8月29日，举办慰问农民工专场文艺演出；9月25日，举办“盛世中华，祖国颂歌”刁铺街道献礼中华人民共和国成立70周年专场文艺演出；9月26日，举办“七十华诞展风采，激情跨越再奋进”——庆祝中华人民共和国成立70周年专场文艺演出；9月29日，举办“辉煌七十载，阔步新时代”——庆祝中华人民共和国成立70周年胡庄镇专场文艺演出；10月25日，举办“礼赞中国，柴墟有礼”口岸街道专场文艺演出；11月19日，举办“筑梦新时代，礼赞新大泗”专场文艺演出。

【“苏演院线”大江剧院演出】 2019年，“苏演院线”大江剧院演出12场，分别是黄梅戏《真假新郎》、黄梅戏《双下山》、京剧《向农》、杂技专场、淮剧《板桥应试》、儿童剧《少年先锋队》、现代扬剧《党的女儿》、淮剧《杨门女将》、童话剧《绿野仙踪》、锡剧《玉蜻蜓》、京剧《谍战南京》、黄梅戏《凤鸣宏村》。观众近1万人次。

【大江艺术团“文化港城行”巡演】 5月13—21日，大江艺术团在高港区7个镇街开展“倡导移风易俗，弘扬时代新风”巡演巡展暨大江艺术团“文化港城行”基层巡演活动10场，观众约2.5万人次。演出代表节目有舞蹈《中华幸福门》，现代京剧《红色娘子军》，情景剧《良辰节日唱风尚》，小品《送彩礼》，说唱《移风易俗树新风 》《移风易俗新风尚》等。

【文化惠民券资助演出】 2019年，全区文化惠民券资助演出金额共136.75万元，点单演出189场次，观众近26万人次。编排群口快板《法治农村树新风》，舞蹈《美在新高港》《四德歌》《美好新时代》等节目。

大江艺术团基层巡演　　（区文化体育旅游局　供图）

【基层文艺团队优秀文艺节目调演】10月30日，高港区基层文艺团队优秀文艺节目调演在高港大江剧院举行，共有13个优秀文艺节目参加调演。区京剧联谊会京歌伴舞《潮起东方》等4个节目获一等奖，区心连心艺术团的说唱表演《再唱高港好》等4个节目获二等奖，永安洲镇港韵艺术团的音乐快板《践行中国梦，永安在行动》等5个节目获三等奖，区老年艺术团的戏歌表演《清风正气中国梦》、区星梦想艺术团的情景剧《牌楼和老井》获新创优秀作品奖。

【庆祝中华人民共和国成立70周年歌咏比赛】9月17日，高港区举办庆祝中华人民共和国成立70周年合唱比赛，各镇街和有关部门（单位）共有14支代表队参加比赛。区财政局、区住房城乡建设局等3个单位获一等奖，白马镇、区教育局等4个单位获二等奖，区卫生健康委、区人民法院等7个单位获三等奖。9月29日，举办庆祝中华人民共和国成立70周年歌咏大会。（孙国星）

2019年9月5—15日，高港区举办“蕙心纨质，绽放港城”——江苏省女性青年艺术家十人展
（区文化体育旅游局　供图）

文学艺术

【文联组织】2019年，区文联下辖书法家协会、作家协会、摄影家协会、诗词楹联协会、音乐舞蹈家协会、老年书画协会、美术家协会，共有会员302人。其中，书法家协会48人，国家级会员1人，省级会员6人，市级会员16人；作家协会30人，省级会员2人，市级会员5人；诗词楹联协会35人，国家级会员2人，省级会员6人，市级会员9人；摄影家协会42人，国家级会员2人，省级会员6人，市级会员16人；音乐舞蹈家协会55人，省级会员3人，市级会员8人；老年书画协会35人，省级会员5人，市级会员10人；美术家协会57人，省级会员5人，市级会员18人。（高卫东）

【文艺创作】2019年，全区围绕中华人民共和国成立70周年、社会主义新农村建设等主题，创作歌曲《我们永远这样亲》《美丽乡村走一走》，打鼓说唱《移风易俗新风尚》，舞蹈《共和国之恋》《我们都是追梦人》，美术作品《粉刷届的娘子军》《夏至时节家家园》《故园情深》等30余部文艺精品。其中，歌曲《我们永远这样亲》获泰州市第九届“五个一工程”奖，美术作品《粉刷界的娘子军》《夏至时节家家园》《故园情深》等在省级以上书画美术作品展中展出。

【书画摄影展】2019年，高港区举办“蕙心纨质，绽放港城”——江苏省女青年艺术家十人展、“斯地为高，飞墨汇港”中国当代篆书名家精品展、“逍遥山水”——顾平书画展高港行等精品书画摄影展，共有省内外30余名书画家的近千余幅作品参加展览，近1万人次参观。（孙国星）

2019年11月15日，“逍遥山水”——顾平书画展高港行在高港书画院开展
（区文化体育旅游局　供图）

文化遗产保护

【物质文化遗产保护】 3月，解放街戚宅、李信昌过载行被江苏省文物局公布为第八批江苏省文物保护单位。全区有全国重点文物保护单位1处（人民海军诞生地），省级文物保护单位3处（口岸雕花楼、解放街戚宅、李信昌过载行），市级文物保护单位6处（口岸城隍庙、刁铺龙王庙、泰昌生木号、龙泉池浴室、解放街孙宅、佴家庄战斗旧址纪念碑）。3月，聘请江苏金陵科技集团有限公司对全区的文物分布现状保护开放利用情况进行普查和规划，制定《泰州市高港区文物安全综合管理实验区建设方案》，经泰州市文物局评审，作为泰州第一个创建地区上报至江苏省文物局。4月，被江苏省文物局公布为江苏省文物安全综合管理实验区。8月，按照省、市要求，按期做好辖区内不可移动文物的本体单体清单核定以及南京图书馆文化信息资源共享工程中高港区物质文化遗产信息采集工作。10月，向江苏省文物局上报文物安全综合管理实验区材料。11月，对被列入第八批江苏省文物保护单位的解放街戚宅、李信昌过载行进行组稿，配合江苏省文物局编辑出版《第八批江苏省文物保护单位图录》。

【文物消防安全】 4月，高港区在口岸雕花楼景区庆元广场开展2019年文化市场、文保单位、旅游单位、体育场馆、雕花楼景区消防安全演练暨消防安全知识培训活动。督促文保单位管理人员了解、掌握消防器材的基本性能和使用方法，强化安全责任意识，提高人群密集场所从业人员的消防应急处置能力。实施景区、镇（街）文化站“区点联动”二级监管工作体系，常态化开展文物保护单位自查，加强日常消防、安防管理。（赵泽聪）

【非物质文化遗产保护】 2019年，高港区开展“非遗”进校园、进社区系列活动。2月，在口岸中心小学举办“金猪迎春闹元宵，乐享非遗庆团圆”正月十五元宵主题活动。3月，在口岸街道王营社区举办“遇见最美志愿者，小小非遗代言人走进社区”——学雷锋志愿者新时代文明实践活动。4月，泰州木雕传人帅春燕被泰州市总工会授予泰州市“五一劳动奖章”。5月，曹必生、毛俊勇等9人被评为高港区第四批区级“非遗”代表性传人。5月底，在泰州市环溪幼儿园举办“让‘非遗’过个快乐的儿童节”庆祝六一儿童节主题活动。6月，江苏卫视国际频道《小城故事多》栏目组到高港区拍摄根雕、虎头鞋“非遗”专题片。8月，袁永亮根雕作品《祖国如意吉祥》获江苏工艺美术博览会第十届“艺博杯”大赛铜奖。9月，举办“颂祖国辉煌，唱盛世赞歌”高港区刁铺街道群众民俗文化展演活动。10月，泰州木雕获得省级“非遗”项目专项补助资金10万元；根雕传人袁永亮工作室被评为“泰州市乡土人才大师工作室”；组织高港砖雕、高港根雕、泰州木雕参加泰州市庆祝中华人民共和国成

中国人民解放军第三野战军渡江战役指挥部旧址（区委宣传部 供图）

立70周年红色历史文化非遗作品展。11月,组织世泽木雕、高港根雕、传统绳带编织等"非遗"项目参加市首届古盐运河文创节。

【文化遗产日活动】 6月8日,高港区在刁铺街道圩岸社区举办"非遗保护,中国实践"文化遗产日系列活动。高港砖雕、高港藤艺、高港鼓儿书、白马糖画、高港宫灯、泰州木雕6个省、市、区级"非遗"项目参加展示。活动设置有"非遗"传人授牌仪式、"非遗"讲座、"非遗"实物展、火花展等。圩岸社区群众和水岸幼儿园、格林幼儿园师生参加本次活动。 (严惠仲)

电视节目

【概况】 2019年,高港电视节目中心有自办新闻类栏目《高港新闻》和联办类栏目《今日扬子江》《高港警方》《法治天地》《高港财政》等。高港城市频道每天播出17小时,全年累计播出6205小时。借助热线电话、"大江论坛"等平台,关注民生热点问题。记者张文进被评为泰州市见义勇为先进个人。

【舆论宣传】 2019年,高港电视节目中心在《泰州新闻》《新闻夜班车》《看泰州》《小范帮你忙》等栏目发片230余条,"学习强国"App用稿13条。其中,《泰州新闻》头条和主题新闻20余条,24篇报道被江苏卫视采用。与泰州广播电视传媒集团(台)合作采制的《全国两会组合报道(徐镜人)》《中华医学会科技奖(2018)颁奖大会》《五级人大代表回选区》《"我们走在大路上"专题片——渔民陈伟》《"高港杯"第六届全国象棋青年大师赛》等5篇报道被中央电视总台《新闻联播》《焦点访谈》《新闻直播间》《体育新闻》等栏目采用。《高港新闻》开设《贯彻落实区委五届五次全会精神》《有请"骏马"》《不忘初心、牢记使命》《党旗飘飘》《大兴实干之风,致力高质量发展》等14个专栏,推出《园丁风采》《巾帼风采》《高温下的劳动者》《身边的美丽》《高港先锋谱》《乡村振兴看高港》等系列报道300余篇。

【民生新闻】 2019年,《高港新闻》回应百姓关切,接听民声热线来电近240次,帮助群众联系相关部门、镇街解决生产生活问题40余次,播放民生热线300余篇。推出《高港:聚焦课后延时服务》《这个拥抱等了70年》《两车追尾,大豆油渣撒路面》《高港渔民陈伟长江放流10万元河豚鱼苗》《交警铁拳出击,查获超载"百吨王"》《有召必回,扬子江小伙儿亮相国庆阅兵》等热点报道。

【特色栏目】 2019年,高港电视节目中心围绕中国人民解放军海军诞生及渡江战役胜利70周年,在《高港新闻》开设《海军诞生地 渡江英雄城·那些人,那些地方》等8篇专题报道。围绕中华人民共和国成立70周年,《高港新闻》推出《我与祖国共成长》《礼赞70年·巨变》等系列报道共24篇。

【访谈节目】 2019年,高港电视节目中心联合各镇街以及区农业农村局、区水利局等,在全市率先推出以乡村振兴为主题的访谈类节目《乡村振兴看高港》,设置乡村故事、乡村振兴大家谈、政策解读等板块,坚持动态宣传、主题宣传和专题访谈相结合,全年推出30档。推出《有请"骏马"》系列访谈10篇。

【电视节目安全播出】 2019年,高港电视节目中心推进重大安全隐患整改,完成供配电系统改造、空调改造、技术用房改造、播出机房UPS电源改造以及演播厅灯光改造等工作。制定和完善各类技术维护检修制度,对新闻素材拍摄、节目制作等每个环节严格把关,加强信号监测,提高节目制作保障能力。制定和完善各类应急预案,开展全员演练,提高突发事件的应急处理能力,完成重要节假日和重大安全保障期播出工作。全年高港城市频道安全播出6205小时,播出电视剧49部2166集、电影224部、《今日扬子江》24期、《高港警方》24期、《法治天地》24期、《高港财政》40期。

(高港电视节目中心)

体　育

【概况】 2019年,高港区发放健身路径18套,农村"15分钟体育健身圈"基本建成。举办各类群众体育活动60余场次。举办"高港杯"第六届全国象棋青年大师赛。承办江苏省第一届智力运动会象棋比赛。完成2019年高港区国民体质监测工作。

【全民健身基础设施建设】 2019年,高港区完善"城区10分钟体育健身圈"建设,98%的自然村实现体育健身器材全覆盖,农村"15分钟体育健身圈"基本建成。对因拆迁、自然村合并等因素造成的健身点布局不合理、利用率不高等情况,区文化体育旅游局会同相关镇街、村居进行实地论证。聘请专业企业对超龄服役的健身器材进行全面检测,组织维修、撤除更新。新建口岸街道水岸景城、许庄街道乔杨社区、胡庄镇周马村、大泗镇前进村等10处健身点,发放健身路径18套、篮球架19副。

【群众体育活动】 2019年,高港区组织举办羽毛球比赛、机关趣味运动会、机关三对三篮球赛、机关掼蛋比赛、钓鱼比赛等全民健身活动60余场次。组织参加2019年"舞动江苏"广场舞大赛泰州市决赛获二等奖。11月,参加江苏省第七届农民体育节获金奖。组队参加泰州市“国家体育锻炼标准”达标赛获第二名。

【社团体育活动】 9月16—17日，高港区举办空竹、太极拳、曳步舞、户外运动知识培训班，累计培训600人次。11月28—29日，在区全民健身中心文体广场承办泰州市第九套广播体操培训展示交流比赛活动，近150人参加。选派近70人参加省、市级社会体育指导员培训。

【国民体质监测】 6—7月，高港区组织国民体质监测工作，面向20~69周岁的中青年和老年人群开展免费测试。通过监测居民的身高、体重、肺活量、台阶试验、坐位体前屈、握力、纵跳、闭眼单脚站立、俯卧撑（男）、仰卧起坐（女）、选择反应时、骨密度和体成分等指标，了解人体的反应、体能、运动机能等情况，撰写高港区2019年度国民体质分析报告。与往年相比，新增加血压、血糖、血尿酸监测。

（孔小军）

【学校体育】 3月，区教育局印发《2019年高港区中小学体育竞赛计划和规程》。4月，举办高港区第十三届中小学生乒乓球比赛。5月，举办高港区中小学生广播操、眼保健操、特色操观摩评比活动；组队参加泰州市2019年中小学生乒乓球比赛，海军小学获小学组女子团体第六名，高港实验学校获初中组男子团体第二名、女子团体第四名。7月，举办高港区中小学生校园足球比赛，组队参加泰州市中小学校园足球比赛，大泗学校（小学部）获甲组女子第五名，大泗学校（初中部）男、女子队均获第二名，高港中等专业学校获职校组第四名；组队参加泰州市中小学生篮球比赛，高港实验学校获初中女子组第二名。10月，印发《2019年高港区学生体质健康监测工作方案》，部署学生体质健康监测工作；举办高港区第23届中小学生田径运动会，全区21支代表队近300名运动员参加比赛，3人次达国家二级运动员标准，5人次达国家三级运动员标准，打破7项高港区田径纪录。11月，组队参加泰州市校园足球啦啦操比赛，高港实验小学、口岸实验小学均获小学组一等奖；开展《国家学生体质健康标准》测试，填报相关数据；组队参加泰州市中小学生田径运动会，口岸实验学校获初中组第一名，高港中等专业学校获高中组第四名。12月，组织全区中小学跑操观摩评比活动；参加泰州市第四批体育艺术“一校一品一特色”项目创建，大泗学校校园足球项目创建为品牌项目，刁铺中心小学等5所学校体育项目创建为特色项目。永安洲实验小学被教育部评为全国足球特色学校，全区共有全国青少年校园足球特色学校8所。组织2018—2019年度高港区学校体育工作先进集体和先进个人评选，高港实验小学等5所学校被评为先进集体，陈振宇等10名教师被评为先进个人。

（徐云峰）

【“高港杯”第六届全国象棋青年大师赛】 5月22—24日，“高港杯”第六届全国象棋青年大师赛在高港区举办。男子20名青年大师、女子8名青年大师参加比赛。男子组采用预赛加决赛制，预赛采用五轮积分编排，取前四名进入决赛，决赛为预赛第一名、第二名决冠亚军，第三名、第四名决第三、四名。决赛采用分先两局制，如果打平则预赛成绩前者名次列前。女子组延续七轮积分制。男子组孟辰获冠军，王天一获亚军，刘子健获季军；女子组董毓男首次夺冠，吴可欣、沈思凡分获亚军、季军。比赛期间，组织开展象棋大师进校园活动。

【省第一届智力运动会象棋比赛】 4月16—18日，江苏省第一届智力运动会象棋比赛在高港区举办。省内13个地级市的代表队179名队员参加。比赛分为6个大项、12个小项，有成年组、少年组、儿童组和大学生组。比赛采取循环积分编排决出各组别比赛名次。泰州队取得3金1银的成绩。

（孔小军）

教 育

综 述

【概况】 2019年，高港区有各级各类学校41所，其中，普通中等专业学校1所、高中2所、初中9所、九年一贯制学校1所、小学11所、幼儿园17所。在校中小学生22152人，在园幼儿7339人，教师2504人。全区教育经费总投入7.91亿元，其中财政性教育投入7.43亿元。11月，经区委编委审批，同意成立泰州市口岸实验小学、泰州市口岸实验初级中学、泰州市永安洲实验小学、泰州市永安洲实验初级中学，撤销泰州市口岸实验学校、泰州市永安洲实验学校。

【教育经费】 2019年，全区义务教育经费全部纳入区财政保障范围，义务教育生均公用经费按省定标准的110%执行，即小学每生每年770元，初中每生每年1100元，其中10%统筹经费向小规模学校和经济薄弱地区倾斜，对不足300人的按300人核拨；学前教育生均公用经费为每生每年500元，超过省定标准；中职教育生均公用经费为每生每年1000元，达到省定标准。强化学校财务管理，聘请第三方审计机构对各学校财务收支等情况进行监督审计。

【教育基础设施建设】 2月，总投资2300万元的柴墟幼儿园项目启动建设，设置规模5轨15个班，占地面积0.77万平方米，建筑面积0.62万平方米。3月，总投资1.3亿元的环溪小学、环溪初级中学项目启动建设，小学设置规模6轨36个班，初中设置规模6轨18个班，占地面积6.03万平方米，建筑面积3.3万平方米。8月，总投资5000余万元的高港区尚德智幼儿园投入使用，设置规模6轨18个班，占地面积1.67万平方米，建筑面积0.85万平方米。10月，总投资1800万元的水岸景城幼儿园项目完成全部建设任务，设置规模5轨15个班，占地面积0.91万平方米，建筑面积0.61万平方米。11月，总投资5500万元的许庄中心小学改扩建项目全面竣工，设置规模6轨36个班，占地面积3.64万平方米，建筑面积1.85万平方米。

【素质教育】 2019年，高港区围绕"立德树人"目标，实施素质教育。2月，开展"我们的节日·春节""我们的节日·元宵""法润港城·防范非法集资宣传月"活动。3月，开展"学雷锋"主题教育活动、"学习新思想，从小学用典"亲子共读活动；结合植树节、世界水日等节日，开展"生态公益月"系列活动；举行高港区中小学生个人艺术单项比赛，参加泰州市艺术单项比赛。4月，组织"学习新思想，做好接班人"主题阅读活动。5月，承办泰州市家校共同发展论坛；开展"科普宣传周·科普大篷车进校园""传统文化进校园"活动；组织高港区青少年科技创新大赛、"笔生春风，心向祖国"少儿书画大赛；开展高港区第三届童话节。6月，组织"我的中国梦之童心向党""我们的节日·端午""教师妈妈伴成长""国际禁毒日""世界环境日"宣传教育活动；开展泰州市"非遗"宣传展示主场活动暨"非遗"进校园启动仪式。7月，组织开展"七彩的夏日""圆梦蒲公英"等主题实践活动。9月，开展"我和我的祖国""青少年法治宣传教育月"系列活动；承办泰州市"我们的节日·重阳"活动；参加泰州市素质教育"5+2"系列活动之合唱比赛。10月，举行"英雄在我心中"故事讲演、情景剧比赛；开展社会主义核心价值观教育活动；参加泰州市应急救护知识与技能竞赛。11月，承办泰州市中小学生合唱比赛；举行小学生京剧演唱比赛。12月，开展"国家宪法日"主题实践活动，组织全区中小学"美丽班级"评选，举行素质教育"5+2"五周年展演活动。口岸实验学校、高港实验小学、胡庄中心小学、海军小学、口岸中心幼儿园获得江苏省"文明校园"称号；高港实验小学和海军小学被评为江苏省艺术特色学校；口岸实验学校、许庄初级中学、高港实验小学、汪群小学通过泰州市法治校园验收；海军小学、孔桥小学、大泗学校通过泰州市心理健康特色学校验收；高港实验小学获泰州市少先队鼓号队大赛一等奖、年度最佳演奏奖；海军小学获泰州市合唱比赛一等奖；大泗学校获泰州市“英雄在我心中”情景剧二等奖；口岸中心小学获泰州市应急救护知识与技能竞赛团体二等奖；永安洲实验小学获泰州市学宪法讲宪法演讲一等奖；孔桥初级中学获泰州市学宪法讲宪法知识竞赛二等奖；高港实验学校、许庄初级中学、口岸中心小学、孔桥小学、汪群小学获泰州市“一校一品一特色”学校评比艺术特色项目称号。区教育局获素质教育“5+2”之“我和我的祖国”主题手抄报活动优秀组织奖；组织参加泰州市中小学生个人艺术单项比赛，高港区获一等奖22名、二等奖32名、三等奖94名。海军小学“开学第一课”、高港实验小学“我和我的祖国”、永安洲实验小学“十岁成长仪式”主题教育活动先后登上“学习强国”。

【教育督导】 2019年，高港区教育局出台《高港区镇人民政府、街道办事处教育发展情况考核细则》，建设“全领域、全口径、全支撑、全保障”的督导新体系，合理调整责任督学和督学责任区，按照“年度有计划、月度有重点”的要求，正常组织挂牌督导。依据新考核标准对4所小学、3所幼儿园、3所初中进行综合督导评估。先后组织开学工作、“泰微课”建设与应用、语言文字工作、体育工作、办园行为专项督导。编印校园安全工作督导文件汇编、义务教育学校综合督导工作文件汇编。

【校园安全】 2019年，高港区教育系统安全稳定零事故，创成泰州市交通安全、食品安全、消防安全先进学校11所，被评为2018—2019学年度泰州市安全教育先进市（区）。落实《泰州市教师安全素养培训五年规划》，210名教师分4批次通过泰州市安全实训基地实操培训。全区所有学校食堂全部进入江苏省“阳光食堂”监管平台，数据填报率、预警处置率均在80%以上，阳光食堂管理在省教育系统内交流。区教育局与区委政法委、区应急局、区市场监管局、交警高港大队、区交通分局、高港消防救援大队等部门联合开展检查10余次，发放整改通知书14份，共排查、整改安全风险隐患184个，整改率100%。全年共处理各类涉校涉生投诉、网络舆情406件。《人民日报》客户端2次报道高港校园安全工作经验与成效。

2019年4月23日，高港区举办师生“大阅读”推进会暨“世界读书日”活动　　（区教育局　供图）

【校外培训机构专项治理】 2019年，高港区开展校外培训机构专项治理行动。实施批前约谈制度、许可备案制度，开展“白名单”量化考核工作。3月，高港区校外培训机构专项治理经验在全省校外培训机构专项治理推进会上作专题介绍。4月22日，江苏省教育厅以《江苏教育简报》形式专题向教育部办公厅、省委、省政府、省人大、省政协推介高港区校外培训机构专项治理经验与做法。6月2日，《新华日报》以《高港：专项治理重拳出击，教育新生态带来更多获得感》为题刊载高港区校外培训机构专项治理经验。7月，区教育局职社科成功申报高港区首届“骏马奖”。

（徐云峰　李　蓉　严中海　徐筱艳　王网生　王文兵　毛建军）

学前教育

【概况】 2019年，全区有幼儿园17所（新增泰州市高港区尚德智幼儿园），其中，公办园10所，民办园7所（普惠园5所）。省优质园14所、市优质园2所，合格园1所。在园幼儿7339人；教职工787人。专任教师474人。教师持证上岗率100%，大专以上学历占比100%。招录全额事业编制教师11人。新建幼儿园4所（尚德智幼儿园、滨江诗语幼儿园、明发二期幼儿园、异址新建田河幼儿园），投入使用1所。完成4所小区配套幼儿园普惠性认定工作（小福龙幼儿园、水岸幼儿园、格林幼儿园、明发幼儿园），普惠性幼儿园覆盖率达87.74%。资源配置率达66.93%，比上年增长4%。加强对幼儿园卫生保健工作管理，区教育局联合区妇幼保健所完成8所幼儿园卫生保健复评工作。对2018年新入职的14名教师进行系列培训和课堂能力考核。开展课程故事、基本功比赛；举办课程游戏化现场推进会、园长论坛等系列研训活动。创成市课程游戏化建设基地2所（大泗中心幼儿园、汪群幼儿园），大泗中心幼儿园被评为全国足球特色幼儿园，口岸中心幼儿园被评为江苏省文明单位。

【泰州市田河幼儿园】 旧址位于口岸街道田河社区育才路8号，创办于1981年。新园建于水岸景城小区内，办园规模5轨15个班，占地面积7092平方米，建筑面积6600平方米，户外活动场地面积3500平方米，绿化面积2300平方米。该园确立“童心相伴、点石成金”的办园理念，坚持“一颗石头、一味自然、一份责任、一片深情”的园训。为江苏省优质幼儿园、泰州市安全教育先进学校、泰州市第二批普通学校融合教育资源中心、泰州市课程游戏化建设基地、泰州市课程游戏化建设第五批项目园。2019年，有大、中、小班10个，在园幼儿391人，专任教师23人，其中在编教师9人。

【泰州市永安洲中心幼儿园】 位于永安洲润洲花苑小区内。创办于1972年，2013年3月迁于现址。占地面积1.18万平方米，建筑面积9925平方米。坚持“发展幼儿，服务家长，成就教师”的办园宗旨，秉承“让每一滴水闪烁光芒，让每一个生命自然生长”的办园理念，以“温润、厚德、凝聚、坚韧”为园风，将“修流畅委婉之品格，树滴水穿石之信念”作为园训，营造“水润书香，德润满园”的人文校园。为江苏省优质幼儿园、江苏省巾帼文明岗、江苏省课程游戏化建设第三批项目园、江苏省平安校园、泰州市课程游戏化建设基地、泰州市平安校园示范学校、泰州市绿色幼儿园、泰州市优秀家长学校、泰州市第二批普通学校融合教育资源中心、泰州市爱国卫生先进单位、泰州市教育科研先进幼儿园。2019年，有大、中、小班15个，在园幼儿731人，专任教师34人，其中在编教师13人。

【泰州市大泗中心幼儿园】 位于大泗镇大泗村11组。创办于1985年，2013年8月由民办园转型为公办园。先后投入560余万元对园舍进行改建，现占地面积5940平方米，建筑面积2870平方米。为全国足球特色幼儿园、江苏省优质幼儿园、泰州市巾帼文明岗、泰州市交通安全先进学校、泰州市食品安全先进学校、泰州市绿色学校、泰州市节水型学校、泰州市第二批普通学校融合教育资源中心、泰州市课程游戏化建设基地。2019年，有大、中、小班10个，在园幼儿412人，专任教师27人，其中在编教师11人。（徐云峰　李　蓉　宋剑云）

义务教育

【概况】 2019年，全区有义务教育阶段学校21所，其中，小学11所、初中9所、九年一贯制学校1所。共有教学班418个，学生17870人，其中，小学生12258人，初中生5612人。专任教师1418人，其中，小学教师753人，初中教师665人。实施素质教育，减轻学生课业负担。做好进城务工人员子女、留守儿童和残疾儿童入学教育工作，保障适龄少年儿童接受义务教育的合法权益，义务教育入学率、巩固率均为100%。

【中考情况】 2019年，高港区1869人参加中考，全区中考成绩总平均分577.12分，超过全市平均分9.07分，较2018年提高3.92分。录取江苏省泰州中学191人，录取率10.21%；录取普通高中1242人，录取率66.45%。全区中考总均分连续5年超过全市总均分。

【泰州市口岸实验初级中学】 位于口岸街道扬子江南路。2014年9月建成，2019年，办学体制调整，由原九年一贯制泰州市口岸实验学校拆分为初中和小学。教学质量多年来稳居全区高位，高港区中小学管理工作考核实现“五连冠”。为全国国防教育示范校、江苏省文明校园、江苏省青少年科技教育先进学校、江苏省健康促进金牌学校、江苏省防震减灾科普示范校、江苏省节水型学校、江苏省体育特色学校（田径）、泰州市教育工作先进集体、泰州市教体融合“十佳学校”、泰州市教育现代化示范学校、泰州市依法治校示范校、泰州市《义务教育学校管

小学生垃圾分类课堂　（泰州市高港实验小学　供图）

理标准》实验示范校、泰州市关爱之家。2019年，有教学班24个，学生1109人，教师126人，市、区级骨干教师30人。

【泰州市永安洲实验小学】 位于永安洲镇国学路。2019年8月，作为独立法人，在原泰州市永安洲实验学校内独立办学，共享教育资源，共用配套设施。共占地面积9.7万平方米，建筑面积7.6万平方米，设有教学楼、实验楼、报告厅、图书馆、艺体中心、游泳馆、400米运动场、植物园等配套设施。学校秉承“朵朵浪花放光彩”的办学理念，激励全体师生奋勇向前，不断完善自我、超越自我、展示自我。2019年，创成全国青少年校园足球特色学校，获得“国际生态学校绿旗”荣誉。5月，学校国际跳棋队参加江苏省第十四届国际跳棋特色学校比赛，获得金奖。6月，承办泰州市未成年人十岁成长仪式示范活动。《花开十岁，歌唱祖国》被“学习强国”转播。在全区素质教育“5+2”考核中获优秀等次。在高港区教育局组织的综合考核中，连续三年获优秀等次。2019年，有教学班28个，学生1364人，教师78人。

【泰州市刁铺中心小学】 又名泰州市环溪小学，位于刁铺街道扬子江路东侧，占地面积8347平方米，建筑面积5664平方米，新校区于2019年3月启动建设。学校秉承“三精教育”理念，围绕“责任教育，绿色质量”的办学目标，提倡以责任之心育责任之人，潜心于让每一个孩子都拥有快乐的童年和美好的未来，推动学校内涵发展，提升学校办学品质。2019年，学校篮球项目创成泰州市特色项目；京剧在区级比赛中获一等奖第一名，并参加泰州市比赛获二等奖；田径、乒乓球等项目在区级比赛中获一等奖；学校被评为高港区“泰微课”应用先进学校。2019年，有教学班20个，学生919人，教师63人，市、区级骨干教师27人。

【泰州市田河小学】 位于口岸街道田河社区，学校占地1.67万平方米，建筑面积5000平方米。学校以规范发展、优质发展、特色发展为主线，推进素质教育，强化学生品行建设，深化课堂教学改革，提高教育教学质量。为泰州市文明校园、高港区“泰微课”建设先进学校、高港区学生资助工作先进单位，学校“品行银行”强基工程在江苏省中小学品格提升工程中期评估中获得优秀等次，获得泰州市小学生英语情景剧二等奖、区教育局财务工作先进单位一等奖、高港区青少年网络信息优秀组织奖、高港区经典诵读比赛一等奖。2019年，有教学班12个，学生493人，教师50人，高级教师6人。

（徐云峰 李 蓉 严永华）

普通高中教育

【概况】 2019年，全区有泰州市市直普通高中2所，即江苏省口岸中学、泰州市第三高级中学，均为四星级高中。在校学生4281人，教师405人。

【高考情况】 2019年，高港区1105人报名参加高校招生考试，其中，普通类考生928人、纯体育艺术类69人，新疆班考生108人。被各级各类高校录取1036人，其中本科924人。

【江苏省口岸中学】 位于高港区口岸街道人民东路26号，创办于1926年。1991年，学校征用2.67万平方米新建运动场。1996年，被确认为江苏省重点高级中学。1997年8月，成为泰州市教育局直管学校。1999年，初中部撤出。2001年，通过国家级示范高中评估验收。2003年，成为江苏省首批四星级高中。占地面积11.67万平方米，建筑面积6.09万平方米。校内有清源亭、岳飞像等历史文化景点36处。为全国教育网络系统示范单位、全国民族团结进步模范集体、江苏省园林式单位、江苏省绿色学校、江苏省文明单位、江苏省文明学校、江苏省德育先进学校、江苏省实施素质教育先进学校。2019年，有教学班50个，学生2662人，教师252人。

【泰州市第三高级中学】 位于刁铺街道校园路1号，创办于民国1942年，1959年迁至现址。2002年，被确认为江苏省重点高级中学。2005年，被确认为江苏省三星级高级中

江苏省口岸中学 （江苏省口岸中学 供图）

学。2018年，被确认为江苏省四星级高级中学。占地面积6.8万平方米，建筑面积2.1万平方米。教室、实验室、电教馆、图书馆、阅览室均参照江苏省教育现代化标准配置。有400米环形跑道运动场、足球场、篮球场、排球场、风雨操场等体育活动场地，以及学生公寓、师生食堂。建有假山、喷泉、藤架、荷池、亭台、曲径等。为教育部"十一五"规划课题组优秀科研实验学校、江苏省德育先进学校。2019年，有教学班28个，学生1619人，教师153人。

（徐云峰　李松涛）

职业教育

【概况】 2019年，全区有中等职业学校1所（江苏省高港中等专业学校），在校学生1957人（含成人教育415人），教职工249人。年内，招收新生647人（含成人教育103人），毕业生643人（含成人教育154人）。近180名毕业生进入扬子江药业集团、泰州港务集团有限公司、益海（泰州）粮油工业有限公司、万向精工江苏有限公司、泰州贝尔泰克医疗器械有限公司、泰州飞翔车辆工具厂、泰州超人汽车电子有限公司等本地企业工作。263名中职学生参加2019年江苏省普通高校对口单招考试，本科进线人数21人，公办大专及以上进线率100%。学校建成江苏省中等职业学校学生学业水平考试技能考试（化工分析与检验专业）标准考点。学校组织10名教师参加泰州市教学大赛，6名教师入围省赛，管国华、王艳团队获江苏省信息化教学大赛二等奖，2名教师获三等奖。学校语文组获江苏省巾帼文明岗称号。3名学生被评为江苏省"三创"（创新、创意、创业）优秀学生，1名学生被评为江苏省"三创"优秀学生干部，1个班级获江苏省先进班集体称号；2名学生被评为泰州市"三创"优秀学生，4名学生被评为泰州市"三创"优秀学生干部，2个班级获泰州市先进班集体称号。

【江苏省高港中等专业学校】 创办于1998年7月，校址定在原泰兴市许庄职业中学，投资1200余万元，征地3.6万平方米，建造综合大楼、学生公寓、食堂等，当时名为泰州市高港区职教中心，总占地面积7.2万平方米。1999年，口岸职业高中技术学校并入高港区职教中心。2004年，通过国家级重点职业学校评估验收，更名为江苏省高港职业教育中心校。2008年下半年，原江苏省泰兴职业高级中学并入江苏省高港职业教育中心校，实行"一所学校、两个校区"。2010年年初，通过江苏省四星级验收。2012年7月，江苏省编委办、省教育厅《关于公布使用"江苏"字样中等及以下学校名单的通知》中列出江苏省高港中等专业学校。2014年8月，区编委办批复，江苏省高港职业教育中心校更名为江苏省高港中等专业学校。总占地面积15.53万平方米，建筑面积3.51万平方米。有3个省级品牌专业，2个省级高水平实训基地，系高港国家级技能鉴定所（站），全国计算机、普通话培训测试站，高港区高技能人才培训中心。为全国农村青年转移就业先进集体、全国职业技术学校职业指导先进学校、全国足球特色学校、江苏省文明单位、江苏省教学科研先进集体、江苏省先进基层党组织、江苏省平安校园。2019年，有教学班39个，中职学生1542人，成人教育在读415人，教职工249人，专任教师233人。　（徐云峰　柳根林）

社区教育

【概况】 2019年，高港区城市居民、农村居民社区教育活动参与率分别为65.7%、41.61%，老年人参与率22.54%，终身学习网络覆盖率100%。胡庄镇金泰莱生态农业示范基地创成江苏省教育服务"三农"高水平基地，胡庄镇社区教育中心被评为江苏省社会教育先进集体，口岸街道社区教育品牌"择善课堂"获评省级社区教育品牌项目，口岸街道社区教育中心获得江苏学习在线优秀组织奖。白马镇社区教育中心编写的校本教材《生命之水》被评为全国优秀乡土教材一等奖，校长王友传主持的江苏省"十三五"社会规划课题《社会主义新农村建设背景下农民素质教育培训的实践研究》完成。全区4人次获得社区教育省级表彰，高港区获2019年"江苏省在线学习"优秀组织奖。

【胡庄镇社区教育中心】 创办于20世纪70年代，占地面积4200平方米，建筑面积2600平方米，有标准培训教室1个，数字化学习教室1个，容纳近500人的多功能报告厅1个，藏书近2万册的图书室1个，有美术室、体育健身室、视频会议室、舞蹈室等，设有篮球场、运动场。胡庄镇社区教育中心以"立足社区、面向社区、依托中心、服务社区"为理念，不断完善适应社区教育新机制，满足社区居民学习需求，在社区教育工作方面进行积极探索和大胆尝试，彰显胡庄特色，打造社区教育品牌，社区教育工作得到长足的发展。2007年，胡庄镇社区教育中心被评为江苏省农村成人教育先进单位；2009年，通过省级社区教育中心验收；2017年，胡庄镇社区教育中心打造的《胡庄流动课堂"1+N"》被评为"江苏省社区教育品牌项目"；2019年，高港区金泰莱生态农业示范基地创建为江苏省教育服务"三农"高水平基地，胡庄镇社区教育中心被评为江苏省社会教育先进集体。

教师队伍

【概况】 2019年，高港区有教师2099人，其中，普通中等专业学校233人，初中665人，小学753人，幼儿园448人。幼儿园专任教师大专及以上学历比例100%，小学专任教师本科及以上学历比例95.18%，初中专任教师本科及以上学历比例100%。全区有江苏省特级教师5人，江苏省特级教师后备人才9人，泰州市三级骨干教师189人，区级以上三级骨干教师占比达25.2%，高于教育现代化15%的指标要求。职业类学校“双师型”教师96人，占专任教师比例80.67%。

【教师培养】 2019年，高港区教育系统第三批名师工作室、学科研修坊通过送研到校、送教下乡、名师引领、实地考察、异地交流等，提升成员科研水平和教学能力。7月，区教师发展中心遴选60名乡村初中数学、化学骨干教师成立2个学科的“骨干教师培育站”，开展为期1年的集体研修活动；组织高港区中小学音乐、美术教师共50人参加引智培训；2018—2019年“乡村初中语文骨干教师培育站”被评为江苏省优秀培育站。8月，组织各阶段全学科全员培训，参培人员达2000人次。2018年9月至2019年7月，对2018年新入职的63名教师进行培训。9—12月，对2019年秋学期新入职的54名新教师进行两期培训。11月，组织150名小学语文教师参加江苏省名师送培活动。2019年，全区2054名教师继续教育学时认定合格，学时达标率100%。区教师发展中心被评为江苏省引智培训项目“优秀培训点”。在“江苏省教师师德师风知识网络竞赛”活动中，区教师发展中心获得优秀组织奖。全区市、区教坛新秀、教学能手、学科带头人累计529人（不含市属学校），共有5人入选江苏省第五期“333高层次人才培养工程”培养对象，36人入选泰州市第五期“311高层次人才培养工程”培养对象，6人被遴选为第二批泰州市中小学校长卓越领导力高级研修班培养对象。35名教师取得普通类一级教师专业技术资格，24名教师取得乡村类一级教师专业技术资格，3名教师符合从教30年乡村教师直接认定一级教师条件。

【教师交流】 2019年，高港区中小学教师出国（境）学习进修共9人次。2018—2019年，共105名义务教育阶段专任教师参加交流，占符合交流条件专任教师的20.43%；共25名骨干教师参加交流，占符合交流条件骨干教师的24.04%，均高于省定15%的要求。

【中小学校长培训】 4月，高港区组织50名中小学教学副校长及教师发展负责人到杭州市参加校本研修培训。8月，组织20名中小学校长到西安市参加“全国校长综合素养提升研修”活动。11月，组织21名中小学校长到江西省开展“深化师德师风建设，培养造就新时代高素质教师队伍”专题培训，组织22名中小学教学副校长参加“全国中小学校长、中层干部领导艺术与管理水平提升暨特色学校观摩高级研修班”。12月，组织25名中小学校长和骨干教师到深圳市参加“当代中小学学校管理、教育教学与信息技术深度融合高级研修班”。

【教学科研】 2019年，《江苏教育报》、高港电视台先后4次报道高港区学生学习力提升工程。泰州市许庄初级中学“乡村初中‘1+2’课堂教改模式”入选“江苏初中课堂教学改革优秀成果”。全区新增教研课题省级3个（其中重点1个）、市级7个，新增规划课题省级5个（其中重点2个）、市级3个，教研、规划课题立项率分别约为泰州市平均立项率的2倍、1.4倍。课题研究成果被江苏省中小学教学研究室评为优秀成果二等奖，占泰州市获奖总数的1/3。“五四杯”论文评选，高港区江苏省一等奖获奖数占泰州市总数的1/3；“师陶杯”评选，高港区江苏省一等奖获奖数占泰州市总数的3/13，均为泰州市第一。共有25人次获省、市级教学比赛一等奖，其中，高港实验小学教师焦开慧获江苏省小学语文青年教师优质课特等奖，大泗学校教师张蓉获江苏省第十七届书法优质课特等奖，高港实验学校教师孙洁获江苏省初中数学青年教师优质课一等奖。

（徐云峰　严永华　冯　宇）

卫生健康

医疗卫生机构

【概况】 2019年，高港区共有医疗卫生单位84个，其中，二级公立医院2个（泰州市第三人民医院、高港中医院），民营医院2个（张勤眼科医院、慕云儿童医院），公共卫生服务机构3个（区疾控中心、区卫生监督所、区妇幼健康计划生育服务中心），镇街卫生院（社区卫生服务中心）9个，村卫生室（社区卫生服务站）62个，门诊部2个，个体诊所4个。编制病床1195张，门诊、急诊97.08万人次，住院2.28万人次。卫生技术人员共有1629人，注册医生573人，每千人拥有医生数为2.25人，注册护士534人，床护比为0.45。

【泰州市第三人民医院】 始建于1958年，2006年由人民路旧址搬迁至春港路。2013年经省卫生厅评审成为二级甲等综合性医院。医院占地面积3.3万平方米，建筑面积4.5万平方米，核定床位600张，设有13个病区，一、二级临床医疗、医技科室40个。医院资产3亿元，拥有MRI、64排螺旋 CT、菲利浦 C 臂机、CR、DR、进口电子胃肠镜、彩色B超机、全自动生化分析仪、全自动化学发光分析仪、进口麻醉机、呼吸机、血透机、电视腔镜系列等医疗设备，完成 DSA 采购。设有心血管内科、消化内科、骨科、康复医学科、肿瘤内科、中医肝胃科、中医妇科、中医肛肠科、口腔科等。开展心脏起搏术、电子胃肠镜下治疗、肿瘤插管化疗、重症胰腺炎治疗、妇科内镜诊疗等技术。2017年4月，融入泰州市人民医院医联体，增挂“泰州市人民医院高港分院”牌子。医院各项运营指标稳步增长，市人民医院第二批专家团队入驻，心血管内科、麻醉科、消化内科、康复科相继创建为市重点专科，与上海中山医院、江苏省人民医院、南京鼓楼医院等建立友好协作关系，聘请知名专家常年到院坐诊、带教，成立樊冰教授名医工作室。门急诊楼扩建工程内部装修基本完成。停车场改造完成前期准备工作。2019年，有在职职工599人，卫生技术人员499人，医学硕士12人，正高级职称24人，副高级职称98人，门急诊29.61万人次，住院1.28万人次。

泰州市第三人民医院 （区住房城乡建设局 供图）

【高港中医院】 始建于1968年，系集医疗、预防、保健、康复于一体的二级甲等中医医院。为江苏省中医院协作单位、泰州市中医医联体副理事长单位，新型农村合作医疗保险、市直乡镇两级基本医疗保险定点医院。医院总建筑面积1.5万余平方米，设置床位310张，开放床位200张。设有急诊科、内科、儿科、外科、妇产科、骨伤科、针灸科、眼科、耳鼻咽喉科、治未病科等临床科室以及检验、放射、B超、心电图、肺功能、内窥镜等医技科室。医院拥有 CT、DR、彩超、彩色经颅多普勒、五分类血球计数仪、全自动生化分析仪、电子胃镜、结肠镜、腹腔镜、阴道镜、利普刀、心电监护仪、移动式C型臂X射线机、关节镜、多功能麻醉机、自动熏蒸仪等高中档医疗设备。注重发展中医药特色的学科和专科建设;儿科、针灸康复科、妇科、肛肠科为市中医重点专科。开展中医特色服务项目80余种,具有中医特色的医疗技术40余项。2019年,在职职工213人,卫生专业技术人员177人,其中,中高级职称70人,门诊、急诊19.76万人次,住院4609人次。

【张勤眼科医院】 系泰州市第一个眼科专科品牌医院,位于扬子江中路98号。全院占地面积550平方米,建筑面积1820平方米,主要设备有白内障、玻切手术设备,光学相干断层成像OCT眼部检查设备,莱卡手术专用显微镜,综合验光设备和验光室,视功能检查设备,儿童弱视治疗仪等。编制床位数为35张,实际开放床位数35张。全院专业卫生技术人员30人,其中,高级职称5人,中级职称7人,初级职称18人。2019年,门诊1.86万人次,住院1177人次。

【慕云儿童医院】 位于金港中路336号,占地面积600余平方米,建筑面积2100平方米。系集中、西医儿科门诊和病房于一体的综合儿童医院,高港儿童医保定点单位,2018年晋升国家二级中医专科医院。主要设备有进口生化仪、彩超、微量元素检测仪、心电图、DR放射诊断仪等。2019年,编制床位80张,实际开放40张,卫生技术人员20人,门诊、急诊1.53万人次,住院2759人次。

【大泗卫生院】 位于大泗镇泗白路东侧8号,占地1.05万平方米,建筑面积6000平方米。系集中、西医门诊和病房于一体的一级综合乡镇卫生院,高港区医保定点医院。开设床位77张,职工63人,其中,高级职称7人,中级以上23人。拥有全自动生化分析仪、X摄影诊断机、CR影像机、电子肠镜、电子胃镜、彩色多普勒等医疗设备。2012年2月,被评为江苏省示范乡镇卫生院。2016年,通过省中医药管理局省示范中医科验收,同年12月被评为“全国群众满意的乡镇卫生院”。2019年5月,被评为全省卫生健康系统先进集体;12月,被评为江苏省文明单位。

【田河社区卫生服务中心(高港中医喉科医院)】 位于口岸街道振兴南路西侧136号,占地面积1.17万平方米,建筑面积4500平方米。系以特色专科中医喉科为支柱的综合性乡镇卫生院。雅妙河戴氏喉科为省级非物质文化遗产保护科室、省级特色科室。该中心注重发展中医药特色学科和专科建设,在巩固省级特色专科优势的同时继续打造特色消化内科,作为新的创新亮点。中心拥有奥林巴斯光纤喉镜、五分类全自动血球仪、迈瑞400速/小时全自动生化分析仪、全自动凝血分析仪、奥林巴斯胃镜、西门子彩超、GElogiqF6彩超、DR影像机等医疗仪器设备。中心编制病床30张,实际开放病床30张。有职工总数56人,其中卫生专业技术人员45人。固定资产1106.6万元。为泰州市医保、农保定点医院。2019年,总收入1738.8万元,总支出1696.8万元,门诊急诊51666人次,收治住院病人903人次。 (姚 瑶)

妇幼保健

【妇幼重大公共卫生服务项目】 “两癌”筛查 2019年,区卫生健康委根据《高港区2019年妇女宫颈癌和乳腺癌检查项目实施方案》,成立“两癌”筛查技术指导小组。组织培训工作人员,实施全程监督指导。完成“两癌”筛查1万人。宫颈癌筛查人数1万人,结案人数1万人,HPV检测人数1万人,其中阳性人数为1227人,TCT检查人数为1033人;乳腺癌筛查人数1.02万人,结案人数1.02万人。确诊宫颈癌4人、乳腺癌3人。

阻断艾滋病、梅毒和乙肝母婴传播项目 确保所有孕产妇在艾滋病、乙肝、梅毒检测时享受减免政策,完善咨询及检测制度,建立有效、可行的预防艾滋病、梅毒和乙肝母婴传播工作机制。加强宣传引导,保障检测对象的知情权和隐私权,检测率进一步提高。累计完成孕产妇艾滋病、乙肝、梅毒检测2089例,其中住院分娩产妇检测569例。孕期梅毒感染孕产妇3例,乙肝表面抗原阳性孕妇49例;乙肝表面抗原检测阳性20人,所生婴儿均注射免费的乙肝免疫球蛋白。

农村妇女增补叶酸项目 通过张贴宣传画、发传单、出板报、进村等方式进行宣传,调动农村妇女在孕前和孕早期补服叶酸。叶酸的管理和使用较上年有较大的改善,明确专人负责,按药品管理要求做好叶酸的保管、发放、进销存资料。全年增补叶酸妇女612人,服用依从率达100%,增补叶酸知识知晓率100%。

【儿童健康管理】 2019年,高港区加强3岁以下儿童特别是体弱儿的筛选、随访,实行婴儿出生后产房建卡,增加访视高危新生儿次数。加强5岁以下儿童死亡监测及自动出院危重儿、严重缺陷儿的追踪、随访等工作。全区新生儿疾病筛查率为100%、访视率99.27%,婴儿出生缺陷率7.2‰,婴儿死亡率0,5岁以下儿童死亡率0.98‰,无一例儿童死亡、活产漏报;0~6岁儿童健康管理率100%,0~3岁儿童系统管理率95.69%,5岁以下儿童消瘦率1.5%。在春、秋学期开学之际,组织开展托幼机构督导,完成在园儿童的“六一”体检工作，共体检5997名儿童，入园新生健康档案建档率100%。区卫生健康委联合区教育局对全区托幼机构近639个保教人员进行儿童保健知识专题培训，组织托幼机构工作人员健康体检，发放体检合格证明。

【孕产妇健康管理】 2019年，高港区加强孕产期保健管理，每季度对孕产妇早孕建册、产前检查、住院分娩、产后访视、妊娠风险筛查评估、阳性转诊及随访等工作进行督导，对查出的高危孕产妇实行专册登记、专案管理、追踪随访、转诊护送、接诊救治，确保住院分娩，最大限度避免孕产妇、围产儿的死亡。年内，全区孕产妇总数为2002人，其中，早孕建册1552人，早孕建册率77.5%；筛查出高危产妇166人，且全程跟踪管理，保健覆盖率99.9%；孕产妇系统管理率74.2%；住院分娩2001人，分娩率99.9%，新法接生率99.9%；产后访视1987人，访视率97.4%；孕产妇死亡率为0。开展已婚妇女健康检查，实查12796人。

【孕前优生健康检查】 2019年，高港区在民政婚姻登记处实行“婚前医学检查—孕前优生检查—婚姻登记”一站式服务。印发《关于印发〈高港区合并实施免费婚前医学检查和孕前优生健康检查项目工作方案（试行）〉的通知》。全年免费婚前医学检查1227对，婚前医学检查率73.7%，免费孕前优生健康检查454对，筛查出高风险99人。

【妇幼分段诊疗】 2019年，高港区建立孕产妇、新生儿危急重症救治（含高危转诊）绿色通道。高港中医院与许庄街道孔桥社区卫生服务中心建立妇幼联合病房，妇幼健康分级诊疗初步建立。定期组织相关人员对妊娠风险筛查、高危孕产妇管理等内容进行专题培训。

【出生缺陷综合防治】 2019年，高港区按照《泰州市高港区出生缺陷综合防治民生实事项目实施方案》的要求，完成免费产前筛查557人、新生儿疾病筛查1127人、听力筛查1478人、先天性心脏病筛查1582人。 （田　荣　周　娟）

疾病预防与控制

【传染病防治】 2019年，全区报告乙类传染病9种212例、丙类传染病5种323例。乙类传染病报告总数比上年上升8.72%，丙类传染病报告总数下降65.57%。全区各医疗机构严格执行传染病报告和登记制度，网上报卡完整率、准确率、及时率均达100%。

结核病防治　坚持以“预防为主，防治结合”的方针政策，强化肺结核的发现、诊断、治疗、管理。宣传国家的结核病防治工作政策，普及结核病防治知识。发现活动性肺结核61例，其中，涂阳39例，病原学阴性19例，单纯性结核性胸膜炎1例，仅分子生物学阳性1例，仅培阳1例。网络报告率100%、转诊率100%、病人家属筛查率100%、追踪到位率100%、系统管理率98.4%。

艾滋病及性病防治　外地报至本地新感染艾滋病确认阳性病例15例，本地报告新感染艾滋病确认阳性病例1例。对感染者按时随访，填写随访表389份，感染者随访比例达98%。每月底开展CD4检测1次，检测比例达100%。加强自愿检测登记咨询工作，启动自愿检测登记咨询个案表的网络直报工作，共计完成642份，超额完成上级要求的检测咨询任务。加强高危行为干预工作，对辖区内大型宾馆、洗浴中心、KTV的高危人员进行干预，发放宣传资料，提高公共场所从业人员防艾意识和防艾技能，干预比例达90%以上。

【禽流感疫情监测】 2019年，高港区对城乡活禽市场、家禽规模养殖场（户）、家禽散养户、家禽屠宰加工厂等场所进行禽流感外环境采样监测。采样12个批次，计120个样本，经核酸检测均为阴性。

【血吸虫病防治】 2019年，全区31个村组织482人开展春季查螺，查螺总面积357.08万平方米（其中江滩139.37万平方米），查螺用工6578个工日。共设置死螺380只，回收218只。组织专业灭螺人员30余人，投入喷洒机3台，开展春秋两季药物灭螺施药，灭螺方法是采用50%氯硝柳胺进行喷洒灭螺，灭螺剂量为2~4克/平方米，每平方米的喷洒水量不少于2千克，喷洒3遍（每遍间隔7~8天），灭螺总面积为131.25万平方米，灭螺用工1393个工日，使用50%氯硝柳胺4.32吨。永安洲镇建安社区为国家血吸虫病监测点，监测本地人口305人、流动人口202人，间接血凝试验和胶体染料试纸条法检测均为阴性。完成本地居民血防查病2475人（血检2475人、粪检102人），流动人口查病202人，均未查出病人，血检阳性1人，扩大化疗1人。治疗救助晚期血吸虫病人4人，救助金额1.71万元。发放宣传材料1.5万余份，发放防护油膏1000盒。设置血防临时警示牌35块。

【地方病防治】 2019年，高港区完成居民户碘盐监测300份，检出非碘盐2份、不合格碘盐4份，碘盐覆盖率为99.33%，碘盐合格率为98.66%，合格碘盐食用率为98%。开展碘营养状况监测，盐碘中位数为23.3毫克/千克，8~10周岁儿童未发现甲状腺肿大者，尿碘含量中位数为212.17微克/升；孕妇尿碘含量中位数为119.84微克/升。

【寄生虫病防治】 2019年,高港区完成疟疾血检708人,发现输入性恶性疟2例,按照要求作规范处置,并进行追踪随访和健康宣教。

【预防接种和免疫规划】 2019年,高港区卡介苗接种率99.95%,第三剂脊灰疫苗接种率99.96%,第三剂百白破疫苗接种率99.96%,第一剂含麻疹成分疫苗接种率99.95%,第三剂乙肝疫苗接种率99.96%,第二剂A群流脑疫苗接种率99.91%,第一剂乙脑疫苗接种率99.91%,第二剂甲肝疫苗接种率99.96%。报告急性乙肝1例,急性乙肝48小时内流调率100%。AFP病例1例,为排除病例。麻疹专病系统报告疑似麻疹病例17例,经实验室检测排除病例为6例。报告预防接种副反应38起,其中,一般反应29起,异常反应9起。开展"4·25"儿童预防接种宣传日活动,宣传主题为"防控传染病,接种疫苗最有效",共设立11个宣传点,悬挂横幅11条,发放各种宣传资料4种计1000余份,宣传展牌4块,接待咨询130余人次。

【慢性非传染疾病防治】 2019年,高港区居民电子健康档案建档20.62万份,建档率81.13%。档案更新10.44万份,档案更新率50.64%。全区65岁以上老年人累计体检3.25万人,老年人健康管理率91.07%。累计管理高血压患者3.28万人,规范管理高血压患者2.71万人,规范管理率82.81%;累计管理糖尿病患者8223人,规范管理糖尿病患者6570人,规范管理率79.9%。全区居民死因网络直报系统报告死亡病例2136例,死因报告率8.4‰。报告肿瘤发病信息1412例、急性心脑血管事件1826例。

【食源性疾病风险监测】 2019年,泰州市第三人民医院作为江苏省食源性疾病监测哨点医院,其他各医疗卫生单位作为泰州市食源性疾病监测哨点医院,负责食源性疾病病例、食源性异常病例的信息报送,高港区疾控中心负责信息审核。泰州市第三人民医院完成病例填报151例,高港中医院完成31例,口岸街道田河社区卫生服务中心完成30例,刁铺街道社区卫生服务中心完成30例,许庄街道社区卫生服务中心完成30例,许庄街道孔桥社区卫生服务中心完成30例,永安镇社区卫生服务中心完成30例,白马镇社区卫生服务中心完成30例,大泗镇社区卫生服务中心完成30例,胡庄镇社区卫生服务中心完成31例,胡庄镇汪群社区卫生服务中心完成30例,慕云儿童医院完成30例。

(耿桂琴 陆 军)

卫生监督

【概况】 2019年,全区发放各类公共场所卫生许可证132张,组织开展各类执法检查33次,检查相关单位866户次,查处各类违法案件14件,罚没款16.6万元,处置各类卫生投诉举报7件。

【医疗机构监管】 2019年,区卫生监督所对全区82个医疗机构执业行为开展监督检查。开展"蓝盾一号""蓝盾二号""蓝盾三号"专项行动。主要监督检查医疗机构是否存在出租承包、医疗机构是否存在临床诊疗指南及技术操作规范执行不力、医疗机构是否存在医疗技术临床应用不规范、医疗机构是否不合理用药等。开展医疗机构依法执业专项监督检查,主要检查医疗机构开展诊疗活动是否超出核准的诊疗科目、科室设置和人员配备是否符合医疗机构基本标准、是否使用非卫技人员、是否违法发布医疗广告等,送达卫生监督意见书20份;对4个医疗机构开展医疗机构传染病防治分类监督综合评价工作,对存在的问题送达卫生监督意见书3份。按照"双随机"要求,制订监督抽检任务清单,对辖区内的6个医疗机构实施传染病防治监督抽检,主要检查内容为预防接种、消毒隔离、医疗废物处置等,送达卫生监督意见书3份。开展中医医疗机构依法执业专项检查,对3个中医医疗机构开展监督检查,送达卫生监督意见书3份。

【公共场所监管】 2019年,区卫生监督所委托第三方检测机构泰州市盛世永康环保科技发展有限公司对顾客用品用具消毒效果进行抽检。全年共抽检43户,包括住宿场所14户,沐浴场所11户(其中足浴店5户),美容美发店18户,抽检填写非产品样品采样记录43份。检测项目包括用品用具的细菌总数、金黄色葡萄球菌、大肠菌群,合格单位42个,不合格1个。形成检查表43份、现场笔录43份、监督意见书43份,立案查处2个。卫生管理监督抽检共计43个,检查内容为各项卫生管理制度落实情况、"两证"办理及公示情况、控烟情况及公共用品用具消毒情况、住宿场所安全套放置及设施情况、美容场所是否开展非法医疗美容情况,合格单位19个,填写公共场所卫生管理监督专项检查表43份,出具卫生监督意见书24份,对其中1个住宿场所未按规定进行检测进行立案查处,罚款1000元,对1个沐浴场所(足浴、汗蒸)进行处罚,罚款2000元。7月,配合市卫生监督所对2个游泳场所水质进行抽检,其中泰州源航体育产业发展有限公司儿童池余氯、浸脚池水余氯均不符合标准要求;扬州深蓝运动场馆管理有限公司泰州分公司浸脚池没有正常使用。5月、12月,对美容行业进行专项检查,张贴美容行业依法经营承诺书34份,出具卫生监督意见书34份。

【学校卫生监管】 2019年,区卫生监督所对辖区内21个各级各类学校常规开展传染病与常见病防控监督检查。6月，对辖区内的托幼机构儿童活动室的直接天然采光、采光系数、窗地面积比及地面照度等情况进行抽检，共计抽检5户，对检测结果不达标的提出整改意见。10月，对校外培训机构教室（教学场所）采光方向、采光系数、窗地面积比、防眩光措施、室内表面反射比及装设人工照明、课桌面照度、黑板照度等情况进行抽检，对检测结果不达标的提出整改意见。

【生活饮用水监管】 2019年，区卫生监督所对供水单位进行每季度1次的现场监督检查工作，主要对出厂水的余氯、色度、浊度、pH值等指标进行现场快速抽检。全区集中供水单位的卫生许可证均在有效期内，各项规章制度健全，消毒设施运转正常，能按要求对水质进行检验，基础资料齐全，出厂水余氯、色度、浊度、pH全部合格。

【打击非法行医专项行动】 2019年，区卫生监督所与区公安分局、区市场监管局、区城管局联合执法，开展非法行医集中整治活动2次，检查各类非法行医场所20户次。治理"城中村"、开发区以及城乡接合部等流动人口密集地区的"黑诊所"，查处以养生保健为名或以疾病研究院（所）为幌子非法开展诊疗活动的机构；治理非法医疗美容行为，依法查处违规开展免疫细胞治疗、干细胞临床研究和治疗等行为；治理非卫生技术人员从事医疗卫生技术工作、出具虚假证明文件、制售假药、以医疗名义推广销售所谓"保健"相关用品等违法违规行为；治理非医学需要的胎儿性别鉴定和选择性别的人工终止妊娠行为；拉网式摸底排查，对全区非法行医情况进行排查并登记，检查覆盖面达100%。

【卫生行政处罚】 2019年，区卫生监督所对未取得医疗机构执业许可证擅自开展诊疗活动的8个单位进行行政处罚，罚没16万元，没收药品和相关器械10余箱，责令停止非法执业活动，张贴取缔公告。

（孙选萍　孙　宏）

健康促进

【环境卫生整治】 2019年，高港区开展以"共推'厕所革命'，共促卫生健康"为主题的爱国卫生月暨健康教育宣传月活动。结合实际和行业特点，开展居民楼院、农贸市场、餐饮行业环境卫生整治。

【控烟工作】 2019年，高港区在公共场所设置明显统一的禁止吸烟标志，不得在公共场所摆放烟具，设立控烟监督员，强化劝阻吸烟，做好禁止吸烟的公共场所的日常管理工作。督查医疗机构，提升控烟工作成效。

【农村改厕】 3月，区政府办印发《高港区2019年农村改厕工作实施方案》，分解农村改厕任务。年内，引导镇村及农户尽量将户厕入院入室，提高接水率，同步消除露天粪坑，消除户外厕屋，有效改善农村人居环境。每月上报改厕进度报表，下发改厕项目情况通报6期。完成户厕改造1500座，完成率达100%。

【健康教育】 2019年，高港区组织开展健康宣传咨询活动10次。发放健康知识入户资料4期共5000份。每月更换健康教育宣传栏。每月开展健康教育讲座，举办讲座500场次，受众2300人。开展健康素养干预项目工作，完成健康素养监测问卷390份。

【病媒生物防治】 2019年，高港区按照"统一购置药品，统一投放时间，统一技术"要求，根据各单位面积、地段下发病媒生物防治药品。发放鼠药250千克，灭蟑毒饵800袋。

【卫生镇创建】 2019年，许庄街道通过国家级卫生镇考核验收。白马镇、大泗镇、胡庄镇通过卫生镇暗访验收。（管文建）

【学生健康监测】 2019年，高港区学生缺课监测在全市名列前茅。春学期当天上报率、非零报告率分别为98.58%、66.12%；秋学期当天上报率、非零报告率分别为97.32%、70.81%。春学期导致学生缺课的疾病前5位：一般感冒、其他、气管炎和肺炎、水痘、腮腺炎；秋学期导致学生缺课的疾病前5位：一般感冒、其他、水痘、气管炎和肺炎、风疹。学生常见病监测工作不断推进。至12月31日，22所学校报送17192名学生的常见病监测数据（录入江苏省学生健康监测平台17192条），监测覆盖率97.64%。视力不良率57.37%、恒牙龋齿3.61%，生长迟缓率0.22%、轻度消瘦2.37%、中重度消瘦2.34%、超重率16.65%、肥胖率16.36%、血压偏高率14.55%。12月，区疾控中心邀请市疾控中心联合开展学校教学环境监测，完成泰州市永安洲实验学校等5所学校的教学环境监测任务，覆盖率25%，并按时录入江苏省学生健康监测平台。

【家庭医生签约服务】 2019年，全区共成立家庭医生（健康管理）团队57个，主要职责包括开展巡回医疗、健康管理，加强村卫生室培训和指导。具体工作是为老年人、孕产妇、儿童、残疾人、慢性病人、精神病人以及行动不便的人员提供上门诊疗服务，落实好慢性病患者、高危孕产妇、体弱儿等人员的健康管理服务。至年末，全区常住人口签约服务11.09万人，签约率43.6%，重点人群签约11.46万人，签约率69.3%，建档立卡人群签约2233人，

2019年5月9日，高港区"最美护士"颁奖仪式现场

（区卫生健康委　供图）

应签尽签率100%。

（耿桂琴　陆　军）

医政管理

【概况】 2019年，泰州市第三人民医院接受并通过泰州市卫生健康委员会委托的第三方二级甲等综合医院的复评。高港区慕云儿童医院（民营）通过二级中医专科医院的评审。规范审批2个民营口腔门诊部、1个口腔诊所，1个中医备案诊所。泰州市第三人民医院、高港中医院根据国家医改要求，制定医院章程并报送至市卫生健康委员会审批。全面摸清医疗废物产生、贮存、处置现状，彻查医疗废物违法违规处置行为。

【医疗服务】 2019年，泰州市第三人民医院门诊诊疗率达40%；泰州市第三人民医院、高港中医院均开展住院床位预约服务；优化就医诊疗流程，提前进行常规检查和术前检查。泰州市第三人民医院、高港中医院完善麻醉医疗服务，组织实施多学科诊疗服务工作。泰州市第三人民医院、高港中医院全面实施临床路径管理，开展日间手术，实现临床路径病种数分别是51种和44种；全区日间手术病种达到5个，占择期手术26.98%。"5·12"护士节开展技能比武，达到以赛促练、以赛促学的效果；参加市卫生健康委员会护理技能比赛，泰州市第三人民医院武燕获市级护理技能竞赛二等奖。

【健康扶贫】 2019年，高港区明确泰州市第三人民医院为定点医疗机构，承担全区低收入人口30种大病的医疗救治工作。全年共救治151例，其中，终末期肾病13例、乳腺癌1例、胃癌19例、肺癌7例、食道癌16例、急性心肌梗死1例、脑梗死44例、结肠癌1例、肝癌7例、肝硬化3例、慢性阻塞性肺疾病15例。医保、医疗救助等报销比例达94.9%，低收入人口平均个人自付比例为5.1%。区卫生健康委联合区扶贫办、区残联印发《高港区建档立卡低收入人口白内障免费救治工作方案》，确定泰州市第三人民医院、张勤眼科医院作为区内白内障免费救治的定点医疗机构，全面开展白内障筛查和救治工作。开展白内障筛查375人次，开展免费白内障手术30人次。全面落实"先诊疗后付费"政策，低收入人口不需交纳住院押金即可入院治疗，出院时支付自付费用，医院结算系统能够根据患者医保卡或身份证等有效证件自动识别患者身份，实现"一站式"结算。全年为低收入人口先诊疗后付费683人次。

【医疗卫生对口支援】 2019年，高港区卫生健康委继续与陕西淳化县卫健局建立健全互访交流、结对帮扶工作机制。安排6名医护专家到淳化县工作，提升淳化县医院、中医院外科、肿瘤科、检验科、针灸推拿科、临床护理的诊疗能力和管理水平。接受淳化县到高港区挂职交流的6名医护人员，泰州市第三人民医院、高港中医院市级重点专科主任对他们进行一对一专家带教。

【平安医院创建】 2019年，高港区有平安医院13个，其中，二级平安医院4个，一级平安医院9个，未发生涉医违法犯罪案件。各医疗机构配备保安29人，投入安防系统建设的经费11.8万元，发生医疗纠纷9起，调解8起，申请鉴定1起，产生赔偿8起，赔偿金额18.59万元。各级医疗机构组织开展《医疗纠纷预防和处理条例》《江苏省医疗纠纷预防与处理条例》的培训学习，培训1309人次。（赵亚萍）

人力资源

综　述

【概况】　2019年，高港区城镇新增就业1.53万人，新增创业9693人，带动就业3.36万人，城镇登记失业率1.7%，继续保持全市最低。城镇职工基本养老保险参保数7.2万人，城乡居民基本养老保险参保数5.57万人。职业技能鉴定获证人1745人。引进高层次人才312人，其中海外人才75人。全年公开招聘事业单位工作人员98人（含教师、医护人员），实现事业单位招考安全无事故和零差错。劳动监察联动平台按期运行率100%，劳动人事争议案件处理结案率100%。

【便民服务】　2019年，区人力资源社会保障局实施“一窗通办、一次办结”改革，升级改造服务大厅，精简经办环节，实现“前台一窗受理、后台分类审批、一窗统一出件、邮政快递送达”，让群众最多跑一趟、只找一个窗、办成一件事；推行人力资源社会保障服务“马上办、网上办、一次办、就近办”，推动“群众跑腿”向“数据跑路”转变，90%以上的人力资源社会保障政务服务事项上线经办，电子社保卡开通权益查询、移动支付等功能，退休人员领取待遇资格认证实现全省网络贯通，标准化街道（乡镇）、社区（村）基层人社平台建成率均达100%；持续推进“减证便民”，实施证明事项告知承诺制，业务经办事项申报证明材料“能省就省、能简就简”，解决证明材料多、填报表格多、异地业务办理来回跑等问题。　（李　玲）

2019年12月13日，高港区开展高校毕业生就业指导大讲堂活动

（区人力资源社会保障局　供图）

创业富民

【概况】　2019年，高港区推动“富民十条”落地落实，为创业者构建低成本、便利化、全要素的众创空间，促进富民增收。全年发放富民创业贷款5300万元，新增创业人数9693人，支持成功自主创业3257人，创业带动就业14245人。

【创业培训】　2019年，高港区继续面向全区法定劳动年龄段内拟创业的中高等院校毕业生（含毕业前2年在校大学生、职技校生）、返乡农民工、下岗失业人员、城乡未充分就业人员、留学回国人员、企业职工等城乡各类劳动者开展免费创业培训。全年举办创业培训班37期，共培训人员1448人，发放培训补贴70.9万元，获证奖补42.54万元。

【大学生创业引领计划】　2019年，高港区全面实施“大学生创业引领计划”，在全区范围内开展“大学生优秀创业项目”遴选活动，遴选征集的项目涵盖新材料、新农业、节能环保等领域。组建创业指导团，对大学生创业项目提供咨询辅导、项目孵化、场地支持、政策优惠、业务帮办等服务，鼓励、引导和扶持更多大学生创业。全年发放大学生创业补贴50万元、创业担保贷款10300万元，引领大学生创业832人。10个大学生创业项目被评为市级大学生优秀创业项目，其中3个项目被评为省级大学生优秀创业项目。

【创业富民大赛】 2019年，高港区组织参加泰州市第六届创业富民大赛，创业者郭美娟获泰州市“十佳创业标兵”称号，“边界层气象探测无人机系统”获创业项目大学生组一等奖，“绳索救援装备及技术输出”获创业项目大学生组三等奖，“一种基于AMPS图像的机器视觉采集技术”获创业项目社会组二等奖。 （李 玲）

城乡就业

【概况】 2019年，高港区举办招聘活动55场次，提供就业岗位5267个，达成就业意向7127人次。全年新增城镇就业人数1.53万人，失业人员再就业1.05万人，城镇零就业家庭始终保持动态清零。年末，全区城乡从业人员15万人，其中，第一产业从业人员2.3万人，第二产业从业人员7.5万人，第三产业从业人员5.2万人。

【“563”行动计划】 2019年，高港区聚焦全区现代产业体系建设，出台《高港区人力资源素质再提升推进制造业高质量发展的实施意见》，统筹整合各方资源，全面开展“563”行动计划，通过搭建职业能力建设5大实施载体平台（创就业E学堂平台、企业内部培训平台、职业培训机构联盟、职业能力建设行业专业协会、技能人才服务团）、开展6大类职业能力培训专项行动（在岗职工技能提升专项行动、青年技能就业专项行动、蓝领精英培育专项行动、职业培训师资能力提升专项行动、技能人才服务项目专项行动、技能高港赛事品牌打造专项行动），力争惠及全区3万人次从业人员，促进制造业高质量发展。至年末，全区成立百人技能人才服务团1个，焊接、数控加工、食品加工3个行业专业学会以及职业培训机构联盟、创就业E学堂等各类平台，向全区企业及城乡劳动者常态化提供职业培训、技能交流、技术帮扶等就业服务。全年开展线上创就业培训1448人、焊工培训556人、在岗职工技能提升培训8212人、青年技能人才培训2280人。全区每1万名劳动力中高技能人才数1524人，为全市最高。年末，全区高校毕业生就业率达98%以上。

【人力资源深度合作计划】 2019年，高港区实施人力资源深度合作计划，围绕企业用工需求、人才需求等，与劳务合作地区、高等院校、人力资源服务机构等开展对接合作，累计在甘肃、广西、陕西等6个省份建立劳务基地15个，与省内外12所高等院校、42个人力资源服务机构达成合作协议，引进33个市内人力资源服务机构入驻高港区人力资源产业园，初步形成“功能集成、品牌集聚、服务集中”的人力资源服务产业格局，常态化为企业提供订单招聘、订单培养和订单服务。全年共为高港区企业派遣劳动者979人。

【援企稳岗行动】 2019年，高港区继续贯彻落实阶段性降低社会保险费率政策。全年为全区1800余个参保企业减少社保缴费支出6400余万元。落实稳岗返还政策，把符合条件的企业全部纳入政策扶持范围，确保企业应享尽享，帮助企业减负担、稳用工、防失业、促就业。全年共为437个企业发放稳岗返还补贴791.4万元，惠及职工2.5万余人。

【对口就业扶贫】 2月15日，高港区组织泰州市口岸船舶有限公司、江苏神驰机电有限公司、江苏康贝宠物食品有限公司等10个企业到陕西省淳化县开展就业扶贫活动，共为当地劳动者提供装备制造、粮油食品、电子设备等24个工种、543个就业岗位。岗位平均月薪3800元，最高达9000元。招聘活动现场共发放宣传简章1500余份，达成就业意向195人次。依托泰州金蓝领人力资源公司在淳化县成立咸阳金蓝领人力资源有限公司，并挂牌成立驻淳化劳务协作工作站。全年通过工作站组织淳化县贫困人员41人到高港区企业就业。

2019年1月29日，“春风行动——2019年高港区劳动力交流洽谈会”胡庄镇专场现场
（区人力资源社会保障局 供图）

【春风行动——2019年劳动力交流洽谈会】 2019年，高港区分别于1月29日在胡庄镇、2月13日在永安洲镇举办大型“春风行动——2019年高港区劳动力交流洽谈会”各1场。新春系列招聘会以“搭建就业平台，促进全民就业”为主题，为求职者与用人单位提供对接平台，帮助企业缓解“用工难”问题。扬子江药业集团有限公司、益海（泰州）粮油工业有限公司、泰州统实企业有限公司等161个企业参加，涉及粮油食品、装备制造、电子信息、生物医药、服务业等20余个行业，向求职者提供6300余个岗位，吸引6700余人进场洽谈，达成就业意向1817人次。

【夏季高校毕业生就业创业交流洽谈会】 7月21日，“2019年高港区夏季高校毕业生就业创业交流洽谈会”在区人力资源市场举办，共有70余个企业进场招聘，提供就业岗位2000余个。700余名高校毕业生进场求职，现场达成就业意向547人次。

【高港区第三届职业技能大赛】 8月30日，高港区举办第三届职业技能大赛，设有焊工、车工、电工、钳工、起重装卸机械操作工（叉车司机）5个竞赛项目。全区7个镇街代表队200余名选手参赛，其中，杜敏等38名选手分别获得各竞赛工种的一、二、三等奖，张华平等39名选手获得优胜奖。获得各工种一等奖的选手同时被授予“高港工匠”和高港区五一劳动奖章称号。获得各工种二等奖的选手同时被授予高港区技术能手称号。永安洲镇、口岸街道、许庄街道3个代表队获优秀组织奖；泰州口岸船舶有限公司、泰州港务集团有限公司、江苏能建机电实业集团有限公司3个企业获技能人才培养先进单位称号。　（李　玲）

人才开发

【人才招引】 2019年，区人力资源社会保障局通过人才扶持政策解读、就业创业人才培训、专技人才职称政策宣讲、社会保险政策宣传、劳动监察大队行政执法检查等活动，动态化收集企业人才信息、精准化招引企业需求人才。全年引进高层次人才312人，其中海外优秀人才75人；集聚高校毕业生2397人。

【人才服务】 2019年，高港区发放凤城英才卡70张；发放购房券953万元，兑付271万元；发放就业见习补贴147万元。建立市级高校毕业生就业实践基地20个，开发高校毕业生就业见习岗位600个。落实区领导挂钩联系优秀人才、专家慰问、人才公寓、健康休养、体检等制度，帮助人才解决薪酬福利、家属就业、子女入学、医疗保障、住房保障等方面的实际问题。

2019年7月21日，高港区举办2019年夏季高校毕业生就业创业交流洽谈会
（区人力资源社会保障局　供图）

【人才培育】 2019年，高港区持续深化与大院大所合作交流，加快企业创新平台载体建设，消除“空站”现象。全年新增省级博士后创新实践基地1个，建成市级技能大师工作室2个，协助扬子江药业集团博士后工作站引进博士后3人，协助泰州市博泰电子有限公司与武汉科技大学博士后科研流动站建立联系。继续实施企业技能人才自主评价、职称自主评审，企业选人育人自主灵活，全年新增专业技术人员3100人。做好人才项目申报服务，全年新增省“六大人才高峰计划”专家2人，新增市“双创计划”人才（团队）项目10个并获550万元资助，扬子江博士后工作站获29万元人才项目奖补资金。

【“泰爱才”校园引才活动】 2019年，区人力资源社会保障局累计开辟南京、山东、安徽、河南、东北等省内外招才线路14条，先后分20批次组织带领区内企业到省内外各高校开展招才引智、校企对接活动。全年参与赴外招才的企业达60余个，共计提供就业岗位3600余个，达成就业意向3000余人，集聚高校毕业生2397人，新增人才服务校园合作站10个。　（李　玲）

人事管理

【事业单位招考】 2019年，高港区公开招聘事业单位工作人员98人，其中，中小学教师41人，幼师11人，医护人员9人，其他事业编制人员37人。招考工作全程接受纪检监察部门和社会监督，确保阳光招

2019年4月23日，高港区开展“职称服务进企业”专题培训
（区人力资源社会保障局 供图）

录、公平公正，考录工作实现安全、无事故、零差错、零投诉。

【事业单位人事管理】 2019年，高港区加强和完善事业单位人事管理，落实《高港区事业单位岗位动态管理办法》，健全防治“吃空饷”问题季报制度，事业单位岗位设置和人员聘用管理工作不断加强，事业单位岗位聘用率100%，聘用合同签订率100%。

【事业单位年度考核】 2019年，高港区开展事业单位人员年度考核。通过民主测评和实绩考核，管理岗位评出优秀80人，专业技术岗位评出优秀415人，工勤技能岗位评出优秀3人。

【工勤技能岗位考核考评】 2019年，高港区完成对全区机关事业单位工勤技能岗位技术等级考核的申报和组织培训、考核工作，其中，申报确定技术等级或晋升技术等级11人，9人分别申报汽车驾驶、计算机信息处理、行政事务等技师资格考评，5人申报高级技师技术等级考评。组织135名工勤人员参加继续教育培训。

【工资福利管理】 2019年高港区为全区机关事业单位工作人员调整基本工资、办理正常晋升及职务、职称、津补贴等工资变动核定累计1万余人次。为60名达到退休年龄人员办理退休。办理抚恤金及遗属生活困难补助16人。组织在职、离退休人员2300余人参加健康检查。

【区级面向基层创建示范活动清理规范工作】 2019年，高港区组织开展区级面向基层创建示范活动清理规范工作，原区级面向基层的创建示范项目共8项，经清理规范后保留2项，其中文明创建类项目1项、社会治理类项目1项，整合归并2项，不再保留4项 （李 玲）

维权服务

【治欠保支三年行动计划（2017—2019）】 2019年，高港区落实“治欠保支三年行动计划（2017—2019）”。区人力资源社会保障局、区公安分局、区人民检察院等部门联动合作，完善市场主体自律、政府依法监管、社会协同监督、司法联动惩处的工作体系，形成制度完备、责任落实、监管有力的欠薪治理格局，保障农民工合法权益，全区保障农民工工资支付工作在泰州市专项考核中获最高等次A级。全年共检查用人单位1109个，其中，工业企业860个（含造船企业3个），建筑施工企业31个，三产服务业218个，涉及农民工2.327万余人。推动解决欠薪案件3件，为216名农民工追回工资218万元。接受法律法规政策咨询4300余人次。

【劳动保障监察】 2019年，区劳动监察大队共受理投诉举报案件207件，查处案件185件，其中，“工资及执行最低工资标准”案件182件，“未缴纳社会保险”案件22件，“其他”案件3件，按期结案率100%，无行政复议和行政诉讼。主动监察用人单位1900户。联动平台举报投诉动态录入率100%，联动平台案件按期运行率100%，咨询信息录入数4204条，一级网格运行率100%。简易劳资矛盾纠纷调解数306件，指导服务用人单位数2256件，新增用人单位信息采集3246个，劳动保障监察专职监察人员持证在岗率100%。规模以上企业劳动合同签订率100%，已建工会企业集体合同签订率100%。

【劳动争议仲裁】 2019年，区劳动人事争议仲裁院共处理各类劳动争议案件2027件（含2018年结转案件1件），涉及案件标的3800余万元。立案处理并审结733件（其中10人以上集体争议案件4件），不予受理13件。审结案件中，裁决455件（其中终局裁决360件），调解、撤诉共278件。仲裁机构案外调解案件360件，基层劳动争议调解组织案外处理案件921件。

【和谐劳动关系创建】 2019年，高港区组织开展劳动保障诚信企业、和谐劳动关系企业及园区评选等活动，扬子江药业集团江苏龙凤堂中药有限公司、泰州统实企业有限公司、泰州正大饲料有限公司等5个企业创成泰州市和谐劳动关系企业，泰州港务集团有限公司、江苏苏萨食品有限公司、龙冉股份有限公司等10个企业创成区级诚信企业。 （李 玲）

社会保障

社会保险

【城镇职工基本养老保险】 至2019年年末,高港区城镇职工基本养老保险参保人数7.2万人,比上年增加2806人。其中,参保职工5.58万人(含参保农民工3629人),参保离退休人员1.62万人。缴费人数5.57万人。全年办理养老保险关系转移1517人次,办理到龄退休人员1206人。享受企业养老保险待遇1.66万人,人均养老金2007元/月。企业退休人员全部纳入社区管理,基本养老金按时足额发放率100%。全年城镇职工基本养老保险基金总收入6.49亿元,其中征缴收入6.28亿元;基金总支出12.04亿元,其中基本养老金支出3.88万元;累计结余11.35亿元。

【城乡居民基本养老保险】 至2019年年末,高港区城乡居民基本养老保险参保人数5.58万人。全区城乡居民基本养老保险基础养老金标准每人158元/月,领取待遇人数为50338人,基础养老金发放率100%。全年城乡居民基本养老保险基金总收入1.77亿元,其中个人缴费收入5891万元,基金总支出1.55亿元,累计结余4.3亿元。

【机关事业单位养老保险】 4月,高港区启动改革后退休人员待遇计发工作,对符合条件(2014年10月至2018年12月退休)的456人发放新待遇并补发待遇共计400万元。7月,调整机关事业单位退休人员基本养老金,涉及机关事业单位退休人员共计2232人,人均增加基本养老金240元,增幅约4%。至2019年年末,高港区机关事业参保单位241个,参保在职人员4563人,退休人员2273人。全年机关事业单位养老保险基金总收入1.7亿元,其中征缴收入9144万元,基金总支出1.7亿元。

【被征地农民社会保障】 至2019年年末,按《江苏省征地补偿和被征地农民生活保障办法》共办理基本生活保障3.75万人,其中,第二年龄段1.74万人(生活补助费标准为300元/月,领取三年),第三年龄段8029人(生活补助费标准为350元/月,领取至第四年龄段),第四年龄段1.21万人(养老金标准为680元/月)。按《江苏省征地补偿与被征地农民社会保障办法》共办理社会保障人数1.08万人,其中,劳动年龄段6801人,养老年龄段3978人;劳动年龄段中选择参加企业职工养老保险4632人,选择参加城乡居民社会基本养老保险1902人。累计征收被征地农民社会保障资金2.62亿元,累计发放2.54亿元,累计结余9.91亿元。

【工伤保险】 2019年,高港区开展工伤预防和康复工作,共组织工伤预防培训3968人次、工伤康复22人次。至年末,全区工伤保险参保4.87万人。其中,农民工参保16582人,机关事业单位参保4679人。全年工伤保险基金总收入3652万元,基金总支出2843万元,累计结余2888万元。完成工伤认定案件434件,劳动能力鉴定案件274件,其中达到伤残等级266件。享受工伤待遇635人次,其中享受定期待遇82人。

【社保基金管理】 2019年,高港区开展"社会保险基金管理风险防控推进年"活动,规范业务流程,完善风险管理,加强内部控制,杜绝严重违规行为,提升社会保险基金风险防控能力,守护社会保险基金安全底线。各类社保基金网上监管全覆盖,业务、财务数据上传率100%。至年末,各项社会保险基金累计结余25.86亿元。

【城乡居民基本养老保险扶贫】 2019年,高港区开展城乡居民基本养老保险扶贫工作,区人力资源社会保障局、区扶贫办、区民政局、区残联等部门联动合作,为符合条件的建档立卡低收入人口、低保对象、特困人员等贫困人员,按照每人每年100元的标准代缴城乡居民养老保险1662人,全年投入财政资金16.62万元。

2019年2月19日，高港区举办城乡居民养老保险宣传月活动

（区人力资源社会保障局　供图）

【社会保障信息化】 2019年，高港区推进“互联网+人社”政务服务改革，强化信息安全和公共服务建设，打造符合国家网络安全三级保护信息安全系统，推进电子社保卡申领，构建社保卡快速换发机制，打造线上线下一体化就业服务大厅，推出“泰州人社”App、网上申报、自助一体机、生物识别等信息化服务。至年末，全区省社保卡持卡人数达25.7万张，持卡率99.98%；电子社保卡申领3.92万张；建成社保卡快速发卡点5个、综合服务点1个和镇街采集点7个，社保卡补换10分钟立等可取；普及社保卡线上服务，开通《社会保障卡应用目录》92项用卡事项；实现灵活就业人员及城镇居民保险一体机自助缴费功能，全区一体机缴费率85%，访问51万人次。

【基层平台标准化建设】 2019年，高港区推进人力资源和社会保障基层平台标准化建设，全区7个镇街人力资源社会保障服务中心以及91个村（社区）服务站建成达标率均为100%。（李　玲）

【泰州市医疗保障局高港分局成立】 6月19日，泰州市医疗保障局高港分局揭牌成立。泰州市医疗保障局高港分局为泰州市医疗保障局派出机构，负责履行医疗保障职责。泰州市医疗保险管理中心高港分中心负责辖区基本医疗保险、生育保险、大病保险、医疗救助、长期护理保险经办服务等工作。

年内，泰州市医疗保障局高港分局推行经办业务“综合窗口”服务模式，简化工作流程，优化经办服务，提供高质量的医保公共服务；推进实施医保精准扶贫，落实城乡居民大病保险调整政策和困难群体资助参保、医疗救助托底保障等政策，建立防止“因病致贫、因病返贫”预警机制；落实一系列利民惠民举措，实施长期护理保险试点民生实事项目，落实国家、省、市关于异地就医最新要求，简化备案手续，及时协调处理参保人员在异地就医直接结算过程出现的程序问题，巩固扩大跨省异地就医直接结算成果。

【城镇职工基本医疗保险】 至2019年年末，全区城镇职工医疗保险参保8.28万人，比上年增加1201人。其中，参保职工6.29万人，参保退休人员2万人。参加城镇职工基本医疗保险的农民工1.2万人。2018年7月至2019年6月整个医保年度，全年享受大病保险待遇6476人次，大病保险基金支出1074万元。全年城镇职工基本医疗保险基金总收入5.38亿元，基金总支出4.08亿元，累计结余10.9亿元。

【城乡居民基本医疗保险】 2019年，高港区城乡居民基本医疗保险实行一制一档缴费政策，个人缴费标准为一般居民每人每年330元，特困人员每人每年150元，学生儿童每人每年180元。政府补助标准提高至每人每年660元。年末，全区城乡居民基本医疗保险参保14.06万人，参保率98.48%。门诊待遇享受30.58万人次，住院待遇享受2.49万人次；大病保险待遇享受6062人次，次均大病保险补偿3256元。全年城乡居民基本医疗保险基金总收入1.8亿元，基金总支出1.3亿元，累计结余9078万元。

【生育保险】 至2019年年末，全区生育保险参保4.76万人，其中女职工1.98万人。全年享受生育保险待遇2854人次，支付各项生育保险待遇2030万元。（于　慧）

社会救助

【最低生活保障】 7月，高港区最低生活保障标准由每人每月650元调整至每人每月680元。全年新增低保户142户199人，核减低保户87户180人。至年末，共有城乡低保户1661户2109人，人均月补差452.3元，全年向低保家庭发放生活保障金1084.77万元。

【特困人员供养】 2019年，高港区分散特困人员供养标准由每人每年9140元提高至9944元，集中供养标准由每人每年10054元提高至10938元，每人每年医药费统筹1000元。全年共为348名特困人员供养对象发放基本生活费325.95万元。

【临时生活救助】 2019年，高港区向61名符合临时救助条件的对象发放临时生活救助金21.29万元。元旦、春节期间，向4610名特困群众发放慰问金377.18万元。

【医疗救助】 1—7月,高港区支出医疗救助资金122.374万元,实施医疗救助2780人次。其中,资助参保2753人次、89.03万元,住院救助31人次、33.34万元。7月底,医疗救助职能转区医保分局。(杨国兵)

【慈善救助】 2019年,高港区慈善协会共计募捐各类善款418229.53元。对口支援帮扶陕西淳化5万元;开展“牵手贫困学子”福彩慈善助学项目,资助23人,共计10.64万元;开展“情暖江苏·爱在泰州”春节慰问活动,慰问60户家庭,共计支付慰问金6万元;“慈善血透救助卡”尿毒症救助项目救助支出共计7.26万元。(尹继峰)

社会福利

【老年福利】 2019年,高港区按照“严格审核、及时增减、按时发放”原则,加强对高龄老人尊老金发放的动态管理,全年发放尊老金1359.9万元,惠及1万余名老人。

居家养老项目建设 2019年,高港区新建口岸街道田河社区、城南社区、龙窝口社区、大石村,刁铺街道关桥社区,许庄街道许庄社区,永安洲镇永胜社区、中心社区,胡庄镇胡庄社区,大泗镇俚庄村共10个标准化社区居家养老服务中心,累计建成标准化社区居家养老服务中心54个。建成许庄街道日间照料中心,累计建成街道老年人日间照料中心3个,街道日间照料中心实现全覆盖,提前完成“十三五”规划养老服务建设体系街道日间照料中心建设任务。新建口岸街道田河社区、大石村,许庄街道管营村,永安洲镇永胜社区,大泗镇二陈村、杨营村,胡庄镇陈隆村、薛垛村8个老年人助餐点,累计建成老年人助餐点45个。

政府购买居家养老上门服务 2019年起,泰州市区实施政府购买居家养老上门服务,服务对象包括政府补贴对象和政府普惠对象两类。经调查摸排、老年人能力评估、招投标等流程,高港区10月起全面实施政府购买居家养老上门服务,全年累计服务政府补贴对象1100余人,普惠对象9000余人,政府购买居家养老上门服务占全区老年人比例达16.6%,位列全市第一。(韩 韫)

【儿童福利】 7月,全区散居孤儿基本生活费标准从每人每月1450元提高至1600元,按时足额发放。全年发放孤儿基本生活费130人次、21.29万元,发放困境儿童基本生活费111人次、11.47万元。(张 静)

【残疾人福利】 *残疾人社会保障* 至2019年年末,全区有3059名残疾人享受生活补贴和护理补贴“两项补贴”,其中,享受低保内重度残疾人生活补贴116人,低保内非重度残疾人生活补贴243人,低保外重度残疾人生活补贴2057人,低保外一户多残依老养残生活补贴122人,重度残疾人护理补贴377人,三、四级精神、智力残疾人享受困难生活补贴144人。1945名年满60周岁的残疾人享受每人每月100元的养老补贴,750名残疾人享受参保养老补贴。全区6768名持证残疾人均享受意外伤害保险参保待遇。至年末,69名残疾人发生意外伤害保险理赔,赔付金额40.88万余元。资助残疾学生28人,发放资助金6万元。

残疾人康复服务 2019年,区残联向200名贫困残疾人配发辅助器具,出台《辅助器具适配服务进“残疾人之家”实施方案》,在全区7个“残疾人之家”配备常用的辅助器具,通过借用的方式提供给有短期需求的社会残障人士。组织开展建档立卡户白内障集中筛查,为45名贫困白内障患者实施免费手术,向114名残疾儿童提供抢救性康复服务,开展残疾儿童康复机构服务情况集中督查活动。

【福利彩票】 2019年,高港区各类福利彩票累计销售3930.9万元。其中,电脑票销量2124.7万元,“中福在线”销量1607.2万元,即开票销量199万元。(尹继峰)

住房保障

【概况】 2019年,高港区开工建设各类棚户区改造住房4594套,其中,棚户区改造住房开工1488套,安置房项目新开工3106套,共建成各类棚户区改造住房2586套。发放区级机关事业单位、教职工、镇街老职工一次性住房补贴189人共461.14万元。园区及乡镇发放老职工一次性补贴67人共41万元。发放教职工一次性补贴688人共2149.94万元。

【住房公积金管理】 2019年,泰州市住房公积金管理中心高港分中心累计归集住房公积金3.93亿元,比上年增长17.27%。新开户单位61个,新增开户职工4617人,年末开户人数47679人,本年利息转本金1479万元。全年发放个人住房贷款815户(其中公转商9户),贷款发放额近2.1亿元(其中公转商319万元),回收贷款9754万元,年末贷款余额8.98亿元,个人贷款逾期率0.01%,贷款抵押到位率87.14%。

【市民安居工程】 2019年,高港区公租房分配151套,其中,中低收入家庭12套,长城汽车股份有限公司泰州分公司、江苏泰乐智工程有限公司等企业139套。中低收入家庭租金补贴保障5户,年补贴额20160元。(唐 婷)

社会事务管理

人口服务

【计划生育政策落实】2019年，全区发放各类奖励扶助金2021万元，其中，奖扶1189.39万元，惠及12589人；特扶418.13万元，惠及521人；退休职工一次性奖励298.96万元，惠及1001人；城镇非从业居民一次奖励7.5万元，惠及25人；独生子女父母奖励金18.83万元，惠及9414人。继续落实节育手术并发症人员生活补助制度，发放生活补助金88.2万元，惠及371人。（田　荣）

【婚姻与收养登记】2019年，高港区依法依规开展婚姻登记，全年办理结婚登记2893对，比上年增加161对；离婚登记740对，比上年增加107对；补发结婚证534对，比上年减少108对；补发离婚证22对，比上年增加13对；办理收养登记1对。

【殡葬管理】2019年，高港区按照《泰州市市区免除殡葬基本服务费用实施办法（试行）》和《泰州市市区节地生态葬法减免和奖补暂行办法》，落实惠民殡葬政策和生态葬要求，为2285名死亡人员免除基本丧葬服务费257.29万元。推进殡葬领域突出问题专项整治。（张　静）

基层自治组织建设

【社工队伍建设】2019年，高港区首次在全区9个城市社区推行社区工作者职业化管理，根据社区规模核定专职工作者职数69人，实际配备68人，其中，从原社区“两委”成员中直接确认54人，面向社会公开招录14人。对纳入职业化管理的城市社区工作者，按照“三岗十八级”结构化薪酬标准落实薪酬待遇，其中区财政承担60%，其余部分由镇街承担并发放。依法组织部分村（社区）开展村（居）委会补选，全区共计有18个村（社区）完成村（居）民委员会成员出缺补选工作，共补选主任18人、委员7人。

【基层民主管理】2019年，高港区引导各村（社区）以自然村或者村民小组为基本单元开展“微自治”试点，组织开展“微自治”示范点评选活动，其中口岸街道引江社区宁都自然村获得全市优秀示范点称号。指导各村（社区）村民议事会、道德评议会、红白理事会、禁毒禁赌会“四会”组织探索开展乡村善治“自治+”活动，组织“自治+”优秀案例评选活动，其中永安洲镇东江社区“充分协商，化解难题”、口岸街道徐桥村“红白理事会，‘理’出文明新风尚”、胡庄镇宗林村“家风带民风，民风促乡风”3个案例获选全市优秀案例。落实季度督查制度，每季度组织1

口岸街道育才社区综合服务中心　　（口岸街道育才社区　供图）

次村务公开民主管理、村务监督、扫黑除恶以及“三资”管理工作专项督查。以镇街为单位，开展村务公开、村务监督等民主管理相关业务培训。

【城市社区“微治理”】 2019年，高港区持续组织实施城市社区“微治理”项目，投入近70万元，在口岸街道柴墟社区、育才社区、蔡滩社区、口岸社区，刁铺街道明发社区、圩岸社区，永安洲镇润洲社区7个社区实施“微治理”项目，有效解决社区电动车充电、雨污分流、绿化亮化、道路破损、治安监控等方面的问题。

【社区综合服务中心建设】 2019年，高港区按照每百户不低于30平方米，总面积不低于600平方米的要求，推进社区综合服务中心达标建设。全年有4个村（社区）完成社区综合服务中心达标建设任务，其中，口岸街道育才社区、刁铺街道万庄社区、许庄街道蔡庄村建成社区办公用房，口岸街道蔡滩社区通过改建建成“城市书房”。全区累计有85个社区完成社区综合服务中心达标建设，达标率达93.4%。

（侯全春）

社会组织管理

【概况】 2019年，高港区新登记社会组织72个，其中，民办非企业单位11个，社会团体61个。至年末，全区登记社会组织总数701个，其中，社会团体485个，民办非企业单位214个，基金会2个。

【社会组织年检】 4—11月，高港区组织开展社会组织网上年检工作，符合年检条件的共有432个，参加年检共345个，未参加年检87个，年检率为79.9%。其中，年检合格的231个，基本合格的114个。

【社会组织培育】 2019年，高港区加强社会组织规范化建设，邀请省内外专家为社会组织开展专题培训14场。加大购买社会组织服务力度，开展第三届社会组织公益创投项目，投入资金近60万元，共资助公益服务项目11个；组织13个社会组织参加泰州市第一届“四型”特色社区公益服务项目，投入资金约44万元，共资助社区公益服务项目13个。

（侯全春）

2019年高港区新登记社会团体一览表

表23

单位名称	地址	主管单位	登记时间
泰州市高港区刁铺通太红白理事会	刁铺街道通太社区育才花苑	刁铺街道办事处	2019-01-08
泰州市高港区刁铺通太村民议事会	刁铺街道通太社区	刁铺街道办事处	2019-01-08
泰州市高港区刁铺通太禁毒禁赌会	刁铺街道通太社区育才花苑12幢	刁铺街道办事处	2019-01-08
泰州市高港区刁铺界牌红白理事会	刁铺街道界牌社区居委会	刁铺街道办事处	2019-01-08
泰州市高港区刁铺界牌禁毒禁赌会	刁铺街道界牌社区居委会	刁铺街道办事处	2019-01-08
泰州市高港区刁铺界牌道德评议会	刁铺街道界牌社区居委会	刁铺街道办事处	2019-01-08
泰州市高港区刁铺界牌村民议事会	刁铺街道界牌社区居委会	刁铺街道办事处	2019-01-08
泰州市高港区刁铺大丰禁毒禁赌会	刁铺街道大丰社区居委会	刁铺街道办事处	2019-01-09
泰州市高港区刁铺大丰村民议事会	刁铺街道大丰社区居委会	刁铺街道办事处	2019-01-09
泰州市高港区刁铺大丰道德评议会	刁铺街道大丰社区居委会	刁铺街道办事处	2019-01-09
泰州市高港区口岸张马道德评议会	口岸街道张马社区十一组	口岸街道办事处	2019-01-09
泰州市高港区口岸张马红白理事会	口岸街道张马社区十一组	口岸街道办事处	2019-01-09
泰州市高港区口岸张马村民议事会	口岸街道张马社区十一组	口岸街道办事处	2019-01-09
泰州市高港区口岸郎庄道德评议会	口岸街道郎庄村村委会	口岸街道办事处	2019-01-11
泰州市高港区口岸郎庄村民议事会	口岸街道郎庄村村委会	口岸街道办事处	2019-01-11
泰州市高港区口岸郎庄红白理事会	口岸街道郎庄村村委会	口岸街道办事处	2019-01-11

续表23

单位名称	地址	主管单位	登记时间
泰州市高港区口岸郎庄禁毒禁赌会	口岸街道郎庄村村委会	口岸街道办事处	2019-01-11
泰州市高港区刁铺通太道德评议会	刁铺街道通太社区	刁铺街道办事处	2019-01-11
泰州市高港区胡庄陈隆村民议事会	胡庄镇陈隆村陈兴八组	胡庄镇人民政府	2019-01-11
泰州市高港区胡庄陈隆道德评议会	胡庄镇陈隆村陈兴八组	胡庄镇人民政府	2019-01-11
泰州市高港区胡庄陈隆禁毒禁赌会	胡庄镇陈隆村陈兴八组	胡庄镇人民政府	2019-01-11
泰州市高港区胡庄陈隆红白理事会	胡庄镇陈隆村陈兴八组	胡庄镇人民政府	2019-01-11
泰州市高港区刁铺大丰红白理事会	刁铺街道大丰社区居委会	刁铺街道办事处	2019-01-14
泰州市高港区白马镇商会	白马镇老行当文化产业园	区工商业联合会	2019-01-14
泰州市高港区口岸张马禁毒禁赌会	口岸街道张马社区十一组	口岸街道办事处	2019-01-14
泰州市高港区胡庄庵桥红白理事会	胡庄镇庵桥村黄楝五组	胡庄镇人民政府	2019-01-17
泰州市高港区胡庄庵桥道德评议会	胡庄镇庵桥村黄楝五组	胡庄镇人民政府	2019-01-17
泰州市高港区胡庄庵桥禁毒禁赌会	胡庄镇庵桥村黄楝五组	胡庄镇人民政府	2019-01-17
泰州市高港区胡庄庵桥村民议事会	胡庄镇庵桥村黄楝五组	胡庄镇人民政府	2019-01-17
泰州市高港区胡庄汪群红白理事会	胡庄镇汪群社区汪群一组	胡庄镇人民政府	2019-01-17
泰州市高港区胡庄汪群村民议事会	胡庄镇汪群社区汪群一组	胡庄镇人民政府	2019-01-17
泰州市高港区胡庄汪群道德评议会	胡庄镇汪群社区汪群一组	胡庄镇人民政府	2019-01-17
泰州市高港区胡庄汪群禁毒禁赌会	胡庄镇汪群社区汪群一组	胡庄镇人民政府	2019-01-17
泰州市高港区口岸蔡滩村民议事会	口岸街道蔡滩社区金港中路西侧	口岸街道办事处	2019-01-18
泰州市高港区口岸柴墟红白理事会	口岸街道柴墟社区柴墟西路198号	口岸街道办事处	2019-01-18
泰州市高港区口岸柴墟禁毒禁赌会	口岸街道柴墟社区柴墟西路198号	口岸街道办事处	2019-01-18
泰州市高港区胡庄宗林禁毒禁赌会	胡庄镇宗林村宗庄七组	胡庄镇人民政府	2019-01-21
泰州市高港区胡庄宗林村民议事会	胡庄镇宗林村宗庄七组	胡庄镇人民政府	2019-01-21
泰州市高港区口岸柴墟道德评议会	口岸街道柴墟社区柴墟西路198号	口岸街道办事处	2019-01-21
泰州市高港区胡庄戴陈红白理事会	胡庄镇戴陈村陈庄五组	胡庄镇人民政府	2019-01-22
泰州市高港区胡庄戴陈道德评议会	胡庄镇戴陈村陈庄五组	胡庄镇人民政府	2019-01-22
泰州市高港区胡庄戴陈村民议事会	胡庄镇戴陈村陈庄五组	胡庄镇人民政府	2019-01-22
泰州市高港区胡庄戴陈禁毒禁赌会	胡庄镇戴陈村陈庄五组	胡庄镇人民政府	2019-01-22
泰州市高港区口岸蔡滩道德评议会	口岸街道蔡滩社区金港中路西侧	口岸街道办事处	2019-01-23
泰州市高港区口岸蔡滩红白理事会	口岸街道蔡滩社区金港中路西侧	口岸街道办事处	2019-01-23
泰州市高港区胡庄宗林红白理事会	胡庄镇宗林村宗庄七组	胡庄镇人民政府	2019-01-23
泰州市高港区胡庄宗林道德评议会	胡庄镇宗林村宗庄七组	胡庄镇人民政府	2019-01-23
泰州市高港区口岸蔡滩禁毒禁赌会	口岸街道蔡滩社区金港中路西侧	口岸街道办事处	2019-01-24

续表23

单位名称	地址	主管单位	登记时间
泰州市高港区大泗镇大泗老年人协会	大泗镇大泗社区泗白路	—	2019-02-02
泰州市高港区新的社会阶层人士联谊会	口岸街道港城路21号	区委统战部	2019-03-05
泰州市高港区基督教三自爱国运动委员会	高港区高永路11号	区民宗局	2019-03-13
泰州市高港区职工医疗阳光互助互济会	口岸街道港城中路5号	区总工会	2019-03-19
泰州市高港区室内设计师协会	口岸街道发展大道南侧，通达电气内	区科学技术协会	2019-04-11
泰州市高港区口岸新城老年人协会	口岸街道府后人家内	区卫生健康委员会	2019-04-23
胡庄镇扶贫开发协会	胡庄镇人民政府	区人民政府扶贫工作办公室	2019-07-08
泰州市高港区医疗器械行业协会	刁铺街道丰岸路民营工业园标准厂房区	区市场监督管理局	2019-08-14
泰州市高港区足球协会	高港区港都花园综合楼105室	区文化体育旅游局	2019-08-16
泰州市高港区在苏州企业联合会	高港区蔡西小区1号楼203室	区工商业联合会	2019-09-03
泰州市高港区永安洲镇企业消防安全协会	永安洲镇明珠大道88号	高港消防救援大队	2019-11-21
泰州市高港区道教协会	口岸街道庆元街116号	区民宗局	2019-11-21
泰州市高港区在沪企业联合会	高港区港城路21号	区工商业联合会	2019-12-11

2019年高港区新登记民办非企业单位一览表

表24

单位名称	地址	主管单位	登记时间
泰州市高港区胡庄汪群艺术团	胡庄镇汪群社区根胡路9号	区文体旅游局	2019-01-14
泰州市高港区大泗前进残疾人之家	大泗镇前进村三组	区残疾人联合会	2019-06-11
泰州市高港区大泗二陈残疾人之家	大泗镇二陈村十四组	区残疾人联合会	2019-06-12
泰州市高港区煜鑫房屋征收服务中心	口岸街道春江花园5幢4号	区住房城乡建设局	2019-07-29
泰州市高港区穷游部落户外运动俱乐部	刁铺街道起风新村65号	区文化体育旅游局	2019-08-27
泰州市高港区阳光曳舞团	口岸街道中建锦绣珑湾31号楼103室	区文化体育旅游局	2019-09-02
泰州市高港区口岸徐庄残疾人之家	口岸街道徐庄村村委会	区残疾人联合会	2019-09-26
泰州市高港区白马陈家田园乡村艺术团	白马镇陈家村后庄组88号	区文化体育旅游局	2019-10-18
泰州市高港区许庄街道老年人日间照料中心	许庄街道泰孔路113号	区民政局	2019-11-29
泰州市高港区许庄街道许庄社区居家养老服务中心	许庄街道许庄社区空田组	区民政局	2019-12-06
泰州市高港区许庄蔡庄残疾人之家	许庄街道蔡庄村泰孔路113号	区残疾人联合会	2019-12-24

地名管理

【不规范地名整治】 2019年，高港区对不规范地名进行清理整治，共排查出各类不规范地名26例，其中房地产广告、户外标牌标识使用不规范地名2例，未命名或擅自命名的5例，重名的3例。根据摸底排查整治清单，采取部门会商、专家论证、社会听证等方式，对拟清理的不规范地名充分征求各方意见，完成整治工作。

【"平安边界"创建】 2019年年初，高港区制定《2019年平安边界建设实施方案及工作计划》，完成海高线（海陵高港线）界线联检工作，配合扬州市完成扬泰线（江都高港段）界线联检工作，签订"平安边界"共建协议，定期开展互访、联防、联调等活动。 （陆及义）

退役军人事务管理

【概况】 2019年，高港区共打卡发放各类优抚对象抚恤补助金2261人次、1344.87万元，发放优抚对象有线电视和生活用水、电、气费等补贴137.45万元，发放现役军人立功奖励金。春节期间，全区共打卡发放优抚对象慰问金2032人、171万元。共审核报批各类优抚对象89人，审批新增60周岁及以上农村籍退役士兵享受定补，审核报批新增带病回乡退役军人、伤残换证退役军人、补评残退役军人。组织对全区2044名优抚对象按每人300元标准进行免费体检。发放"光荣之家"牌匾，向中华人民共和国成立前入伍的老复员军人发放庆祝中华人民共和国成立70周年纪念章。成立全市首个退役军人尊崇互助协会。

【军转安置】 2019年，全区接收安置军转干部及随调家属，军转干部全部安置到公务员岗位，安置岗位质量列全市第一。接收安置转业士官，有公开选岗落实安置单位和选择自主就业两种途径，安置岗位质量列全市第一，事业单位安置率达50%。妥善安置接收退役义务兵、退役士官，发放自主就业一次性补助金。高港区退役士兵自主就业一次性补助金标准：义务兵5.11万元、一期士官6.64万元、二期士官8.17万元、三期士官10.22万元、四期士官12.26万元。动员组织退役士兵报名参加免费职业技能培训和学历培训。

【退伍军人典型培植】 2019年，江苏奥华体育健身器材有限公司董事长袁华发被评为全国模范退役军人，为泰州市唯一获此荣誉的退役军人。胡庄镇史庄村党总支书记史建伟被评为全市"最美退役军人"。泰州口岸船舶有限公司"退役军人之家"被评为江苏省首批优秀"退役军人之家"。

【退役军人和其他优抚对象信息采集】 2019年，全区退役军人及其他优抚对象完成信息采集，审核通过率达100%，列全市第一。

（朱锦双）

2019年7月16日，高港区委退役军人事务工作领导小组第一次会议召开
（区退役军人事务局　供图）

民族、宗教事务

【概况】 2019年，高港区共有土家族、苗族、满族等少数民族32个，户籍人口958人，其中，以土家族、苗族、满族和壮族居多。江苏省口岸中学新疆班有班级12个，学生493人。全区经批准设立的宗教活动场（处）所11处，其中，佛教场（处）所5处，道教场（处）所1处，基督教场（处）所5处；有宗教教职人员32人，其中，佛教5人、道教3人、基督教24人。9月11日，高港区道教协会成立大会暨第一次全体会员会议召开。

【民族宗教政策法规宣传】 3月，高港区组织开展《宗教事务条例》专题测试活动。4月，结合全民国家安全教育日宣传活动，推进平安宗教活动场所建设。5月，举办民族宗教领域扫黑除恶专项斗争专题讲座。6月，开展"宗教政策法规学习月"活动，组织开展民族宗教政策法规培训讲座，80余人参加

2019年8月27日，高港区举办"红红石榴籽·浓浓民族情"庆中秋迎国庆联谊会　（区委统战部　供图）

培训。9月，举办以"助力新时代，共筑中国梦"为主题的宗教教职人员演讲比赛。10月，组织民宗工作领导小组成员、各镇街民宗工作人员进行民族宗教政策法规培训。指导高港区城隍庙、高港基督教堂深化宗教政策法规宣传教育基地建设。

【服务少数民族群众】 2019年，高港区为少数民族群众提供政策服务，办理民族成分变更3人，为9名少数民族考生出具高中阶段考试加分证明。帮助少数民族流动人口解决就业、经商、子女入学等方面困难，帮助1名少数民族流动人口的子女办理转学手续。开展清真标志牌审核发放工作，为符合条件的4个单位发放清真标志牌。举办"红红石榴籽·浓浓民族情"少数民族联谊活动。年初，慰问少数民族贫困家庭12户，发放慰问金7200元。

【清真食品补贴】 2019年，区民宗局在全区范围内开展具有清真饮食习惯的10个少数民族常住人口调查统计工作，为50名符合条件的少数民族群众发放清真饮食补助1.2万元。

【宗教活动场所建设】 1月，高港区开展佛道教场所食品安全卫生情况检查，保障腊八节期间各施粥场所的食品安全。2月，开展宗教活动场所消防安全演练。6月，开展宗教活动场所安全警示教育活动。夏季、冬季等火灾易发时节和中秋、国庆、春节等重要节假日期间，开展消防安全检查，全年场所安全零风险、零事故。刁铺街道普贤禅林、白马镇基督教聚会点、胡庄镇基督教聚会点创成一星级宗教活动场所。

【"宗教慈善周"活动】 9月宗教慈善周期间，全区各宗教活动场所共筹集资金3万余元，用于慰问贫困家庭和孤寡老人。　（耿红喜）

关心下一代工作

【概况】 2019年，全区有关心下一代工作委员会组织163个，其中，镇街关工委7个，村（社区）关工委91个，系统关工委4个，学校、幼儿园关工委26个，民营企业关工委34个，区级关工委1个。村民小组（楼道）关工委联络员192人。从事关心下一代工作的"五老"及志愿者3209人。全区建立校外教育辅导站87个，校外辅导站工作人员361人。

【青少年主题教育】 2019年，区关工委在全区青少年中开展"弘扬爱国精神，争做三有新人"主题教育活动。组织师生开展系列教育和竞赛活动；组织镇街关工委负责人及"五老"志愿者到基层宣讲，受众3万余人次。全区中小学生参加"红色大悦读"活动，3000余个学生参加征文竞赛。在市"祖国万岁""祖国是我家"读书征文中，高港区有104篇文章获奖，其中12篇获一等奖。开展书画进校园活动，全年举办辅导讲座97场。在市"祖国风采·老少携手书画进校园"书画作品比赛中，高港区2名学生获市一等奖，13名学生分获二、三等奖。在"腾飞中国，辉煌70年，老少携手看泰州"摄影作品评比中，高港区有9件作品获奖。在省"我对祖国说句心里话"网络寄语竞赛活动中，高港区取得佳绩，寄语发表人数11879人，区关工委、区教育系统关工委和12所中小学获优秀组织奖，124个学生获优秀寄语奖。在省"在国旗下成长"主题教育实践活动老少同台演讲比赛中，高港区2人获一等奖，16人获二等奖，9人获三等奖。区关工委报送的《"海诞文化"育新人》获泰州市未成年人思想道德建设工作创新创优成果奖。

【关爱青少年弱势群体】 2019年，区关工委配合区教育局开展"春风行动"，组织2000余名教师和机关工作人员与困境青少年长期结对帮扶，对特殊儿童实行挂钩帮扶。全区2200余名困境青少年人人有"爱心妈妈"或"慈祥爷爷"。配合区委区级机关工委举办20余场"点亮微心愿·助力微梦想"活动联谊会，筹资捐物为1700余名弱势群体学生圆微梦想。与区总工会联合开展"金秋助学"活动，筹措资金12.5万元，25名贫困学生受到资助。各镇街关工委募捐善款39.8万元，救助贫困学生228人。

【青少年零犯罪社区创建】 2019年，区关工委将"零犯罪"创建活动扩大到社区、村组、企业，与区人民法院共建家事审判庭，对涉罪家庭未成年人和失足青少年实施挂钩帮教。聘请"五老"人员为"人民陪审员""民事调解员""合适成年人"，注重法治教育与道德教育、心理健康教育有机结合。退休老教师和律师组织在全区企业与中小学开展"德法微课堂"巡回讲课，受众2万余人次。在口岸街道、永安洲镇、刁铺街道等派出所成立"关爱工作站"，聘请退休老公安人员参与预防减少青少年犯罪工作。年内，教育系统关工委开展"百师走访千生"活动，举办"家校发展论坛"。全年无在校生违法犯罪。

【校外辅导站建设】 2019年，高港区有校外教育辅导站87个，校外辅导站工作人员361人。创新校外教育辅导站办站思路，形成"与部门社团联办""与企业联办""与社区联办"和"个人办站"等多种模式。中心辅导站带动一般站，辅导站带动辅导点，形成校外辅导站区域有效覆盖。刁铺街道圩岸社区辅导站的"非遗"及书画课程、白马镇陆家村辅导站的"童来童往，传承经典"国学诵读课程等特色明显。全区180余名在职教师辅导学生1100余人次，区财政按照考核标准发放课时补贴11.3万元。许庄街道"七彩阳光"辅导站被评为省优秀站。白马中学"14岁青春仪式"和海军小学"探究影视教育，浸润海军文化"均获全省校外教育辅导站优秀活动推广项目奖。

区关工委驻会老同志给胡庄镇教育辅导站留守儿童授课

（区关工委 供图）

【"五老"助力乡风文明建设】 2019年，全区登记在册"五老"志愿者共3209人，比上年增加128人。其中，核心层165人，骨干层660人，参与层2384人；70周岁以下的1211人。区关工委成立区"五老"志愿服务大队，各镇街成立"五老"志愿服务队，有"五老"宣讲团107人，网吧义务监督队66人。"五老"持续参与社会治理、文明城市创建、"263行动"、乡风文明建设等中心工作，永安洲镇"夕阳红工作团"10余名成员常年参与乡村文化建设、辅导站活动、民调等工作，"微高港"公众号进行专题报道。口岸街道、刁铺街道、许庄街道、白马镇50余名"五老"人员参加名镇名村志编纂工作。

（陈连龙 张振余）

应急管理

综　述

【概况】 2019年，全区应急管理系统做好应急救援预案的编制工作，制定全区突发事件总体应急预案，督促各相关部门、企业制定相应的应急救援预案并组织演练。强化应急物资储备，开展全区应急资源调查，建立应急救援物资储备制度，做好火灾预防、防汛防旱等工作。强化应急救援力量建设，逐步建立危险化学品、道路运输、建筑施工等专业应急救援队伍。强化应急救援队伍技能提升，定期组织训练演练。建立专家工作制度，强化专业机构和专家技术支撑。做好应急值守工作，按要求做好汛期、节假日等重点时段的应急值守工作，确保24小时通信畅通，第一时间启动应急预案。全区有各类应急救援队伍25支、190人。全年接报各类突发事件信息5期，向市应急办及时上报突发事件信息5期。

【应急救灾物资储备】 2019年，高港区应急救灾物资采用分布式存储，主要由区内各园区、镇街及相关部门按照各自职能，储备相应的应急物资，日常应急物资储备基本完善。

防汛抗旱应急救援物资储备　以抢排泵、打桩机、编织袋等为主体，2019年汛前全区足额储备"三袋"（草袋、麻袋、编织袋）9.88万只，木桩440根、土工布0.59万平方米，配有应急排水发电机2台（套），应急包40只，应急灯2台（套），应急帐篷10顶，主要在区水利、区住房城乡建设局、区供销社、区人武部等部门储备。

事故灾难急救援物资储备　区应急局和永安洲镇联合建有1个20平方米的应急救援装备器材库。结合人武、消防应急资源，有正压式空气呼吸器、重轻型防化服共计42套，便捷式多功能气体检测报警仪5台。有防爆对讲机、防爆手电筒、呼救器、声级计、各类堵漏设施等应急救援装备，由专人负责管理。各园区、镇街根据产业定位，储备一定的应急救援物资，用于初期应急救援处置，可调度性强。

消防设备设施　消防综合应急资源由高港消防救援大队统一管理，有执勤车辆6辆，其中，水罐消防车1辆，泡沫水罐消防车2辆，压缩空气泡沫消防车1辆，登高平台消防车1辆，抢险救援消防车1辆。共有个人防护装备782件，抢险救援器材118件，泡沫灭火剂12.5吨。

【应急演练】 2019年，全区组织应急演练和综合应急演练40余次。6月3日，"安全生产月"启动仪式暨危化品应急救援演练活动在泰州市天润合成化工有限公司（新厂区）开展。6月14日，许庄街道在泰州市科飞橡塑有限公司进行危险化学品综合应急演练。6月28日，泰州港经济开发区在华润雪花啤酒（泰州）有限公司开展针对制冷车间氨储罐液位计发生泄漏的应急演练。11月8日，口岸街道在江苏昆仑光源材料有限公司模拟演练企业在发生危险化学品泄漏事故后开展自救、上报及各部门协调开展应急救援的全过程。　（苏天翔）

【应急预案修编】 2019年，高港区修订《高港区防洪预案》《高港区抗旱预案》《高港区防御台风预案》《高港区城市排水防涝预案》等，分别对可能出现的重大险情和城市内涝、超强台风制定切实可行的处置办法。制定《高港区水旱灾害防御水利工程调度方案》，科学调度水利工程，保证内河水位可控。

（白　伟）

安全生产管理

【概况】 2019年，高港区健全安全生产责任体系，出台《泰州市高港区党政领导干部安全生产责任制实施办法》《高港区安全生产监督管理履职考核奖励实施办法（试行）》《泰州市高港区贯彻落实〈省委办公厅 省政府办公厅印发关于进一步加强安全生产工作的意见的通知〉任务分工方案》。加快推进工贸行业领域安全生产标准化建设,推动安全监管一体化平台改造升级,全区595个企业纳入平台管理。5月,国务院安委会第十六考核巡查组到高港区就安全生产和消防工作进行巡查考核。8月,江苏省安全生产第三巡查组到高港区开展安全生产巡查。年内,高港区获全市安全生产综合考核一等奖、第一名。区应急局胡德荣获泰州市第二批"骏马奖"和泰州市第三届"十行百星"荣誉。年内,高港区未发生工商贸生产安全事故。

【双重预防机制建设】 2019年,高港区进一步细化安全生产风险管控和隐患排查治理,双重预防机制创建细则。创立工贸企业风险辨识管控"1234"工作规程(即一个目标、两张栏图、三项现场管控措施、四套账册)和"九个一"标准化工作规范(即一个目标、一个公告栏、一张图、一套制度规程、一张表、一个预案、一本台账、一套标识、一套自动监控装置系统),打造企业安全管理"一企一档"升级版,得到省应急管理厅的肯定和推广。全区有199个企业全面开展双重预防机制建设,培育双重预防机制建设标杆示范企业2个,完成双重预防机制建设的工贸企业共有162个,完成率81.41%;重新开展风险辨识181个,开展率90.95%;辖区内共有红色风险源6处,橙色127处,黄色285处,蓝色383处。红橙风险管控措施完善个数117个;应急预案修订个数160个,修订率83.77%;企业内部管控措施培训次数565次;督查企业数159个。

【危险化学品安全监管】 2019年,高港区组织专家开展制度化检查、"3·21"事故后百日整治专项行动、企业主要负责人履职审计和应急救援检查、《安全生产检查导则》督查、重大危险源专项检查等各类危险化学品安全检查155个次,下发现场检查记录155份,责令限期整改指令书155份,下发现场处理措施决定书2份,排查各类隐患648条,隐患整改率达100%。年内,事前立案查处企业21个,处罚64.4万元。全年淘汰关闭化工企业2个,化工生产企业入高永化工集中区率达90%。按照《江苏省化工(危险化学品)企业安全风险评估和分级办法》,高港区再次对化工企业进行分级,实行分级管控,共划分红色企业1个,橙色企业5个,黄色企业12个。

【粉尘涉爆企业安全监管】 2019年,高港区有粉尘涉爆企业50个,涉及铝粉、木粉、粮食、饲料等粉尘企业30个,涉及煤粉企业1个。年内,区应急局联合各园区、镇街对各类粉尘涉爆企业开展安全检查,对泰州市众洁新能源有限公司、江苏泰华消防电气设备有限公司、泰州星瑞精密工业有限公司、江苏省普菲柯医疗器械总厂等企业存在的重大安全隐患下发现场处理措施决定书,责令企业停止粉尘涉爆区域作业,对2个企业开展约谈,对2个企业进行立案调查,罚款3.6万元。

【烟花爆竹安全监管】 2019年,高港区共有烟花爆竹批发企业1个、烟花爆竹零售点154个。对辖区内烟花爆竹零售经营单位进行抽查,共抽查60个次,排查隐患90余条,现场要求经营业主将发现的小问题整改到位。约谈烟花爆竹经营单位业主3人。查获私储烟花爆竹的不法商贩2人,没收各类烟花爆竹1000余件。各镇街每月均及时上报烟花爆竹检查资料(含禁放区域内排查情况),累计上报烟花爆竹检查记录80余份,发现问题70余条,整改70余条,整改率达100%。每季度对高港区烟花批发有限公司进行检查,共检查4个次,立案查处1次,处罚金5.38万元。

【造(拆)船企业安全监管】 2019年年初,区应急局对全区造(拆)船企业开展安全生产告知、承诺活动,逐个企业下发安全生产告知书,各造(拆)船企业及时向区应急局递交安全管理承诺书。开展造(拆)船行业"四类作业"专项整治,共计排查安全隐患87条,整改完成86条,1条重大事故隐患整改工作有序推进中。11月,区应急局与各相关部门联合召开工矿商贸(船舶)行业安全生产专业委员会联席会议。

【百日安全生产大检查】 2019年,区应急局印发《关于开展工贸企业百日安全生产大检查的工作方案》,将冶金工贸企业安全生产专项执法工作、百日安全生产大检查工作、年度执法任务统筹安排,成立由局负责人带队的工贸企业百日安全生产大检查督查工作小组2个。按照《工贸行业重大生产安全事故隐患判定标准(2017版)》,围绕企业安全生产主体责任落实情况、安全生产管理制度建立和执行情况、安全风险管控情况、隐患排查治理情况、防范化解重大安全风险情况、应急管理情况等开展执法检查,出动检查人员252人次,检查工贸企业84个,发现各类隐患284条,其中,涉及重大生产安全事故隐患企业2个,重大隐患4条。对2个涉及重大生产安全事故隐患企业下发现场处理措施决定书,责令停止相应生产线或设备生产并进行整改,对27个违法违规工贸企业进行立案处罚,其中重大行政处罚4起。

【安全生产标准化建设】 2019年,高港区继续按照"1+5+N"(1个示范企业、5个重点企业、N个一般企业)的结对创建模式,全面推进安全生产标准化样板区建设。年内,推进28个重点企业创建标准化示范企业。万向精工江苏有限公司、泰州星瑞精密工业有限公司、江苏鹏翎胶管有限公司3个企业二级标

2019年6月18日,高港区在口岸街道智慧农贸市场组织开展安全生产宣传咨询日活动
(区应急局 供图)

准化通过省应急厅专家组现场验收,泰州友润电子科技股份有限公司、泰州汇锦电子有限公司、江苏凯威药用包装有限公司3个企业二级标准化申报材料上报省应急厅。新增规模以上企业全部通过三级安全标准化。小微企业中累计有505个通过安全标准化验收,小微企业标准化达标率近90%。

【安全生产执法】 2019年,高港区采取“执法计划+专项行动+双随机”的方式,加大安全生产执法力度。“3·21”事故发生后,区应急局先后组织开展安全生产百日安全大检查、安全生产违法行为专项整治及严厉打击安全生产违法行为等专项行动,联合各园区、镇街及各相关部门采取联合检查、突击检查、明察暗访、随机抽查等方式方法,持续在危险化学品、粉尘涉爆、消防、油气长输管线、城镇燃气、建筑施工、特种设备等行业领域开展检查督查。全年共检查各类生产经营单位2937个次,排查各类安全隐患4794条,立案查处生产经营单位65个,约谈生产经营单位12个次,曝光违法违规行为为12起,责令停产11个,挂牌督办2个。全年区应急局共立案查处安全生产违法行为90起,事前行政处罚总额273.59万元,其中重大行政处罚21起,罚款总金额126.38万元。

【安全生产培训】 2019年,高港区组织开展“安全大讲堂”系列活动,邀请安全生产领域专家、学者结合实例现场授课,累计培训7场次,培训1300余人次。强化生产经营单位从业人员教育培训,全年共举办各类培训班95期,培训人员7000余人次,通过特种作业人员考试人员近5000人。开展“六月安全月”宣传活动、安全生产宣传咨询日活动、安全生产警示教育活动、危险化学品事故综合应急演练活动、高危行业企业应急救援能力竞赛。

(苏天翔)

消　防

【概况】 2019年,泰州市高港区消防救援大队(简称高港消防救援大队)于12月31日挂牌。全年接警出动432起,出动车辆649辆,出动警力2787人次,抢救被困人员120人,疏散被困人员180人,抢救财产价值600余万元。火灾起数比上年下降8.6%。全区未发生重特大火灾事故。年内,成功处置“5·22”东联化工火灾扑救、“10·10”醋酸乙酯槽罐车侧翻事故等。

【消防安全整治】 2019年,高港区推动消防安全“党政同责”,组织召开消防工作会议,推动“群租房、三合一”场所专项整治、高层建筑排查整治、“防风险保平安迎大庆”百日专项行动。全区消防安全重点单位全部落实消防安全措施,“户籍化”管理工作全部达标。开展集中清查7次,发放《消防安全告知书》1095份,发现违法行为及火灾隐患374处,增加灭火器455只。

【执勤训练】 2019年,高港消防救援大队组织开展冬训体能、夏训操法、水域救援、交通事故救援、内攻搜救与避险等科目训练。3月,在泰州市消防救援支队数字化预案评比中获第一;9月,在泰州市消防救援支队类型预案评比中获得双第一。通港路消防救援站在泰州市消防救援支队夏训科目比武竞赛中获团体第三名,先后有2名队员代表泰州市消防救援支队参加江苏省消防救援总队冬训比武考核;1名队员参加江苏省消防救援总队通信比武竞赛;1名队员参加江苏省消防救援总队装备人员比武竞赛。承办全省地震拉动演练任务。全年共制作数字化预案120份,类型预案11份,开展大队级熟悉演练15次,部门联动演练12次,中队级演练90次。队伍改制转隶期,自主开展为期1个月的纪律作风整顿月活动。结合泰州市消防救援支队“百日安全创建”和“业务骨干培养”活动方案,强化指战员安全意识,提高业务骨干综合素质,2人被提升为班长,1人担任中国消防救援学院教官。针对消防员和专职队员混编现状,组织开展介绍“家谱队史”、选准“教头兄长”、练就“看家本领”、办好“家事心事”等活动。全年无安全事故,无违法违纪案件。加强日常通信设

高港消防救援大队队列训练 （高港消防救援大队 供图）

备巡检联调，及时检测和排除各类故障，为各类会议与队伍执勤训练、值班管理提供良好的通信保障，完成政务网切割上线任务。投入20余万元配备无人机、单兵图传、行车记录仪、倒车影像、PDT数字电台和升级营区视频监控。健全通信保障小组，坚持每周开展1次直报直调、卫星电话通信、无人机等实战训练。

【消防安全检查】 2019年，高港消防救援大队聚焦重大火灾隐患单位、高永化工集中区、大型商业综合体，强化重点领域防控，严格落实“每日一查”制度，严治重大火灾隐患。全年共开展检查1560个，发现火灾隐患2672处，督促整改2635处，临时查封47处，责令“三停”14个，处罚61.75万元，拘留4人。利用调整高港区消防安全委员会组成员单位的契机，要求各镇街参照区消防安全委员会组织架构，成立、调整乡镇（街道）消防安全委员会。在全区推广安装简易喷淋、独立式感烟探测器和电气火灾监控设备，完成安装简易喷淋92套、独立式感烟探测器767个、电气火灾监控设备178套。

【消防宣传】 2019年，高港消防救援大队开展消防宣传月活动，推进消防宣传进学校、进社区、进企业、进家庭、进公共场所。在醒目位置张贴消防安全通告3000余份，利用户外大屏、宣传橱窗等展示消防安全警示语；利用营区和科普教育基地2个固定消防宣传阵地，坚持每周定期开放，接待参观人员300余人。全年共完成央视用稿1条，省级媒体用稿17条。 （高港消防救援大队）

防汛抗旱

【汛前检查】 2019年，区防汛防旱指挥部组织全区水利工程汛前安全大检查和长江汛前、汛期、汛后水下地形测量，对测量结果进行会商并及时告知涉及沿江企业及相关部门，提前做好防范工作。全区组建各类防汛抢险队伍95支，队员2756人。

【安全度汛】 2019年，高港区汛期严格落实24小时防汛值班制度，做好水情、工情上传下达工作，科学应对突发险情，调度相关工程，控制区域水位，成功抵御第9号台风“利奇马”，全区安全度汛。

【防汛应急减灾工程】 2019年，高港区投资500万元，实施幸福闸至泰州长江公路大桥段2.8千米长江堤防防洪提升工程，将防洪标准提升至“百年一遇”。对江堤挡浪墙顶按照高程8.51米进行加高达标，增设堤防巡查便道2.12千米。新建沉降观测等管理设施，做好沿线水土保持和绿化工作，栽植晚樱886株、黄金槐49株、红叶李28株。至年末，全区有江港堤防25.6千米，有沿江节制闸5座，出江（港）涵洞8座，排涝站14座，排涝流量每秒53.3立方米，装机总功率0.36万千瓦。 （白 伟）

防震减灾

【概况】 2019年，高港区完成地震应急综合演练、地震宏观测报点调整工作。推进全民健身中心和口岸实验学校应急避难场所建设。胡庄镇汪群社区创成国家级综合减灾示范社区。口岸街道蔡滩社区地震科普馆创成省级地震防震减灾科普教育基地。

【群测群防网络建设】 2019年，高港区更新地震宏观测报点2处，维护高港地震科普馆及地震应急装备，组建区住房城乡建设局地震应急救援志愿者队伍。

【防震减灾知识宣传】 2019年，高港区在口岸中心小学开展地震综合应急演练，向广大师生宣传防震减灾知识。5月在科普宣传周期间，开展防震减灾科普咨询活动。“5·12”全国防震减灾日，向全区群众发送宣传短信，增强群众防震减灾意识。 （丁 毅）

街道·镇

口岸街道

·综述·

2019年，口岸街道总面积50.71平方千米，耕地面积1605公顷。辖行政村6个、社区17个、村（居）民小组352个。户籍户数22644户，户籍人口70644人。全年实现地区生产总值152.52亿元，比上年增长10.86%。完成一般公共预算收入2.59亿元。实现工业总产值125亿元，其中规模以上工业总产值112.68亿元。全社会固定资产投资65.97亿元，增长15.49%。实际利用外资和港澳台资8200万美元。进出口总额1.73亿美元。年内，完成1亿元以上项目开工18个，竣工19个。其中，完成10亿元以上项目开工1个、竣工1个。居民人均可支配收入34705元，增长15.45%。（刘蒙蒙）

·经济建设·

【项目建设】 参见《江苏泰州港经济开发区》类目。

【农业】 2019年，口岸街道实现农业总产值4.37亿元、增加值2.74亿元，比上年分别增长3.16%、3.81%。流转土地1261.24公顷，其中流转入家庭农场和种田大户788.1公顷。全年新增家庭农场6个（高港区孟武敬家庭农场、高港区徐李家庭农场、高港区陆园农场、高港区明涛家庭农场、高港区孙永生家庭农场、高港区秀云家庭农场），新增适度规模经营面积101.42公顷，新增设施农业7.87公顷。优质稻米种子统供率100%。完成高效设施农业保险保费94万元。培育“泰港”“汉水河”“福农”等绿色食品品牌，申报省级绿色优质（小麦）基地1408.8公顷，完成绿色食品续展1个（泰州市吴楼农业发展有限公司），新申报绿色食品3个（泰州凤栖湖农场“泰港牌”早佳8424、玉菇甜瓜、特小凤西瓜）。7个规模以上农业生产主体追溯基地建设通过验收，分别是泰州市高港区果香农场、高港区七彩葡萄园、泰州市吴楼农业发展有限公司、泰州市雅润农场、泰州市高港区江瑞农场、泰州凤栖湖农场、高港区徐庄家庭农场。推进农村产权制度改革，完成20个村（社区）集体资产清产核资、成员身份界定。对引江、蔡滩等10个村（社区）集体经营性资产开展“股权到人、固化到户”工作。

凤栖湖农场　（区委宣传部　供图）

【工业】 2019年，口岸街道实现工业总产值125亿元，比上年增长21.5%。工业企业一般纳税人开票销售119亿元，增长16.5%。共有规模以上工业企业38个，规模以上工业产值112.68亿元。征收期工业一般纳税人开票销售121亿元，增长15.2%。规模以上企业净入库税金2.89亿元，增长18.9%。工业投资

改造后的口岸街道文化广场停车场　（口岸街道　供图）

总额40.44亿元，增长16.06%。完成工业技改投入总额18.2亿元，增长18%。江苏凯威药用包装有限公司、泰州市创新电子有限公司、泰州汇锦电子有限公司被评为省“两化”融合管理体系贯标试点企业。

【建筑业】 2019年，口岸街道有资质以上建筑业企业45个，建筑业从业人员9257人。建筑业总产值184.49亿元，建筑业入库税收16993万元。

【服务业】 2019年，口岸街道实现服务业增加值101.25亿元，比上年增长12.32%，服务业占地区生产总值比重66.39%。服务业税收23957万元。共有规模以上服务业企业24个。服务业产业投资增长14.53%。新招引5000万元以上服务业项目4个，新开工1亿元以上服务业项目1个。限额以上批零住餐业销售额410.86亿元，增长12.83%。新增规模以上服务业企业8个，净增限额以上批零住餐企业7个。新增电商创业40人，农村电子商务人才培训240人。徐桥村入选第八批江苏省农村电子商务示范村。

【科技创新】 参见《江苏泰州港经济开发区》类目。（刘蒙蒙）

·人居环境·

【城乡建设】 2019年，口岸街道实施政府文化广场改造工程，新增停车位92个。实施蔡西小区、都市好家园改造工程，完成春江花园、江平小区、金港花园等一批后街背巷整治工作。实施通扬新村、春江小区雨污水分流改造。标准化厂房（杰力钢缆）12月完成全部工程量并启动竣工验收工作；新口岸中心小学异地改扩建项目及续建工程、医疗器械产业园办公区装修工程、标准化厂房消防整改工作、诚达精工110千伏专线资产转让工作完成；建成金衡检测中心、江苏省特种安全防护产品质量监督检验中心（二期）等公共服务平台建设，吉林大学泰州汽车动力传动研究院主体及配套工程建成。完善徐桥、雅儒、集成、引江、吴楼5个村（社区）村庄规划修编。完成长城汽车项目、凤栖湖公园、带状公园、高港大道拓宽改造、水岸景城三期等9个项目近200公顷征地保障工作。完成王营棚户区动迁改造工程104户动迁安置工作，5天时间完成长城项目地块248户动迁协议签订工作。年内，月均处理市政零星维修抢修及下水道疏通工程案件18起，涉及路灯、道路、下水、井盖等各类市政突发问题。加强路灯巡查，确保亮灯率达98%。对7个村（社区）的11条“四好农村公路”建设扫尾工程进行督查。开展“大棚房”和“违建别墅”专项整治，整治工作通过省级验收。建立完善违法用地发现、查处、整改机制，整改违法用地图斑8处约1.31公顷。增减挂钩复垦1.73公顷。

【生态环境】 2019年，口岸街道围绕“健康长江泰州行动”“打赢蓝天保卫战”等重点任务，推进绿色发展。对南官河口岸闸下游进行整坡复绿，完成长江岸线生态修复4.33公顷。全面完成南官河砂石码头整

南官河砂石码头整治　（口岸街道　供图）

治，关停并拆除南官河沿线砂石码头，拆除吊机24座，完成“两违”整治21处。持续加大水环境治理力度，排查长江排污口40个。完成小浏港、友谊港控源截污工程，江圣生产沟、田河中沟、小田河生产沟、城东社区沈西中沟水体治理工程，对王营河、新区南北河、二井中沟等9条城市河道实施疏浚整治。集中开展餐饮油烟整治“回头看”、“城建惠民”、石材加工点、辖区内工业固废排查等专项整治工作。泰州市创新电子有限公司完成清洁生产审核和验收，泰州市创新电子有限公司、泰州市超人汽车电子有限公司挥发性有机物治理项目全面完成。至年末，禁养区养殖场关停76户，限养区内污染较严重的2个养殖场全部关停，所有78个关停场都进行转产或拆除，限养区内治理4户，畜禽粪便资源化利用率达95%以上。全年街道农药使用总量188吨，比上年下降9%，化肥使用量（折纯）约851吨，下降3%；在田河社区建立农膜回收点1个。（刘蒙蒙）

·社会建设·

【教育】 2019年，口岸街道区域有学校（幼儿园）12所。其中，高中1所，初中2所，小学3所，公办幼儿园3所，民办幼儿园3所。年内，建成水岸景城幼儿园。全年开展全民阅读主题活动、《我和我的祖国》征文演讲比赛等各项主题活动130余场，在省、市、区学习网站发表报道110篇。“择善”课堂成功申报省级社区教育品牌。口岸中心幼儿园获省文明单位称号，口岸实验学校获省文明校园称号。口岸街道社教中心确定59个专题，以村（社区）居民学校为平台展开培训近200场次，参培学员4.8万余人，超过常住人口的63%。新增网络学习学员417人，人均学分38分。举办SYB创业培训12期、职工技能提升24期、二次再就业技能培训5000余人次。

2019“中国旅游日”泰州凤栖湖首届西瓜节开幕（口岸街道 供图）

【文化体育】 2019年，口岸街道发放文化惠民券26.55万元，慰问演出近百余场，送电影下乡72场。蔡滩社区城市书房建成，占地约210平方米，拥有各类书籍近8000册，可容纳60人阅览。以“奏响最强音，谱写新华章”为主题，举办元旦、春节文艺演出9场；组织开展“礼赞中国，柴墟有礼”大江放歌口岸专场演出和“同唱祖国好，幸福舞起来——2019年‘舞动口岸’广场舞大赛”。百人同跳《同唱祖国好》视频登上“学习强国”。组队参加高港区庆祝中华人民共和国成立70周年合唱比赛，获二等奖。选派2支节目参演区基层文艺团队优秀节目调演活动，分别获一等奖、二等奖。举办口岸街道泰州凤栖湖西瓜节系列活动。承办“倡导移风易俗，弘扬时代新风”口岸街道巡演及书画巡展活动。排查维修辖区体育健身器材915件，消除安全隐患。促进非物质文化遗产的传承与保护，摸排“非遗”项目32个。

水岸景城幼儿园（口岸街道 供图）

【卫生健康】 2019年，口岸街道有公办医疗机构2个，分别是高港中医院和田河喉科医院，共有医务工作人员261人。开展孕前优生健康检查120对，发放独生子女父母奖励金3403人，为6400余名35~64周岁的适龄妇女、7200余名65周岁以上老年人分别开展免费“两癌”筛查、健康检查。完成城南、保桥、东南、戴集、保庄5个村（社区）改厕800座。

【社会生活】2019年，口岸街道新增创业人数1683人，支持成功自主创业人数390人，引导大学生创业60人，成功申报市级大学生优秀创业项目2个。组织辖区内7个村（社区）开展创业培训，共280人通过创业培训考试。组织4个企业到外省招聘，集聚高校毕业生人数521人，组织高校毕业生就业见习25人，发放购房券20张。城镇职工基本养老保险参保数12072人，城镇职工医疗保险参保数22879人，工伤保险参保数12390人，城乡居民医疗保险续缴费率达98%以上，城乡居民养老保险续缴人数达9487人，超额完成任务。办理被征地农民社会保障604人。接待处理劳资纠纷8起，答复处理“12345”政风行风热线29个。用人单位劳动用工书面审查1325个，入库用人单位信息采集1542个，联动平台咨询接待1106起，指导服务用人单位1068个。城乡低保217户、302人，农村五保供养101人，享受残疾人“两项补贴”对象631人，每月发放各类保障及临时救助资金约54万元。建成AAA级居家养老服务中心4个、老年人助餐点2个，街道残疾人之家启动运营。申报社区优秀服务品牌4个、城市社区“微治理”和“睦邻里”项目5个。

【平安与法治建设】2019年，口岸街道建立健全政法联席会议（月度工作会议）、政法负责人会议（月度情况研判会）、政法信息共享会议（周工作会议）制度。设置基础网格198个，将时代广场、雕花楼景区、扬子江药业集团、工业园区等8个区域设立为专属网格，构建“一格一长多员”网格队伍，在徐庄、王营、城东3个村（社区）召开现场会，经验做法受到省、市、区领导好评。街道全年共录入、调处矛盾纠纷2348起，其中，复杂疑难纠纷12起，非正常死亡事件25起，调处成功率100%，履行率100%。街道共受理群众来访来信48批、73人次，处理完毕39件（其中9件正按信访程序办理之中），市交办案5件、7人次，区信访局交办案4件、6人次，结案率100%；阳光信访受理38件，受理率和结案率均为100%。推进“信访积案百日攻坚”活动，14件信访积案，有12件签订停诉息访承诺书。辖区172名刑释解教人员帮教率100%，安置率100%。口岸司法所获评2019年度全市司法行政工作先进集体。举办口岸街道大型综合应急救援演练活动，省、市、区媒体报道活动情况。制定《泰州市高港区口岸街道生产安全事故应急预案》，构建安全监管一体化平台，录入平台企业110个，形成口岸街道安全生产风险分布电子图。推动35个重点企业开展双重预防机制建设，其中江苏昆仑光源材料有限公司作为典型单位承办全省现场观摩会。江苏凯威药用包装有限公司通过省安全生产二级标准化创建及市“0523”安全示范班组创建验收。开展扫黑除恶专项斗争，办理涉黑涉恶案件8件，破获各类刑事案120件。全年社会大局和谐稳定，信访和安全生产形势持续平稳向好，公众安全感、法治满意度全区领先。

（刘蒙蒙）

·政治建设·

【基层党组织建设】2019年，口岸街道有基层党组织170个，党员3156人。组织和动员街道170个基层党组织、3000余名党员开展“不忘初心、牢记使命”主题教育。精选20个调研课题，解决群众反映强烈的热点难点问题66个。实施“1+23”党工委和村（社区）党组织书记项目，解决一批基层痛点、难点问题。坚持“一村一策”，整顿软弱涣散党组织2个。改扩建口岸、育才、新明等社区党群服务中心，调整基层村（社区）党组织书记6人，实现“一肩挑”8人。实施“苔花绽放”年轻干部成长计划，建立机关与基层干部双向交流机制，建强基层后备干部队伍，助力年轻干部成长成才。

【宣传统战工作】2019年，口岸街道围绕“不忘初心、牢记使命”主题教育、大走访大落实新风行动等，宣传党的方针政策。建成“1+23+N”个新时代文明实践站所。围绕文明城市创建，做好民生实事工程。大力弘扬美德善行，深入践行社会主义核心价值观，提升群众文明素养。4次市级文明城市测评均居全区第一，创成省级文明单位2个、文明社区1个，街道注册志愿者5.3万余人。全年开展“服务同行，洗迎凉夏”清洗空调、“弘美德善行，助苗壮成长”、“共绘美丽中国，同贺70华诞”爱心义卖画等志愿服务活动20余场。全面落实意识形态工作责任制，建立健全意识形态分析研判制度，召开意识形态工作专题会议3次。街道党工委中心组开展领导领学、集中专题学习、交流研讨等学习活动30场次，印发自学资料汇编12期，购买学习书籍120本，组织中心组成员开展“置好三本书、做出示范来”读书分享活动，撰写理论调研文章28篇。运用“学习强国”平台推荐宣传口岸街道经济社会发展的报道20余次。街道配备统战委员及专职统战工作人员，在村（社区）建立统战信息员队伍。固定每月18日为街道统战工作例会日。在《新华日报》《中江网》分别刊登统战信息2篇、6篇。开展“民族一家亲，同心共筑中国梦”主题活动。定期对辖区内宗教活动场所、清真拉面店等地进行安全检查。开展“宗教慈善周”活动，累计捐款3万余元。设立党外人士“毛庆武联络点”。

【纪检监察】2019年，口岸街道先后对涉农资金、“三资”管理、债务化解、扫黑除恶、健康长江泰州行动、安全生产大排查大整治、低保五保核查、农村水环境整治、违建别墅清理等中心工作开展“嵌入式监督”。组织街道机关、村（社区）全体党员干部集中3个月深入开展“学党纪、守规矩、知敬畏”主题教育系列活动，对3名顶风违纪工作人员及时进行党纪、政务立案，并通报全街道。先后接受市委、区委两轮巡察，承担省委巡视高港整改工作，对巡察移交的41条问题线索，及时将办理结果反馈区委巡察办。对违反纪律、破坏规矩的人和事进行党纪、政务、行政立案17件，给予党内警告处分11人，党内严重警告2人，政务警告处分5人，组织处理2人，诫勉谈话36人，批评教育30人，提醒谈话33人，下发问责决定15件，化解历史遗留信访问题2件，公开信访答复1起，为不实举报当事人澄清事实1起，运用容错纠错机制1起。

【人大工作】 2019年，口岸街道有全国人大代表1人，市人大代表6人，区人大代表50人。全年组织人大代表召开政情通报会2次，听取街道经济社会发展情况和财政预算执行情况的报告。完善人大代表之家和人大代表工作室基础设施，引进预算联网监督系统。组织代表会商2020年度街道民生实事项目，征集关于农田水利、生态环保、卫生健康等方面的项目计划40余条。组织代表专题视察环境污染治理、居家养老服务中心和助餐点的运行、河道疏浚整治、水岸景城幼儿园建设5项民生实事工程情况，对2019年度区政府民生实事项目实行分组跟踪督查。组织45名省、市、区级人大代表走进基层，了解河道管护、工厂企业排污情况、畜禽养殖污染治理工作，向水利、环保部门提供对策建议20余条。组织部门现场勘查“二次调研”，划分片区开展23个村居调研座谈会，收集基层群众最迫切需要解决的问题76条。组织代表专题评议信访调处、综合执法、城市管理、市场监管、社会保障、规划建设、社会事业、社会管理服务中心、财政所9个部门（站所）的履职情况、执法情况。开展“人大代表工作日”活动，接待选民约400人次，收集选民意见建议50余条。代表风采、经验做法在《人民与权力》《新华日报》《泰州人大》《泰州日报》等报刊媒体宣传，其中在省、市级报纸杂志上发行7篇。

【街道办事处自身建设】 2019年，口岸街道执行民主集中制，落实《口岸街道议事规则》，坚持重大问题集体讨论、集体决定。组织学习法律、法规，提升干部依法执政的能力和水平。推行政务公开，对重大事件做到“墙上（公示栏）、网上、会上”公开“三同步”。规范执法行为，所有行政服务事项实行阳光操作、集中审批和“一站式”办理。街道为民服务中心共办结各类事项2万余件，满意度达99.99%。强化审计监督，共完成财务收支审计项目7个、经济责任审计项目1个。规范政府采购行为，制定《口岸街道（临港经济园）招投标工作方案（讨论稿）》，完成招投标项目57个，其中，街道（园区）工程项目33个，村（社区）民生项目24个。街道采购中心在泰州市采购中心完成6个项目的采购。

【政协工作】 2019年，政协口岸街道工委有委员39人，其中，市政协委员5人，区政协委员34人。做好“政协委员之家”和23个“委员工作室”品牌，发挥2个委员联络点“小平台，大作为”的作用，构筑活动载体，发挥职能作用，开展调研视察、协商议政。组织驻口岸街道的市、区政协委员开展元宵节向留守儿童送国学、植树节义务植树等活动；联合区商务局举办高港区第一期国际商务沙龙；开展“政协委员工作日”活动4次，收集社情民意80余条，办理政协委员提案15件，办结满意率100%。“‘望闻问切’四步法让‘有事好商量’”在“学习强国”平台推荐宣传。年内，街道政协工作获评区一等奖。

【群团工作】 工会工作　2019年，口岸街道总工会有基层工会91个，其中，独立企业工会67个，村、社区联合工会23个，行业工会1个，企业建会率96%。街道总工会召开第二次代表大会，完成换届选举。推进星级劳模工匠创新工作室建设，发挥潘海霞、刘飞等劳模工匠示范引领和骨干带头作用，引领广大职工积极参与“大众创业，万众创新”。在绳网吊索具行业举办技能大比武活动。推行工资集体协商和职代会建设。街道辖区内职工劳动合同签订率达98%以上，签订集体合同和工资集体协商率100%。推行女职工专项集体合同，维护女职工权益。

共青团工作　2019年，口岸街道建立企业团支部15个、事业单位5个、社会团体1个。举办“不忘跟党初心，牢记青春使命”主题团日活动。举办纪念五四运动100周年活动，邀请老团员刘书根参加。开展“共绘美丽中国，同贺70华诞”绘画展演活动。开展“纪百年五四，享绿色骑行，看水美口岸”绿色骑行活动。组织团员青年每月参加1次“精神食堂”系列活动，打造口岸特色，获评年度高港区共青团工作先进集体。

妇联工作　2019年，口岸街道成立妇女微家3个和三八红旗手（集体）工作室3个。普及家庭教育，设立栀子花讲堂。“红黄蓝”妇女微家被命名为泰州市示范“妇女微家”。10月30日，全市首个早期教育行业机构妇联成立。完成“9·9公益日”爱心大白罐款项筹集工作，共筹集爱心款3.97万元。举办“伴爱成长·安全同行”、“弘美德善行，助苗壮成长”、困境儿童暑期生活不落单等主题活动。举办高港区“好苏嫂”家政服务技能暨“西式面点师”免费培训班(口岸专场)、“乡村振兴,巾帼行动”妇女就业技能培训班。推进“最美家庭”及“美丽庭院”建设,其中徐勤生家获省“五好家庭”称号。开展妇女维权活动,保障妇女合法权益。慰问财物5万余元,帮扶39名贫困妇女儿童。周敏获2019年度泰州市“十佳巾帼建功标兵”称号。“women+”智慧云平台活力指数在全省排名靠前。口岸街道妇联获2019年度泰州市家庭教育工作先进集体称号。

商会工作 2019年,口岸街道49个非公企业党组织完成换届选举任务,非公企业党建工作覆盖率达100%。全年培养发展党员8人,占街道党员发展总数的30%以上。新增会员企业150个,先后组织安排“两新”党组书记和党务工作者培训学习达200余人次。实施“反哺”工程,向陕西淳化县捐资送物20余万元。参与街道实施“阳关助学”工程,江苏天华索具有限公司、江苏正申索具有限公司、江苏凯威药用包装有限公司等企业资助贫困学生2万余元。

红十字工作 2019年,口岸街道红十字会实施“人道救助”53例,关爱女性救助11例,救助资金6.83万元。开展“红十字博爱万人捐”活动,筹资7.89万余元。完成救护员培训和普及性救护培训560人次。组织造血干细胞采集及无偿献血活动,完成造血干细胞采样12人。

【省级物业管理党建工作示范点】 口岸街道新城社区港城物业党支部秉承“党建引领,管家便民”理念,推行“四位一体”物业管理服务工作模式,即党支部带领、业委会引导、服务站具体抓、居民全参与。服务站总结提炼出“三建三公三诺”工作法:建强业委会、建好物业工作队伍、建立曝光台,公开物业费收缴标准、公布物业费收缴进程、公示经口岸街道审计所审计过的财务账目,实行24小时服务承诺制、党员服务群众承诺制、物业经理首问负责承诺制。发挥居民自治,增强党群情感,“红色管家、绿色服务”主题组织生活馆接待市内外参观1000余人次。2019年11月,港城物业管理服务站被江苏省住房城乡建设厅评为全省物业管理服务行业党建工作示范点,为泰州市唯一获此荣誉的物业服务站。 (刘蒙蒙)

·村(社区)简介·

【引江社区】 位于口岸街道西北角,东与泰州滨江工业园相邻,南距国家一类深水港泰州港3千米,西与扬州市江都区接壤,北邻刁铺街道,由原天如、宁都2个自然村合并而成。社区党组织为党总支建制,下设党支部3个,党员97人。共有居民小组21个,户籍户数678户,户籍人口2685人。辖区面积4.5平方千米,其中耕地面积84.53公顷。国家重点水利工程引江河、336省道、沿江高等级公路穿境而过。2019年,社区集体经济收入850余万元。年内,社区获评江苏省文明社区、泰州市争创乡风文明示范村(居)先进单位、泰州市乡村振兴1123示范村、高港区2018年度乡村振兴先进村一等奖等荣誉,社区党总支书记张竹山获评江苏省首批“百名示范”村书记。 (张竹山)

【新明社区】 位于口岸街道东南方,与永安洲毗邻,位于泰州长江公路大桥出口处。2000年由原双新村及曹李村2个自然村合并而成。辖区面积3.5平方千米,主要产业为渔业养殖,有耕地面积和水域面积127.6公顷,蔬菜种植面积26.67公顷,鱼塘面积19.07公顷,高效农业面积比重为30.6%。社区下辖网格5个,村民小组21个,户籍户数765户(含已拆迁284户),户籍人口2930人,党员73人。2019年,招财引税80.8万元,注册有限公司12个,注册个体工商户15户,个转企3个。社区先后投入100余万元,用于村庄道路修建、亮化工程、环境整治、垃圾分类等。 (李 忠)

【东南社区】 位于口岸街道东南角,东至东风路,西至高永路,南至文胜路,北接城南社区、大石村,沿江高等级公路贯穿全境。2000年由原红园村、太平村合并而成。社区下辖网格5个,共有居民小组22个,户籍户数657户,户籍人口2652人。占地总面积1.5平方千米,耕地面积71.03公顷。2019年,完成社区污水管网水污分流接通工作、四组120米河道整治工作,分发260户“双胞胎”垃圾桶,按质改厕198座,举办5场文艺惠民演出,为社区贫困家庭84人缴纳计生险,为72名80岁老人缴纳安康行动老年险。长城汽车泰州整车项目涉及东南社区11户全部按时拆迁,征地面积达9.2公顷。年度征地进保192人,其中柔型机器人项目征地4个组,进保49人;临港标房项目征地4个组,进保112人;清华同方项目进保31人。 (陈开伦)

【城南社区】 位于口岸街道港口路南,紧邻核心港区,南靠龙窝口社区,西至扬子江药业集团。中间贯穿3条南北向主干道。城南社区因坐落于城区南边而得名。辖区面积2.5平方千米,共有涉农小组17个、小区2个,耕地面积38.8公顷,常住户数1259户,常住人口4552人。2019年,社区铺设污水管网近3千米,建设污水处理设施4处,建设河道石坝挡墙900米,修复道路2500米,拆除沿河临时建筑1200平方米,河道出新400米,历时4个月完成扬子江南路至金港路段河道整治工作,实施小浏港两侧亮化工程项目。 (李留华)

【龙窝口社区】 位于口岸街道南郊,与泰州港、泰州长江公路大桥

龙窝口社区　　（区党史方志办　供图）

相毗邻，扬子江路、长江大道、锦江路横贯其间。社区由原二闸村、龙口村、龙窝居委会合并而成。户籍户数1415户，户籍人口5381人。社区为党委建制，下设4个党支部，党员235人，社区干部人数19人。社区土地面积近3.2平方千米，耕地面积46.67公顷。2019年，社区集体经济总收入达100万元，完成新注册企业36个，其中，注册资金达1000万元企业1个，个体转企业5个，新办个体工商户20户，完成税收任务42万元。投入近20万元进行居家养老服务中心标准化建设，完善基础设施。将南官河夹江岸线砂石码头21台吊机全部拆除，将长江边湿地生态红线内3.33公顷的砂石场全部关停。（严　洋）

【城东社区】 东至高港大道，西至扬子江南路，北至港城路，南至江平东路。2001年由原灯湾村和许陈村合并，根据区位地理位置取名为城东社区。辖区面积2平方千米，耕地面积21.27公顷，户籍户数1334户，户籍人口4157人，居民小组21个，居民小区3个。2019年，社区集体经济收入128.07万元。在“不忘初心、牢记使命”主题教育过程中，城东社区被高港电视台专题报道，年内，社区获评泰州市文明社区、高港区五星级村（居）。（许迎春）

【王营社区】 南临港城路，东至高港大道，西至泰高路，北到刁铺大转盘，泰高路、春港路、沿江高等级公路穿境而过。2001年由原白杨树村和王营村合并而成，占地面积4.6平方千米。现辖区共有12个居民小区，分别为宏达花苑、天逸华府、海裕山庄、蓝波湾、龙锦华庭、锦绣珑湾、东方明珠、鹏欣瑞都、南韵家园、天逸名邸、金港装饰城、珑悦花园，常住人口1.4万余人。其中东方明珠小区是全市规模最大的保障性住房小区，占地28公顷，总建筑面积35.36万平方米，绿化率达36.18%。2019年，社区集体经济收入225.68万元。打造王营社区网格化治理中心，突出警格加网格的治理模式，得到国家、省、市、区各级领导一致好评。（孙兴中）

【蔡滩社区】 南至通扬路、东至金港路，西至南官河，北至蔡圩河，辖区总面积1.47平方千米，辖银杏苑、港城花苑、百年豪景、金港别墅等16个居民小区，常住户数4313户，常住人口16212人。社区党委下辖5个党支部，共有党员218人。党群服务中心建筑面积2600平方米，现有工作人员15人。辖区以三产服务业为主，有大型农贸市场、超市、商贸中心各1个，各类餐饮店164个，休闲中心7个。2019年，社区固定资产总值4108万元，社区集体经济经营性收入172万元。（刘　俊）

【口岸社区】 位于高港区主城区，辖区总面积4平方千米（纯社区），下辖光明、曙光等居民小组16个，共有居民1476户，常住人口4665人。社区党委设党支部6个，党员105人，村组干部26人。社区下设一级网格4个，网格长4人，网格员16人。2019年，社区开展新春走访慰问活动，慰问老人、贫困户和困难党员；1名预备党员转正，有入党积极分子2人；开展惠民演出3次；组织党员群众慰问敬老院孤寡老人爱心活动；开展农贸市场周边环境整改，铺设道路，安装路灯；开展黑臭水质净化设备安装等。（赵庆晨）

【田河社区】 位于高港主城区东郊，西邻扬子江，东至宣堡港，南与大石村接壤，北与集成社区交接，由原田河村和殷戚村合并而来，辖区面积5平方千米，耕地面积92公顷。社区下辖居民小组22个，户籍户数832户，户籍人口2932人。社区党总支下设党支部3个，党员87人，社区干部17人，其中“两委”班子成员8人。辖区企业以生产绳网带和吊索具为主。2019年，村级集体经济收入39.84万元，主要收入来源为投资收益。（唐建华）

【集成社区】 位于口岸街道东部，东接戴集社区，南接吴楼村，西接田河社区，北接徐庄村。泰州长江公路大桥北接线、新港大道及田许线穿境而过。解放初期由集成乡改为集成村；2001年由原栾庄村与集成村合并成为集成村，2006年由集成村改为集成社区。辖区面积2平方千米，耕地面积92.46公顷。现有10个居民小组，户籍数740户，户籍人口2604人，常住人口1324

人。社区党总支下设3个支部，有党员77人。2019年，集体经济收入102万元。社区加大投入改善人居环境，打造"四好农村公路"，完善幸福路、振武路亮化工程，实施绿化工程，配合相关部门完成振武路的驳岸工程。设立"金点子"光荣榜。开展关爱老人等活动。（孙丽俊）

【戴集社区】 位于口岸街道东侧，由原戴东、戴西和戴集3个自然村合并而成。古高线、泰州长江公路大桥北接线穿村而过。共有居民小组18个，户籍户数623户，户籍人口2170人，党员72人。辖区面积2.3平方千米。社区主要产业为传统农业、育雏、水产养殖等。2019年，村级集体经济收入470余万元。年内，完成戴集中沟节制闸工程，改善村庄内河水环境，实施"新风行动"组长项目一组、二组通组道路。（戴　勇）

【张马社区】 位于沿江高等级公路东侧，西邻扬子江药业集团，南与集成社区和田河社区接壤，北与朱营社区相邻，东至凤栖湖景区，田许线、张马中沟、周潘中沟贯穿南北。社区由原南马村、张周村合并而成，故命名为张马社区。辖区总面积4.5平方千米，其中耕地面积124.6公顷，下辖23个居民小组，户籍户数982户，户籍人口3540人。2019年，社区投入26万元用于拓宽张马线中段、十四组及十六组水泥路；投入约10万元新建百姓大舞台和健身广场；投入6万余元慰问困难群体；投入4万余元维修、新增路灯；投入5万余元用于散坟整治；投入5万余元对社区120个旱厕进行改造，并对破损缺失化粪池盖进行更换；投入约4万元对张马中沟、周潘中沟及社区支干河进行河道疏浚、垃圾清理；投入12万余元开展乱堆乱放专项行动整治。年内，开展文化惠民演出3场、黄梅戏演出35场。（张继平）

【朱营社区】 位于口岸街道东北角，东至田许线，西邻高港大道，南接张马社区，北界通港东路。占地面积71.93公顷，可耕地面积49.33公顷，流转耕地面积33.67公顷。辖自然村1个，居民小组12个，户籍户数411户，户籍人口1510人。辖区主要产业为农业、稻麦种植。2019年，集体经济收入107万，其中经营性收入54万元。（徐红明）

【柴墟社区】 地处高港区主城区，2006年8月由原来口东居委会与口西居委会合并而成。共有19个居民小组，户籍人口6205人，党员120人，驻社区单位5个。2019年，发展预备党员2人。全年兴办个体工商户20个、企业14个，个转企3个。对辖区内的8个小区环境卫生进行整治，清理"僵尸车"29辆，集中清理小广告700余处。社区开展新春走访慰问活动，慰问老人、贫困户和困难党员；开展惠民演出4场。农家书屋藏书1468本。（笪克勤）

【新城社区】 位于扬子江中路与金港中路、通扬路与蔡圩河之间，东邻王营社区，南邻柴墟社区，西邻蔡滩社区，北邻刁铺街道圩岸社区。因随高港区的组建而成立的社区，故叫新城社区，是纯城市社区。辖区面积0.98平方千米，有居民小区12个，户籍户数3271户，户籍人口1.2万人。辖区内有泰州市第三人民医院、口岸中心小学、大润发商业圈、海燕大酒店等。2019年，社区做好老小区物业管理工作，引导居民参与小区物业工作，形成物业自治的良好氛围，打造值得群众信赖的"红色管家"党建服务品牌。社区被评为全省物业管理服务行业党建工作示范点、泰州市先进基层党组织等。（薛余俊）

【育才社区】 东邻城东社区，南邻城南社区，西至南官河，北邻柴墟社区。2006年由原育才居委会与口南居委会合并而成。共有网格8个，常住户1377户，常住人口4282人。辖区内有国家AAAA级旅游景区口岸雕花楼景区、江苏省口岸中学。2019年，建成社区党群服务中心，为集"党建活动、为民服务、教育培训、协商议事、文化宣传"等功能于一体的综合阵地。（徐少华）

【大石村】 位于江平线南侧，地处临港经济园区腹部。因凌港中沟的大石桥穿村而过，故命名为大石村。2001年由原乔岱村、大石村合并而成。共有村民小组18个，居民710户，常住人口2642人，辖区面积2.6平方千米，有耕地76.62公顷，主要产业为传统农业和绳网带产业。2019年，利用村部废弃厂房、办公室创成AAA级居家养老服务中心及老年助餐点。（张桂荣）

【徐桥村】 位于口岸街道东侧边缘，东与泰兴市滨江镇接壤，北齐雅儒村，西邻大石村，南靠永安洲镇东江社区，由原徐桥、凌港、广胜3个村合并而成。泰州长江公路大桥北接线、江平线穿境而过。在解放前有一码头叫一口运，其中有一座木桥叫徐家桥，徐桥因此而得名。辖区面积3平方千米，耕地面积199.87公顷，村民小组共有20个，户籍户数951户，户籍人口3568人，党员85人。主要产业为传统农业、特色农业和三产服务业。2019年，村集体经济可支配收入为53.36万元，在长城项目征地动迁工作中表现突出，获高港区表彰。（周红生）

【郎庄村】 位于口岸街道东南角，东与泰兴市滨江镇、宣堡镇接壤，南临永安洲镇东江社区。由原江干村、郎庄村合并而成，有村民小组20个，户籍户数659户，户籍人口2261人，辖区面积2.28平方千米，耕地面积117.07公顷。345国道（江平线）穿境而过。主要产业为传统

徐庄村南牌楼 （口岸街道 供图）

农业、花卉苗木、中药材特色农业。2019年，盘活345国道东侧原徐桥中学等闲置资产，成立家庭农场2个，将郎庄十二组、十三组、十四组江滩田5.93公顷流转发展江水螃蟹养殖，将引水河东侧江干十七组、十九组土地8.83公顷流转发展药用水蛭养殖。修建拓宽郎庄五组至六组、八组道路，投入100余万元疏浚整治河道，并清理辖区内中沟所有渔网渔簖。全年慰问贫困家庭近60人次，发放慰问金近3万元。 （陈 明）

【雅儒村】 位于口岸街道和泰兴市宣堡镇交界处，东与宣堡镇银杏村接壤，东北与宣堡镇张河村接壤，北与吴楼村接壤，西与大石村接壤，西南与徐桥村接壤，南与郎庄村接壤。户籍户数694户，户籍人口2259人，共有村民小组14个。辖区面积3平方千米，其中耕地面积107.67公顷。主要产业为农业。辖区内产品有润海生态大闸蟹和雅儒香米。2019年，村集体经营性收入44.53万元。年内，西雅片区完成污水管道铺设工程，完成村辖区内4户贫困户危房改造。在办公室东边新建标准厂房1幢。 （陈叶林）

【吴楼村】 位于口岸街道东侧，泰州长江公路大桥北接线穿庄而过，南接江平线。下辖自然村4个，村民小组19个。户籍户数745户，户籍人口2437人，其中，吴楼487户、1638人；李庄258户、799人。辖区面积2.8平方千米，其中耕地面积139.93公顷。2019年，全村集体经济收入24万余元。投入24万元用于通组入户道路修建和吴楼中沟两岸绿化工程，吴楼村获江苏省和谐社区示范村称号等。 （叶建峰）

【徐庄村】 地处口岸街道东北角，新港大道东侧，东风路出口处。2001年由原东徐、西徐2个村合并而成。辖区面积6.3平方千米，耕地面积113.33公顷。有村民小组29个，户籍户数846户，户籍人口3119人。社区共有党员81人。2019年，村民年人均可支配收入3.2万元。村级集体经营性收入达469万元。 （宗礼胜）

刁铺街道

· 综述 ·

2019年，刁铺街道总面积17.58平方千米，耕地面积431.89公顷。辖社区8个，居民小组103个。户籍户数7457户，户籍人口24502人。全年实现地区生产总值27.69亿元，比上年增长12.06%。其中，第一产业增加值0.84亿元，增长2.7%；第二产业增加值8.54亿元，增长7.13%；第三产业增加值18.31亿元，增长15.01 %。一般公共财政预算收入1.03亿元。全社会固定资产投资38.69亿元。实际利用外资和港澳台资400万美元。新增私营企业312个，新增个体工商户835户。居民人均可支配收入28980元，增长15.92%。（薛倩云）

· 经济建设 ·

【项目建设】 2019年，刁铺街道签约1亿元以上项目15个，总投资16.21亿元。完成项目合同备案11个。开工建设1亿元以上项目3个，分别为苏民福智慧农贸市场项目、保利电影院项目、新增年产400万套智能IC卡冷热水表项目，总投入3.02亿元。竣工投产1亿元以上项目3个，分别为尚客优品温泉酒店、苏民福智慧农贸市场、保利电影院项目。完成飞地任务1个。 （李 强）

【农业】 2019年，刁铺街道实现农业总产值2.04亿元，增加值0.84亿元。利用农业“三资”1.67亿元。新造林面积52.3公顷，界牌社区创建成国家级绿化示范村。集中育秧面积2.9公顷，机插秧面积233.2公顷，机插率98%，夏秋两季秸秆还田492公顷，夏季秸秆收集881吨。新建“三化”树种育苗基地11.87公顷。落实区、街道58名干部结对帮扶58户贫困户，58户贫困户收入指标全部达标。 （张瑞晨）

【工业】 2019年，刁铺街道实现工业总产值27.35亿元，比上年增长1.72%；销售27.18亿元、利税0.86亿元、利润0.44亿元，分别增长0.35%、11.65%、14.25%。共有规模以上企业15个，规模以上工业产值15.68亿元、增加值4.31亿元，分别增长-3.99%和14.89%；销售15.74亿元、利税0.61亿元、利润0.31亿元，分别增长-2.67%、48.72%和14.17%。工业企业净入库税收4280万元，增长4.74%。工业技改投入24.22亿元，增长16.74%。工业企业用电量1214万千瓦时。（栾志林）

【建筑业】2019年，刁铺街道有建筑企业18个。建筑业总产值48.1亿元，比上年下降1%。税收1.52亿元，增长6%。（韩红杏）

【服务业】2019年，刁铺街道实现服务业增加值18.31亿元、税收2.16亿元，比上年分别增长15.01%和6.93%。共有规模以上服务业企业37个。服务业固定资产投资14.46亿元，增长106.88%。服务业增加值占地区生产总值比重66.12%，提高1.7个百分点。（栾志林）

【科技创新】2019年，刁铺街道发明专利申请量136件，新增发明专利授权量12件，万人有效发明专利拥有量36件，有效发明专利量94件。全年新增省级高新技术企业后备企业1个，为泰州市欣港电子材料有限公司。新增高新技术企业4个，分别为江苏追日汽车同步器有限公司、泰州市欣港电子材料有限公司、泰州贺安特动力科技有限公司、泰州建源仪表有限公司。贯标绩效评优1个，为泰州市东方传动技术有限公司。协助企业实施"产学研"合作项目4项，分别为江苏追日汽车同步器有限公司与上海理工大学协同创新研究院签订的"锁销式喷钼汽车同步器生产技术的研发合作项目"；江苏保力自动化科技有限公司与北京工业大学建筑与城市规划学院签订的"绿色低碳装配式建筑住宅工业4.0体系"开发项目；泰州市金鹰齿轮有限公司与湖南大学签订的"推动汽车齿轮升级换代"的技术研发项目；江苏追日汽车同步器有限公司与湖南大学签订的"提升生产HW18709、HW20716型两种变速器总成"技术研发项目。（陈子源）

·人居环境·

【城乡建设】2019年，刁铺街道完成扬子江北路东侧动迁项目扫尾工作，完成剩余6户签约拆除工作。强化违章建设查处和管控工作，共拆除违章建设20余起，面积4500平方米。按时处理数字化城管案件近3200件，处理率100%，平台结案率、按期结案率全区领先。完成6个涉农社区、5个小区和4个单位的垃圾分类设施投放工作。引入江苏青杨物业公司对育才花苑加强管护。完成府东路、圩岸工业园区全长1.7千米、管径400毫米的污水管网铺设，总投资550万~600万元，上争近30万元对园区内破损路道进行维修。投入120余万元，在圩岸社区、明发社区建成充电车棚，新增充电车位360个。投入41万元，建成明发社区生态健康园，铺设塑胶步道。（薛倩云）

【生态环境】2019年，刁铺街道强化重污染天气管控，督促企业落实各项管控措施；开展挥发性有机物专项治理，完成泰州市东方传动技术有限公司、泰州艳阳天塑料科技有限公司2个企业挥发性有机化合物专项治理；完成14个涉及油烟单位治理，督促64个餐饮单位清洁油烟管道；强化扬尘管控工作，开展定期巡查，落实降尘、抑尘措施；依托圩岸工业集中区，落实区域总体环境评估；推进排污许可证核发工作，组织企业参加培训，督促辖区内企业及时上报各项数据；开展固废危废专项治理工作，对涉及机油使用单位进行全面排查登记，对危废处置情况进行全面规范治理；配合开展黑臭水体整治，对工业排口进行全面梳理；督促涉及生活污水入河的2个企业对排污口进行封堵和重新接管。全面推进河长制工作，及时对4条中沟、10条城区河道、6个涉农社区的河长制公示牌进行更新，开展"三乱""两违"整治，对7座砂石码头吊机进行集中拆除，投入150万元实施村庄河道活水工程，整治扒翻种植2.12万平米，新增绿化5000平方米。12月，创成省级生态文明建设示范街道。（时红俊）

·社会建设·

【教育】2019年，刁铺街道区域有学校8所。其中，高中1所，为泰州市第三高级中学，有教学班30个，学生1361人，教师157人。初中1所，为泰州市高港实验学校，有教学班36个，学生1738人，教师170人。小学2所，分别为泰州市高港实验小学，有教学班14个，学生1778人，教师169人；泰州市环溪小学，有教学班20个，学生920人，教师69人。幼儿园4所，分别为环溪幼儿园，有班级14个，在园幼儿559人，专任教师57人；明发幼儿园，有班级16个，在园幼儿451人，专任教师66人；水岸幼儿园，有班级9个，在园幼儿352人，专任教师19人；格林幼儿园，有班级6个，在园幼儿156人，专任教师13人。（薛倩云）

【文化体育】2019年，刁铺街道基层文化服务中心建成。配备健身器材和健身场所，达到城镇社区"十分钟体育健身圈"服务要求。举办宣传中共十九大精神社区行演出6场、文化惠民演出36场。元旦、春节期间送戏下乡4场。利用社区百姓大舞台举办"大江放歌"等文体活动。承办高港区庆祝全国第14个文化遗产日系列活动。年内，共调查出"非遗"资源19件，其中，民间文学7件、传统美术1件、传统技艺2件、民俗9件。（薛倩云）

【卫生健康】2019年，刁铺街道社区卫生服务中心占地面积1.57万平方米，建筑面积8059平方米。中心有职工65人，其中卫生专业技术人员56人。具有中级以上职称31人，其中副高职称8人。业务用房8059平方米，中心核定床位80张，实际开放床位60张。下辖社区卫生服务站7个，服务总人口4万余人。年内，内科医生常小荣被评为泰州市百名医德楷模，护士长徐霞被评为高港区最美护士。（孙昌东）

【社会生活】 2019年，刁铺街道举办SYB创业培训班3期，考试合格人数116人。新增就业1300人，新增创业950人，高校毕业生年末总体就业率达96%。城乡居民医疗保险参保率98%，城乡居民基本养老保险参保率98%。（霍　惠）

【平安与法治建设】 2019年，刁铺街道打造综合型网格化治理中心，将8个社区、103个居民小组划分为66个网格（特殊网格3个），网格工作人员164人。全年上报事件27151条，办结率100%。开展"三八"维权周、综治法治宣传月、禁毒宣传、"法润港城"法律服务活动等大型宣传活动12场次。举办法治文化演出5次。走访矫正对象350人次，核查信息60人次，社区服刑人员无脱管、漏管现象发生，无重新犯罪。全年街道司法所接受法律咨询50件。创新"社矫安帮+网格"及"543"工作模式，进一步推动社区矫正、安置帮教工作科学化、精细化、社会化。完善网络舆情监控和应急联动机制，办理"12345"热线、区长公开电话和市、区长信箱1024件，网络舆情68件，办结率100%，满意率99%。组织开展盐城响水"3·21"爆炸后对辖区内涉危、涉化、涉爆企业和设备的安全生产大检查工作，安全生产百日行动大排查、大检查、大整治活动及重大节日期间安全生产大检查。先后组织集中式检查9次，检查企业278个次，排查隐患671条，下达整改通知书234份，隐患整改闭环率达100%。在危化品、冶金熔融、有限空间、粉尘涉爆、特种设备、人员密集场所、烟花爆竹等行业领域开展专项整治。全年完成三级标准化复审企业12个，小微企业标准化复审3个，新增完成小微企业标准化7个；完成2个标准化示范企业评审验收及2个"0523"示范班组的创建工作。（张纪萍　薛　婵　陈　亭）

·政治建设·

【基层党组织建设】 2019年，刁铺街道共有党（总）支部52个，党员1130人。新发展党员13人，其中非公企业7人，社会组织3个。开展"不忘初心、牢记使命"主题教育，紧密结合街道实际和党员需求，创新"三项举措"，有效破解基层党员参加主题教育的"三道难题"，相关做法在泰州市主题教育简报上刊登并受到省委第三巡回指导组充分肯定。加强支部自身建设，严格落实"三会一课""月晒季评年考"等制度要求，创新开展基层党支部"月度行"活动，强化对基层党支部的督促指导，推动基层支部组织生活规范有序。压实"书记项目"，将群众的"小心愿"作为"书记项目"的具体实施内容，完成充电车棚建设、黑臭水体整治等6件民生实事。强化对社区"书记项目"的指导，打造大丰"明芳工作室"、关桥"红色网格"等6个优质服务品牌。招聘"见习村干部"10人，组织"雁阵培育计划"二、三层次对象集中培训4次。用好"五大课堂""周五讲堂"等学习载体，创新开展"专家授课——月月讲"学习活动，每月邀请专家、学者进行专题辅导。深化城市党建，发挥城市社区党群服务中心功能，整合街道"大工委"、社区"大党委"党建资源，将社区党建与管理治理有机结合，制定并实施年度共建项目25个，为居民提供精准服务。对新增的39个"两新"组织进行集中走访摸排，派驻党建指导员7人。（戴　毅）

【宣传统战工作】 2019年，刁铺街道制定执行2019年度党委中心组理论学习计划，坚持把学习宣传贯彻习近平新时代中国特色社会主义思想作为中心组学习的重中之重。组织党员参加市、区关于习近平新时代中国特色社会主义思想的各类知识竞赛，1人获区级比赛第一名。在"学习强国"平台用稿12篇，其中《聚力党建引领，解锁社区治理的"幸福密码"》被"学习强国"平台首页推荐。建成街道、社区、学校、医院等多级志愿服务体系。8个社区以及学校、医院全部成立志愿服

明发社区党群服务中心　　（刁铺街道　供图）

务队伍，开展敬老助残、文化娱乐、教育培训、纠纷调解等志愿服务活动。形成“七彩虹志愿服务队”“心语巾帼志愿服务队”“刁铺街道社会妈妈”等服务品牌。全街道实名注册志愿者19194人，全年组织志愿服务活动424次，开展志愿服务时长65.5万小时。街道在重点非公企业、宗教活动场所、党外知识分子集中的单位设立统战工作联系点，在圩岸社区建立新的社会阶层人士联谊点。街道共有侨胞和留学生26人，台属4户，做好侨眷、台属、台胞走访慰问工作，帮助解决他们生活中的困难。（霍宏武 唐翠白）

【纪检监察】 2019年，刁铺街道纪工委严格查案执纪，党纪处分11人，给予党内警告处分5人，严重警告处分1人，开除党籍5人。对苗头性、倾向性问题或轻微违纪违规行为适用“第一种形态”问责60人次。受理群众来信来访18件，全部结案。开展廉政警示教育，请专家授课、组织观看廉政和作风建设专题片10余次。（徐晓莉）

【人大工作】 2019年，刁铺街道人大代表团共有市级人大代表1人，区级人大代表19人，聘请人大代表联络员7人。街道人大工委推行民生实事代表会商制度，通过公开征求意见以及代表搜集建议等方式，确定2019年度拟实施民生实事项目12项，通过组织区人大代表进行会商，确定新建刁铺中心小学、环境整治、新建公共厕所等10项民生实事项目。开展网格化社会治理及综合执法改革试点工作，为全市创新网格化社会治理工作提供“刁铺样板”。全年共走访接待选民510余人次，收集建议56件。全年在市级以上媒体发表各类文章9篇。（陈 业 朱 晨）

【街道办事处自身建设】 2019年，刁铺街道办事处坚持稳中求进工作总基调，紧扣高质量发展时代主题，经济社会发展取得显著成效。坚持“三重一大”集体研究制度。组织党员干部学习政治理论，增强公仆意识、服务意识。利用“周五讲堂”邀请专家授课，开展学习习近平重要讲话精神活动，提高党员干部政治素养。制定规范性文件22件。严格落实党风廉政建设责任制。（薛倩云）

【政协工作】 2019年，政协刁铺街道工委共有政协委员18人，其中，市政协委员1人，区政协委员17人。组织政协党员委员开展“不忘初心、牢记使命”主题教育。高标准建成街道“委员之家”、社区“委员工作室”8个和“委员联络点”2个。撰写提案17篇，社情民意12篇，其中市采用2篇，区领导批示1篇。组织企业家委员参与光彩事业，到敬老院看望慰问孤寡老人，慰问环卫工人，资助困难大学生，连续8年开展品牌爱心助学活动“为了大山里面的孩子”，资助大山里的贫困学生26名，街道辖区内的贫困学生22名、贫困家庭10户。承办区政协系统第3届乒乓球比赛；市政协领导考察泰州市东方离合器有限公司和大丰社区“明芳工作室”；完成政协文史组稿12篇。（霍宏武）

【群团工作】 工会工作 2019年，刁铺街道总工会以提升职工素质、完善维权机制、构建和谐劳动关系、深化困难职工帮扶、加强基层工会组织建设、增强工会凝聚力为基本要求，继续打造品牌工会、维权工会、帮扶工会、效能工会。年内，依托街道网格化社会治理的资源，做好职工维权工作。

共青团工作 刁铺街道团工委注重加强青少年学习教育，推进“青年学习社”建设，依托“青年学习社”开设“多彩课堂”，为青少年提供全方位的服务，助力健康成长。刁铺街道团工委“青年学习社”先后接受团省委、团市委领导观摩3次，获泰州市“青年学习社”和高港区级青年文明号称号。

妇联工作 刁铺街道妇联通过“心语巾帼志愿服务队”“刁铺街道社会妈妈”开展各类志愿活动、公益维权活动18次。实施“网格+妇联”工作模式，帮助解决家庭赡养问题2个，调解婚姻矛盾3个，推动妇女创业3项，帮助家庭妇女就业15人，帮助1名特困学生申报“e万行动”救助项目，落实助学金1.5万元。

商会工作 刁铺街道商会有会员150余个，其中新发展会员15个。设有办公室、多功能会议室、读书吧、会员企业产品展览室。组织党员会员到山东省临沂市开展“不忘初心、牢记使命”沂蒙精神专题教育；组织会员企业到新疆考察“一带一路”亚欧大陆桥头堡，与新疆生产建设兵团江苏商会缔结为友好商会；开展政企联谊会、职工车工技能大比武；开展“爱在刁铺”活动，引导会员企业投身“光彩事业”，共资助慰问辖区内困难家庭30户、困难学生55名、大学生10人，资助金额22万元。

（陈富余 霍宏武 陈俊宏 戴 毅）

·村（社区）简介·

【关桥社区】 地处刁铺街道的南大门，属主城区的一部分，西临南官河，高港大道、扬子江北路、金港北路、沿江高等级公路穿境而过。辖区面积约3.2平方千米，社区共有居民小组18个，小区2个，常住居民4695人。社区党总支下辖潘庄、观五、圩岸、关桥4个支部，党员134人。设网格片区10个。主要产业是农业。2019年，社区以网格服务工作站为阵地，打造“红色”网格服务品牌，成为市网格化治理现场会观摩点。（潘 妍）

【通太社区】 南至环溪路，北至泰州医药高新区，东至高港大道，西至水厂路，总面积3.6平方千米。2006年6月由原刁铺村、刁东村、河港村和通太居委会合并而成。有18个居民小组，共1614户，总人口5293人，耕地面积14.87公顷，拥有11个民营企业。为江苏省和谐示范社区、江苏省科普示范社区、泰州市绿色社区。2019年3月，通过大走访大落实活动，通太社区联合区委巡察办实施“组长项目”，对河港村河道进行全面整治，并增设码头、修建沿河道路、完善排水系统，年底竣工投入使用。7月，成立“红心”管家服务队，社区党员干部兼任“红心”管家，重点聚焦小区环境管护、基础设施维护、邻里纠纷协调等。（杨福琴）

【环溪社区】 位于高港区西北部，地处城郊接合部，北至宁通公路，南官河以东为城区，以西为涉农社区。2001年由原赵庄、镇丰、刁西3个自然村和环溪居委会合并而成。社区共有21个居民小组，耕地77公顷。户籍户数1825户，户籍人口5532人。党总支下设环溪、镇丰、刁西、赵庄4个党支部，党员160人。社区有企业75个。2019年，集体经济收入85.2万元，农民人均纯收入26507元。1月，赵天路安装防护栏；3月，针对河道沿河两岸的扒坡种植问题，组织力量清理到位；4月，对翟庄组安装路灯；6月，对曰前河黑臭水体进行联合整治；9月，对赵庄自然村进行人居环境整治。（孙 佳）

【万庄社区】 位于刁铺街道西侧，西与扬州市江都区浦头镇接壤，京沪高速、环港大道、长江大道、引江河贯穿境内。区域面积4.7平方千米，耕地面积113公顷。有居民小组18个，户籍户数939户，户籍人口3416人。有企业50个，主要产品为教学仪器、汽车配件等。社区建有党群服务中心、百姓大舞台、新时代文明实践百米宣传长廊等。（陈 婷）

圩岸社区儿童游乐场 （刁铺街道 供图）

【大丰社区】 位于刁铺街道西北部，东依南官河，南临宁通公路，西到引江河、长江大道，北近泰州医药高新区，355省道穿境而过。由原旭光、大丰、北栾3个村合并而成，区域面积2.9平方千米，耕地面积59公顷。有居民小组16个，户籍户数852户，户籍人口3205人，党员82人。有工业企业28个，主要产品为汽车同步器、教学教具。为江苏省文明村、江苏省民主法治示范村、江苏省生态村、江苏省美丽乡村。2019年，集体经济收入200.26万元，农民人均纯收入27000元。4月，完成社区二厂河和东旺河的河道整治、疏浚工作，在河道内新建便民码头8座，整治河边乱搭乱建用房2处，清理畜禽养殖点2处。（许亚琴）

【界牌社区】 位于刁铺街道西北部，东依南官河，南临宁通高速，西濒引江河，北近中国医药城，S355线、泰州港互通连接线穿境而过。社区由界牌、薛李2个自然村合并而成，共有12个居民小组，574户。社区总占地面积1.88平方千米，耕地面积83.37公顷。2019年，居民人均可支配收入25496元，集体经营性收入69.4万元。承办首届刁铺街道农民庆丰收暨乡村旅游节。（赵元元）

【圩岸社区】 位于刁铺街道最南端，东至扬子江路，南到蔡圩中沟，西至南官河，北至许庄河。区域面积1.5平方千米。境内有高港生态公园、高港全民健身中心、高港实验学校、高港实验小学，有水岸帝景和格林美郡住宅小区。规划建设总户数5495户，常住人口11554人。户籍户数568户，户籍人口992人。辖区有机关事业单位10个、共建单位16个，下设网格片区11个。为江苏省卫生村、江苏省地震安全示范社区、泰州市卫生村、泰州市文明社区。2019年7月，圩岸社区职工活动之家改造升级完成并投入使用。9月，格林美郡充电桩项目正式完工投入使用。12月，社区环湖文化广场工程实施完毕。获高港区主题党日活动擂台赛三等奖、刁铺街道“四个文明”建设综合考核一等奖。（常 璐）

【明发社区】 东至高港大道中心界，南至环溪东路、刁东中沟、解放东路连线中心界，西至扬子江北路中心界，北至环港大道中心界，辖区总面积1.05平方千米。有网格小组10个，户籍户数170户，户籍人口308人；常住户数5283户，常住人口7224人；党员17人。2019年，建设医疗应急文化园，建成社区党群服务中心。被评为江苏省卫生村、泰州市卫生健康文化园示范基地。（朱　颖）

许庄街道

·综述·

2019年，许庄街道总面积42.51平方千米，耕地面积1566.67公顷。辖村（社区）14个，其中行政村4个、社区10个，村（居）民小组254个，户籍户数11891户，户籍人口39656人。全年实现地区生产总值45.45亿元，比上年增长9.21%。其中，第一产业增加值1.28亿元，增长2.64%；第二产业增加值15.13亿元，下降5.29%；第三产业增加值29.04亿元，增长12.15%。完成一般公共预算收入8647万元，增长0.57%。全社会固定资产投资27.6亿元，增长14.24%。利用外资和港澳台资400万美元。新增私营企业560个，新增个体工商户951户。居民人均可支配收入增长15.85%。年内，许庄街道被评为省级创业型街道。（朱　芳）

·经济建设·

【项目建设】 2019年，许庄街道完成有效项目信息数33条，1亿元以上签约项目数22个，1亿元以上开工项目数4个，1亿元以上竣工项目数3个。10月，许庄中心小学改扩建项目竣工。孔桥实验学校装修工程获2018年度泰州市"梅兰杯"优质工程奖。（杨　刚）

【农业】 2019年，许庄街道实现农业增加值1.28亿元。农业利用"三资"5.48亿元。流转土地植树造林667.05公顷，新增、完善农田林网面积101.27公顷，新增成片造林总面积36.07公顷。林业绿化总面积1942.41公顷，森林覆盖率达45.6%。新增家庭农场5个，分别为蔡庄福源家庭农场、许庄港北家庭农场、钱赵苏安楠家庭农场、孔桥行趣家庭农场、官沟欣霞家庭农场。新增市级示范家庭农场2个，分别为高港区乡画生态农场、高港区伯锋家庭农场。新增绿色家庭农场1个，为高港区伯锋家庭农场。新增规模经营面积37.53公顷。集中育秧面积4.97公顷，推广机插秧395公顷，机插率达98%以上。实现优质水稻种子统供率100%，低毒低残留农药统供率90%以上。新增高地隙自走式喷杆喷雾机2台、复式小麦条播机9台。（唐晓庆）

延伸阅读：太平金桔

太平金桔在许庄街道已经有160余年的栽植嫁接历史，被列入泰州市非物质文化遗产名录，主要产于许庄街道官沟社区太平中沟以东的太平庄。太平金桔主要生长在太平庄独特的黑沙壤土上，其果实具有舒肝理气、和中养胃、润肺平喘的保健作用，金桔泡茶是招待客人的上等佳品。金桔树经人工嫁接可制成盆景，具有极高的观赏价值。2019年，太平金桔栽培总面积19.27公顷，培育金桔盆景2175盆，金桔总产量900千克，总收入260万元。

【工业】 2019年，许庄街道实现工业总产值15.13亿元，规模以上工业利润933万元、利税3550万元。新增个体工商户980户，新增私营企业399个。完成工业企业一般纳税人开票销售24.3亿元，净入库税收1.09亿元。完成工业净增规模以上企业4个，分别为江苏彼尔汽车部件有限公司、泰州万诺纺织科技有限公司、江苏宇乐机械设备有限公司和泰州市美派墙纸有限公司。全年完成工业技术改造项目17个，亿元结转技改项目2个。泰州市银杏织锦有限公司和江苏正杨纸品有限责任公司申报设备技术改造项目；江苏子辰教育设备有限公司创成泰州市管理创新先进单位，获泰州市质量管理奖；江苏亚太吊具有限公司通过AAA级标准化良好行为企业验收。江苏子辰教育设备有限公司获批泰州市信用管理示范企业，泰州市润辉机械制造有限公司获批省级以上信用贯标企业，泰州市银杏织锦有限公司绣花线获批市级专精特新产品。（唐为兵）

【建筑业】 2019年，许庄街道共有建筑企业21个，建筑业总产值141.54亿元，比上年增长13.9%。

2019年5月18日，许庄街道钱赵村水稻育秧现场

（区农业农村局　供图）

完成建筑业入库税收1.96亿元，增长6.5%。新增二级资质企业1个，为泰州市昀都建设工程有限公司。

（徐　颖）

【服务业】 2019年，许庄街道共有规模以上服务业企业45个。新增规模以上服务业企业6个，限额以上批零住餐企业8个。全年完成服务业增加值29.04亿元、税收2.33亿元，比上年分别增长12.15%、245.73万元。服务业产业投资10.13亿元，增长17.06%。（曹玉海）

【科技创新】 2019年，许庄街道高新技术产业产值占规模以上工业产值49%。配合区科技局“春耕行动”走访企业11个，了解企业实际的科技需求，组织江苏大学教授金华带队到泰州市万达轮业制造有限公司现场对接生产过程中的技术需求，助推企业创新发展。江苏安凯隆消防装备实业有限公司等15个企业完成江苏省科技型中小企业入库。申报江苏省民营科技型企业3个。通过筛选培育，江苏安凯隆消防装备实业有限公司、泰州市润辉机械制造有限公司等单位新申报高新技术企业，江苏子辰教育设备有限公司、泰州市柯普尼通讯设备有限公司2个企业重新申报高新技术企业，泰州市润辉机械制造有限公司通过市级高新技术企业评审，江苏安凯隆消防装备实业有限公司、泰州市润辉机械制造有限公司、江苏子辰教育设备有限公司3个企业通过省高新技术企业评审公示。泰州市润辉机械制造有限公司、泰州鸿安消防设备有限公司等4个企业与大专院校签订产学研合作协议，5个企业通过泰科易平台进行知识产权交易。（杨新峰）

·人居环境·

【城乡建设】 2018年，许庄街道升级改造许庄农贸市场和孔桥农贸市场，成功打造高港电商创业中心高质量创业示范基地。实施“五面清洁”“新风行动”工程，开展环境综合整治工作。推行生活垃圾“住户分类、村居收集、街道转运、区级处置”模式，蔡庄村、马厂社区、乔杨社区3个试点村（社区）分类垃圾箱全面落实到位。做好卫生改厕工作，全年完成户厕改造100个。全年实施2个自然村农村生活污水治理项目，分别为乔杨社区乔杨自然村、蔡庄社区凡青自然村。

（徐　颖）

【生态建设】 2019年，许庄街道推进“向环境污染宣战”工作，关闭化工企业3个，拆除燃煤砖瓦生产企业1个。完成蔡庄村节水灌溉66.67公顷。全面清理渔网渔簖10余处，拆除骨干河道垃圾池23座，拆除两泰官河鱼棚2处、违法码头2座，拆除鳅鱼港违建1处，整治许庄河停车场6处，拆除商店1处、停车场1处，整治乱堆乱放30余处。打造跃进中沟、乐园河、马厂中沟、周梓中沟、中心港、大寨中沟、董庄中沟、关西中沟等示范中沟，共计拆除沿线违建10余处，清理扒坡种植4万平方米，铺设草坪6000余平方米，栽树5000余株，种草2.6万余平方米。利用GPS精准定位收集点，将秸秆清运至能源利用公司，秸秆还田综合利用率达98%以上，夏秋两季考核均获全市二等奖。重点打造乔杨社区、蔡庄村乡村旅游点，建设银杏生态公园。（张晓旭）

·社会建设·

【教育】 2019年，许庄街道共有学校6所，分别为泰州市许庄初级中学、泰州市许庄中心小学、泰州市许庄中心幼儿园、泰州市孔桥初级中学、泰州市孔桥小学、泰州市金泰堡幼儿园，合计共有在校教师266人，在校学生2815人。年内，许庄初级中学被泰州中学录取7人，被四星级高中录取82人，许庄初级中学中考平均分位列高港区第一名；孔桥初级中学被泰州中学录取10人，被四星级高中录取61人。（蔡　骏）

【文化体育】 2019年，许庄街道组织星梦想艺术团参与惠民演出活动31场，开展送电影下乡48场、送戏下乡4场。新增文化体育设施面积1.3万平方米，村（社区）基层综合文化中心建成率100%。至年末，共有体育健身点94个，其中，文体活动中心1个，村级文体活动室14个，全民健身路径56条，篮球场25个，实现文体活动室、全民健身路径在行政村全覆盖，建成“15分钟体育健身圈”。（李　萍）

蔡庄村景观河道　（许庄街道　供图）

【卫生健康】2019年，许庄街道设有社区卫生服务中心2个，为许庄街道社区卫生服务中心和孔桥社区卫生服务中心，分别位于许庄集镇与孔桥集镇。下辖村居卫生室12个，共有医护职工89人，核定病床80张。年内，许庄街道创成国家级卫生镇（街道），马厂社区创成全省首批健康社区，三星社区创成省级卫生社区。（孔凤琴）

【社会生活】2019年，许庄街道新增就业3743人，新增农村劳动力转移136人，帮助城镇失业人员就业626人、就业困难人员就业84人，开展城乡劳动者就业技能培训322人次、新成长劳动力技能培训129人、企业职工岗位技能提升培训2565人，举办SYB创业培训班5期，考试合格194人，职业技能鉴定获证440人，新增高技能人才39人。推进城乡居民基本养老保险续缴费工作，参保缴费7314人，领取待遇8472人，其中，未缴费直接领取基础养老金3389人，缴费人员和领取待遇人员占街道总人口的40%。城乡居民基本医疗保险参保21454人，参保率持续保持在98%以上。完成194户273人低保、136户378人低保边缘户的动态管理工作，为15户困难家庭申请临时救助金近5万元，医疗救助12人、救助资金6.5万元。（王晓娟）

【平安与法治建设】2019年，许庄街道社会管理服务中心开展法律服务135次，接待办事群众9000余人次，调处各类社会矛盾1402起，其中化解重大矛盾7起。14个村（社区）全部配备法律顾问。为区人民法院配备5名人民陪审员。接待上访案件72批次、320余人次，其中集访9批次、250余人次，未发生因处理不当激化矛盾的事件。创业园派出所全年共接处警2276起，办理刑事案件107件、治安案件364件。规范村（居）民网格小组设置，共设网格88个，配备网格员88人，总网格长14人，网格长38人，兼职网格员42人。在全区率先实现“一村一法律顾问”。（张　军）

·政治建设·

【基层党组织建设】2019年，许庄街道党工委下辖党组织83个，党员1656人。全年召开党建专题工作会议3次，做好省委巡视整改和选人用人专项巡视检查整改工作。开展村（社区）“两委”干部违法违纪、涉黑涉恶专项排查整顿工作，发动党员干部入户宣传扫黑除恶专项斗争。投入1000余万元新建党群服务中心2个，清理拆除村居牌子1075个，新安装党群服务中心标牌9个。组织在职党员干部到街道10个社区开展“五带三星”活动，深化街道党工委委员“6个直到支部”制度。建立健全街道党员档案管理制度，重新选址新建档案室，集中整理全街道2000余份党员档案。推进“3100红领菁英”培育工程，全年完成82个企业、37个社会组织的摸底排查，撤销12个软弱涣散“两新”党组织。成立软弱涣散村整顿小组，制定壮大集体经济、改善村庄环境等方面工作计划，完善明河村班子建设、党员教育管理等八项制度。开展“不忘初心、牢记使命”主题教育，以支部为单位集中研讨39次，组织140人进“四馆”学习，组织“我的入党初心”忆访活动。做好建党98周年暨中华人民共和国成立70周年系列庆祝活动，街道1名村书记获评2019年度泰州市优秀基层党务工作者。全年共提拔8名“80后”股级干部，1名“90后”提拔为社区党总支书记，5名“80后”补选为村居“两委”委员，补齐13名村居下设支部书记，6个村居“两委”班子年龄结构得到优化。开展2019年高港区“百日百名精准引才”活动，招引2名创业类人才和4名创新类人才，完成2018年度人才生活补贴申报工作。（孙　薇）

【宣传统战工作】2019年，许庄街道围绕弘扬蔡庄孝义文化、创业富民、群众关心的热点难点问题等内容，在“学习强国”平台、《新华日报》、《泰州日报》、泰州电视台、高港电视台等媒体用稿60余篇。全街道共有注册志愿者2.5万余人，各村（社区）均成立志愿者服务队。广泛开展身边好人评选，报送身边好人信息近4500条。开展“道德讲堂”活动，深化社会主义核心价值观教育。开展“宗教政策法规学习月”活动。开展“寻梦中国，正言正行”主题教育活动，组织中华优秀传统文化进社区文艺巡演。开展民族团结进步宣传周活动，宣传中共十九大精神以及党和国家的方针政策。组织统战条线全体人员、部分非公经济代表、少数民族代表到高港区烈士陵园开展瞻仰革命先烈活动。（顾　莲）

【纪检监察】2019年，许庄街道共录入“两个责任”纪实平台信息2146条。实施容错纠错1例。街道纪工委聚焦安全生产和环保等重点领域与关键环节，组织专项行动5次，追回资金6.2万元。开展监督检查12次，发现问题210条，下发督查通报3期。运用“第一种形态”46人次，其中提醒谈话18人次，批评教育10人次，诫勉谈话18人次。通报批评2次，党内问责5次。共核查各类问题线索23条，处理各类信访26件。全年党政纪处分10人。（李翠霞）

【人大工作】12月21日，许庄街道许庄选区和乔杨选区各补选1名区人大代表。许庄代表团共有市级人大代表2人，区级人大代表26人，聘请人大代表联络员14人。全年累计安排7名人大代表回原选区述职，开展人大代表工作日活动4次，接待、走访选民263人次，累计吸纳选民合理化批评建议意见32条。全年组织代表开展各类视察活动4次，开展执法检查1次，召开政情通报会2次，召开人大代表会商活动2次。全年在市级以上媒体发表文章3篇。（孙京津）

【街道办事处自身建设】 2019年，许庄街道办事处始终坚持"三重一大"集体研究制度，街道决策运行机制日趋完善。组织党员干部学习政治理论，增强公仆意识、服务意识。落实党风廉政建设责任制，不断加大审计、监察工作力度，不断压实安全生产、生态环保、河道管护等工作责任。（杨彤）

【政协工作】 2019年，许庄街道政协小组共有政协委员24人。全年共有4篇社情民意信息被区政协采纳。安排政协委员到村居走访慰问贫困户，直接帮扶贫困户13户，帮助解决问题16个，捐赠金额近5万元。在许庄街道宣传文化中心内规划建设许庄街道政协委员活动之家，按照统一标准在各村居建成政协委员工作室。组织人员撰写文史稿件，被《高港文史》第八辑采用12篇。（宗晶）

【群团工作】 工会工作 2019年，许庄街道建有基层工会36个，村（社区）联合工会14个，职工入会率达100%。创有星级劳模创新工作室2个，其中泰州市飞翔车辆工具厂陈国荣劳模创新工作室升三星级工作室。许庄街道总工会向贫困弱势群体送去慰问金合计3000元。组织企业开展春节送温暖、夏季送清凉、献爱心活动，捐款捐物计4万元以上。（李卫玲）

共青团工作 全年发展非公团组织3个、社会团组织1个、行业型团组织2个，建有团组织26个。其中非公团组织银杏织锦团支部获评2019年高港区青年安全生产示范岗。小候鸟之家团支部获评2019年高港区青年文明号。彭永国被评为泰州市"青仔公益暑托班"优秀志愿者。持续帮助8名特困学生申报"e万行动"救助项目，落实助学金9450元；帮助许庄幼儿园困境老师、马厂社区重疾幼儿筹集捐助资金近2万元。（彭永国）

妇联工作 成立非公企业妇联2个。持续帮助8名特困学生申报"e万行动"救助项目。树立先进典型，号召广大妇女同胞学先进、比先进。获评泰州市优秀巾帼志愿者1名，区级"巾帼建功"活动先进集体1个、先进个人2名，巾帼文明岗8个，啄木鸟志愿者2名。（顾莲）

商会工作 全年许庄街道商会走访慰问特困群众、低收入家庭等12人，发放慰问金5000余元；金秋助学期间，结对帮扶大学新生15人，资助金额3万元。举办法律、企业管理、安全生产等会员企业培训班，吸纳新会员企业15个，为会员企业搭建互动交流平台，实现资源共享。许庄街道商会被评为全国"四好"商会、江苏省"四好"基层商会示范点。（成伟）

·村（社区）简介·

【马厂社区】 地处京沪高速泰州港出口，由小马厂、万厦、王威3个自然村合并而成，总面积3.6平方千米，共有居民小组18个，户籍人口4147人，党员122人。马厂社区党委下辖小马厂支部、王威支部、万厦支部、工业支部。主要以工业经济为主。2019年，集体收入390余万元，居民人均收入接近3.5万元。（祁亚飞）

【三星社区】 位于许庄街道中心地带，东接周梓社区，西接马厂社区，南接曹官营社区，北至创新大道。辖区面积约1.5平方千米，共有居民704户，居住总人口3000余人，其中户籍人口284人，常住人口2600余人，流动人口500余人。社区有党员46人。三星社区党群服务中心面积约600平方米，设有便民服务大厅、党建阵地、居民活动中心等场所，配套设施基本齐全。2019年，完成一般预算收入294万元。获评江苏省卫生社区。（蔡骏）

【许庄社区】 位于东风快速路出口处，京沪高速由西北向东南穿境而过，新港大道纵贯南北，金果路横穿东西，东接乔杨社区，西邻曹官营社区，北与官沟社区接壤，南与口岸街道徐庄村、朱官营社区毗邻，由原许东、许南、许西3个自然村合并而成。辖区面积3.76平方千米，耕地面积64.1公顷。共有村民小组26个，居民1027户，户籍人口3313人。私营

马厂社区（许庄街道 供图）

企业30个，个体工商户60户，主要经营绳网带、吊索具、羽毛工艺品、服装加工、五金加工等。2019年，实现农业、工业、服务业总产值4.19亿元，其中工业总产值1.64亿元，完成税收（一般预算）467万元，集体经济收入254.3万元，居民人均可支配收入34129元。年内，新建光明组许庄河边路东延260米，南湖路280米，合计投资约40万元；新建垃圾一体化超市；投入5万余元整治星六河。（唐传荣）

【三旗营社区】 地处高港区北大门，泰州大道、高港大道穿境而过。由原三旗自然村和大东自然村合并而成。辖区面积1.5平方千米，耕地面积63.53公顷，下辖居民小组13个，居民607户，户籍人口2012人，党员49人。主要产业为花卉苗木种植业。2019年，社区对马厂中沟两侧坡面进行整治，种草栽树，优化生态环境；实施庆丰路、原唐曹路拓宽改造工程，完成道路两侧绿化栽植；更换社区主干道LED路灯，全面实现道路亮化。（徐虎林）

【官沟社区】 位于泰州港经济开发区腹地，东南与泰州长江公路大桥北接线接壤，西北与中国医药城毗邻，宁通高速穿境而过。由官沟、永太、庄佴3个自然村合并而成。辖区面积4.8平方千米，耕地面积约100公顷。下辖居民小组28个，户籍户数1166户，户籍人口4237人。社区党总支下设党支部4个，党员115人。2019年，村级集体经济收入339.67万元，经营性收入252.61万元。年内，社区投资10万元整治乐园河，河坡栽树种草；创建绿化示范村，对永太自然村田间道路进行硬质化建设。对园区的各企业实行垃圾清运外包，解决10余名贫困户的就业难题。（周宜江）

【曹官营社区】 位于许庄街道南郊，北与泰州港经济开发区相邻，西与刁铺街道接壤，南与口岸街道隔河相望，东与许庄社区交界。宁通公路、刁孔线穿境而过。由原小营村、曹官村合并而成，区域面积3.1平方千米，耕地面积63.8公顷。辖居民小组21个，有户籍户数965户，户籍人口3287人。社区党总支下设曹官、小营、两新3个党支部，共有党员94人。社区共有泰州市柯普尼通讯设备有限公司、泰州市宝羽工艺有限责任公司、泰州市舜天服饰有限公司、泰州市高港区惠民物业管理有限公司等私营企业18个。（朱海军）

【周梓社区】 位于泰州港经济开发区核心区域，鼓楼路、新港大道、东风快速路、创新大道、创业大道穿境而过。由原周梓、韩野、狄家3个自然村合并而成。区域面积3.6平方千米，耕地面积101.31公顷。有居民小组17个，户籍户数904户，户籍人口3354人。社区主导产业以个体工商户和绿化培植为主。2019年，社区工农业总产值3.85亿元，居民人均收入2.92万元。年内，被评为江苏省村（社区）统计规范化建设“千佳单位”。（李惠民）

【乔杨社区】 位于泰州港经济开发区南侧，金果路、泰镇高速穿境而过，以泰镇高速为分界，一半是城市板块、一半是农村板块。由原乔杨、联和、栾王3个自然村合并而成，社区有居民小组23个，面积3.78平方千米，耕地面积242.07公顷，户籍户数893户，户籍人口3004人，个体工商户、私营企业、小微企业46个。社区党总支下辖支部5个，党员88人，预备党员1人。2019年，村集体收入380.95万元，居民人均收入3.53万元，年内，乔杨社区获评全国千村万寨展新颜村庄、江苏省统计规范化建设“千佳单位”、泰州市争创乡风文明示范村（居）先进单位。（乔向民）

【赵王社区】 位于许庄街道最东部，由原赵庄、李王、董庄3个自然村合并而成。辖区面积3.97平方千米，耕地面积262公顷，户籍户数964户，户籍人口3350人，居民小组24个。主要产业有荞麦酒、三汇水蟹、珍珠米、花卉苗木等。2019年，赵王社区在李王自然村开展泰州市美丽宜居乡村建设工程。设立电商销售平台，依托赵王酒厂、玉荣米业珍珠米、三汇水蟹等主导产业实施网络销售，集体收入320万元。年内，新建赵王社区百姓大舞台，开展道德讲堂、美德善行榜等精神文明建设工程，建设社区党群服务中心。（王 勇）

三旗营社区 （许庄街道 供图）

【孔桥社区】 地处高港、姜堰、泰兴三地交界处，由孔桥村、利民村合并而成，是原孔桥乡集镇所在地。区域面积2.01平方千米，耕地63.47公顷。共有居民小组11个，户籍户数565户，户籍人口1969人。党员76人，党支部2个。孔桥社区以农业为主，在公益事业方面成效显著，依托于许庄街道宣传文化中心，成立“留守儿童”课外辅导站，关爱留守儿童。2019年，孔桥社区完成集体收入251万元，被评为省级创业型社区。（王纪明）

【管营村】 地处泰州长江公路大桥北接线东侧，北临乔杨社区，东接孔桥社区，辖区面积2.13平方千米，耕地面积136.51公顷。有村民小组12个，户籍户数569户，户籍人口1816人，党员66人。主要产业类型是稻麦种植。流转土地1公顷用作桃园开发以及螃蟹等水产养殖。设有便民服务大厅、卫生室、图书室、残疾人之家等。2019年，村集体收入131.99万元，其中经营收入45.08万元。（孙学军）

【钱赵村】 地处泰兴、姜堰、高港接合部，金果路穿村而过，由西孔、晓潮、钱庄3个自然村合并而成。区域面积4.11平方千米，耕地面积260.47公顷。有村民小组22个，户籍户数1222户，户籍人口3868人。设有西孔、晓潮、钱庄3个支部，党员人数111人。2019年，钱赵村共完成集体收入290.87万元。完成许庄街道为农服务综合体建设项目，集粮食仓储烘干、农业机械存放及维修、农业机械操作培训等功能于一体。（栾庆郭）

【明河村】 位于许庄街道东南，西接乔杨社区，南接孔桥社区，北与赵王村交界，东接钱赵村，孔泗公路、金果路穿村而过。区域面积2.36平方千米，耕地面积121.67公顷，流转土地113.33公顷，其中，花卉苗木种植49.33公顷，水产养殖44公顷。有村民小组15个，户籍户数571户，户籍人口1901人。村党总支下设党支部2个，党员78人。2019年，明河村盘活集体资产，集中整治大棚房，新增用地1.13公顷；拆除2台砂石码头吊机，拆除石材加工户违建，回购资产240万元，新增标准厂房近2000平方米。新培植农业企业望春园农场，利用4.67公顷稻田套养龙虾、螃蟹等水产品，新开发6.67公顷苏翠梨园。（许　峰）

【蔡庄村】 位于许庄街道最东南部，东邻胡庄镇，南邻泰兴市宣堡镇，西邻孔桥社区，北邻钱赵村，宁通高速、古田线、许蒋线穿境而过。由蔡庄、凡青、二青3个自然村合并而成。辖区总面积3.33平方千米，耕地面积202.6公顷。有村民小组23个，常住人口3026人，户籍户数937户，党员111人。2019年，蔡庄村2000平方米的党群服务中心投入使用，集电商服务中心、游客服务中心多种功能于一体。孝义大道进行白改黑。村集体经营性收入80万元，农民人均年收入3.38万元。年内，蔡庄村创成市级特色田园乡村，入围省级第三批特色田园乡村试点村庄。（蔡　春）

明河村　（许庄街道　供图）

永安洲镇

·综述·

2019年，永安洲镇总面积55.9平方千米，耕地面积800公顷。辖社区11个、村（居）民小组218个。户籍户数8326户，户籍人口30837人。全年实现地区生产总值124亿元，比上年增长7.07%。其中，第一产业增加值1.78亿元，增长2.69%；第二产业增加值70.88亿元，增长4.85%；第三产业增加值51.34亿元，增长10.47%。一般公共预算收入2.91亿元。全社会固定资产投资93.72亿元，增长9.19%。协议利用外资和港澳台资27287万美元，实际到账10056万美元。自营进出口126111.93万美元，其中，进口93067.08万美元，出口33044.85万美元。全年签约1亿元以上项目65个，新开工项目19个，竣工项目18个。新增私营企业540个，新增个体工商户785户。农民人均纯收入34460元，增长6%。通过江苏省文明乡镇复评，创成江苏省健康镇。（李　誉）

·经济建设·

【项目建设】 参见《江苏泰州港经济开发区》类目。

【农业】 2019年，永安洲镇实现农业总产值3.3亿元、增加值1.78亿元，比上年分别增长3%和2.69%。农业利用“三资”10.63亿元，招引农业规模项目6个。举办“首届泰州河豚节”。新增高效设施农业面积11.67公顷，规模设施园艺项目2个（苗木喷滴灌项目5.33公顷），土地复垦面积5.92公顷。农业综合机械化率达100%，种管收机械化实现全覆盖。全面推广优质稻米，主要品种是南粳9108、南粳5055，优质稻米率占总面积95%以上，绿色食品认证153.33公顷（其中，绿色大米145.33公顷，绿色水果8公顷），无公害水产品覆盖全镇。年内，新申报规模以上农业生产基地可追溯企业3个，分别为江苏金土地农业发展有限公司、泰州市高港区亚民农场和泰州市高港区华友农场。农产品加工集中区实现销售收入171.54亿元。全年完成渔民退捕194本（户），其中内河捕捞证9本（户）、长江捕捞证185本（户）。

【工业】 2019年，永安洲镇实现工业总产值327亿元、增加值63.46亿元、征收期工业一般纳税人开票销售337亿元、利润3.96亿元。共有规模以上工业企业48个，规模以上工业总产值246亿元、增加值43.37亿元、工业一般纳税人开票销售253.9亿元、利润总额3.49亿元。工业企业净入库税收1.54亿元。工业投资3.61亿元。工业企业用电量34935万千瓦时。

【建筑业】 2019年，永安洲镇拥有建筑企业16个，建筑业总产值150.13亿元，比上年增长9.1%，建筑业入库税收完成2.9亿元，增长6.1%。疏港公路（疏港南路）项目获得2019年度平安工地省级示范工程称号，港易城科技孵化基地（永安1号、2号标准厂房）消防安装工程获2019年度泰州市优质工程奖“梅兰杯”。

永安洲镇上桥社区水稻药肥减量示范区 （区农业农村局 供图）

【服务业】 参见《江苏泰州港经济开发区》类目。

【科技创新】 参见《江苏泰州港经济开发区》类目。 （李 誉）

·人居环境·

【城乡建设】 2019年，永安洲镇完成古马干河北侧内河码头地块、华夏重工东侧地块以及标准厂房门口地块等控规图则调整报批工作。完成土地增减挂钩5.92公顷。实施古马干河两侧居民生活污水改造、镇区雨污水管网疏通维护、永安垃圾中转站新建工程、化工园区部分路段雨水明渠改造；巡查监督农村黑水河整治；永安花苑二期安置房项目完成主体封顶，实施室外工程。滨江诗语实验幼儿园、垃圾中转站等工程交付使用。依据《永安洲镇安置小区物业管理考核奖补办法（试行）》，成立镇安置小区物业管理考核工作领导小组，针对城市社区的体制健全、服务公示、办公场所、报修投诉处理、业主满意度、收费情况、人员配备、区域环境、卫生绿化、秩序管理、共用部位、背街小巷等方面，开展季度物业管理考核，城市社区治理取得良好效果。

【生态建设】 2019年，永安洲镇开展中央环保督察组反馈问题整改，气味扰民问题通过市效能办销号公示。完善高永化工集中区在线监测监控平台建设，新建特征污染物传感器微型站4个、大气标准站2座。推进长江入河排污口排查和“两违”整治工作，沿江小船厂2个、鱼塘6个、集装箱码头一期堆场违规占用部分全部拆除到位，实施复绿23.33公顷。推进古马干河综合整治，拆除沿线非法砂石码头18个。推进河长制工作，全面落实管护责任，完成7条河道疏浚清淤。开展长江清废专项行动，联合泰兴经济开发区、泰州静脉产业园共建危废处理中心，纳入高永化工集中区配套基础设施。 （李 誉）

·社会建设·

【教育】 2019年，永安洲镇有小学、初中各1所，教学班42个、学生2000余名，教师151名；幼儿园1所，设有教学班15个，在园幼儿700余人；尚未投入使用幼儿园1所。年内，永安洲实验学校高中入学率达100%，普高入学率达70%，四星级高中入学率达30%。年内，永安洲实验学校获国际生态学校绿旗荣誉称号，先后被评为江苏省节能示范单位、江苏省中小学“校园心理剧”创作示范学校、泰州市文明校园、泰州市智慧校园，成功创建成全国青少年校园足球特色学校，国际跳棋队在江苏省第十四届国际跳棋特色学校比赛中获得金奖。6月，学校承办泰州市未成年人十岁成长仪式示范活动，活动视频剪辑《花开十岁，歌唱祖国》在“学习强国”App江苏学习平台进行刊播。

【文化体育】 2019年，永安洲镇完善社区综合文化服务中心功能配套，实现社区综合文化服务中心全覆盖，建成百姓大舞台2座。开展“我们的节日”系列巡回演出，承办“倡导移风易俗、弘扬时代新风”江苏省群众文艺巡演，举办第2届趣味运动会、“我和我的祖国”大江放歌专场文艺演出。镇合唱团在全区“我和我的祖国”合唱比赛中获二等奖，演唱曲目《天下乡亲》获邀参加全区庆祝中华人民共和国成立70周年歌咏大会。艺术团自编自演的理论宣讲类文艺节目——音乐快板《板凳宣讲会》获邀参加“学习强国”线下打卡活动，是全区唯一获邀节目。联合江苏省演艺集团开展“城乡结对、文明共建”活动，邀请国家艺术基金资助项目——锡剧《显应桥》到镇演出，提高基层文化产品供给质量。

【卫生健康】 2019年，永安洲镇有综合性卫生院1所，占地面积8000余平方米，集医疗、预防、急救、康复为一体，建有门诊综合楼、病房大楼及相关辅助设施。拥有进口C型臂X光机、电子胃镜、彩色B超、全自动化分析仪、加拿大产IDC品牌DR和500毫安X光自动成像系统等医疗设备。全院职工70人，其中，大专以上文凭占比达70%，副主任职称9人，中级职称17人。年内，全镇居民电子健康档案建档规范率达85%，规范化建档率达80%以上。全年接种一类疫苗5793针次，7周岁以内儿童疫苗接种率超过90%；完成血防查螺面积170.33万平方米，灭螺面积131.25万平方米。

【社会生活】 2019年，永安洲镇新增就业人数4178人，城镇失业人员再就业人数675人，新增农村劳动力转移人数129人，新增创业人数1469人，创业带动就业人数217人，城乡劳动者就业技能培训人数350人，城乡新成长劳动力培训人数141人，引领大学生创业人数45人，新增职业技能鉴定取证人数108人；开展5期创业培训，支持成功自主创业人数217人，扶持农村劳动力创业人数130人；江苏智慧优视电子科技有限公司、江苏耐特尔贸易有限公司在泰州市第六届创业富民大赛中分别获得大学生组二等奖和社会组三等奖；江苏泰氟斯科技有限公司、泰州市银川金属有限公司被评为泰州市优秀创业项目。全年引进高层次人才60人，新增海外优秀人才8人，组织176名高校毕业生到扬子江药业集团江苏龙凤堂中药有限公司、益海（泰州）粮油工业有限公司、江苏能建机电实业集团有限公司等企业见习。全年城乡居民基本养老保险参保人数6100人，城乡居民基本养老保险续缴人数5320人，企业职工养老保险参保人数新增570人，工伤保险参保人数净增850人，为647名失地农民办理失地保障。关注低收入群体生活，城乡低保、特困人员集中供养、分散供养、儿童福利金发放标准分别调高至680元/月、877元/月、794元/月、1600元/月，全年发放城乡低保金110.7万元、五保生活费14.1万元。

【平安与法治建设】 2019年，永安洲镇成立中共泰州市永安洲镇委员会依法治理委员会。投入约200万元实体化运行永安洲网格化治理中心，发挥网格的基础和“底座”作

永安洲镇政府广场　　（永安洲镇　供图）

用，夯实社会治理的根基。坚持基层党建引领，优化社区网格布局，强化业务能力提升，全年网格事件录入3.7万件，办结3.7万件，办结率100%。

治安重点地区整治 推进扫黑除恶专项斗争，共排查受理涉黑涉恶类线索36条，破获省公安厅督办涉恶案件“4·23”开设赌场案，受到中央扫黑除恶第17督导组的肯定；严厉打击和处置非法集资活动，全年未发生百万元以上非法集资案件；推进社会治安重点地区及突出治安问题排查整治工作，拆除中航船舶周边出租房屋的所有临时建筑，屋内水电气管道全部整改到位，完成省级挂牌督办事项。

矛盾纠纷处理 组织开展“信访积案攻坚百日会战”“百日清零”及“三化解一规范”专项行动，先后化解重点信访历史积案10件；各类调解组织累计化解社会矛盾纠纷450余件。

普法宣传教育 落实“七五”普法工作要求，突出抓住重点学法对象人群，提高各层面人群的法治意识和法治水平。创新宣传手段，有针对性地开展扫黑除恶、防非法集资和金融诈骗等系列宣传活动；全年共制定大型平面广告3个，广告牌40块，张贴标语500余份，悬挂宣传横幅标语100余条，开动电子显示屏30余部，悬挂吊旗100余展、道旗170余面，发放各类宣传手册3万余份。

社矫安帮 以促进社区矫正对象回归并融入社会为目标，紧扣入矫、矫中、解矫“三期分段”的教育管理主线，突出分类管控、精准矫治、损害修复“三个关键”，实施开展“重点、严格、普通、宽松”四个等级管理模式，应用“四色积分”预警机制，做好社区矫正工作。2019年共接收社区矫正13人，解除矫正15人。无一起脱管、漏管和重新犯罪现象发生。

公共法律服务 将公共法律服务纳入“四个文明”目标考核体系。投入200余万元，实体化运行永安洲镇公共法律服务中心，实现镇、社区两级司法行政服务网络全覆盖全面。落实“一社区一法律顾问”制度，开展法律援助流动工作队活动，为企业、居民、职工提供法律帮助。2019年，共接待法律援助咨询1087人次，开展法律服务活动27次，基层法律工作者参与公共服务活动24次，代写诉状20余件，协助办理法律援助案件9件。

安全生产 制定《核心港区（永安洲镇）涉危企业危险化学品运输车辆管理规定》，规范危化品车辆管理，从严从重查处各类非法违法行为；建设城市安全与应急管理一体化云平台，依托高永化工集中区重大危险源在线监测监控系统，实现重点单位和规模以上企业监测监控全覆盖；开展标准化建设，在江苏汇福油脂科技有限公司组织全省工贸企业双重预防机制建设现场观摩活动，开展双重预防机制建设攻坚行动，重视示范企业建设。2019年，共检查单位500余个次，发放责令整改书237份，检查出各类一般事故隐患649条，全部整改到位。全镇未发生一起工业企业安全生产责任死亡事故。

【退役军人优抚安置】 2019年，永安洲镇发放优抚金243万元，开展免费体检1次。发放第二批“光荣之家”牌213张；资助35名重点优抚对象参保2020年度城乡居民基本医疗保险；“八一”期间，发放“八一”荣誉金3.6万元；发放2018年秋、冬季退役士兵自谋职业补助金共44.04万元；发放2019年义务兵优待金、立功奖励金共42.63万元。2019年春节，区级发放退役军人慰问金18.42万元，镇级发放重点优抚对象慰问金1.59万元。

（李 誉）

·政治建设·

【基层党组织建设】 2019年末，核心港区党工委（永安洲镇党委）下辖基层党组织88个，其中，党委4个、党总支11个、党支部73个。共有党员1440人，其中，新发展党员18人。年内，永安洲镇深入开展“不忘初心、牢记使命”主题教育，制定主题教育“一方案两清单”，实现全镇32个直属党组织跟踪指导联系全覆盖。坚持党建工作抓“一把手”工作机制，落实“五聚焦五落实”工作要求，建立班子成员“6个带头”党建工作制度，党建“书记项目”获评区“铜质奖”。探索实施支部建设标准化规范化“5105”工作法，开展软弱涣散党组织整顿。将党建工作与安全生产、环境保护和网格化治理深度融合，推进涉农社区向城市社区转型，发挥“党建护航联盟”作用，东江社区获区乡村振兴创意擂台赛一等奖。推进国有企业人事改革，探索实施国有企业负责人绩效考核制度。采用分散培养和集中培训相结合，量身定制年轻干部“营养餐”。开展干部人事档案专项审核“回头看”，制定劳务派遣人员绩效管理和考核办法。引进国家级高端人才2人，省“双创”计划人才1人、市“双创”计划人才4人。

【宣传统战工作】 2019年，永安洲镇严格履行意识形态工作“第一责任”，成立意识形态工作领导小组，出台《核心港区（永安洲镇）落实意识形态工作责任制实施方案》《核心港区2019年度意识形态工作要点》，将意识形态工作纳入全面从严治党专题述职、园区办局绩效考核以及社区“四个文明”考核。开展党工委中心组学习14次，举办党员冬训班、基层干部培训周，推进“学习强国”App注册登录学习工作，2人进入区“学习强国”线下打卡知识竞赛总决赛，在“学习强国”App江苏学平台用稿24篇。开展“壮丽70年，奋斗新时代”高质量发展沿江行全媒体新闻行动，全年在各类报纸杂志发稿50篇。开展群众性精神文明创建活动，永安洲镇、福沙社区通过省级文明镇、文明社区复检，永胜社区新创成省级文明社区。推进新时代文明实践所（站）建设，镇新时代文明实践所列为全市试点并全面建成使用，社区新时代文明实践站实现全覆盖。推进志愿者队伍建设，“志愿泰州”平台注册志愿者人数超过2万人，组织开展保护长江母亲河“健康江来”志愿服务、“清源活水”河道整治百日攻坚战等系列新时代文明实践活动近百次，保护长江母亲河“健康江来”志愿服务项目被评为全省志愿服务金奖项目（全市唯一），项目带头人陈伟入选“中国好人榜”，事迹入选央视纪录片《我们走在大路上》。加强与非公企业的沟通联系，落实政企直联工作制度，明确“每月一专题，每季一考察、每周一走访”工作计划，开展“百企大走访”活动，了解、掌握非公企业经营质态。推进“泰商回归工程”，江苏润驰防务装备有限公司顺利投产，开票销售超过2000万元，江苏海来石油装备有限公司、泰州市炎川金属材料有限公司开展安评。举办春节在外知名人士联谊会、常州市新北区青商会考察联谊活动，完善更新海外知名人士（留学生）信息库17人。帮助少数民族困难家庭解决修房建房、创业就业、子女入学等各类问题10余起。邀请有知名度和认可度的非公有制经济人士、律师、社会团体负责人等组建统战民主评议团，参与社会治理，开展集中评议活动3次。

【纪检监察】 2019年，永安洲镇按照“党要管党，从严治党”要求，将年度党风廉政建设工作目标任务分解为7大类26项，构建上下联动责任网络，强化监督执纪问责。全年运用第一种形态教育处理党员干部51人次，运用第二、三种形态立案查处违规违纪党员干部12人次，下发主体责任交办单6次。联合区监察员办公室，常态化开展专项行动督查，全年共督查24次，问责违规违纪党员干部7人次。

【人大工作】 2019年，永安洲镇有省级人大代表1人，市人大代表3人，区人大代表21人，镇十七届人大代表55人。全年召开人代会2次，主席团会议4次，组织开展“人大代表工作日”活动4次，审议议题8项，评议部门2个，组织代表视察、专项检查和调研活动10次。全年共有30余篇稿件获区级以上媒体推介，其中《泰州日报》采用区代表风采2篇、镇代表风采1篇，《多措并举推进民生实事落地落实》被省人大网站采用。

【政府自身建设】 2019年，永安洲镇政府增强依法行政能力，健全完善“三重一大”、重大行政决策法定程序等制度。加大交办、催办、督办力度，确保重大决策、重点工作、重要事项有序推进。回应“12345”民生服务热线，累计办理群众来电1559件，群众满意率100%。自觉接受镇人大、政协工委监督，办理人大代表建议15件、政协委员提案11件，办复率、满意率100%。深化政务公开、信息公开，全年新增公开政府信息282条，全文电子化率达100%。

【政协工作】 2019年，政协永安洲镇工委有政协委员27人（其中，镇推荐委员8人，下派19人）。全年组织开展调研视察活动3次，参与部门评议2次，学习培训活动6次，印发《政协永安洲镇工委简报》2期。向区政协五届三次全会提交提案41篇，其中镇推荐委员提交并立案25篇。主办、协办各类提案11件，答复率和满意率均为100%。动员委员撰写社情民意信息，共有19篇社情民意信息被区政协采用，其中1篇被市政协采用，6篇获区领导批示。年内，省政协主席黄莉新到永安洲镇政协委员之家、中心社区政协委员工作室调研。政协永安洲镇工委连续三年被评为高港区优秀镇街政协工委。

【群团工作】 工会工作 2019年，永安洲镇新增独立工会3个，新增会员254人。开展第三期职工阳光互助互济活动，1144人参保续保，参保金额16.88万元，职工住院和特病报销人员32人次，赔付2.7万元；江苏能建机电实业集团有限公司获评江苏省企事业工会劳动保护工作示范工会；江苏泰氟隆科技有限公司获江苏省五一劳动奖状；刘兆劳模（工匠）创新工作室获评泰州市示范性劳模和工匠人才创新工作室；江苏能建机电实业集团有限公司副总经理王军、泰州市博泰电子有限公司副总经理刘兆获泰州市五一劳动奖章。

妇联工作 全年新建妇女微家2个、三八红旗手工作室3个、“四新”领域妇联组织2个。全年开展巾帼志愿服务活动28次，家庭教育指导活动12次，向55名困难妇女儿童发放慰问金及慰问品近2.5万元，“让爱住我家”关爱公益项目募得爱心款1.7万元，组织300名妇女开展免费“两癌”筛查。泰州大为长江水产专业合作社获省级巾帼示范专业合作组织称号，3人分别获泰州市巾帼建功标兵、妇女儿童工作先进个人、家庭教育工作先进个人称号，泰州市核心港区巾帼志愿服务团队获泰州市优秀巾帼志愿服务队称号，10户家庭分获高港区“十佳最美家庭”“十佳品质家庭”“十佳家庭好角色”称号，30户庭院获高港区“美丽庭院示范户”称号，2户庭院获泰州市“五美示范庭院”称号，1户家庭在高港区“平安家庭”普法知识竞赛中获得三等奖，13人分别获高港区巾帼建功先进个人、“让爱住我家"爱心储蓄罐项目工作先进个人、优秀巾帼志愿者、优秀巾帼网宣员、信息工作先进个人称号，镇妇联获高港区巾帼建功先进集体、"让爱住我家"爱心储蓄罐项目工作先进集体称号。

共青团工作　推进基层团组织规范化建设，完成"磐石工程"整顿规范年工作目标，建立非公企业团组织15个。开展"青年微讲堂"活动20次，近千人听课；推进"五四100周年——我和我的祖国"系列活动，5人入选"全国向上向善好青年"评选名单，1人入选"江苏青年五四奖章"候选名单；依托永安洲镇青少年之家、青少年法治教育基地、国学生活馆等基地，实施基层团建"书记领题"项目。年内，镇团委被评为高港区五四红旗团委，1人获评泰州市优秀团支部书记，2人获评高港区优秀团支部书记，2个企业获高港区青年安全示范岗称号，1个企业获高港区青年文明号称号

（李　誉）

·村（社区）简介·

【福沙社区】　位于永安洲镇最南端，与泰兴市接壤，西邻长江。2001年由原永福、北沙2个自然村合并而成。2019年，社区总面积5.6平方千米，其中，耕地面积101公顷，辖21个居民小组，总户数927户，户籍人口2888人，全年实现地区生产总值5.4亿元，比上年增长5%，村集体经济收入470万元，年终村民股份分红330万元，居民人均纯收入45200元。年内，社区出资70万元为全社区居民购买新型农村合作医疗保险，向80岁以上老人发放尊老金8万元，发放特困、特病、伤残人员补助20万元，拆迁户家庭补助5万元。投入50万元对环境整治进行长效管护。

【新街社区】　位于永安洲镇西南，西邻长江，境内有2.2千米的长江深水岸线。2001年由原同兴、盘头2个自然村合并而成。2019年，社区总面积8.56平方千米，其中耕地面积126.2公顷，辖24个居民小组，总户数610户，户籍人口2249人，党员102人。实现集体经济收入393.27万元，居民人均纯收入40267元。年内，社区建设新时代文明实践广场、党建文化墙。为居民购买城乡居民医疗保险补贴18.68万元，向70周岁以上老人、困难党员、群众发放慰问金13.6万元。

【永兴社区】　位于永安洲镇南部，2001年由原胜利、天雨2个自然村合并而成。2019年，社区总面积4.81平方千米，耕地面积139.78公顷，村民小组26个，总户数995户，户籍人口2138人，村集体经济收入236.82万元，居民人均纯收入32159元。年内，社区投入5.1万元为60周岁以上老人购买意外伤害保险，投入14.16万元为70周岁以上老年人缴纳新型农村合作医疗保险，投入3.23万元为50~59周岁的计生家庭人员购买意外保险；结对帮扶贫困家庭19户47人，开展入户走访186人次，投入帮扶资金5.58万元。向老党员、孤寡老人、特困家庭发放慰问金6万余元。聘请艺术团开展"送戏下乡"活动2场。开展金秋奖学活动，向10名在中、高考中取得优异成绩的学生发放奖学金2.7万元。

【兴洲社区】　位于永安洲镇主镇区，总面积1平方千米，耕地面积0.68公顷，现辖6个居民小区和7个涉农生产队。2019年，社区总户数1473户，户籍人口5312人，拥有各类企业347个，个体工商户1250户。全年实现经济总收入647万元，居民人均纯收入36261元。年内，结对帮扶贫困家庭15户、29人，开展入户走访147人次，全年投入帮扶资金9.97万元；开展困难救助活动439人次，全年支出13万元；为20余个失业人员提供免费劳动技能培训；投入2.3万元，为社区老人和计生家庭购买意外伤害保险、家庭保险；投入7.8万元，为居民购买农村合作医疗保险。

【润洲社区】　系永安洲镇最大的拆迁集中安置区，组建于2011年8月，位于永安洲镇主城区，总面积0.3平方千米。"润洲"二字中的"润"字，源于唐朝诗人杜甫《春夜喜雨》中的"随风潜入夜，润物细无声"，寓意社区工作者应做"默默奉献、不事张扬，细雨无声润和谐，全心全意惠民生"的实践者，"洲"即"永安洲"。社区共有74幢多层安置楼和17幢高层安置楼，共安置2247户，常住人口8811人，其中，已迁入户籍人口3452人，外来人口1200余人。2019年，社区新增个体工商户107户，实现村集体经济收入408.66万元，居民人均纯收入28560元。先后投入180万元用于居民房屋维修。向困难人员发放慰问金和物资共计12.7万元。

【中心社区】　系永安洲镇面积最大的社区。2001年由原明沟、引江、同联3个自然村以及永安村（8~13组）合并而成。2019年，社区总面积9平方千米，其中耕地面积97.87公顷，辖36个居民小组，总户数1153户，户籍人口2669人，党员107人。全年实现集体经济收入277.59万元，居民人均收入35600元。年内，社区投入20余万元用于"厕所革命"；向困难群众、困难党员发放慰问金10万余元。重阳节和春节，向80岁以上老人发放物资及慰问金，支出共计8万余元。

【兴隆社区】　地处永安洲镇东部，与泰兴市滨江镇马甸社区接壤。2001年由原新圩、新德2个自然村和原永安农场合并而成。2019年，辖区面积3.38平方千米，其中耕地

面积143.27公顷，辖22个居民小组，总户数609户，户籍人口2190人。全年新增个体工商户24户，实现集体经济收入279万元，经营性收入17万元，居民人均纯收入35680元。年内，社区投入10余万元建成村民休闲健身广场、新时代文明实践站，投入29万元用于环境专项整治。社区社会事业工作站实现“一站式”办公，全面推行城乡居民社会养老保险业务办理不出社区服务。社区居民养老保险覆盖率达到95%，医疗保险覆盖率100%，就业年龄段人员就业率达80%。全年结对帮扶低收入农户6户，累计入户走访24人次。

【建安社区】 位于永安洲镇东北侧，高港大道、疏港一路穿境而过。2001年由原保健、平安2个自然村合并而成。2019年，社区总面积2.71平方千米，其中耕地面积167.67公顷，辖21个村民小组，总户数591户，户籍人口2153人，党员63人。有工业企业3个，高效设施农业项目2个，绿化苗木培植基地1个。全年实现村集体经济收入375.45万元，居民人均纯收入29146元。年内，推进厕所整治工作，整修损坏厕所，拆除弃用厕所，彻底消灭露天粪坑。投入40余万元，完成社区居家养老服务中心土建工程。实施4组道路硬质化、18组道路拓宽。

【东江社区】 地处江平线以西，沿江高等级公路以东，泰州长江公路大桥北接线、231省道、建桥路穿境而过。社区原为泰兴市第二捕捞公司，于2008年9月划入高港区永安洲镇，改名泰州市高港渔业公司，2010年组建东江社区。社区有永联、东江、新渔3个自然村，14个生产组，占地面积2.75平方千米，其中，耕地面积77.93公顷，总户数723户，户籍人口2343人。2019年，社区成功创成泰州市“1123”乡村振兴示范引领村、泰州市农村信息化示范村。全年实现总产值1.8亿元，集体经济收入483万元，居民人均纯收入36152元。年内，社区整合爱心助餐点、妇女儿童之家、阅读室、文体活动室等场所，建成东江社区新时代文明实践站。投资13万元打造党群服务中心。投资6万元建成垃圾分类服务综合体。10月10日，社区江鲜养殖示范点举办泰州市首届河鲀节。年内，实施“一事一议”项目，新渔一组、五组，东江工区4组、5组共计1555米生产路实现硬质化改造。社区开工建设村庄生活污水治理工程PPP项目，实现全域住户生产生活污水统一收集处理，农户户厕标准化改造到位。率先实施渔民上岸工作，通过公开招投标程序，对194户渔民的渔船、渔网规范作价补偿到位，并考虑渔民上岸转业转产、养老等因素，为317名渔民统一办理失水保障，鼓励就业段渔民开展特色养殖、成立护渔队，帮助解决渔民就业难问题。落实结对帮扶措施，采取资金扶持、就业扶持等方式，确保脱贫人员不返贫。10户低收入户人均收入均在1万元以上。年内，东江社区推荐的党员陈伟被评为“中国好人”。

【上桥社区】 地处长江沿岸，与扬中市隔江相望。2001年由原堂圩、兴无、桥西3个自然村合并而成。2019年，社区总面积5.2平方千米，其中耕地面积135.33公顷，辖28个村民小组，总户数843户，户籍人口3069人。全年实现集体总收入425.16万元，居民人均纯收入2.96万元。年内，社区购买服务岗位16个，开展环境管护工作。社区企业职工劳动保障五大保险覆盖率提高至95%，城乡居民医疗保险、新农保、失地农民保障基本实现全覆盖。推进居家养老助残服务工作，社区居家养老服务队提供上门服务，提供日常帮助。累计发放临时救助资金近10万元、困难家庭慰问金近15万元。

【永胜社区】 位于永安洲镇最北端，与口岸街道新明社区接壤，西邻长江。2001年由原福胜、永正2个自然村合并而成。2019年，社区总面积3.9平方千米，其中耕地面积16.75公顷，辖19个村民小组，总户数663户，户籍人口2617人。全年实现社区集体总收入482.1万元，实现集体经营性收入392.46万元、纯收入391.3万元。全年新办民营企业23个，新增注册资本4190万元，居民人均纯收入125.3万元。年内，社区投入10万余元，新建新时代文明实践点，集爱心助餐点、妇女儿童之家、阅览室、文体活动室、老年人活动中心、居家养老等功能于一体。社区养老保险覆盖率达98%、医疗保险覆盖率达100%。创成江苏省文明社区、全省最美乡村健身公园。

（李　誉）

白马镇

·综述·

2019年，白马镇总面积23.21平方千米，耕地保有量1344公顷。辖行政村5个、社区2个、村（居）民小组127个。户籍总数6552户，户籍人口22292人。全年实现地区生产总值15.4亿元，比上年增长8.03%。其中，第一产业增加值1.37亿元，增长2.73%；第二产业增加值5.04亿元，增长2.71%；第三产业增加值8.99亿元，增长12.18%。完成一般公共预算收入5560.4万元。固定资产投资17.22亿元。协议利用外资和港澳台资400万美元，实际利用外资和港澳台资400万美元。进出口总额700万美元。新开工1亿元以上项目3个。新增私营企业120个，个体工商户334个。年内，白马镇通过省级卫生镇验收。

（蒋　昊）

·经济建设·

【项目建设】2019年，白马镇实施1000万元以上项目31个，其中5000万元以上项目4个，完成固定资产投资17.22亿元。全年新开工1亿元以上项目3个，优力博国际物流园项目通过市核查认定竣工。

【农业】2019年，白马镇农业利用"三资"3.1亿元，新增农业规模项目3个，新增高标准农田466.67公顷、高效设施农业面积10.12公顷、家庭农场面积88.8公顷。高港区孔氏农场创成省级示范家庭农场，江苏逸夏农产品产业化联合体获批省级示范联合体。引进农业高层次人才16人，培育新型职业农民256人。落实水稻集中育秧6.01公顷，优质水稻种植率达95%以上。农产品抽样检测合格率达100%。江苏逸夏果园欢乐亲子观赏游乐园、孔氏农场稻梦空间投入运营。

【工业】2019年，白马镇完成工业投资额12.53亿元，规模以上工业总产值4.22亿元、主营业务收入4.18亿元、利润总额0.04亿元；工业企业一般纳税人开票销售7.3亿元，工业用电量1335.73万千瓦时。全年新开工1亿元以上工业项目2个，分别为盾华消防装备项目和奥华体育体育器材项目。

【建筑业】2019年，白马镇有建筑企业5个。实现建筑业总产值24.45亿元，比上年增长9%。入库税收2035万元，增长6%。

【服务业】2019年，白马镇实现服务业增加值8.99亿元，比上年增长12.18%；服务业投资4.69亿元，增长37.99%；服务业占地区生产总值比重58.38%，提高0.48个百分点；限额以上批零住餐业销售额15.34亿元，提高42.98%；服务业税收3828万元。在谈服务业项目8个，共有规模以上服务业企业7个，限额以上服务业企业11个。组织"春满陈家，花开逸夏"首届春季赏花节和逸夏果园第五届采摘节，全镇各旅游点累计接待游客60万人次以上。

【科技创新】2019年，白马镇实施产学研合作项目4项，获批市级以上高新技术企业5个。成功申报市级农业支撑计划项目2项、科技型中小企业孵育计划项目1项，逸夏果园星创天地通过第三批省级星创天地备案。全镇高新技术产业产值占规模以上工业比重达40.22%。

（蒋　昊）

·人居环境·

【城乡建设】2019年，白马镇推进"四好农村路"建设，完成海军南路、泗白路延伸工程建设，修补路面3000平方米，实现村庄通组道路硬质化全覆盖。新建、改造桥梁6座。陆家村、陈家村、岱白村、黄河村农村生活污水治理项目完成年度目标任务。白马社区老庄省级传统村落工程建设达到验收要求。深入实施城建惠民行动，整治店外经营、石材加工点、脏乱差等80余处。拆除违法建设面积2239.78平方米。新建易腐垃圾处理中心1座、垃圾分类收集亭11座，发放分类垃圾桶4366个。

【生态环境】2019年，白马镇落实河长制，三级河长巡河540余次，处理问题42个。完成7条村庄河道的疏浚、整治和3条干河"三乱""两违"整治工作。秸秆烟害防控暨综合利用工作继续保持市、区领先，关停养殖场6个。整治混凝土搅拌站、碎石加工场、泥土堆场11个，完成交通干线沿线环境综合整治专项行动。岱白村污水处理站、陆家村污水处理站入河排污口通过区级主管部门验收。泰州市海军小学被评为江苏省绿色学校。

（蒋　昊）

·社会建设·

【教育】2019年，白马镇有学校4所，分别为白马中心幼儿园、海军小学、白马中学、白马成人教育中心校。在校学生1302人，教师130人。泰州市海军小学特色文化课程基地建设项目通过省级评选。

【文化体育】2019年，白马镇举办"三下乡"活动、春节文艺会演、"大江放歌"等文体活动及赛事30余

白马镇陈家村农业科技示范基地向日葵种植区　（区委宣传部　供图）

次，其中文化惠民演出20场，累计受众超2万人。新时代文明实践站、所实现全覆盖。参加区庆祝中华人民共和国成立70周年合唱比赛获二等奖。拍摄公益微电影《梦中的妈妈》，被中国民生新闻网、搜狐网等主流媒体报道。参加区第5届全民运动乒乓球比赛获集体第二名。参加区垂钓比赛获集体第一名。《白马镇志》通过复审。

【卫生健康】 2019年，白马镇有医疗卫生机构7个，其中，医院1个（白马人民医院），社区卫生服务站6个。白马人民医院全院职工47人，副主任医师4人，主治医师7人。组织上海医疗专家大型义诊活动，接诊患者1800余人次。通过江苏省卫生镇验收。前进、岱白、白马3个村（社区）开展农村改厕工作，新增农村无害化卫生户厕100座。

【社会生活】 2019年，白马镇城乡居民养老保险参保人数5746人，续缴率达94%，城乡居民基本医疗保险参保人数13488人。新增就业、创业2643人，创业带动就业1268人。发放低保金、尊老金、残疾人“两项补贴”440余万元。安置被征地农民289人，完成17户农村危房改造、安置工作。退役军人服务保障体制初步建成。实施“一事一议”项目7个。人代会票决的民生实事项目全部完成。完成全国第四次经济普查。

【平安与法治建设】 2019年，白马镇推动特色警务室建设与网格化社会治理相融合，实现服务窗口前移。“七五”普法有序推进，办理法律援助56件，信访积案有效化解，重点敏感时期无一例赴省进京上访事件发生。全年未发生较大及以上和有较大影响的事故。推进扫黑除恶专项斗争，全面做好中央扫黑除恶第17督导组移交问题整改工作，开展“套路贷”排查打击专项行动。

岱白村法治文化广场　　（白马镇　供图）

综合治理　调整扫黑除恶专项斗争领导小组，推进扫黑办实体化运行。开展扫黑除恶典型案例宣传，全面提高广大人民群众对扫黑除恶专项斗争知识的掌握和对黑恶势力犯罪的辨识度。实现网格化治理中心建设全覆盖，网格员采集上报各类信息1万余条。全镇无重点人员漏管失控，未发生民转刑命案、恶性刑事案件及有重大影响的群体性事件。有重点、分时段开展动态巡逻、夜间巡逻，持续实施警灯“亮闪”工程，有效提升群众安全感、满意度。

矛盾纠纷处理　全年全镇调解组织累计排查化解矛盾纠纷972起，其中，道路交通事故纠纷4起，婚姻家庭继承纠纷73起，邻里纠纷702起，房屋宅基地纠纷8起，赔偿纠纷12起，村务管理纠纷1起，山林土地纠纷111起，其他纠纷61起，矛盾纠纷有效化解和钝化率达98%以上。金马社区“蒋主任调解工作室”被评为泰州市“百灵”个人调解工作室。

普法宣传教育　常态化开展“法律进机关”活动，围绕防范化解重大风险，深入开展防范非法集资主题活动，营造防范打击非法集资舆论氛围；围绕精准脱贫，为贫困群众提供线上线下的“一对一”法律服务；围绕污染防治，开展“绿色生活，法治同行”主题活动。邀请村（社区）法律顾问帮助村（社区）运用法治思维完善村规民约、社区公约和自治章程，推动解决垃圾分类、环境保护、土地流转等百姓关注关心的基层公共问题。围绕与人民群众切身利益密切相关的领域，开展农民工讨薪维权系列普法活动和“千所帮万企”精准法律服务活动。推进岱白村法治文化阵地建设，陈家村、金马社区、陆家村、前进村4个村（社区）通过民主法治示范村（社区）省级复核。

社矫安帮　全年共办理社区矫正适用前调查评估18起，入矫10人，解矫21人，收监1人。全年累计对社区服刑人员及矫正小组成员走访谈话400余次，开展刑释解矫帮教活动12次，电话抽查600余次。至2019年年底，全镇在册社区服刑人员5人，无一起脱管、漏管和重新犯罪现象发生。

公共法律服务　排查调处农民工欠薪纠纷，向56名农民工提供法律援助。各村（社区）建立并常态化运行以村（社区）法律顾问为群主的“法润民生微信群”，每群成员数均超过200人。试行法律顾问联

席联动机制，定期组织村（社区）法律顾问、民调主任、法治副主任开展“法治大走访”和集中法治会商，推动基层民主法治建设。

安全生产 深刻吸取“3·21”特别重大爆炸事故教训，做好元旦、春节、全国两会及中秋、国庆等时段安全生产工作。组织开展各类安全生产专项检查，高标准完成省第三安全生产巡查组反馈问题整改。全年未发生较大及以上和有较大影响的事故。 （蒋 昊）

·政治建设·

【基层党组织建设】 至2019年年底，白马镇党委下辖基层党组织58个，其中，党总支7个，党支部51个。共有党员919人，其中新发展党员12人。开展“不忘初心、牢记使命”主题教育。实施基层党建“书记项目”8个，建成“新风行动”组长项目7个，镇党委书记项目获全市乡镇党委基层党建“十佳书记项目”。调整机关干部20人、村（社区）党组织书记2人，3个村（社区）实现书记、主任“一肩挑”。开展村（社区）办公场所“牌子乱象”清理规范工作，整治“庸懒散拖”问题，防止形式主义和官僚主义反弹回潮。落实党风廉政建设责任制，做好省委巡视反馈基层党建共性问题整改和区委巡察“回头看”整改工作。全程监督各村（社区）召开组织生活会情况，专项督查巡视巡察反馈问题整改情况。

【宣传统战工作】 2019年，白马镇依托党委中心组、党员冬训等载体，开展多形式、分层次、全覆盖的学习教育。开展“学习强国”平台推广使用工作，党员覆盖率100%，活跃度及供稿数全区领先。举办庆祝中国人民解放军海军成立暨渡江战役胜利70周年和中华人民共和国成立70周年系列活动，拍摄以“从泰州起航”为主题的“快闪”视频，成功登上“学习强国”平台首页。推进公民思想道德建设，开展群众性精神文明创建活动。在省、市各级媒体用稿143篇。常态化开展志愿服务活动，打造新时代文明实践活动“白马样板”。加强与非公经济人士、在外能人等统战人士的联系沟通，做好新的社会阶层人士统战工作，鼓励、引导企业家积极参加光彩事业。

【纪检监察】 2019年，白马镇探索多形式监督模式，包括跟踪式监督、“嵌入式”监督、专项联合监督等。组织开展重要节假日期间作风建设专项督查6次，对农村集体“三资管理”、扫黑除恶、安全生产、环境污染、作风效能等进行督查，严肃问责16人。组织开展交叉式监督，发现问题数26条，下发“限期整改通知书”14份，共实践运用“四种形态”120人次。开展机关各科室流程再造和制度建设工作，全面梳理出工作制度234条，废除18条。定期开展“海诞廉韵微课堂”，依托“海诞廉韵”平台发布廉政警言警句共计800余条。开展“加强自身建设，争做‘最美打铁人’”主题活动，选拔经验丰富的镇纪委干部担任“小教员”，开展“帮学”活动，进行“一对一”“老带新”指导，搭建互动交流平台。

【人大工作】 2019年，白马镇人大组织召开第十七届五次、六次会议。围绕高质量发展，全面完成年初民生实事票决制项目。组织区、镇人大代表围绕乡村振兴、产业发展、农村人居环境整治、打赢三大攻坚战等内容进行依法监督，在实地调研中查准找实问题，在依法监督中推动问题整改。深化履职平台机制，强化队伍建设，对重大活动、代表履职和特色工作等进行多角度、多形式宣传报道，共有40篇稿件在区级以上媒体刊载。探索建立“三聚焦三提升”工作机制，聚焦民意提升项目质量，聚焦难点提升项目进度，聚焦结果运用提升监督实效。

【政府自身建设】 2019年，白马镇深入学习中共十九大、十九届四中全会精神，政府治理体系和治理能力现代化水平不断提升。严格执行“三重一大”、重大行政决策法定程序，履职用权更加依法规范。接受人大的依法监督，办理区级人大代表建议和政协委员提案12件，满意率100%。公开回复处理“12345”政风行风热线、泰无聊论坛、市长信箱等来电、网帖1100余件。

【政协工作】 2019年，白马镇政协工委围绕市委、区委的重大战略部署，坚持围绕中心，服务大局，完善镇、村政协协商议事平台建设，组织政协委员围绕供给侧结构性改革、公共体育设施惠民、乡村振兴等课题开展建言献策。本地政协委员提交提案16件。通过走访调研、座谈会、政协委员工作室等途径，共收集社情民意25条，内容涵盖经济建设、基层党风廉政建设、民生实事、矛盾调处、环境整治等方面，其中1篇被全国政协《每日社情》采用，1篇被市政协采用，2篇得到区领导批示。

【群团工作】 工会工作 2019年，白马镇总工会以助力“工村同振共兴”行动为重点，建立农场联合工会，开展机插秧劳动技能比武大赛。维护职工合法权益，定期开展劳动法律监督工作。“‘以点带面’发扬工匠精神，技能培训促进就业创业”项目获得全省基层工会服务职工优质项目二等奖。建成一星级刘敏劳模工作室，推选出4名“高港乡村工匠”。

妇联工作 镇妇联以“加强思想政治引领，提升妇儿综合素质”为主线，开展“童心逐梦向未来，同心礼赞新中国”“外来俏媳心向党，同心礼赞新中国”和“书香飘万家”亲子共读进社区系列活动。拍摄的《传承红色基因，彰显巾帼力量》志愿微视频获2019年度泰州市优秀巾帼志愿微视频；以“你我牵手一家亲，关爱服务在身边”为主题，开展走访慰问困境妇女、儿童活动。创设“心连心”外来俏媳微家，获评泰州市2019年示范妇女微家。成立高港区首个外来俏媳妇联。镇妇联获泰州市三八红旗集体称号。

共青团工作　镇团委以党建带团建，适应新常态，努力实现新作为。各团支部以主题教育为载体，围绕习近平新时代中国特色社会主义思想，开展团支部活动60余次。举办纪念五四运动100周年暨青年座谈会、庆六一慰问困境留守儿童活动、老干部与年轻干部欢庆中华人民共和国成立70周年座谈会等活动。

商会工作　镇商会引导企业回报社会，帮助困难群众13户，捐助困难学生2人。组织会员企业参加市、区、镇组织的各类培训。帮助4个会员企业解决融资难的问题。组织海军医学院专家到镇开展义诊活动。获评2018年度江苏省“四好”商会。（蒋　昊）

·村（社区）简介·

【金马社区】　总面积4.13平方千米，耕地210公顷，共有居民小组22个，户籍户数1479户，户籍人口4901人。社区党总支下设农业、工业、老年、中老年舞蹈队、增产组、“两新”组织6个党支部，党员共120人。2019年，整治黑臭水沟3条，清理渔网渔簖10处，拆除吊机码头3处，整治河道两岸乱垦乱种、乱堆乱放、乱占乱建等76处。新建硬质化道路10条、3290米，维修道路3条，新增路灯198盏、灌溉渠道2441米。开展法治文化宣传、文化惠民演出等各类活动20余次。年内，金马社区党总支获评全区先进基层党组织。

【白马社区】　总面积2.71平方千米，耕地153公顷，共有居民小组15个，户籍户数712户，户籍人口2430人。社区党总支下设工业、土地股份合作社、“两新”组织3个党支部，党员共73人。辖区内拥有白马庙、中国人民解放军海军诞生地纪念馆、鑫马生态园、世泽雕艺园、老行当文化产业园等旅游景点。2019年，新建硬质化道路5600米，硬质化渠道530米，机耕桥4座。安置失地农民84人，创业培训20人，技能培训30人。新建传统村落文化园和传统村落文化标志各1座，对育才路两侧18条巷道进行改造，新增移动绿化箱45个。实施农村改厕59户，填埋露天粪坑46个，拆除旱厕39个。

【前进村】　总面积约3.28平方千米，耕地193公顷，共有村民小组16个，户籍户数943户，户籍人口3355人。村党总支下辖5个党支部，分别为农业、体育器材、老年、居家养老和“两新”组织联合党支部，共有党员91人。辖区内共有生产型企业38个，主要以体育器材制造、销售为主。2019年，新建硬质化道路160米，安装路灯73盏，实施农村改厕20户，引进草莓种植园、龙虾养殖等项目。

【陈家村】　总面积3.45平方千米，耕地212公顷，共有村民小组20个，户籍户数1010户，户籍人口3428人。村党总支下辖4个党支部，分别为老年、工业、土地股份合作社、“两新”组织联合党支部，共有党员113人。2019年，新建硬质化道路3600余米、生产桥3座、涵洞2座，安装路灯280盏。引进孔雀放飞、杂技表演、萌宠乐园等观赏类项目，新建郁金香、向日葵观赏区，全年游客量突破60万人次。年内，获评第九批全国“一村一品”示范村、2016—2018年度江苏省文明村、江苏省休闲农业精品村、江苏省健康村等。

【陆家村】　总面积2.41平方千米，耕地面积130公顷，共有村民小组17个，户籍户数611户，户籍人口2133人。村党总支共有4个党支部，分别为农业、工业、环境管护队、“两新”组织联合党支部，党员共78人。2019年，村“两委”开展村庄环境整治，整治庭院245户，整改化粪池344个，实施村民文体广场绿化建设。开展直港河整治工作，拆除违建13处，对河岸进行绿化，提升河道水体质量。新建硬质化道路250余米。帮助2户低保家庭进行危房改造。

【岱白村】　总面积3.89平方千米，耕地面积227公顷，共有村民小组21个，户籍户数988户，户籍人口3323人。村党总支共有4个党支部，分别为农业、老年、正兴土地房地产资产评估咨询有限公司、“两新”组织联合党支部，党员共105人。2019年，先后完成法治长廊、法治游园及百姓大舞台建设；完成大坝组、岱白组、孔垛组、张垛组农村生活污水治理项目建设，实施农村改厕21户；新建通组、通田硬质化道路4条，新增路灯近200盏；完成建里河整治工程，并对两侧河坡进行绿化。岱白增荣村获评2018年度省级“三化”示范村。

【黄河村】　总面积3.37平方千米，耕地面积219公顷，共有村民小组16个，户籍户数809户，户籍人口2722人。村党总支下辖3个党支部，分别为农业、工业和“两新”组织联合党支部，党员共86人。2019年，推进高标准农田建设，新建2000余米硬质化道路；新建宽4.5米、长50米的农用桥梁3座。成功申报区司法局2019年“四型”社区服务项目，组织开展各类法治活动，讲解各项法律法规知识。加强环境整治工作，开展张垛组、兴河组庄沟清淤工作。年内，获评2016—2018年度江苏省文明村。　（蒋　昊）

大泗镇

·综　述·

2019年，大泗镇总面积36.7平方千米，耕地面积2060公顷。辖行政村12个、社区1个、村（居）民小组232个。户籍户数10018户，户籍人口33003人。全年实现地区生产总值14.67亿元，比上年增长9.76%。其中，第一产业增加值2.16亿元，增长2.73%；第二产业增加值3.79亿元，增长12.26%；第三产业增加值8.72亿元，增长10.57 %。完成一般公共预算收入6409万元。全社会固定资产投资13.18亿元，增长14.47%。实际利用外资及港澳台资410万美元，进出口总额800万美元。新增法人企业186个，新增个体工商户534户。大泗镇创成江苏省文明乡镇，获评省级卫生镇、省级耕地保护激励单位。

（陈亚林　沈　昱）

·经济建设·

【项目建设】 2019年，大泗镇开工1亿元以上项目3个，竣工1亿元以上项目3个。总投资10亿元的医疗器械产业园规划通过市规划委员会审批，施工、设计、研发、孵化、检测等功能性平台工作稳步推进。组织贝尔泰克医疗器械江苏有限公司、大泗医疗器械有限公司参加医疗器械COA年会。国通医疗器械生产、中药展览馆、西来原休闲观光园项目竣工。骨科医疗器械广场投入使用。大泗医疗平台累计开票近7亿元，入库税收近2500万元。泰州威迈机电科技有限公司、泰州市美诺医疗器械有限公司产值比上年增长30%。

【农业】 2019年，大泗镇实现农业总产值3.98亿元，增加值2.16亿元，比上年分别增长3.53%、2.73%。在全镇推行农产品质量三级网格化管理，有4个追溯基地生产经营主体对接应用国家、省追溯平台；农业企业监管巡查覆盖100%；新申报绿色食品3个，分别是光普香芋、泗润大米、垄上行面粉；推行“水稻+N”种养模式（茗·稻·鸭生态循环种养）13.33公顷，新申报省级绿色优质农产品基地1413.33公顷。承办2019年区乡村旅游节、高港农民丰收节等活动。获2019年度高港区乡村振兴专项考核一等奖。江苏西来原生态农业有限公司创成省级主题创意农园，康乐村创成市级休闲农业示范村，霍堡村创成市级“一村一品”示范村。建成为农服务综合体1400平方米，新增烘干设备4台（套），单行自走式育秧流水线2台，无人喷雾飞机1架，农机化水平达95%。水稻机插秧集中育秧面积7.34公顷，水稻机插率达86%以上，粮食生产全程机械化率达98%以上，创建粮食生产全程机械化示范乡镇。夏秋两季秸秆实施机械化全量还田，秸秆综合利用率保持95%以上。

【工业】 2019年，大泗镇完成工业总产值6.45亿元，比上年增长25.2%，其中，列统企业完成总产值6.06亿元，增长7.8%；列统企业实现利润2.95亿元，增长14.4%。工业企业一般纳税人开票销售6.97亿元，增长13.9%；实体经济工商税收11773万元，增长22.23%；工业投资增长15.87%；全镇工业用电量1393.14万千瓦时，增长1.62%。

【建筑业】 2019年，大泗镇完成建筑业总产值16.45亿元，入库税收2661万元，比上年分别增长22.2%和7.5%。

【服务业】 2019年，大泗镇共有规模以上服务业企业11个。实现服务业增加值8.72亿元，比上年增长10.57%；税收0.68亿元，增长2.69%。服务业产业投资5.72亿元，增长12.7%。服务业增加值占地区生产总值59.44%。

【科技创新】 2019年，大泗镇共获批省级科技类项目1个、市级科技类项目6个，省级新技术新产品3个，省级星创天地1个。新增省级、市级高新技术企业各3个。省后备高新技术企业3个，市后备高新技术企业1个。2个科技型中小企业获批“苏科贷”600万元。

（陈亚林　沈　昱）

大泗集镇　（大泗镇　供图）

·人居环境·

【城乡建设】 2019年，大泗镇新建硬质化道路9.65千米，多功能广场1个，路灯447盏，文化体育场地2016平方米。建成“四好农村路”14千米，新建桥梁5座。对佴陈村至前进村段梁大线与农村道路进出口的坡度重新改造。投入约20万元完成梁大线两侧的绿化种植。全年维修农村道路路面破损约8000平方米，填充被雨水冲刷地基6处，维修桥梁栏杆断裂12座。完成户厕改造600座，全镇农村无害化卫生户厕普及率达95.8%。6个村生活污水进入污水处理，通过旱厕改造实现污水集中收集、处理。农村人居环境整治相关经验做法被《泰州日报》报道。完成大泗陵园二期工程，新增生态墓穴664个。启动兴化长江引水工程项目动迁的入户评估、面积确认等前期准备工作。开展“大棚房”问题专项清理整治行动，清理整治4宗违规用地，复耕土地1.3公顷。完成大马、马龙、佴陈、康乐4个村的村庄布局规划。前进村特色田园乡村建设完成既定目标任务。大泗生态公园入选全省最美乡村健身公园。康乐村创成市级休闲观光示范村。

【生态环境】 2019年，大泗镇全面推进农村造林绿化工作，进一步完善绿色通道、农田林网建设及绿化长效管护，提高全镇绿化水平。投资3000万元实施覆盖2000余户的村庄生活污水治理工程。做好中央环保督察交办件整改“回头看”，巩固张旺河支河黑臭水体整治成果。持续强化“水气土”污染防治，抓实重点污染源、“散乱污”企业等专项治理，全面提升环境质量。落实河长制工作，开展水岸清洁专项行动和“三乱”“两违”整治行动。对农村残墙断壁、废弃院落、农村危房、主干街道、公共场所、路面墙面进行全面修缮。小麦、水稻秸秆实施机械化全量还田，旱谷作物秸秆集中收集“过腹还田”，秸秆综合利用率达98%。定点监测农药化肥使用情况，降低农药化肥使用量，设立农膜回收站1座。 （陈亚林 沈 昱）

·社会建设·

【教育】 2019年，大泗镇大泗学校有教学班27个，学生1697人，教师129人。其中，小学部教学班18个，学生887人，教师57人；初中部教学班9个，学生398人，教师45人。大泗中心幼儿园有教学班10个，幼儿412人，专职教师27人，保育员13人。大泗幼儿园异址新建项目完成规划设计。2019年中考，被四星级高中录取45人（其中省泰中12人），被三星级普通高中录取45人。大泗学校获评泰州市体艺“一校一品一特色”品牌学校（校园足球）。教师钱维胜被评为全国模范教师、江苏省优秀共产党员、江苏最美教师。

【文化体育】 春节元旦期间，全镇13个村（社区）开展以“聚力再出发，建功新时代”为主题的春节演出活动。4月，高港区2019年乡村旅游节在大泗中药科技园开幕。5月，举办“倡导移风易俗，弘扬时代新风”主题巡演。6月，在大泗学校开展“同一片蓝天下”新时代文明实践文艺演出。完成佴家庄战斗纪念碑移址重建，9月30日，举办纪念碑落成典礼。11月，“大江放歌——大泗专场文艺演出”在前进村百姓大舞台开演。全年运用文化惠民券在全镇范围内进行文化惠民演出16场。年内，组织开展非物质文化遗产普查工作。发现民间文学2个，分别为马龙村《晚娘星》和二陈村《二指功吓跑了“硬杠头”》；传统医药1个（前进村的半夏制作方法）。

【卫生健康】 2019年，大泗镇有医疗卫生机构13个，其中，医院1个（泰州市大泗镇卫生院），村卫生服务站12个。大泗卫生院打造中医诊疗特色医院，获评江苏省文明单位、全省卫生健康系统先进集体。实施“先看病后付费”医疗保障等惠民政策。邀请省内8位中医名家走进江苏中药科技园义诊。

【社会生活】 2019年，大泗镇有低保对象339户387人，累计发放低保金222.8万元；五保对象54人，累计发放金额45.9万元；低保边缘户117户219人，年补助金额累计8.76

新落成的佴家庄战斗纪念碑 （大泗镇 供图）

万元。全年共资助775人参加新型农村合作医疗保险，累计支出金额16.8万元。帮困救济金累计发放6.5万元。完成包括工业集中区在内的12个征地项目、582名失地农民社会保障办理工作。新建AAA居家养老服务中心1个、助餐点2个。全镇13个村居全部建成居家养老服务中心（站），其中AAA级居家养老服务站8个；累计建成老年人助餐点6个。通过政府购买养老服务方式，依托专业化养老服务公司为全镇80周岁以上老年人等对象开展服务。成立退役军人服务站，发放优抚金113万元，悬挂省级光荣牌匾358块，组织免费体检315人次。常态化运行残疾人之家。年内，建档低收入农户377户524人持续稳定脱贫。

【平安与法治建设】 2019年，大泗镇建成网格化社会治理中心和雪亮工程、网格化信息系统、综治视联网三大平台。全市群众安全感和网格规范达标率建设推进会在大泗镇召开。开展"社会矛盾和信访案件百日攻坚"行动，化解各类信访积案16起。"七五"普法有序推进。推进扫黑除恶专项斗争，排查梳理涉黑涉恶线索15条，抓获涉案嫌疑人3人。落实重点企业挂钩督导制度，聘请省级安全专家对重点企业定期开展安全生产隐患排查治理。在重点企业一线设立安全岗，落实专职安全员每周到班到岗制度，坚决防范和遏制各类重特大安全生产事故的发生。大马村获评全国综合减灾示范社区。（陈亚林 沈 昱）

·政治建设·

【基层党组织建设】 2019年，大泗镇深入学习中共十九大、十九届四中全会精神，开展"不忘初心、牢记使命"主题教育。制定出台《党委议事规则》，坚持民主集中制、"三重一大"决策制度。推进全面从严治党各项工作，在省委专题会议上进行汇报。开展党员干部"三访"书记项目，获评区金质奖、市十佳书记项目。打造"党建+工作室"，大泗社区发挥老干部、老党员连心桥作用，成立调解室，有效化解矛盾纠纷；打造"党建+产业"，大马村发展道地中药材、花卉苗木等产业，打造13.33公顷以荷花、睡莲为主的水生植物园；打造"党建+项目"，前进村有序实施驳岸绿化、景观提升、三线入地等工程，打造特色田园乡村"高港样板"。

大泗镇新时代文明实践所 （大泗镇 供图）

【宣传统战工作】 2019年，大泗镇高标准建成新时代文明实践所，组建新时代文明实践队伍，构建"1+N+13"志愿服务体系。开展"我和我的祖国"系列活动。培树先进典型，钱维胜获评江苏省"最美教师"，李德华、谢灵康当选泰州市第三届"十行百星"先进典型。大泗镇被评为2018年度全省基层党员冬训工作示范乡镇、江苏省文明乡镇，大泗卫生院获评江苏省文明单位。在少数民族家庭开展民族团结一家亲活动。民族宗教宣传信息被省级采用2篇，统战宣传信息在《新华日报》刊登1篇。

【纪检监察】 2019年，大泗镇实施问责3起，配合区委巡察办巡察村居党组织工作。开展"微廉有约"线上教育，常态化组织廉政文化活动，定期通报讲解典型案例。建成大泗廉政文化广场，借景说"廉"、借景宣"廉"，打造廉洁勤政、风清气正的社会氛围。完成第一轮形式主义、官僚主义集中整治工作。开展廉情"三访"活动，访受处分党员干部、访信访户利益诉求等。实施提醒谈话9人次、批评教育16人次、诫勉谈话8人次。党纪立案并处理9人次，政务立案5人次。

【人大工作】 2019年，大泗镇依法召开人代会2次，听取和审议《政府工作报告》2次，审查和批准财政预决算报告2次，补选镇长1人、副镇长1人，补选镇人大代表3人。听取和审议1名副镇长履职情况的报告并进行满意度测评，票决产生年度民生实事项目5项并对上年度民生实事项目的完成情况进行测评。常态化开展代表工作日活动，组织区、镇人大代表25人回选区进行述职，累计述职人数达54人次。办理代表建议8条。主席团对收集的建议、意见进行认真梳理，及时反馈到相关部门。6月和11月召开代表建议办理及落实答复会各1次，代表建议办理与落实满意率均达100%。

【政府自身建设】 2019年，大泗镇便民服务大厅建成使用，让群众办事更方便。畅通“12345”民生服务热线，市长、区长信箱等渠道，处理各类来信来电来访交办件1731件。主动接受人大依法监督、政协民主监督，高质量办理人大代表建议6件、政协委员提案12件，满意率达100%。开展党员干部“三访”项目，253条问题得到解决。做好市、区巡视巡察督查督导反馈意见整改，纠正“四风”，落实“基层减负年”要求。完成农村集体资产清产核资。从严加强村务监督，规范执行农村产权交易平台制度。全面落实党风廉政建设责任制，加强重点领域、关键环节的审计监督，严控“三公”经费和一般性支出。

【政协工作】 2019年，大泗镇打造“王步忠政协委员联络点”，实行全天候接待、全过程记录、全方位反映、全流程反馈。聚焦大泗镇民生实事项目，开展“有事好商量”基层协商议事活动，组织政协委员就“大泗镇住宅小区康锦佳园亟须绿化美化”“低保入户道路硬质化”等议题建言献策。政协委员提案立案10件，承办12件，其中，主办6件，会办6件，全部办复完毕。社情民意信息报送20余篇。开展送法律、送政策、送爱心活动4次。

【群团工作】 工会工作　2019年，大泗镇总工会指导成立镇级农场联合工会。建立职工维权网格组织。承办“农民丰收节‘趣味运动会’暨工会‘一镇一品观摩会’”。组织召开集体协商观摩会、“阳光互助互济”、职工帮扶等活动。

妇联工作　2019年，大泗镇妇联成立“两新”领域妇女组织2个，新建“妇女微家”4个。开展“书香飘万家”亲子共读系列活动。举办“最美家庭”评选、“在同一片蓝天下”文艺会演、“趣味公益课堂”等活动。

共青团工作　2019年，大泗镇团委开展“青年大学习”行动，主办青年干部公文比赛、青优微党课等活动。成立“小青团”志愿服务队，走进学校、企业、村居开展志愿服务活动。举办“青力倾为，青情守护”活动，开展爱心助学活动3次，帮助困难学生30余人次。

（陈亚林　沈　昱）

·村（社区）简介·

【大泗社区】 位于大泗集镇，由原泗水居委会、大泗村、小庄村、三星村合并而成，区域面积3.4平方千米，下辖村民小组23个，户籍户数1234户。党总支下设党支部3个，党员134人。2019年，集体经济收入约119万元，比上年增长21%。年内，党员组织生活馆开放运营，共计接待参观学习活动32次。新增路灯24盏，新增公厕1座，改造公厕3座，完成三格式化粪池改造49座，增加室外篮球场1个、室外全民健身路径1个，完成土地复垦0.82公顷。配合社保部门共办理558名居民的失地保障。

（徐　标）

【时庄村】 位于大泗镇西北角，紧邻许庄街道，与中国医药城隔河相望。由原时南、时庄、野桥3个自然村合并而成，区域面积3.59平方千米，下辖村民小组21个，户籍户数969户。党总支下设党支部3个，党员92人。建立花卉苗木基地4个，占地面积33.33公顷。泰州市三阳生态农业有限公司位于辖区内，占地面积3.06公顷，引进道义果园和富珍果园，形成林果特色产业。2019年，完成新跃河、字汤沟2个瞭望台拆违整治，取缔生产河渔网渔箭6处；实施大时线拓宽改造工程，完成10组、12组、13组机耕路，新增10组、14组、15组75盏路灯；流转土地23.33公顷，集体经济收入达35.82万元。

（周　誉）

【马龙村】 位于大泗集镇北面，毗邻集镇，与白马镇陈家村接壤，坐落在泗白路两侧，泰镇高速穿村而过，为大泗中药养生小镇中心地带。区域面积2.2平方千米，下辖村民小组13个，户籍户数511户。党员48人。2019年，居民人均可支配收入约2万元，比上年增长8.9%。新增绿化草坪约1200平方米，新栽植绿化树苗2万余株，道路改扩建2.3千米，墙面刷新4000余平方米，墙体彩绘300余平方米，清理河道3千米。新建不锈钢垃圾房3座，新建路牙180米，新安下水道1000余米，新增路灯120盏。采用集中和分散相结合处理模式，合理建设小型污水收集处理泵站8座，覆盖13个村民小组、510户。采用生物处理卫生间、厨房、化粪池污水达标后排入河道，消除生活污水乱排乱放现象。

（梅　花）

【康乐村】 位于大泗集镇中心地带，沿泗白路错落分布，泰镇高速穿村而过，地处江苏中药科技园中心地带。区域面积1.7平方千米，下辖村民小组13个，户籍人口567户。党总支下设2个党支部，党员66人。2019年，村集体经营性收入51.9万元。投入近40万元，新增硬质化道路1147平方米，新建污水处理池5座，新建污水管网受益户数达528户；旧墙刷白5750平方米，制作村规民约、“你好康乐”、党员“三访”、垃圾分类等墙绘；拆除破旧房屋152平方米，种植红叶石楠44株、栾树46株，建成文化小公园。泰州市凯利园林绿化工程有限公司培育红叶石楠、紫薇、香樟、广玉兰等名贵树木，销往全国各地；光普农场种植盆栽蔬菜，实现销售额408万元、利润70万元。年内，创成江苏省人居环境示范村、泰州市2019年市级休闲观光农业示范村、高港区美丽宜

居乡村。（钱 新）

【霍堡村】 位于大泗镇中部，姜泗公路穿村而行，紧邻大泗集镇。由原沙港、霍堡和小霍3个自然村合并而成，区域面积2.92平方千米，下辖村民小组18个，户籍户数761户。党总支下设3个党支部，党员83人。2019年，新增绿地500余平方米，新增红叶石兰、香樟等树木40余株。新建垃圾分类中转示范阵地1座，新建高标准公厕4座。将17组2户无人居住的破旧房屋改造升级为村便民服务中心和文化活动场所。全年累计新修扩建道路近3000米，新建排水管道1400余米，新增路灯50余盏，替换损坏路灯22盏，拆迁砂石码头3座。投资1000余万元推进雨水污水管网铺设及泵站建设工程，完工后普惠全村760余户。年内，创成泰州市"一村一品"示范村和乡村振兴"1123"特色发展村。（张正曼）

【大马村】 位于大泗镇东北部，泰镇高速、生产河、双马河穿境而过。由原大马、北田2个自然村合并而成，区域面积4.2平方千米，下辖村民小组17个，户籍户数749户。党总支下设2个党支部，党员56人。成立泰州市高港区新大马农场和新大马植保专业合作社。建有村民活动广场3个，图书室、室内棋牌室、电影放映室等文化设施配备齐全。2019年，完成道路硬质化总里程1760米，安装路灯33盏，污水管网覆盖全村5个组、248户。帮助8户低收入农户完成危房改造。村集体经营性收入达54.64万元。（丁书萍）

【佴陈村】 位于大泗镇东部，姜泗公路穿村而行，直通大泗集镇。由原佴陈、东平、河北3个自然村合并而成，区域面积1.99平方千米，耕地面积106.67公顷。有村民小组15个，户籍户数527户，户籍人口1917人。党总支下设2个党支部，党员49人。2019年，村集体收入约100万元。新建高标准公厕1座，新修道路900米，新装路灯65盏，投资100万元推进土地复垦工程，建成完善污水管网工程。年内，创成泰州市乡村振兴"1123"集聚提升村。

（沈跃伟）

【佴庄村】 位于大泗集镇以东，北邻佴陈村，南接胡庄镇。由原佴南、东兴、佴庄、佴西4个自然村合并而成，区域面积2.5平方千米，下辖村民小组19个，户籍户数771户。党总支下设3个党支部，党员76人。2019年，历史文物佴家庄战斗纪念碑移至大泗陵园内。年内，开展多场文化惠民演出，并在4组新建健身广场、配齐健身设施，组建广场舞队，每天定时定点开展活动。配合实施推进"一事一议"项目，改善村民出行条件，解决部分村民行路难问题。（张 倩）

【二陈村】 位于大泗镇东北部，由原中陈、陈西2个自然村合并而成，区域面积3.13平方千米，下辖村民小组19个，户籍户数789户。党总支下设2个党支部，党员76人。共流转土地70.6公顷，其中，兰昆农场21.3公顷，用于种植两熟稻麦；垄上行生态农业有限公司49.3公顷，主要种植水稻，轮作大豆、玉米、小麦和蔬菜，有约30%的土地进行有机种植认证。2019年，创办农产品电子商务平台。开展垃圾分类、人居环境整治、河道整治等工作，共计投入19.6万元，参与1370人次。新建4个垃圾分类投放点，新增分类垃圾箱794个，维护路灯71盏，整治农村三沟600米，新建硬质化水泥路350米，新增路灯121盏；完成老年人助餐点验收。（钱 慧）

【北港村】 位于大泗镇东北部，东临姜堰区张甸镇、北接白马镇。由原三港、陈北、周垛3个自然村合并而成，区域面积2.12平方千米，下辖村民小组18个，户籍户数772户。党总支下设党支部3个，党员71人。2019年，村集体收入63.59万元。年内，完成危房改造3户；完成130户的卫生厕所改造工作及2019年新风行动"组长项目"，拓宽4组、6组、12组、16组部分道路；投资30余万元，建成高标准木结构百姓大舞台、1200余平方米的文化广场。（贾 睿）

【曹于村】 位于大泗镇东北部，与姜堰区张甸镇接壤。由原曹于、曹河2个自然村合并而成，区域面积2.48平方千米，下辖村民小组15个，户籍户数700户。党总支下设党支部2个，党员76人。2019年，对4组、5组及6组、7组两条约900米的田间道路进行硬质化处理，完成曹北路拓宽改造，督促施工单位对张曹路的道路破损进行修复，成功上报农村"四好公路"提档升级。帮助低收入农户进行危房改造。全村60座卫生户厕改厕通过上级验收。筹措资金近4万元，完成曹北路8组段及张曹路12组段约600米的下水安放。配合河长制工作，整治河坡近1500米，及时清理水面漂浮物。（黄黎颖）

【前进村】 位于大泗镇东首，毗邻姜堰区张甸镇。由原前程、桥河2个自然村合并而成，区域面积2.7平方千米，下辖村民小组9个，户籍户数573户。党总支下设党支部2个，党员52人。特色产业为高效设施农业、花卉苗木种植、家庭农场。2019年，建成4000平方米的多功能广场，建成1000余平方米的农民健身广场。新增道口形象1处。全村进行杆线改造，新增LED路灯80盏。村庄墙体刷白和手绘全面推进。对2条河道进行生态护坡。对前进村内姜泗路两侧绿化带进行提档升级，铺设景观草坪，栽植香樟、栾树、香橼、榉树、朴树、樱花。推进污水管网设施建设，至年底完成50%工程量。前进村创成江苏省生态文明建

杨营村文化墙　　（大泗镇　供图）

设示范村、江苏省卫生村、泰州市乡村振兴“1123”引领示范村、泰州市特色田园乡村。　（乔　沛）

【杨营村】 位于大泗镇南部，东邻佴庄村，西倚两泰官河，南望鳅鱼港，北与大泗社区接壤。由原于家、陆垛、杨营3个自然村合并组成，区域面积4.5平方千米，下辖村民小组32个，户籍户数1142户。村党总支下设于家、陆垛、杨营3个党支部，党员103人。2019年，完成土地复垦项目共计1.67公顷。帮助6户低保户完成危房改造任务。推动人居环境整治工作，共投入40万余元，拆除“三乱”近40处，清运各类垃圾近千方，整治乱点近百处，拆除残墙断壁、厕所粪坑10处，刷白约1200平方米。　（杨　丹）

胡庄镇

·综述·

2019年，胡庄镇总面积45.3平方千米，耕地面积3079公顷。辖行政村13个、社区2个，村（居）民小组305个。户籍户数13079户，户籍人口40718人。全年实现地区生产总值17亿元，比上年增长10.4%。一般公共预算收入7082万元，增长13.48%。固定资产投资14.65亿元。增长34.51%；高新技术产业产值3.16亿元，增长16.5%。全年签约产业投资项目20个，规模以上工业销售5.8亿元、利税3268万元，分别增长13.3%、14.8%。完成进出口总额3801万美元，增长6.8%。新增商务秘书公司1个、个体工商户725户，新增个转企29个。农民人均可支配收入27700元，增长12%。

·经济建设·

【项目建设】 2019年，胡庄镇签约产业投资项目20个，津澳管业、鑫华东酒店等一批项目落户，高港天酬冶金专用设备制造项目、中锴年加工355万只汽车轮毂轴承单元项目等1亿元以上项目开工，阅胜科技三期、茂林三期、水溶肥等重点项目加快建设，招引 3D 打印、工业机器人及汽车零部件生产线2个亿元“飞地”项目。　（田维金）

【农业】 2019年，胡庄镇完成农业总产值5.1亿元、增加值3.52亿元，比上年分别增长2.37%、2.75%。全镇“三麦”种植面积1930公顷，水稻种植面积1612公顷，水稻机插秧占比98%，水稻植保统防统治覆盖率100%。累计流转土地面积1960公顷，占比82%以上。建有合作社57个，注册小农场55个，小农场总面积1013公顷。推进633公顷高标准农田项目，陈隆村、胡庄社区等6个村（社区）“活水工程”开工建设，11个村（社区）省补“一事一议”项目基本竣工，宗林村、庵桥村小型农田水利项目投入使用，杏都葡萄园喷滴灌项目实施到位。省级绿色优质小麦基地通过验收，勤鹏香大米、蛙米、叶狗儿大米、新菊大米、问雨露大米等通过中国绿色食品发展中心绿色大米认证。新增高效设施农业面积27.7公顷，新建高效设施农业项目5个，水稻大田农业结构调整面积12公顷，农业园区10公顷“富民大棚”建成并投入运营。银杏种植面积333.3公顷，设施果蔬种植面积266.6公顷，主要种植葡萄、草莓西瓜、桃子、茄果类蔬菜等70余个果蔬产品。申报绿色果蔬13个，有机农产品92个。至年末，提水养殖养殖面积发展至200公顷，主要养殖螃蟹、河虾、鳜鱼、花白鲢、泥鳅、小龙虾等名优特种水产品。完成林业绿化面积18.7公顷。新增市级农业物联网应用基地3个，新增电商展销平台1个，农产品电子商务销售额突破8000万元。完成规模以上农业生产主体可追溯企业13个，“同人于野”被认定为省级示范家庭农场。招引1000万元以上规模农业项目4个，农业利用“三资”3.1亿元。高港现代农业产业园获评省农村一二三产业融合发展先导区，杏都葡萄园获评省休闲主题创意农园。胡庄镇党委+支部联盟+合作社“富民大棚”运营模式获泰州市项目奖励资金50万元。全年推广拖拉机、高速插秧机、烘干机等各类大中型农机52台（套）。小麦机械化条播达85%以上，水稻机插秧集中育秧面积26.7公顷，植保统防统治面积1267公顷。完成新型职业农民培训300人次。胡庄社区获评省农

胡庄镇“富民大棚” （胡庄镇 供图）

村电子商务示范村。薛垛村获评市级休闲观光农业示范村、“一村一品”示范村。泰州市金泰莱生态农业有限公司获评省教育服务“三农”高水平基地。泰州市港月生态农业专业合作社被命名为省科普惠农服务站。田野村、刘元村为农服务综合体正常运营。全区农产品产销对接会在农业园区召开。 （陆新华）

【工业】 2019年，胡庄镇完成全部工业总产值7.5亿元，全部工业销售收入7.32亿元，全部工业利税总额0.44亿元。其中，规模以上工业产值5.8亿元，销售收入5.68亿元，规模以上工业增加值增幅22.52%。工业企业一般纳税人开票销售7.91亿元，工业企业净入库税收3200万元。工业投资比上年增长29.16%。新开工1亿元以上工业项目3个，计划投资总额3.1亿元。有9个规模企业参加“两化”融合对标评估，6个企业完成“上云”工作，其中江苏海港成套设备安装有限公司获评“三星级”上云企业。 （沈立志）

【建筑业】 2019年，胡庄镇有建筑企业5个。建筑业总产值15.95亿元，比上年增长12%；建筑业入库税收1694万元，增长7.35%。 （梅 景）

【服务业】 2019年，胡庄镇服务业投资比上年增长45.98%。实现服务业增加值10.18亿元，占地区生产总值比重为59.88%。限额以上批零住餐业销售额9.99亿元，增长16.98%。服务业税收收入8640万元，完成率达105%。 （唐 颖）

【科技创新】 2019年，胡庄镇实施产学研合作项目4个，完成有效发明专利38个，新增省级民营科技型企业2个、省级高新技术企业4个、省级高新技术企业后备入库2个、市级高新技术企业2个。江苏乐彩印刷材料有限公司市级科技成果转化项目获立项。全年高新技术产业产值占规模以上工业产值比重达67.33%。 （沈立志）

·人居环境·

【城乡建设】 2018年，胡庄镇投资2000余万元建设的田陈路、张宣线、曙光路等6条“四好农村路”建成通车，季野大桥、曙光大桥竣工投入使用。配套安装公路安全防护工程，重要路口警示标识实现全覆盖。投入100余万元修复通村道路破损地段，消除校车道路安全隐患。村（社区）污水处理一体化项目建成使用，胡庄镇污水处理厂改扩建工程完成前期准备。创成江苏省卫生镇工作。查处违法建设39户，面积2632.36平方米；拆除大棚房面积3314.86平方米。推进土地整治，完成占补平衡项目2.91公顷、增减挂钩项目4.44公顷。 （梅 景 宗智俭）

【生态环境】 2019年，胡庄镇根据划定的生态保护红线保护区域，科学建立健全生态保护红线区域管控与保障体系，维护区域生态安全。排查生态保护红线区域企业54个，其中，小型企业4个，微型企业50个。根据国家污染源名录及申领排污许可相关规定，委托第三方对全镇生产型企业进行排污许可证的申领工作，排污许可证申

胡庄镇区 （胡庄镇 供图）

领实现全覆盖。配合开展环境保护工作执法，关停违法违规企业4个，整改提升6个。做好泰州市污染防治监管平台建设，全年共处理平台反馈环境保护信访25件。

（马爱堂）

·社会建设·

【教育】 2019年，胡庄镇学校有胡庄中心小学、汪群小学、胡庄初中教育集团（胡庄初级中学、汪群初级中学）、胡庄中心幼儿园、汪群幼儿园。义务教育4所学校总占地面积7.95万平方米，建筑面积1.92万平方米。胡庄初中教育集团参加中考人数196人，省泰州中学统招6人，四星级高中达线47人，普通高中达线130人。胡庄小学创成江苏省文明校园、江苏省健康促进金牌学校、江苏省足球特色学校。胡庄中心幼儿园改制为公办园。（史丽红）

【文化体育】 2019年，胡庄镇投入近10万元对影剧院音响、功放、话筒、影仪等设备进行更换，对镇图书馆进行改造。新添周马村、田野村、宗林村3套健身路径，周马村、汪群社区3组篮球架；新建赵市村、刘荡村、戴陈村、单王村、史庄村、汪群社区等6个村（社区）百姓大舞台。重视村（社区）综合文化服务中心星级评定工作，全镇15个村（社区）综合文化服务中心达三星级标准14个，达二星级标准1个。3月15日，200名一线体育指导员在圆融广场开展技能培训。全年送电影156场、送书8600余册。承办“倡导移风易俗，弘扬时代新风”江苏省群众文艺巡演、2019年高港区新春全民健身大拜年活动、高港区钓鱼大赛。举办送春联迎猪年、《我和我的祖国》读书征文演讲大赛、《我的胡庄我的家》系列活动、第五届“邮储杯”掼蛋比赛、庆六一关爱留守儿童活动、“科创杯”钓鱼大赛等活动。全年共承办各类文化体育旅游活动25场次。（刘向前）

【卫生健康】 2019年，胡庄和汪群卫生院共有职工62人。成立胡庄镇医疗卫生党支部。加入江苏省基层疼痛科孵化基地，建立疼痛康复病科室，泰州市中医院专家定期坐诊。与泰州市第三人民医院建立联合病房，专家定期坐诊和查房，提升基层业务能力。“先住院后付费”42人次，签约服务501人，免费体检145人。完成老年人健康体检3919人。建立以村卫生室为基本单元的8个家庭医生工作室，家庭医生签约26379人。举办各类知识讲座156次，健康咨询活动21次。组织医教组、护理组业务培训和考核，强化医院感染管理。组织党员志愿服务、健康义诊、敬老院服务等活动。

（封年华）

胡庄镇宗林村农家书屋对外开放　（胡庄镇　供图）

【社会生活】 2019年，胡庄镇新增就业1635人，新增农村劳动力转移208人，帮助312名城镇下岗失业人员、42名就业困难人员再就业，组织城乡劳动者就业技能培训206人，其中新成长劳动力技能培训102人，企业职工岗位技能提升培训776人，创业培训考试合格198人，职业技能鉴定获证230人。城乡居民养老保险参保缴费10312人，城乡居民医疗保险参保29748人。做好全镇552户低保700人、190户低保边缘户411人的动态管理工作。为27户困难家庭向区申请临时救助金近10.28万元，镇救助困难对象388人次、救助金额近30.04万元。退役军人服务站组织453名重点优抚对象参加区免费健康检查，完成退役军人和其他优抚对象的信息采集工作。

（王雪云　戴俊杰）

【平安与法治建设】 2019年，胡庄镇成立中共泰州市胡庄镇依法治理委员会，推进法治政府建设。开展“法润三农”精品工程，发布《高港区农业企业法律风险评估报告》，为农业企业法律风险防范提供参考。开展“百日维薪”活动，保障农民工合法权益。开展“防范非法集资”普法宣传活动，打击非法集资活动，减少群众财产损失。开展扫黑除恶专项行动，打击黑恶势力犯罪。建成刘元村宪法主题广场、薛垛村宪法主题广场。镇司法所被市司法局评为先进集体，司法所所长被评为全省“七五”普法中期先进个人。推行网格化规范管理，镇、村两级全面建成网格化社会治理中心。落实维稳责任，调处矛盾纠纷，社区服刑人员无一人重新犯罪，全年未发生民转刑案件。加大各类隐患排查治理力度，发现安全隐患650条，下发整改通知书218份。其中，粉尘涉爆专项整治发现隐患13条，下发整改通知书7份；危化品专项整治发现隐患21条，下发整改通知书10份；有限空间专项整治发现隐患8条，下发整改通知书7份。

（朱秀峰　史杏香　陈国华）

·政治建设·

【基层党组织建设】 2019年，胡庄镇共有基层党组织66个，党员1879人。胡庄镇党委切实履行党建工作职责，研究制定党建工作年度计划，定期听取党建工作汇报，严肃党内政治生活，督促基层党组织认真执行“三会一课”制度。以“党建+”为引领，统筹推进经济建设、安全生产、环境保护等中心工作。15个村（社区）“书记项目”有效落实，胡庄镇“党建+扶贫”书记项目获泰州市书记项目路演二等奖。出台《胡庄镇发挥农村基层党员先锋模范作用，助推乡村振兴实施意见》。班子成员带头开展集中学习和个人自学，开展集中交流研讨6次，撰写调研报告16篇。依托“三会一课”“主题党日”组织党员跟进学习，党政负责人上党课15次。开展“群众微心愿，党员来接单”活动，全年征集心愿数647个，可解决心愿数367个，党员接单数350个，完成心愿342个，心愿完成率97.7%。利用史庄村组织生活馆和宗林村党建“红色长廊”等教育基地，联合区委组织部，以史庄村“敬礼老兵”史保东践行初心使命为素材，拍摄《永远的军礼》专题片，入围全省党员教育媒体作品大赛展播和初评环节。规范标识标牌，完善各村（社区）支部设置，新增基层党支部22个，推进组织设置规范化。优化班子结构，对所有村（社区）“两委”班子进行综合分析研判，6个村（社区）实行书记、主任“一肩挑”。对软弱涣散党组织丁庄村党总支进行整顿，通过区级考核验收。创新开展胡庄镇干部能力提升月月讲活动，累计培训1200人次。全年发展预备党员15人，党员转正17人。全年新招聘机关事业单位人员5人，招聘“见习村干部”15人。定期开展走访慰问活动，全年帮扶救助困难党员283人次，送去慰问金22.45万元。（李国燕）

【宣传统战工作】 2019年，胡庄镇定期召开党委中心组学习会，举办党建理论、廉政建设、法治教育等专题培训辅导16期。推广“学习强国”平台，注册学习强国1843人。密切关注网络舆情动态，积极回应群众关切。因地制宜建设文明实践主阵地，实现基层站点全覆盖，打造“史庄代理家长”“汪群萤火兴邦关爱留守儿童”等特色品牌。广泛开展“群众微心愿、党员来接单”活动。深化全国文明城市创建，开展文明村（社区）和文明家庭创建活动。开展对困境少数民族学生捐资助学活动，共募得善款5000元。开展宗教平安场所建设。注重乡贤典型人物的挖掘、培育和宣传工作，周马村马正泉被评为泰州“十佳乡贤”。（刘向前　李　梅）

【纪检监察】 2019年，胡庄镇实行任务清单、负面清单、监督清单“三张清单”工作制度，推动“两个责任”落实落细。深化警示教育，保障执纪问责，镇纪委及各级党委（组）综合运用第一种形态142件次，立案查处违反中央八项规定精神以及群众身边的腐败问题等9件，严肃查办纪检监察业务范围内信访6件。围绕“三大攻坚战”、扫黑除恶专项斗争等工作开展落实情况进行“监督的再监督”。对发现的形式主义、官僚主义等问题进行严肃问责。规范权力运行，构建完善防范机制，严控基层微权力。（朱　俊）

【人大工作】 2019年，胡庄镇共有市级人大代表2人，区级人大代表24人，镇级人大代表71人。助推经济高质量发展，组织代表视察2019年新开工项目建设情况、“富民大棚”实体化运作情况。助推打好“三大攻坚战”，听取政府关于债务化解工作情况的汇报，开展《中华人民共和国预算法》执法检查，专题调研精准脱贫工作，开展水污染防治“一法一条例”执法检查。助推民生改善，专题听取政府民生实事办理情况报告，视察“新风行动”“四好农村路”和百姓大舞台建设情况。（戴　维）

【政府自身建设】 2019年，胡庄镇严格执行“三重一大”议事规则和决策程序，全面规范政府权力运行。健全跟踪督查督办机制，推动政务服务提质增效。深化信息公开，自觉接受人大、政协监督，及时回应群众关切。强化风险防控，超额完成年度政府性债务化解任务。严肃财经纪律，严控“三公”经费和一般性支出。（孙　鹏）

【政协工作】 2019年，胡庄镇共有市级政协委员5人，区级政协委员22人。制定“委员工作日”年度活动计划，每季度定期开展委员活动。将“委员工作日”活动与镇村（社区）“委员之家”活动结合，组织委员开展学习研讨，慰问低收入农户90人次；开展“有事好商量”基层议事，推动胡庄幼儿园、刘荡村口道路等民生实事建设；组织委员就精准扶贫、村庄河道环境整治、现代农业发展等建言献策。（刘向前）

【群团工作】 工会工作　2019年，胡庄镇新增独立工会19个，新增会员280人。共有基层工会60个，会员2500余人，其中独立企业工会23个，村（社区）工会及联合工会各15个，行业（产业）工会2个，全镇80%的规模以上企业工会实现规范化建设。

共青团工作　加强青少年思想

引领，深入开展形式多样、内容丰富的主题教育活动，持续开展“银杏果”公益课堂暑托班关爱留守儿童志愿服务活动。1名优秀青年获高港区“大江儿女、最美青年”称号，1个团总支获评江苏省红旗团总支。

妇联工作　新建“妇女微家”3个，创建三八红旗手工作室1个（胡庄镇派出所户籍窗口），成立胡庄镇首个企业妇联组织（江苏乐彩印刷材料有限公司妇联）。组织开展“巾帼大宣讲”活动16场次。开展庆祝中华人民共和国成立70周年征文演讲比赛。持续开展“送法到身边”活动，到各村居举办讲座20余场。

（于　婕　刘　波　张　燕）

·村（社区）简介·

【胡庄社区】　地处集镇中心，东邻刘元村，西邻史庄村，南邻周马村，北邻姜堰区张甸镇三彭村。银杏路、泰胡路穿境而过。由原胡庄、孔庄、淘沟3个自然村合并而成，区域面积4.7平方千米，耕地面积243公顷。有村民小组24个，户籍户数1115户，户籍人口3778人。建成道路10.5千米，安装LED路灯250盏，栽种绿化4005平方米。投入135万元建成社区便民服务中心，融合社会事业工作站、居家养老服务站等服务平台。有秧歌队、太极拳队。2019年，新建通组公路2000余米。（焦翼飞）

【汪群社区】　地处胡庄镇南首，与泰兴市根思乡、宣堡镇接壤。由原汪群、麻桥、合鹏3个自然村合并而成，区域面积5.87平方千米，耕地面积229公顷。有居民小组20个，户籍户数1100户，户籍人口3370人。至2019年，累计流转土地160余公顷，保障高港现代农业园区建设。建有108平方米的百姓大舞台。获评2019年度全国综合减灾示范社区。

（殷大宏）

【赵市村】　位于胡庄镇东南侧，东邻薛垛村，南接泰兴市根思乡，西连汪群社区，北与刘荡村接壤。2001年由原三和、海潮、赵狮3个自然村合并而成，区域面积5.08平方千米，耕地面积219公顷。有村民小组21个，总户数869户，户籍人口2706人，党员106人。“人民科学家”、中科院院士叶培建为赵市村人。上膳源泰州农场地处赵市村腹地，常年种植绿色有机蔬菜。全村流转土地面积186.8公顷，建有家庭农场6个。2019年，新建通组道路1200米，新建农桥3座。

（刘建忠）

【薛垛村】　位于胡庄镇东南边，东与泰兴市新街镇西河村接壤，西、南邻赵市村，北至戴陈村。村名源于薛垛公社。共有村民小组14个，户籍户数550户，户籍人口1751人，党员59人。耕地154.13公顷。农业企业有江苏百达农业有限公司、江苏上膳源生态农业发展有限公司。全村流转土地113.53公顷，其中，设施大棚蔬菜26.13公顷，名贵苗木基地3.87公顷，葡萄园9公顷，连体大棚35.13公顷，稻麦两熟规模种植74.53公顷。建有520平方米的便民服务大楼、150平方米的多功能会议室、1500平方米的文化健身多功能广场。村庄绿化覆盖率70%，建有1200平方米的绿化色块。2019年，农民人均收入27187元。

（张晓兰）

【戴陈村】　位于胡庄镇东南，东邻新街镇，西至刘荡村，南靠薛垛村，北邻单王村，双园路贯穿境内。由原戴荡、陈庄2个自然村合并而成，区域面积3.7平方千米，耕地面积223公顷。共有村民小组22个，户籍户数985户，户籍人口3001人，党员88人。建有1900平方米的便民服务中心，配有党员学习室、计划生育服务室、农家书屋、综合文化服务中心、居家养老站、残疾人服务中心等。全村主要以农业经济为主，有小农场8个。2019年，村集体经济可支配收入72万元。

（谢桥华）

【刘荡村】　位于胡庄镇东南部，东临戴陈村，西临丁庄村，南靠高港现代农业园区，北依单王、刘元村。由原刘东、刘西2个自然村合并而成，区域面积3.562平方千米，耕地面积221公顷。有村民小组19个，户籍户数880户，户籍人口2716人，党员89人。有小农场3个、合作社1个，发展花卉林木、水产养殖等，建有“江水清沙”螃蟹养殖基地。2019年，村集体经济收入58.08万元，人均可支配收入27230元。

（季宝宏）

【单王村】　位于胡庄镇东北部，由原王元、单野、单庄3个自然村合并而成，区域面积5.1平方千米，耕地面积275公顷。有村民小组27个，户籍户数1088户，户籍人口3287人。有泰州市康格医疗器械有限公司、江苏科创医疗器械有限公司等20余个企业。有花卉苗木基地46.2公顷，蔬菜大棚基地5.33公顷，提水养殖基地33.33公顷，稻麦种植基地106.67公顷，其中水稻绿色种植基地32公顷，建有花卉苗木专业合作社和植保专业合作社。便民服务中心建筑面积1290平方米，有文化健身广场3个共2022平米。2019年，农民人均收入21890元。

（王桂山）

【刘元村】　位于胡庄镇东部2千米处。由原刘元、吉野2个自然村合并而成，区域面积2.8平方千米，耕地面积141公顷。有村民小组18个，户籍户数590户，户籍人口1973人，党员80人。有江苏艾迪尔医疗器械有限公司、泰州市鑫国医疗器械有限公司、泰州市建达矿山机械配件有限公司等8个企业。主要以农业经济为主，有小农场6个，流转面积达225公顷。2019年，承办区级垂钓大赛。刘元村为农服务综合体正常营运。新增硬质路面1200米，复垦废沟塘1处。

（刘建华）

【史庄村】 有600余年历史，位于胡庄集镇西侧，金果路北侧。由原史庄、和丰2个自然村合并而成，耕地面积167公顷。有村民小组18个，户籍户数740户，户籍人口2480人。有泰州市宇航航空器材有限公司、泰州联创电子有限公司、泰州市广济医疗器械有限公司等企业，新招引阅胜铝业、戴尔康宁箱包等工业项目。累计流转土地60余公顷，成立土地股份合作社2个，家庭农场2个，稻田套养龙虾基地1个。2019年，获评江苏省文明村。

（史建伟）

【庵桥村】 位于胡庄镇西边，东与史庄村毗邻，西与许庄街道钱赵村接壤，南与宗林村连接，北与大泗镇杨营村相连，金果路、宗黄河穿境而过，由黄楝、庵桥2个自然村合并而成，耕地面积163公顷。有村民小组17个，户籍户数665户，户籍人口2285人，劳动力1183人。建成金果路两侧4公顷绿化带。全村道路硬质化达20千米，安装路灯达500余盏。绿化面积57公顷，占总面积的35%。土地流转面积138公顷，占耕地面积的85%。2019年，集体可支配收入35万元。（栾春勇）

【周马村】 位于胡庄镇南部，西临许庄街道，南临泰兴市宣堡镇。南有古田线，北有金果路。由原周元、李元和马群3个自然村合并而成，区域面积3.58平方千米，耕地面积204公顷。有村民小组22个，户籍户数938户，户籍人口3169人。有花卉苗木生产基地5.67公顷，草莓、葡萄种植基地19公顷，银杏成片林20.67公顷，百年以上银杏树近百株，螃蟹养殖面积5.67公顷。有三大合作组织4个，建有农业经济合作社和植保专业合作社。有小微企业18个。2019年，投入近100万元建成百姓大舞台，内设篮球场、健身场、健身路径等。 （李声岳）

【宗林村】 位于胡庄镇西南边，西临许庄街道，南面泰兴市宣堡镇。南有古田线，北有金果路。由原宗庄和肖林2个自然村合并而成，区域面积5.87平方千米，耕地面积292公顷。有村民小组27个，户籍户数1152户，户籍人口4045人，党员136人。规模农业面积200公顷，其中，“江水清沙”堤水养殖66.66公顷，花卉苗木培植基地66.67公顷，银杏成片林66.67公顷，有百年以上银杏树近300株。小农场1个，农业经济合作社4个。全村绿化覆盖率55%，村庄绿化覆盖率65%，绿化色块、花池3680平方米。建成长约3千米、6米宽的硬质水泥道路，道路两旁有路灯、绿化景观带，并配国旗、灯笼为衬托。有家风家训长廊、供500人同时用餐的邻里中心、新时代文明实践站、党建红色长廊等特色景点。有村办企业13个。2019年，全村农民人均纯收入26430元，集体可支配收入达75万元。年内，承办全市乡风文明建设现场观摩会。“家风家训”经验做法被《人民日报》《新华日报》等主流媒体报道。中央和省、市委网信办有关领导，人民网、新华网、中国网、国际在线、央视网、央广网、光明网和《新华日报》交汇点、中江网、荔枝网等中央和省、市主流网络媒体到宗林村调研。 （刘伯阳）

【丁庄村】 位于胡庄镇中心位置，宣堡港、孔丁中沟贯穿庄中，古田线、胡曲线在此交汇，东接宁靖盐高速，西接泰州长江公路大桥，南接宁通高速，北接东风快速路。由原孔丁、大丁2个自然村合并组成，区域面积3.8平方千米，耕地面积211公顷。有村民小组21个，户籍户数978户，户籍人口3163人。全村耕地流转率90%以上，农业产业形成规模，建成花卉苗木种植区、水产养殖区、优质粮食种植区，小杂粮种植产生良好效益。有江苏福齐天生物科技有限公司、泰州市宇弘电子有限公司2个规模以上企业，有玩具、服装、鞋帽加工等小微企业10余个。2019年，村集体总收入124.37万元。 （孔维亮）

【田野村】 位于胡庄镇西南侧，东与丁庄村相邻，南与陈隆村毗邻，西与宗林村相接，北与周马村相依。由原田厦村、季野村2个自然村合并而成，村名源于原田厦村的“田”和季野村的“野”。区域面积2.63平方千米，耕地面积146公顷。有村民小组16个，户籍户数767户，户籍人口2133人。经济以农业为主，注重发展高效农业和生态养殖，推进二、三产业融合发展。倡导“仁孝、奋进，和谐”社区文化。2019年，新建硬质水渠600余米，维修水渠400余米，新建通组入户道路200余米。 （赵杏春）

【陈隆村】 位于胡庄镇西南边，西临泰兴市宣堡镇崇头村，南面泰兴市宣堡镇三堡村，南有润园路，北有汪宣线。由原陈兴、三殿2个自然村合并而成，村名源于原陈兴自然村的“陈”和三殿自然村的一条“龙路”。区域面积2.6平方千米，耕地面积177公顷。有村民小组16个，户籍户数643户，户籍人口2014人。有规模农业面积153公顷，其中，小农场1个、面积126公顷，设施大棚面积8公顷，露天蔬菜种植面积19公顷。2019年，新建硬质水渠720米。 （谢春华）

人物·荣誉

道德模范与先进人物

·中国好人·

陈　伟　2019年7月入选“中国好人榜”

陈伟，男，1970年7月出生，中共党员，大专文化，泰州丰汇长江水产有限公司总经理。他从小在长江边长大，一家人靠在长江捕鱼为生，长江养育了他们，他在儿时便默默许下誓言：等到自己有能力了，一定要回报“母亲”的养育，为长江做点事。随着水质污染、过度捕捞等问题日渐严重，长江渔业资源日渐衰退，这让陈伟十分心痛。为了实现儿时许下的诺言，8年间，陈伟自掏腰包20万元购买鱼苗放流长江。初步估算，这些河鲀苗长成后至少能卖出几百万元。2019年3月，陈伟牵头成立保护长江母亲河“健康江来”志愿服务队，集结一批志愿者奋战在保护长江母亲河第一线。从向长江要资源到回馈大自然，捕鱼、卖鱼的陈伟，成为保护长江鱼类尤其是长江河鲀的带头人，用自己的行动践行着“共抓大保护”的绿色发展使命。

·江苏好人·

何　芬　2019年6月入选“江苏好人榜”

何芬，女，1976年11月生，本科学历，法律硕士学位，中共党员，高港区人民法院少年及家事案件审判庭庭长，二级法官。工作近二十个春秋，她始终爱岗敬业，恪尽职守；倾心调解，构建和谐；心系民众，脚踏实地；不畏强权，坚守公正，用实际行动践行着“人民法官为人民”的核心价值观。她用真情与睿智，化干戈为玉帛；她用法官的严谨，书写清风廉洁的壮丽诗行。她把人生中最美丽的光阴都献给最基层的审判事业，用青春书写着法律的公平与庄严。

·江苏最美人物·

乔向民　2019年1月当选“江苏最美基层干部”

乔向民，男，1970年7月出生，中共党员，许庄街道人大工委主任，乔杨社区党总支书记、居委会主任。他勇于担当，做新农村建设的引路人。2003年，乔向民临危受命，担任乔杨社区党总支书记。他上任后，筹划做大绳网带产业“蛋糕”，社区集体经济实力显著增强。社区先后投入近1000万元用于公共事业建设，全村实现亮化、美化、绿化。他一心为民，做群众的贴心人。他总是保持“全天候”的工作状态，村民们称他为“拼命三郎”。社区哪里有困难，哪里就有他的身影。在他的带领下，乔杨社区先后获得全国第四批美丽宜居示范村庄、国家级生态村、全国妇联基层组织建设示范社区、江苏省美丽乡村、江苏省三星级康居示范村、江苏省社会主义新农村建设先进村、江苏省文明社区、泰州市十强村等荣誉称号。

钱维胜　2019年9月当选“江苏最美教师”

钱维胜，男，1976年8月出生，中共党员，泰州市大泗学校副校长。2014年8月，钱维胜积极响应国家号召，主动申请并通过选拔，成为江苏省第一批援藏教师，赴拉萨江苏实验中学支教。2015年第一轮援藏结束时，当地家长和孩子联名写信深情挽留，最终，他克己奉公选择继续援藏，这一留就是连续三轮。援藏5年，他凭着坚强的毅力，克服种种困难，深深扎根西藏，潜心当地教育事业，为江苏“教育援藏”品牌增光添彩。他凭借敬业奉献的精神和突出的教育教学实绩赢得藏族同胞的齐口称赞，学生们都亲切称呼其“阿爸”。他先后获得中国好人、全国模范教师、江苏省优秀共产党员、江苏最美教师、西藏自治区优秀教育援藏工作者、第七届感动泰州十大人物、泰州市最美教师等称号。

·最美泰州人·

薛余俊　2019年1月当选“最美泰州人”

薛余俊，男，1968年9月出生，中共党员，口岸街道新城社区党总支书记、居委会主任。在他和社区一班人的努力下，新城社区于2013年9月成立高港区首家民办非企业性质的港城物业管理服务站。2014年9月成立服务站党支部，隶属社区党总支管理，以党建带物业，打造值得群众信赖的“红色管家”。建立“三承诺三公开”制，“三承诺”即党员表率承诺、物业管理责任首问承诺、物业24小时服务承诺，“三公开”即公开物业费收缴标准、公布物业费收缴进度、公示经街道审计所审计过的物业财务账目，接受广大居民监督。新城社区先后被评为全国防震减灾示范社区、江苏省文明社区、江苏省市容管理示范社区、泰州市文明社区。

孙　薇　2019年2月当选“最美泰州人”

孙薇，女，1988年8月出生，中共党员，许庄街道青年志愿者服务协会法人代表兼党支部书记。多年来，她一直投身公益活动，聚焦弱势儿童志愿服务。她回应社会关切，做好志愿服务基层调研。她全面摸底调查辖区弱势儿童基本情况，建立辖区213名弱势儿童基本信息数据库，实行一人一档，动态管理。在先期调研的基础上，立足本职岗位，有计划地开展弱势儿童帮扶工作。她聚力社会资源，充分整合志愿服务的各类资源，从各方筹措超11万元的困境儿童捐助资金，举办60多场志愿服务活动。充分拓展公益活动的形式，依托街道宣传文化中心的“港城彩虹”活动室、马厂社区科普馆和辖区中小学校，每周六定期开展志愿服务活动。

周荣美　2019年3月当选“最美泰州人”

周荣美，女，1969年1月出生，高港区金港保洁公司环卫工人。自2006年分配到环卫处，她一直恪守“脏了我一人，洁净千万家”的信念，在路段一线从事清扫保洁工作，认真负责，任劳任怨。她每天早上5点就起床上路段，干事永远冲在最前面，以身作则带领班组人员，为维护城市的美丽环境默默奉献着。她虽然收入低微，但拾金不昧；虽然工作平凡，却恪尽职守。2017年是创建全国文明城市的大考之年，为保证所辖路面的清扫质量，周荣美每天清晨4点至晚上10点全部在路面来回巡查，顾不上回家吃饭、休息。女儿结婚当天，适逢环境卫生检查，周荣美硬是在中午抽出时间赶到马路上加班，确保路面顺利通过验收。她所负责的路段连年被评为“清洁路段”，本人也连续多年被单位评为先进个人。

杨　鼎　2019年5月当选“最美泰州人”

杨鼎，男，1983年10月出生，中共党员，高港区委宣传部新闻出版科科长。十年多来，在部门领导的带领下和同事的支持下，他紧紧围绕中心工作，充分发挥联系党委政府和人民群众的桥梁纽带作用，开展专题报道、系列报道、深度报道，全面提升新闻宣传质量。凭着对新闻事业的一腔忠诚，他经常加班加点，出色地完成各项宣传报道任务。他积极参与策划媒体见面会和主题宣传，宣传、推介高港经济社会发展中的探索思路和生动创造。他还参与打造全媒体宣传矩阵，运用航拍、微电影、VR影像等多种形式，推出一批新媒体互动产品，全视角、全方位展示高港发展新貌。

董志奎　2019年5月当选“最美泰州人”

董志奎，男，1984年10月出生，中共党员，扬子江药业集团有限公司药物研究院研究二所所长。工作以来，董志奎坚持以药物研发为人生目标，曾先后参与和主导超过30个药物的研究与申报，相继成功开发碘克沙醇注射液、盐酸右美托咪定注射液、注射用培美曲塞二钠等多个产品，创造较大的社会价值，为广大患者带来福音。他先后获得江苏省科学技术一等奖、泰州市科技三等奖、高港区科学技术一等奖，两次被评为扬子江药业集团优秀管理干部，入选泰州市“311人才”。

刘丹丹　2019年6月当选“最美泰州人”

刘丹丹，女，1993年5月出生，中共党员，山东济宁人，研究生学历。研究生毕业之后，为实现服务基层、回馈社会的抱负，放弃大城市工作机会，主动报考江苏省委选调生，通过笔试、面试、考察层层筛选，最终被分配在高港区刁铺街道办事处工作。在综治办工作3个月，同综治办工作人员合作完成市网格化社会治理现场会有关工作。接手工会工作以来，她为适应新工作，主动与老同志沟通交流，向老同志请教经验，短短半个多月完成信息上报、会费收缴、资产负债报送、信息统计等多项业务工作。

王　军　2019年7月当选“最美泰州人”

王军，男，1976年12月出生，中共党员，江苏能建机电实业集团有限公司副总经理。工作以来，王军坚持奋斗在第一线，刻苦钻研，努力掌握新技术、把握新技能，他以强烈进取精神、创新意识，以及严谨的科学态度，不断超越自我，争做企业科技带头人，由一名普通员工成长为优秀的专家型电气装置工和技术开发人才。他团结带领职工抢抓机遇，锐意进取，取得一个又一个技术上的突破。他在平凡的工作岗位上，无私奉献，勤奋努力，奋勇向前，走出一条不平凡的人生历程。

史建伟　2019年8月当选“最美泰州人”

史建伟，男，1969年2月出生，中共党员，胡庄镇史庄村党总支书记。1990年复员后，史建伟一直扎根农村，从事农村基层工作已有30年。他创新社会治理方式，牵头成立党员义工队伍，在扶贫助困、环境整治、创业就业等领域发挥积极作用；他坚持用“脚板”丈量短板，深入基层，精准聚焦群众关注点，用真情赢得民心；围绕“省美丽乡村”建设，他组织整合本村旧校舍土地资源，每年为村集体增加经营性收入30万元。

徐玉琴　2019年9月当选“最美泰州人”

徐玉琴，女，1976年2月出生，中共党员，泰州市永安洲实验学校高级教师。从教22年来，徐玉琴恪守师德规范，勤勤恳恳，兢兢业业，做好物理教学管理以及教育服务工作。教学中，她擅长与后进生交朋友，帮他们鼓起信心的风帆；与留守儿童交朋友，借友情填补亲情；与特殊学生交朋友，让人人拥有爱的蓝天。架起与学生心灵沟通的桥梁，做学生的知心朋友，深受学生的喜爱、家长的信任，得到领导、同事的认可。

周　旭　2019年10月当选“最美泰州人”

周旭，男，1973年8月出生，万向精工江苏有限公司总经理兼技术质量副总。科班出身的他，先后担任中国轴承工业协会技术委员会委员、中国振动工程学会委员，入选131人才工程第一层次人选；在技术研究、产品开发方面，获得国家专利26项，包括1项发明专利，代表论文在《轴承》发表3篇，《新技术新工艺》发表1篇，主持制定省级地方标准《汽车轮毂轴承单元》，并参与多项轴承标准制订；担任重大科技攻关项目——MQB平台用低摩擦新型毂轴承单元的项目开发项目经理、技术负责人，带领团队从产品强度提升、密封耐久性、低摩擦力矩等方面开展技术研究和产品开发，产品技术水平达到国际先进水平，成功通过欧洲道路试验，获得大众认可。

陈　龙　2019年12月当选“最美泰州人”

陈龙，男，1978年12月出生，中共党员，泰州市华强照明器材有限公司总经理。近年来，在他的带领下，企业成功组建省级光源电器材料工程技术研究中心研发平台，企业获授权发明专利5项，实用新型专利23项，获批江苏省高新技术产品5项，承担并完成国家级和省级项目各2项。他参与制定国家标准《道路与街路照明灯具性能要求》《LED灯具可靠性试验方法》。发展企业的同时主动担负社会责任，解决当地200余人就业问题。

·泰州市“十行百星”·

创业之星　陈　伟

陈伟，男，汉族，1970年7月出生，中共党员，大专学历，泰州丰汇农业科技有限公司总经理。2009年，陈伟响应政府号召，以“种养结合、养销结合”的产业化发展思路，“洗脚上岸”创办企业，养殖河鲀。产品的高品质，吸引日本海洋株式会社慕名而来商谈合作。最终双方共同出资100万美元，注册成立泰州丰汇农业科技有限公司，并计划用3年时间将河鲀养殖面积扩大到100公顷。自己发家致富的同时，陈伟也不忘带领乡亲们共同过上好日子。他主动找社区商量，由社区牵头组建江鲜养殖合作社，他统一供苗、统一捕捞、统一销售、统一分红。在他的努力下，合作社吸引16名渔民入社，承包6.67公顷鱼塘套养河鲀，成功打造出“真江”品牌，成为泰州市河鲀鱼烹饪教学实验基地。为反哺长江，8年间，陈伟自掏腰包20余万元购买鱼苗放流长江。初步估算，这些河鲀苗长成后至少能卖出几百万元。

创业之星　郭美娟

郭美娟，女，汉族，1983年8月出生，群众，大专学历，泰州市青联委员、高港区合家欢家庭农场场主。郭美娟是高港区胡庄镇刘元村的一位单亲母亲，她没有因为婚姻的变故而一蹶不振，而是鼓起勇气、自立自强，走上创业富民之路，于2015年11月创立高港区合家欢家庭农场，集花卉苗木种植销售、果蔬种植体验、农副产品加工销售、生态休闲、观光旅游、农家餐饮、户外拓展、农业科普等项目于一体。

公仆之星　胡德荣

胡德荣，男，汉族，1981年5月出生，民革成员，大学本科学历，注册安全工程师，高港区应急局工贸科科长。胡德荣从到安监局上班第一天起，就牢固树立安全生产“红线”意识和底线思维，他先后参与检查各类企业300余个次，排查安全隐患1200余处，依法对80余个工贸企业的违法行为立案查处，成功消除一批安全隐患。2014年春节后，他被检查出患上结肠恶性肿瘤，在结束结肠恶性肿瘤化疗两个月后，他就找到单位领导请求继续工作，随后重返工作岗位。胡德荣仅用两年多的时间，就走遍全区1000余个工贸企业。目前高港区已创成全国工贸行业安全标准化样板区，工贸企业创成一级标准化2个、二级标准化14个、三级标准化198个，小微企业标准化通过率达80%。

教育之星　李　军

李军，男，汉族，1978年2月出生，中共党员，本科学历，泰州市许庄中心小学副校长。李军热爱教育，敬业奉献。在孩子刚两个月、父母年迈时，主动赴新疆支教，奔波于山区，与少数民族同胞同吃同住，多次为全县老师开设讲座、执教示范课，为边疆教育事业的发展贡献智慧。他关爱儿童，用一颗赤诚的大爱对待每一个孩子，受到学生欢迎和社会好评。他创造性提出“学校、教师、家庭、个人”四位一体关爱留守儿童模式，《新华日报》等媒体曾予以报道。他先后赴广西、甘肃、新疆等全国20多个省、市开展送教和公益培训。

科技之星　李德华

李德华，男，汉族，1974年6月出生，硕士研究生学历，泰州市电机工程学会副理事长、江苏京华澄电力科技有限公司总经理。李德华于2012年回乡创办江苏京华澄电力科技有限公司，核心产品第二代电力"看门狗"获得6项专利、7项软件著作权，产品顺利获得国家电网公司认证并在国内外多个地区电网大量使用，2017年成功中标国家电网江苏省项目。企业先后被认定为高新技术企业、江苏省软件企业、江苏省民营科技企业、"重信用守合同"企业。

医务之星　谢灵康

谢灵康，男，汉族，1963年9月出生，中共党员，本科学历，执业医师，泰州市大泗镇卫生院工会主席、门诊部主任。谢灵康30余年如一日，始终工作在骨伤科第一线，以出色的工作业绩赢得广大群众的普遍好评。在长期的临床医疗实践中，谢灵康探索出一套治疗骨伤科疾病的经验，取得良好的治疗效果，极大地方便患者，先后在国家、省、市级杂志上发表学术论文10余篇。前些年，他一直患有胆石症，同事们劝他尽早做手术，他总是一拖再拖，因为他割舍不下等他看病的那些病人。对待孤寡老人、特困户，谢灵康更是处处体现出人性化的关怀。他为病人垫付医药费的次数连他自己也难以记清。他处处以身作则，自觉抵制"收回扣，拿红包"等丑陋现象，用实际行动践行着党旗下的誓言。

政法之星　王　勇

王勇，男，汉族，1979年5月出生，中共党员，本科学历，法学学士，高港区司法局基层治理科科长。王勇工作10多年来，认真学习党的理论、法律法规和司法行政业务知识，敬业奉献，刻苦钻研，为民服务。他既创新"四联工作法"、微信"实时定位"等工作方法，对社区服刑人员强化监管，又及时与有思想波动的服刑人员沟通谈心，刚柔并举开展社区矫正工作，累计监管社区服刑人员300余人，无一例重新犯罪。近年来，他探索实施"六步调解工作法"，主持和参与调处各类社会矛盾纠纷600余件，成功率达98.2%，其中非正常死亡等重大纠纷30余件，调处成功率100%。

文体之星　毛学邦

毛学邦，男，汉族，1956年9月出生，中共党员，大专学历，口岸街道宣传文化中心党支部书记、口岸街道文体协会会长。毛学邦坚守文化阵地40余载，以高度的文化自觉支撑着矢志不渝的文化理想，一步一个脚印，服务百姓，奉献社会。多年来，为口岸打造志愿者文体团队17支，培养国家级社会体育指导员20名、一级社会体育指导员35名；组织开展公益性文体活动100余场、文化惠民演出200余场，创作一大批优秀文艺作品，多次荣获省、市、区各项大奖。

（杨　盟　卞小士）

·全省"百名示范"村书记·

张竹山，男，汉族，1963年11月出生，中共党员，口岸街道引江社区党总支书记。1980年2月参加工作，他带领社区居民齐心协力打造"美丽乡村"，经过社区一班人的共同努力，引江社区从一个边远偏僻的贫困村发展成为泰州市"十强村"，从高港的"最落后"村居到"人人夸"村居，引江社区彻底甩掉"穷帽子"，成为人人羡慕的富裕村，先后被评为省和谐社区建设示范社区、省新农村建设示范村、省卫生村、省电子商务示范村；张竹山先后获得省吴仁宝式优秀村书记、省农村基层党建工作突出贡献奖等荣誉。2019年11月，张竹山书记被评为全省首批"百名示范村"书记，成为农村发展领路人、带头人典范。（刘蒙蒙）

·"大江儿女·最美人物"名录·

3月份高港区"最美志愿者"：

孙翔宇　共青团高港区委员会组宣部部长、高港区青年志愿者协会负责人

李　露　港城彩虹巾帼志愿者服务队成员

蒋霞宏　区人民法院少年及家事案件审判庭副庭长

卞倩颖　泰州市第三人民医院主管检验师

韩　华　泰州市口岸实验学校初中部语文教师

张和平　口岸街道关工委秘书长

陈　伟　泰州丰汇长江水产有限公司总经理

蔡国良　泰州市环太电器有限公司党支部委员、工会副主席、生产经营部部长

田珍丽　胡庄镇党政办工作人员

史晓兰　区财政局职工

4月份高港区"最美护士"：

崔海丽　泰州市第三人民医院

朱莉亚　泰州市第三人民医院

孙筱晔　泰州市第三人民医院

张　敏　高港中医院

杨如男　高港中医院

徐　霞　刁铺街道社区卫生服务中心

袁　莉　许庄街道社区卫生服务中心

荀　娇　永安洲镇卫生院

杨万春　大泗镇卫生院

蔡丽军　张勤眼科医院

5月份高港区"最美青年人物"：

刘　兆　泰州市博泰电子有限公司技术总监

许　林　区公安分局刑警大队民警

孙　寅　泰州口岸船舶有限公司安装部部长助理

张志伟　区人民法院刑事审判庭副庭长

张　岳　泰州市第三人民医院内科主治医师

张　慧　大泗镇团委书记

顾晶晶　区委办信息科副科长

徐章英　泰州市永安洲实验学校艺体主任、援疆教师

蔡剑飞　泰州亨通车业集团董事长

薛鹏飞　胡庄镇经济服务中心办事员

5月份高港区“最美职工”：

汪晓燕　刁铺中心幼儿园

纪文磊　江苏苏萨食品有限公司

钱灯春　泰州威迈机电科技有限公司

郭美娟　泰州市高港区合家欢家庭农场

孔　云　泰州市高港区孔氏农场

朱　宏　泰州汇锦电子有限公司

韩　净　泰州市银杏织锦有限公司

刘彦龙　江苏汇福蛋白科技有限公司

蔡　萍　区统计局

顾　妲　区人力资源社会保障局

7月份高港区“优秀共产党员”：

李光宇　泰州港经济开发区党政办综合科科长、团工委书记

刘　兆　泰州市博泰电子有限公司技术总监

章庆生　刁铺中心小学原副校长、小教党支部书记

谢灵康　大泗镇卫生院工会主席、门诊部主任

顾　敏　区纪委案件监督管理室主任

许世新　区委区级机关工委组织科科长

金秋桦　区人民检察院派驻核心港区检察室主任

褚　辉　区司法局政策法规科科长

王文忠　泰州市第三高级中学教师

9月份高港区“最美教师”：

马秀琴　泰州市汪群小学

王　兆　泰州市口岸实验初级中学

王庆凤　江苏省高港中等专业学校

陈冬梅　泰州市刁铺中心小学

周　琴　泰州市永安洲中心幼儿园

赵　莉　泰州市高港区东方明珠幼儿园

姜　玲　泰州市汪群初级中学

贾爱国　泰州市永安洲实验小学

翁志林　泰州市大泗学校

唐银春　泰州市高港实验小学

10月份高港区“最美诚信之星”：

王　超　高港运输管理所二中队中队长

王志春　区纪委监委第十一派驻纪检监察组副组长

陈　军　区法律援助中心办事员

张玉霞　泰州市第三人民医院急诊科护士长

吴莉萍　区人力资源社会保障局仲裁院副院长

钱国梁　区市场监管局消保科副科长

鞠宇燕　许庄中心小学教师

泰州市博泰电子有限公司

泰州市华亭投资有限公司

口岸雕花楼景区游客中心

11月份高港区“最美法治人物”：

封云举　区纪委监委第四纪检监察室主任、区监委第二派出监察员办公室主任

季　巍　区人民检察院员额检察官、第三检察部副主任

李志成　区市场监管局稽查大队副大队长、法规科科长

张　华　区行政审批局政务服务中心综合科科长

戚　颖　区统计局法制教育科科长

季　勇　高港生态环境局宣教法制科副科长

符　娜　高港税务局法治股科员

赵文明　区司法局口岸司法所科员

姜　玲　汪群初级中学教师

于海泉　泰州市乐太食品有限公司董事长

（卞小士）

荣誉栏

·先进集体·

2019年高港区获国家级（含条线）表彰的先进集体一览表

表25

荣誉	获奖单位	授予时间	授予单位
2018年度“迈上新台阶”优秀集体	中国银行泰州高港支行	2019-01	中国银行
全国先进司法所	口岸司法所	2019-01	司法部
2017—2018年度全国“四好”商会	许庄街道商会	2019-03	全国工商联办公厅
国家知识产权强县工程示范区	高港区	2019-07	国家知识产权局
全国绿化模范示范区	高港区	2019-08	全国绿化委员会办公室

续表25

荣誉	获奖单位	授予时间	授予单位
全国优秀物流园区	高港综合物流园	2019-08	中国物流与采购联合会、中国物流学会
第九批全国“一村一品”示范村	白马镇陈家村	2019-09	农业农村部
国家农产品质量安全区	高港区	2019-10	农业农村部
全国“五好”县级工商联	区工商联	2019-12	全国工商联办公厅
全国综合减灾示范社区	胡庄镇汪群社区	2019-12	应急管理部

2019年高港区获省级（含条线）表彰的先进集体一览表

表26

荣誉	获奖单位	授予时间	授予单位
江苏省农村电子商务示范村	口岸街道徐桥村	2019-01	省商务厅
党委信息工作先进单位	区委办	2019-01	省委办公厅
网络舆情直报工作先进单位	区网管中心	2019-01	省委网络安全和信息化委员会办公室
省级“三化”示范村	白马镇岱白增荣村	2019-01	省林业局
江苏省健康单位	泰州市海军小学	2019-01	省爱国卫生运动委员会
江苏省健康村	白马镇陈家村	2019-01	省爱国卫生运动委员会
江苏省健康社区	许庄街道马厂社区	2019-01	省爱国卫生运动委员会
江苏省健康社区	永安洲镇润洲社区	2019-01	省爱国卫生运动委员会
江苏省特色田园乡村建设试点村庄	许庄街道蔡庄村	2019-02	省住房城乡建设厅
江苏省巾帼文明岗	高港中等专业学校语文教研组	2019-02	省“巾帼建功”“双学双比”领导小组
江苏省巾帼文明岗	高港中医院妇产科	2019-02	省“巾帼建功”“双学双比”领导小组
省级创业型街道	许庄街道	2019-03	省人力资源社会保障厅
全省政府网站建设管理先进单位	区政府办	2019-03	省政府办公厅
省级青年文明号	区人民检察院未检科	2019-03	共青团江苏省委
江苏省“四好”商会	白马镇商会	2019-03	省工商业联合会
江苏省2018年度餐饮质量安全示范食堂	泰州市海军小学	2019-03	省市场监督管理局
江苏省五四红旗团委	许庄街道团工委	2019-04	共青团江苏省委
江苏省五四红旗团支部	胡庄初级中学团总支	2019-04	共青团江苏省委
“四好农村路”江苏省级示范县（市、区）	高港区	2019-05	省政府
江苏省文物安全综合管理实验区	高港区	2019-05	省文物局

续表26

荣誉	获奖单位	授予时间	授予单位
全省村（社区）统计规范化建设“千佳单位”	许庄街道乔杨社区	2019-06	省统计局
全省村（社区）统计规范化建设“千佳单位”	许庄街道明河村	2019-06	省统计局
全省民政系统先进集体	区民政局	2019-07	省人力资源社会保障厅、省民政厅
全省法院执行工作先进集体和执行宣传工作先进集体	区人民法院执行局	2019-07	省高级人民法院
江苏省妇女儿童工作先进集体	区人民法院	2019-07	省人民政府妇女儿童工作委员会
全省基层党员冬训工作示范乡镇	大泗镇	2019-07	省委组织部、省委宣传部
江苏省健康促进金奖学校	泰州市海军小学	2019-07	省教育厅
江苏省农村电子商务示范村	胡庄镇胡庄社区	2019-07	省商务厅
第十八批省级“绿色学校”	泰州市海军小学	2019-08	省生态环境厅
江苏省第三届敬老文明号	区退休人员管理服务中心	2019-09	省老龄工作委员会
江苏省“四好”商会示范点	许庄街道商会	2019-09	省工商业联合会、省总商会
江苏省“首批云上妇联示范点”	区妇联	2019-10	省妇联
全省单位治安保卫工作先进集体	国家能源集团泰州发电有限公司	2019-10	省公安厅
江苏省优秀少先队大队	泰州市口岸中心小学少先队大队	2019-10	共青团江苏省委、省教育厅、少先队江苏省工作委员会
江苏省优秀少先队中队	泰州市高港实验小学五（6）奋斗阳光中队	2019-10	共青团江苏省委、省教育厅、少先队江苏省工作委员会
江苏省农村一二三产业融合发展先导区	江苏省高港现代农业产业园	2019-11	省农业农村厅
省级物业管理党建工作示范点	口岸街道新城社区港城物业管理服务站	2019-11	省住房城乡建设厅
2016—2018年度江苏省文明单位	国家能源集团泰州发电有限公司	2019-12	省精神文明建设指导委员会
2016—2018年度江苏省文明单位	扬子江药业集团有限公司（本部）	2019-12	省精神文明建设指导委员会
2016—2018年度江苏省文明单位	区总工会	2019-12	省精神文明建设指导委员会
2016—2018年度江苏省文明单位	区财政局	2019-12	省精神文明建设指导委员会
2016—2018年度江苏省文明单位	区人力资源社会保障局	2019-12	省精神文明建设指导委员会
2016—2018年度江苏省文明单位	区信访局	2019-12	省精神文明建设指导委员会
2016—2018年度江苏省文明单位	区市场监管局	2019-12	省精神文明建设指导委员会

续表26

荣誉	获奖单位	授予时间	授予单位
2016—2018年度江苏省文明单位	区卫生健康委	2019-12	省精神文明建设指导委员会
2016—2018年度江苏省文明单位	区人民检察院	2019-12	省精神文明建设指导委员会
2016—2018年度江苏省文明单位	区机关事务管理局	2019-12	省精神文明建设指导委员会
2016—2018年度江苏省文明单位	区商务局	2019-12	省精神文明建设指导委员会
2016—2018年度江苏省文明单位	交警高港大队	2019-12	省精神文明建设指导委员会
2016—2018年度江苏省文明单位	高港税务局	2019-12	省精神文明建设指导委员会
2016—2018年度江苏省文明单位	区自然资源和规划分局	2019-12	省精神文明建设指导委员会
2016—2018年度江苏省文明单位	泰州市口岸中心幼儿园	2019-12	省精神文明建设指导委员会
2016—2018年度江苏省文明单位	农业银行高港支行	2019-12	省精神文明建设指导委员会
2016—2018年度江苏省文明单位	高港消防救援大队	2019-12	省精神文明建设指导委员会
2016—2018年度江苏省文明单位	泰州市大泗镇卫生院	2019-12	省精神文明建设指导委员会
2016—2018年度江苏省文明单位	区供销社	2019-12	省精神文明建设指导委员会
2016—2018年度江苏省文明单位	江苏天华索具有限公司	2019-12	省精神文明建设指导委员会
2016—2018年度江苏省文明校园	泰州市海军小学	2019-12	省精神文明建设指导委员会
2016—2018年度江苏省文明校园	泰州市高港实验小学	2019-12	省精神文明建设指导委员会
2016—2018年度江苏省文明校园	泰州市胡庄中心小学	2019-12	省精神文明建设指导委员会
2016—2018年度江苏省文明校园	泰州市口岸实验学校	2019-12	省精神文明建设指导委员会
2016—2018年江苏省文明乡镇	大泗镇	2019-12	省精神文明建设指导委员会
2016—2018年江苏省文明乡镇	胡庄镇	2019-12	省精神文明建设指导委员会
2016—2018年江苏省文明村	白马镇陈家村	2019-12	省精神文明建设指导委员会
2016—2018年江苏省文明村	白马镇黄河村	2019-12	省精神文明建设指导委员会
2016—2018年江苏省文明村	胡庄镇史庄村	2019-12	省精神文明建设指导委员会
2016—2018年江苏省文明村	永安洲镇福沙社区	2019-12	省精神文明建设指导委员会
2016—2018年江苏省文明村	口岸街道引江社区	2019-12	省精神文明建设指导委员会
2016—2018年江苏省文明村	永安洲镇永胜社区	2019-12	省精神文明建设指导委员会
2016—2018年江苏省文明村	许庄街道乔杨社区	2019-12	省精神文明建设指导委员会
江苏省巾帼文明岗	区人民法院少年及家事审判庭	2019-12	省“巾帼建功”“双学双比”领导小组
江苏省主题创意农园	高港西来原乌湖羊炭烧主题创意农园	2019-12	省农业农村厅
江苏省主题创意农园	高港杏都葡萄休闲主题创意农园	2019-12	省农业农村厅
农业产业化省级示范联合体	江苏逸夏农产品产业化联合体	2019-12	省农业农村厅

续表26

荣誉	获奖单位	授予时间	授予单位
农业产业化省级重点龙头企业	江苏海泰药业有限公司	2019-12	省农业农村厅
全省行政复议应诉工作先进集体	区司法局行政复议与执法监督科	2019-12	省司法厅
全省社区矫正和安置帮教工作先进集体	区司法局社区矫正工作科(社区矫正执法大队)	2019-12	省司法厅
江苏省劳动人事争议优秀基层调解组织	许庄街道劳动人事争议调解中心	2019-12	省人力资源社会保障厅
全省商会党建工作示范点	许庄街道商会	2019-12	省总商会委员会
省级示范家庭农场	高港区孔氏农场	2019-12	省农业农村厅
江苏省卫生健康行业"党员示范岗"	区卫生健康委组织人事科	2019-12	省卫生健康行业委员会

2019年高港区获市级(不含条线)表彰的先进集体一览表

表27

荣誉	获奖单位	授予时间	授予单位
2018年度泰州市综合考核优秀开发区一等奖	泰州港经济开发区	2019-01	市委、市政府
2018年度全市项目大提升——项目投入奖二等奖	高港区	2019-01	市委、市政府
2018年度全市项目大提升——利用外资贡献奖二等奖	高港区	2019-01	市委、市政府
2018年度全市项目大提升——竣工项目质效奖一等奖	高港区	2019-01	市委、市政府
2018年度全市项目大提升——新开工项目奖一等奖	高港区	2019-01	市委、市政府
2018年度泰州市综合考核优秀市(区)一等奖	高港区	2019-01	市委、市政府
2018年度工业经济工作目标考核先进市(区)一等奖	高港区	2019-02	市委、市政府
2018年度科技创新工作目标考核先进市(区)一等奖	高港区	2019-02	市委、市政府
2017—2018年度"法治泰州建设依法行政、公证司法、法治文化示范单位"	区司法局	2019-03	市委、市政府
2018年度泰州市安全生产工作先进集体一等奖	区政府	2019-03	市政府

·先进个人·

2019年高港区获国家级（含条线）表彰的先进个人一览表

表28

姓名	荣誉	工作单位	授予时间	授予单位
何　芬	全国优秀法官	区人民法院	2019–01	最高人民法院
袁亚琴家庭	全国最美家庭	区人民检察院	2019–05	全国妇联
钱春乔	全国机械工业劳动模范	泰州口岸船舶有限公司	2019–06	人力资源和社会保障部、中国机械工业联合会
袁华发	全国模范退役军人	江苏奥华体育健身器材有限公司	2019–07	中央退役军人事务工作领导小组办公室等
陈　伟	中国好人	泰州丰汇长江水产有限公司	2019–07	中央文明办等

2019年高港区获省级（含条线）表彰的先进个人一览表

表29

姓名	荣誉	工作单位	授予时间	授予单位
王　勇	江苏省渔业技术推广系统先进个人	区农业农村局	2019–01	省渔业技术推广中心
叶俊东	网络舆情直报工作先进个人	区委办、区网管中心	2019–01	省委网络安全和信息化委员会办公室
蔡　静	江苏省红十字会基层组织工作先进个人	刁铺街道红十字会	2019–01	省红十字会
乔向民	江苏最美基层干部	许庄街道	2019–01	省委宣传部
李　伟	省军区基层武装工作先进个人	许庄街道	2019–01	省军区
孙明荣	全省110接处警工作先进个人	口岸派出所	2019–02	省公安厅
黄佳欣	江苏省优秀共青团员	江苏省高港中等专业学校	2019–04	共青团江苏省委
徐泽超	江苏省优秀共青团干部	团区委	2019–04	共青团江苏省委
王征远	江苏援疆警队“个人嘉奖”	区公安分局	2019–05	省公安厅
何　芬	江苏好人	区人民法院	2019–06	省文明办等
袁贵丰	江苏省法院执行工作先进个人	区人民法院	2019–07	省高级人民法院
居隽秀	江苏省法院执行宣传工作先进个人	区人民法院	2019–07	省高级人民法院
刁茂华	70周年大庆安保个人三等功	区公安分局	2019–09	省公安厅
徐志俊	先进个人	区公安分局	2019–09	东部战区空军政治工作部、省公安厅
赵剑三	国税地税征管体制改革工作嘉奖	高港税务局	2019–09	国家税务总局江苏省税务局
钱维胜	江苏最美教师	泰州市大泗学校	2019–09	省委宣传部

续表29

姓名	荣誉	工作单位	授予时间	授予单位
樊　想	江苏省优秀少先队员	泰州市高港实验小学	2019-10	共青团江苏省委、省教育厅、少先队江苏省工作委员会
聂　芹	江苏省优秀少先队辅导员	泰州市高港实验小学	2019-10	共青团江苏省委、省教育厅、少先队江苏省工作委员会
刁茂华	全省巡防之星	区公安分局	2019-11	省公安厅
张竹山	江苏省首批百名示范村书记	口岸街道引江社区	2019-11	省委、省政府
匡裕民	2019年度江苏省人社工作先进个人	区人力资源社会保障局	2019-12	省人力资源社会保障厅
陆乔立	全省法院调研工作先进个人	区人民法院	2019-12	省高级人民法院
张　丹	江苏省第四次全国经济普查优秀工作者	许庄街道办	2019-12	省第四次全国经济普查领导小组

2019年高港区获市级（不含条线）表彰的先进个人一览表

表30

姓名	荣誉	工作单位	授予时间	授予单位
胡怀扣	泰州市安全生产工作先进个人	区应急局	2019-03	市政府
刘　帅	泰州市安全生产工作先进个人	区应急局	2019-03	市政府
贾瑞林	泰州市安全生产工作先进个人	区应急局	2019-03	市政府
吴万娟	泰州市劳动模范	华润雪花啤酒（泰州）有限公司	2019-04	市委、市政府
张建章	泰州市劳动模范	江苏泰氟隆科技有限公司	2019-04	市委、市政府
刘　飞	泰州市劳动模范	江苏凯威药用包装有限公司	2019-04	市委、市政府
陈　斌	泰州市劳动模范	泰州市银杏织锦有限公司	2019-04	市委、市政府
王正宇	泰州市劳动模范	泰州口岸船舶有限公司	2019-04	市委、市政府
栾兴俊	泰州市劳动模范	江苏三泰建设工程有限公司	2019-04	市委、市政府
史建伟	泰州市劳动模范	胡庄镇史庄村	2019-04	市委、市政府
王步忠	泰州市劳动模范	江苏西来原生态农业有限公司	2019-04	市委、市政府
陈宝进	泰州市劳动模范	区水利局	2019-04	市委、市政府
朱美芳	泰州市劳动模范	区财政局	2019-04	市委、市政府
钱维胜	泰州市劳动模范	泰州市大泗学校	2019-04	市委、市政府
蔡　春	泰州市优秀党务工作者	许庄街道蔡庄村	2019-06	市委
陈　林	泰州市优秀党务工作者	白马镇陈家村	2019-06	市委

附　　录

组织机构及负责人

中共泰州市高港区委员会

书　记　顾　萍（女）
副书记　孙宏建
　　　　蒋向荣
常　委　顾　萍（女）
　　　　孙宏建
　　　　蒋向荣
　　　　薛永忠（至12月24日）
　　　　高宇彤（女）
　　　　吴　斌（援藏至7月31日）
　　　　陈志斌
　　　　王友茂（至12月24日）
　　　　张汉刚
　　　　蔡秋云（女）
　　　　顾为进
　　　　李春荣（12月31日起援疆）
　　　　夏万云（12月24日任）
　　　　李　丹（12月24日任）

泰州市高港区人大常委会

主　任　赵晓玲（女）
副主任　刘振东
　　　　杨春宣
　　　　李　强
　　　　田宝武

泰州市高港区人民政府

区　长　孙宏建
副区长　吴　斌（援藏至7月31日）
　　　　张汉刚
　　　　李新美（女）
　　　　薛荣美（至9月27日）
　　　　杨益华
　　　　刘　洪（援陕至12月31日）
　　　　王　庆
　　　　戴登军（挂职，至1月5日）
　　　　邢　斌（挂职，至1月5日）
　　　　杨兆华（挂职，至1月5日）
　　　　赵　珂（挂职，至9月27日）
　　　　谢　军（挂职，至9月27日）
　　　　王晓云（挂职，9月27日任，时间两年）

政协泰州市高港区委员会

主　席　韩　亚
副主席　周法鸣
　　　　徐桂明
　　　　周正青
　　　　张　琴（女）
　　　　殷继东
秘书长　杨　勇（至1月7日）
　　　　张桂林（1月7日任）

中共泰州市高港区纪律检查委员会、区监察委员会

书　记　薛永忠（至12月24日）
　　　　夏万云（12月24日任）
主　任　薛永忠

人民法院、人民检察院、人武部

人民法院
院　长　陈富贵（至1月5日）
　　　　李惠平（1月8日任）
人民检察院
检察长　钱　峻
人武部
部　长　丁　杰

区委工作机构及区委部门管理机构

区纪委、区监委派驻纪检监察组
区纪委、区监委第一派驻纪检监察组
组　长　朱洪平
区纪委、区监委第二派驻纪检监察组
组　长　臧伯富
区纪委、区监委第三派驻纪检监察组
组　长　袁　军
区纪委、区监委第四派驻纪检监察组
组　长　时　彬
区纪委、区监委第五派驻纪检监察组
组　长　周根亮
区纪委、区监委第六派驻纪检监察组
组　长　夏　任（至2月18日）
　　　　蔡长春（2月18日任）

区纪委、区监委第七派驻纪检监察组
组　长　李春年
区纪委、区监委第八派驻纪检监察组
组　长　闾　涌
区纪委、区监委第九派驻纪检监察组
组　长　孔书华
区纪委、区监委第十派驻纪检监察组
组　长　陆　斌
区纪委、区监委第十一派驻纪检监察组
组　长　马　剑
区纪委、区监委第十二派驻纪检监察组
组　长　孔　华(女)
办公室(挂研究室、机要局、国家保密局、国家密码管理局、档案局牌子)
主　任　王飞平
机要保密局(1月24日机构改革并入区委办公室)
局　长　于　云(至7月2日)
机要局(1月24日机构改革并入)
局　长　王飞平(7月2日任)
国家保密局(1月24日机构改革并入)
局　长　王飞平(5月24日任)
组织部(挂非公有制企业和社会组织工作委员会、党建工作领导小组办公室、公务员局牌子)
部　长　陈志斌
非公有制企业和社会组织工作委员会(1月24日机构改革由合署机构改为挂牌机构)
书　记　李　艳(女)
党建工作领导小组办公室(1月24日机构改革由设在机构改为挂牌机构)
主　任　乔　峰(2月18日任)
公务员局(1月24日机构改革将公务员管理职责由区人力资源社会保障局划入区委组织部)
局　长　朱双六(2月28日任)
宣传部[社科联、文联与其合署,挂精神文明建设指导委员会办公室、政府新闻办公室、互联网信息办公室、新闻出版局(版权局)牌子]
部　长　高宇彤(女)
社科联
主　席　邵釜明(至4月3日)
文　联
主　席　(暂缺)
文明办
主　任　陶春山
新闻办[1月24日机构改革将区文体旅游局(区新闻出版局)的新闻出版管理等职责划入区委宣传部]
主　任　邵釜明(2月28日任)
外宣办(1月24日机构改革不再保留)
统战部(挂台湾工作办公室、政府台湾事务办公室、民族宗教局、政府侨务办公室牌子)
部　长　李春荣(12月31日援疆)
台　办(1月24日机构改革由合署机构改为挂牌机构)
主　任　蒋加华(至2月18日)
　　　　卢国平(2月18日任)
民宗局
主　任　邱卜雨(2月28日任)
侨务办[1月24日机构改革将区政府办公室(区政府外事侨务办公室)的侨务管理职责划入区委统战部]
主　任　邱卜雨(2月28日任)
政法委
书　记　蔡秋云
综治办(1月24日机构改革不再设立)
610办公室(1月24日机构改革不再设立)
维稳办(1月24日机构改革不再设立)
主　任　石亚平(至2月18日)
编　办(挂事业单位登记管理局牌子,1月24日机构改革归口区委组织部管理)
主　任　高志勇
区级机关工委(1月24日机构改革由区委组织部管理的机关调整为区委工作机关)
书　记　阙　进
区委巡察机构
区委巡察办
主　任　沈虹振(2月18日至5月9日)
　　　　周　曦(5月9日兼任)
区委第一巡察组组长
组　长　杭江河
区委第二巡察组组长
组　长　周　纲(至2月18日)
　　　　于　云(2月18日任)
区委第三巡察组组长
组　长　朱新忠
区委第四巡察组组长
组　长　沈虹振(至2月18日)
老干部局(挂离退休干部工作委员会牌子,1月24日机构改革归口区委组织部管理)
局　长　卞晓江
信访局(1月24日机构改革与区信访局合署)
局　长　韩记国(至2月18日)

区人大常委会工作机构

办公室(挂研究室牌子)
主　任　戴　波
人事代表联络工作委员会
主　任　张　平
财经(预算)工作委员会
主　任　刘晓春
内务司法(法制)工作委员会[11月27日更名为监察和司法(法制)工作委员会]
主　任　徐　新(至11月27日)
监察和司法(法制)工作委员会(11月27日更名)
主　任　徐　新(11月27日任)
教科文卫工作委员会(11月27日更名社会建设和教科文卫工作委员会)
主　任　朱俊茂(至11月27日)
社会建设和教科文卫工作委员会(11月27日更名)
主　任　朱俊茂(11月27日任)
环资城建(农业农村)工作委员会
主　任　张万卿(至7月25日)
　　　　陈鸿斌(7月25日任)

区政府工作机构

办公室(挂政府研究室、政府外事办、大数据管理局牌子)

主　任　徐旭东

发展改革委（挂粮食和物资储备局牌子）

主　任　陆　波

物价局（1月24日机构改革不再保留）

局　长　吴玉春（至2月18日）

教育局（教育工委与其合署，政府教育督导室由挂牌机构改为设在机构）

局　长　吴清华（女）

科学技术和知识产权局（1月24日机构改革不再保留）

局　长　邱小平（至3月5日）

科技局（1月24日机构改革新组建）

局　长　邱小平（3月5日任）

经济和信息化委（1月24日机构改革不再保留）

主　任　秦荣生（至3月5日）

工业和信息化局（1月24日机构改革新组建）

局　长　秦荣生（3月5日任）

民政局

局　长　毛一鸣（至12月27日）

　　　　陆明航（12月27日任）

司法局（1月24日机构改革新组建）

局　长　陈振东

财政局（挂政府国资办牌子）

局　长　张　琴（女）

人力资源社会保障局

局　长　匡裕民

住房城乡建设局（挂地震局牌子）

局　长　孙　跃

城管局（挂综合行政执法局牌子，1月24日机构改革新组建）

局　长　张小平（3月5日任）

水利局

局　长　陈宝进

农委（1月24日机构改革不再保留）

主　任　李明荣（至3月5日）

农业农村局（挂政府扶贫办牌子，1月24日机构改革新组建）

局　长　李明荣（3月5日任）

商务局（挂口岸办牌子）

局　长　刘朝晖

文体旅游局（至1月24日）

局　长　马才本（至3月5日）

文化体育旅游局（1月24日机构改革更名）

局　长　马才本（3月5日任）

卫生计生委（1月24日机构改革不再保留）

主　任　刘长军（至3月5日）

卫生健康委（1月24日机构改革新组建）

主　任　刘长军（3月5日任）

退役军人事务局（1月24日机构改革新组建）

局　长　雷家昌（3月5日任）

安监局（1月24日机构改革不再保留）

局　长　魏玉云（至3月5日）

应急局（1月24日机构改革新组建）

局　长　魏玉云（3月5日任）

审计局

局　长　曹映华

行政审批局（挂政务服务管理办牌子）

局　长　戴永建

市场监管局（挂知识产权局牌子）

局　长　高希兆（至3月5日）

　　　　蒋加华（3月5日任）

统计局

局　长　李风华

信访局（1月24日机构改革区信访局由区委办、区政府办管理的机关调整为政府工作部门）

局　长　韩记国（3月5日任）

地方金融监管局（挂政府金融办牌子，1月24日机构改革新组建）

局　长　陆　青（3月5日任）

机关事务管理局（1月24日机构改革新组建）

局　长　白　剑（3月5日任）

政府法制办公室（1月24日机构改革不再保留）

主　任　冷　洪（至3月5日）

环保局（2月24日垂直管理并更名为泰州市高港生态环境局）

局　长　左祥生（至3月5日）

派出机构、直属事业单位

口岸雕花楼景区管委会

主　任　李忠钱

供销社

主　任　戴立新

史志档案办公室[1月24日机构改革更名为区党史方志办公室（区档案馆）]

主　任　李秀年

城管办（1月24日机构改革不再保留）

机关事务管理局（1月24日机构改革不再保留）

金融办（1月24日机构改革不再保留）

主　任　陆　青（至2月18日）

区政协工作机构

办公室

秘书长　张桂林（1月7日任）

学习提案文史委

主　任　程永进（3月22日任）

经济城乡建设委

主　任　邹贤平（至12月27日）

　　　　叶　智（12月27日任）

社会法制委

主　任　孙素红（女，至12月27日）

　　　　陈文兰（女，12月27日任）

科教文卫体委

主　任　许建中

群众团体

总工会

主　席　丁新成

团区委

书　记　李晓娟（女，12月20日任）

妇　联

主　席　曹小平（女）

工商联

主　席　周正青

残　联

理事长　王瑞云（至3月13日）

　　　　吴玉春（3月13日任）

科　协

主　席　蒋　为

文　联

主　席　（暂缺）

侨　联

主　席　卢国平（至3月1日）

　　　　张万卿（6月20日任）

红十字会

党组书记、常务副会长　金正文

计生协会

会　长　李新美（女）

垂直管理部门（单位）

公安分局

局　长　薛荣美（至8月16日）

代理局长　李永祥（8月16日任）

自然资源和规划分局

局　长　朱　兵（7月16日任）

生态环境局

局　长　左祥生

税务局

局　长　赵剑三

高港电视节目中心

主　任　周越星（女，至1月30日）

严　虎（1月30日任）

交通运输分局

局　长　冯智洋

交警大队

大队长　杨益俊（至8月15日）

王继军（8月16日任）

消防救援大队

大队长　赵　峰（至8月6日）

王林林（8月6日任）

气象局

局　长　樊增华（3月25日任）

电信分局

局　长　陈文荣

邮政管理局

局　长　印红松

园区、街道、镇

泰州港经济开发区

党工委书记　顾为进

管委会主任　田光明

泰州港核心港区

党工委书记　（暂缺）

党政办主任　（暂缺）

财政局局长　（暂缺）

规划建设局局长　印亚男（女）

招商局局长　施　庆

经济发展局局长　唐永兴

社会事业局局长　雷家昌（至2月18日）

口岸街道（临港经济园）

党工委书记　陈新兵

办事处（管委会）主任　戚永生

人大工委主任　于跃进

刁铺街道

党工委书记　袁　斌

办事处主任　张小平（至2月28日）

秦　鑫（2月28日任）

人大工委主任　严美华（女）

许庄街道

党工委书记　田光明（至2月18日）

顾为进（2月18日任）

办事处主任　陆明航（至12月27日）

徐思达（12月27日任）

人大工委主任　乔向民

永安洲镇

党委书记　王　庆

镇　长　王小飞

人大主席　孙忠厚

政协工委主任　沈　亚

白马镇

党委书记　戴建斌

镇　长　徐思达

人大主席　肖建华

政协工委主任　陈立穗（至9月6日）

大泗镇

党委书记　于勇军

镇　长　于勇军（至1月18日）

刘　瑾（1月18日任）

人大主席　戴曙光

胡庄镇

党委书记　王　辉

镇　长　王　辉（至1月18日）

何　强（1月18日任）

人大主席　（暂缺）

政协工委主任　印　武

人物名录

·党代表名录·

（按姓氏笔画排名）

高港区出席中共江苏省第十三次代表大会代表名录

王海东、顾萍（女）

高港区出席中共泰州市第五次代表大会代表名录

马才本、王建、王正宇、叶红（女）、田光明、田宝武、匡裕民、刘刚、刘德、孙宏建、李向前、杨义琴（女）、吴万娟（女）、沈明刚、张琴（女）、张竹山、张桂林、张爱平、陈军、陈月芳（女）、陈志斌、陈克勤、袁斌、顾萍（女）、顾为进、徐军、徐旭东、徐保国、黄亚琴（女）、董春艳（女）、蒋向荣、虞敏（女）、薛永忠、魏玉云

高港区第五次党代会第三次年会代表名录

丁骏、丁兆宏、丁新成、丁霞琴（女）、于云、于义祥、于勇军、于峻沣、于跃进、马才本、王正、王庆、王粪、王莹（女）、王辉、王飞平、王正宇、王亚美（女）、王启东、王阿明（女）、王国平、王海东、王瑞云、王瑞华、王镇静、毛一鸣、卞晓江、孔涛、孔玉美（女）、孔继美（女）、左祥生、石泰、卢国平、叶涛、叶智、叶俊东、田光明、田宝武、史建伟、史海燕（女）、白剑、印武、包志明、匡裕民、吉鹏军、朱双六、乔峰、乔向民、伏晨云（女）、任寿南、任泽南、刘宁、刘洪、刘瑾（女）、刘长军、刘为民、刘伯阳、刘振东、江波、许敏（女）、许建中、孙跃、孙琳（女）、孙小建、孙宏建、孙忠厚、孙建平、纪晓俊、严美华（女）、李丹、李亚、李艳（女）、李萍（女）、李梅（女）、李鑫、李乃平、李友荣、李长春、李风华、李正斌、李付林、李光明、李伯英（女）、李明荣、李春玫（女）、李春荣、李俊仁、李翠霞（女）、杨华、杨勇、杨义琴（女）、杨春宣、杨益华、杨继萍（女）、吴斌、吴玉春、吴清华（女）、邱卜雨、邱小平、何强、余磊、冷洪、沈亚、沈灯英（女）、张杰、张玲（女）、张洁（女）、张倩（女）、张琴（女）、张慧（女）、张万卿、张小平、张东澜、张汉刚、张竹山、张建轩、张洪生、张桂林、张谊平（女）、陆波、陆明航、陈新、陈立穗、陈志斌、陈宝进、陈振东、陈晓芳（女）、陈道贵、陈献华、陈新兵、邵銮明、金正文、周旦（女）、周莹（女）、

周曦、周法鸣、宗峰、居金文、赵剑三、赵晓玲（女）、胡万源、胡怀扣、闻逸玲（女）、闾涌、秦冲、秦荣生、袁斌、莫志娟（女）、贾月（女）、夏万云、顾萍（女）、顾为进、顾建富、顾海健、钱灯荣、钱润泽、徐小圣、徐旭东、徐思达、徐勤生、翁志林、凌世明、栾勇、高宇彤（女）、高志勇、高希兆、唐秧林、陶春山、曹小平（女）、曹映华、戚永生、戚俊宏（女）、葛玉书、董春艳（女）、蒋为、蒋加华、蒋向荣、蒋继成、韩亚、韩九灯、韩记国、谢桥华（女）、谢福进、阙进、蔡长春、蔡金花（女）、蔡秋云（女）、樊庆勇、薛永忠、戴茹（女）、戴莉（女）、戴永建、戴建斌、戴益章、魏玉云

·人大代表名录·

（按姓氏笔画排名）

高港区出席十三届全国人大二次会议代表名录

徐镜人

高港区出席江苏省十三届人大二次会议代表名录

杨屹峰、孙宏建

高港区出席泰州市五届人大三次会议代表名录

王小飞、叶平、叶红（女）、田鹏、史爱梅（女）、吉江平（女）、匡雄杰、乔向民、钱峻、刘亚峰、孙跃、孙宏建、杨屹峰、李俊、余雨俊、张余松、陈志斌、陈富贵、周斌、赵晓玲（女）、秦荣生、顾萍（女）、徐伟全、徐建青（女）、徐祖跃、郭余庆、韩记国、窦文喜、蔡爱国、潘文标

高港区五届人大三次会议代表名录

丁杰、丁骏、丁觉民、于涛、于祥、于勇军、于跃进、王庆、王小飞、王飞平、王友茂、王启东、王国平、王辉、王振山、王海峰、王道清、卞晓江、毛健（女）、毛晓平、尹杰、尹晓平、孔德刚、叶月琴（女）、田光明、田宝武、史俊、史见平（女）、史奎生、史爱梅（女）、吉园（女）、吕春红（女）、朱俊茂、乔向民、乔晶茗（女）、刘俊、刘勇、刘敏、刘华礼、刘春生、刘振东、刘瑾（女）、刘晓春、祁亚飞、许建强、孙琴（女）、孙云生、孙杰文、孙永忠、孙宏建、孙京津（女）、孙美靖（女）、孙忠厚、孙萌钰（女）、严美华（女）、何强、李华（女）、李泽、李强、李文龙、李文兰（女）、李伟平、李兴华、李兴兵、李春荣、李阿庆、李建光、杨勇、杨学军、杨建军、杨春宣、肖建华、吴剧（女）、吴斌、沈浩、沈金凤（女）、沈培林、张平、张轩、张娟（女）、张勤（女）、张小平、张小冬（女）、张万卿、张卫东、张汉刚、张志政、张素玉（女）、张晓兰（女）、张海霞（女）、张联生、陆军、陆河、陆成林、陆明航、陈林、陈礼庆、陈志斌、陈根柏、陈新兵、陈鸿斌、陈富贵、季宝宏、周彬、周敏（女）、周琴（女）、周义松、周红生、周菊萍（女）、孟伯兰（女）、赵晓玲（女）、赵鹏程、胡庆生、姚洁、姚亚海、秦勇峰、袁斌、顾萍（女）、顾为进、徐琴（女）、徐新、徐亚萍（女）、徐志辉、徐丽琴（女）、徐思达、徐晓丽（女）、徐勤生、殷德明、栾小丽（女）、栾中庆、栾春勇、钱峻、高俊、高小超、高宇彤（女）、高国达、高瑞斌、郭宏鹤、唐维刚、黄伟、曹美（女）、曹小平（女）、曹月华（女）、曹亚楠（女）、曹建芳（女）、戚永生、戚伍小、戚俊宏（女）、戚晓艳（女）、常建云（女）、葛玉书、董风琴（女）、蒋向荣、韩亚、韩绍庆、程驰、谢加宣、谢佳佳（女）、谢春华（女）、虞继罗、窦新谋、蔡秋云（女）、蔡爱国、薛庆、薛永忠、薛海明、戴波、戴娟（女）、戴萍（女）、戴纪凤（女）、戴建斌、戴曙光

·政协委员名录·

（按姓氏笔画排名）

高港区出席泰州市政协五届三次会议委员名录

王绍文、刘保兴、孙长奋、李蓉（女）、李春荣、李相军、李新美（女）、杨明、陈龙、陈萍（女）、林智刚、周正青、赵琴（女）、姚洁、徐桂明、曹斌（女）、葛士平、董伟柱、蒋燕（女）、韩亚、焦开慧（女）、蔡伟、颜俊

高港区政协五届三次会议委员名录

丁平、王蓉（女）、王文瑞、王步忠、王宏贵、王国民、王祖奎、毛一鸣、毛庆武、毛明华、毛继忠、卞云祥、左祥生、厉凤林、石莹（女）、叶挺、叶智、叶俊东、田建国、印江、印武、包继林、匡裕民、吉鹏军、朱平、朱长顺、朱文正、朱宏俊、朱国宝、朱建军、乔记（女）、任刚、任寿南、刘小娟（女）、刘晓璐（女）、许林、许建中、孙阳（女）、孙乃清、孙志平、孙建东、孙承莉（女）、孙素红（女）、孙晓红（女）、李冰、李京、李辉、李蓉（女）、李风华、李永祥、李成焱、李苏华、李秀年、李佳丽（女）、李春荣、李鹏举、杨进、杨勇、杨谢、杨振中、杨益俊、束羽、吴琦、吴辉、吴清华（女）、邱立、邱卜雨、邱小平、余磊、余晓燕（女）、邹贤平、辛建林、沈亚、沈建、宋杰（女）、张伟、张杰、张明、张敏（女）、张琴（女）、张锋、张强、张长荣、张月霞（女）、张亚芳（女）、张明生、张显伟、张桂林、张霁明、陆波、陆乔立、陈娟（女）、陈立穗、陈学东、陈宝进、陈建梅（女）、邵釜明、林珺（女）、周晔、周娟（女）、周正青、周昌军、周法鸣、周渊超、周鑫科、封茜（女）、赵晖、赵琴（女）、赵燕来（女）、胡万源、胡怀扣、施义明、施瑾瑜（女）、姚莉（女）、秦晖（女）、秦勇华（女）、袁彩（女）、袁国湘、都兴宇、晋光泽、贾红梅（女）、顾秀琴（女）、徐华（女）、徐桂明、徐新华、殷继东、高立、高莹（女）、高卫东、高希兆、高迎阳（女）、唐海滨、黄文静（女）、梅娟（女）、曹明德、曹德桂、戚鸭章、常小红（女）、常建斌、蒋加华、蒋志忠、蒋玲丽（女）、蒋震宇、韩亚、韩韫（女）、程林森、詹绛（女）、褚国玺、蔡荀（女）、蔡卿（女）、蔡晶（女）、樊凯、樊成功、薛雨生、薛荣明、冀小燕（女）、戴小兰（女）、戴永建、戴益民

重要文件

2019年区委重要文件题录一览表

表31

文　号	文件标题	文件日期
泰高发〔2019〕2号	关于印发《高港区2019年工作目标任务分解落实方案》的通知	2019-04-23
泰高发〔2019〕4号	关于印发《高港区工业投资项目综合评价暂行办法（试行）》的通知	2019-05-30
泰高发〔2019〕8号	关于印发《关于推进工业经济高质量发展的若干政策意见（试行）》的通知	2019-06-10
泰高发〔2019〕9号	关于印发《关于加快创新转型推进高质量发展的若干政策意见》的通知	2019-06-10
泰高发〔2019〕10号	关于印发《关于促进开放型经济转型升级的若干政策意见（试行）》的通知	2019-06-10
泰高发〔2019〕11号	关于印发《关于进一步鼓励企事业单位聚才用才推动高质量发展的若干政策意见》的通知	2019-06-10
泰高发〔2019〕16号	关于印发《泰州市高港区承担行政职能事业单位改革实施意见》的通知	2019-11-26
泰高委〔2019〕24号	关于区委机构编制委员会组成人员任职的通知	2019-02-13
泰高委〔2019〕52号	关于区委全面深化改革委员会组成人员任职的通知	2019-03-27
泰高委〔2019〕103号	关于在江苏泰州港经济开发区党工委、管委会投资促进局增挂“泰州汽车产业园管理办公室”牌子的通知	2019-09-10
泰高委〔2019〕104号	关于泰州市高港区物价局价格认定分局更名等事项的通知	2019-09-10

2019年区政府重要文件题录一览表

表32

文　号	文件标题	发文日期
泰高政规〔2019〕1号	关于印发泰州市高港区重点水域渔民退捕工作实施方案的通知	2019-11-08
泰高政发〔2019〕22号	关于对重大火灾隐患单位实施挂牌督办的通知	2019-04-16
泰高政发〔2019〕40号	关于印发《高港区关于进一步明确重点行业部门安全生产工作职责的意见》的通知	2019-07-04
泰高政发〔2019〕46号	关于进一步明确全区房屋征收（搬迁）工作相关事项的通知	2019-08-08
泰高政发〔2019〕67号	关于印发《关于区人大水污染防治和水环境保护“一法一条例”随机检查及代表反映问题整改工作方案》的通知	2019-10-24
泰高政发〔2019〕77号	关于公布2019年高港区政府重大行政决策事项目录的通知	2019-11-29

2019年区委办重要文件题录一览表

表33

文　号	文件标题	发文日期
泰高委办发〔2019〕8号	关于印发《2019年区政府民生实事项目责任分解表》的通知	2019-02-13
泰高委办发〔2019〕22号	关于成立高港区新时代文明实践中心建设工作领导小组的通知	2019-03-28

续表33

文　号	文件标题	发文日期
泰高委办发〔2019〕61号	关于印发《关于推动文化建设高质量走在前列的工作方案》的通知	2019-04-02
泰高委办发〔2019〕62号	关于印发《中共泰州市高港区委全面深化改革委员2019年工作要点》的通知	2019-04-11
泰高委办发〔2019〕63号	关于印发《区委全面深化改革委员会工作规则》《区委全面深化改革委员会专项小组工作规则》《区委全面深化改革委员会办公室工作细则》的通知	2019-04-11
泰高委办发〔2019〕64号	关于调整区委全面深化改革委员会专项小组成员名单的通知	2019-04-11
泰高委办发〔2019〕66号	关于印发《高港区“健康长江泰州行动”工作方案》的通知	2019-04-30
泰高委办发〔2019〕68号	关于做好区人大代表建议区政协委员提案办理工作的通知	2019-04-26
泰高委办发〔2019〕70号	关于做好高港区创建国家生态文明建设示范区2019年度重点工作的通知	2019-05-08
泰高委办发〔2019〕76号	关于成立区委教育工作领导小组的通知	2019-05-30
泰高委办发〔2019〕77号	关于印发《2019年度高港区领导班子成员及机关部门挂钩联系重点企业实施办法》的通知	2019-05-31
泰高委办发〔2019〕78号	关于印发《关于进一步深入开展严厉打击重点行业领域安全生产违法行为专项整治行动的实施方案》的通知	2019-06-03
泰高委办发〔2019〕86号	关于印发《泰州市高港区关于推动民营经济高质量发展的实施办法》的通知	2019-06-25
泰高委办发〔2019〕93号	关于解决形式主义突出问题落实“基层减负年”工作措施的通知	2019-07-10
泰高委办发〔2019〕96号	关于印发《高港区党政领导干部食品安全责任制办法（试行）》的通知	2019-07-30
泰高委办发〔2019〕99号	关于印发《泰州市高港区党政领导干部安全生产责任制实施办法》的通知	2019-08-28
泰高委办发〔2019〕103号	关于印发《区委常委会关于开展“不忘初心、牢记使命”主题教育的工作方案》的通知	2019-09-16
泰高委办发〔2019〕114号	关于印发《泰州市高港区贯彻落实省第三安全生产巡查组反馈意见整改方案》的通知	2019-10-15
泰高委办发〔2019〕116号	关于印发《中共泰州市高港区委关于市委第四巡察组巡察脱贫攻坚反馈意见整改工作方案》的通知	2019-10-31
泰高委办发〔2019〕118号	关于印发《高港区党政机关办公用房管理办法》的通知	2019-11-18
泰高委办发〔2019〕120号	关于印发《泰州市高港区深入开展安全生产专项整治行动实施方案》的通知	2019-12-26
泰高委办发〔2019〕121号	关于印发《新时代高港产业工人队伍建设改革实施方案》的通知	2019-12-23
泰高委办发〔2019〕122号	关于印发《关于深化高港区纪委监委派驻机构改革的实施意见》的通知	2019-12-23
泰高委办发〔2019〕123号	关于印发《关于高港区属国有企业区属事业单位纪检监察机构设置有关事项的意见》的通知	2019-12-23
泰高委办发〔2019〕124号	关于成立高港区安全生产专项整治行动领导小组的通知	2019-12-30
泰高委办发〔2019〕125号	关于调整高港区委农村工作领导小组成员的通知	2019-12-30

2019年区政府办重要文件题录一览表

表34

文　号	文件标题	发文日期
泰高政办发〔2019〕1号	关于印发《泰州市高港区村庄闲置建设用地增减挂钩复垦工作实施方案》的通知	2019-01-09
泰高政办发〔2019〕2号	关于在全区医疗卫生系统开展“改进服务、规范管理”专项行动的通知	2019-01-22
泰高政办发〔2019〕4号	关于印发《泰州市违规建设殡葬设施排查整治工作方案》的通知	2019-01-30
泰高政办发〔2019〕7号	关于印发《泰州市高港区综合环境整治工作实施意见》的通知	2019-03-11
泰高政办发〔2019〕8号	关于印发《泰州市高港区石材加工市场专项整治方案》的通知	2019-03-11
泰高政办发〔2019〕9号	关于成立高港区综合环境整治工作领导小组的通知	2019-03-10
泰高政办发〔2019〕11号	关于印发《高港区项目建设高质量发展行动方案》的通知	2019-03-14
泰高政办发〔2019〕12号	关于印发《高港区2019年农村改厕工作实施方案》的通知	2019-03-14
泰高政办发〔2019〕13号	关于成立高港区科技服务团开展科技服务“春耕行动”的实施方案	2019-03-19
泰高政办发〔2019〕15号	关于印发《高港区2019年政策性粮食库存数量和质量大清查实施方案》的通知	2019-03-26
泰高政办发〔2019〕16号	关于建立全区政策性粮食库存数量和质量大清查协调小组的通知	2019-03-26
泰高政办发〔2019〕21号	关于切实做好2019—2020年突出环境问题整改落实工作的通知	2019-04-10
泰高政办发〔2019〕23号	关于转发《市政府办公室关于印发泰州市信用“红黑名单”管理办法的通知》的通知	2019-04-16
泰高政办发〔2019〕24号	关于转发《市政府办公室关于印发泰州市全面加强电子商务领域诚信建设实施意见的通知》的通知	2019-04-16
泰高政办发〔2019〕25号	关于转发《市政府办公室关于印发泰州市加强个人诚信体系建设实施意见的通知》的通知	2019-04-16
泰高政办发〔2019〕26号	关于印发《泰州市高港区长江入河排污口排查整治试点工作方案》的通知	2019-04-18
泰高政办发〔2019〕27号	关于印发《高港区2019年林业绿化工作意见》的通知	2019-04-26
泰高政办发〔2019〕28号	关于印发《高港区村庄河道疏浚整治活水工程建设指导意见（2019—2023年）》的通知	2019-05-08
泰高政办发〔2019〕29号	关于印发《关于组建高港区金融服务队的实施方案》的通知	2019-05-17
泰高政办发〔2019〕30号	关于印发《泰州市高港区部门联合“双随机、一公开”监管工作实施方案》《泰州市高港区“双随机、一公开”联合抽查实施细则》的通知	2019-05-20
泰高政办发〔2019〕32号	关于调整高港区高等学校招生委员会的通知	2019-05-27
泰高政办发〔2019〕33号	关于调整高港区消防安全委员会组成人员的通知	2019-05-27
泰高政办发〔2019〕35号	关于印发《高港区2019年度水利工作意见》的通知	2019-05-30
泰高政办发〔2019〕36号	关于印发《高港区开展重点路段“违法建设、违法广告、违法棚亭”整治行动实施方案》的通知	2019-05-29
泰高政办发〔2019〕37号	关于印发《高港区突出环境问题整改工作方案》的通知	2019-05-29
泰高政办发〔2019〕38号	关于印发《高港区人力资源素质再提升推进制造业高质量发展的实施意见》的通知	2019-06-10

续表34

文　号	文件标题	发文日期
泰高政办发〔2019〕40号	关于成立长江经济带国土空间用途管制和纠错机制研究专项工作领导小组的通知	2019-06-13
泰高政办发〔2019〕41号	关于印发《泰州市高港区2019年农村危房改造脱贫攻坚实施方案》的通知	2019-06-17
泰高政办发〔2019〕42号	关于印发《泰州市高港区2019年价格调控目标责任制实施意见》的通知	2019-06-17
泰高政办发〔2019〕45号	关于调整泰州市高港区减轻企业负担领导小组的通知	2019-07-16
泰高政办发〔2019〕46号	关于印发《2019年度高港区全域旅游创建工作任务分解表》的通知	2019-07-23
泰高政办发〔2019〕47号	关于印发《违建别墅问题清查整治专项行动实施方案》的通知	2019-07-26
泰高政办发〔2019〕49号	关于开展高港区高水平全面建成小康社会监测统计工作的通知	2019-08-08
泰高政办发〔2019〕50号	关于印发《泰州市高港区农贸市场长效管理（考核）办法》的通知	2019-08-14
泰高政办发〔2019〕51号	关于印发《高港区“健康名城”建设实施方案》的通知	2019-08-15
泰高政办发〔2019〕53号	关于印发《高港区鼓励银行业金融机构支持地方经济发展考核办法》的通知	2019-08-20
泰高政办发〔2019〕54号	关于印发《高港区“十四五”规划编制工作方案和前期研究课题计划》的通知	2019-08-22
泰高政办发〔2019〕56号	关于印发《高港区河道治理专项工作奖补细则》的通知	2019-08-26
泰高政办发〔2019〕57号	关于印发《泰州市高港区河长制工作考核办法（试行）》的通知	2019-08-26
泰高政办发〔2019〕58号	关于印发《2019年区政府规范性文件制定工作计划》的通知	2019-08-26
泰高政办发〔2019〕60号	关于建立“四上”企业新增入库联席会议制度的通知	2019-09-03
泰高政办发〔2019〕62号	关于提高城乡居民最低生活保障、特困人员供养和孤儿基本生活费标准的通知	2019-09-06
泰高政办发〔2019〕63号	高港区“雏鹰”企业、“瞪羚”企业、准“独角兽”企业培育计划	2019-09-09
泰高政办发〔2019〕69号	关于转发市政府办《关于印发泰州市市区城市基础设施配套费征收管理办法的通知》的通知	2019-10-12
泰高政办发〔2019〕73号	关于印发《〈泰州建设江苏高质量发展中部支点城市总体方案〉高港工作清单》的通知	2019-10-29
泰高政办发〔2019〕74号	关于开展永久基本农田储备区划定工作的通知	2019-10-30
泰高政办发〔2019〕75号	关于印发《高港区镇街耕地保护责任目标考核办法》的通知	2019-11-04
泰高政办发〔2019〕76号	关于印发《泰州市高港区药肥包装废弃物回收体系建设方案（试行）》的通知	2019-11-04
泰高政办发〔2019〕77号	关于印发《稳定生猪生产保障市场供应的工作意见》的通知	2019-11-07
泰高政办发〔2019〕78号	关于成立区森林防灭火指挥部的通知	2019-11-13
泰高政办发〔2019〕79号	关于调整高港区粮食安全责任制考核领导小组成员的通知	2019-11-13
泰高政办发〔2019〕81号	关于组织实施高港区阳光信贷普惠金融工程的通知	2019-11-13
泰高政办发〔2019〕83号	关于成立高港区道路交通事故社会救助基金工作协调领导小组的通知	2019-11-18
泰高政办发〔2019〕85号	关于印发《高港区促进金融高质量服务民营企业的实施意见》的通知	2019-11-25

续表34

文　号	文件标题	发文日期
泰高政办发〔2019〕86号	关于调整高港区中小学校责任督学挂牌督导工作领导小组组成人员的通知	2019-11-27
泰高政办发〔2019〕87号	关于调整人民政府教育督导委员会组成人员的通知	2019-11-27
泰高政办发〔2019〕88号	关于聘任第四届区督学和首届区政府教育督导委员会专家组成员的通知	2019-11-27
泰高政办发〔2019〕89号	关于建立企业破产处置协调联动机制的通知	2019-12-19
泰高政办发〔2019〕90号	关于公布高港区行政执法主体的通知	2019-12-19
泰高政办发〔2019〕91号	关于印发《泰州市高港区废旧农膜回收利用工作实施方案》的通知	2019-12-26
泰高政办发〔2019〕92号	关于印发《关于建立高港区义务教育控辍保学工作长效机制的指导意见》的通知	2019-12-26
泰高政办发〔2019〕93号	关于成立区政府根治拖欠农民工工资工作领导小组的通知	2019-12-31
泰高政办发〔2019〕95号	关于调整区安全生产专业委员会成员的通知	2019-12-31
泰高政办发〔2019〕96号	关于做好2013年以来征地补偿安置整改工作的通知	2019-12-31

·重要文件选录·

高港区"雏鹰"企业、"瞪羚"企业、准"独角兽"企业培育计划

泰高政办发〔2019〕63号

一、遴选标准

(一)"雏鹰"企业培育入库条件

"雏鹰"企业应为符合国家重点支持的高新技术领域的非贸易型企业,企业所得税征缴方式为查账征收,拥有1项以上发明或6项以上实用新型专利,并与列入白名单第三方科技中介机构签订高企培育申报辅导合同,培育入库须通过国家科技型中小企业备案并符合以下条件之一:

1.上年度营业收入300万元(含)~5000万元,成立不超过8年的企业。

2.新兴产业领域的科技企业,且近3年内累计获得创业投资超过200万元人民币。

(二)"瞪羚"企业培育入库条件

"瞪羚"企业培育入库须同时符合以下条件:

1.符合高新技术产业领域和战略性新兴产业领域发展方向;

2.企业在高港区注册成立3年以上、10年以内,具有法人资格并实行独立核算;

3.上一年度R&D经费占营业收入的比例不低于2%;

4.企业无不良信用记录且近两年内未发生重大安全生产、质量、环保事故;

5.以高科技、高成长为主要特征,达到以下标准之一:

(1)上年度营业收入在1000万元(含)~5000万元之间的企业,近2年每年营业收入增长率不低于20%;上年度营业收入在5000万元(含)~1亿元之间的企业,近2年每年营业收入增长率不低于15%;上年度营业收入在1亿元(含)以上的企业,近2年每年营业收入增长率不低于10%。

(2)上年度税收在100万元以上,近2年每年税收增长率不低于20%。

(3)近3年内获得创业投资机构500万元以上投资。

(4)营业收入或税收未完全达到入库标准,但属于我区鼓励发展的重点新兴产业且为细分行业的领先企业,且必须是高新技术企业或省民营科技型企业。

(三)准"独角兽"企业培育入库条件

准"独角兽"培育入库企业须在高港区注册,具有独立法人资格、获得过私募投资、尚未上市(新三板上市可入库),属于新技术、新产业、新业态和新模式四新领域,以高科技、高成长为主要特征,具有强大的创新活力和发展潜力。依据发展

不同阶段，入库培育企业分为三个层次：

1.估值1亿~5亿元（含）人民币，成立3年以内的企业；

2.估值5亿~30亿元（含）人民币，成立5年以内的企业；

3.估值30亿元（含）人民币以上，成立5~9年的企业。

二、遴选流程

培育入库企业遴选工作按照“公开征集、组织推荐、专家评审、名单公示”的流程开展工作，具体内容如下：

（一）公开征集。每年由区科技局发布通知，面向全区企业进行征集，明确培育库入库企业申报与认定的相关流程、提交资料等有关内容。

（二）组织推荐。由各园区、镇街根据遴选标准进行企业推荐，形成推荐企业名单。

（三）专家评审。由区科技局组织相关专家根据遴选标准、公开征集及组织推荐的备选企业进行评审，形成当年培育库入库企业名单。

（四）名单公示。在区有关网站公示遴选结果，接受社会监督。

三、奖励标准

1.对首次入选区“雏鹰”企业培育库的企业，给予一次性3万元奖励；

2.对首次入选区“瞪羚”企业培育库的企业，给予一次性6万元奖励；

3.对首次入选区准“独角兽”企业培育库的企业，给予一次性10万元奖励。

关于进一步鼓励企事业单位聚才用才推动高质量发展的若干政策意见

泰高发〔2019〕11号

为深入贯彻落实泰州市《关于进一步鼓励企事业单位聚才用才推进科技创新引领高质量发展的若干政策》（泰政发〔2018〕166号）精神，扎实推进人才强区战略，充分发挥企事业单位聚才用才主体作用，加大人才创新政策供给，全面激发各类人才创新创业活力，结合高港实际，提出如下政策意见。

一、鼓励高层次人才来高港创业

1.对来高港创业的国际国内顶尖人才、国家级领军人才、省部级领军人才，提供三年免费人才公寓或累计分别给予10万元、8万元、5万元租房补贴，并分别发放100万元、60万元、30万元购房券（如在高港购房，可分别增加50万元、30万元、10万元购房券），五年内每年分别提供5万元、4万元、3万元生活补贴。同时，对正常落户且符合“双创计划”申报条件的，分别给予300万元、200万元、100万元创业启动资金；一年后经考核评估合格的，按照企业实际投入的50%再分别给予最高200万元、100万元、50万元创业激励资金；创办企业年开票销售收入三年内首次达到1000万元、五年内首次达到5000万元的，分别将企业当年产生的工商税收区级留成部分的50%作为创业提升奖进行奖补。（责任单位：区委组织部、区财政局、区人社局、区住建局）

2.对来高港创业的正高职称人员、博士研究生，副高职称人员、硕士研究生等高层次人才，分别发放10万元、6万元购房券（如在高港购房，可分别增加5万元、3万元购房券），五年内每年分别提供2万元、1万元生活补贴。同时，对正常落户且符合“双创计划”申报条件的，分别给予20万元、10万元创业启动资金；创办企业年开票销售收入三年内首次达到1000万元、五年内首次达到5000万元的，分别将企业当年产生的工商税收区级留成部分的50%作为创业提升奖进行奖补。（责任单位：区委组织部、区财政局、区人社局）

3.健全科技金融服务体系，探索建立科技型中小企业融资风险补偿资金池，设立股权投资基金，为初创期、成长型科技企业提供融资支持。鼓励园区、镇街根据实际情况，自行设立人才发展基金，将重点人才创业项目列为重点支持对象。人才创办企业正常运行一年以上，根据项目运行情况、资金需求和产业化前景，可提供最高1000万元的人才创业基金，股权投资比例最多不超过项目实收资本的30%。符合顶尖人才顶级支持“金凤凰”计划的，按照“一事一议”原则，三年内给予最高1亿元的项目资助。（责任单位：区委组织部、区科技局、区财政局、区地方金融监管局、区城投公司，各园区、镇街）

二、鼓励企业引育创新人才

4.激发企业引才聚才活力。对首次全职到我区企业就业的省部级及以上领军人才，人才公寓（租房补贴）、购房券及生活补贴政策参照同类创业人才执行。企业每全职新引进1名国际国内顶尖人才、国家级领军人才、省部级领军人才，分别给予企业20万元、10万元、5万元奖补。在高港自主申报入选国际国内顶尖人才、国家级领军人才，三年内累计分别给予人才100万元、50

万元。（责任单位：区委组织部、区财政局、区人社局、区住建局）

5.减轻企业用才成本。支持企业高薪聘用人才，对全职新引进、足额缴纳社会保险、年薪30万元以上的人才所缴个人所得税区级留成部分三年内全额奖补给企业。对通过中介组织全职引进年薪30万元以上人才的企业，按照中介佣金的50%给予企业引才奖补，最高不超过5万元。（责任单位：区委组织部、区财政局、区人社局）

6.对企业全职新引进的副高职称或硕士研究生及以上人才，购房券和生活补贴标准参照同类创业人才执行。对副高职称或硕士研究生及以上人才受高校院所、集团总部派遣，到高港产研院、分（子）公司担任高管、首席技术官等，给予三年内累计最高6万元生活补贴。企业柔性引进的正高职称或博士研究生及以上人才，如获批区级及以上“双创计划”资助，资助期内参照全职引进人才标准发放50%的生活补贴。（责任单位：区委组织部、区科技局、区工信局、区财政局、区人社局）

7.支持企业加强博士后培养。企业每招收一名博士后人员进博士后科研工作站的，给予10万元科研经费资助。博士后人员在站期间从事研究项目取得优秀科研成果的，给予最高10万元奖补。企业聘任人才为技术副总或副总工程师，并新入选省“科技副总”的，给予企业3万元奖补。对参加区人才办组织开展的区外招才引智活动的企业，为企业负责人提供交通和住宿保障。（责任单位：区委组织部、区科技局、区财政局、区人社局）

三、实施“双创人才”集聚计划

8.大力开展“高港区高层次创新创业人才引进计划”。根据创新项目质量及效益，给予30万元、20万元项目经费资助；根据创业项目质量及效益，给予50万元、30万元项目经费资助，特别优秀的创业团队最高给予100万元资助；符合新引进省外人才创业或全职创新的，分别增加20万元、10万元经费资助（以上创新创业项目如在资助期内，获得市级及以上同类人才项目资助的，年度资助资金按就高原则不重复享受）。完善高层次人才金融扶持体系，对获批省、市、区“双创计划”创业类企业取得社会化风险投资的，可按投资额的1%给予支持，最高总额不超过100万元；获得银行贷款的创业项目，给予贷款贴息补助，贴息贷款利率不超过同期基础利率上浮3个百分点，累计贴息不超过50万元。（责任单位：区委组织部、区财政局、区人社局、区地方金融监管局）

9.鼓励支持企业申报各类省级及以上人才项目。对企业新获得国家“万人计划”、省“双创计划”等各类省级以上人才项目资助的，按照资助经费1:1的比例给予跟奖跟补（已获得市级人才项目资助的，按就高原则不重复享受）。对带项目、带技术、带资金返乡创业的高港籍在外高层次人才，如获批省、市、区“双创计划”，可分别增加资助10万元、6万元、2万元。（责任单位：区委组织部、区科技局、区财政局、区人社局、区工商联）

四、鼓励高校毕业生来我区创业就业

10.首次到我区自主创业或与企业签订劳动合同不低于三年，足额缴纳社会保险，年龄在35周岁以下的全日制普通高校非应届本科毕业生，按照不同层次，如在高港新购房，给予5万元、4万元、3万元购房券扶持。首次到我区自主创业或企业就业并缴纳社会保险的全日制普通高校应届本科毕业生，按照不同层次，五年内每年提供0.5万元、0.4万元、0.3万元的生活补贴，同时发放5万元、4万元、3万元购房券（如在高港购房，可各增加1万元购房券）。区新选聘专门人才、新招录公务员和事业单位人员，具有博士研究生、硕士研究生学历学位的，分别发放10万元、6万元购房券。企业与高校合作建立毕业生就业见习基地，经认定成效明显的，一次性给予企业3万元奖补。（责任单位：区委组织部、区财政局、区人社局）

五、加强企业经营管理人才队伍建设

11.对企业经营管理人才新晋副高职称或在职取得硕士学历学位的，给予人才5000元奖补；新晋正高职称或在职取得博士学历学位的，给予人才10000元奖补。初次取得高级、特级职业经理人资格的，分别给予人才2000元、5000元奖补；新入选市级、省级、国家级培养工程或获得有突出贡献中青年专家称号等荣誉的，分别给予人才2000元、5000元、10000元奖补。实施“科技企业家培育工程”，重视“创二代”后备人才培养，对新入选省、市科技企业家培育工程的企业家分别奖补5000元、3000元，相关职能部门定期组织优秀企业家和“创二代”参加各类培训，提升经营管理水平，培养一批既懂科技又懂市场的复合型管理人才。（责任单位：区委组织部、区科技局、区工信局、区财政局、区人社局）

六、加强企业专业技术人才队伍建设

12.对新入选市级、省级、国家级培养工程或获得有突出贡献中青年专家称号等荣誉的专业技术人才，分别给予人才2000元、5000元、10000元奖补。企业专业技术人员新晋副高职称或在职取得硕士学历学位的，给予人才5000元奖补；新晋正高职称或在职取得博士学历学位的，给予人才8000元奖补。在职职工100人以上的企业，中级以上专业技术人员比例首次达到职工总数15%的，一次性给予10万元奖补。（责任单位：区委组织部、区财政局、区人社局）

七、加强企业技能人才队伍建设

13.对新入选市级、省级、国家

级培养工程或获得有突出贡献中青年专家、企业首席技师、技术能手等荣誉称号的技能人才，分别给予人才2000元、5000元、10000元奖补。对企业在职技能人才取得高级技师职业资格的，给予人才5000元奖补；取得硕士、博士学历学位的，分别给予人才5000元、8000元奖补。对经评审认定的市级、省级、国家级“技能大师工作室”、“高技能人才培养示范基地”等，分别给予企业2万元、5万元、10万元奖补。大力选树培育“高港工匠”，相关部门给予每人3000元奖补。在职职工100人以上的企业，高技能人才比例首次达到职工总数50%以上的，一次性给予10万元奖补。（责任单位：区委组织部、区财政局、区人社局、区总工会）

八、加强教育卫生人才队伍建设

14.对在职教师新取得博士学历学位，给予10000元奖补。对新晋省特级教师、省教学名师、市突出贡献专家的，给予3000元奖补。对新晋正高级教师、省部级突出贡献专家、人民教育家培养对象的，给予6000元奖补。对全职新引进且与聘用单位签订聘用合同五年以上的正高级教师、省特级教师、博士研究生、硕士研究生等高层次人才，分别发放30万元、20万元、10万元、6万元购房券，三年内每年分别提供4万元、3万元、2万元、1万元生活补贴。每年经考核合格后，对市教坛新秀、教学能手、学科带头人分别发放1200元、1200元、1800元补贴；对区教坛新秀、教学能手、学科带头人分别发放600元、800元、1200元补贴。对新聘高层次人才在外地获得的专业技术资格予以认可，在岗位总量控制范围内优先聘任。（责任单位：区教育局、区财政局、区人社局）

15.对首次与我区医疗卫生单位签订聘用合同五年以上的全日制普通高校应届本科毕业生，按照不同层次，分别发放5万元、4万元、3万元购房券，三年内每年提供0.5万元、0.4万元、0.3万元的生活补贴。对全职新引进45周岁以下且签订聘用合同五年以上，具有正高、副高职称、博士、硕士学历学位的高层次人才，分别发放30万元、20万元、15万元、10万元购房券，三年内每年分别提供4万元、3万元、2万元、1万元生活补贴。对具有高级职称的实用型人才，另给予一次性专项补助，其中正高职称15万元、副高职称8万元。（责任单位：区财政局、区人社局、区卫健委）

九、激发招才引智活力

16.调动招才引智积极性。对招引落户的高层次创新创业人才项目，实施第一招引人备案制度，人才项目如获批省、市、区“双创计划”，按照每招引一名创新人才8000元、4000元、2000元，创业人才10000元、6000元、4000元的标准给予招引人奖补（同一人才项目在不同年度获批省、市、区“双创计划”的，可累加奖补，同一招引人每年备案人才项目数不超过3个）。聘任区外“引才大使”开展招才引智工作，对其招引落户的高层次创新创业人才项目履行报备手续，后期如获批省、市、区“双创计划”，在参照备案制创新创业人才项目奖补标准的基础上，按照每招引一名人才分别增加6000元、4000元、2000元的标准奖补“引才大使”。（责任单位：区委组织部、区财政局）

17.对协助企业全职引进或成功获批国际国内顶尖人才、国家级领军人才、省部级领军人才、市级领军人才的中介服务机构，根据人才层次，每协助全职引进或成功获批1名人才分别给予10万元、8万元、4万元、2万元奖补。积极挖掘商会、学会、协会等社会资源开展招才引智工作，对帮助我区引进市级领军人才及以上的，参照对中介服务机构的奖补标准给予相应奖补。（责任单位：区委组织部、区科技局、区工信局、区财政局、区人社局、区商务局、区科协、区工商联）

十、健全人才工作保障机制

18.强化人才分类评价，建立多元化人才评价体系，注重专业技术带头人和突出贡献人才的评选向企业人才倾斜。坚持市场发现、市场评价、市场认可，把人才享受的薪酬待遇、创造的市场价值、获得的创业投资等作为人才评价的重要依据。（责任单位：区委组织部、区科技局、区工信局、区财政局、区人社局）

19.加大对有突出贡献企业、人才和单位的褒奖力度。定期评选褒奖一批先进集体和先进个人。建立科技镇长团结对联系企业制度，将科技镇长团成员纳入技术经纪人和企业科技人才专员队伍，对企业科技人才专员直接参与帮助申报国家级、省级科技人才项目的，按照获得资助总额的2%、1%给予奖补，最高10万元。（责任单位：区委组织部、区科技局、区财政局、区人社局）

20.按照人才层次类别，发放“凤城英才卡”。在医院开通就医“绿色通道”，每年为优秀高层次人才提供医疗保障服务。实行公办学校定点吸纳各类高层次人才子女入学制度，在基础教育阶段提供同城化子女入学保障，享受本区户籍学生待遇，对高层次人才子女入学需求，给予统筹安排、妥善解决。省部级及以上领军人才在高港参加各类社会保险的个人缴纳部分五年内予以全额补贴。对全职来我区创新创业的正高职称人员、博士研究生及以上层次人才的配偶如随同来高港，适龄且未就业期间，给予每年2万元生活补贴，最长不超过三年，配偶属机关事业单位在编在职人员且愿意来我区工作的，落户后按相关规定办理调动手续。支持园区、镇街加大标准厂房、科技孵化器、人才公寓建设力度，为承接创新创业项目落地创造良好条件。（责任单位：区委组织部、区委编办、区教育局、区人社局、区住建局，区卫健委，各

园区、镇街）

21.对我区引进重大投资项目的相关人才、做出重大贡献的企业经营管理人才及特别紧缺急需的人才，可采取一事一议方式，经区人才工作领导小组批准认定，享受相关政策。建立健全支持人才创新创业的容错纠错机制，树立鼓励创业、宽容失败的鲜明导向，对符合规定条件的人才创新创业项目，按标准和程序进行经费资助或风险投资，如资助项目未达到预期效果，但符合《高港区干部容错纠错实施办法》的有关规定，可免除相关人员的责任。（责任单位：区纪委监委、区委组织部、区工信局、区人社局）

本意见中的企业是指在我区依法纳税、足额缴纳社会保险，且在人才项目上已有先期投入的区级经济实体。区内市属企业，金融、通讯、烟草、电力、盐业等垄断性行业企业及政府性资金投资占股超过30%的企业除外。意见中所有涉及资助、补贴或奖补项目与区级及以上政策文件配套实施，除政策条款特别注明外，同一资助、奖补项目按就高标准执行，不重复奖补。奖补项目已有专项资金渠道的，按原有经费渠道列支。园区、镇街可参照本意见，制定相应的激励政策。本意见自2019年1月1日起执行，原泰高发〔2017〕6号文同时废止。区人才工作领导小组办公室配套下发具体实施细则，并负责解释。

泰州市高港区部门联合“双随机、一公开”监管工作实施方案

泰高政办发〔2019〕30号

全面推行部门联合“双随机、一公开”抽查监管模式，是党中央、国务院作出的重大决策部署，是执法监管理念和方式的重大创新，是深化“放管服”改革、加快政府职能转变的内在要求，是减轻企业负担、优化营商环境的有力举措，是加快信用体系建设、创新事中事后监管的重要内容。根据《国务院关于“先照后证”改革后加强事中事后监管的意见》（国发〔2015〕62号）、《国务院关于在市场监管领域全面推行部门联合“双随机、一公开”监管的意见》（国发〔2019〕5号）等文件精神，结合我区实际，制定本实施方案。

一、总体要求

（一）指导思想

以习近平新时代中国特色社会主义思想为指导，全面贯彻落实党的十九大和十九届二中、三中会议精神，认真落实国务院商事制度改革工作部署和省委省政府全面深化改革、全面依法治省各项决策部署，推动经济高质量发展，切实转变监管理念，创新监管方式。在各执法部门、许可审批部门、行业主管部门（以下简称“各部门”）中全面推行联合随机抽查监管，建立健全以“双随机、一公开”监管为基本手段、以重点监管为补充、以信用监管为基础的新型监管机制，避免多头执法、重复检查，规范执法行为，强化社会监督，着力解决群众、企业反映强烈的突出问题，保障市场主体合法权益，激发市场活力，使守法守信者畅行无阻，违法失信者寸步难行，进一步营造公平竞争的发展环境和法治化、便利化的营商环境。

（二）基本原则

1.依法监管。运用法治思维和法治方式履行监管职能，全面促进“双随机、一公开”抽查法治化、规范化、程序化。法律法规规章明确规定的检查事项，要全面推行随机抽查；法律法规规章没有规定的检查事项，一律不得擅自开展检查。检查事项除处理投诉举报、大数据监测、转办交办或法律法规有特别规定的以外，也要贯彻随机抽查的理念。

2.规范透明。严格依法依规落实执法监管责任，除法律法规明确规定外，抽查事项、抽查计划、抽查程序、抽查结果都要及时、准确、规范向社会公开，实现全程“阳光执法”，保障市场主体权利平等、机会平等、规则平等，提升执法公信力。

3.问题导向。加强对突出问题和风险开展随机抽查，提高监管精准性，提升监管效能。对通过投诉举报、数据监测、转办交办等发现的具体问题要进行有针对性的检查，对发现的问题线索依法依规处理。

4.联合惩戒。充分发挥信用管理在事中事后监管中的作用，建立各部门信用信息互通共享和互认互用机制，形成“一处失信、处处受限”的信用约束机制。

（三）主要目标

通过全面推行部门联合“双随机、一公开”监管模式，进一步增强市场主体信用意识和自我约束力，对违法者“利剑高悬”；切实减少对市场主体正常活动的干预，对守法者“无事不扰”。进一步强化企业主体责任，实现由政府监管向社会共治的转变，以监管方式创新提升事中事后监管效能。到2020年底，实现部门联合“双随机、一公开”监管全覆盖、常态化。

二、工作任务

（一）完善随机抽查事项清单。各部门要结合工作实际和上级部门

最新出台的权力清单及责任清单，并根据法律法规规章的立改废释、层级监督权限的调整、机构改革职能的划转等实际情况对《区政府办公室关于公布区级机关部门随机抽查事项清单的通知》（泰高政办发〔2017〕63号）中涉及本部门的抽查事项清单进行动态调整，经区司法局审核汇总后，统一向社会公布。（责任单位：各相关单位，完成时限：2019年5月底前）

（二）制定随机抽查计划。各部门要根据监管工作实际，每年年初科学制定涵盖一般检查和重点检查事项的抽查工作计划（见附件2、附件3），并严格按照抽查工作计划开展检查，确有特殊情况的，需经区“双随机、一公开”监管工作领导小组审核备案后方可调整。领导小组统筹编制全区联合抽查计划，领导小组办公室对各部门开展的联合抽查做好组织、协调工作。（责任单位：各相关单位，完成时限：每年1月底前）

（三）建立健全随机抽查“两库”。各部门要建立健全检查对象和检查人员名录库（见附件4、附件5），并根据工作实际及时进行动态管理。检查对象名录库应涵盖全部被监管对象，既可以包括企业、个体工商户等市场主体，也可以包括产品、项目、行为等。检查人员名录库应涵盖所有具有执法资格的执法检查人员，入库执法人员数量至少要占本单位执法人员总数的三分之一以上，一般应选派执法骨干，执法人员数量较少的单位，至少选派3名，以便随机抽取执法人员。（责任单位：各相关单位，完成时限：2019年5月底前）

（四）统一使用市场监管信息平台。《省政府办公厅关于印发江苏省市场监管信息平台运行管理办法的通知》（苏政办发〔2018〕11号）明确规定，全省统一的市场监管信息平台作为“双随机一公开”的工作平台。各部门要将本部门“两库一单一计划”录入该平台，通过该平台制定或领取检查任务、随机抽取检查对象和检查人员、打印检查表、录入检查结果和公示检查结果，做到全程留痕、责任可追溯。（责任单位：各相关单位，完成时限：2019年5月底前）

（五）实施抽查检查。各部门要因地因时因需选择综合大联查、专项整治联查等方式开展联合抽查监管工作；要针对不同风险等级、信用水平的检查对象采取差异化的监管措施，科学合理制定抽查比例和频次，既要保证必要的抽查覆盖面和监管效果，又要防止任意检查和执法扰民。对投诉举报多，列入经营异常名录或有严重违法违规记录等情况，以及涉及人民群众生命财产安全的特殊行业、重点领域的市场主体，可适当增加检查频次，加大检查力度。（责任单位：各相关单位，完成时限：长期坚持）

（六）严格规范随机抽查行为。各部门开展联合抽查，要按照“确定联合检查事项、抽取检查对象和检查人员、发布联合检查公告（或送达检查告知书）、组织实施联合检查、公示检查结果”的流程依次实施。实施检查时，检查人员不得少于法定人数，并出示行政执法证件；依法查阅复制被抽查对象的账册、合同和有关资料；依法向当事人、知情人调查取证，被检查对象应当积极配合。检查人员与被检查对象有利害关系，应依法回避或其他特殊情况需要更换检查人员，经所在部门分管负责人批准方可调整，并报区“双随机、一公开”监管工作领导小组办公室备案。根据需要，依法委托第三方开展审计、评估、检验、检测的，相关费用纳入部门预算。（责任单位：各相关单位，完成时限：长期坚持）

（七）强化抽查结果公示运用。按照“谁检查、谁录入、谁公示、谁负责”的原则，自抽查工作结束之日起10个工作日内，将检查结果录入市场监管信息平台，通过企业信用信息公示系统对外公示，接受社会监督。对涉及国家安全、商业秘密和个人隐私的事项，要按照有关规定，合理调整公开方式和范围。对抽查发现的违法违规行为，要依法惩处。对企业中的一般违法行为，可以通过说服、建议、协商等手段解决的，要以教育为主。违法行为轻微并及时纠正，没有造成危害后果的，不予处罚。要慎用查封、扣押等措施，最大限度降低对涉案企业正常生产经营活动的不利影响。对抽查中发现不属于本部门监管职责范围的违法违规行为，要及时通报相关监管部门；涉嫌犯罪的，要依法移送司法机关。（责任单位：各相关单位，完成时限：长期坚持）

（八）强化信用联动监管。将随机抽查结果纳入市场主体的社会信用记录，建立健全市场主体诚信档案。同时，对被列入经营异常名录、严重违法失信企业名单、重大税收违法案件当事人名单、失信被执行人名单等有不良信用记录的失信主体，各部门要实施信用联合惩戒，使失信主体“一处违法、处处受限”，达到“抽查一部分、警示一大片、规范全行业”的效果。（责任单位：各相关单位，完成时限：长期坚持）

（九）做好个案处理和专项检查工作。各部门对通过投诉举报、数据监测、转办交办等发现的违法违规个案线索，要立即实施检查、处置。对通过上述渠道发现的普遍性问题和市场秩序存在的突出风险，要通过双随机抽查等方式，对所涉抽查事项开展有针对性的专项检查，并根据实施情况确定抽查比例，确保不发生系统性、区域性风险。对无证无照经营，各部门要按照《无证无照经营查处办法》等法律法规的规定予以查处。（责任单位：各相关单位，完成时限：长期坚持）

三、保障措施

（一）加强组织领导。成立由区分管领导任组长，区市场监管局、区司法局等部门主要负责人任副组长，各部门分管负责人为成员的区"双随机、一公开"监管工作领导小组，负责统筹组织全区"双随机、一公开"监管工作。领导小组下设办公室，办公室设在区市场监管局，各部门相关业务科室负责人为办公室成员，负责有关工作的具体操作。

（二）建立联席会议制度。建立区"双随机、一公开"监管工作联席会议制度，联席会议定期召开，研究部署"双随机、一公开"联合抽查工作，研究解决"双随机、一公开"工作中的重点难点问题。

（三）建立督查考核机制。制定"双随机、一公开"监管工作考核办法和评分细则，将"双随机、一公开"工作纳入各部门绩效考核体系。区"双随机、一公开"监管工作领导小组办公室对各成员单位"双随机、一公开"监管工作推进情况进行跟踪督查督导和定期考评。对工作推进不力的单位和相关责任人进行通报，情节严重的，提请监察部门，依法依规严肃问责。

四、工作要求

（一）加强保障力度。各部门要充分认识开展联合抽查监管工作的重要性和紧迫性，将思想认识统一到工作部署上来，建立主要领导亲自抓、分管领导具体抓，各业务条线统筹推进的工作机制，强化组织保障、机制保障、经费保障、技术保障等，认真部署，按照时间节点积极推进。

（二）明确检查责任。参与联合抽查的相关部门检查人员负责检查表格文书的准备、实地（或书面）检查、检查文书的发放、检查结果录入、检查后续事项的处理，检查人员对参与的当次检查工作负责。各部门要进一步增强责任意识，全力支持检查人员依法履行检查职责。支持和鼓励改革探索，对部门在履职担当中出现探索性失误的，可根据改革创新容错机制的相关规定予以容错免责。

（三）加强协同配合。各部门要按照职责分工要求，密切协同配合，抓好工作落实。牵头部门要充分发挥组织协调指导作用，研究制定计划方案和工作机制，加强宣传培训和指导。区司法局要加强对各部门"两库一清单"情况的审查。联合检查人员要听从指挥，步调一致，严格执法程序，做到依法行政、文明执法、廉洁执法。

新闻报道

扬子江药业：精准扶贫彰显民企担当

1月27日，泰州市胡庄镇史庄村村民曹正兴家来了一批客人，扬子江药业集团副董事长徐浩宇等一行送来慰问金和年货，为重病返贫的曹正兴一家送来冬日暖阳。集团干部员工赴周边镇村访贫问苦，这样的做法，扬子江药业已坚持23年，党员干部累计捐款200多万元，受益困难群众3600余户。

扬子江药业更致力于为全国各地贫困户谋长久幸福。针对因病致贫，他们力推健康扶贫；为突破深度贫困强力约束，他们连年助力教育扶贫；围绕"拔除穷根"，他们积极践行产业扶贫。"习近平主席在2019年新年贺词中强调，脱贫任务要如期完成，还得咬定目标使劲干。民营企业不仅义不容辞，更需积极作为。"扬子江药业集团董事长、党委书记徐镜人说，集团的工作指向、发展导向、努力方向，始终要做到与国家战略同频共振。

发挥药企优势，发力健康扶贫

与国家战略同频共振，是扬子江药业从1971年的镇办小厂，发展到连续4次蝉联中国医药工业企业百强榜榜首的重要原因。徐镜人说，党的十九大明确提出在全面建成小康社会决胜阶段要坚决打赢脱贫攻坚战，集团就要按照中央部署，全力参与、倾力而为，更好彰显"护佑众生"的集团核心理念。

参与脱贫攻坚，扬子江药业自发自觉参与，不搞"碎片化资助""给钱脱贫"，而是主动谋划和参与帮扶对象脱贫进程，侧重利长远的健康、教育及产业扶贫。

扬子江药业注重发挥药企优势，发力健康扶贫。十多年前，他们就连续承办3期大型社会公益活动——关爱西部健康行动，累计行程3万多公里，总投入3600多万元，向十多个省份送医送药送知识，援建15所卫生院和卫生保健所，并捐资支持"老人重见光明行动"。

去年9月，在扬子江药业资助下，扬州市江都区大桥中心卫生院徐东升家庭医生工作室揭牌。这样的群众身边的医疗点正在江苏铺开，也在向西部地区延伸。经扬子江健康扶贫志愿队实地考察，向云南曲靖会泽县大海乡大墒包村卫生所捐赠制氧机、吸痰器、血糖仪等急需设备和物资，为全村2000多人的健康防疫、孕产妇健康检查等基础医疗工作提供支持，为防小病拖成大病筑起第一道防线。

扬子江药业还到革命老区江西兴国、萍乡等地开展十多场“健康扶贫苏区行”活动，联合医疗机构驻点义诊，送医送药，走访慰问贫困群众、军烈属等；联合海南省卫生学校和中医院，开展“精准康复关爱老年人”志愿活动，广受当地群众好评。

教育扶贫，不让孩子失去成才机会

今年1月，我国医药卫生行业权威奖项——中华医学科技奖（2018）颁奖大会举行。该奖项由扬子江药业集团独家协办18年，累计评选出尖端医学科研成果1460项，极大地调动了医学科技工作者的创新积极性。

不仅关注尖端医学科技人才，扬子江药业也关注基层医务工作者。他们去年投入近千万元，与有关单位联合在中西部6省开展技术培训、进修学习、助建村卫生室、爱心捐赠、组织义诊等对口帮扶，提升地方医疗机构医院管理、科室建设与临床技术水平。联合江苏省医学会开展“红动基层”项目，培训基层医院医生，力争通过5年左右的努力，使城乡每万居民有3名以上全科医生，每个村卫生室至少配备1名执业医师。到去年底，全省已培训基层医院院长1600人次，26场基层医院院教活动和24场“名医基层行”覆盖基层医生近1800人。

“教育扶贫是最有效、最直接的精准扶贫。”扬子江药业始终热心教育扶贫，先后成立扬子江慈善会、兰芬慈善基金会，把助学奖学作为重点，已帮助574名寒门学子完成学业，其中大学生367人。他们在数十所高校设立奖助学金，帮助数千贫困学子圆了成才梦；陆续在西部贫困地区援建23所希望小学，去年就捐资2000万元支持陕西省富平县莲湖小学完成改建工程。

产业扶贫，把水浇到“根”上

这两年，陕西省澄城县李家河村和富平县尹家村、孟家村许多贫困户看到了脱贫希望。扬子江药业投建的1.4万亩优质黄芩标准化种植基地，让当地800多名贫困村民每年有入股分红。种植村民有生产物资和技术指导，集团还以高于市场价统一收购药材。如今，尹家村、孟家村就有242户719人参与项目，平均每人每年能增收约3000元。

2013年以来，扬子江药业在陕、甘、川、渝、豫、湘等省、市建立6万余亩中药材种植基地，当地群众通过享受分红、在基地务工、出售农家肥等方式，每户年均增收2万元以上。

立足资源禀赋发展特色产业，是扬子江药业一直秉持的产业扶贫理念。“有特色产业，就业就有岗位，创业就有空间，发展就有前景，就能早日脱贫。同时，企业也有了稳定优质的原料基地，实现共赢。”徐镜人特别提到，许多中西部地区贫困群众在“公司+合作社+农户”现代企业管理模式下，既扶了“贫”，又扶了“志”，“这才是我们最感到欣喜和有成就感的地方”。

徐镜人表示，“党中央毫不动摇鼓励、支持、引导非公有制经济发展的坚定决心和鲜明态度，为我们发展注入强大动力。我们将按照习近平总书记提出的做爱国敬业、守法经营、创业创新、回报社会典范的要求，全力助推脱贫攻坚，在高水平全面建成小康社会冲刺阶段跑出我们的特色，展现民营企业作为，提供更多助力。”

（2019年2月18日《新华日报》记者：陈月飞　通讯员：刘良鸣　李　江）

重温渡江风云　共话燃情岁月

“向您报告，我原来是华野十一纵炮团的，渡江战役前改编为中国人民解放军第29军军部炮团，我们是从靖江新港渡的江，当时我是连副指导员……”

“太巧了，渡江战役时我是29军86师的，后来转业到吉林省水利厅，一直定居长春。没想到这次回家乡，还能遇到我们29军的老战友，真是太高兴了！”

4日上午十时三刻，泰州高港江边的泰州长江大桥东侧，在“9·3大阅兵”老兵方阵中一直坚持敬礼的93岁老兵史保东，与70年前参加渡江战役的89岁老战士许维，两位从未谋面的老战友紧紧握手、热烈拥抱，共同回忆起70年前那场战役中的难忘经历。紧接着，当年奋臂摇橹送战士渡江作战的“大辫子姑娘”颜红英也走上前来。三位渡江战役的亲历者及其后人，以及革命烈士叶明章之子叶桂生等人一起，重温那段激情燃烧的岁月。

“打过长江去，解放全中国！”70年前的春天，20余万中国人民解放军从泰州靖江飞渡长江。军民同舟，千帆竞发，靖江成为渡江战役千里战线的东线起点。在国民党军长江防线被摧毁的1949年4月23日，人民解放军华东军区海军在泰州白马庙宣告成立。今年是新中国成立70周年，也是渡江战役胜利70周年，泰州市组织开展“海军诞生地 渡江英雄城·那些人那些地方”大型寻访行动，走访海军诞生、渡江战役等革命遗址，讲述重大战役中的革命故事，讴歌革命英雄主义豪情和军民鱼水深情。

扛过枪、渡过江、立过功、领过奖……“敬礼老兵”史保东的人生充满传奇色彩。他1926年10月出生在原泰兴县胡庄乡史庄村，14岁起就加入新四军的队伍，先后参加抗日战争和解放战争的大小战斗上百次，多次在战斗中负伤。“这些伤疤见证了我的战斗历程，我可以自豪地说，我为新中国的建立作了贡献，这一生不后悔！”史老觉得，他4年前有幸参加“9·3大阅兵”观礼，并受到习近平主席的亲切接见，这是他一生最大的光荣！

在位于高港区白马镇的人民海军诞生地纪念馆，有一艘老旧渔船，船头堆着沙袋，架着机枪。船的上方悬挂着一张新华社随军记者拍摄的《我送亲人过大江》照片，一位身材瘦小、梳着大辫子的姑娘，在船头奋臂摇橹，船上坐着20多名解放军。这几天，史保东、许维两位老兵和“大辫子姑娘”颜红英等人相继来到这里。“这就是我，年轻时标致着呢，也厉害吧，当时被炮弹擦破脸颊也不后退！”颜红英笑着指着照片，又指了指自己，她还做出端枪的姿势，显得神采飞扬。

（2019年4月5日《新华日报》 记者：顾介铸　赵晓勇　高　宣）

高港：驱动高质量发展强引擎

7月初，泰州市高港区成功获批为国家知识产权强县工程示范区，全国共有18家县区获此殊荣，高港得分名列全国第一。

7月22日，2019年国家“蓝火计划”博士生工作团走进高港，11位来自全国6所名校的博士生分别入驻高港8家企业，开展为期一个月的科研服务。“蓝火计划”是教育部联合地方政府共同组织高校参与区域创新的系统活动，已累计为高港“送来”50名博士生。

“新动能是高质量发展的强引擎。在区域竞争日趋激烈的背景下，谁能在动能转换上先人一步、高人一招，谁就能抢占先机、赢得主动。”泰州医药高新区党工委副书记、管委会主任、高港区委书记顾萍说，高港近年来明确项目招引方向，锁定重点区域和目标企业，大力实施项目招引突破提升、创新苗圃集聚发展、百企智能升级改造三大行动，加快新旧动能转换，初步形成高端装备制造、大健康两大地标性产业，并坚持生态优先、绿色崛起，奏响高质量发展“大合唱”。

今年以来，高港区新签约10亿元以上内资项目和1亿美元以上外资项目共11个；全区亿元以上新开工项目36个，其中10亿元以上项目3个。这些项目大都是围绕高港的地标产业进行强链补链扩链的。

好项目积蓄新动能。今年2月，先期投资80亿元的长城汽车整车项目落户高港，规划构建以汽车整车制造为核心、关键零部件为配套的完整汽车产业链体系，打造华东地区最具影响力的汽车科技产业园。目前，该项目选址地块拆迁完毕，区域环评、土地规划调整等加快推进，预计9月底开工。总投资1.25亿美元的丸庄益海年产13万吨酿造酱油项目近期也竣工投料。益海粮油落户高港后数次增资，投资额已追加到20亿元，下一步拟在高港再追加投资60多亿元，打造全球规模最大、产业链最全最长、节能环保和自动化程度最高的粮油生态产业园。

前不久，高港区科技服务团成员来到博泰电子有限公司走访，发现企业正在开发高频高速纳米复合电路基板，由于技术力量不足，新品板线路上出现凹坑、缺口、针孔等问题尚未攻克。他们主动出面邀请华中科技大学刘宏芳等6名专家教授与企业结对，共同开展技术攻关，并帮助企业引进广东工业大学博士充实研发团队。很快，企业的高频高速纳米复合电路基板开发实现重大突破，抗干扰、阻抗更低、电磁场兼容性更强等性能，已比肩美日等世界一流企业同类产品。

“组建科技服务团是高港‘店小二’服务团队的延伸和拓展，通过精准服务，以创新驱动引领全区新旧动能转换。”高港区区长孙宏建说。该区制定出台《关于进一步鼓励企事业单位聚才用才推动高质量发展的若干政策意见》，实行更加积极开放有效的人才政策，全面激发各类人才创新创业活力。

高港区还通过引导创新苗圃集聚发展，推动一批新型研发机构成为“产、学、研、融”合作发展的重要平台和策源地。他们充分发挥中科院自动化所泰州智能制造研究院、南理工测控研究院等创新平台载体作用，通过释放平台效应，为本地实体经济发展集聚产业、人才及资金。同时，开展百企智能升级改造行动，今年力推40家企业实施智能改造，培育市级以上智能工厂1~2家、示范智能车间4~5家，应用工业机器人50台以上。

良好的生态禀赋是一个地方发展的核心竞争力。根据实地测绘结果，目前高港区实际拥有长江岸线15.23公里。该区科学布局沿江生态、生活、生产岸线，重点推进长江岸线整治修复、生态绿化、沿线环境基础设施等领域5个重点项目建设，为高质量发展积蓄绿色动能。到6月下旬，位于高港的泰州国际集装箱码头有限公司已投入1200万元，迅速拆除集装箱码头一期堆场违规占用江滩107.5亩，并完成全部复绿工程。按照该区拟定的退出长江岸线项目清单，全区今明两年计划再退出生产性项目2个，2020—2025年再退出生产性项目3个，生产性项目占用岸线比例降至三分之一。

自2015年以来，高港新开工投资10亿元以上重大产业项目26个，总投资429.55亿元，没有新占用一米长江岸线。与此同时，为切实做到还江于民、还绿于民，该区先后搬迁一批投资超10亿元的大项目和1000多户居民，关停或拆除取缔36家砂石码头、小船厂、养殖场及渔船停靠点。如今，在泰州长江大桥下，时隐时现的沼泽湿地、绿波荡漾的芦苇荡、栖枝掠飞的白鹭，一幅原生态风貌的临江美景尽收眼底。

（2019年8月4日《新华日报》记者：顾介铸；通讯员：高宇彤　邵銮明　杨　鼎）

“阿爸，我们想念您”
——记援藏教师钱维胜

“老师，由于明天要交手机，就提前祝您教师节快乐，扎西德勒。”

“老师，我在学校公众号上看到了介绍您的文章，我现在人在藏北，无比想念三年前我们班，泪水浸湿了我的脸颊，真的很想您。”

“阿爸，回去都还好吗？教师节快乐，我们想念您。”

……

读着藏族孩子们发来的祝福信息，钱维胜一度哽咽。援藏回来一月有余，他说闭上眼睛还都是雪域高原上藏族孩子的模样。

钱维胜是江苏省泰州市高港区大泗学校初中教师。记者眼前的他，个头不高，皮肤黝黑，目光炯炯。44岁的年纪，两鬓霜发却已渐显。2014年8月，他主动申请成为江苏省第一批援藏教师，远赴拉萨江苏实验中学支教，为期一年。

从长江下游溯源至长江源头，从烟雨江淮奔赴雪域高原，此去经年，五载已逝。今年8月初，他援藏归来，8月下旬被教育部评为2019年全国模范教师，去年6月还曾被中央文明办评为“中国好人”。

为何从一年援藏变为五年援藏？事情还得从一封特殊的来信说起。

2015年5月，首批援藏任务即将结束，就在钱维胜内心纠结是去是留时，孩子们悄悄递来了“小纸条”。

“老师，我舍不得您，希望您能陪我到初三。”“老师，我不想您走，但是您的身体要紧，希望您离开后能想起我们……”在那个学期最后一次家长会上，钱维胜还收到家长们的一封信。“钱老师，您像圣洁的太阳一样，有您在我们就觉得孩子有了未来，恳请您能留下……”字歪歪扭扭，签名密密麻麻。

钱维胜看完后满脸热泪。经过一番思考，他最终说服家人，选择留下来。而这一留竟三轮援藏，别家五载，他乡已成故乡。

“阿爸！感谢您对我们不离不弃……我愧对您的教导，平时我虽然很努力，但成绩总上不去……爸啦！您要照顾好自己，不要太累了……”2016年感恩节的下午，钱维胜走进教室，发现黑板上写满了祝福的话语。待他转身细读，孩子们一同唱响《感恩的心》，还为他献上洁白的哈达。那一刻，他再次热泪盈眶。

“有一种艰辛，你没有体验过，就不知道其中的快乐。”钱维胜在援藏日记里写道，要像青藏高原上的牦牛一样，坚忍不拔，甘于奉献。

回想起刚上高原的日子，他记忆犹新。

2014年8月，初到拉萨的他高原反应远超预想：十指发紫、嘴唇干裂、头痛欲裂、食欲不振，只能靠吸氧和喝水维持……随后，钱维胜到医院检查发现，自己患有颈椎病和脑部血管痉挛症，在高海拔地区会加重颈椎压迫脑部神经疼痛。那一刻，他感觉死亡就在眼前，甚至留下了遗书。

那一刻，他也想过放弃。

“可诗人汪国真说过：既然选择了远方，便只顾风雨兼程。”教语文的他有着浓重的家国情怀，他决定咬紧牙，挺一挺，熬过去。

故事的开始并不像童话般美好。他发现：课堂上，有学生随意走下座位、传东西、吃零食……孩子们基础知识薄弱，不能用汉语顺畅交流和流利朗读；上课不记笔记，没有养成完成课后写作业的习惯。

钱维胜意识到，作为一名援藏教师，要有教育理念和教育智慧，才能帮助藏族孩子像格桑花一样美丽绽放。于是，他不断调整和优化教学思路，经过一段时间的努力，学生成绩有了显著提高，在学校综合检测和拉萨市中考中从落后转变为遥遥领先，当地教师纷纷走进他的课堂“取经”。

真心换来真情，藏族孩子们亲切地称他为“阿爸”。有时，家长们会特地拎上自家打的酥油茶来学校，倒满热乎乎的一杯双手敬上。

“烟雨十三洲，一去三千里。芳草连天涯，最知游子意。”援藏的岁月，当然也不好熬。他说会想念妻儿父母，最想念的是父母，最亏欠的也是父母。

钱维胜父亲已近古稀之年，说起儿子去西藏支教这件事，老人家满脸自豪：“他是共产党员。党培养了他，就要听党的话，到国家最需要的地方去！”

钱维胜去西藏支教后，家里的担子都是妻子吴红琴一人扛着。援藏第一年，儿子刚刚考上高中，吴红琴白天在老家小镇上打工，晚上还要赶去20公里外学校附近的出租房照顾儿子。儿子高中三年，1000多个日夜，丈夫不在身边，吴红琴也不是没有过怨言。但她深知，丈夫在高原更不容易。

回到江苏，钱维胜还是忘不了藏族孩子纯真的笑脸。哪些孩子家庭困难需要资助、哪些孩子有机会上内高班、哪些孩子可以到内地读大学……他还在操着心。

“在所有的道别里，我还是最喜欢：老师明天见，同学们明天见。”他说。

（2019年9月10日新华网　记者：赵久龙）

医联体给高港百姓带来什么

作为全省3家医联体建设试点地区之一，省政府医改考核组对高港“院府合作”模式给予高度肯定：“相比于引进社会资本、大医院托管医联体，这种以政府为主导、不以赢利为目的、以医疗服务共建共享为纽带的跨区域合作模式突出了公共医疗服务的公益性，更具可复制性。”

4月5日，高港区刁铺街道许庄村村民李元昌在高港区人民医院接受了输尿管镜钬激光碎石术，术后恢复良好。他对记者说，3年前他在市外一家大医院治疗过此病，但没有彻底治愈。最近此病复发后，他得知不出高港区就能治好此病，于是就来了，省了不少的交通费和陪护人员的费用。

如今，在高港区像李元昌这样看病不出区的群众越来越多，主要得益于该区的惠民医疗联合体建设。

“优质医疗资源大多集中在大中城市，基层群众‘看病难’‘看病贵’矛盾十分突出。”说起当初改革的初衷，高港区卫健委主任刘长军显得有点无奈，“就高港而言，情况更为特殊，在乡镇卫生院基础上组建起来的高港区人民医院人才匮乏、硬件设施薄弱，群众对它信任程度低，大多数群众选择外出就医，不仅加重了个人医疗负担，而且增加了区内医保基金统筹难度。”

为彻底解决这一问题，2017年4月，高港区政府与市人民医院合作，整合市级龙头医院、区人民医院、乡镇卫生院(社区卫生服务中心)和村（居）卫生室四级医疗资源，构建起跨区域“院府合作”医联体，促进优质医疗资源下沉和共享。

“与大医院和小医院市场化合作的医联体不同，我们坚持政府办医主体责任不变、财政投入主渠道不变，强调公共医疗服务的公益性。”刘长军介绍，府院双方的合作不以单纯的追求经济效益为主，而是把满足区域内群众对优质医疗服务的需求摆在第一位，让群众“看得起病”“看得好病”。区财政两年投入专项资金1亿多元，用于医联体核心——高港区人民医院基础设施和重点学科建设，添置了64排CT、核磁共振等大型设备，每年区财政还给予人员工资、基本药物制度等财政补助及管理费1044万元。此外，区财政还计划投入2亿元，将9家基层医疗机构全面实现提档升级。

“目前，大医院和小医院合作的医联体一般实行‘托管经营、利益共享’模式。”市人民医院副院长吴健介绍，作为全市唯一的三级甲等综合性医院，市人民医院与高港区的合作模式与之截然不同，他们不与高港区人民医院及所辖乡镇卫生院(社区卫生服务中心)抢病员、争医疗市场份额，而是主要在履行帮扶责任上下功夫。

两年来，市人民医院派出40人的管理、技术专家团队，协助高港区人民医院引入三级甲等综合性医院管理模式，帮助建设健康信息平台、临床检验、病理分析等五大中心，实行诊疗信息互联互通。特别在对薄弱科室的帮扶、特色专科建设和本土人才培养上，更是倾注了心血。例如市人民医院泌尿外科专家郑明华主任驻点高港区人民医院泌尿外科，对该院以金晓武主任医师为核心的泌尿外科团队进行“点对点”帮扶，悉心指导。在为期两年的时间中，高港区人民医院泌尿外科先后开展了B超引导下经皮肾镜钬激光碎石，腹腔镜下肾切除、肾上腺切除术，经尿道列腺电切术等，技术水平直逼三甲综合医院，金晓武主任也成长为省内泌尿外科学科带头人、泰州市医学会泌尿外科学组委员。

目前，高港区人民医院心内科、

麻醉科已成功创成市级重点专科，消化内科、康复科被确定为市级临床重点建设单位，3至5年内还将再建成3个市级重点专科，力争1至2个专科达到省级重点专科水平；与此同时，高港区人民医院人才建设也发生了质的飞跃，一些过去不能进行的手术诸如腔镜下子宫肌瘤剔除术、子宫内膜癌根治术，腔镜下结肠癌根治术、直肠癌根治术、肝脏肿瘤切除术，全身麻醉技术、特殊类型神经阻滞治疗技术等现在都能开展。

医联体建设，最大的得益者是高港百姓，他们在家门口就能享受到优质的医疗服务，从根本上减轻了就医负担，使分级诊疗得到了落实。医联体内部试行远程会诊，市人民医院与高港区人民医院、乡镇卫生院(社区卫生服务中心)搭建了远程会诊平台，突破了空间限制，实现了三甲医院资深专家远程一对一服务当地患者的模式。对风险极大的胸痛患者，利用扁鹊飞救系统，与市人民医院实现一体化救治，病人信息实时传输，前方救治人员获得市人民医院专家技术支撑，有效降低了DtoB时间，提高了高港区胸痛病人的抢救成功率；还有突发性的骨科急诊救治，建立了24小时对接机制，提升了骨科救治与处置能力……

据统计，两年来，高港区人民医院门急诊人次、病床使用率、出院人次分别上升87.03%、13.29%、90.29%，次均门诊费用、住院费用与同类医院相比分别低31.69%、33.08%，药占比、耗材比分别下降9.73%、7.73%。就地实施高难度四级手术42例，成功抢救急危重病人910例。

作为全省3家医联体建设试点地区之一，省政府医改考核组对高港“院府合作”模式给予高度肯定：“相比于引进社会资本、大医院托管医联体，这种以政府为主导、不以赢利为目的、以医疗服务共建共享为纽带的跨区域合作模式突出了公共医疗服务的公益性，更具可复制性。”市卫健委组织的第三方测评也显示，高港区群众对本区域内公共医疗服务的满意率持续上升，达95.22%，90%以上群众看病不出区，区域内就诊率领跑全市，超过全省平均水平30%。

（2019年4月14日《泰州日报》特约记者：邵釜明　孙婷婷；本报记者：邱　骏）

长城汽车泰州整车项目昨开工建设

昨天上午，长城汽车泰州整车项目在泰州港经济开发区汽车产业园正式开工建设。市委书记史立军出席开工仪式，宣布长城汽车泰州整车项目开工建设。长城控股集团董事长魏建军致辞。市委副书记、代市长朱立凡主持开工仪式。

市政协主席卢佩民，长城实业有限公司董事长郝建军，长城汽车股份有限公司副总裁孟祥军，市领导杨杰、张余松、张小兵、王建、陈明冠、徐克俭、张育林，市政府秘书长沈明刚等出席开工仪式，并共同为项目开工培土奠基。

长城汽车是全球知名的SUV、皮卡制造商，也是中国汽车品牌全球化的引领者，已连续三年销量超100万辆，旗下的哈弗SUV连续9年蝉联全国SUV销量第一，长城皮卡连续21年稳居中国皮卡市场销量第一。今年2月20日，长城汽车整车项目正式落户我市。自项目签约以来，在省、市大力支持下，高港区主动对接、靠前服务，全力推进项目建设，先后完成了公司注册、选址调整、征地拆迁、土地出让和项目立项、招标等项目开工前的准备工作，完成了施工许可证办理。

长城汽车泰州整车项目是长城汽车在国内的第八个整车生产基地，先期投资80亿元，主要生产具有核心竞争力的哈弗品牌及新能源汽车。长城汽车将把泰州基地作为华东地区未来发展的重要支点，打造华东地区最具影响力的汽车科技产业园。未来，泰州基地将与长城汽车旗下已建、在建或规划建设的其他生产基地一起，配合分布在“一带一路”沿线的KD工厂，形成长城汽车“9+5”的全球化生产体系，全力推动长城汽车全球化战略的实施。

史立军对长城汽车泰州整车项目正式开工建设表示热烈祝贺。他在致辞时说，作为中国汽车产业崛起的代表，长城汽车一步步发展成为年销量超100万辆、生产基地遍布全国重要城市的大型跨国汽车企业，在全球汽车市场享有较高的知名度和影响力。长城汽车公司选择在泰州布局以整车制造为核心的全产业链汽车业务，全力构建“9+5”的全球化生产体系和驱动发展新格局，既展现了长城汽车公司的谋略和眼光，也充分体现了长城汽车公司对泰州的信任和支持。

史立军说，工业是区域发展的强大引擎，项目是经济工作的第一抓手。我们将以长城汽车泰州整车项目开工为新的起点，坚持“一切围绕项目转、一切围绕项目干”，发扬“店小二”精神，千方百计为长城项目推进创造有利条件、营造良好环境，推动项目早日投产达效，为建设制造业强市注入又一“硬核支撑”。我们坚信，在双方的共同努力下，长城汽车泰州整车项目必将发展壮大、蒸蒸日上，成为全国一流、国际先进的整车生产基地。

魏建军在致辞时说，泰州具有独特的区位优势、雄厚的产业基础、一流的营商环境，特别是泰州市、区两级政府卓越的领导能力、务实的工作作风、真诚的合作态度，都给我们留下了深刻的印象。在泰州市的高度重视和大力支持下，泰州项目的基础设施建设快速推进，速度之快大大超出了我们的预期，这在长城汽车乃至国内同等规模的汽车生产基地建设史上都是罕见的。下一步，长城汽车将高标准、高质量、高效率推动项目建设，全力保障项目按计划投产实施，为地方经济社会高质量发展做出更大贡献。

泰州医药高新区党工委副书记、管委会主任，高港区委书记顾萍在介绍项目推进情况时表示，将紧紧围绕“2020年5月底前完成厂房封顶，11月底前通过国家工信部验收，12月底前两款商品车正式下线”的进度目标，坚持“工地就是阵地、现场就是战场”，大力发扬“包办墙外事，帮办墙内事”的“店小二”精神，全力做好各类要素保障，力促项目早建成、早投产、早见效。

（2019年11月12日《泰州日报》记者：叶桂华）

统计资料

2019年高港区国民经济综合指标一览表

表35

指标名称	单位	数值
地区生产总值	亿元	611.30
第一产业	亿元	13.78
第二产业	亿元	325.93
第三产业	亿元	271.59
服务业增加值占GDP比重	%	44.43
农林牧渔业总产值	亿元	21.48
建筑业施工总产值	亿元	566.74
粮食总产量	吨	90867.00
规模以上工业产销率	%	99.86
规模以上工业营业收入	亿元	1341.83
规模以上工业利润总额	亿元	82.20
R&D经费占GDP比重	%	3.85
社会消费品零售总额	亿元	66.25
出口总额	万美元	53350.00
协议利用外资和港澳台资	万美元	57404.00
实际利用外资和港澳台资	万美元	20968.00
一般公共预算收入	亿元	42.10
全体居民人均可支配收入	元/人	38863.00
城镇居民人均可支配收入	元/人	47990.00
农村居民人均可支配收入	元/人	24100.00

2019年高港区人均经济社会主要指标一览表

表36

指标	单位	数值
人均地区生产总值	元	240291
人均一般公共预算收入	元	16549
人均一般公共预算支出	元	18748
人均进出口总额	美元	6204
人均社会消费品零售总额	元	26040
城镇非私营单位在岗职工平均工资	元	81673
全体居民人均可支配收入	元	38863
城镇居民人均可支配收入	元	47990
农村居民人均可支配收入	元	24100

2019年高港区主要经济指标占全市比重一览表

表37

指标	单位	泰州市	高港区	高港区占泰州市比重（%）
年末常住人口	万人	463.61	25.46	5.49
地区生产总值	亿元	5133.36	611.30	11.91
第一产业	亿元	292.50	13.78	4.71
第二产业	亿元	2525.98	325.93	12.90
第三产业	亿元	2314.88	271.59	11.73
人均地区生产总值（按常住人口计算）	元	110731	240291	217.00
一般公共预算收入	亿元	374.58	42.10	11.24
一般公共预算支出	亿元	594.23	47.70	8.03
社会消费品零售总额	亿元	1348.94	66.25	4.91
进出口总额	万美元	1446582.00	157836.00	10.91
出口总额	万美元	953159.00	53350.00	5.60
实际利用外资和港澳台资	万美元	148648.00	20968.00	14.11
协议注册外资和港澳台资	万美元	332702.00	57404.00	17.25
全体居民人均可支配收入	元	37773.00	38863.00	102.89
城镇居民人均可支配收入	元	47216.00	47990.00	101.64
农村居民人均可支配收入	元	23116.00	24100.00	104.26

2019年高港区人口及其变动情况一览表

表38　　单位：户、人

指标名称	全区合计	口岸街道	刁铺街道	许庄街道	永安洲镇	白马镇	大泗镇	胡庄镇
总户数	79970	22644	7457	11891	8326	6555	10018	13079
总人数	261702	70644	24502	39656	30837	22342	33003	40718
#男	131769	35161	11978	19746	15100	11475	17288	21021
女	129933	35483	12524	19910	15737	10867	15715	19697
出生人口	2045	578	258	287	281	178	228	235
#男	1063	313	127	145	150	93	109	126
女	982	265	131	142	131	85	119	109
死亡人数	2209	502	194	349	262	181	299	422
#男	1189	262	105	185	140	104	160	233
女	1020	240	89	164	122	77	139	189
迁入人数	1289	456	313	110	116	49	64	181
#省内	799	276	214	57	73	28	26	125
省外	490	180	99	53	43	21	38	56
迁出人数	1713	518	129	210	262	56	136	402
#省内	1176	325	77	145	190	30	84	325
省外	537	193	52	65	72	26	52	77

2019年高港区全体居民人均可支配收入和消费支出一览表

表39

指标名称	单位	2019年	2018年	增幅±%
一、可支配收入	元	38863	35639	9.0
工资性收入	元	23560	21905	7.6
经营净收入	元	6805	6044	12.6
财产净收入	元	3864	3472	11.3
转移净收入	元	4634	4218	9.9
二、消费支出	元	25071	23274	7.7
(一)食品烟酒	元	7283	6991	4.2
(二)衣着	元	1800	1703	5.7
(三)居住	元	4622	4221	9.5
(四)生活用品及服务	元	1286	1219	5.6
(五)交通通信	元	3875	3639	6.5
(六)教育文化娱乐	元	4089	3562	14.8

续表39

指标名称	单位	2019年	2018年	增幅±%
(七)医疗保健	元	1773	1610	10.1
(八)其他用品和服务	元	343	329	4.3

2019年高港区城镇常住居民人均可支配收入和消费支出一览表

表40

指标名称	单位	2019年	2018年	增幅±%
一、可支配收入	元	47990	44161	8.7
工资性收入	元	29466	27482	7.2
经营净收入	元	7630	6768	12.7
财产净收入	元	5183	4694	10.4
转移净收入	元	5711	5217	9.5
二、消费支出	元	29096	27066	7.5
(一)食品烟酒	元	8002	7694	4.0
(二)衣着	元	2127	2016	5.5
(三)居住	元	5528	5063	9.2
(四)生活用品及服务	元	1655	1574	5.1
(五)交通通信	元	4050	3837	5.6
(六)教育文化娱乐	元	4952	4315	14.8
(七)医疗保健	元	2356	2157	9.2
(八)其他用品和服务	元	426	410	3.9

2019年高港区农村常住居民人均可支配收入和消费支出一览表

表41

指标名称	单位	2019年	2018年	增幅±%
一、可支配收入	元	24100	22098	9.1
工资性收入	元	14006	13044	7.4
经营净收入	元	5471	4894	11.8
财产净收入	元	1731	1530	13.1
转移净收入	元	2892	2630	10.0
二、消费支出	元	18560	17249	7.6
(一)食品烟酒	元	6120	5874	4.2
(二)衣着	元	1270	1205	5.4

续表41

指标名称	单位	2019年	2018年	增幅±%
(三)居住	元	3157	2884	9.5
(四)生活用品及服务	元	690	654	5.5
(五)交通通信	元	3591	3324	8.0
(六)教育文化娱乐	元	2692	2365	13.8
(七)医疗保健	元	830	742	11.9
(八)其他用品和服务	元	210	201	4.5

2019年高港区居民家庭年末耐用消费品拥有情况（每百户）一览表

表42

指标名称	单位	全体居民	城镇常住居民	农村常住居民
1.家用汽车	辆	78	87	66
2.摩托车	辆	32	33	30
3.助力车	台	193	183	208
4.洗衣机	台	115	107	126
5.电冰箱（柜）	台	142	120	172
6.微波炉	台	103	101	104
7.彩色电视机	台	231	227	236
8.空调	台	284	280	290
9.热水器	台	131	131	130
10.洗碗机	台	3	3	2
11.排油烟机	台	84	87	80
12.固定电话	台	29	31	26
13.移动电话	线	305	303	308
14.其中：接入互联网	部	284	280	290
15.计算机	部	100	101	98
16.其中：接入互联网	台	100	101	98
17.照相机	台	23	27	16
18.中高档乐器	台	13	13	14
19.健身器材	台	22	20	24
20.空气净化器（含新风系统）	架	8	11	4
21.吸尘器	台	28	37	16

机构简称

泰州市高港区部分组织机构全称、简称对照一览表

表43

序号	全称	简称
1	中国共产党泰州市高港区委员会	区委
2	泰州市高港区人民代表大会常务委员会	区人大常委会
3	泰州市高港区人民政府	区政府
4	中国人民政治协商会议泰州市高港区委员会	区政协
5	中国共产党泰州市高港区纪律检查委员会	区纪委
6	泰州市高港区监察委员会	区监委
7	中共泰州市高港区委办公室	区委办
8	中共泰州市高港区委研究室	区委研究室
9	中共泰州市高港区委机要局	区委机要局
10	泰州市高港区国家保密局	区保密局
11	泰州市高港区国家密码管理局	区密码管理局
12	泰州市高港区档案局	区档案局
13	泰州市高港区网络信息管理中心	区网管中心
14	中共泰州市高港区委全面深化改革委员会办公室	区委深改办
15	中共泰州市高港区委组织部	区委组织部
16	泰州市高港区考核工作委员会办公室	区考核办
17	中共泰州市高港区委非公有制企业和社会组织工作委员会	区委“两新”工委
18	中共泰州市高港区委党建工作领导小组办公室	区委党建办
19	泰州市高港区公务员局	区公务员局
20	中共泰州市高港区委宣传部	区委宣传部
21	泰州市高港区精神文明建设指导委员会办公室	区文明办
22	泰州市高港区政府新闻办公室	区政府新闻办
23	泰州市高港区互联网信息办公室	区互联网信息办
24	泰州市高港区新闻出版局（泰州市高港区版权局）	区新闻出版局（区版权局）
25	中共泰州市高港区委网络安全和信息化委员会办公室	区委网信办
26	中共泰州市高港区委统一战线工作部	区委统战部
27	中共泰州市高港区委台湾工作办公室	区委台办
28	泰州市高港区政府台湾事务办公室	区政府台办

续表43

序号	全称	简称
29	泰州市高港区民族宗教事务局	区民宗局
30	泰州市高港区政府侨务办公室	区侨办
31	中共泰州市高港区委机构编制委员会办公室	区委编办
32	泰州市高港区事业单位登记管理局	区事业单位登记管理局
33	中共泰州市高港区委政法委员会	区委政法委
34	中共泰州市高港区委区级机关工作委员会	区委区级机关工委
35	中共泰州市高港区委巡察工作办公室	区委巡察办
36	中共泰州市高港区委老干部局	区委老干部局
37	中共泰州市高港区委离退休干部工作委员会	区委离退休干部工委
38	泰州市高港区政府办公室	区政府办
39	泰州市高港区政府研究室	区政府研究室
40	泰州市高港区政府外事办公室	区政府外办
41	泰州市高港区大数据管理局	区大数据管理局
42	中共泰州市高港区委外事工作委员会办公室	区委外办
43	泰州市高港区发展和改革委员会	区发展改革委
44	泰州市高港区粮食和物资储备局	区粮食和物资储备局
45	泰州市高港区教育局	区教育局
46	中共泰州市高港区委教育工作委员会	区委教育工委
47	泰州市高港区科学技术局	区科技局
48	泰州市高港区工业和信息化局	区工业和信息化局
49	泰州市高港区民政局	区民政局
50	泰州市高港区司法局	区司法局
51	中共泰州市高港区委全面依法治区委员会办公室	区委依法治区办
52	泰州市高港区财政局	区财政局
53	泰州市高港区政府国有资产监督管理办公室	区国资办
54	泰州市高港区人力资源和社会保障局	区人力资源社会保障局
55	泰州市高港区住房和城乡建设局	区住房城乡建设局
56	泰州市高港区地震局	区地震局
57	泰州市高港区城市管理局	区城管局
58	泰州市高港区综合行政执法局	区综合行政执法局
59	泰州市高港区水利局	区水利局
60	泰州市高港区农业农村局	区农业农村局

续表43

序号	全称	简称
61	泰州市高港区政府扶贫工作办公室	区政府扶贫办
62	中共泰州市高港区委农村工作领导小组办公室	区委农工办
63	泰州市高港区商务局	区商务局
64	泰州市高港区口岸办公室	区口岸办
65	泰州市高港区文化体育和旅游局	区文化体育旅游局
66	泰州市高港区卫生健康委员会	区卫生健康委
67	泰州市高港区退役军人事务局	区退役军人事务局
68	泰州市高港区应急管理局	区应急局
69	泰州市高港区审计局	区审计局
70	中共泰州市高港区委审计委员会办公室	区委审计办
71	泰州市高港区行政审批局	区行政审批局
72	泰州市高港区政务服务管理办公室	区政务服务办
73	泰州市高港区市场监督管理局	区市场监管局
74	泰州市高港区知识产权局	区知识产权局
75	泰州市高港区统计局	区统计局
76	泰州市高港区信访局	区信访局
77	中共泰州市高港区委信访局	区委信访局
78	泰州市高港区地方金融监督管理局	区金融监管局
79	泰州市高港区政府金融工作办公室	区政府金融办
80	泰州市高港区机关事务管理局	区机关事务管理局
81	泰州市高港区人民代表大会常务委员会办公室	区人大办
82	中国人民政治协商会议泰州市高港区委员会办公室	区政协办
83	泰州市高港区人民检察院	区人民检察院
84	泰州市高港区人民法院	区人民法院
85	中国人民解放军江苏省泰州市高港区人民武装部	区人武部
86	泰州市高港区总工会	区总工会
87	中国共产主义青年团泰州市高港区委员会	团区委
88	泰州市高港区妇女联合会	区妇联
89	泰州市高港区残疾人联合会	区残联
90	泰州市高港区科学技术协会	区科协
91	泰州市高港区工商业联合会	区工商联
92	泰州市高港区文学艺术界联合会	区文联

续表43

序号	全称	简称
93	泰州市高港区归国华侨联合会	区侨联
94	泰州市高港区红十字会	区红十字会
95	泰州市高港区关心下一代工作委员会	区关工委
96	泰州市高港区哲学社会科学界联合会	区社科联
97	泰州市高港区党史方志办公室	区党史方志办
98	泰州市高港区供销合作总社	区供销社
99	泰州市高港区口岸雕花楼景区	区口岸雕花楼景区

缩略语注释

缩略语注释一览表

表44

缩略语	注　释
“312”模式	每天统筹30分钟左右时间，安排1名党员领学原著原文，2名党员交流心得体会
“3550”改革	3个工作日内开办企业、5个工作日内获得不动产登记、50个工作日内取得工业建设项目施工许可证
“8个直到支部”工作制度	区委常委每人分别挂钩1个村（社区）党支部、1个机关事业单位党支部、1个“两新”组织党支部，规范组织生活直接到支部，政策理论宣讲直到支部，党员教育管理直接到支部，联系服务群众直接到支部，推动发展直接到支部，调研化解难题直接到支部，推进工作落实直接到支部，创树特色品牌直接到支部
“5105”模式	支部建设五个标准、十项规范、五个星级化考核
“1123”示范村镇	启动100个集镇的规划建设工作；创建100个示范引领村（含特色田园乡村）；创建200个特色发展村；创建300个集聚提升村
“一府一委两院”	区政府、区监委、区人民检察院、区人民法院
“一降三清”	隐形债务规模下降，清退违规集资，清理对外担保清收出借资金
“七进”	进企业、进机关、进校园、进镇街、进社区、进村组、进网络
“八类”案件	杀人、抢劫、强奸、放火、投毒、爆炸、贩毒、故意伤害致人死亡案件
“三大攻坚战”	防范化解重大风险、精准脱贫、污染防治攻坚战
“三公”经费	因公出国（境）经费、公务车购置及运行费、公务招待费
“三去一降一补”	去产能、去库存、去杠杆、降成本、补短板
“三会一课”	定期召开支部党员大会、党支部委员会和党小组会，按时上好党课
“三麦”	大麦、小麦、元麦
“三责联审”	用人责任审查、编制责任审查、经济责任审计
“三重一大”决策机制	重大事项决策、重要干部任免、重要项目安排、大额资金的使用，必须经集体讨论作出决定的制度

续表 44

缩略语	注　释
“三项机制”	干部鼓励激励、容错纠错、能上能下机制
“三高融合”	泰州医药高新区、高铁枢纽区、高港区融合发展
“三停”	停止施工、停止使用、停产停业
“三养”	赡养、抚养、扶养
“三类人员”	建设工程施工企业主要负责人、项目负责人和专职安全生产管理人员
“三网”	路网、河网、农田林网
“三沿六区”	三沿：铁路、公路（包括高速公路、国道、市道、县乡镇主要道路等）沿线两侧可视面、河流主干道两侧可视面；六区：基本农田保护区、风景名胜区、自然保护区、文物保护区、饮用水源保护区、城镇规划建设区
“三团三队”	组建“风险防控”“法律扶贫”“绿色先锋”普法助力团以及在镇街层面成立相应的三类普法志愿队
“五老”	老党员、老专家、老教师、老战士、老模范
“五个一”工作法	一个园区、镇街配备一个团队，一个项目明确一个责任人，组建一个群，制定一企一策报批方案，建立一份项目档案
“五带三星”活动	组织在职党员、离退休党员回社区报到，开展以“带头讲政治、带头顾大局、带头讲文明、带头树新风、带头做义工，强化三星级考评管理”为主要内容的“五带三星”活动
“五面清洁”	水面、坡面、路面、房屋立面、庭院里面集中整治行动
“六个稳”工作	稳就业、稳金融、稳外贸、稳外资、稳投资、稳预期
“六送”活动	送养老、送医疗、送教育、送技能、送岗位、送项目
“六有”标准	有分管领导、有管理制度、有专人保管、有专用橱柜、有档案资料、有检索目录
“双创”	创业创新
“双师型”教师	“双证”教师或“双职称”教师，即教师资格+中级以上技术职务或职业资格教师
“双学双比”活动	在全国各族农村妇女中开展的“学文化、学技术、比成绩、比贡献”竞赛活动
“双随机一公开”	在监管过程中随机抽取检查对象，随机选派执法检查人员，抽查情况及查处结果及时向社会公开
化工企业“四个一批”专项行动	推进化工企业关停一批、转型一批、升级一批、重组一批
“四上”企业	规模以上工业企业、资质等级建筑业企业、限额以上批零住餐企业、规模以上服务业企业
“四个十条”	工业十条、人才十条、创新十条、开放十条
“四不两直”	不发通知，不打招呼，不听汇报，不用陪同接待，直奔基层，直插现场
“四个文明”	社会主义物质文明、精神文明、政治文明、生态文明
“四个全面”战略布局	全面建成小康社会、全面深化改革、全面依法治国、全面从严治党
“四个合格”党员	政治合格、执行纪律合格、品德合格、发挥作用合格
“四个自信”	中国特色社会主义道路自信、理论自信、制度自信、文化自信
“四个高港”	实力高港、精致高港、魅力高港、幸福高港

续表44

缩略语	注　释
“四个意识”	政治意识、大局意识、核心意识、看齐意识
“四风”	形式主义、官僚主义、享乐主义和奢靡之风
“四好”商会	班子建设好、团结教育好、服务发展好、自律规范好
“四主推”技术意见	主推品种、主推肥料、主推农药、主推技术
“四好农村路”	“建好、管好、护好、运营好”农村公路
“四困”青少年	心困、学困、贫困、残困青少年
“四新”	新领域、新业态、新阶层、新群体
“四大检察”	刑事检察、民事检察、行政检察、公益诉讼检察
“四绿行动”	打造绿色企业，建设绿色村居，共创绿色校园，倡导绿色出行
市“311工程”	选拔30名左右中青年科技领军人才，100名左右中青年学术、技术带头人和1000名左右优秀青年拔尖人才
全面从严治党“三张清单”	任务清单、负面清单、监督清单
农业“接二连三”	农业与第二产业、第三产业融合发展
农村“四会”组织	道德评议会、红白理事会、禁毒禁赌会、村民议事会
农村三大合作组织	社区股份合作社、土地股份合作社、农民专业合作社
农村集体“三资”	农村集体所有的资金、资产和资源
妇女“两癌”	宫颈癌、乳腺癌
“两个维护”	坚决维护习近平总书记党中央的核心、全党的核心地位，坚决维护党中央权威和集中统一领导
“两不愁三保障”	“两不愁”即不愁吃、不愁穿，“三保障”即义务教育、基本医疗、住房安全有保障
“两公”律师	公职律师、公司律师
“两化”融合	信息化和工业化融合
“两代表一委员”	党代表、人大代表和政协委员
两会	人民代表大会会议和政协全体会议
“两学一做”	学党章党规、学习近平系列重要讲话，做合格党员
“两减六治三提升”（263）专项行动	“两减”指减少煤炭消费总量和减少落后化工产能，“六治”指治理太湖水环境、治理生活垃圾、治理黑臭水体、治理畜禽养殖污染、治理挥发性有机物污染和治理环境隐患，“三提升”指提升生态保护水平、提升环境经济政策调控水平和提升环境执法监管水平
“两新”组织	新经济组织和新社会组织
“两公告四公示两比对”程序	低收入农户申报公告、村级评议公示、相关部门数据比对、入户人工核对、乡（镇、街道）审核公示、市（区）级确认公示、异议复核公示和脱贫公告
“五签字五确认”	识别人签字确认、农户签字确认、帮扶人签字确认、检查验收人签字确认、农户签字确认
“两证”	国有土地使用权证、房屋所有权证
村（社区）“两委”	村（社区）党支部委员会（党总支、党委），村（居）民委员会

续表44

缩略语	注　释
社会救助“1+14”系列政策	“1”指《高港区关于加强和改进社会救助工作的意见》，是全区社会救助政策的综合文件；“14”指城乡低保动态管理、特困人员供养、医疗救助、教育救助、住房救助、就业救助、临时救助、法律援助、特困职工救助、困难残疾人救助、疾病应急救助、困境儿童分类保障、低保边缘户救助、优抚对象“一助一”帮扶14个政策文件
“放管服”	简政放权、放管结合、优化服务
“金三并库”	将金税三期原国税系统和原地税系统两个数据库合并成一个数据库，同时对征管流程和岗责体系进行梳理和配置，实现岗位设置、工作流程以及参数配置等统一
河湖“两违三乱”	违法圈圩、违法建设，乱占、乱排、乱建
省“333工程”	培养30名左右研究成果具有国际先进、国内领先水平的国家级科学家、工程技术专家和理论家，培养300名左右具有省内领先水平的省级优秀人才，培养3000名左右成绩显著的市级优秀人才
科协“四长”队伍建设	吸纳学校校长、医院院长、科技型企业厂长、农技站或企业服务站站长等“四长”进入科协领导机构
项目“八评”	产业、税收、环保、安全、技术、就业、节能、规划“八位一体”综合评估
党风廉政建设“两个责任”	在落实党风廉政建设责任制过程中，党委负主体责任，纪委负监督责任
监督执纪“四种形态”	经常开展批评和自我批评、约谈函询，让“红红脸、出出汗”成为常态；党纪轻处分、组织调整成为违纪处理的大多数；党纪重处分、重大职务调整的成为少数；严重违纪涉嫌违法立案审查的成为极少数
素质教育“5+2”工程	在中小学实施主题德育、自主学习、青春活力、实践体验和未来素养五大行动，构建区域推进展示和学校微创新激励两大机制

说明：按缩略语首字笔画排列。

索 引

说 明

1.本索引采用主题分析法提取，部分则选用关键词。

2.本索引按首字汉语拼音字母顺序排列。

3.索引名称后的数字表示内容所在的页码，数字后面的 a、b、c 分别表示左栏、中栏和右栏。

A

B

C

D

E

F

G

H

J

K

L

R

T

W

X

Y

Z